Basile/Röd
Die Philosophie des ausgehenden 19. und des 20. Jahrhunderts 1

Geschichte der Philosophie

Herausgegeben von Wolfgang Röd

Band XI

Verlag C.H.Beck München

Die Philosophie des ausgehenden 19. und des 20. Jahrhunderts 1

Pragmatismus und analytische Philosophie

Von Pierfrancesco Basile und Wolfgang Röd

Verlag C.H.Beck München

Satz: Janß GmbH, Pfungstadt
Druck und Bindung: Druckerei C.H.Beck, Nördlingen
Gedruckt auf säurefreiem, alterungsbeständigem Papier
(hergestellt aus chlorfrei gebleichtem Zellstoff)
Printed in Germany
ISBN 978 3 406 31348 6

www.beck.de

Inhaltsverzeichnis

Zweiter Teil
Der amerikanische Pragmatismus
Von Pierfrancesco Basile

Dritter Teil
Die analytische Tradition von Frege bis Quine
Von Pierfranceso Basile

Vorwort

Der vorliegende Band bietet eine einführende und zugleich kritische Darstellung zweier der lebendigsten philosophischen Strömungen des letzten Jahrhunderts, vor allem in dessen erster Hälfte: der analytischen Philosophie und des amerikanischen Pragmatismus. Obwohl beide Strömungen nach wie vor ihre Vertreter haben, liegen ihre Wurzeln im 19. Jahrhundert. Dies rechtfertigt die Gliederung des Bandes in drei Hauptteile: In Teil I werden Autoren wie Bolzano, Brentano, Mach usw. besprochen, bei denen Ansätze der analytischen Denkweise zu erkennen sind. Dieser Teil stammt von Wolfgang Röd. Die beiden anderen Teile wurden von Pierfrancesco Basile verfaßt; sie behandeln den amerikanischen Pragmatismus (Teil II) und die analytische Tradition von Frege bis Quine (Teil III).

Daß eine Darstellung der Geschichte der analytischen Philosophie mit Frege beginnen muß, ist unumstritten. Schwieriger zu entscheiden ist hingegen, ob sie mit Quine beendet werden soll. Der Entschluß, die Darstellung hier abzubrechen, entspricht der freilich weitverbreiteten Überzeugung, daß die analytische Philosophie nach Quine zwar nicht erloschen ist, aber ihre Innovationskraft weitgehend verloren hat.

Tatsächlich deutet einiges darauf hin, daß die analytische Philosophie in eine epigonale Phase eingetreten ist. Aber angesichts der hegemonischen Stellung, die sie im akademischen Bereich der englischsprachigen wie auch vieler kontinentaleuropäischer Länder einnimmt, dürfte die Frage nach ihrem aktuellen Zustand nicht nur von historischem Interesse sein. Ebenso wichtig ist die Frage, ob es sich nicht lohne, in der heutigen Zeit schwindelerregender ökonomischer und sozialer Veränderungen die prozeß-orientierten und humanistisch geprägten Philosophien von Pragmatisten wie James und Dewey und von Erneuerern der Metaphysik wie Whitehead wiederzuentdecken. Historische Rekonstruktionen dienen zumindest implizit immer dazu, durch Vergleiche die Gegenwart zu beurteilen: Die vorliegende Darstellung soll dem unparteiischen Leser helfen, sich auch darüber eine Meinung zu bilden.

Verschiedenen Personen ist an dieser Stelle zu danken: Henning Moritz hat den ganzen Band gründlich gesichtet, während Prof. Arno Ros Teil II und Kapitel II aus Teil I gelesen hat. Ein spezieller Dank gilt Susanne Kübler, die in vielerlei Weise mit der Herstellung des Manuskripts zu tun hatte, und Prof. Andreas Graeser, der nicht nur eine frühere Fassung des Textes akribisch gelesen, sondern das gesamte Projekt von seinem Beginn an wohlwollend unterstützt hat. Ihm sei dieses Buch gewidmet.

Pierfrancesco Basile / Wolfgang Röd

Erster Teil

Ansätze analytischen Denkens im 19. und frühen 20. Jahrhundert

Von Wolfgang Röd

I. Bernard Bolzano

1. Leben und Werke

In der ersten Hälfte des 19. Jahrhunderts, als im deutschen Sprachraum und teilweise darüber hinaus vor allem Kantianischer Kritizismus und Hegelianischer Idealismus das philosophische Denken beherrschten, gab es auch bedeutende Kritiker dieser Denkweisen. Zu ihnen gehört Bernard Bolzano, der im Gegensatz zu den tonangebenden zeitgenössischen Richtungen der Philosophie an Aristoteles und Leibniz anknüpfte, so daß man in ihm den „böhmischen Leibniz" sehen zu können meinte. Mit seiner Auffassung der Logik war er den zeitgenössischen Vertretern dieser Wissenschaft weit voraus.

Bolzano wurde 1781 als Sohn eines aus Oberitalien zugewanderten Kaufmanns in Prag geboren.[1] Er studierte an der Karls-Universität Theologie und wurde zum Priester geweiht. Bereits 1805 wurde er auf eine Lehrkanzel für katholische Religionslehre berufen, 1820 aber wegen seiner nonkonformistischen Denkweise, die in mancher Hinsicht vom Geist der Aufklärung beeinflußt war, abgesetzt und mit einem Publikationsverbot belegt.[2] Er zog sich aus der Öffentlichkeit zurück und starb 1848 in Prag.

Seine Werke[3] konnten wegen des Verbots nur zum Teil unter seinem Namen erscheinen, zum anderen Teil wurden sie ohne Namensnennung und ohne sein Wissen publiziert. Sein vierbändiges „Lehrbuch der Religionswissenschaft" erschien 1834 anonym,[4] seine ebenfalls vier Bände umfassende „Wissenschaftslehre" mit dem Untertitel „Versuch einer ausführlichen und größtenteils neuen Darstellung der Logik mit steter Rücksicht auf deren bisherige Bearbeiter" veröffentlichte er jedoch 1837 unter seinem Namen.[5] Eine geplante umfassende Darstellung seiner Mathematik, deren Titel „Größenlehre" lauten sollte, blieb Fragment.[6] Einige besondere mathematische Probleme erörterte er in den „Paradoxien des Unendlichen" (posthum 1851),[7] bezog jedoch metaphysische und naturphilosophische Themen in die Untersuchung ein. 1827 erschien „Athanasia oder Gründe für die Unsterblichkeit der Seele" ([2]1838) – ein Werk, in dem ein zentrales Thema der rationalen Psychologie behandelt wird. Für das Verständnis der Entwicklung seiner Auffassungen sind Bolzanos Adversarien (Eintragungen in einer Kladde) aufschlußreich.[8] Seine religiös geprägte Weltanschauung kommt in den Erbauungsreden (Exhorten)[9] zum Ausdruck, die er an Sonntagen für Studenten und andere an religiösen Fragen Interessierte hielt. Sie lassen erkennen, wie weit er sich von der Kirchenlehre entfernt hatte. Tatsächlich wurden die Erbauungsreden von 1813, wie Bolzanos „Lehrbuch der Religionswissenschaft", von der Kirche auf den Index der verbotenen Bücher gesetzt. Vom Standpunkt der Kirche aus ist das verständlich, denn die Verschiebung des Schwerpunktes der christlichen Religion vom Glauben an eine transzendente Wirklichkeit zu einer vernünftigen Praxis mußte auf Bedenken stoßen.

Bolzanos Denken war in manchem traditionell, in anderer Hinsicht aber zukunftsweisend, namentlich in der Mathematik und der mathematischen Logik, denen heute das philosophiehistorische Interesse in erster Linie gilt. Sie stehen auch im Mittelpunkt der folgenden Darstellung, wobei allerdings nicht so sehr auf einzelne Auffassungen eingegangen, als vielmehr der allgemeine Begriffsrahmen, innerhalb dessen Bolzano seine logischen und mathematischen Ansichten entwickelt, berücksichtigt werden soll. Weil es dabei um Fragestellungen geht, die in der analytischen Philosophie des 20. Jh.s zentral wurden, ist es gerechtfertigt, sein Denken, abweichend von der chronologischen Ordnung, im vorliegenden, dem analytischen Denken im weiten Sinne gewidmeten Band zu behandeln.

2. Die Philosophie und ihre Teildisziplinen

Bolzano hat in einer kurzen, ihres programmatischen Charakters wegen wichtigen Abhandlung die Frage beantwortet: „Was ist Philosophie?" (1839).[10] Er will diesem Ausdruck nicht einen neuen Inhalt geben, sondern orientiert sich am allgemeinen Sprachgebrauch, dem seiner Ansicht nach bereits die Antwort entnommen werden kann. Philosophiert wird nach verbreiteter Ansicht, wo Folgen auf Gründe oder Wirkungen auf Ursachen zurückgefuhrt werden, allerdings nicht auf beliebige, sondern auf letzte Gründe oder letzte Ursachen. Dazu kommt als weitere spezifische Differenz der Philosophie, wie sie Bolzano versteht, ihre moralische Zielsetzung. Philosophische Erkenntnisse sollen den Menschen besser und vollkommener machen. Demnach lautet die Antwort auf die im Titel der genannten Schrift gestellte Frage: „Philosophie ist die Wissenschaft von dem objectiven Zusammenhange aller derjenigen Wahrheiten, in deren letzte Gründe nach Möglichkeit einzudringen wir uns zu einer Aufgabe machen, um dadurch weiser und besser zu werden."[11]

Wenn Bolzano die Philosophie in die Teilwissenschaften Logik, Metaphysik, Moral, Rechtslehre und Staatswissenschaft gliedert, mutet das traditionell an, zumal von der Wissenschaftslehre, der das Interesse an Bolzanos Denken heute vor allem gilt, nicht ausdrücklich die Rede ist. Sie wird jedoch keineswegs übergangen, denn nach Bolzano fällt sie mit der Logik zusammen. „Die Logik soll meinem Begriffe nach eine *Wissenschaftslehre* [...] sein" (W § 15).[12] Die „Wissenschaftslehre" ist für die Philosophie im allgemeinen grundlegend; ihre Aufgabe ist es, die Prinzipien aufzuweisen, auf denen die anderen philosophischen Teildisziplinen – Metaphysik, Erkenntnistheorie, Ethik usw. – beruhen.

Unter Metaphysik versteht Bolzano offenbar die Metaphysica specialis als Lehre von Gott als absolut vollkommenem höchstem Wesen und vom substantiellen immateriellen Ich, also rationale Theologie und Psychologie. Sie enthält nur erfahrungsunabhängige Sätze, während in den anderen Teilen der Philosophie Erfahrungen eine Rolle spielen, zum Beispiel in der philosophischen Religionswissenschaft, die als Wissenschaft von der vollkommensten Religion besonders wichtig ist, hängen doch von ihr Moral und Rechtslehre ab.

In seinem logischen Hauptwerk bestimmt Bolzano den Begriff der Wissenschaftslehre ausführlich (W § 1). Zunächst definiert er „Wissenschaft": Sie ist der Inbegriff von Wahrheiten, der so beschaffen ist, daß deren entscheidender Teil es verdient, im Druck festgehalten zu werden. Im prägnanten Sinne ist eine Wissenschaft nicht nur eine Summe ungeordneter Sätze, sondern ein geordnetes, logisch zusammenhängendes Ganzes. Wegen der Schwierigkeit, das Ganze einer Wissenschaft zu überblicken, empfiehlt Bolzano eine Einteilung in Teilwissenschaften. Dabei wird nach Regeln verfahren, die kennenzulernen sich lohnt. Der Inbegriff dieser Regeln läßt sich als Gegenstandsbereich einer eigenen Wissenschaft betrachten – eben der Wissenschaftslehre, zu deren Aufgaben es gehört, die genannten Regeln zu rechtfertigen. In der „Eigentlichen Wissenschaftslehre" kommt Bolzano auf diese Auffassung zurück (W § 393). Er betont, daß nur Wahrheiten in der Wissenschaft zu berücksichtigen seien, nicht Irrtümer, so positiv ihre Wirkungen auch sein mögen. Die Wissenschaftslehre ist seiner Ansicht nach nicht Selbstzweck. Ihr letzter Zweck ist nicht theoretischer, sondern praktischer Natur: Er besteht in der Förderung des allgemeinen Wohls.

Die moralische Intention der „Wissenschaftslehre" kommt deutlich in Bolzanos ausführlichen Überlegungen über die Erwartungen, die ein Lehrbuch erfüllen soll, zum Ausdruck. In erster Linie soll es möglichst gut den objektiven Zusammenhang der Wahrheiten darstellen. Außerdem muß es die wichtigsten Vorstellungen und Urteile des von ihm dargestellten Gebietes hervorheben und es leicht machen, sie aufzufinden. Von der Möglichkeit, Wahrheiten schriftlich oder im Druck festzuhalten, hängt nach Bolzano die Wissenschaftlichkeit von Lehren ab. Oberste Bedingung ist aber die Nützlichkeit. Eine Wissenschaft verdient nur als solche bezeichnet zu werden, „wenn aus der Vereinigung aller der Wahrheiten, die hier vereinigt werden sollen, irgendein Nutzen [...] hervorgeht" (W § 424). Für den Verfasser eines Lehrbuchs gilt entsprechend, daß er nicht nur die Regeln der Hermeneutik (siehe W § 322; cf. § 701), sondern vor allem die Regeln der Sittlichkeit beachten und nicht eitel, selbstgefällig oder rechthaberisch sein soll. (Auf die Rolle der Ethik in Bolzanos Philosophie wird in Abschnitt 6 zurückgekommen.)

Der Aufgabenbereich der Wissenschaftslehre ist allerdings, wie ein Blick auf den Zusammenhang der Wissenschaftslehre zeigt, größer, als auf Grund dieser Feststellung anzunehmen ist. Bolzano erklärt an anderer Stelle, die Logik habe es mit dem wissenschaftlichen Verfahren zu tun. Auch dies wird aber dem, was die Wissenschaftslehre bei Bolzano ist, nicht ganz gerecht. Sie ist nämlich in seinen Augen, anders als für Kant,[13] nicht nur als Kanon, sondern als Organon philosophischer Erkenntnis aufzufassen. Mit Recht weist er auch Kants Behauptung zurück, die Logik sei seit Aristoteles eine vollendete Wissenschaft. Ebenso ist seine Abgrenzung der Logik gegenüber der Erkenntnispsychologie berechtigt.

Die Wissenschaftslehre besteht aus den Teilen Fundamentallehre, Elementarlehre, Erkenntnislehre, Erfindungskunst und Eigentliche Wissenschaftslehre. In der Fundamentallehre geht es, wie aus dem weiteren Zusammenhang klar wird, um die Überwindung der radikal-skeptizistischen Leugnung von Wahrheit überhaupt. Diesem Skeptizismus, der in dieser kruden Form vielleicht niemals im Ernst vertreten worden ist, setzt Bolzano eine im weiten Sinne platonistische Auffassung entgegen: Wenn wir Sätze aussprechen oder niederschreiben, beziehen wir uns auf Sätze an sich, die nicht der raum-zeitlichen Realität angehören, sondern ideale Entitäten sind. Aufs knappste faßt Bolzano seine Auffassung zusammen, wenn er erklärt: „Dasjenige nun, was man sich unter dem Worte *Satz* notwendig vorstellen muß, um diese Unterscheidung [zwischen dem sprachlichen Ausdruck eines subjektiven Bewußtseinsinhalts und seiner idealen Entsprechung] gemeinschaftlich mit mir machen zu können, [...] ist eben das, was ich einen *Satz an sich* nenne, [...]" (W § 19).

Was Bolzano „Sätze an sich" nennt, entspricht Leibnizens ewigen Wahrheiten oder den objektiven Möglichkeiten des „vorkritischen" Kant. Wenn Bolzano in der Schrift von 1839 auf das „Reich der Wahrheiten an sich" hinweist, ist die Übereinstimmung mit Leibniz, der von einer Region der ewigen Wahrheiten gesprochen hat, nicht zu übersehen.

Die Logik hat es nach Bolzano mit Entitäten wie den genannten und den zwischen ihnen bestehenden objektiven Beziehungen zu tun. Ihre Sätze gelten unabhängig von subjektiven Anschauungen, somit auch von den reinen Anschauungsformen, auf die sich Kant bezog, um die Allgemeingültigkeit geometrischer und arithmetischer Sätze erklären zu können. Indem Bolzano der psychologistischen Auffassung der Logik eine Absage erteilt, weist sein Denken in jene Richtung, die später Frege (s. Kap. IX) und Husserl (s. Bd. XII, Kap. V) einschlugen. Auch ihnen ging es um eine objektivistische Alternative zu subjektivistischen Auffassungen der Logik.

3. Grundbegriffe der Wissenschaftslehre

Die Logik[14] entwickelt Bolzano innerhalb eines begrifflichen Rahmens, zu dem die Begriffe „Satz an sich", „Wahrheit an sich" und „Vorstellung an sich" gehören. Sie werden in der „Fundamentallehre" eingeführt und in der „Elementarlehre" ausführlich erörtert.

Sätze an sich sind ideale Entitäten, die Urteilen eines Subjekts entsprechen, aber unabhängig vom subjektiven Denken sind. Sie sind Wahrheiten an sich, wenn diese Urteile wahr sind. Den in Urteilen enthaltenen Teilbegriffen entsprechen Vorstellungen an sich. Wenn zum Beispiel (so könnte man das Verhältnis dieser Grundbegriffe illustrieren) geurteilt wird, daß Dreiecke im Halbkreis rechtwinklig sind, entspricht diesem Urteil ein Satz an sich, nämlich der dem Thales zugeschriebene Satz (s. in Bd. I, Kap. I), in diesem Falle eine Wahrheit an sich. Der Vorstellung „rechtwinkliges Dreieck" entspricht eine Vorstellung an sich.

Den ontologischen Status der Sätze an sich hat Bolzano nicht affirmativ bestimmt. Er selbst räumt ein, nicht sicher sagen zu können, „wie der Begriff eines Satzes an sich zu erklären sey" (W § 23). Nur dessen Unabhängigkeit vom Denken steht ihm fest. So erklärt er: „unter einem Satze an sich verstehe ich nur irgend eine Aussage, daß etwas ist oder nicht ist; gleichviel, ob diese Aussage wahr oder falsch ist; ob sie von irgend jemand in Worte gefaßt oder nicht gefaßt, ja auch im Geiste nur gedacht oder nicht gedacht worden ist" (W § 19). Das gilt nicht nur für ihr Verhältnis zum menschlichen Denken; sie sind auch unabhängig vom Denken Gottes. Wahre Sätze sind nicht wahr, weil Gott sie erkennt, sondern Gott erkennt sie, weil sie wahr sind.

Bolzano spricht den Sätzen an sich das Dasein (die Existenz oder Wirklichkeit) ab. Er ist sich bewußt, die Ausdrücke „Satz" und „Dasein" in ungewöhnlichem Sinne zu verwenden. So spricht er von „Dasein" nur mit Bezug auf reales Seiendes und betrachtet als wirklich nur Wirkendes – seien es raum-zeitliche Dinge, sei es Gott. Mit Leibniz erklärt Bolzano „Dasein" – in Sätzen der Form „A hat Dasein" – für eine Eigenschaft: „*Sein* oder *Wirklichkeit* ist [...] eine Beschaffenheit" (W § 142), wie er meint. Auf den ontologischen Gottesbeweis, der auf dieser Auffassung beruht, hat er sich jedoch, anders als Leibniz, nicht gestützt.

Daß es Wahrheiten an sich gibt, meint Bolzano beweisen zu können. Zunächst zeigt er, daß es mindestens einen wahren Satz an sich gebe. Wären alle Sätze falsch, dann wäre auch der Satz, daß alle Sätze falsch seien, falsch. Folglich ist es wahr, daß nicht alle Sätze falsch sind, das heißt, es gibt mindestens einen wahren Satz (W § 31). Sodann beweist er, daß es nicht nur einen wahren Satz geben könne, denn die Annahme, es gebe nur eine einzige Wahrheit – sie möge „A ist b" heißen –, hebt sich selbst auf. Gilt der Satz, daß es außer „A ist b" keine Wahrheiten gebe, als wahr, dann ist diese Wahrheit von dem vermeintlich einzigen wahren Satz verschieden, und es ist falsch, daß es nur eine einzige Wahrheit gebe. Da sich die Überlegung ohne Ende wiederholen läßt (Rekursion), gibt es sogar unendlich viele Wahrheiten (W § 32). – Bei dieser Argumentation fällt auf, daß sie dieselbe Form hat wie Beweise durch vollständige Induktion in der Mathematik.[15]

Vorstellungen an sich sind Bestandteile der Sätze an sich. Wenn es diese gibt, dann gibt es auch Vorstellungen an sich und letzten Endes einfache Vorstellungen, denn zusammengesetzte Vorstellungen bestehen, wie alles Zusammengesetzte, letzten Endes aus einfachen Teilen.

Die Vorstellungen sind, wie die Sätze an sich, unabhängig vom Denken eines Subjekts (W § 48). Daher kann ein und dieselbe Vorstellung an sich von verschiedenen Subjekten gedacht werden, ohne daß sie dadurch vervielfacht würde. Von Vorstellungen an sich gilt das Principium identitatis indiscernibilium, auf das sich schon Leibniz gestützt hatte. Vorstellungen sind diesem Grundsatz zufolge gleich, wenn sie ununterscheidbar sind.

Bolzano ist sich darüber im klaren, daß der Ausdruck „Vorstellung" in diesem Zusammenhang ungewöhnlich ist, sieht aber keinen passenderen. Man muß jedenfalls genau zwischen Vorstellungen als anschaulichen subjektiven Bewußtseinsphänomenen und Vorstellungen an sich unterscheiden. Die Ansicht, daß Vorstellungen richtig seien, wenn sie mit einem Gegenstand übereinstimmen, lehnt Bolzano ab, denn es gibt Vorstellungen, die keinen Gegenstandsbezug haben (z. B. „viereckiges Dreieck" oder „$\sqrt{-1}$").

Sätze haben nach Bolzano die Form „A hat b", oder sie lassen sich auf Sätze dieser Form zurückführen. So kann der Satz „Gott ist" als „Gott hat Dasein" und „Der Begriff des Dreiecks ist zusammengesetzt" als „Der Begriff des Dreiecks hat Zusammengesetztheit" aufgefaßt werden (W § 127). Zu solch ungewöhnlichen Formulierungen sah sich Bolzano genötigt, weil er an der Auffassung festhielt, daß Sätze stets prädikativ sind, also von einem Gegenstand eine Beschaffenheit aussagen, deren Vorstellungen durch die Kopula als Ausdruck des Begriffs des Habens verbunden sind (W § 126).

Sätze sind, anders als Vorstellungen, immer entweder wahr oder falsch; sie können reine Begriffssätze oder Anschauungssätze, wie Bolzano empirische Sätze nennt, sein, und sie lassen sich in analytische und synthetische einteilen. Bei der Erörterung der Analytizität von Sätzen zeigt sich seine Denkweise besonders deutlich: Ein Satz ist analytisch wahr, wenn sich beim Ersatz einer Variablen durch eine andere gegenständliche Vorstellung der Wahrheitswert des Satzes nicht ändert (W § 148).[16] Wenn man zum Beispiel in dem Satz „Der Mensch Cajus ist sterblich" „Cajus" als variable Vorstellung betrachtet, erhält man durch Einsetzung der Namen wirklicher Menschen an dessen Stelle wahre Sätze. Offenbar können an die Stelle der Variablen nur Vorstellungen treten, die sich auf Gegenstände einer bestimmten Art beziehen. Tritt zum Beispiel in dem genannten Satz

„Dreieck" an die Stelle von „Cajus", dann hat der Satz keinen Gegenstandsbezug und kann nicht wahr sein (W § 147).

Das Verhältnis zwischen der Menge wahrer Sätze, die aus einem Satz durch Einsetzung von Vorstellungen an der Stelle der als variabel betrachteten entstehen, und der Menge aller Sätze wird „Grad der Gültigkeit eines Satzes" genannt und durch einen Bruch dargestellt (d.i. eine Verhältniszahl zwischen 0 und 1, die die Wahrscheinlichkeit des Wahrseins des Satzes, bezogen auf alle Sätze über den Bereich, zu dem der Satz-Gegenstand seiner semantischen Kategorie nach gehört, ausdrückt) (W § 147).

Bolzanos Auffassung der Analytizität von Sätzen unterscheidet sich deutlich von der Kantischen. Hatte sich Kant so ausgedrückt, daß es möglich erscheint, ihm eine psychologisierende Deutung dieser Begriffe zu unterstellen – analytisch sind, wie er erklärt, Urteile, in deren Prädikat ausgesagt wird, was im Subjektbegriff unausdrücklich schon „gedacht" war (Prolegomena, § 2) –, so hat Bolzanos Auffassung nichts mit Denkakten eines Subjekts zu tun.

Das gilt auch für den Begriff der Ableitbarkeit eines Satzes aus anderen Sätzen. Die Sätze M, N, O, ... sind aus den Sätzen A, B, C, ... ableitbar hinsichtlich ihrer veränderlichen Teile, wenn jeder Inbegriff von Vorstellungen, der an die Stelle der Veränderlichen tritt, sowohl A, B, C, ... als auch M, N, O wahr macht (W § 155). Dabei handelt es sich, wie bei logischen Relationen im allgemeinen, nicht um Begründungen des erkennenden Subjekts, sondern um objektive Verhältnisse zwischen Sätzen: „Die Ableitbarkeit der Sätze voneinander [ist] eines derjenigen Verhältnisse [...], die ihnen *objektiv*, d.h. ganz abgesehen von unserem Vorstellungs- und Erkenntnisvermögen zukommen" (W § 155). Das gilt auch für das Verhältnis der Abfolge von Sätzen, die sich zueinander wie der Grund zur Folge verhalten (W § 198; cf. W § 162).

Nach Bolzano gibt es keinen letzten Grund; die Begründungskette ist unendlich. Dies beweist Bolzano ausgehend von der Folge der Ursachen, die kein erstes Element hat und in diesem Sinne unendlich ist. Da ein wirkliches M nur dann „Ursache von N" heißt, wenn die Wahrheit, daß M ist, einen Grund (oder Teilgrund) der Wahrheit, daß N ist, enthält (W § 216), ist die Folge der Gründe ebenso unendlich wie die der Ursachen. Auch dies ist eine Auffassung, die sich bei verschiedenen Vertretern der rationalistischen Metaphysik im 17. und 18. Jh., für die sie charakteristisch ist, findet.

Bolzanos Konzentration auf objektive logische Strukturen läßt Fragen der als Erkenntnispsychologie verstandenen Erkenntnistheorie in den Hintergrund treten. Diese Disziplin hat es mit den Weisen, in denen an sich seiende Strukturen vom Subjekt erfaßt werden können, zu tun. Die subjektiven Vorstellungen und die Urteile, in denen das geschieht, gehören der Wirklichkeit an und unterliegen deren Gesetzen, zum Beispiel dem Kausalitätsprinzip. Bolzano steht auf dem Standpunkt der Assoziationspsychologie: Vorstellungen hinterlassen im Bewußtsein Spuren, die deren Vergegenwärtigung erleichtern. Erinnerung liegt aber erst vor, wenn eine vergegenwärtigte Vorstellung als eigene identifiziert wird.

4. Die Größenlehre

Nach Bolzano liegen der Mathematik, für die er sich seit seinem Studium in Prag interessierte, Sätze zugrunde, die reine Begriffswahrheiten und als solche unabhängig von der Anschauung – auch der reinen Anschauung im Sinne Kants – sind.[17] Wenn man den Begriff des Unendlichen nicht vollständig dem Einfluß der Anschauung entzieht, entstehen Probleme, wie Bolzano in den „Paradoxien des Unendlichen" zeigt. In diesem Werk, wie in der Fragment gebliebenen „Größenlehre", entwickelt er eine Auffassung, die auf die mengentheoretische Grundlegung der Mathematik vorausweist.[18]

Bolzano wendet sich gegen zwei Irrtümer in bezug auf Unendliches: Erstens verwirft er die Auffassung unendlicher Mengen als Erzeugnisse des Denkens. Mengen im allgemeinen sind nicht erst vorhanden, wenn sie gedacht werden. Zweitens kritisiert er die Annahme, daß man, um unendliche Mengen denken zu können, deren Elemente vorstellen müsse. Das ist unmöglich und kann daher nicht sinnvoll gefordert werden.

Hegels Unterscheidung zwischen einer guten und einer schlechten Unendlichkeit – zur letzteren gehört seiner Ansicht nach das mathematische Unendliche – weist Bolzano entschieden zurück. Der in der Mathematik erörterte Begriff der Unendlichkeit ist der einzig vertretbare. Er ist gemeint, wenn das All, zu dem nicht nur die realen Dinge, sondern auch die Sätze an sich und die Wahrheiten gehören, als unendlich bezeichnet wird. Auch der allwissende und allmächtige Gott ist unendlich, denn er weiß unendlich viele Wahrheiten.

Von jeder unendlichen Menge gilt, wie Bolzano erkannte, daß sie Teilmengen enthält, die von gleicher Mächtigkeit sind wie sie. Das mag paradox erscheinen, ist aber wohlbegründet. Der Eindruck des Paradoxen entsteht, wenn man von dem als allgemeingültig betrachteten Grundsatz ausgeht, daß das Ganze stets größer sei als seine Teile. Die Paradoxie verschwindet, wenn man einsieht, daß dieser Grundsatz nur für endliche, anschaulich vorstellbare Ganze gilt. (Im weiteren Verlauf erörtert Bolzano verschiedene andere Paradoxien, auf die hier nicht eingegangen wird.)

Vor Schwierigkeiten wird man auch durch den Begriff des Kontinuums – z. B. des Raumes – gestellt. Das Raum-Kontinuum besteht nach Bolzano aus einfachen Punkten, deren Menge unendlich ist. Ein Kontinuum liegt vor, „wo sich ein Inbegriff von einfachen Gegenständen (von Punkten ...) befindet, die so gelegen sind, daß jeder einzelne derselben für jede auch noch so kleine Entfernung wenigstens einen Nachbar in diesem Inbegriffe habe" (Paradoxien, § 38). Wenn diese Bestimmung für ungenügend erklärt und gefordert wird, daß von einem Kontinuum nur gesprochen werden könne, wenn jeder Punkt einen anderen habe, den er unmittelbar berührt, wird Unmögliches verlangt. Es hat keinen Sinn, in bezug auf das Verhältnis einfacher Punkte von „berühren" zu sprechen, denn Punkte haben keine Grenzen, die mit den Grenzen anderer Punkte zusammenfallen könnten. Der Einwand entspringt einem der Anschauung verpflichteten Denken, dessen Einfluß fernzuhalten ist.

5. Metaphysische Grundbegriffe und Grundsätze

Bolzano war ein Vertreter der traditionellen Substanz-Metaphysik, der zufolge alles Wirkliche entweder Substanz oder Bestimmung einer – sei es zusammengesetzten oder einfachen – Substanz ist. Zugunsten der Annahme einfacher Substanzen argumentierte er, daß es, wo es Zusammengesetztes gibt, Einfaches geben müsse; daß aber Zusammengesetztes existiert, ist unbestreitbar. Die absolut einfachen Substanzen sind Atome im metaphysischen Sinn; sie sind unentstanden und unvergänglich. Da materielle Dinge aus solchen Atomen bestehen, sind Materie und geistige Wirklichkeit nicht vollkommen verschieden, wie Bolzano gegen den psychophysischen Dualismus betont. Er übernimmt damit eine Auffassung der Leibnizschen Monadenlehre, lehnt aber die These, daß zwischen endlichen Monaden keine Wechselwirkung stattfindet, ab. Gegen die Theorie der prästabilierten Harmonie wendet er ein, daß es nicht nur mittelbare (von Gott vermittelte) Wirkungen geben könne. Wo es mittelbare Wirkungen gibt, muß es auch unmittelbare geben. Bolzano meint sogar, daß alle einfachen Substanzen interagieren. Von diesem Standpunkt aus ist die Annahme, daß die Vorstellung eines jeden Gegenstandes aus nichts anderem als aus den Vorstellungen seiner Beschaffenheiten zusammengesetzt sei (zum Beispiel als „Bündel von Perzeptionen", wie Hume meinte), zurückzuweisen (W § 64). Um den Begriff eines Gegenstands mit den Beschaffenheiten b, b', b'' ... bilden zu können, muß man die Vorstellung von etwas bilden, das diese Beschaffenheiten hat, und die Vorstellung eines solchen Habens geht über den Inbegriff der Beschaffenheiten hinaus.

Wie Leibniz nimmt auch Bolzano (Paradoxien des Unendlichen, § 50) an, daß es nicht zwei vollkommen gleiche Dinge und daher auch nicht zwei einander durchaus gleiche Atome gibt. Mit jenem bestimmt er die einfachen Substanzen als Kräfte, zu denen das Wirken wesentlich gehört: „Was immer *wirklich* ist, das muß ja auch *wirken*, und somit *Kräfte* zum Wirken haben"

(Paradoxien, § 51). So wie es keine Substanz ohne Kräfte gibt, so gibt es auch keine Kräfte unabhängig von Substanzen. Die Atome sind daher nicht nur veränderlich, sondern sie ändern sich ständig. Weil das Wirken zum Wesen der Atome gehört, gibt es keine absolut träge Materie. Auch die Annahme eines leeren Raums weist Bolzano zurück: Der Raum ist immer von Substanzen erfüllt, allerdings an verschiedenen Stellen mit unterschiedlicher Dichte.

Die Substanz-Metaphysik liegt auch Bolzanos Unsterblichkeitslehre zugrunde: Wenn Atome unzerstörbar sind und wenn die Seele ein Atom ist, dann hört sie nicht mit dem physischen Tod zu existieren auf. Sie wird nicht bei der Zeugung geschaffen, sondern entwickelt sich aus psychischen Keimen, die in allen Eizellen angelegt sind. Die entwickelte Seele hat eine beherrschende Stellung unter den die menschliche Person konstituierenden Substanzen inne.

Bolzano hat mit Leibniz und gegen Kant Gottesbeweise für möglich gehalten. Er stützt sich auf den Kontingenzbeweis, das heißt, er geht von der Tatsache aus, daß es endliche Wesen gebe, die den Grund ihrer Existenz nicht in sich haben, und schließt, daß sie von einem Grund außerhalb ihrer selbst abhängen, letzten Endes von Gott als letztem Grund. Gott ist nicht mehr auf einen von ihm verschiedenen Grund angewiesen, weil sein Seinsgrund in ihm selbst liegt.

Der metaphysischen These, daß alles, was irgendwie ist, Substanz oder Bestimmung einer Substanz sei, entspricht die Auffassung, daß im Urteil die Vorstellung einer Beschaffenheit mit der Vorstellung eines Gegenstands verbunden wird. Es fragt sich, ob hierbei die Ontologie die Logik oder die Logik ontologische Verhältnisse widerspiegelt. Bolzano hat für die zweite Ansicht optiert.

6. Weitere Themenbereiche

Auf andere Bereiche, die Bolzano in sein philosophisches Projekt einbezog, kann hier nur kurz hingewiesen werden. An erster Stelle ist die Ethik zu nennen, der zwar Bolzano kein eigenes Werk widmete, die jedoch in verschiedenen seiner Schriften zur Geltung kommt. Sie ist eine Form des Eudämonismus: Entscheidungen sind danach positiv zu bewerten, wenn sie das Wohl und die Glückseligkeit nicht nur des Einzelnen, sondern auch des gesellschaftlichen Ganzen, optimal fördern.

Kants Kategorischen Imperativ hält Bolzano für ethisch unzulänglich. Mit dieser Feststellung hat er insofern recht, als der Kategorische Imperativ es nur erlaubt, gewisse Maximen als unmoralisch auszuschließen (s. Bd. IX, 1, Kap. I, 4). An seine Stelle tritt bei Bolzano das Prinzip: „Handle immer so, wie es das allgemeine Beste und das Wohl des Ganzen erfordert." Von diesem Grundsatz hängen alle anderen moralischen Sätze ab.

Ein Moralphilosoph darf sich nach Bolzano nicht darauf beschränken, moralische Grundsätze zu formulieren und moralische Probleme zu analysieren, um die systematischen Zusammenhänge im Bereich der Ethik zu klären; er muß sich auch einwandfrei moralisch verhalten. Er muß „durchaus so verfahren ..., wie es die Gesetze der Sittlichkeit fordern, und folglich so, daß die größtmögliche Summe des Guten (die möglichgrößte [!] Beförderung des allgemeinen Wohles) daraus hervorgehe" (W § 395).

Besonders lag Bolzano die Religionswissenschaft[19] – als „Wissenschaft von der vollkommensten Religion" (R I, § 2) – am Herzen. Die „Religion eines Menschen" ist der „Inbegriff aller derjenigen Meinungen dieses Menschen, die einen entweder wohlthätigen oder nachteiligen Einfluß auf seine Tugend oder seine Glückseligkeit äußern" (R I, § 20). Die Religion, die diese Bedingung am besten erfüllt und die daher die vollkommenste ist, ist in Bolzanos Augen das Christentum und insbesondere der Katholizismus.

Seine Option für die christliche Religion ist letzten Endes praktisch motiviert. Bei Offenbarungslehren kommt es seiner Ansicht nach nicht primär auf Einsichten in transzendente Zusammenhänge an – der Glaube, daß die Offenbarung eine Wirklichkeit enthülle, wie sie an sich ist, läßt sich nicht aufrechterhalten –, sondern auf deren praktische Folgen. Die philosophische Reflexion soll zur Auffindung jener religiösen Vorstellungen führen, die die erbaulichsten und für das allgemeine Wohl zuträglichsten sind. Die sich hier abzeichnende pragmatistische Ethisierung der Religion ist charakteristisch für das Denken der deistischen Aufklärung, von der Bolzanos Philosophie beeinflußt war.

Bolzano unterschied zwischen natürlicher und Offenbarungsreligion. Die erstere hat es mit Begriff und Wesen Gottes sowie mit der Unsterblichkeit der menschlichen Seele zu tun. Die auf sie bezogenen Sätze sind unabhängig von Anschauungen einsichtig und nicht auf göttliche Offenbarungen angewiesen. Die natürliche Religion ist in Bolzanos Augen aber unzulänglich, da sie zum Beispiel zwar die Existenz eines Göttlichen, nicht jedoch die eines dreifaltigen Gottes beweisen kann. Sie ist daher auf die Ergänzung durch die offenbarte Religion angewiesen (R I, §§ 96–98).

An der Idee des allgemeinen Wohls orientiert sich Bolzano auch in den Reformentwürfen „Von dem besten Staate" (zunächst als Manuskript verbreitet) und „Über die Perfectibilität des Katholicismus. Streitschriften zweier katholischer Theologen" (1845). Weder sein christlich-soziales Ideal eines die allgemeine Wohlfahrt fördernden, das Privateigentum einschränkenden und die Sozialisierung wichtiger sozialer Bereiche (Grund und Boden, Gesundheits- und Bildungswesen) vornehmenden Staates, noch seine aufklärerische Auffassung der Religion und die Forderung, Staat und Religion zu trennen, hatten in der damaligen Zeit die geringste Aussicht auf Verwirklichung. Dagegen beeinflußten seine bildungstheoretischen und pädagogischen Ideen die Entwicklung des Schulwesens in Böhmen.[20]

Ein wichtiger Aspekt von Bolzanos Philosophie ist die Auseinandersetzung mit dem Kritizismus, dem Bolzano nicht nur theoretisch, sondern auch praktisch entgegentrat, um dessen Ausbreitung zu verhindern. Er mußte in Kants Philosophie eine Gefahr sehen, denn die Art von Metaphysik, die Bolzano vertrat, hat Kant für unmöglich erklärt. Seine Kritik des Kantischen Transzendentalismus ist zwar in manchen Punkten berechtigt, wird aber der transzendentalphilosophischen Denkweise im allgemeinen nicht gerecht. Wie groß der Abstand der Positionen ist, wird z. B. deutlich, wenn man sich vergegenwärtigt, daß nach Kant Gegenstandserfahrung nur im Rahmen von Deutungen, die das Subjekt entwirft, möglich ist. Was Dinge unabhängig von Deutungen – die Dinge an sich – sein mögen, bleibt uns verschlossen. Bolzano nahm dagegen ein erkennbares An-sich an und war somit tatsächlich der Anti-Kant, als den ihn Franz Příhonský bezeichnete.[21] Wenn er aber meinte, seine Position definitiv bewiesen und damit den Kritizismus widerlegt zu haben, erhob er einen Anspruch, der sich nicht aufrechterhalten läßt.

Über manche der von Bolzano vertretenen Ansichten in Metaphysik, Erkenntnistheorie, Ethik, Religionswissenschaft (von weniger wichtigen Aspekten seiner Philosophie[22] zu schweigen) wird heute meist rasch hinweggegangen, da sie zum großen Teil traditionell und rückwärtsgewandt sind; was heute auf Interesse stößt, sind die Vorwegnahmen jüngerer Auffassungen im logisch-wissenschaftstheoretisch-mathematischen Bereich, die Teile von Bolzanos Denken als erstaunlich modern erscheinen lassen. Zunächst wurde Bolzanos philosophischer Einfluß jedoch durch das Erstarken des Herbartianismus in Österreich und damit auch in Böhmen zurückgedrängt. Zugunsten von Herbarts Philosophie dürfte gesprochen haben, daß sie als kritisch gelten konnte, zugleich aber metaphysische Elemente des vorkantischen Rationalismus bewahrte (vgl. Bd. IX, 1, Kap. III, 1). Die Situation änderte sich erst einige Jahrzehnte später. Gegen Ende des 19. Jh.s hob Brentanos Anhänger Twardowski die Bedeutung von Bolzanos Logik hervor.[23] 1900 wies E. Husserl in den „Logischen Untersuchungen" (zu diesem s. Bd. XII, Kap. V, 3) anerkennend auf Bolzano als Logiker hin, und im Verlauf des 20. Jh.s nahm das Interesse an Bolzanos Logik weiter zu.[24] Indem er die Logik als Instrument der philosophischen Analyse betrachtete, antizipierte er Auffassungen, die von späteren, in Teil III des vorliegenden Bandes behandelten Theoretikern vertreten wurden,[25] allerdings ohne daß er sie direkt beeinflußt hätte. In dieser Hinsicht verhält es sich mit seiner Logik ähnlich wie mit der Leibnizschen.

II. Franz Brentano

1. Leben und wichtigste Werke

Franz Brentano (geb. 1838 in Marienberg bei Boppard am Rhein) läßt sich keiner der großen Richtungen der damaligen Philosophie zuordnen. Seine philosophische Denkweise ist durch logische Schärfe und Respekt vor der Empirie bei gleichzeitiger Hinwendung zur Metaphysik gekennzeichnet. Daher steht seine Philosophie im Gegensatz sowohl zum kritischen und spekulativen Idealismus als auch zum zeitgenössischen Positivismus. Unter dem Einfluß seines Lehrers Trendelenburg (s. Bd. X, Kap. I, 4 c) setzte er sich mit der Aristotelischen Philosophie auseinander und widmete ihr seine ersten Veröffentlichungen, nämlich „Von der mannigfachen Bedeutung des Seienden bei Aristoteles" (1862, Dissertation) und „Die Psychologie des Aristoteles, insbesondere seine Lehre vom Nous poietikos" (1867).[1] Mit der letzteren Arbeit habilitierte er sich in Würzburg und wurde dort 1872 Professor. 1874 erschien die „Psychologie vom empirischen Standpunkt", die ungeachtet des Titels auch ein philosophisches Werk ist, wie denn Brentano Philosophie und Psychologie als zusammengehörig betrachtete. 1889 veröffentlichte er die Abhandlung „Vom Ursprung sittlicher Erkenntnis". Seine späteren philosophischen Auffassungen sind in einer Reihe von Schriften enthalten, die nicht mehr von ihm selbst, sondern von Anhängern seiner Philosophie herausgegeben wurden.[2]

Kurz vor dem Erscheinen der „Psychologie" war Brentano an die Universität Wien berufen worden, wo er als Lehrer großen Einfluß ausübte. Viele seiner Schüler schlugen die akademische Laufbahn ein und trugen zur Verbreitung seiner Philosophie, vor allem in der österreichisch-ungarischen Monarchie, bei. Er wirkte schulbildend (siehe unten) und bahnte den Weg zur Phänomenologie (s. Band XII).

Brentano war katholischer Priester, trat aber aus der Kirche aus, weil er gewissen Dogmen, vor allem dem Unfehlbarkeitsdogma, nicht zustimmen konnte.[3] Dennoch galt er in Österreich noch als Priester, weshalb er sich nicht verheiraten konnte. Um eine Ehe eingehen zu können, gab er die österreichische Staatsangehörigkeit auf und verlor damit die Professur (1880). Er lehrte mehrere Jahre als Privatdozent und verließ schließlich verbittert das Land. Seit 1895 lebte er in Italien, nach 1915 in der Schweiz; er starb 1917 in Zürich.

2. Erkenntnistheorie und Psychologie

Brentano entwarf eine Philosophie, in deren Mittelpunkt Erkenntnistheorie, Ontologie und Ethik stehen und die insofern „wissenschaftlich" ist, als sie auf einer „natürlichen" Methode beruht, das heißt nur Sätze zuläßt, die evident oder aus evidenten Sätzen abgeleitet, mindestens aber hinreichend wahrscheinlich sind. Seine Erkenntnistheorie ist empirisch, sofern sie auf Erfahrungsaussagen über psychische Phänomene beruht; sie ist nicht empiristisch, denn sie führt nicht zum Ausschluß metaphysischer Auffassungen.

Die Grundbegriffe der Philosophie sind nach Brentanos Überzeugung nur mit den Mitteln der Psychologie zu klären, allerdings einer Psychologie, die psychische Phänomene beschreibt und klassifiziert, ohne sie (zum Beispiel durch Zurückführung auf physiologische Zusammenhänge[4]) erklären zu wollen. Die deskriptive Psychologie knüpft an die innere Wahrnehmung an, die nach Brentano nicht in Zweifel gezogen werden kann; sie hat grundlegende Begriffe der Erkenntnistheorie, wie „Vorstellung", „Urteil", „Evidenz" usw., zu analysieren. Mit der psychologischen Fundierung der Philosophie soll ihr Anspruch auf Wissenschaftlichkeit gerechtfertigt werden.[5]

Die psychischen Phänomene lassen sich nach Brentano in drei Klassen einteilen: in Vorstellungen, Urteile und emotionale/voluntative Akte (Lieben oder Hassen, Gefallen oder Mißfallen).[6] Grundlegend sind die Vorstellungen, da man nur beurteilen oder erstreben kann, was vorgestellt wird, während man etwas vorzustellen vermag, ohne zu urteilen oder emotional zu reagieren.

Diese Klassifikation der psychischen Phänomene deckt sich mit Descartes' Einteilung der *cogitationes* in *ideae*, *judicia* und *voluntates sive affectus* (Med. III; AT VII, 37. Vgl. Bd. VII, Kap. III, 9), worauf Brentano auch hinweist.[7] Sie verdrängt die unzulängliche Einteilung der Bewußtseinsphänomene in Denken, Fühlen und Wollen, die daran krankt, daß mit der Zuordnung von Vorstellen und Urteilen zu einer Klasse Verschiedenartiges zusammengefaßt wird. Nur im Urteil wird etwas bejaht oder verneint, ja das Urteil besteht im Akt des Anerkennens oder Verwerfens. Die Auffassung des Urteils als Vorstellungsverbindung lehnt Brentano daher ab: Einerseits lassen sich Vorstellungen ohne Bejahung oder Verneinung verbinden, andererseits gibt es Urteile auf Grund einer einzigen Vorstellung (z. B. „Gott existiert"). Von besonderer Bedeutung sowohl für Brentanos Philosophie als auch für verschiedene von ihr abhängende philosophische Richtungen ist der Begriff der Intentionalität psychischer Akte, um deren Präzisierung sich Brentano anhaltend bemüht hat.

3. Probleme der Intentionalität

Die Intentionalität, durch die sich psychische von physischen Phänomenen unterscheiden, wird in der „Psychologie“ von 1874 folgendermaßen beschrieben: „Jedes psychische Phänomen ist durch das charakterisiert, was die Scholastiker des Mittelalters die intentionale (wohl auch mentale) Inexistenz eines Gegenstandes genannt haben, und was wir [...] die Beziehung auf einen Inhalt, die Richtung auf ein Objekt (worunter hier nicht eine Realität zu verstehen ist), oder die immanente Gegenständlichkeit nennen würden. Jedes enthält etwas als Objekt in sich, obwohl nicht jedes in gleicher Weise. In der Vorstellung ist etwas vorgestellt, in der Liebe geliebt, in dem Hasse gehaßt, in dem Begehren begehrt usw.“[8]

Ansätze der Intentionalitätslehre finden sich, wie Brentano bemerkt, bei Aristoteles, später bei Philo und den Neuplatonikern (zu diesen s. Bd. IV, Kap. I und II). Auch im Mittelalter spielte der Begriff der Intentionalität eine Rolle.[9] Von Brentano übernahmen Husserl und manche anderen Anhänger seiner Philosophie die von ihm anfangs vertretene Auffassung der Intentionalität als Beziehung psychischer Phänomene auf einen bewußtseinsimmanenten Gegenstand, obwohl Brentano selbst sie später nicht mehr so verstanden hat. Die Auffassung der Intentionalität als Beziehung auf einen intentionalen Gegenstand wurde zu einem der wichtigsten Streitpunkte der Philosophie des 20. Jh.s. Vertreter der Phänomenologie griffen sie auf, während ihr vor allem analytisch eingestellte Autoren kritisch gegenüberstanden. Sie wiesen die Annahme idealer Entitäten als bewußtseinsimmanenter Objekte, denen mentale Inexistenz (Enthaltensein im Bewußtsein) zukommt, zurück.

Brentano bemerkte bald die mit der fraglichen Auffassung verbundenen Schwierigkeiten. Ihm wurde klar, daß die Intentionalität nur als Relation aufgefaßt werden kann, wenn es zwei Relata gibt, nämlich einen Akt des Beziehens als Fundament und einen als idealen Gegenstand gedachten immanenten Inhalt als Terminus der Relation. Daher suchte er die Annahme idealer Gegenstände dadurch zu vermeiden, daß er die Intentionalität nicht als Relation, sondern als etwas „Relativliches“, d. h. als etwas einer Beziehung Ähnliches, auffaßte. Wie soll aber etwas einer Beziehung ähnlich und trotzdem keine Beziehung sein? Der Ausdruck „relativlich“ ist einer Verlegenheit entsprungen, der Brentano mit seiner Hilfe zu entgehen suchte. Er selbst erkannte den angedeuteten Ausweg als ungangbar.

Angesichts dieser Situation entschloß sich Brentano zu einem radikalen Schritt: Er ließ die Annahme intentionaler Gegenstände fallen. Der Schritt zu der neuen Auffassung fällt in die Zeit um die Jahrhundertwende und war 1904 endgültig vollzogen. Nach wie vor gilt für Brentano, daß jemand, der denkt (vorstellt, urteilt usw.), etwas denkt; genauer: etwas als etwas denkt.

Doch dieses Etwas ist nicht etwas Gedachtes, sondern ein Ding, wie Brentano betont: „Wer einen Stein denkt, denkt ihn nicht als gedachten Stein, sondern als Stein, sonst würde er ihn auch, wenn er ihn anerkennt, nur als gedachten anerkennen [...]“[10] Ebenso verhält es sich mit einem Urteil, das das Dasein eines Steins leugnet: Geleugnet wird nicht der gedachte Stein.

Nach Brentanos späterer Ansicht gibt es keine nicht-realen Entitäten (wie den intentionalen Gegenstand). Was immer wir vorstellen, wird als Einzelding *(res)* vorgestellt. Er betont, „daß nie etwas anderes als Dinge [*res*], welche sämtlich unter den Begriff des Realen fallen, für psychische Beziehungen ein Objekt abgibt“.[11] Mit der neuen Denkweise, dem „Reismus“ – wie T. Kotarbiński diese der seinen ähnliche Auffassung nannte –, scheiden abstrakte Entitäten als Gegenstände des Vorstellens aus; es gibt, wie er nun meint, keine idealen Sachverhalte und keine abstrakten Wesenheiten wie „Röte“ oder „Güte“, „Existenz“ oder „Wahrheit“.

Die neue Ansicht ist nach Brentano die einzige Alternative zur alten, die er als unhaltbar betrachtete, weil sie seiner Ansicht nach auf der Annahme beruht, daß man vom Vorgestellten in derselben Weise wie von Vorstellungen sprechen könne. Das ist jedoch nicht der Fall, denn nur der Akt des Vorstellens wird direkt *(modo recto)*, das Vorgestellte dagegen indirekt *(modo obliquo)* erfaßt. Zum Beispiel wird, wenn man Urteile über das Dreieck formuliert, die Vorstellung des Dreiecks direkt, das vorgestellte Dreieck aber nur indirekt erfaßt. Genau genommen sollte man nicht sagen „Ich stelle ein Dreieck vor“, sondern „Ich bin ein Dreieck-Vorstellender“.

Dieser Befund läßt sich durch sprachanalytische Überlegungen stützen.[12] Brentano hebt hervor, daß „in unserer Sprache nicht jedes Wort für sich etwas bedeutet“.[13] Es gibt Ausdrücke, die nur in Verbindung mit anderen Bedeutung haben, somit „bloß mitbedeutend“ sind. John Stuart Mill (s. Bd. X, Kap. I, 3) nannte sie „synkategorematische Ausdrücke“, der Brentano-Schüler Anton Marty sprach im Gegensatz zu Autosemantika von „synsemantischen Ausdrücken“ und betonte, daß sie nicht in derselben Weise verwendet werden dürften wie autosemantische Ausdrücke. Das gilt auch für das Verhältnis der Begriffe „Vorstellung“ und „vorgestellter Gegenstand“. Nur der erstere ist autosemantisch, der letztere ist synsemantisch.

4. Die Auffassung der Wahrheit

Die Auffassung der Wahrheit eines Urteils als dessen Übereinstimmung mit dem Beurteilten hat Brentano wegen der mit ihr verbundenen Schwierigkeiten verworfen. Sie führt zu einer Unmenge idealer Gegenstände (Sachverhalte), nämlich zur Annahme nicht nur positiver, sondern auch negativer

Sachverhalte. Um z. B. die Wahrheit eines Urteils wie „Es gibt keine Einhörner" im Sinne der Korrespondenztheorie verstehen zu können, müßte es einen negativen Sachverhalt – das Nichtsein von Einhörnern – geben, mit dem das Urteil übereinstimmt. Nicht nur die mit der Annahme von Sachverhalten verbundene ontologische Plethora spricht gegen sie; die herkömmliche Auffassung der Wahrheit als Übereinstimmung (Korrespondenz) scheitert auch an immanenten Schwierigkeiten, namentlich an der Voraussetzung, daß das Denken mit dem Ding verglichen werden könne. Das wäre nur möglich, wenn der beurteilte Gegenstand bereits erkannt wäre, d. h., man müßte schon im Besitz der Wahrheit sein, um deren Explikation vornehmen zu können.[14] Außerdem zieht die Auffassung der Wahrheit als Übereinstimmung einen unendlichen Progreß nach sich, weil man das Verhältnis von Urteil und dessen Gegenstand nur beurteilen kann, wenn man Urteil und Gegenstand für sich beurteilt hat. Für diese Urteile müßte wiederum Übereinstimmung mit dem Beurteilten beansprucht werden usw. Der Progressus in infinitum ist in Brentanos Augen Indiz der Unhaltbarkeit der zugrundeliegenden Annahme.

Brentano entgeht diesen Schwierigkeiten, indem er die herkömmliche Auffassung durch die Evidenztheorie der Wahrheit ersetzt.[15] Die Evidenz ist bei ihm nicht Kriterium der Wahrheit, sondern deren Wesen. Der Ausdruck „Evidenz" läßt sich nicht durch Angabe der nächsten Gattung und einer spezifischen Differenz definieren, da es sich um einen einfachen Begriff handelt, der daher nicht mit Hilfe anderer Begriffe bestimmt werden kann; er kann nur durch Beispiele erläutert werden, die es möglich machen, in der inneren Erfahrung Evidenz zu erleben.

Brentano benötigt kein Wahrheitskriterium, weil er davon ausgeht, daß es Urteile gibt, „die sich als richtig kundgeben, die den Charakter der Einsicht haben".[16] Für einen evident Urteilenden steht nicht nur die Wahrheit des Erkannten fest, sondern er sieht auch ein, daß keinem anderen ein seinem Urteil entgegengesetztes Urteil evident sein kann. Brentano hätte daher mit Spinoza sagen können: Veritas norma sui, et falsi est.[17]

Als Beispiele evidenter, unmittelbar als wahr erfaßter Urteile führt Brentano das Cartesianische *Cogito ergo sum* und den Satz vom ausgeschlossenen Widerspruch an. Im ersten Fall handelt es sich um ein Urteil der inneren Wahrnehmung, im zweiten um ein Axiom, d. h. um ein Urteil, das aus Begriffen einleuchtet. (Dabei ist zu beachten, daß Brentano, abweichend vom akzeptierten Sprachgebrauch, nicht nur Grundsätze als „Axiome" bezeichnet.) Axiome pflegen als bejahende Allsätze formuliert zu werden; sie drükken aber eine doppelte Negation aus. So wäre z. B. anstatt „Alle Dreiecke haben eine Winkelsumme von 180 °" zu sagen „Die Vorstellungen des Dreiecks und einer Winkelsumme ungleich 180° können evidentermaßen nicht zusammen bestehen".

Nach Brentano sind Urteile wahr, wenn sie evident sind oder aus evidenten Urteilen folgen. Diese Bestimmung scheint aber zu eng zu sein, da sich manchmal Urteile, die zunächst blind (d. h. ohne Evidenz) gefällt wurden, als wahr erweisen. Solche Urteile werden nicht erst dadurch wahr, daß sie (eventuell mittelbar) eingesehen werden, sondern mit der Einsicht wird klar, daß sie immer schon wahr gewesen sind (wie die Fermatsche Vermutung, die erst nach Jahrhunderten bewiesen wurde). Brentano sah das Problem und suchte Fällen wie dem erwähnten mit der Formulierung Rechnung zu tragen, jemand urteile wahr, wenn sein Urteil mit dem Urteil eines evident Urteilenden übereinstimmt. Dieser evident Urteilende ist, wie Brentano gelegentlich sagt, „vielleicht" Gott,[18] der alle Wahrheiten erkennt. Nach Brentano hängt die Evidenz nicht, wie Husserl gemeint hatte, mit einer Wesensschau zusammen;[19] sie besteht aber seiner Ansicht nach auch nicht in subjektiver Urteilsnötigung.[20] Ob sich außer der objektivistischen und der subjektivistischen Auffassung der Evidenz noch eine dritte denken läßt, ist aber fraglich.

Die Evidenztheorie der Wahrheit macht es möglich, den mit der Korrespondenztheorie verbundenen Schwierigkeiten zu entgehen, ist aber ihrerseits gravierenden Einwänden ausgesetzt, zum Beispiel dem Bedenken, daß der Terminus „Evidenz" nicht eindeutig ist. Wenn sowohl Axiome als auch Urteile der inneren Wahrnehmung als evident bezeichnet werden, handelt es sich im ersten Fall um die apodiktische, im zweiten Fall um die völlig andersartige assertorische Evidenz. Der Ausdruck „Evidenz" kann kaum gegen das Bedenken der Äquivokation verteidigt werden.

Auch die Behauptung, daß nur mit der Anerkennung evidenter Grundsätze der unendliche Begründungsregreß zu vermeiden ist, ist fragwürdig. Um dem Regressus in infinitum zu entgehen, braucht man nicht anzunehmen, daß es Sätze gibt, die unbedingt wahr sind, ohne eines Beweises zu bedürfen; man kann von hypothetischen Voraussetzungen ausgehen, die bei Bedarf modifiziert oder fallengelassen werden können. Brentano hat aber die Forderung absoluter Begründung als selbstverständlich betrachtet, was sie nicht ist. Und wenn gegen die Evidenztheorie eingewendet wird, daß immer wieder einander widersprechende Ansichten als evident bezeichnet wurden, läßt sich nur entgegnen, daß es sich in solchen Fällen um Scheinevidenz, nicht um echte Evidenz handelte. Um zwischen echter und scheinbarer Evidenz unterscheiden zu können, müßte man aber ein Kriterium der Echtheit von Evidenzen angeben können. Ein solches Kriterium gibt es jedoch nicht.

Schwierigkeiten bereiten nicht nur Brentanos Begriff der Evidenz und die Lehre von den intentionalen Gegenständen, sondern bereits die als unzweifelhaft dargestellte Deutung psychischer Phänomene als Akte. Brentano spricht zwar nur selten von Akten oder Tätigkeiten, faßt aber die Phänomene offenbar stets als Akte auf. So erklärt er: „Ich verstehe [...] unter Vorstellung nicht das, was vorgestellt wird, sondern den Akt des Vorstellens."[21]

Von Akten weiß man aber nicht auf Grund innerer Wahrnehmung. Wenn man zum Beispiel eine Farbe sieht oder einen Ton hört und auf diese Wahrnehmungen reflektiert, nimmt man nicht einen Akt des Sehens oder Hörens wahr, und ebenso wird, wenn man urteilt, kein Urteilsakt wahrgenommen. „Akt" ist ein Begriff, der zum Behuf der Theorie eingeführt wird. Brentanos Auffassung ist folgenschwer, denn mit der Deutung der psychischen Phänomene als *actiones* ist der Begriff eines *Agens* und einer *Res acta* verbunden.

Ein genereller Einwand gegen Brentanos Denkweise betrifft seinen vermeintlichen Psychologismus; er drängt sich auf, wenn man an seine Bestimmung des Verhältnisses von Philosophie und Psychologie denkt. Brentano wies jedoch diesen Einwand mit der Begründung zurück, daß unter „Psychologismus" eine relativistische Denkweise zu verstehen sei, und eine solche habe er, wie er betont, stets abgelehnt.[22]

So nahe Brentano dem Aristotelismus und in mancher Hinsicht dem Cartesianismus stand, so vehement lehnte er den Kritizismus ab. Die Annahme synthetischer Urteile a priori verwirft er mit der Begründung, daß es sich um blinde Urteile handle, die grundsätzlich nicht evident sein könnten; sie seien Vorurteile, denen man keinen Platz in der Philosophie einräumen dürfe. Mit dieser Auffassung wird er Kant nicht gerecht. Zwar trifft es zu, daß synthetische Urteile a priori bei Kant nicht auf Grund von Evidenz gelten; sie sind aber nicht blinde Vorurteile, sondern durch ihre Funktion innerhalb der Theorie der Erkenntnis gerechtfertigte Sätze über Bedingungen der Möglichkeit der Gegenstandserkenntnis (s. Bd. IX, Kap. I, 3). Brentano lehnte die Kantische Auffassung letzten Endes deshalb ab, weil sie der herkömmlichen speziellen Metaphysik die Grundlage entzog. Brentano hielt an dieser Metaphysik fest und meinte, nicht nur eine realistische Kategorienlehre, sondern auch eine rationale Gottes- und Seelenlehre (als Lehre von einer substantiellen Substanz) auf notwendig wahren Fundamenten errichtet zu haben.

5. Ontologische Grundgedanken

Wie Aristoteles, der die Erste Philosophie als Lehre vom Seienden als Seiendem und den diesem an sich zukommenden Bestimmungen verstand, fragt auch Brentano nach dem Seienden als solchem. Seine Antwort unterscheidet sich aber in mancher Hinsicht deutlich von der Aristotelischen. So entwickelte er im Gegensatz zur realistischen Auffassung der Universalien, wie sie Aristoteles vertreten hatte, eine nominalistische Ontologie. Er verwarf nicht nur die Annahme von Universalien, die – wie die Platonischen Ideen – unabhängig von den Dingen existieren, sondern auch deren auf Aristoteles zurückgehende Deutung als Formen von Seiendem. Seiner Ansicht nach kann es nichts geben, das nicht individuell bestimmt wäre.

Von Aristoteles wich Brentano auch ab, wenn er „Seiendes" („Etwas") als Gattungsbegriff betrachtete. Ebenso wies er die Annahme unterschiedlicher Seinsweisen zurück: Akzidenzien sind seiner Ansicht nach nicht weniger „seiend" als Substanzen. Schließlich entfernte er sich von Aristoteles, wenn er erklärte, daß nicht alle Akzidenzien direkt der Substanz zukämen; es gebe Akzidenzien von Akzidenzien (z. B. die Farbe einer Fläche). Bemerkenswert ist auch Brentanos Korrektur der traditionellen Auffassung des Akzidens. Akzidenzien sind nicht (wie der Name suggeriert) etwas, das zu einer Substanz hinzutritt; sie sind die in einer gewissen Hinsicht betrachtete Substanz. Nach Brentano gibt es nicht nur physische, sondern auch psychische Substanzen, nämlich die Seelen. Die Grundbegriffe der Ontologie sind empirische Begriffe. So werden nach Brentano die korrelativen Begriffe „Substanz" und „Akzidens" auf Grund innerer Wahrnehmungen gebildet, in denen die psychischen Akte als fundiert in etwas Substantiellem erfahren werden.

Das Denken hängt vom Ich ab, doch die Abhängigkeit des Denkens von einer denkenden Ich-Substanz (der Seele) muß nicht unmittelbar sein. So wird das Verhältnis von Erkennen und Seele durch die Einsicht vermittelt, daß das Erkennen ein Urteilen ist und ein Vorstellen voraussetzt, das als Akt einer Seele (eines substantiellen Ich) wahrgenommen wird. Der Erkennende wird vom Urteilenden und dieser vom Vorstellenden „modal umfaßt", wie Brentano sagt. Substanzen lassen sich allerdings nicht vollkommen erkennen. Die perfekte Erkenntnis einer Substanz ist nur einem vollkommenen Intellekt möglich, der alle eine Substanz bestimmenden Differenzen gegenüber anderen Substanzen erfaßt, was kein endlicher Intellekt vermag.

Wie „Substanz" ist auch „Kausalität" nach Brentano ein empirischer Begriff. Wir erfassen in der inneren Wahrnehmung unmittelbar etwas als Gewirktes, ohne jedoch die entsprechende Ursache (das Wirkende) unmittelbar zu erfassen. Der Begriff „Wirkendes" ist, anders als „Gewirktes", kein reales Prädikat.[23] Nur „Gewirktes" ist autosemantisch, „Wirkendes" ist synsemantisch.[24] (Auf die übrigen, ebenfalls auf Wahrnehmung und Abstraktion zurückführbaren Kategorien kann hier nicht eingegangen werden.)

6. Die rationale Gotteslehre

Wie die Scholastiker des Mittelalters und die Neuscholastiker meinte Brentano, das Dasein Gottes zwingend beweisen zu können.[25] Er hielt es für möglich, von der Bewegung auf einen ersten Beweger, von der Zweckmäßigkeit der Natur auf ein Zwecke setzendes höchstes Wesen, von der Kontingenz des Endlichen auf etwas absolut Notwendiges und von der Geistigkeit der menschlichen Seele auf Gott als deren Schöpfer zu schließen. Den ontologischen Gottesbeweis (s. Bd. IV, Kap. IV, 4 c; und Bd. VII, Kap. III, 6) hat er mit gutem Grund abgelehnt.

Bei dem von der Bewegung ausgehenden Argument wird von der Tatsache, daß es Bewegung gibt, auf die Notwendigkeit eines Bewegungsanfangs und damit eines ersten Bewegers geschlossen, der mit Gott identifiziert wird. Der Beweis ist indirekt: Wäre die gleichförmige Bewegung eines Dings ohne Anfang, dann hätte das sich mit einer bestimmten Geschwindigkeit bewegende Ding bis jetzt einen unendlichen Weg zurückgelegt und befände sich in einem Punkt *N*. Hätte sich das Ding halb so schnell bewegt, würde es sich nicht in *N*, sondern in einem früheren Punkt *M* befinden, und *MN* wäre die Hälfte des von dem Ding zurückgelegten unendlichen Wegs. Da die Hälfte einer unendlichen Größe unendlich ist, ist die Strecke *MN* unendlich, hat aber Anfang und Ende. Wegen dieses Widerspruchs muß die Ausgangsannahme falsch und ihre Negation wahr sein: Die Bewegung hat einen Anfang, der auf einen Ersten (göttlichen) Beweger zu beziehen ist.

Beim teleologischen Gottesbeweis wird davon ausgegangen, daß sich vieles in der Welt – vor allem im Bereich der Organismen – als zweckmäßig erweist. Diese Zweckmäßigkeit kann nicht zufällig entstanden sein, denn die Wahrscheinlichkeit, daß die Naturordnung auf Zufall beruhe, ist verschwindend gering. Gibt es aber objektiv zweckmäßige Zusammenhänge, dann muß es ein Zwecke setzendes Wesen geben. Brentano widerspricht der Ansicht, daß dieses Argument nur einen Ordner einer unabhängig von ihm vorhandenen chaotischen Materie der Welt beweise. Die Materie kann seiner Ansicht nach nur geordnet werden, wenn sie formbar ist, und das heißt, wenn sie bereits eine Struktur hat, und diese ist auf Gott als Schöpfer zurückzuführen.

Im Kontingenzbeweis wird argumentiert, daß Seiendes nicht ohne Ausnahme kontingent sein könne. Kontingente Dinge sind mittelbar – vor allem kausal – notwendig. Die Folge der kausal bedingten Dinge kann aber nicht ins Unendliche aus mittelbar Notwendigem bestehen, denn dann wäre sie selbst zufällig und es gäbe den absoluten Zufall, was nach Brentano ausgeschlossen ist. Also gibt es etwas Notwendiges, und als solches kommt nur Gott in Betracht.

Schließlich sucht Brentano die Existenz Gottes ausgehend von der Geistigkeit der menschlichen Seele zu beweisen. Er nimmt an, daß die Bewußtseinseinheit nicht physiologisch – als Funktion des Gehirns – erklärt werden könne. Wäre sie eine Funktion der Großhirnrinde, müßte sie an die gesamte Oberfläche des Gehirns gebunden sein. Das ist jedoch nicht der Fall. Es kann einheitliches Bewußtsein geben, auch wenn Teile der Großhirnrinde ausfallen. Daher ist der Grund der Bewußtseinseinheit nicht in etwas Materiellem, sondern in einer geistigen Substanz, der Seele, zu suchen, und diese muß als geschaffen gelten, nämlich durch Gott, dessen Dasein somit als bewiesen gilt.

Brentanos Gottesbeweise sind dubios. Das Bewegungsargument beruht auf der unhaltbaren Annahme, daß durch Halbierung einer unendlichen Zeit ein Zeitintervall mit bestimmtem Anfangs- und Endpunkt entsteht. Beim Argument aus der Zweckmäßigkeit ist der Terminus „zweckmäßig" nicht univok. Er bedeutet entweder Verhältnisse innerhalb eines Organismus (z. B. ist Durst zweckmäßig, sofern er Wassermangel signalisiert und zum Trinken veranlaßt) oder das Angelegtsein der Natur auf Zwecke. Im ersten Fall läßt sich das als zweckmäßig bezeichnete Verhältnis ohne Rekurs auf ein Zwecke setzendes Prinzip wissenschaftlich erklären. Im zweiten Fall wird mit der Annahme einer objektiven Zweckmäßigkeit bereits der Bezug auf einen Grund derselben mitgedacht, denn Zwecke gibt es nur infolge von Zwecksetzungen. Beim teleologischen Gottesbeweis wird somit stillschweigend vorausgesetzt, was bewiesen werden soll. Brentanos übrige Gottesbeweise hängen von Voraussetzungen ab, die weit davon entfernt sind, evident zu sein.

Im Zusammenhang mit der Gottesfrage ging Brentano auch auf das Theodizee-Problem ein. Wenn die Welt von einem absolut vollkommenen Wesen geschaffen wurde, muß sie als gut, ja als die bestmögliche Welt betrachtet werden, doch die Tatsache des Übels in der Welt spricht gegen diese Ansicht. Wie zweihundert Jahre früher Leibniz (s. Bd. VIII, Kap. III, 6) suchte Brentano die Schwierigkeit durch die Annahme zu überwinden, daß es viel mehr Gutes als Übles gebe und daß das Übel eine positive Funktion im Zusammenhang der gesamten Wirklichkeit habe.

7. Grundgedanken der Ethik

Den Akten des Anerkennens oder Verwerfens im theoretischen Bereich entsprechen im Bereich der Ethik Akte des Billigens und Mißbilligens oder – in Brentanos Terminologie – des Liebens und Hassens (diese Ausdrücke im weitesten Sinne verstanden).[26] Zwischen beiden Arten psychischer Phänomene – dem Anerkennen und dem Billigen – bestehen formale Übereinstimmungen. Einmal müssen in beiden Fällen den Akten Vorstellungen zugrunde liegen; man kann nur beurteilen oder bewerten, was vorgestellt ist. Zum anderen können sowohl Urteile als auch Akte des Liebens oder Hassens unmittelbar einsichtig sein. Das ursprünglich Gute, das nicht als Mittel auf ein Ziel bezogen ist, ist „gut in sich selbst".[27] So wie evidente Urteile unmittelbar als wahr erfaßt werden, so können Wertungen unmittelbar als richtig charakterisiert sein.[28] Eines Kriteriums bedarf es dabei nicht. Da „Lieben" oder „Hassen", ebenso wie „Evidenz", einfache Grundbegriffe sind, können sie nicht explizit definiert werden; einfachere Begriffe, mit deren Hilfe das geschehen könnte, gibt es nicht. Brentano betont, daß Billigung oder Mißbilligung nicht auf Grund einer Erkenntnis objektiver Werte erfolgt; Werte bestehen nicht an sich, sondern wir sprechen von Werten als Gegenständen richtigen Liebens.

Den Übereinstimmungen zwischen theoretischem Anerkennen oder Ablehnen und praktischem Billigen oder Mißbilligen steht ein wichtiger Unterschied gegenüber: Während „wahr" nicht gesteigert werden kann, ist es bei „gut" möglich, von „besser" zu reden, wobei als das Bessere gilt, was anderem Guten vorzuziehen ist. Brentano denkt dabei nicht nur an das triebhafte oder gewohnheitsmäßige Vorziehen, sondern auch an das Vorziehen auf der epistemischen und der emotionalen Ebene. Zum Beispiel ist die Erkenntnis dem Irrtum oder die Freude der Trauer vorzuziehen.

Von diesen Voraussetzungen ausgehend, formuliert Brentano Grundsätze, denen zufolge es richtig ist, (1) etwas Gutes (als gut Erkanntes) einem Schlechten (als schlecht Erkanntem) vorzuziehen; (2) die Existenz eines als gut Erkannten seiner Nicht-Existenz vorzuziehen; (3) ein Gutes einem anderen Guten vorzuziehen, das einem seiner Teile in jeder Hinsicht gleich ist. (So ist es moralisch besser, Gott vorzustellen und zu lieben, als ihn ohne Liebe bloß vorzustellen.)

Die Entscheidung für das unter den gegebenen Umständen Bestmögliche bedarf der Abwägung in einem weiteren Zusammenhang. Wenn zum Beispiel ein A dreimal besser ist als ein B, B aber zehnmal mehr Chancen auf Verwirklichung hat, verdient B den Vorzug. Zu der unserer vernünftigen Einwirkung unterworfenen Sphäre, die der Horizont unserer moralischen Abwägungen ist, gehören auch die Folgen, die Entscheidungen für Familie, Staat, gegenwärtige und zukünftige Lebenswelt haben. Dabei sollen vernünftiges Erkennen und richtiges Lieben gleichermaßen zur Geltung kommen.

Ausgehend von den erwähnten Axiomen formuliert Brentano speziellere ethische Sätze, zum Beispiel das Gebot, außer egoistischen Interessen auch berechtigte Interessen anderer zu berücksichtigen. Ebenso ist die Übertragung moralisch oder rechtlich relevanter Aufgaben vom Einzelnen, der die ursprüngliche Verfügungsgewalt hat, auf andere, besser qualifizierte Personen geboten. Die Forderung, die Verfügungssphären zu teilen, gehört dem Naturrecht an, zu dem sich Brentano ausdrücklich bekennt. Es würde zur Begründung einer freiheitlichen Gesellschaftsordnung ausreichen, wenn die Menschen durchweg vernünftig handelten. Da das nicht der Fall ist, muß das Naturrecht durch das positive Recht ergänzt werden, das mit Hilfe der Lehre vom Gesellschaftsvertrag als verbindlich erwiesen werden kann. Nach kontraktualistischer Ansicht kommen die Einzelnen überein, nicht nur die Verfügungssphären zu teilen, sondern auch den Gesellschaftsvertrag als unkündbar anzuerkennen.

Die naturrechtliche Betrachtungsweise läuft auf die Ethisierung der Rechtsordnung hinaus, die nach Brentano bereits im Gange, aber nur teilweise verwirklicht ist. Bemerkenswert ist seine Empfehlung, eine internationale Organisation zu schaffen, die dem zwischen Staaten bestehenden „Recht" des Stärkeren ein Ende machen könnte. Die einzelnen Staaten müßten freilich bereit sein, etwas von ihrer Souveränität abzutreten, was ihnen, wie Brentano einräumt, schwerfallen dürfte.

8. Die Auffassung der Philosophiegeschichte

Brentano hat eine Gesamtdeutung der europäischen Philosophiegeschichte vorgelegt, der zufolge die Denkentwicklung im Altertum, im Mittelalter und in der Neuzeit nach demselben Muster verläuft. In den verschiedenen Epochen folgen seiner Ansicht nach auf- und absteigende Phasen aufeinander.[29] Die Entwicklung des philosophischen Denkens beginnt jeweils mit einer Phase, in der theoretische Interessen und eine natürliche – der naturwissenschaftlichen verwandte – Methode dominieren (I). Auf diese aufsteigende Phase folgen drei absteigende Phasen: Zunächst führt die Abnahme des wissenschaftlichen Interesses zur Konzentration auf praktische Ziele (II), sodann schwindet das Vertrauen in die unwissenschaftlich gewordene Philosophie und macht skeptizistischen Denkweisen Platz (III), und schließlich führt das Bedürfnis nach weltanschaulicher Orientierung zur Entstehung mystischer und theosophischer Lehren (IV). Eine scharfe Abgrenzung dieser Phasen läßt sich allerdings nicht vornehmen. Auch in der theoretisch orientierten Phase sind praktische Denkmotive wirksam, und in den absteigenden Phasen finden sich manchmal richtige theoretische Ansichten. Die einzelnen Phasen lassen sich aber nach dem jeweils überwiegenden Aspekt bestimmen. (Bei der folgenden Übersicht werden die verschiedenen Phasen mit den soeben eingefügten römischen Ziffern bezeichnet.)

Antike:
I. Vorsokratiker, Plato und Aristoteles; II. Sophistik, Stoa und Epikureismus; III. Skeptizismus; IV. Neupythagoreismus, Neuplatonismus, Gnosis.

Mittelalter:
I. Scholastik bis Thomas von Aquin; II. Duns Scotus und Scotisten; III. Nominalismus; IV. Mystik.

Neuzeit:
I. Descartes, Locke usw.; II. Aufklärung; III. Skeptizismus (vor allem Hume); IV. Kantianismus und Idealismus des 19. Jh.s.

Auf Grund der Rekonstruktion der bisherigen Denkentwicklung läßt sich nach Brentano in allgemeiner Weise die Zukunft antizipieren: Er meint, am Beginn einer neuen, methodologisch am Vorgehen der Naturwissenschaften ausgerichteten Periode zu stehen. Zugunsten dieser Ansicht spricht seiner Ansicht nach der Umstand, daß das Hegelsche System immer öfter als „die äußerste Entartung menschlichen Denkens" verdammt wird.[30] Der Wiederaufstieg der rationalen Philosophie wird gelingen, wenn man Philosophen der aufsteigenden Phasen zum Vorbild nimmt, allen voran Aristoteles.

Brentanos Sicht der Entwicklung des philosophischen Denkens legt die Frage nahe, warum die Richtung der Entwicklung kippt. Warum schlägt die theoretische in eine praktische Denkweise um? Warum wird das theoretische Interesse nach einer Zeit des Niedergangs wieder belebt? Brentano hat recht, wenn er die Entwicklung auf Gründe bezieht, die der Philosophie immanent sind, doch die Art, in der er sie deutet, ist nicht überzeugend.

9. Die Brentano-Schule

Brentanos orthodoxe Anhänger, die mit ihm die Annahme intentionaler Gegenstände zurückwiesen, sind heute meist nur noch Philosophiehistorikern bekannt. Weitaus am stärksten von allen seinen Anhängern hat Husserl gewirkt, der aber an Gedanken anknüpfte, von denen sich Brentano nach 1900 entschieden distanziert hat. Husserl übernahm nicht nur Brentanos frühe Lehre vom immanenten Gegenstand intentionaler Akte, sondern er schlug später sogar eine Richtung ein, die ihn in die Nähe der von Kant ausgehenden und von Brentano bekämpften Transzendentalphilosophie führte.[31]

Der Einfluß, den Brentano vor allem in der österreichisch-ungarischen Monarchie ausübte, war seinerzeit beträchtlich. Er hatte eine Reihe von Schülern und Anhängern, die im akademischen Bereich tätig waren und zum Teil selbst schulbildend wirkten. Zu ihnen gehören Anton Marty (1847–1914), der Brentano noch in Würzburg hörte; Carl Stumpf (1848–1936), der ebenfalls Hörer Brentanos in Würzburg war und vor allem als Psychologe – zuletzt in Berlin – wirkte; Oskar Kraus (1872–1942), der zu mehreren Werken Brentanos informative Einleitungen schrieb und auf der Grundlage einer Werttheorie ethische und rechtsphilosophische Probleme erörterte; Ernst Mally (1879–1944), der zunächst der Brentano-Schule angehörte, sich aber später von ihr abwandte; Kazimierz Twardowski (1866–1938), der Brentano in Polen bekannt machte und selbst im Sinne des rationalen Philosophierens schulbildend wirkte;[32] Tomáš G. Masaryk, der erste Präsident der tschechoslowakischen Republik; Franz Hillebrand (1863–1926), seine Frau Franziska Mayer-Hillebrand (1885–1977), die sich durch die Edition mehrerer Schriften

Brentanos verdient gemacht hat, und Alfred Kastil (1874–1950), der eine Gesamtdarstellung von Brentanos reifer Philosophie verfaßte.[33] Die zuletzt Genannten wirkten im Geist Brentanos an der Universität Innsbruck.

Die Lehre von den intentionalen Gegenständen hat kein Anhänger Brentanos so konsequent entwickelt wie Alexius von Meinong (1853–1920), dem es auch gelang, eine eigene Schule zu gründen.[34] Er war Hörer Brentanos in Wien, wo er sich auch habilitierte. 1882 wurde er Professor in Graz. Mehrere seiner Schüler schlugen die akademische Laufbahn ein, unter ihnen Christian Ehrenfels, der durch seine gestaltpsychologischen Forschungen bekannt wurde. Meinong veröffentlichte unter anderem „Über Annahmen" (1902, ^{2}1910) und „Über Gegenstandstheorie" (1904).[35]

Wie Brentano stützte sich auch Meinong bei der Grundlegung der Philosophie auf die beschreibende Psychologie. Wie jener bemühte er sich um eine angemessene Klassifikation der psychischen Phänomene, wich aber von Brentanos Einteilung in einigen Punkten ab. So zählte er zu den intellektuellen Phänomenen außer Vorstellungen und Urteilen auch Annahmen, die propositionalen Charakter haben, aber im Unterschied zu Urteilen nicht mit Bejahung oder Verneinung verbunden sind. Anders als Brentano ordnete er die emotionalen Phänomene nicht einer einzigen Klasse zu, sondern unterschied zwischen den Klassen der Gefühle und der Begehrungen. Nicht nur Urteilsakte, sondern auch Akte des Wertens und des Begehrens können nach Meinong richtig oder falsch sein.

Alle psychischen Phänomene sind intentional. Sie haben einen Inhalt, der in der Psychologie erörtert wird, und einen Gegenstand. Mit diesem hat es die Gegenstandstheorie zu tun, der die Auffassung zugrunde liegt, daß man sich im Vorstellen, Urteilen, Annehmen, Bewerten und Begehren immer auf etwas bezieht, d. h. auf einen Gegenstand im weiten Sinne. Neben den realen nahm Meinong auch ideale Gegenstände an und unterschied bei den letzteren zwischen Objekten (den Gegenständen von Vorstellungen) und Objektiven (auf die sich Urteile und Annahme beziehen). Den Objektiven im Bereich der intellektuellen Phänomene entsprechen im Bereich des Wertens Dignitative und im Bereich des Begehrens Desiderative. Bei Gegenständen ist nach Brentano zwischen solchen niederer und höherer Ordnung zu unterscheiden. So ist die Verschiedenheit zwischen Gegenständen bestimmter Stufen selbst ein Gegenstand, und zwar ein solcher höherer Ordnung.

Nach Meinong entsprechen auch negativen und widerspruchsvollen Urteilen Gegenstände; denn wer zum Beispiel urteilt, daß das runde Viereck unmöglich ist, bezieht sich, wie es scheint, auf einen Gegenstand „rundes Viereck". Unmögliche Gegenstände existieren zwar nicht (in der Art realer Dinge), doch sie haben nach Meinong eine eigene Seinsweise: sie „bestehen".

An dieser Ansicht hat Bertrand Russell, der (wie auch G. E. Moore) zunächst von der Gegenstandstheorie beeindruckt war, Anstoß genommen (vgl. unten Kap. X). Um Meinongs Annahme einer Welt bestehender platonischer Wesenheiten zu entgehen, suchte er zu zeigen, daß Kennzeichnungen wie „Das runde Viereck" zwar grammatikalisches, nicht jedoch logisches Subjekt von Aussagen sein können. Um das zum Ausdruck zu bringen, bedarf es einer Umformulierung: Anstatt „Das runde Viereck existiert nicht" ist zu sagen: „Es gibt nichts, von dem gilt, daß es rund und gleichzeitig viereckig ist."[36] Meinong begeht nach Russell den Fehler, Kennzeichnungen („Das runde Viereck") wie Eigennamen zu behandeln. Mit der Aufdeckung dieses Fehlers soll die Annahme nicht-existierender oder unmöglicher idealer Gegenstände vermieden werden. Manche Vertreter der analytischen Philosophie hielten allerdings Russells Kritik für unbefriedigend. Entweder meinten sie, daß sie durch zusätzliche Voraussetzungen verstärkt werden müsse, oder sie betrachteten sie als unwirksam.[37]

Die Brentano-Schule ist nach der Mitte des 20. Jh.s bald verschwunden. Roderick M. Chisholm war als Denker zu selbständig, als daß man ihn als Anhänger Brentanos bezeichnen könnte. Er knüpfte allerdings in manchen Punkten – etwa in der Lehre von der Evidenz – an Auffassungen Brentanos an.[38] Eine wichtige Rolle spielte Brentanos an Aristoteles anknüpfende Denkweise beim frühen Heidegger, der insbesondere von Brentanos frühen Arbeiten über Aristoteles angeregt wurde.[39] Manche von Brentanos Auffassungen finden immer noch Anerkennung – vor allem seine rational-argumentative, ohne die Annahme einer Wesensschau auskommende Denkweise, die auf den Charakter jener Philosophie vorausweist, um die es in Teil III des vorliegenden Bandes geht.

III. Empiriokritizismus und Konventionalismus

Zu den philosophischen Auffassungen, die den Neopositivismus und die analytische Philosophie des 20. Jh.s vorbereiteten, gehört der Empiriokritizismus, insbesondere dessen von Ernst Mach vertretene Variante. Wie der Name sagt, handelt es sich um eine kritische Theorie der Erfahrung, die radikal empiristischen Charakter hat und daher im Gegensatz sowohl zum rationalistischen Essentialismus als auch zum transzendentalphilosophischen Apriorismus steht. Die Methode, der seine Vertreter folgen, ist die Analyse, die, von der alltäglichen Erfahrung ausgehend, einfache Elemente isoliert, um sie als Material der Rekonstruktion der Gegenstandserfahrung zu verwenden. So wie in der Chemie das aus der alltäglichen Erfahrung bekannte Wasser als in bestimmter Weise strukturierte Verbindung chemischer Elemente aufgefaßt wird, so meinen die Vertreter des Empiriokritizismus, die Gegenstände der Erfahrung als Komplexe einfacher Elemente – d. h. Farben, Töne usw. – rekonstruieren zu können. (Der Ausdruck „Empiriokritizismus" wurde von Richard Avenarius als Name seiner Philosophie geprägt, wird aber häufig auch auf Machs philosophische Denkweise bezogen. Diesem Sprachgebrauch folgt auch die vorliegende Darstellung.)

Die zweite in diesem Kapitel behandelte Variante des Positivismus im ausgehenden 19. und frühen 20. Jh. ist der Konventionalismus, wie er zum Beispiel von Henri Poincaré vertreten wurde. Er ist, wie der Empiriokritizismus, konsequent empiristisch, berücksichtigt aber die Rolle von zum begrifflichen Rahmen der Empirie gehörenden Grundsätzen. Sie werden der empiristischen Denkweise gemäß weder auf eine Einsicht der reinen Vernunft zurückgeführt noch als notwendige Bedingungen der Möglichkeit verstanden; sie sind auch nicht Ergebnis empirischer Verallgemeinerung, sondern gelten auf Grund von Konventionen.

1. Ernst Mach

a) Leben und Werke

Der wichtigste mitteleuropäische Vertreter des Positivismus im ausgehenden 19. und beginnenden 20. Jh. war der 1838 in der Nähe von Brünn (Mähren), heute Brno-Chrlice, geborene Ernst Mach. Er knüpfte nicht an den Positivismus Comtes, schon gar nicht an dessen Spätphilosophie (s. Bd. X, Kap. I, 2 und Kap. II, 1) an, sondern vor allem an J. St. Mill (s. Bd. X, Kap. I, 3) und in mancher Hinsicht an Hume. Seine akademische Laufbahn begann er als Dozent für Physik in Wien (1861). Nach Mathematik- und Physik-Professuren in Graz und Prag erhielt er 1895 in Wien einen neu eingerichteten Lehrstuhl für Philosophie mit dem Schwerpunkt *Theorie und Geschichte der induktiven Wissenschaften.* Er starb 1916 in Haar bei München.

Seine Veröffentlichungen beeindrucken durch Klarheit, Kenntnisreichtum und kritische Schärfe. Das gilt für seine physikalischen Untersuchungen, die ihm einen Platz in der Geschichte der Physik sichern, hier aber nicht berücksichtigt werden, wie für seine wissenschaftshistorischen Werke[1] und für die im vorliegenden Zusammenhang vor allem interessierenden erkenntnis- und wissenschaftstheoretischen Untersuchungen, insbesondere „Die Analyse der Empfindungen" und „Erkenntnis und Irrtum".[2]

Mach wollte nicht als Philosoph, sondern als Naturforscher betrachtet werden. Es gibt, wie er erklärte, keine Machsche Philosophie, sondern höchstens eine Machsche naturwissenschaftliche Methodologie und Erkenntnispsychologie, wie es im Vorwort von 1905 zu „Erkenntnis und Irrtum" heißt. Die Distanzierung von der Philosophie wird verständlich, wenn man bedenkt, daß Mach als Naturwissenschaftler die Philosophie in erster Linie als Naturphilosophie betrachtete und dabei zur Überzeugung gelangen konnte, daß diese durch die spekulativ-idealistische Naturphilosophie ein für allemal diskreditiert sei.

Im Gegensatz zur idealistischen spekulativen Metaphysik bekannte er sich zur „allgemeinen natürlichen Weltansicht", von der nicht nur das Alltagsdenken, sondern auch die Naturwissenschaft ausgeht.[3] Alltägliche und wissenschaftliche Denkweise unterscheiden sich jedoch durch den Grad der als erforderlich erachteten Präzision und durch die Zielsetzung. Das wissenschaftliche Denken übertrifft das alltägliche Denken an Genauigkeit der Argumente und verfolgt das Ziel, die für das alltägliche Denken charakteristische Abhängigkeit von praktischen Interessen zu reduzieren. Der Alltagsverstand kommt auf natürliche Weise, d. h. ohne Reflexion, zustande, während Wissenschaft und Philosophie ephemere künstliche Produkte sind, die den Erkenntnishorizont durch die Formulierung neuer funktionaler Beziehungen über den beschränkten Bereich der natürlichen Weltsicht hinaus erweitern. Weil Alltagserfahrung und Naturwissenschaft verschiedenen Ansprüchen zu genügen suchen, kann es zu Spannungen zwischen ihnen kommen, die jedoch, wie Mach überzeugt war, verschwinden werden, sobald der Wissenschaft eine vollständige Rekonstruktion der Gegenstandserfahrung gelungen ist.

b) Die Elemente der Erkenntnis

Mach verfährt analytisch, das heißt, er zerlegt die Erfahrungstatsachen in einfache Elemente und ermittelt Beziehungen zwischen ihnen,[4] um die alltägliche wie die wissenschaftliche Erfahrung rational zu rekonstruieren. Die Zerlegung erfolgt so, daß aus den Elementen die Tatsachen mit hinreichender Genauigkeit gedanklich wieder aufgebaut werden können.[5] Dabei werden – wie beim Entwurf naturwissenschaftlicher Theorien – Begriffe einerseits aneinander, andererseits an die relevanten Tatsachen angepaßt.[6] Was über die Grenzen dieser Denkweise hinausgeht, lehnt Mach ab: Für ihn ist jede wissenschaftliche Arbeit verloren, die nicht das unmittelbar Gegebene festhält und, statt die Beziehungen der Merkmale des Gegebenen zu ermitteln, irgendwo im Leeren fischt.

Obwohl sich die Erkenntnistheorie nach Mach an der Methode der Naturwissenschaft orientieren soll, ist sie allgemeiner als diese, da sie nicht nur wie die Naturwissenschaft die elementaren Daten der Erfahrung – Farben, Töne, Drücke, Räume, Zeiten usw. – in bezug auf ihre Abhängigkeit voneinander untersucht, sondern auch deren Abhängigkeit von unserem Leib und seinen Organen berücksichtigt.

Die Analyse setzt nach Mach bei den zentralen Begriffen der Erkenntnistheorie, wie „Gegenstand“ („Ding“), „Leib“, „Ich“, an. Was den Begriff des Dings – des materiellen Gegenstands oder des Körpers im Sinne der Physik – betrifft, kommt er zu dem Ergebnis, daß er als Komplex von Elementen A, B, C, ..., die als Empfindungen betrachtet werden können, zu verstehen ist. Der Leib – der Komplex K, L, M, ... – gehört ebenfalls zur körperlichen Welt, ist aber dadurch ausgezeichnet, daß Wahrnehmungen nur vermittels seiner Organe möglich sind.[7] Das Ich mit seinen Inhalten ist nach Mach ebenfalls ein Komplex, dessen Elemente Vorstellungen, Willensakte usw. (als α, β, γ, ... bezeichnet) sind. In der alltäglichen Erfahrung erscheint der Komplex A, B, C, ... als unabhängig von einem „Ich“, dem er gegenübersteht. Gegen diese Unabhängigkeit spricht aber, daß Änderungen in α, β, γ, ... mit Änderungen in K, L, M, ... und mittelbar in A, B, C, ... verbunden sein können, z. B. wenn lebhafte Vorstellungen zu Handlungen führen. Genaugenommen ist A, B, C, ... immer durch K, L, M, ... bedingt. Zum Beispiel erscheint ein Gegenstand je nach seiner Entfernung größer oder kleiner, gelegentlich wird er bei zweiäugigem Sehen doppelt wahrgenommen, bei geschlossenen Augen wird er gar nicht gesehen usw. Dies veranlaßt Mach zu der rhetorischen Frage: „Wo ist dann aber *derselbe* Körper, der so *verschieden* erscheint?“[8] „Ich“ und „Ding“ sind nur „für besondere praktische temporäre und beschränkte Zwecke gebildete Zusammenfassungen und Abgrenzungen“. Diese Begriffe sind „Notbehelfe zur vorläufigen Orientierung“.

Der Gegensatz von Ich und Körperwelt ist, wie Mach betont, nicht ursprünglich, da er von interpersonellen Beziehungen abhängig ist. Die Beobachtung, daß sich andere in gewissen Situationen ähnlich verhalten wie wir, veranlaßt zu der Annahme, daß sie, ähnlich wie wir, Empfindungen, Vorstellungen, Willen usw. haben. Da diese sich von außen nicht beobachten lassen, läßt sich die Gesamtheit der Vorgänge in zwei Klassen einteilen: in die Klasse der Vorgänge, die von beliebigen Beobachtern wahrgenommen werden können, und die Klasse der Vorgänge, die nur einem einzigen direkt zugänglich sind; kurz: in die Außenwelt und die Innenwelt (das Ich). Ein Wesen, das ohne Mitmenschen aufwüchse, könnte demnach die Vorstellung des Ich nicht bilden.

Die Unterscheidung zwischen Außenwelt, Leib und Ich besteht nicht an sich, sondern hängt von unserer Betrachtungsweise ab, so wie auch Physik, Physiologie und Psychologie nicht inhaltlich, sondern durch die jeweilige Perspektive unterschieden sind.[9] Wird die Abhängigkeit der Elemente von unserem Körper zum Thema gemacht, geht es um einen psychologischen Zusammenhang; wird von ihr abgesehen, liegt ein physikalischer Zusammenhang vor. Wenn zum Beispiel auf die Abhängigkeit einer Farbe von der Lichtquelle geachtet wird, handelt es sich um eine physikalische Untersuchung; wenn ihre Abhängigkeit von der Netzhaut betrachtet wird, liegt eine psychologische (und physiologische) Untersuchung vor.

Nicht nur die Annahme eines von der übrigen Wirklichkeit seinsmäßig unterschiedenen Ich ist nach Mach hinfällig, sondern auch die übliche kausale Auffassung der Wahrnehmung als Wirkung von Vorgängen in der Außenwelt. Weder gibt es Dinge an sich, von denen Reize auf das Ich ausgehen könnten, noch ist die Auffassung der Verursachung als objektive Beziehung aufrechtzuerhalten. An deren Stelle sollen Funktionalbeziehungen treten, die allein Bedeutung für uns haben. Anstatt: A verursacht B, ist zu sagen: Wenn die Tatsache A genau dem Begriff M entspricht, dann entspricht ein darauf folgendes B genau dem von M implizierten Begriff N.[10]

c) *Konstruierte Begriffe und Naturgesetze; Denkökonomie*

Da in wissenschaftlichen Theorien Begriffe vorkommen, die nicht durch (von Beobachtungen ausgehende) Abstraktion entstehen, sondern „Kunstprodukte", d. h. theoretische Konstrukte, sind,[11] ist das Erkennen nicht rein rezeptiv. Die Wahrnehmung von Tatsachen und ihre Darstellung erfordern mehr Selbsttätigkeit, als man gewöhnlich annimmt.[12] Mit der Anerkennung theoretischer Begriffe (wie man sie heute meist nennt) wird dennoch nicht über die Grenzen der Erfahrung hinausgegangen, wie Mach meint. Er betont, daß uns ohne die in der Naturwissenschaft hergestellten, dem Alltagsdenken unbekannten Gedanken die bloßen empirischen Daten stets fremd bleiben müßten.[13] Die Gedanken, von denen Mach spricht, sind aber nur „Hilfsvorstellungen", die zum Zweck der Erklärung „eigens erfunden" werden.[14] So ist der Begriff des Atoms lediglich ein „provisorisches Hilfsmittel", dessen Ersatz durch eine natürlichere Auffassung anzustreben ist. Zwar ist es zulässig, den Ausdruck „Atom" zu verwenden, doch das muß mit dem Vorbehalt geschehen, daß dieser Sprachgebrauch nur dem Bedürfnis nach Bequemlichkeit entspringt.

Wie die Atomtheorie bieten auch andere wissenschaftliche Theorien lediglich mathematische Modelle zur Darstellung von Tatsachen. Den „Gedankendingen", die in solchen Theorien verwendet werden, entspricht nichts in der Wirklichkeit.[15] Mach hat offenbar gesehen, daß entwickelte Theorien nicht ohne konstruierte Begriffe auskommen; deren realistische Interpretation lehnte er jedoch entschieden ab.

Naturgesetze – das heißt Aussagen über Beziehungen zwischen Elementen – betrachtet Mach als hypothetisch, hält es aber für möglich, Gesetzesannahmen empirisch zu überprüfen und unter Umständen zu bestätigen. Das geschieht schon im alltäglichen Denken, in präziserer Weise jedoch in wissenschaftlichen Theorien, allerdings ohne Anspruch auf Endgültigkeit.

Naturgesetze haben die Funktion, Erwartungen in bezug auf mögliche Zusammenhänge unter der Leitung von Erfahrungen einzuschränken.[16] So stellte sich Galilei verschiedene mögliche Beschreibungen des Verhaltens frei fallender Körper vor und suchte diejenige Beziehung zwischen Fallhöhe, Fallzeit und Fallgeschwindigkeit zu erraten, die den Beobachtungen am besten entspricht. Leitend ist dabei das Bedürfnis, sich in der Natur zurechtzufinden und dabei möglichst wenig Energie zu verbrauchen. Naturgesetze entsprechen dem Ökonomiepostulat, indem sie viele Tatsachen zusammenfassen und es unnötig machen, jeden Fall von neuem zu berechnen. Zum Beispiel spart man Denkenergie, wenn statt einzelner Fälle der Lichtbrechung das Brechungsgesetz zur Verfügung steht und nur die Brechzahl empirisch ermittelt werden muß. Von einem Gesetz, dem die Natur gehorchen müßte, kann dabei nicht die Rede sein. „In der Natur gibt es kein Brechungsgesetz, sondern nur verschiedene Fälle der Brechung. Das Brechungs*gesetz* ist eine zusammenfassende konzentrierte Nachbildungsanweisung für *uns*, und zwar *nur* bezüglich der geometrischen Seite der Tatsache."[17] Nicht nur einzelne Gesetzeshypothesen oder einzelne Theorien sind vom Gesichtspunkt der Denkökonomie aus zu beurteilen, sondern auch die Wissenschaft als ganze. Obwohl ihre Gesetze den Charakter subjektiver Vorschriften haben, sind sie, wie Mach betont, nicht wertlos. Sie haben sich vielfach bewährt und bewähren sich ständig aufs neue.

Mach deutet die Naturgesetze instrumentalistisch: „Die Naturwissenschaft kann aufgefaßt werden als eine Art von *Instrumentensammlung* zur gedanklichen Ergänzung irgend welcher teilweise vorliegender Tatsachen oder zur möglichsten Einschränkung unserer Erwartung in künftig sich darbietenden Fällen", wie Mach erklärt.[18] In der Wissenschaft werden Gesetzeshypothesen empirisch zu bestätigen gesucht, doch muß stets mit der Möglichkeit der Widerlegung gerechnet werden. Sätze, die sich weder bestätigen noch widerlegen lassen, können nicht als wissenschaftlich gelten. Es ist bemerkenswert, daß Mach auch seine eigene Auffassung nicht als absolut gültig betrachtete, obwohl er überzeugt war, daß sie den Tatsachen in verschiedenen Erfahrungsbereichen mit dem geringsten Kraftaufwand gerecht wird. Diese Relativierung hat eine gewisse Toleranz, die Mach gegenüber anderen Auffassungen für angemessen hielt, zur Folge.

Da Mach das Wissen als organische Erscheinung, mit dem logischen Denken als idealem Grenzfall, betrachtete,[19] hielt er es für möglich, die methodologische Forderung der Denkökonomie evolutionistisch zu interpretieren: In der Entwicklung setzt sich diejenige Auffassung durch, die den geringsten Gedankenaufwand erfordert und daher einen Auslesevorteil bedeutet. Wie Mach sah, sind bei der Denkentwicklung nicht nur das Ökonomieprinzip, sondern auch andere Faktoren zu berücksichtigen, zum Beispiel die Neigung, Gedanken als zusammenhängend zu betrachten, oder die Bereitschaft, sich auf Gedankenexperimente einzulassen.

d) Kritik der Metaphysik

Machs radikaler Empirismus führt zur Ablehnung aller als metaphysisch geltenden Auffassungen. Insbesondere kritisiert Mach die Annahme von Substanzen als Träger von Eigenschaften, die Vorstellung des Ich als immaterielle Substanz und die Deutung der Kausalität als Kraftübertragung. Die mit diesen Auffassungen verbundenen Fragen sind Scheinprobleme.[20]

Nach Mach muß man sich klarmachen, daß der Ausdruck „Ding" nichts Substantielles benennt, da er legitimerweise nur der Bezeichnung eines Komplexes einfacher Gegebenheiten dient und nicht deren „Träger" (d. h. die Substanz) meint. Der Begriff „Ding" ist „eine Abstraktion, der Name ein Symbol für einen *Komplex* von Elementen, von deren Veränderung wir absehen. Daß wir den ganzen Komplex durch *ein* Wort, durch *ein* Symbol bezeichnen, geschieht, weil wir ein Bedürfnis haben, alle zusammengehörigen Eindrücke auf einmal wachzurufen. [...] ‚Ding' [ist] ein Gedankensymbol für einen Empfindungskomplex von relativer Stabilität."[21]

Wenn es keine substantiellen Dinge gibt, gibt es auch keine Dinge an sich. Mach führt die Fiktion „Ding an sich" auf die irrige Annahme zurück, daß man nicht nur jede einzelne Eigenschaft eines Dings wegdenken, sondern auch von allen Eigenschaften gleichzeitig abstrahieren und dennoch etwas übrigbehalten könne – eben das Ding an sich.

Als metaphysisch weist Mach auch die Auffassung des Ich als Substanz zurück. „Ich" ist die Bezeichnung eines relativ konstanten Komplexes von

Vorstellungen, Gefühlen, Stimmungen usw., die an Vorgänge im besonderen Elementenkomplex „Leib" geknüpft sind. Wenn zugunsten der Auffassung des Ich als Substanz behauptet wird, daß nur sie es erlaube, die Identität des Ich in der Zeit begreiflich zu machen, so ist das nicht überzeugend. Abgesehen von pathologischen Fällen, bleibt nämlich bei aller Veränderung der Inhalte genug relativ Beständiges – Gewohnheiten, Gemeingefühle, Erinnerungen usw. –, um die Identität des Ich in der Zeit zu gewährleisten.

Mit der Zurückweisung der Annahme eines substantiellen Ich wird der Glaube an eine Fortdauer nach dem physischen Tod hinfällig. Beim Tod wird nicht eine Ich-Substanz vom Leib abgelöst, sondern eine ideelle denkökonomische Einheit aufgelöst. Nicht das Ich, sondern Gedanken von allgemeiner Bedeutung – wie wissenschaftliche Erkenntnisse, Kunstwerke, technische Erfindungen – bestehen nach dem Tod weiter. In diesem Sinne kann das Wertvollste eines Menschen die Schranken der Individualität durchbrechen und in anderen Individuen erhalten bleiben.

Wie die substantialistische Auffassung des Ich lehnt Mach auch dessen transzendentalphilosophische Auffassung als Bewußtseinseinheit – im Sinne der synthetischen Einheit der Apperzeption – ab. Sie ist nicht als allgemeine Bedingung der Möglichkeit von Gegenstandserfahrung überhaupt zu betrachten, sondern ebenso empirisch zu erklären wie irgendwelche Tatsachen der Außenwelt. Mach führt die simultane Einheit des Bewußtseins darauf zurück, daß Nerven im Gehirn vernetzt sind und daher einem einheitlichen Zusammenhang angehören.

Das sieht auf den ersten Blick nach einer materialistischen Auffassung aus, doch Mach distanziert sich vom Materialismus ebenso wie vom Spiritualismus. Er vertritt eine monistische Ansicht, die, wie er meint, den Unterschied von Materialismus und Spiritualismus relativiert und die mit diesen Richtungen verbundenen Schwierigkeiten überwindet. Vom Standpunkt des Spiritualismus aus stellen sich die materiellen Dinge als Schöpfungen des Geistes dar, ohne daß die ihnen eigene Festigkeit begreiflich gemacht würde. In der Sicht des Materialismus gehen die Empfindungen aus materiellen Prozessen hervor, doch wird nicht deutlich, wie das möglich sein soll. Der neutrale Monismus wurde nicht nur von Mach vertreten; auch James, später Russell sprachen sich für ihn aus (s. Kap. VI und X).

Als metaphysisch betrachtet Mach auch die herkömmliche Auffassung der Kausalität, nach der aus einer Dosis Ursache eine Dosis Wirkung folgt. Nach dieser „pharmazeutischen"[22] Auffassung wird zum Beispiel von gravitierenden Massen angenommen, daß zwischen der Bewegung einer Masse A und der Bewegung einer Masse B eine objektive Beziehung besteht. Doch nach Mach gehen in der Natur Wirkungen nicht aus Ursachen hervor. Der Satz, nach dem auf gleiche Ursachen immer gleiche Wirkungen folgen, drückt ebenfalls kein objektives Verhältnis aus, denn die Gleichheit existiert nur als gedankliche Abstraktion. Daher ist die objektivistische Auffassung der Kausalität durch die oben erwähnte funktionalistische Betrachtungsweise zu ersetzen, die im Gegensatz zur herkömmlichen Ansicht unabhängig von metaphysischen Voraussetzungen ist.

Machs Empiriokritizismus war seit jeher umstritten. Während der Versuch, die vorwissenschaftliche wie die wissenschaftliche Erfahrung zu rekonstruieren, durchaus ernst genommen zu werden verdient, ist es fraglich, ob die Voraussetzungen, von denen Mach ausgeht, für die Rekonstruktion der Erfahrung hinreichend sind. So kann man bezweifeln, daß die (als Empfindungen verstehbaren) Elemente als Basis der Rekonstruktion in Betracht kommen, denn in der Erfahrung werden nicht Elemente, die sich zu Komplexen zusammenfügen, sondern durch Beziehungen bestimmte Eigenschaften erfaßt. Auch wenn Mach von wissenschaftlichen Erklärungen und Theorien sagt, daß sie nicht unter der Leitung von Instinkten, Trieben und natürlichen Bedürfnissen allein zustande kommen, sondern auf gedankliche Konstrukte und methodische Postulate angewiesen sind, drängt sich die Frage auf, ob es ausreicht, das theoretische Begriffe verwendende und sich an methodischen Grundsätzen orientierende Ich als Komplex von Vorstellungen, Gefühlen, Willensakten aufzufassen.

e) Reaktionen auf Machs Kritizismus

Von Mach gingen wichtige Anstöße auf den Wiener Kreis aus (zu diesem s. Kap. XIII), dessen Angehörige Machs Weigerung, seine wissenschaftstheoretische Konzeption als philosophisch zu verstehen, ernst nahmen und folgerten, daß deren philosophische Fundierung noch zu leisten sei. Auf die Rolle, die Machs Auffassung für sie spielte, weist die Tatsache hin, daß die offizielle Bezeichnung des Kreises „Verein Ernst Mach" lautete.[23] Rudolf Carnap knüpfte in seinem frühen Werk „Der logische Aufbau der Welt" (1928) an Machs phänomenalistische Rekonstruktion an, übertraf sie aber mit seinem Konstitutionssystem der Begriffe durch die konsequente Durchführung, die Mach schuldig geblieben war.

Machs erkenntnistheoretische Konzeption, einschließlich des Grundsatzes der Denkökonomie, wurde von verschiedener Seite in Frage gestellt. Vom phänomenologischen Standpunkt aus kritisierte sie Edmund Husserl in den „Logischen Untersuchungen". Mach ging auf diese Einwände mit einigen vorläufigen Bemerkungen ein und verschob die gründliche Auseinandersetzung bis zum Erscheinen der damals noch ausstehenden Teile von Husserls Werk. Seine Bemerkungen sind äußerst konziliant, doch zwischen seiner erkenntnispsychologischen Denkweise und Husserls antipsychologischem Ansatz kann es keinen Kompromiß geben. Vom Standpunkt des erkenntnistheoretischen Realismus aus wurde Machs empiristischer Phänomenalismus von Max Planck (1858–1947) kritisiert. Die Auseinandersetzung führte nicht zur Annäherung der Standpunkte.[24]

Ausführlich kritisierte Vladimir I. Lenin (1870–1924; vgl. Band XII, Kap. XI, 3) den „Machismus" in dem Buch „Materialismus und Empiriokritizismus" (1909), seinem philosophischen Hauptwerk. Er suchte Machs Auffassung zu widerlegen, weil er seinen Einfluß auf Theoretiker der russischen Sozialdemokratie für gefährlich hielt.[25] Hätte der Empiriokritizismus nicht manche von ihnen beeindruckt, wäre Lenin Machs theoretische Position vermutlich ziemlich gleichgültig gewesen. Doch Lenin fürchtete, daß Machs relativistischer Subjektivismus den revolutionären Elan der Partei lähmen könnte, und meinte daher, ihn bekämpfen zu sollen.

Rein theoretisch betrachtet ist klar, daß sich Machs Auffassung mit der objektivistischen Denkweise des Historischen Materialismus, dem zufolge das Bewußtsein eine abhängige Variable des sozioökonomischen Seins ist, nicht vereinbaren läßt. Lenin führte bei der Auseinandersetzung mit den sozialistischen Anhängern Machs – den „Machisten" – diesen Gegensatz auf die Alternative *Materialismus oder Idealismus* zurück. Da seiner Ansicht nach diese Alternative vollständig ist, meinte er, mit der Widerlegung des subjektiven Idealismus, als dessen Vertreter er Mach sah, den Materialismus bewiesen zu haben.

Lenin stellte den Empiriokritizismus als Erneuerung älterer philosophischer Theorien, insbesondere des Idealismus George Berkeleys, dar. Nach Berkeley werden nur Bewußtseinsinhalte – die *ideas* – unmittelbar erfaßt; Dinge werden mit Hilfe der *ideas* konstruiert: Ihr Sein *(esse)* ist Gedachtsein *(percipi)* (s. Bd. VIII, Kap. IV, 5). Analog verhält es sich mit den von Mach angenommenen Elementen (den Empfindungen), die Mach wie Berkeley als das allein unmittelbar Gegebene auffaßte. Berkeleys Denkweise unterscheidet sich jedoch in einer wesentlichen, von Lenin nicht berücksichtigten Hinsicht von der Machschen: Sie war weltanschaulich motiviert, da sie die Religion gegen Kritik von materialistischer Seite abschirmen sollte. Mach darf eine Motivation dieser Art nicht zugeschrieben werden. Er beabsichtigte auch nicht, den revolutionären Elan des Proletariats zu hemmen. Mach und seinen positivistischen Zeitgenossen ging es um eine selbständige Theorie der Erkenntnis.

Auch Machs Wahrheitstheorie ist nach Lenin nicht vollkommen neuartig, denn eine ähnliche Auffassung findet er bei Hume, nach dessen Ansicht der Wirklichkeitsbezug von Vorstellungen nicht *erkannt*, sondern in einer Art Glaube *(belief)* für objektiv *gehalten* wird (s. Bd. VIII, Kap. IX). Lenin meinte dagegen, die realistische Auffassung als wahr erkennen zu können. Die Tatsache, daß es möglich ist, mit Hilfe von Theorien erfolgreich in das reale Geschehen einzugreifen, läßt sich seiner Ansicht nach nur begreifen, wenn man einen realistischen, ja materialistischen Standpunkt einnimmt und anerkennt, daß reale Dinge im menschlichen Bewußtsein widergespiegelt werden. Der Mensch ist kein isoliertes Ich; er ist in die materielle Natur eingebettet und daher denselben Gesetzmäßigkeiten unterworfen wie diese.

Machs Auffassung führt nach Lenin dagegen zum Solipsismus, somit zu einer absurden Ansicht.

Lenins Annahme, daß das Zutreffen von Prognosen und deren erfolgreiche praktische Umsetzung nur im Rahmen einer materialistischen Philosophie begreiflich gemacht werden könne, ist allerdings ungerechtfertigt. Wenn sich eine Auffassung in der Praxis bewährt, heißt das nicht, daß die Tatsachen, um die es geht, unabhängig von unserem Denken bestehen müßten. Verfehlt ist ferner Lenins Meinung, Mach leiste dem Fideismus und Mystizismus Vorschub.[26] Schließlich ist die Ansicht falsch, daß Mach über den Empirismus des 18. Jh.s, namentlich über die Positionen Berkeleys und Humes, nicht hinausgekommen sei. Obwohl Machs Erkenntnistheorie in mancher Hinsicht mit Auffassungen früherer Empiristen übereinstimmt, geht sie schon dadurch über diese hinaus, daß sie die Bedeutung von „Ding", „Kausalität", „Realität" usw. nicht als bekannt voraussetzt, sondern es unternimmt, sie analytisch zu klären. Mach läßt Lenin auch in dieser Hinsicht weit hinter sich.

Lenins ideologisch geprägter Kritik liegt die historisch-materialistische Annahme zugrunde, daß philosophische Ideen soziale Verhältnisse widerspiegeln und keine selbständige Bedeutung haben. Diese Denkweise machte es Lenin unmöglich, Mach als Denker zu betrachten, der sich ideologiefrei einer rein theoretischen Aufgabe widmet, nämlich der Rekonstruktion der Erfahrung im alltäglichen wie im wissenschaftlichen Sinne. Lenins Auffassung ist unübersehbar ideologisch, jedoch in seinen Augen durch die praktische Ausrichtung auf den Klassenkampf mit dem Ziel einer Diktatur des Proletariats gerechtfertigt.

2. Richard Avenarius

Richard Avenarius (1843–1896), Professor für induktive Philosophie in Zürich, hat eine der Machschen ähnliche Auffassung vertreten und sie als „Empiriokritizismus" bezeichnet. Obwohl Avenarius und Mach ihre Auffassungen unabhängig voneinander entwickelten, stimmten sie in der allgemeinen Zielsetzung überein: Beide erstrebten eine rein empirische, metaphysikfreie, formalisierte wissenschaftliche Theorie der Erfahrung.

Avenarius geht in seinen Werken – der umfangreichen „Kritik der reinen Erfahrung" (2 voll., 1888–1890)[27] und der schmalen Schrift „Der menschliche Weltbegriff" (1891) – von der alltäglichen, als natürlich bezeichneten Auffassung der Welt aus und sucht sie theoriefrei zu beschreiben. Er faßt sie als grundlegenden Zusammenhang zwischen dem Menschen, insbesondere seinem Gehirn, und der Umgebung auf. Wie ein psychophysiologischer Experimentator will er spekulative, den natürlichen Weltbegriff verfälschende Annahmen vermeiden und wenn nötig die natürliche Einstellung durch Eliminierung metaphysischer „Variationen" restituieren.[28] Wie schon Gustav Theodor Fechner (s. Bd. X, pass.), ließ er sich vom Ideal einer einzelwissenschaftlichen, nämlich psychologischen Erklärung der Grundzüge der Erfahrung leiten.[29] Die quasi-mathematische Terminologie, deren er sich dabei bediente, erleichtert aber den Zugang zu seinen Auffassungen nicht, sondern erschwert ihn vielmehr beträchtlich.[30]

Avenarius nimmt, ähnlich wie Mach, Elemente (z. B. grün, kalt ...) an, berücksichtigt aber, anders als dieser, auch deren werthafte und epistemische Bestimmungen. Die ersteren („angenehm", „unangenehm", „lustbetont", „unlustbetont" u. ä.) nennt er „Charaktere", die letzteren (wie „bekannt" oder „unbekannt") „Positionalcharaktere". Die Charaktere sind seiner Ansicht nach ebenso unmittelbar gegeben wie die Elemente.

Wie er im einzelnen verfährt, kann hier nur angedeutet werden. Er geht aus von einer Basis grundlegender Fakten, für die er Abkürzungen einführt, was die Theorie als exakt erscheinen läßt. So bezieht er sich mit „M" auf den Menschen, mit „R" auf reale, der Beschreibung zugängliche Sachen in der Umgebung des Menschen, von denen Reize ausgehen, und mit „S" auf die Nahrung. Er sucht nach Beziehungen zwischen ihnen und findet zum Beispiel, daß zwischen dem Energieverbrauch bei der Verarbeitung von Reizen und dem Energieersatz durch Nahrungsaufnahme eine Abhängigkeit besteht. Die bei der Einwirkung auf R verbrauchte Energie ist durch Nahrungsaufnahme auszugleichen. Wenn „$f(R) - f(S) = 0$" ist, herrscht beim Verhältnis zwischen R und S Gleichgewicht. Dieses banale Beispiel muß hier genügen; die Grundgedanken der Analyse der Erfahrung werden im folgenden ohne Verwendung dieser Symbole umrissen.

Der natürliche, von metaphysischen Deutungen freie Weltbegriff, der noch nicht durch (metaphysische) „Variationen" entstellt ist, ist realistisch, das heißt, die Umgebungsbestandteile und ihre Veränderungen gelten als unabhängig von der Anwesenheit oder Abwesenheit eines wahrnehmenden Subjekts. Sie werden vorgefunden und brauchen nur rezipiert zu werden. Damit das möglich ist, müssen allerdings gewisse Bedingungen erfüllt sein: Es muß ein Zentralnervensystem mit sensiblen Nerven geben, und der Stoffwechsel muß gewährleistet sein. Der Gegensatz von physischer und psychischer Wirklichkeit ist der natürlichen Einstellung ebenso fremd wie der Gegensatz von Innen- und Außenwelt oder von Materiellem und Ideellem. Diese Polaritäten sind nicht ursprünglich, sondern treten als (spekulative, d. h. nicht empirisch fundierte) Zutaten zu den vorgefundenen Sachen und Gedanken hinzu. Sie verfälschen den natürlichen Weltbegriff und sind daher auszuschalten.

Bei der metaphysischen Variation des natürlichen Weltbegriffs spielt die Introjektion eine wichtige Rolle. Sie besteht darin, daß Gedanken, Gefühle, Willensakte, die man bei sich selbst beobachtet, auch den Mitmenschen zugeschrieben werden, wobei zwischen den Sachen und den die Sachen wahrnehmenden Individuen (d.h. zwischen Subjekt und Objekt) unterschieden und ihr Verhältnis unzulässigerweise als Dualität zweier Seinsbereiche gedeutet wird.

Gegen den erkenntnistheoretischen Dualismus betont Avenarius, daß das mit „Ich" Bezeichnete „selbst nichts anderes als ein Vorgefundenes" sei.[31] Es ist ein Komplex von der Art der Komplexe, die als Teile der Umgebung vorgefunden werden. Die Annahme einer immateriellen Wirklichkeit (der Seele und Gottes) weist Avenarius zurück, will aber nicht als Materialist betrachtet werden. Der Materialismus ist in seinen Augen wie der Spiritualismus eine verfälschende Variation des natürlichen Weltbegriffs. Als unhaltbar betrachtet Avenarius schließlich die Annahme, daß das innere geistige Wesen Vorstellungen, Gedanken usw. *habe*. Das Denken ist zwar eine Funktion des Gehirns (des „Systems C"), läßt sich jedoch nicht als etwas verstehen, das das Gehirn *hat*.[32]

Für den auf Introjektion beruhenden Dualismus ist die Tendenz charakteristisch, der angenommenen psychischen Wirklichkeit ein höheres Sein zuzuschreiben als den Gegenständen der äußeren Erfahrung. Avenarius hält das für verfehlt, wie er auch die Idee eines höchst vollkommenen geistigen Wesens, d.h. eines göttlichen „Geistes im Himmel", verwirft.

Der Dualismus scheitert nach Avenarius, weil unter seinen Voraussetzungen die Beziehung zwischen Leib und Seele, die sich nicht kausal oder als Wechselwirkung erklären läßt, rätselhaft bleibt. So ist es nicht möglich, vom dualistischen Standpunkt aus die Wahrnehmung zu erklären. Die Annahme, daß die Wahrnehmungen auf Einwirkung von seiten der Dinge beruhen, scheidet aus, weil außenweltliche Objekte und Vorstellungen heterogen sind und sich daher nicht als Ursache und Wirkung begreifen lassen. Die Schwierigkeit wird verdoppelt, wenn man die als Ursache der Wahrnehmungen angenommenen Dinge als Dinge an sich betrachtet.

Um die dualistische Variation des Weltbegriffs zu stützen, wurde oft ein höheres Wissen postuliert, indem man zum Beispiel eine Ideenschau vor der Verkörperung der Seele annahm oder sich auf eingeborene Ideen berief. In solchen Ansichten sieht Avenarius Überbleibsel früherer Entwicklungsstufen, die eigentlich schon überholt sind, aber vielfach immer noch eine Rolle spielen. Er setzt ihnen eine monistische Auffassung entgegen, bei der sich Subjekt und Objekt nur als verschiedene Aspekte der Erfahrung darstellen. Erfahrung des Ich und Erfahrung der Umgebung – des Zentralglieds und des Gegenglieds der „empiriokritischen Prinzipialkoordination" (womit die Subjekt-Objekt-Beziehung gemeint ist) – lassen sich nicht trennen. Ich und Umgebung sind, falls sie gegeben sind, hinsichtlich ihres Gegebenseins gleichartig. Sie sind nur insofern verschieden, als sich das mit „Ich" Bezeichnete als relativ konstant erweist, während der Umgebungsbestandteil stärker veränderlich ist.

Die funktional aufgefaßte, somit nicht metaphysisch interpretierte Prinzipialkoordination ist im Gegensatz zu der dualistischen Variation allgemeingültig. Ihr Begriff gehört zu den „Universalbegriffen“, die insofern unentbehrlich sind, als kein Weltbegriff ohne sie auskommt. Dagegen kann von den entbehrlichen Bestandteilen des Weltbegriffs – den „Beibegriffen“ – im alltäglichen und wissenschaftlichen Denken abgesehen werden, wie es dem Postulat der Denkökonomie entspricht. Avenarius bekennt sich wie Mach zu diesem Postulat und bezieht es nicht nur auf einzelne Beibegriffe, sondern auf die metaphysische Denkweise als solche. Er hofft, daß sich die Variationen des natürlichen Weltbegriffs allmählich als überflüssig erweisen und dem unverzerrten („unvariierten“) Weltbegriff Platz machen werden.[33] Zeichen des Verblassens der metaphysischen Deutungen meint Avenarius bereits zu sehen.

Die entscheidende Schwäche des Empiriokritizismus, die eine Schwäche des zeitgenössischen Positivismus im allgemeinen war, ist die Annahme, daß Erfahrungsinhalte theoriefrei beschrieben werden können. Der Glaube an ein unmittelbar Gegebenes, das vom Subjekt möglichst unverfälscht zu rezipieren ist, läßt sich aber nicht aufrechterhalten; schon die einfachste Wahrnehmung enthält Deutungen, die unbegreiflich sind, wenn man das Subjekt, wie es Avenarius tut, als vorfindlichen Komplex auffaßt und seine synthetische Funktion ignoriert.

Avenarius hat mit der „Vierteljahrsschrift für wissenschaftliche Philosophie“ eine Plattform für die Erörterung positivistischer Auffassungen geschaffen. Die Zeitschrift hielt sich 40 Jahre lang (1877–1916) und konnte bekannte Philosophen und Psychologen zu ihren Autoren rechnen, zum Beispiel Wilhelm Wundt (s. Bd. X, Kap. II, 5), den dänischen Philosophen Harald Höffding (1843–1931) und später Alois Riehl (s. Bd. XII, Kap. IV, 4).

Avenarius hatte kaum namhafte Anhänger. Der bekannteste von ihnen, der aber auch von Mach beeinflußt war, ist Theodor Ziehen (1862–1950). Er war ursprünglich Psychiater und lehrte Philosophie in Utrecht, Berlin und Halle. Auch er betrachtete Empfindungen als grundlegende Elemente der Erfahrung, hob jedoch hervor, daß in der Naturwissenschaft nicht beliebige, sondern nur „reduzierte“ – wissenschaftlich relevante – Empfindungen eine Rolle spielen. Seine naturalistische und anti-metaphysische Einstellung kommt schon im Titel seines Hauptwerks – „Erkenntnistheorie auf physikalischer und psychophysiologischer Grundlage“ (Jena 1912) – zum Ausdruck.

Positivistische Auffassungen vertraten – außer den in Band X genannten Positivisten – auch eine Reihe von Autoren, die nicht dem Empiriokritizismus zuzuordnen sind, wie Ernst Laas (1837–1885), der in dem dreibändigen Werk „Idealismus und Positivismus“ (Berlin 1879–1915) von einem sensualistischen Standpunkt aus jeden Apriorismus und allgemein jede dogmatische Denkweise ablehnte, oder Friedrich Jodl (1848–1915, Professor in Wien), der ebenfalls eine naturalistische Erkenntnistheorie vertrat und Werke zur Ethik und zur Religionsphilosophie verfaßte. Im 20. Jh. war es der Neopositivismus, der das positivistische Denken entscheidend prägte. Er setzte an die Stelle der Allianz von Philosophie und Psychologie die Entente von Philosophie und formalisierter Logik, weshalb er auch als „logischer Empirismus" bezeichnet wird.

3. Konventionalistischer Positivismus

Ansätze des Konventionalismus – der Auffassung wissenschaftlicher Grundsätze als Niederschlag von Konventionen – finden sich schon bei Mach, doch voll entfaltet wurde diese Denkweise von anderen Autoren, im hier berücksichtigten Zeitraum vor allem von Poincaré und Duhem.

a) Henri Poincaré (1854–1912) war Mathematiker und Naturwissenschaftler, setzte sich aber auch mit Fragen der naturwissenschaftlichen Methode auseinander, insbesondere in den Werken „Wissenschaft und Hypothese" und „Der Wert der Wissenschaft".[34] Unter dem Eindruck der Tatsache, daß es nicht nur eine einzige Geometrie, nämlich die euklidische, gibt, lehnte er es ab, mathematische und physikalische Prinzipien als evident zu betrachten und damit gegen Zweifel abzuschirmen. Sie entspringen der freien Denktätigkeit, sind aber nicht notwendig wahr und beschreiben keine von unserem Denken unabhängige Wirklichkeit.[35] Sie gelten auf Grund von Konventionen.

Mit Kant stimmt Poincaré überein, wenn er zwischen Inhalt und Form der Gegenstandserkenntnis unterscheidet und den Inhalt als chaotische Masse roher, theoretisch ungedeuteter Empfindungen auffaßt. Ihre Form beruht auf Prinzipien, die unabhängig von Empfindungen sind und sich nicht als Ergebnis induktiver Verallgemeinerung verstehen lassen. Poincaré führt sie, anders als Kant, auf Übereinkunft zurück, meint aber nicht willkürliche Vereinbarungen, sondern Festsetzungen mit dem Blick auf die Tatsachen, mit denen es wissenschaftliche Theorien zu tun haben: „[...] die wissenschaftlichen Gesetze sind keine künstlichen Schöpfungen. Wir haben durchaus keinen Grund, sie für etwas Zufälliges zu halten, wenn es uns auch nicht möglich ist, zu beweisen, daß sie es nicht sind."[36] Da Prinzipien mit dem Blick auf Beobachtungsdaten formuliert werden, denen sie nicht widersprechen dürfen, sind sie gleichsam empirisch geerdet. Angesichts der Bedeutung, die Poincaré der empirischen Komponente der Erkenntnis beilegt, kann man verstehen, daß er im allgemeinen den englischen Empiristen recht gibt und sich gegen den bei kontinentalen Philosophen verbreiteten Glauben an die Möglichkeit erfahrungsunabhängiger Wirklichkeitserkenntnis ausspricht.

Diese Einstellung hindert ihn jedoch nicht, Prinzipien anzunehmen, die nicht – wie das Fallgesetz – Verallgemeinerungen von Beobachtungen sind, sondern – wie der Trägheitsgrundsatz – der Erklärung von Beobachtungen dienen. Die ersteren nennt er Hypothesen, die letzteren (konventionelle) Prinzipien. Daß Prinzipien wie das Trägheitsprinzip nicht empirische Annahmen sind, zeigt sich in der Art, wie mit ihnen umgegangen wird. Niemand befürchtet im Ernst, daß sie abgeändert oder fallengelassen werden könnten, während Hypothesen grundsätzlich veränderlich sind. Bei Prinzipien befürchtet man keine Widerlegung, weil sie auf allgemeiner Zustimmung, und nicht auf empirischer Verallgemeinerung, beruhen. In gewissem Sinne ist es sogar möglich, Prinzipien als synthetische Sätze a priori aufzufassen, wie im Fall des Prinzips der vollständigen Induktion, das Poincaré als einen solchen Satz versteht.[37]

Doch auch die konventionellen Prinzipien sind nicht in Stein gemeißelt. Sie gelten stets mit dem Vorbehalt der Vorläufigkeit. Wenn man dies im Auge behält, kann man zum Beispiel die euklidischen Definitionen und Axiome als Grundsätze betrachten, wenn man sich nur hütet, mögliche Alternativen ein für allemal auszuschließen. Ähnlich verhält es sich mit den Begriffen des absoluten Raumes und der absoluten Zeit oder Grundsätzen wie dem Trägheitsprinzip.[38]

Obwohl die Wissenschaft nicht zur Erkenntnis der Realität an sich führt, sondern Beziehungen zwischen Dingen untersucht, ist sie, wie Poincaré hervorhebt, nicht so ohnmächtig, wie manchmal gesagt wird. Sie ist von größter Bedeutung, muß jedoch die aus ihrer Natur folgende Beschränkung auf die Untersuchung von Beziehungen akzeptieren. Jenseits dieser Beziehungen gibt es nichts Erkennbares und nichts Kommunizierbares. Mitteilbar sind nicht Empfindungen, sondern nur die Beziehungen zwischen ihnen.[39] Nach dieser Auffassung, die sich als strukturalistisch charakterisieren läßt, sind Wissenschaften Systeme von Beziehungen.

Die Entwicklung der Naturwissenschaften stellt sich von Poincarés Standpunkt aus als Ablösung von Konventionen durch andere dar, und es konnte so scheinen, als ließe sich ein solcher Vorgang grundsätzlich nicht als Fortschritt verstehen. Poincaré war jedoch überzeugt, daß wissenschaftlicher Fortschritt möglich sei, denn die Wissenschaftsgeschichte zeige, daß von Theorien etwas erhalten bleiben kann, auch wenn sie als ganze durch andere überholt werden. Sie enthalten, wenn sie sich auf die Erforschung von Beziehungen zwischen Dingen beschränken, unter Umständen etwas Bleibendes, das in einem allgemeineren theoretischen Kontext Bestand hat.[40] Poincaré meint sogar, daß es, obwohl Naturgesetze immer nur wahrscheinlich sind, im Verlauf der Denkentwicklung zur Annäherung an die vollkommene Gewißheit kommen könne. Das ist eine bemerkenswerte Konzession an den erkenntnistheoretischen Realismus, dem Poincaré auch entgegenkommt, wenn er erklärt, daß Konventionen nicht rein nominalistisch aufgefaßt werden dürften. Ebenso wäre es verfehlt, Theorien wegen des konventionellen Charakters ihrer Grundsätze für rein subjektiv zu halten. Sie können als objektiv gelten, wenn die Objektivität von Erkenntnissen als Übereinstimmung von Auffassungen, nicht als Übereinstimmung mit einer Wirklichkeit an sich verstanden wird. Was wir „objektiv" nennen, ist das, was vielen denkenden Wesen gemeinsam ist und was allen gemeinsam sein könnte. Poincaré erweist sich mit dieser Ansicht als früher Vertreter der sogenannten Konsenstheorie der Wahrheit.

Obwohl die Wissenschaft kein Wissen von einer Wirklichkeit an sich bietet, verdient sie nach Poincaré höchste Wertschätzung. Ihr Wert beruht auf der Erkenntnis der harmonischen Ordnung der Wirklichkeit: „Die Harmonie ist [...] die einzige objektive Wirklichkeit, die einzige Wahrheit, zu der wir gelangen können."[41] Die Erkenntnis geht nicht darin auf, Mittel zur Realisierung praktischer Zielsetzungen bereitzustellen; sie steht nicht in erster Linie im Dienst der Praxis, sondern trägt ihren Wert in sich. Poincaré bekennt sich zum Ideal einer Wissenschaft um der Wissenschaft willen.[42]

Poincaré war nicht der einzige Vertreter des Konventionalismus; konventionalistische Elemente enthält auch die von Édouard Le Roy (1870–1954) vertretene Philosophie, die sich aber von Poincarés Denkweise durch ihren Antiintellektualismus unterscheidet. Poincaré hat sie ausführlich kritisiert[43] und sie auf den Einfluß Bergsons (s. Bd. XIII, Kap. V) zurückgeführt.[44] Den Verstand zugunsten von Instinkt, Gefühl oder Glauben abzuwerten, wie es Le Roy tut, hält Poincaré für verfehlt. Es ist auch nicht so, als wären die Tatsachen, wie Le Roy meint, nicht gegeben, sondern von Wissenschaftlern geschaffen. Zwar spielt die freie Tätigkeit des Wissenschaftlers bei der wissenschaftlichen Erkenntnis eine wichtige Rolle – z. B. bei der Entscheidung für Tatsachen, auf die sich das Interesse der Forschung richtet –, doch die „rohen", d. h. vorwissenschaftlich erfahrenen Tatsachen bestehen unabhängig von uns. Das Zutreffen vorausgesagter Tatsachen ließe sich nicht begreifen, wenn es das Ergebnis unserer freien Tätigkeit wäre.[45] Poincaré wirft Le Roy vor, Naturgesetze, die Hypothesen sind, unzulässigerweise wie auf Konventionen beruhende Prinzipien behandelt zu haben.

b) Ein anderer einflußreicher Vertreter des Konventionalismus in der zweiten Hälfte des 19. Jh.s war Pierre Duhem (1861–1916). Er kam, wie Poincaré oder Mach, von der Mathematik und der Naturwissenschaft zur Philosophie und Wissenschaftstheorie. Als Wissenschaftshistoriker stand ihm ein reiches geschichtliches Material zur Verfügung, dessen er sich bediente, um seine konventionalistische Auffassung der naturwissenschaftlichen Erkenntnis zu stützen.[46]

Im Sinne der konventionalistischen Betrachtungsweise meinte Duhem, daß wissenschaftliche Theorien nicht die Wirklichkeit an sich beschreiben, sondern ausschließlich Phänomene betreffen. Die für die Theoriebildung relevanten Grundsätze beruhen auf Konvention. Die Entscheidung für oder gegen sie erfolgt mit Rücksicht auf ihre Widerspruchsfreiheit, ihre Einfachheit und ihren Erklärungswert. Da sie nicht definitiv begründet werden können, sind sie grundsätzlich korrigierbar.

Theorien sind Instrumente im Dienst von Vorhersagen; sie haben nicht die Aufgabe, Phänomene zu erklären. Duhem betont, daß sich Prognosen, die auf Grund von gesetzesartigen Hypothesen formuliert wurden, nicht isoliert überprüfen lassen, denn wenn eine Vorhersage zutrifft, bedeutet das nicht die Verifikation der Hypothese, so wie diese nicht als falsifiziert gelten muß, wenn die mit ihrer Hilfe formulierte Prognose unzutreffend ist. Eine Prognose kann nämlich nicht nur scheitern, wenn ihre gesetzesartigen Prämissen falsch sind, sondern auch dann, wenn Annahmen über Rand- und Ausgangsbedingungen unzutreffend sind. Wenn zum Beispiel blaues Lackmuspapier beim Kontakt mit einer für sauer gehaltenen Lösung sich nicht rot verfärbt, muß das nicht an der zugrundeliegenden Gesetzeshypothese liegen, sondern kann auch daher kommen, daß die Lösung nicht sauer war. Überprüft werden muß daher die Konjunktion von Gesetzen und Aussagen über Randbedingungen. Wo anzusetzen ist, läßt sich der Theorie nicht entnehmen; die Entscheidung liegt bei den Wissenschaftlern, erfolgt aber nicht beliebig, sondern innerhalb des weiteren Zusammenhangs einer Auffassung.

Der holistische Gedanke, daß sich Hypothesen nur als Bestandteile von Theorien, also in einem ganzheitlichen Zusammenhang, überprüfen lassen, wurde auch später vertreten. Zum Beispiel betonte Willard V. Quine (zu diesem s. Kap. XIV), daß bei der Abänderung von Theorien an verschiedenen Stellen angesetzt werden könne – bei den Gesetzeshypothesen, bei den Beobachtungsdaten oder der zugrunde gelegten Logik.

Zweiter Teil

Der amerikanische Pragmatismus

Von Pierfrancesco Basile

IV. Der Ursprung des Pragmatismus

1. Einführung: Der Metaphysische Klub

1898 hielt William James an der Universität von Kalifornien den wichtigen Vortrag „Philosophical Conceptions and Practical Results": Hier wurde der Begriff Pragmatismus erstmals offiziell eingeführt – und Peirce als dessen Begründer gepriesen. Am 10. November 1900 schrieb der damals weitgehend unbekannte Peirce an seinen Freund: „Wer rief den Terminus *Pragmatismus* ins Leben, ich oder Du?"[1] James' Antwort kam postwendend: „Du hast ‚Pragmatismus' erfunden, was ich in einer Vorlesung mit dem Titel ‚Philosophical Conceptions and Practical Results' voll würdigte, von der ich Dir zwei (nicht bestätigte) Exemplare vor einer Reihe von Jahren zuschickte."[2]

Das Wort „Pragmatismus" kommt allerdings in Peirce' Aufsatz „How to Make Our Ideas Clear" (1878) nicht vor – jenem Aufsatz, den James als Gründungsdokument dieser neuen philosophischen Richtung ansah. Einige Jahre später meinte Peirce sich aber daran erinnern zu können, daß er das Wort einst in den Sitzungen einer informellen Diskussionsrunde aufgebracht hatte. „Es war ganz zu Anfang der siebziger Jahre, als eine Gruppe von uns jungen Leuten sich in Old Cambridge zu treffen pflegte, manchmal in meinem Studierzimmer, manchmal in dem von William James. Halb ironisch, halb herausfordernd nannten wir uns ‚The Metaphysical Club'."[3] Das Wort „Pragmatismus", schrieb Peirce, sei in einer ersten Fassung von „How to Make Our Ideas Clear" verwendet worden, die er bei einem dieser Treffen vorlas; es wurde jedoch gestrichen, als der Aufsatz in Druck ging.[4]

Peirce war also bereit, die ihm von James zugewiesene Rolle des Vaters einer neuen philosophischen Bewegung zu übernehmen.[5] Zwar schrieb er auch einmal, er wolle seine Philosophie umtaufen in „Pragmatizismus" (ein Wort, „das häßlich genug ist, um vor Kindsräubern sicher zu sein"[6]), um sie von jener von James besser zu unterscheiden. Doch ist dieser polemische Ausbruch selbst nichts anderes als ein implizites Zugeständnis, daß er sich als Erfinder eines originellen philosophischen Ansatzes sah.

Seltsamerweise ist Peirce der einzige, der sich an diesen „Metaphysischen Klub" erinnert; keines der anderen Mitglieder scheint seine Existenz jemals schriftlich erwähnt zu haben. Dies mag daran liegen, daß die dort gehaltenen Diskussionen so informell waren, daß es eine Übertreibung wäre, von einem „Klub" zu reden, selbst in ironischem Sinn. Denn laut Peirce hatte der Metaphysische Klub weder einen Vorstand noch einen Schriftführer, noch einen offiziellen Diskussionsbericht. Solche Berichte hätten ein interessantes Licht auf die Ursprünge des Pragmatismus werfen können; der Mangel an bürokratischer Organisation hatte aber den Vorteil, daß nur echte Philosophen an der Diskussion teilnahmen. Da es keine Hierarchien gab – wie Peirce an einer Stelle schreibt, die auch sein Ideal der Forschung als soziales Unternehmen verdeutlicht –, „hatten all solche Herren, die sich gerne hervortun wollten, [...] genügend Grund, den Mund zu halten und das Delta (oder den Sportplatz) der Diskussion denjenigen zu überlassen, denen es nur darum ging, der Wahrheit so nahe zu kommen, wie es ihnen möglich war."[7]

2. Sokrates in Cambridge: Chauncey Wright

Zum Kreis des Metaphysischen Klubs gehörten – neben den schon erwähnten William James und Charles Sanders Peirce – die philosophisch orientierten Juristen Oliver Wendell Holmes und Nicholas Saint John Green. Gelegentlich nahmen auch der Historiker John Fiske und der Philosoph Francis Ellingwood Abbot an den Sitzungen teil.[8] Die charismatischste Figur der Gruppe war jedoch Chauncey Wright. Wright hat wenige Spuren in der Geschichte der Philosophie hinterlassen und ist heute fast vollständig unbekannt; was über ihn überliefert ist, deutet aber darauf hin, daß er eine außerordentliche Persönlichkeit gewesen sein muß. James lobt ihn in einem in „The Nation" erschienenen Nachruf als „einen Philosophen der antiken oder Sokratischen Art";[9] Peirce preist ihn als „das Mitglied, das wir alle als den von uns reifsten Studierenden der Philosophie ansahen".[10]

Auch außerhalb des Metaphysischen Klubs und des intellektuellen Milieus von Cambridge, Massachusetts, fand Wright wichtige Anerkennung: Sein Scharfsinn und die Genauigkeit seines Denkens beeindruckten unter anderem Charles Darwin, dessen Evolutionstheorie Wright schon früh vertrat. Darwins „Origin of Species" erschien 1859; Wright las das Buch ein Jahr später und wurde sofort, wie Peirce berichtet, „ein vollkommener Darwinist".[11] Der britische Naturalist selbst war von Wrights schriftlichen Verteidigungen seiner Theorien so beeindruckt, daß er dessen Artikel „The Genesis of Species" (1871) in England neu veröffentlichen und vertreiben ließ; außerdem wird Wright von Darwin in „The Descent of Man" (1871) anerkennend erwähnt.[12]

Wright wurde am 10. September 1830 in Northampton, Massachusetts, geboren. Sein Leben scheint ohne besondere Ereignisse verlaufen zu sein. Schon in jungen Jahren erlag er der Faszination der Idee der Evolution, die ihm erstmals durch Robert Chambers' „Vestiges of the Natural History of Creation" (1844) vermittelt wurde. Nach seinem 1852 abgeschlossenen Studium an der Harvard University nahm er einen Auftrag als „Computer" an. „Er war Junggeselle und verdiente sich ein kärgliches Auskommen", erinnerte sich Peirce, „indem er für die amerikanischen Ephemeriden Berechnungen anstellte."[13] Seine Aufgabe bestand darin, die Positionen der Planeten und der wichtigsten Sterne zu berechnen. Bei dieser Arbeit entstanden Tabellen (Ephemeriden), die als Hilfe für die Navigation konsultiert werden konnten. Wright, der als mathematisches Genie galt, entwickelte eine neue Berechnungsmethode, die es ihm ermöglichte, die ganze Arbeit für ein Jahr in drei Monaten zu erledigen. Die restlichen neun Monate konnte er der Philosophie widmen – und ganz nach seinem Geschmack und Temperament in Cambridge als lokaler Sokrates wirken. Ein Nebeneffekt dieser Arbeitsmethode war aber auch, daß er sich in den drei Monaten beruflicher Aktivität ziemlich aufrieb. Mangel an Schlaf, Einsamkeit und der maßlose Konsum von Alkohol und Nikotin führten zu Depressionen und letztlich zum frühen Tod am 12. September 1875, im Alter von nur 45 Jahren.

Wright hat kein Buch hinterlassen; seine philosophischen Ansichten müssen auf Grund von Artikeln, Rezensionen und Briefen rekonstruiert werden.[14] Diese Schriften vermitteln das Bild eines aufgeklärten Positivisten. Im Zentrum seiner Spekulationen steht die Natur der wissenschaftlichen Forschung; es gibt für ihn keinen Zweifel, daß nur die Wissenschaft echte Erkenntnisse liefert. Diese Überlegenheit ist eine Folge ihrer Methode: Wissenschaftliche Hypothesen werden immer durch Experimente getestet, die im Prinzip jeder kompetenten Person zugänglich sind.[15] In der Erfahrung liegt eine ultimative Autorität, eine Instanz, der wir nicht widersprechen können. Die Tatsache, daß der Wissenschaftler bereit ist, die Dekrete einer solchen Autorität zu akzeptieren, wird von Wright aber nicht nur festgestellt, sondern auch als Zeichen moralischer Reife gewürdigt: Wahrheit und Falschheit können in der Wissenschaft nicht *ad libitum* gewählt werden, wie es in der Philosophie typischerweise der Fall ist; sie werden uns *nolens volens* aufgezwungen.

Die Aussage, daß eine wissenschaftliche Theorie verifiziert werden muß, bedeutet für Wright selbstverständlich nicht, daß jede einzelne These direkt überprüft werden kann. Aber im Idealfall sind wissenschaftliche Theorien systematisch aufgebaut. Prinzipien, die nicht direkt verifizierbar sind, sollten also so eng mit direkt verifizierbaren Thesen verbunden werden, daß eine Art indirekter Kontrolle möglich wird. Die Entwicklung einer Theorie ist deshalb ein sehr komplexes Unterfangen, das auch konstruktiv-spekulative Momente einschließt. Wright betont auch, daß eine Theorie nie ein reines Kompendium etablierten Wissens sei. Die Wissenschaft ist kein starres Gebäude auf der Basis von Prinzipien, sondern eine lebendige Tätigkeit.[16] Jede neue Hypothese lenkt die Aufmerksamkeit auf neue Aspekte der erfahrenen Welt; auf diese Weise führt sie zu neuen Beobachtungen und gelegentlich auch zu neuen Entdeckungen. In diesem Zusammenhang spricht Wright von wissenschaftlichen Ideen als *working ideas, finders, not merely summaries of truth.*[17]

Verifikation durch Erfahrung, aber auch epistemische Fruchtbarkeit – dies sind für Wright zwei Grundeigenschaften, die das Primat der modernen Wissenschaft vor anderen Arten vermeintlicher Erkenntnisse erklären. Manchmal erwähnt er die technische Anwendbarkeit als zusätzlichen Beweis ihrer epistemischen Verläßlichkeit – man kann nicht im Ernst eine Theorie in Frage stellen, die es uns ermöglicht, mit Erfolg auf die Welt zu wirken: Wissen ist, mit anderen Worten, immer auch Macht.[18]

Wenn Metaphysik und Theologie nach diesen Kriterien beurteilt werden, dann müssen sie als Pseudo-Wissenschaften verworfen werden. Wright bestreitet allerdings, daß Theologie und Metaphysik nach dem vom Positivisten Auguste Comte (s. Bd. X, Kap. I) dargelegten Drei-Stadien-Gesetz aufzufassen sind – als erste, unreife Stufen der geistigen Entwicklung der Menschheit, die in einer wissenschaftlich geprägten Kultur verschwinden werden: Keine menschliche Gesellschaft werde je imstande sein, auf metaphysische oder theologische Spekulationen zu verzichten, sondern sie würden immer mit der Wissenschaft koexistieren. Während die Wissenschaft ihren Ursprung in einer rein intellektuellen Neugierde hat, sieht Wright die Wurzeln von Metaphysik und Theologie in unserer emotiven, sentimentalen Seite; sie dienen dazu, unsere Ängste zu mildern und unsere tiefsten Sehnsüchte zu befriedigen.[19] Wenn man sie richtig auffaßt, so Wright, dann haben Metaphysik und Theologie einen durchaus legitimen Platz in unserer Kultur; falsch wäre nur, sie mit echten Erkenntnissen zu verwechseln. (Comte war dagegen der Meinung, ihre Koexistenz stelle einen Zustand der intellektuellen Anarchie dar, der die Entwicklung der Gesellschaft hemmen würde.) Sie treten auch nicht in einen Widerspruch mit den genuinen empirischen Wissenschaften,[20] denn diese befassen sich ausschließlich mit Phänomenen und ihren feststellbaren Regelmäßigkeiten: Die Frage nach ihren letzten, transzendenten Ursachen wird in der Wissenschaft gar nicht gestellt.

Diese „neutrale" Auffassung der Wissenschaft wird durch Wrights Haltung gegenüber der Frage nach der Existenz Gottes vorzüglich illustriert. Für ihn sind wir vollkommen frei, an Gott zu glauben, wenn uns dies beruhigt und zu einem besseren Leben verhilft. Dennoch sollten wir uns darüber im klaren sein, daß es eben nur um Glauben geht – objektive Gründe gibt es weder für den Theismus noch für den Atheismus.[21] James wird später in seinem berühmten Aufsatz „The Will to Believe" (1896) eine ähnliche Position einnehmen, aber zu anderen Schlüssen kommen. Während Wright, der vom Charakter her eher ein Phlegmatiker war, ein vollständiger und konsequenter Agnostiker blieb (der Atheismus erschien ihm nicht nur genauso unbegründet wie der Glaube an die Existenz Gottes, sondern auch moralisch suspekt),[22] bekannte sich der psychisch leicht erregbare James zum Theismus.

In Wrights Augen haben Philosophen den Charakter ihrer eigenen spekulativen Konstruktionen grundsätzlich mißverstanden. Der letzte Sünder in dieser Reihe ist in seiner Sicht der britische Philosoph Herbert Spencer, dessen Ideen auch in Amerika weit verbreitet waren. Spencer meinte bewiesen zu haben, daß sich das Universum in einem Prozeß der Entwicklung befinde. Aus einem ursprünglich homogenen Zustand hätten sich die verschiedenen Teile allmählich ausdifferenziert: Aus dem Chaos sei ein Kosmos entstanden (s. Bd. X, Kap. II, 3). Gegen diese Art philosophischer Hybris protestiert Wright vehement, da eine solche Theorie selbstverständlich nicht empirisch getestet werden kann.[23] Ihre Attraktivität beruht lediglich darauf, daß sie eine Art Epos erzählt – eine Geschichte mit einem Anfang, einer progressiven Entwicklung, einem guten Ende. Das Beispiel Spencers illustriert, was für die ganze Metaphysik gilt: Sie ist eine raffinierte, aber auch trügerische Form des mythologischen Denkens. An diesem Beispiel zeigt Wright aber auch noch einen anderen negativen Aspekt der philosophischen Tradition auf: Spencers Schriften sind voll von Fehlern und Ungenauigkeiten; die Philosophen sind oft weniger gut informiert, als sie meinen – etwas mehr Nüchternheit in ihrem Denken würde nicht schaden.

Obwohl sein strikter methodologischer Empirismus ihn eigentlich zum Schweigen bei spekulativen Themen verurteilt hätte – ganz nach dem (auf E. DuBois-Reymond zurückgehenden) Motto *ignoramus et ignorabimus* –, scheute Wright nicht davor zurück, selbst kosmologische Spekulationen anzustellen. Die beste Hypothese in dieser Hinsicht ist die Aristotelische Theorie, nach der das Universum weder einen Anfang in der Zeit hatte noch ein Ende haben wird.[24] Zwar ist die jetzige Ordnung des Kosmos im Laufe der Zeit entstanden; sie kann aber nicht als „Ziel" einer teleologischen Entwicklung aufgefaßt werden, sondern nur als „Ergebnis". Und da alles im stetigen Wandel begriffen ist, wird auch diese Ordnung früher oder später durch eine andere ersetzt werden. Wright faßt seine kosmologische Theorie zusammen mit der Metapher eines „kosmischen Wetters" *(cosmical weather)*:[25] denn genau wie das Wetter ist auch die kosmische Geschichte ein zielloser Prozeß des Entstehens und Verschwindens neuer Konfigurationen. Diese Metapher drückt nicht nur die Idee einer ewigen *Instabilität* jedes erreichten Zustandes aus, sondern auch die der *Unvorhersehbarkeit* zukünftiger natürlicher Ereignisse. Wright betont allerdings, daß „Unvorhersehbarkeit" nur in einem erkenntnistheoretischen Sinn verstanden werden kann. Alles in der Natur ist dem Gesetz der Kausalität unterworfen (oder jedenfalls ist das Kausalitätsgesetz ein unentbehrliches Postulat jeder empirischen Wissenschaft); der einzige Grund, wieso die Weltgeschichte nicht vorhersehbar ist, ist ihre enorme Komplexität. Ein hypothetischer allwissender Intellekt wäre durchaus imstande, die Zukunft aufgrund seiner perfekten Kenntnis des jetzigen Zustands des Universums und seiner Gesetze bis in die letzten Details zu berechnen.

Peirce wird seinem früheren Mentor in zahlreichen Punkten widersprechen, zum Beispiel indem er in seinem *Tychismus* eine ontologische Unbestimmtheit annimmt und die Weltgeschichte als teleologisch gerichtet auffaßt. Entsprechend anders fällt sein Urteil über den Wert der Philosophie Spencers aus: „[Z]u der Zeit, als ich Wrights Bekanntschaft machte", so Peirce, „ließ er selten eine Gelegenheit vorübergehen, Spencer herabzusetzen, und machte selbst die wirklich bemerkenswerten ‚Principles of Psychology' zum Objekt seines Spottes."[26]

Wie anfangs schon erwähnt, ist Darwins Evolutionstheorie das Thema einiger wichtiger Artikel Wrights. In „Natural Theology as a Positive Science" (1865) kritisierte er das teleologische Argument des damals berühmten britischen Theologen William Paley, dem zufolge die erstaunliche Adaptation eines Organismus an seine Umgebung nur als Ergebnis eines göttlichen Plans interpretiert werden könne. Denn die Theorie der Evolution bietet eine einfachere Erklärung dieser Adaptation. Das teleologische Argument scheitert aber auch daran, daß es gewisse Teile eines Organismus (z. B. die Augen) als „Mittel" zu einem bestimmten „Zweck" (z. B. das Sehen) interpretiert. Dagegen besteht die Natur nur aus Ursachen und deren Wirkungen, aus verursachenden und verursachten Ereignissen – diese als „Mittel" oder „Zwecke" zu interpretieren, heißt vorauszusetzen, was eigentlich zu beweisen wäre, nämlich, daß die Natur durch teleologische Kategorien überhaupt erfaßt werden könne. Das teleologische Argument ist nach dieser Analyse als zirkulär zu verwerfen.[27]

Es läßt sich also nicht bezweifeln, daß eine natürliche Evolution stattgefunden hat; man könnte sich aber die Frage stellen, wie dies passiert sei. Wright erweist sich auch hier als konsequenter Darwinist, der die Theorie der natürlichen Auslese akzeptiert. Doch wieviel kann diese Theorie eigentlich erklären? Der Naturphilosoph St. George Jackson Mivart SJ hatte in „On the Genesis of Species" (1871) argumentiert, daß man Gott als zusätzlichen Faktor in der Evolution anerkennen müsse, da die Theorie der natürlichen Auslese nicht ausreiche, um die Struktur vieler Organismen zu verstehen. Nicht jeder Aspekt solcher Strukturen scheint nämlich für den Organismus von unmittelbarem Nutzen zu sein, während die Theorie der natürlichen Auslese gerade behauptet, daß sich nur entwickeln kann, was nützlich ist. Wright versucht in einer Rezension aus demselben Jahr diese neue theologische Attacke abzuwehren, indem er noch einmal auf die Komplexität der natürlichen Phänomene hinweist: Das Prinzip der natürlichen Auslese beschreibt die allgemeine Art und Weise, wie die Evolution funktioniert; um einzelne Fälle präzis zu erklären, reicht sie selbstverständlich nicht aus, da man in der Regel nicht sämtliche relevanten Faktoren kennt. Wer die Theorie der natürlichen Auslese aus diesem Grund verwerfen wolle, so Wrights einleuchtender Vergleich, sollte auch bereit sein, die Prinzipien der politischen Ökonomie zu verwerfen: Auch sie allein sind nicht imstande, einzelne wirtschaftliche Entwicklungen innerhalb einer Gesellschaft zu begründen. Die Tatsache, daß die Wissenschaft nicht alles erklärt – dies Wrights allgemeine These –, darf kein Grund sein, um die Wissenschaft selbst in Frage zu stellen oder an transzendente Ursachen zu glauben.

Eine weitere Gefahr der theologischen Interpretation Mivarts besteht für Wright darin, daß der Begriff der „Evolution" stillschweigend mit dem Begriff „Fortschritt" gleichgesetzt wird. Wie Darwin wußte, sind diese Begriffe aber sorgfältig voneinander getrennt zu halten. Schlimmer noch, Mivart mißversteht grundsätzlich den Darwinschen Begriff einer „zufälligen" Variation, den er als Idee einer ursprünglichen Unbestimmtheit in der Natur deutet. Es gibt aber keinen Zufall in der Natur: Darwins „zufällige" Variationen sind von früheren Ursachen genauso vollständig bestimmt wie alle anderen physischen Ereignisse auch.[28]

Die meisten Schriften Wrights sind polemischer Natur; eine wichtige Ausnahme ist der lange Aufsatz „The Evolution of Self-Consciousness" (1873). Wright versucht hier ein Problem zu lösen, das sich jedem Evolutionisten unweigerlich stellt: Wie läßt sich die Entwicklung der menschlichen Intelligenz auf der Basis natürlicher tierischer Instinkte erklären? Wright behauptet nicht, eine vollständige Antwort liefern zu können; dennoch meint er, die Hauptlinien einer genetischen Theorie der menschlichen Intelligenz ausgemacht zu haben. Typisch für den Menschen, so Wright, ist die Fähigkeit, sich *absichtlich* der Zeichen bedienen zu können. Zeichen – in Form von Lauten, Gesten, aber auch mentalen Vorstellungen – werden nicht nur von Menschen, sondern auch von Tieren verwendet. So kann für ein wildes Tier ein bestimmter Duft ein Zeichen für eine Gefahr sein, zum Beispiel für einen Rivalen. Der Duft wird von ihm aber nicht als Zeichen erkannt; er funktioniert lediglich als eine Art Konduktor, der die Idee eines Gegners weckt: Der erfahrene Duft (das Zeichen) wird dabei sofort vergessen, das Tier ist vollständig von der Idee des Gegners (der Bedeutung) besessen. Da der Duft vergessen worden ist, wird es für das Tier auch unmöglich, ihn als Zeichen – d. h. in seiner Verbindung mit der Idee des Gegners – zu betrachten. Lebewesen, die über ein stärkeres Erinnerungsvermögen verfügen, sind dagegen imstande, solche Verbindungen wahrzunehmen.

Vieles an dieser Erklärung ist bemerkenswert, in erster Linie die Tatsache, daß der Fluß unserer Erlebnisse in semiotischen Kategorien interpretiert wird. Wright betont aber auch, daß seine Theorie die Entstehung der menschlichen Intelligenz lediglich auf der Basis schon bekannter Fähigkeiten (dem instinktiven Gebrauch von Zeichen bei Tieren einerseits, dem Erinnerungsvermögen andererseits) erklärt. Aus dem Alten kann etwas *radikal* Neues entstehen; aber um einen solchen Übergang zu verstehen, brauchen keine mirakulösen, übernatürlichen Eingriffe postuliert zu werden. Im Kontext dieser Überlegung kritisiert Wright auch die Annahme, daß wir unmittelbar imstande seien, zwischen „subjektiven" und „objektiven" Phänomenen zu unterscheiden. Er argumentiert dagegen, wenn auch nur skizzenhaft, daß die Klassifikation der Phänomene in Begriffen von „subjektiv" und „objektiv" durch wiederholte Erfahrung gelernt werden müsse. Und die Trennung hat für ihn keine tiefere metaphysische Bedeutung: An sich betrachtet, unabhängig von jeder Klassifikation, sind unsere Erfahrungen weder subjektiv noch objektiv, weder mental noch materiell. Es hat auch keinen Sinn, von mentalen und materiellen Substanzen zu reden; der Begriff „Substanz" als permanentes Substrat des Wechsels gehört zu einer überholten Metaphysik, die aber in unserer Sprache tief verankert ist (gemeint sind selbstverständlich Sätze mit einem grammatikalischen Subjekt und einem Prädikat).[29] Wright vertritt also einen radikalen „neutralen Monismus" – eine Theorie, die James mit dem Begriff einer „reinen" Erfahrung wieder beleben wird (s. Kap. VI, 6).

Wrights strikte empiristische Haltung beeinflußte auch seine ethischen Ansichten und seine Philosophie des Lebens. In der Ethik adoptierte er Mills utilitaristischen Ansatz, dem zufolge jene Handlung moralisch gerechtfertigt ist, die zum größeren Wohlbefinden für die größere Zahl von Individuen führt. Früher oder später, dies seine vielleicht etwas zu optimistische Überlegung, wird sich zweifellos zeigen, ob eine Handlung positive oder negative Wirkungen hat. Auch in ethischer Hinsicht sollen also die Erfahrungen maßgeblich sein, nicht die Intuitionen oder die moralischen Gefühle einzelner Individuen oder, schlimmer noch, einer privilegierten Klasse. Der Agnostizismus in bezug auf die Frage nach der Existenz Gottes machte Wright nicht zu einem moralischen Nihilisten. Es gibt für ihn tatsächlich viele Dinge, die einen intrinsischen Wert besitzen (darunter etwa die Freude an der Kunst). Die Ziele des Lebens – was ihm Bedeutung verleiht – sind aber alle im Leben selbst enthalten: Sie sind hier und jetzt zu suchen und zu verwirklichen.[30] Diese Bemerkung wird in seinen Schriften gelegentlich zum Anlaß für eine erneute Attacke gegen die traditionelle Metaphysik: Wir verschwenden unsere Energie, so Wright, wenn wir uns zu viel mit unlösbaren Fragen beschäftigen, denn wir werden lediglich von den echten Problemen abgelenkt – eine provozierende These, die ein Leitmotiv von Deweys Philosophie werden sollte (s. Kap. VII, 5).

Da Wright seine Philosophie als dialektische Tätigkeit begriff und auch praktizierte, lassen sich die präzisen Konturen seines Denkens nicht vollständig rekonstruieren. Wie bereits angedeutet worden ist, tauchen die wichtigsten Themen seiner Spekulationen in den Werken der späteren Pragmatisten wieder auf: Die Logik der Forschung; die Ethik des Für-wahr-Haltens; der naturalistische Ursprung des menschlichen Geistes; der epistemische Status und die Nützlichkeit der Metaphysik; die Möglichkeit, Gott doch als notwendigen Faktor in der Evolution anzuerkennen: Dies sind zentrale Themen aller Autoren dieser Tradition. Auch die von Wright immer wieder betonte Notwendigkeit, alles einer empirischen Kontrolle zu unterwerfen, ohne Rücksicht auf Überlegungen a priori oder unsere angeblich sakrosankten Intuitionen, nimmt den liberalen, experimentellen Geist der pragmatischen Philosophie vorweg. Dennoch läßt sich bezweifeln, daß Wright selbst als „Pragmatist“ bezeichnet werden kann. Denn nirgendwo behauptet er, wie James es tat, eine neue Methode für die Lösung philosophischer Probleme gefunden zu haben. Noch meinte er, jede menschliche Idee könne als „working idea“ aufgefaßt werden, so daß alles menschliche Denken im Prinzip schon wissenschaftliches Denken *in nuce* sei, wie dies Dewey postulierte. Er entwickelte auch keine Technik von der Art von Peirce' sogenannter „pragmatischer Maxime“, um die Bedeutung fraglicher philosophischer Termini zu klären.[31] Und dies, obwohl er genau wie Sokrates vor ihm wußte, daß wir oft gar nicht verstehen, was wir klar zu denken glauben. „Wright hatte kein großes Talent darin, sich auszudrücken“, wie Peirce meinte, „aber er bestand auf Genauigkeit im Gebrauch der Wörter.“[32] Manche Thesen sind eben weder wahr noch falsch, sondern einfach konfus.

Alles in allem scheint es überzeugender, Wright als Bindeglied zwischen dem europäischen Positivismus (insbesondere Comte und Mill) einerseits und dem frühen Pragmatismus von Peirce und James andererseits zu betrachten. Aber auf jeden Fall hat man es bei ihm mit einem Denker ersten Rangs zu tun – einem, dem die Gründer des Pragmatismus zutiefst verpflichtet sind. Peirce selbst hat dies in einer Rückschau über den Metaphysischen Klub voller Bewunderung anerkannt. Wright, so schrieb er, „in jenen Tagen so etwas wie eine philosophische Berühmtheit, fehlte bei unseren Treffen nie. Ich wollte ihn daher unseren Chorführer (corypheus) nennen, aber er ist wohl eher als unser Boxtrainer zu beschreiben, gegen den wir gewöhnlich antraten – ich besonders –, um unsere Schläge zu bekommen.“[33]

3. Ein amerikanischer Prophet: Ralph Waldo Emerson

Peirce und James waren nicht nur von Chauncey Wright beeindruckt: Wie die meisten Intellektuellen ihrer Generation erlagen auch sie dem Charisma von Ralph Waldo Emerson. In der kleinen Schrift „Address at the Centenary of R. W. Emerson“ (1903) lobt James jene „erhabenen Seiten“ Emersons, „die unsere Jugend ermutigten und stärkten“.[34] Und am Anfang eines seiner rätselhaftesten Aufsätze, „The Law of Mind“ (1891/92), erklärt Peirce, woher seine Liebe für gewagte metaphysische Spekulationen kommt: „Um jene zufriedenzustellen, die auf das Studium geistiger Biographien gespannt sind, darf ich erwähnen, daß ich in der Nähe von Concord – ich meine in Cambridge – geboren und aufgewachsen bin, und das zu einer Zeit, als Emerson, Hedge und ihre Freunde die Ideen verbreiteten, die sie von Schelling hatten und Schelling von Plotin, von Boehm und von Gott weiß welchen Köpfen, die von der monströsen Mystik des Ostens besessen waren.“[35]

Wright war ein genauer Denker mit einer soliden wissenschaftlichen Bildung und ausgeprägten anti-metaphysischen Neigungen, der mit seiner Rolle als Mentor einer kleinen Gruppe philosophischer Freunde vollkommen zufrieden war. Der 27 Jahre ältere Emerson verkörperte eine ganz andere Art des Intellektuellen. In seinen zahlreichen Essays und Vorträgen trat der große Humanist als eine Art philosophischer Dichter auf, der mit dem Gestus eines Propheten seine Botschaft an die ganze amerikanische Nation richtete. Und anders als Wright, dessen spärliche Aufsätze nur von Spezialisten gewürdigt werden konnten, waren die in einem literarischen Stil verfaßten Schriften Emersons enorm erfolgreich – nicht nur in den USA, sondern auch auf dem alten Kontinent, wo sie vor allem Nietzsche stark beeinflußten.[36]

Emerson wurde am 25. Mai 1803 in Boston, Massachusetts, geboren. Seine Schriften strahlten großen Optimismus aus, doch sein Leben blieb von Schwierigkeiten und tragischen Ereignissen nicht verschont. Nach Studien der Theologie in Harvard in den Jahren 1825 bis 1827 begann er, der selbst Sohn eines Geistlichen war, eine Priester-Laufbahn in der unitarischen Kirche. Seine Predigten wurden von den Gläubigen als sehr anregend empfunden, aber dennoch wurde Emerson zunehmend von unüberwindbaren Zweifeln geplagt. Nach dem Tod seiner leidenschaftlich geliebten Frau Ellen Tucker 1831 gab er sein Amt definitiv auf und begab sich auf eine lange Reise nach Europa; er besuchte Italien, Frankreich, England und Schottland und traf seine bewunderten romantischen Dichter Wordsworth und Coleridge sowie den Historiker und Essayisten Carlyle. Kurz danach begann er ein neues Leben: Er heiratete erneut, kaufte ein Haus (in Concord), gründete eine Familie (sein Sohn Waldo wurde 1836 geboren, starb allerdings nur sechs Jahre später) und hielt seine ersten öffentlichen Vorlesungen, darunter die umstrittene „Divinity School Address“, in Harvard 1838: Darin attakkierte er den Formalismus aller bekannten Religionen, was ihm den Hass der Traditionalisten einbrachte.

Emersons erstes Buch, „Nature“, erschien 1836, anonym und auf eigene Kosten. Das Buch polarisierte: Einerseits wurde es zu einer wichtigen Inspirationsquelle für eine Gruppe von jungen Dichtern und Schriftstellern, die unter der Bezeichnung „Transzendentalisten“ bekannt wurden; Emersons Freund Henry David Thoreau, Verfasser von zwei Klassikern wie „Walden“ (1854) und „Civil Disobedience“ (1849), gehörte zu diesem Kreis, zusammen mit Margaret Fuller, Amos Bronson Alcott, Theodore Parker und dem von Peirce erwähnten Frederic Henry Hedge. Andererseits waren die konservativeren Schichten der amerikanischen Gesellschaft schlicht empört über Emersons Ideen und seine polemische Haltung. Und dies nicht ohne Grund: Denn mit diesem Buch hat Emerson versucht, eine neue, persönliche Religion zu gründen.

Andere wichtige Schriften sind: „Essays: First Series“ (1841), „Essays: Second Series“ (1844), „Poems“ (1847), „Representative Men“ (1850), „English Traits" (1856), „The Conduct of Life" (1860) und „Society and Solitude" (1870). Am 27. April 1882 starb Emerson an einer Lungenentzündung. Einen Tag später widmete ihm die „New York Times" drei Spalten auf der ersten Seite; alle anderen wichtigen amerikanischen Tageszeitungen berichteten ebenfalls ausführlich über seinen Tod.[37]

Wie Emerson in seinem Erstling „Nature" darlegt, erfaßt der Wissenschaftler die Natur nur als komplexes Gewebe von Kausalbeziehungen. Diese Betrachtungsweise ist partiell und, wenn sie für die einzig mögliche Auffassung der Natur gehalten wird, sogar gefährlich. Denn sie führt leicht zu dem Schluß, daß die ganze Welt nur aus materiellen Tatsachen besteht, die von festen Gesetzen reguliert werden; die Natur wird dann als ein unpersönliches Ganzes gedacht, das von unseren tiefen Bedürfnissen keine Notiz nimmt bzw. nehmen kann. Wer sich als in einer fremden, indifferenten Umgebung gefangen sieht – dies ist Emersons feste Überzeugung –, wird schwere Verluste an Lebensfreude und Kreativität erleiden: Die Persönlichkeit eines solchen Individuums wird sich nie vollständig entfalten können.

Emerson glaubt, daß sich der moderne Mensch in diese existentielle Sackgasse manövriert hat, ohne es zu wollen, eigentlich ohne es zu merken: „Der Mensch ist der Zwerg seiner selbst. Einst war er vom Geist durchdrungen und durchsetzt."[38] Um diesem beklemmenden Zustand zu entkommen, muß man zuerst lernen, die Natur mit neuen Augen zu betrachten. Dies bedeutet für Emerson, daß man sie mit der Naivität und der geistigen Offenheit eines Kindes anschauen muß, statt mit dem ermüdeten Blick eines Erwachsenen: „Um die Wahrheit zu sagen, nur wenige erwachsene Menschen sind imstande, die Natur zu sehen. Die meisten sehen die Sonne nicht. Zumindest haben sie nur eine sehr oberflächliche Sicht davon. Die Sonne erhellt nur das Auge des Erwachsenen, aber sie scheint zugleich ins Auge und ins Herz des Kindes."[39] Dies ist eine für Emerson typische Stelle, in der die Kinder auf geradezu evangelische Weise als Besitzer der allertiefsten Wahrheiten idealisiert werden. Was für ihn zählt, ist nicht wissenschaftliches oder philosophisches Verständnis, sondern spirituelle Einsicht. Die Entscheidung, seine Schriften in einer literarischen Form zu verfassen, mag aus der Sicht der heutigen professionalisierten Philosophie als schwerwiegender Mangel erscheinen; aus Emersons Perspektive ist sie dagegen durchaus verständlich.

Emerson betrachtet es als seine Aufgabe, die tiefe Verbundenheit zwischen Mensch und Natur zu entdecken. Dabei gibt es nicht viel zu vernünfteln; es genügt, nach einem harten Arbeitstag in der Natur spazierenzugehen, um sich innerlich regeneriert zu fühlen: „[I]n den Wäldern wirft der Mensch seine Jahre von sich wie eine Schlange ihre Haut und ist, in welchem Alter auch immer, stets ein Kind. In den Wäldern finden wir immerwährende Jugend."[40] Diese innere Beziehung offenbart sich auch in jenen spontanen mystischen Erfahrungen, die man in der Natur gelegentlich erleben kann: „In den Wäldern kehren wir zur Vernunft und zum Glauben zurück. Dort spüre ich, daß mir im Leben nichts zustoßen kann – keine Schande, kein Unglück [...], die die Natur nicht wiedergutmachen könnte. Ich stehe auf der nackten Erde, mein Haupt umweht von linden Lüften und erhoben in die Unendlichkeit des Raums, und alle niedrige Selbstsucht fällt von mir ab. Ich werde ganz zum durchscheinenden Auge; ich selbst bin nichts und sehe doch alles; Ströme des allumfassenden Seins durchfluten mich; ich bin ein Teil oder Bestandteil Gottes."[41]

Emersons Mystizismus kreist um die Idee einer kosmischen Korrespondenz – eine Vorstellung, die er den Schriften des damals sehr bekannten Mystikers Emanuel Swedenborg (s. Bd. IX, Kap. I) entnahm, aber auf seine eigene Weise deklinierte:[42] „Die Welt selbst ist emblematisch. Einzelteile unserer Sprache sind Metaphern, eben weil das Gesamt der Natur eine Metapher für den menschlichen Geist ist."[43] Es ist für Emerson zum Beispiel bemerkenswert, daß jedes Wort, das einen inneren psychologischen Vorgang oder einen moralischen Wert bedeutet, abgeleitet worden ist aus einem Wort, das ursprünglich für eine materielle Tatsache stand: „*Recht* bedeutet *gerade*; *unrecht* meint *verdreht*; *Geist* bedeutet ursprünglich *Wind*, *Übertretung* das Überschreiten einer *Grenzlinie*, *hochmütig* das *Anheben der Augbraue*."[44] Gleichzeitig stellt er fest, daß gewisse natürliche Tatsachen Symbole für geistige Tatsachen sind: „Ein wutentbrannter Mensch ist ein Löwe, ein listiger Mensch ist ein Fuchs, ein standhafter Charakter ist ein Fels, ein gelehrter Kopf eine Leuchte."[45]

Überall findet man Symbole metaphysischer Wahrheiten: „Wer wird nicht an das Fließen aller Dinge erinnert, wenn er in einer besinnlichen Stunde einen Fluß betrachtet?"[46] Emerson meint behaupten zu können, daß jedes physische Gesetz ein Analogon in einem ethischen Gesetz hat: „Die Axiome der Physik übersetzen die Prinzipien der Ethik. So z. B. die Sätze: ‚das Ganze ist größer als sein Teil', ‚Reaktion ist gleich Aktion', ‚das kleinste Gewicht kann das größte heben, wenn der Gewichtsunterschied durch den Zeitfaktor kompensiert wird' und viele andere Lehrsätze, die eine ethische wie auch eine physikalische Anwendung haben."[47] Wie läßt sich nun die Existenz solcher weitreichender Korrespondenzen zwischen natürlichen und moralischen Tatsachen erklären?

Nach Emerson kann nur eine idealistische Metaphysik eine Antwort auf diese Frage liefern. Die Ganzheit der Natur ist eine „Spiegelung" einer platonischen Welt der Ideen und der ewigen moralischen Wahrheiten, wobei die Welt der Ideen von Emerson in neuplatonischer Weise als Objekt eines göttlichen Geistes aufgefaßt wird. Die Natur ist somit alles andere als die ganze, vollständige Realität, sondern nur die letzte Stufe einer ontologischen Hierarchie, an deren Apex Gott steht: „Es scheint, daß der Geist sich notwendig in materiellen Formen offenbaren muß und daß Tag und Nacht, Strom und Sturm, Vieh und Vogel, Säure und Alkali als notwendige Ideen im Geiste Gottes bereits bestehen und sind, was sie sind, aufgrund früherer Regungen in der Welt des Geistes. Ein Faktum ist Ziel oder letzter Zweck des Geistes. Die sichtbare Schöpfung ist Grenzlinie oder Peripherie der unsichtbaren Welt."[48]

Die Idee, daß die sichtbare Natur eine spirituelle Seite hat, wäre auch mit der Theorie George Berkeleys kompatibel, demzufolge die Natur nur eine Erscheinung im Geist des wahrnehmenden Subjekts ist, wie Emerson selbst anerkennt. Dennoch versucht er nicht, sich zwischen einem neuplatonischen und einem subjektiven Idealismus zu entscheiden; er gibt sogar zu, daß seine metaphysische Lehre „recht verschwommen"[49] sei. Daß sich Emerson an einer solchen Unklarheit nicht stört, hat teilweise mit seiner Epistemologie zu tun: Ein allzu starker systematischer Drang wird von ihm als eine Art gefährlicher Hybris eingestuft, denn wir sehen die Welt immer nur aus einer beschränkten Perspektive und nehmen sie auch je nach Lust und Laune immer wieder anders wahr. Wir können also nicht mehr verlangen, als einen flüchtigen – und provisorischen – Blick in die Tiefen des Universums zu werfen.

Der Hauptgrund liegt aber zweifellos darin, daß Emerson sich als moralischen Reformator versteht, und nicht als Metaphysiker. Um den modernen Menschen zu einem aktiveren Leben zu animieren, reicht es für ihn zu wissen, daß wir in einem idealistischen Universum leben. Dem Menschen sind keine Grenzen gesetzt – dies ist die praktische Botschaft von „Nature" –, denn der Geist ist das höchste und deshalb auch das stärkste ontologische Prinzip: „Die Natur ist nicht starr, sondern im Fluß. Der Geist verändert, formt, erschafft sie. Die Unbeweglichkeit oder Unbehauenheit der Natur ist die Abwesenheit des Geistes; für den reinen Geist ist sie fließend, flüchtig, gehorsam."[50] Und mit dem energischen (freilich auch etwas bedrohlichen) Ton eines Messias bekundet er: „Wisse denn, daß die Welt für dich da ist."[51]

Dies sind bemerkenswerte Aussagen, deren Bedeutung nicht unterschätzt werden sollte. Denn obwohl Emerson ein Mystiker ist, versucht er nicht – wie es für Mystiker aller Zeiten üblich war und ist –, sich von der natürlichen Welt zu distanzieren, um eine ekstatische Wiedervereinigung mit Gott zu erreichen. Emersons Mystik mündet vielmehr in eine Aufwertung des diesseitigen Lebens: Dieses bietet unendliche Möglichkeiten zur Selbstverwirklichung, und es liegt nur an uns, sie wahrzunehmen und auszuschöpfen.

Die Haupttugend des auferweckten Menschen findet sich im Titel eines von Emersons berühmtesten Aufsätzen – „Self-Reliance" (1841). Der von Emerson anvisierte ideale Mensch scheut sich nicht, seine Gedanken klar auszusprechen, und läßt sich *ausschließlich* von den eigenen Gefühlen und Meinungen leiten. Jene raren Menschen, die dazu tatsächlich imstande gewesen sind, haben nicht nur ihre eigene Natur zur Vollendung gebracht, sondern auch eine tiefe Spur in der Geschichte hinterlassen: „Ein Mann namens Caesar wird geboren, und nach ihm haben wir für Jahrhunderte ein Römisches Reich. Christus wird geboren, und Millionen Gehirne verwachsen so mit seinem Genius, daß er schließlich mit der Tugend und den Möglichkeiten der Menschen schlechthin verwechselt wird.“[52]

Warum aber sind die Menschen in der Regel so scheu? Warum verdrängen sie ihre tiefsten Wünsche und haben Angst, ihre authentische Natur auszuleben? Warum beugen sie sich vor veralteten Institutionen und Gebräuchen, auch wenn sie in ihrem Innersten nicht mehr daran glauben? Das tun sie nach Emerson vor allem deshalb, weil sie fürchten, daß die Gesellschaft sie isolieren könnte. Dies aber ist ein Preis, den man zu bezahlen bereit sein sollte: Denn man kann nicht glücklich sein, wenn inneres Leben und äußere Handlung nicht im Einklang sind. Ein solches Leben ist freudlos und ohne Bedeutung; der Einzelne wird schwach und demotiviert: „Der Einwand gegen die Anpassung an Gebräuche, die tot für dich sind, besteht darin, daß Anpassung deine Kraft verschwendet.“[53]

Die Sünde des Konformismus („Wer ein Mensch sein möchte, muß Nonkonformist sein“[54]) ist nach Emerson typisch für das amerikanische Leben, und er fordert die amerikanischen Intellektuellen auf, diesen Zustand endlich zu kritisieren. Amerika, so argumentiert er weiter in „The American Scholar“ (1837), sollte sich vom kulturellen Erbe Europas emanzipieren und die Probleme der Gegenwart neu angehen. Damit wird klar, daß Emersons Schriften nicht nur eine existentielle, sondern auch eine im weiteren Sinn des Wortes „politische“ Bedeutung besitzen. Die Idee des selbstvertrauenden Menschen ist letztlich ein Mythos, der die Richtlinien für eine neu zu gestaltende amerikanische Nation liefern soll.[55]

Diese knappe Erörterung einiger Hauptthemen von Emersons Denken sollte verdeutlichen, wie ambivalent seine Botschaft ist. Man stimmt Emersons Kritik an der Heuchelei und den toten Traditionen gern zu; sein idealistischer Pantheismus ist zwar obskur, aber faszinierend; seine Aufsätze sind reich an subtilen, einleuchtenden psychologischen Bemerkungen. Seine Beschreibungen des sich selbst vertrauenden Menschen erinnern aber doch zu stark an Nietzsches Vorstellung des Übermenschen, um attraktiv zu sein. So schreibt er an einer Stelle: „Kein Gesetz kann mir heilig sein außer dem meiner Natur. Gut und schlecht sind bloße Bezeichnungen, die sich sehr leicht auf dieses oder jenes übertragen lassen; richtig ist allein das, was meiner Natur entspricht, falsch allein, was gegen sie ist.“[56] Hier behauptet Emerson tatsächlich, daß der „echte“ Mensch keine moralischen Grenzen kennt: Ihm kommt das Recht zu, über das Wesen von gut und schlecht zu bestimmen. Und wenn er bekundet, „Sprich dich von dir selbst frei, und du wirst die Zustimmung der Welt finden“,[57] dann wird klar, daß es hier nicht nur um individuelle psychologische Selbstbefreiung geht, sondern auch um die Erlangung gesellschaftlicher, politischer Geltung.

Emersons latenter Imperialismus – Amerika soll die führende Macht in der Geschichte werden, wie einst Caesars Rom – wird die Sympathie des heutigen Lesers nicht leicht gewinnen können. Aber man kann sich gut vorstellen, welch gewaltigen Eindruck sein Aufruf zu Selbstvertrauen und intellektueller Unabhängigkeit auf junge Philosophen ausüben mochte. „In der Erziehung jedes Menschen", schreibt Emerson in „Self-Reliance", „gibt es einen Punkt, an dem er zu der Überzeugung kommt, daß Neid Unwissenheit und Nachahmung Selbstmord ist."[58] Wie könnten kreative, offene, für neue Ideen leicht entflammbare Geister wie James und Peirce – die mit der Erschaffung des Pragmatismus den allerersten wirklich originellen Beitrag Amerikas zur westlichen Philosophie leisteten – unempfänglich bleiben gegenüber solchen Worten? Später wird der dritte große Pragmatist, John Dewey, sogar versuchen, die von Emerson so gut vertretene Rolle eines kulturellen Kritikers und moralischen Anführers für sich selbst in Anspruch zu nehmen.

V. Charles Sanders Peirce

1. Leben und Werke

Charles Sanders Peirce wurde am 10. September 1839 als zweites von fünf Kindern in Cambridge, Massachusetts, geboren.[1] Sein Vater, der berühmte Mathematiker und Harvard-Professor Benjamin Peirce, gilt als einer der einflußreichsten amerikanischen Wissenschaftler seiner Zeit. Sehr früh erkannte er die außergewöhnlichen Begabungen seines Sohnes und begann sie systematisch zu fördern. Er legte ihm mathematische Probleme vor, und zur Steigerung der Konzentrationsfähigkeit wurde nächtelang „Double Dummy" gespielt; dabei wurde jeder Zug ausführlich analysiert. Diese strenge, aber einseitige Erziehung war ein Grund für spätere Enttäuschungen: Peirce konnte in vielen wissenschaftlichen Bereichen originelle und wichtige Arbeit leisten, entwickelte aber keinen Sinn für die trivialen Angelegenheiten des Lebens. Und nie hat er die Kunst gelernt, sich bei anderen – und insbesondere bei seinen Vorgesetzten – beliebt zu machen.

Der junge Peirce beschäftigte sich allerdings nicht nur mit Mathematik. Zu seinen frühen Lektüren zählten Whatelys „Logic" (die er mit zwölf Jahren aus eigener Initiative las), Schillers „Ästhetische Briefe" und Kants „Kritik der reinen Vernunft" – ein Buch, das er mit seinem Vater diskutierte und nach eigenen Angaben fast auswendig kannte.

Im Jahr 1859 erhielt Peirce seinen *Bachelor of Art* an der Universität Harvard, ohne dabei sonderlich zu brillieren. 1863 folgte ein *Bachelor of Science* in Chemie; diesmal schloß er als Bester seines Jahrgangs ab. Sein Vater hatte neben der Harvard-Professur auch das Amt eines Superintendenten des *United States Coast and Geodetic Survey* inne, und so begann Charles, für diese wichtige Forschungseinrichtung zu arbeiten. Dabei unternahm er eine Reihe von Pendelexperimenten und nahm an einer Expedition in die südlichen Regionen Europas teil, bei der der Beobachtungsort einer Sonnenfinsternis bestimmt werden sollte. Diese Erfahrungen – insbesondere die Arbeiten als Mitglied einer größeren Gruppe – prägten seine Auffassung der wissenschaftlichen Forschung. Als Angestellter der *Geodetic Survey* feierte Peirce auch einige seiner wichtigsten Erfolge. 1875 konnte er als Delegierter der Vereinigten Staaten an einer Geodätischen Konferenz in Paris teilnehmen. Seine Entdeckung einer Fehlerquelle bei den Berechnungen der Erdschwere wurde von den anderen Delegierten zuerst vehement abgelehnt, nach kurzer Zeit aber einstimmig anerkannt.

Im Jahr 1862, noch während seines Chemie-Studiums, hatte Peirce Harriet Melusina Fay geheiratet – eine intelligente Frau, die sich aktiv für die weiblichen Rechte einsetzte. Aus demselben Jahr datiert auch seine Freundschaft mit William James. 1879 wurde Peirce als Dozent für Logik an der Johns Hopkins University angestellt, 1883 veröffentlichte er zusammen mit seinen Studenten die Aufsatzsammlung „Studies in Logic", die von John Venn in der renommierten Fachzeitschrift „Mind" sehr positiv rezensiert wurde. Peirce' berechtigte Hoffnung auf eine feste Anstellung wurde aber enttäuscht, denn sein Vertrag wurde 1884 nicht mehr verlängert. Wissenschaftliche Gründe für diese Entscheidung gab es nicht. Wahrscheinlich störten sich die eher konservativen akademischen Zirkel an Peirce' Lebensweise, die vom Biographen Brent als dandyhaft beschrieben wird. Die Tatsache, daß Peirce von seiner ersten Frau verlassen wurde und später eine jüngere Französin heiratete – Juliette Frössy, über deren Leben und Herkunft wenig bekannt ist –, war ein zusätzlicher Anlaß für Irritationen.

Ohne die Unterstützung seines einflußreichen Vaters, der in der Zwischenzeit gestorben war, und mit seiner durch die abrupte Entlassung beschädigten Reputation wurde es für Peirce unmöglich, eine andere akademische Stelle zu finden. Isoliert, wie er nun war, zog er zusammen mit seiner zweiten Frau in den kleinen Ort Milford, Pennsylvania. Nach anhaltenden Konflikten mit den Vorgesetzten brach er 1891 auch seine langjährige berufliche Beziehung mit dem *Geodetic Survey* ab und verlor so seine einzige sichere Erwerbsquelle. Die unregelmäßigen Einnahmen, die er als Rezensent für „The Nation" zusammenraffen konnte, reichten nicht aus; es war vor allem William James, der ihn in dieser schwierigen Zeit finanziell und psychologisch, aber auch beruflich zu unterstützen versuchte. Trotz der Armut blieb Peirce auch während seiner Zeit in Milford seiner Berufung treu und setzte seine philosophische Arbeit fort. Aber alle Versuche, seine Studien (darunter die „Grand Logic") zu publizieren, scheiterten.

Peirce erlag am 19. April 1914 in seinem Haus in Milford einem Krebsleiden, vier Jahre nach William James' Tod. Ein Hauptwerk hat er nicht hinterlassen, und das einzige Buch, das seinen Namen trägt, „Photometric Researches" (1878), handelt nicht von Philosophie, sondern von Astronomie. Dennoch ist seine philosophische Produktion sehr umfangreich. Neben seinen zahlreichen veröffentlichten Essays sind etwa 100 000 Manuskriptseiten erhalten geblieben. Zwischen 1931 und 1958 wurde eine thematische Ausgabe seiner Schriften in acht Bänden veröffentlicht; seit 1982 wird an einer „Chronological Edition" in dreißig Bänden gearbeitet.

2. Auf der Suche nach der Methode

Abgesehen von seiner langjährigen Tätigkeit als Wissenschaftler, befaßte sich Peirce mit Fragen der Logik, der Geschichte der Philosophie, der Theorie der Bedeutung, der Erkenntnistheorie, der Phänomenologie, der Metaphysik und – was vielleicht nicht immer genügend gewürdigt wird – auch der Kulturphilosophie. Die Vielzahl seiner Talente und Interessen erklärt den inhaltlichen Reichtum (und gelegentlich auch die Schwierigkeit) seiner philosophischen Schriften. Man kann aber ohne Übertreibung behaupten, daß ihm nichts wichtiger war als die Ausarbeitung methodologischer Fragen.

Peirce war ein scharfer Kritiker des Vaters der modernen Philosophie, René Descartes. Und zwar gerade weil er und Descartes dasselbe Projekt verfolgten: Auch Peirce' Philosophie ist nämlich ein Versuch, jene Methode zu definieren, nach der unsere Vernunft sich richten soll. Der Pragmatismus, schrieb er an den italienischen Philosophen Mario Calderoni, „ist kein philosophisches System. Es ist nur eine Methode des Denkens".[2] Anders als Descartes, der, wie er meinte, diese Methode nach dem Beispiel der Mathematik zu entwickeln versuchte, orientierte sich Peirce an den empirischen Wissenschaften. Seine Philosophie ist also in erster Linie als eine Theorie der wissenschaftlichen Forschung zu charakterisieren. Dabei geht es ihm nicht nur um eine theoretische Frage; die Suche nach der richtigen Methode hat bei ihm immer auch eine starke ethische Konnotation. *Wie* man denken soll, schrieb Peirce einmal, ist „eine der maßgebenden Entscheidungen des Lebens [...], an die man, wenn sie einmal getroffen ist, gebunden bleibt".[3] Die Annahme einer gewissen Methode ist die Annahme einer gewissen Geisteshaltung; sie ist deshalb nicht zu trennen von der Frage, was für eine Person man sein will. Gleichzeitig bestimmt die Wahl einer Methode auch die Art und Weise, wie in einer Gesellschaft Divergenzen angegangen und gelöst werden.

Erst wenn klar ist, welche Ziele in der Forschung angestrebt werden, kann die Frage sinnvoll gestellt werden, welche Methode zum Erreichen dieser Ziele führt. Diese Überlegung könnte trivial erscheinen, denn was könnte die Forschung anstreben, wenn nicht die *Wahrheit?* Nun greift aber eine solche Antwort für Peirce viel zu kurz, da sie nicht berücksichtigt, welche Motive die Menschen tatsächlich zum Forschen bewegen. Peirce wird in seiner Analyse der Natur der Forschung entscheidend von Alexander Bains These beeinflußt, daß eine wesentliche Verbindung zwischen Meinung *(belief)* und Handlung bestehe. Der Pragmatismus – so Peirce' eigene Einschätzung – ist eine unmittelbare Folgerung aus Bains Definition einer Überzeugung „als das, aufgrund dessen man in bestimmter Weise zu handeln bereit ist".[4] Dies ist jene Lehre, die nach Peirce die ganze Philosophie des Pragmatismus *in nuce* enthält.

Vom Standpunkt der Psychologie aus ist eine Meinung nichts anderes als eine Verhaltensregel. Eine Meinung zu haben bedeutet zu wissen, was wir unter gewissen Umständen zu erwarten haben und wie wir auf diese Umstände reagieren müssen. Ein einfaches Beispiel kann diese Idee plausibel erscheinen lassen: Die Überzeugung, daß Feuer brennt, impliziert die für die Praxis relevante Erkenntnis, daß man Feuer meiden muß, wenn man sich nicht verbrennen will. Der Meinung, daß Feuer brennt, entspricht also eine gewisse Verhaltensdisposition, die uns effektiv vor einem möglichen Schaden schützt. Auf dieser Idee gründet Peirce' Verständnis des menschlichen Forschens. Wenn eine Meinung eine Verhaltensregel enthält, wird sie erst dann in Frage gestellt, wenn diese Regel keine befriedigende Interaktion mit der Umwelt ermöglicht. Es ist das Scheitern einer sonst verläßlichen Handlungsroutine – oder das Fehlen einer solchen Routine, wenn wir eine brauchten –, die uns in einen Zustand des Zweifels versetzen kann.

Die Notwendigkeit der Forschung ergibt sich also dann, wenn wir nicht wissen, wie wir uns verhalten sollen. Denn da wir notwendigerweise handeln müssen, kann ein solches Unwissen gefährlich sein. Diese Dynamik spiegelt sich nach Peirce auch auf der psychologischen Ebene. Der Zustand des Zweifels ist durch ein Gefühl der Irritation charakterisiert, von dem man sich so früh wie möglich befreien will. Dieses Gefühl ist die echte, konkrete Motivation für die Forschung: „Der Reiz des Zweifels ist der einzige unmittelbare Beweggrund für unser Ringen um eine Überzeugung."[5]

Diese Auffassung der Natur der Forschung ist der Anlaß für eine erste, vehemente Attacke auf die Philosophie Descartes'. Nach Peirce irrte Descartes, wenn er meinte, aus Methode zweifeln zu können. „[E]inen Satz bloß in interrogative Form zu setzen, regt den Verstand keineswegs an, nach einer Überzeugung zu streben. Es muß ein wirklicher und lebendiger Zweifel da sein, ohne ihn ist jede Diskussion wertlos."[6] In Peirce' Sicht forschte Descartes also nicht, er tat nur so, *als ob* er forsche, denn es ist psychologisch unmöglich, einen nicht aus dem Leben stammenden Zweifel ernst zu nehmen.

Eine zweite Kritik an Descartes richtet sich gegen seine Vorstellung, die Philosophie mit einem radikalen Zweifel beginnen zu können. Für Peirce ist es unmöglich, alles gleichzeitig bezweifeln zu wollen. Nicht nur aus psychologischen, sondern auch aus logischen Gründen: Wie Wittgenstein viel später geltend machen sollte (s. Kap. XII, 7), betont Peirce nämlich, daß jeder Zweifel nur vor dem Hintergrund von nicht hinterfragten Annahmen entstehen kann. Man mag sich zwar fragen, ob man die Brille in einem anderen Zimmer vergessen habe; dafür muß man aber voraussetzen, daß es ein anderes Zimmer gibt. Die Radikalität des cartesianischen Zweifels ist also eine vorgetäuschte, im Grunde genommen sinnlose Pseudo-Radikalität.

Diese neue Auffassung der Forschung bietet auch eine Antwort auf die Frage nach dem Ziel der Forschung. Denn wenn der Verlust einer Meinung durch das Scheitern einer Verhaltensroutine der einzige Ansporn zum Forschen ist, dann ist *die Festlegung einer permanenten, stabilen Meinung* das, was in der Forschung tatsächlich angestrebt wird. Für ein rationalistisches Temperament mag dies unangenehm sein, aber die Forschung – in der einzigen Form, in der sie tatsächlich existiert und psychologisch möglich ist – hat nicht die Wahrheit als ihr primäres Ziel. Sie ermöglicht die Überwindung des Zweifels durch die Festlegung einer neuen Meinung. „[S]obald eine feste Überzeugung erreicht ist", stellt Peirce fest, „sind wir völlig zufriedengestellt, gleichgültig ob die Überzeugung wahr oder falsch ist."[7] Mit dem Zweifel „beginnt [...] der innere Kampf, und mit dem Aufhören des Zweifels endet er. Insofern ist das einzige Ziel des Forschens, eine Meinung festzulegen."[8] Somit stellt sich die Frage, welche Methode zu einer permanenten Überzeugung führt – eine Frage, die im programmatischen Aufsatz „The Fixation of Belief" (1877) beantwortet wird. Peirce unterscheidet hier vier Methoden, die von den Menschen verfolgt werden, und untersucht und bewertet diese im Hinblick auf ihre Fähigkeit, unsere Meinungen zu stabilisieren.

Die erste und einfachste Methode wird von Peirce „die Methode der Beharrlichkeit" genannt. Sie besteht lediglich darin, daß „wir irgendeine Antwort, welche auch immer wir uns ausdenken mögen, auf eine Frage geben und uns diese ständig wiederholen, auf allem bestehen, das zu dieser Überzeugung führen kann, und lernen, uns mit Haß und Abscheu von allem abzuwenden, das sie stören könnte."[9] Diese Methode ist die des Vogels Strauß, der den Kopf in den Sand steckt – die systematische Ausblendung von allem, was nicht im Einklang ist mit unseren Meinungen.

Die zweite Methode ist die „Methode der Autorität". Diese setzt voraus, daß es eine Institution oder Kirche gibt, „die die Aufgabe hat, die Aufmerksamkeit des Volkes für die richtigen Lehren zu erhalten".[10] Diese Methode wird in totalitären Regimes und in Zeiten der Inquisition hemmungslos angewandt. Doch keine historische Gesellschaft ist dagegen wirklich immun: Die Methode der Autorität kommt überall dort zum Zug, „wo es eine Aristokratie gibt, ein Zunftwesen oder irgendeine Vereinigung einer Klasse von Menschen, deren Interessen von gewissen Thesen abhängig sind oder für abhängig gehalten werden".[11]

Die dritte Methode ist die der traditionellen Metaphysik und wird von Peirce „Apriori-Methode" genannt. Sie wird dadurch charakterisiert, daß nur jene Meinungen angenommen werden, die „der Vernunft genehm"[12] zu sein scheinen. Die Methode kommt in der Philosophie von Descartes zur Anwendung, doch sie ist auch ganz allgemein die Methode der klassischen Philosophie: „Plato z. B. findet es der Vernunft genehm, daß die Abstände der Sphären der Himmelskörper voneinander den verschiedenen Längen der Saiten proportional sind, die harmonische Akkorde hervorbringen. Viele Philosophen sind zu ihren Konklusionen durch Überlegungen wie diese gekommen."[13]

Peirce bestreitet nicht, daß jede dieser Methoden ihre Vorteile hat. Die

Methode der Beharrlichkeit schützt das Individuum vor traurigen, erschütternden Erkenntnissen. Der Strauß, der seinen Kopf in den Sand steckt, sobald die Gefahr naht, „wählt [...] wahrscheinlich das Verhalten, das ihn am glücklichsten macht",[14] bemerkt Peirce ironisch, aber auch mit einem tiefen Verständnis für die menschlichen Schwächen. Die Methode der Autorität hat einerseits zu schrecklichen Grausamkeiten geführt, erzeugt aber andererseits auch jenen Gehorsam, der zum Beispiel für die Erschaffung architektonischer Meisterwerke notwendig ist. Tatsächlich hat diese Methode „immer und immer wieder höchst majestätische Ergebnisse bewirkt. Allein die Steinmassen, die durch ihre Wirkung aufgetürmt wurden – in Siam z. B., in Ägypten und in Europa –, sind oft von einer Erhabenheit, die von den größten Werken der Natur kaum übertroffen wird."[15] Die Apriori-Methode schließlich zeichnet sich durch ihre bequemen Schlüsse aus, weshalb ihre Anwendung nur als sehr angenehm empfunden werden kann.

Diese Vorteile haben aber nichts mit dem eigentlichen Ziel des Forschens zu tun. Alle drei Methoden scheitern daran, daß sie auf längere Sicht keine Stabilisierung der Meinung ermöglichen. Peirce erklärt dies mit Bezug auf das, was er den „sozialen Trieb" nennt: unsere natürliche Geselligkeit und unsere Unfähigkeit, die Meinung anderer Leute vollständig zu ignorieren. Die Methode der Beharrlichkeit scheitert daran, daß man in einer Gesellschaft lebt und somit unvermeidlich in Kontakt mit Leuten kommt, die andere Meinungen haben. In einer durch die Methode der Autorität zur Orthodoxie gezwungenen Gesellschaft wird es immer Menschen geben, die nicht überredet werden können; mindestens einige Mitglieder einer solchen geschlossenen Gesellschaft werden irgendwann von der Existenz anderer Kulturen erfahren. Und schließlich kann kein Metaphysiker die Tatsache leugnen, daß es eine Vielzahl von – angeblich durch die reine Vernunft entwickelten – Systemen gibt. In allen diesen Fällen wird die Existenz anderer Menschen mit anderen Meinungen ein Grund für innere Unruhe sein. Niemand kann von der eigenen Meinung vollkommen überzeugt sein, solange sie nicht auch von allen anderen geteilt wird.

Somit bleibt nur die vierte und letzte Methode, auf die man nach Peirce zurückgreifen kann: die Methode der modernen, empirischen Wissenschaft. Das Primat dieser Methode ist unbestreitbar, wie Peirce mit Bezug auf seine Unterscheidung zwischen echten und unechten Zweifeln ausführt: „[D]ie wissenschaftliche Untersuchung erzielte die wunderbarsten Triumphe, wenn es sich darum handelte, eine Meinung festzulegen. Diese Erfahrungen geben die Erklärung dafür, warum ich die Methode [...] nicht bezweifle; und da ich nicht den geringsten Zweifel habe [...], wäre es bloßes Geschwätz für mich, mehr darüber zu sagen."[16] Worin besteht aber eine solche Methode? Und wie kann sie die Schwierigkeiten der gescheiterten Methoden vermeiden und den unwiderstehlichen „sozialen Trieb" befriedigen?

3. Die soziale Theorie der Forschung

Peirce' Rekonstruktion der Vorgehensweise der empirischen Wissenschaften ist eng mit seiner Kritik der traditionellen Logik verbunden. In der Logik wird üblicherweise zwischen zwei Grundtypen des Schlußfolgerns unterschieden – der Deduktion einerseits und der Induktion andererseits. Die Deduktion besteht darin, daß man aus gegebenen Prämissen Folgen ableitet, die notwendigerweise wahr sein müssen, wenn die Prämissen wahr sind. Aus „Alle Menschen sind sterblich" und „Henoch ist ein Mensch" läßt sich „Henoch ist sterblich" ableiten.[17] Ein solcher Schluß ist „analytisch", da er zu keinen neuen Erkenntnissen führt, sondern den in den Prämissen schon enthaltenen Informationsgehalt expliziert. Die Induktion dagegen stützt sich auf eine Reihe einzelner Beobachtungen, die die Basis für eine Generalisierung sind. Aus „Diese Bohnen waren in diesem Sack" und „Diese Bohnen sind weiß" folgt freilich nicht „Alle Bohnen in diesem Sack sind weiß"; dies ist jedoch der verallgemeinerte Schluß, den die vorhandene empirische Evidenz zu suggerieren scheint.[18] Ein solches Verfahren ist „synthetisch", weil der Schluß weit über den Informationsgehalt der einzelnen Prämissen hinausreicht und so unsere Erkenntnis erweitert.

Die Deduktion findet vor allem in der Mathematik ihre Anwendung. Es scheint deshalb nur natürlich, die Induktion als die für empirische Wissenschaften typische Vorgehensweise zu betrachten. Aber obwohl Peirce die Existenz dieser zwei Schluß-Typen anerkennt, erklärt er diese Auffassung der empirischen Wissenschaften für unzulänglich. „Daß wir nur einige rohe Experimente zu machen, Zusammenfassungen der Ergebnisse in bestimmten, festgelegten Formen aufzuzeichnen, diese nach einer Regel durchzugehen, haben [...]: was für eine Idee!"[19] Wer die empirischen Wissenschaften als rein induktive Wissenschaften begreift, so Peirce, übersieht die Rolle, die neben der Erfahrung auch das „Genie", die „Inspiration" und der „Instinkt" (alles Ausdrücke, die Peirce als Synonyme benutzt) in der empirischen Forschung spielen. Francis Bacon, der eine solche Auffassung in seinem „Novum Organum" vertrat, verstand nach Peirce gar nichts von seinem Thema und „schrieb über die Wissenschaft" – wie schon der Entdecker des Blutkreislaufes, William Harvey, bemerkt hatte – „wie ein Lordkanzler".[20]

Peirce, der selbst ein kreativer Wissenschaftler war, meinte nämlich, daß es auch eine dritte Form des Schlußfolgerns gebe – eine, die seltsamerweise in den logischen Traktaten nicht behandelt wird und die er „Abduktion" taufte. Sie liegt vor, wenn man einen seltsamen Umstand vorfindet, der nur dadurch erklärt werden kann, daß man eine gewisse Hypothese akzeptiert. Diese Art des Schließens wird im Aufsatz „Deduction, Induction and Hypothesis" (1878) mit einem prägnanten Beispiel illustriert: „Ich landete einst in einem

Hafen in einer türkischen Provinz, und als ich zu dem Haus hinaufging, das ich besuchen wollte, traf ich einen Mann auf einem Pferd, der von vier Reitern, die einen Baldachin über seinen Kopf hielten, umgeben war. Da der Gouverneur der Provinz die einzige Person war, von der ich mir denken konnte, daß sie so hoch geehrt wurde, schloß ich, daß es der Gouverneur war."[21]

Die Abduktion ist also jener Vorgang, der uns erlaubt, eine fragmentarische Erfahrung zur Einheit zu bringen und somit verständlich zu machen. Sie spielt eine wesentliche Rolle in aller echten Forschung, etwa in der Biologie: „Man findet Fossilien, z. B. Überreste, die wie die von Fischen aussehen, aber weit im Landesinnern angetroffen werden. Um das Phänomen zu erklären, nehmen wir an, daß einst die See dieses Land überspülte."[22] Auch in der Geschichte spielt die Abduktion eine Rolle. So hat denn keiner von uns Napoleon Bonaparte gesehen, doch wir glauben, daß er existiert haben muß, weil nur diese Annahme die Existenz zahlreicher „Dokumente und Denkmäler" erklärt.[23] Allgemein läßt sich sagen, daß die Abduktion immer dann angewendet wird, wenn wir etwas interpretieren, also auch bei einer Übersetzung aus einer fremden Sprache – oder schlicht bei der Lektüre dieses Textes.

Wie die Induktion, die ihre Ergebnisse nie definitiv begründen kann, ist auch die Abduktion – das plötzliche Aufblitzen einer erklärenden Hypothese im Geist des Forschers – eine schwache Schlußart. Die Tatsache, daß eine Hypothese eine problematische Situation erklären kann, bedeutet nicht, daß sie auch wahr ist. Und oft lassen sich mehrere Hypothesen ausdenken, die nicht alle gleichzeitig wahr sein können. Die durch Abduktion erworbene Einsicht ist also nicht mehr als eine Vermutung. Woher wissen wir, ob sie auch stimmt? In der Wissenschaft wird diese Schwierigkeit dadurch gelöst, daß man alle drei Grundtypen des Schließens auf koordinierte Weise zusammenwirken läßt. Die einzige Rechtfertigung der Abduktion, so Peirce, „liegt darin, daß die Deduktion aus ihrer Vermutung [*suggestion*] eine Vorhersage ziehen kann, die durch die Induktion getestet werden kann, und daß es, sollen wir überhaupt jemals etwas lernen oder ein Phänomen verstehen, die Abduktion sein muß, durch die das zustande zu bringen ist".[24] Der geniale Einfall der Abduktion bleibt im Zentrum jeder wissenschaftlichen Forschung, die deshalb nie nach der Art von Bacon als Routine aufgefaßt werden kann; die Wissenschaft wird immer auf die kreative, nicht regulierbare Tätigkeit des Geistes angewiesen sein. Eine Hypothese wird aber nicht einfach angenommen, sondern steht am Anfang eines langen Überprüfungsprozesses, bei dem ihre Folgen (deduktiv) hergeleitet und (induktiv) experimentell getestet werden.

Peirce bemerkt – und dabei handelt es sich um eine Vorwegnahme von Poppers berühmtem Falsifikationsprinzip –, daß auf solche Weise eine Hypothese zwar falsifiziert, aber nie endgültig verifiziert werden könne. Denn die Anzahl ausdenkbarer Erfahrungen und Experimente ist potentiell unendlich. So kann keine wissenschaftliche Theorie je für gewiß gehalten werden, weil sich jede These durch zukünftiges Experimentieren in Frage stellen läßt. Descartes meinte, eine Wissenschaft der Welt auf axiomatischer Basis etablieren zu können. Genuines wissenschaftliches Forschen im Sinne von Peirce ist dagegen ein prozessuales, offenes Unternehmen, bei dem jeder Anspruch auf endgültige Gewißheit aufgegeben worden ist.

Doch worin besteht die Überlegenheit der wissenschaftlichen Methode gegenüber den drei Methoden der Beharrlichkeit, der Autorität und des apriorischen Denkens? Diese Methoden wurden kritisiert, weil sie die Festlegung einer Überzeugung – den eigentlichen Zweck jeder Forschung – auf längere Sicht nicht ermöglichen konnten. Keine durch diese Methoden festgelegte Meinung kann sich dem Druck des „sozialen Triebes" entziehen. Die wissenschaftliche Methode scheint nun allerdings nicht besser zu sein, denn Peirce anerkennt, daß sie zu Ergebnissen führt, die immer revidierbar sind. Was sind also ihre Vorteile? Peirce' Rechtfertigung beruht auf der Idee, daß die Überprüfung einer Hypothese ein gemeinschaftlicher Prozeß ist. Die Experimente, die eine Hypothese falsifizieren oder temporär bestätigen, werden nicht von einem einzelnen Individuum gemacht, sondern sollten von jedem kompetenten Forscher wiederholt werden können. Obwohl eine Hypothese also im Geist eines einzelnen genialen Individuums entsteht, wird sie dann einer breiteren Öffentlichkeit zugänglich gemacht. Und ab diesem Moment ist es die Aufgabe der Gemeinschaft aller Forscher, sie anzunehmen oder zu verwerfen. Auf diese Weise – und dies ist der springende Punkt – wird der „soziale Trieb" in die Logik der Forschung integriert. Die Tatsache, daß es andere Meinungen über eine bestimmte Frage gibt, ist ein positiver Faktor geworden, der den Prozeß der Überprüfung einer Hypothese weiterbringt.

Anders formuliert, ist die Kritik also nicht mehr etwas, vor dem man sich fürchten und abschotten muß. Sondern etwas, das wir begrüßen sollten, weil sie zu weiteren Entwicklungen führt. „Die Methode der modernen Wissenschaft", schreibt Peirce einmal, „ist sozial im Sinne einer Solidarität ihrer Bemühungen. Die wissenschaftliche Welt ist wie eine Insektenkolonie, in der das Individuum das zu produzieren versucht, von dem es selbst nicht hoffen kann, es genießen zu können. Eine Generation sammelt Prämissen, damit eine entfernte Generation vielleicht dereinst entdeckt, was sie bedeuten. Wenn ein Problem auftaucht in der wissenschaftlichen Welt, beginnen sofort hundert Menschen mit aller Energie, an seiner Lösung zu arbeiten."[25] Obwohl die Gemeinschaft der Forscher mit einer Kolonie eifrig arbeitender Insekten verglichen wird, ist das moralisch-religiöse Pathos dieser Passage nicht zu übersehen. Sich der Methode der Wissenschaft zu bedienen bedeutet für Peirce auch, die Gesellschaft als überpersonale, übergeordnete Größe zu verstehen – kurz, den eigenen Egozentrismus zu überwinden.

All dies soll natürlich nicht heißen, wie man aufgrund einer oberflächlichen Lektüre mancher Passagen vielleicht vermuten könnte, daß der soziale Konsens von Peirce zum einzigen Kriterium der Wahrheit gekrönt wird. Denn die Gemeinschaft der Forscher trifft ihre Entscheidungen nicht willkürlich, sondern aufgrund von Experimenten. Letztendlich ist es also die Realität selbst – so, wie sie sich in der menschlichen Erfahrung manifestiert –, die über die Falschheit oder die provisorische Annehmbarkeit aller unserer Theorien entscheidet. Ein weiterer Grund der Überlegenheit der wissenschaftlichen Methode über die drei anderen besteht damit darin, daß sie als einzige einen von menschlichen Meinungen unabhängigen Standard anerkennt. Sollte eine Gesellschaft von Menschen der Meinung sein, daß Feuer nicht brennt, wird die Wirklichkeit selbst die Aufgabe übernehmen, ihnen eine unvergeßliche Lektion zu erteilen. Und es ist auch – um eines von Peirce' stets amüsanten Beispielen zu zitieren – keine Frage des Geschmacks, wenn Papier als ungeeignetes Baumaterial gilt: Wer anders denkt, sollte nur versuchen, „ein Pappmaché-Haus zu bauen, mit einem Dach aus Dachpappe, Fundamenten aus Karton, Fenstern aus Wachspapier, Kaminen, Badewannen, Türschlössern usw., alles aus den verschiedensten Papparten".[26]

Da die wissenschaftliche Methode einen nicht-menschlichen Standard voraussetzt, ist sie auch die einzige unter den vier Methoden, die eine klare Auffassung der Natur der Wahrheit ermöglicht. Die soziale Theorie der Forschung stellt keine Version des Relativismus dar – als ob die Gemeinschaft der Forscher willkürlich über Wahrheit und Falschheit bestimmen könnte –, sondern ist durchaus realistisch zu verstehen: „Es gibt reale Dinge, deren Eigenschaften völlig unabhängig von unseren Meinungen über sie sind."[27] Dies ist nach Peirce die grundlegende Hypothese der Wissenschaft.

Peirce bezweifelt nicht, daß viele wissenschaftliche Erkenntnisse wahr sind, obwohl er eingesteht, daß jede einzelne falsch sein könnte. Was ihn an der Abduktion fasziniert, ist die Tatsache, daß eine Hypothese, die zuerst von einem individuellen Geist entwickelt wird, sich auch als wahr erweisen kann. Wie läßt sich dieser Zusammenhang zwischen einem privaten Einfall und einer unabhängigen Wirklichkeit erklären? Das Problem wird durch die Überlegung verschärft, daß jede überraschende Situation im Prinzip durch eine unendliche Anzahl von Hypothesen gedeutet werden kann. Die mathematische Wahrscheinlichkeit, die richtige Hypothese jemals zu entdecken, müßte also praktisch gleich Null sein; dennoch werden in der Wissenschaft tatsächlich Entdeckungen gemacht. „Hätten wir [...] blind nach einem Gesetz zu suchen, das auf die Phänomene paßte", schreibt Peirce, „so würden unsere Chancen, ein solches Gesetz zu finden, wie eins zu unendlich stehen."[28]

Offenbar verlangt die hohe Trefferquote der Abduktion nach einer Erklärung. Peirce bietet eine naturalistische, wenn auch selbstverständlich spekulative Deutung. Dabei orientiert er sich an einem der allgemeinsten Prinzipien seiner Philosophie, dem Prinzip der Kontinuität. Nach diesem Prinzip, einer Generalisierung von Darwins Evolutionstheorie, gibt es keine scharfe Trennung zwischen Mensch und Natur. Der Mensch ist ein Kind der Natur, und in der Anerkennung dieser tiefen Verbundenheit liegt der Schlüssel zum Rätsel der Abduktion: „Es ist [...] so, daß unserem Verstand, da er unter dem Einfluß von Phänomenen gebildet wurde, die den Gesetzen der Mechanik unterliegen, gewisse Begriffe eingeprägt werden, die einen Bestandteil jener Gesetze bilden, so daß wir diese Gesetze leicht erraten können."[29] Wir können, so Peirce, die Wege der Natur entdecken, weil wir in ihr entstanden sind. Diese Fähigkeit ist für ihn „das Wunderbarste unserer ganzen Konstitution"[30] und läßt sich am besten mit dem Instinkt der Tiere vergleichen: Sie zeigt, welche Spur verfolgt werden muß, kann diese Wahl aber nicht im vorhinein rechtfertigen; und gelegentlich werden wir auch in die Irre geführt.

Aus einer philosophisch-historischen Perspektive betrachtet, kann Peirce' Deutung der Abduktion als Umkehrung von Kants Theorie gesehen werden: Es ist nicht die Vernunft, die der Natur ihre grundlegenden Kategorien vorschreibt; sondern es ist im Gegenteil die Natur, die die Struktur des menschlichen Verstandes prägt. Diese naturalistische Erklärung hat für Peirce den Vorteil, daß sie der Forschung eine klare Orientierungsregel liefern kann: Manchmal kann ein Problem ja durch verschiedene Hypothesen gelöst werden; damit öffnen sich mehrere Forschungswege, die in der Praxis aber nicht alle gleichzeitig erkundet werden können. Es stellt sich also die Frage, wo man beginnen soll. Peirce plädiert nun für diejenige Hypothese, die wir instinktiv als die natürlichste empfinden. Diese Regel entspricht nach ihm der Praxis der großen Wissenschaftler der Vergangenheit, insbesondere jener Galileo Galileis: „Überprüft ein moderner Physiker Galileis Werk, so ist er überrascht, wie wenig die Grundlegung der Mechanik auf Experimenten beruhte. Galilei beruft sich hauptsächlich auf den gesunden Menschenverstand und *il lume naturale* [das natürliche Licht]. Er versichert immer wieder, man würde finden, daß die wahre Theorie sich als einfach und natürlich herausstellen würde."[31]

Doch auch hier ist Vorsicht geboten. Denn wir befinden uns auf neuem Terrain, wenn wir den relativ sicheren Bereich der sinnlich wahrnehmbaren Welt verlassen und uns in mikroskopische Gefilde begeben: Hier dürfte es schwieriger werden, zu echten Erkenntnissen zu kommen. Gleichzeitig werden unsere Theorien immer komplizierter und diffiziler erscheinen, denn sie erkunden Regelmäßigkeiten, die nicht von unmittelbarer Bedeutung für unser Leben sind. Darauf sind wir durch die Evolution nicht vorbereitet worden: „Je weiter physikalische Studien sich von den Phänomenen entfernen, die unmittelbar die Entwicklung des Verstandes beeinflußt haben, um so weniger können wir erwarten, daß wir die Gesetze, denen sie unterliegen, ‚einfach' finden, d.h. aus wenigen Begriffen zusammengesetzt, die unserem Verstand natürlich sind."[32]

Diese naturalistische Erklärung der Abduktion ist aber nicht die einzige, die man in Peirce' Schriften finden kann. So spekuliert er auch – diesmal in hegelscher Weise –, daß es einen überindividuellen Geist geben könnte, der in den kritischen Momenten der kulturellen Entwicklung außergewöhnlichen und somit auch auserwählten Individuen die Wahrheit eingibt. Eine solche Hypothese läßt sich selbstverständlich nicht beweisen; könnte man aber zeigen, so Peirce, „daß es eine solche Entität wie den ‚Geist des Zeitalters' oder eines Volkes gibt und daß die bloße individuelle Intelligenz nicht alle Phänomene erklären wird",[33] dann könnte man verstehen, wieso dieselbe wissenschaftliche Theorie fast gleichzeitig von verschiedenen und unabhängig arbeitenden Forschern entwickelt wird. Ein solcher Fall ist für ihn die Lehre der natürlichen Auslese, denn sie wurde „von Wallace und von Darwin auf derselben Tagung der British Association vorgelegt".[34]

Peirce zeigt sich auch beeindruckt von der Tatsache, daß heutige Nachahmungen alter architektonischer Meisterwerke, etwa eine moderne Rekonstruktion einer gotischen Kathedrale, matt und schal wirken im Vergleich mit dem Original. Dies läßt sich nach ihm am besten durch die Hypothese erklären, daß ein überpersönlicher, aber durchaus realer Zeitgeist an der Konstruktion solcher Meisterwerke teilnahm: ein Geist, der heute erloschen ist oder vielleicht auch nur eine andere Gestalt angenommen hat.

4. Die pragmatische Maxime

Im Zusammenhang mit seiner Theorie der wissenschaftlichen Forschung formuliert Peirce erstmals seine berühmte „pragmatische Maxime", die besagt, daß die echte Bedeutung einer Idee in ihren praktischen Wirkungen manifest wird. Dabei handelt es sich also in erster Linie um eine Theorie der Definition, nicht um eine Theorie der Wahrheit. Und obwohl eine Theorie der Definition notwendigerweise auch die Frage nach der Natur der sprachlichen Bedeutung berücksichtigen muß, liefert Peirce keine vollständig entwickelte Theorie der Sprache. Dies wäre für ihn eine Aufgabe, die nur im Kontext einer allgemeinen Theorie der Zeichen, einer Semiotik, gelöst werden könnte. Descartes glaubte, daß jede „klare und deutliche" Idee auch wahr sei. Ins Zentrum von Peirce' Aufmerksamkeit rückt nun der Begriff der Klarheit. Denn es kommt oft vor, daß wir einen Begriff mißverstehen und trotzdem meinen, ihn richtig erfaßt zu haben: „Daß ein Unterschied bestehen könnte zwischen einer Idee, die klar *erscheint*, und einer solchen, die es wirklich ist, fiel ihm [Descartes] niemals ein."[35] Aus dieser Schwierigkeit ergibt sich die Notwendigkeit, eine Methode für die Klärung unserer Ideen zu entwickeln.

Peirce unterscheidet dabei zwischen drei „Graden" der Klarheit. Wann kann man sagen, daß man einen Begriff verstanden hat? Auf diese Frage gibt es keine einheitliche Antwort. Denn in gewissem Sinn hat ein Kind die Bedeutung eines Wortes verstanden, wenn es das Wort in einem gewöhnlichen Gespräch richtig benutzen kann. Dasselbe Kind kann aber außerstande sein, eine Definition des Wortes zu geben. Der erste Grad der Klarheit ist deshalb die Vertrautheit mit einem Wort, während der zweite Grad erreicht wird, wenn man einen Begriff auch abstrakt definieren kann. Die Philosophie hat sich mit solchen abstrakten Definitionen begnügt. Peirce' Theorie, daß die Festlegung einer Überzeugung im wesentlichen die Errichtung einer Handlungsdisposition sei, eröffnet nun eine neue Perspektive: „Um die Bedeutung eines Gedankens zu entwickeln, haben wir […] einfach nur zu bestimmen, welche Verhaltensweisen er erzeugt, denn was ein Gegenstand bedeutet, besteht einfach in den Verhaltensweisen, die er involviert."[36] Der dritte Grad der Klarheit besteht also darin, daß man die Bedeutung einer Idee mit Bezug auf ihre praktischen Folgen erschließt.

Die offizielle Formulierung der pragmatischen Maxime wird im Aufsatz „How to Make Our Ideas Clear" mit folgenden Worten geliefert: „Überlege, welche Wirkungen, die denkbarerweise praktische Relevanz haben könnten, wir dem Gegenstand unseres Begriffes in unserer Vorstellung zuschreiben. Dann ist unser Begriff dieser Wirkungen das Ganze unseres Begriffes des Gegenstandes."[37] Wir sind handelnde, nicht nur denkende Wesen: Die ganze Welt der Praxis – was wir mit den Dingen *tun* und wie sie auf uns *wirken* – wird sich auch in unserem begrifflichen Apparat widerspiegeln. Und da unsere Handlungen direkt oder indirekt konkrete Wirkungen erzeugen, läßt sich die pragmatische Maxime auch wie folgt ausdrücken: „Unsere Idee von etwas *ist* die Idee von seinen sinnlichen Wirkungen."[38]

Diese Theorie läßt sich am besten durch einige einfache Beispiele illustrieren. Was meinen wir, wenn wir ein Ding *hart* nennen? Nur, daß es nicht von vielen anderen Dingen geritzt werden wird. Und was bedeutet es, wenn ein Ding *schwer* ist? Daß es nicht leicht gehoben werden kann. Wenn etwas *Kraft* besitzt? Daß es viele andere Dinge in Bewegung setzen kann. Wenn man diese Beispiele verallgemeinert, läßt sich sagen, daß die Bedeutung einer Aussage grundsätzlich durch einen Konditionalsatz (oder eine Konjunktion solcher Sätze) ausgedrückt werden kann. Die Aussage (1) „X ist f" wäre dann gleichzusetzen mit (1*) „wenn man mit X so-und-so umgeht, wird man so-und-so erfahren". Die Aussage „Feuer brennt" ließe sich zum Beispiel als Konjunktion folgender Konditionalsätze analysieren: „Wenn man es berührt, tut es weh"; „wenn man einen Topf Wasser darauf stellt, wird das Wasser kochen"; „wenn man es als Waffe einsetzt, kann man damit wilde Tiere verjagen" usw.

Wie dieses Beispiel zeigt, besteht die Originalität dieses Ansatzes darin, daß nicht versucht wird, die Klasse von Individuen, die durch ein Wort bezeichnet werden (die sogenannte „Extension" des Wortes), durch eine abstrakte Definition ihrer gemeinsamen Eigenschaften zu bestimmen (die sogenannte „Intension"). Die Definition erfolgt lediglich im Hinblick auf die von Menschen durchgeführten *Operationen* – die Vielfalt von Arten, wie man mit Dingen umgehen kann. Die pragmatische Maxime eignet sich also dafür, den Sprachgebrauch „experimentell" angelegter Individuen zu analysieren – nicht nur wissenschaftlicher Forscher, sondern ganz allgemein aller Personen, die konkrete Probleme in ihrem Umfeld lösen müssen.

Selbstverständlich wird es unmöglich sein, eine solche Liste von Konditionalsätzen zu vervollständigen. Kann man Peirce' Theorie deshalb vorwerfen, sie verfehle ihr eigentliches Ziel, Klarheit in unserem Denken zu schaffen? Nein, denn man kann nicht mehr Klarheit verlangen, als überhaupt möglich ist. Die Unvollständigkeit jeder solchen Liste ist eher als Zeichen für die Adäquatheit des pragmatischen Ansatzes zu werten, und somit als seine indirekte Bestätigung. Denn es ist ja tatsächlich so, daß unsere Sprache von einer gewissen inhaltlichen Unbestimmtheit geprägt ist. Peirce anerkennt nur die triviale Tatsache, daß das Denken – und somit auch die Sprache – sich an immer neue Erfahrungen der Welt anzupassen hat: „Bedeutet nicht etwa Elektrizität heute mehr", fragt er rhetorisch, „als in den Tagen Franklins?"[39] An dieser Stelle muß auch betont werden, daß Peirce die pragmatische Definition nicht als *einzige* legitime Art sieht, einen Begriff darzulegen; durch sie wird nur eine „höhere" Stufe der Klarheit erreicht. Seine Technik, wie ein Wort zu definieren sei, *ergänzt* die alte Methode; sie ersetzt diese aber nicht.

Ein Vorteil der pragmatischen Theorie besteht nach Peirce darin, daß sie eine scharfe Unterscheidung zwischen echten und unechten Problemen ermöglicht. Er illustriert diese Idee am Beispiel der Eucharistie. Nach den Katholiken hat der eucharistische Wein alle sinnlichen Eigenschaften von Wein, ist aber in der Tat Blut, was bekanntlich von den Protestanten bestritten wird. Nach der pragmatischen Maxime ist es nun unmöglich, daß wir „eine Idee in unserem Verstand haben, die sich auf irgendetwas anderes als denkbare sinnliche Wirkungen von Dingen bezieht".[40] Die These der Katholiken, daß man in der Eucharistie wirklich das Blut Christi trinke, kann deshalb als „sinnloses Gerede" verworfen werden. Und die Protestanten haben recht mit ihrer Behauptung, daß dem in der Eucharistie getrunkenen Wein nur eine Symbolfunktion zuerkannt werden kann. Gleichzeitig irren sie sich, wenn sie meinen, es gäbe hier ein genuines theologisches Problem, das vertieft werden sollte. Denn es gibt kein metaphysisches Mysterium in der eucharistischen Transsubstantiation, sondern nur eine Verwirrung in den Köpfen der Katholiken. Auf ähnliche Weise können nach Peirce auch andere traditionelle Fragen der Metaphysik angegangen und letztendlich als sinnlos entlarvt werden. Dies wird aber erst dann sichtbar, wenn man dank der pragmatischen Maxime die dritte Ebene der Klarheit erreicht hat.

Die für Peirce interessanteste Anwendung der pragmatischen Maxime besteht aber darin, daß sie ein tieferes Verständnis des Begriffes der *Realität* ermöglicht. Daß er ausgerechnet diesen Begriff hervorhebt, erstaunt nicht, denn alle wissenschaftliche Forschung ist ein Versuch, die Realität zu erkennen. Wenn man Klarheit im Sinne von Vertrautheit versteht, dann wissen wir alle, wie Worte wie „Realität" oder „real" zu benutzen sind. Wenn man nach einer abstrakten Definition verlangt, dann kann man das Reale verstehen „als dasjenige, dessen Eigenschaften unabhängig davon sind, was irgendjemand über sie denken mag".[41] Was aber bedeutet „Realität" auf der dritten Ebene der Klarheit? Auf dieser Ebene läßt sich der Begriff nach Peirce nicht unmittelbar definieren, sondern nur mit Bezug auf eine Definition des Begriffes der Wahrheit. Dabei muß man berücksichtigen – und dies ist tatsächlich alles andere als selbstverständlich –, daß für Peirce durchaus nicht jede Person über einen solchen Begriff verfügt. Wer die eigenen Meinungen nach den Methoden der Beharrlichkeit, der Autorität oder der Apriorität festlegt, identifiziert die Wahrheit mit dem, was er am bequemsten findet – sei es, um die innere Ruhe zu bewahren, eine immer größere Macht auszuüben oder eigene Vorurteile zu bestätigen. Das aber hat nichts mit dem zu tun, was Peirce unter Wahrheit versteht: „Jemand, der die Sätze, die er annehmen will, willkürlich wählt, kann das Wort Wahrheit nur gebrauchen, um den Ausdruck seiner Entschlossenheit, an dieser seiner Wahl festzuhalten, zu betonen."[42] Der einzige, der eine Vorstellung von Wahrheit hat, ist somit der wissenschaftliche Forscher; man muß also erst seine Auffassung der Wahrheit untersuchen, um dann zu einer pragmatischen Definition der Realität zu gelangen. Nun läßt der wissenschaftliche Forscher jede Hypothese öffentlich beurteilen; dies zeigt, daß er jene Theorie für wahr hält, die die Zustimmung aller anderen Forscher gewinnen wird. Der echte Forscher identifiziert also die Wahrheit mit der finalen Meinung – jener Meinung, die von einer Gemeinschaft von kompetenten und vollständig informierten Forschern letztlich angenommen wird: „Die Meinung, die [...] dazu bestimmt ist, daß ihr letzlich jeder der Forschenden zustimmt, ist das, was wir unter Wahrheit verstehen."[43] Dieser soziale Begriff der Wahrheit impliziert einen sozialen Begriff der Realität: „[D]er Gegenstand, der durch diese Meinung repräsentiert wird, ist das Reale."[44]

Diese Aussage ist in vielerlei Hinsicht problematisch. Ein erstes Problem betrifft die Beziehung zwischen der abstrakten Definition der Realität und der pragmatischen. Die abstrakte Definition des Realen als „dasjenige, dessen Eigenschaften unabhängig davon sind, was irgendjemand über sie denken mag", wird von Peirce nie in Frage gestellt. Diese Definition betont aber die Unabhängigkeit des Realen gegenüber jeder menschlichen Meinung: Dies widerspricht der pragmatischen Definition, die die Realität von jener Meinung abhängig macht, die die Gemeinschaft aller Forscher für wahr deklariert. Ein zweites Problem besteht darin, daß die pragmatische Definition absurde Folgen zu haben scheint. Man betrachte zum Beispiel die Aussage, daß es heute regnet. Nach dieser Definition bestimmt nicht die Tatsache, daß es heute regnet, die Wahrheit dieses Satzes, sondern was die Gemeinschaft aller zukünftigen Forscher darüber denken wird! Ein drittes Problem ergibt sich schließlich mit Bezug auf Aussagen über die Vergangenheit. Viele historische Tatsachen haben keine Spuren in der Geschichte hinterlassen und sind deshalb nicht mehr erschließbar. Hat Cäsar am Tag seines Todes in den Spiegel geschaut? Diese Frage läßt sich nicht beantworten; dennoch bezieht sie sich auf eine echte, wenn auch selbstverständlich triviale, Tatsache: Myriaden historischer Ereignisse dieser Art fanden statt – ganz unabhängig davon, ob eine zukünftige Gesellschaft von Wissenschaftlern sich darüber je Gedanken machen wird.

Diese Schwierigkeiten verschwinden, wenn man bedenkt, daß die Gemeinschaft von Forschern, von deren Zustimmung die Wirklichkeit abhängig gemacht wird, keine historische – gegenwärtige oder zukünftige – Gemeinschaft ist. Peirce schreibt an einer wichtigen Stelle, daß die Realität unabhängig davon sei, „was du oder ich oder eine begrenzte Anzahl von Menschen über sie denken";[45] dies bedeutet aber nicht, daß sie auch „vom Denken im allgemeinen" unabhängig sei. Nun kann die Rede vom „Denken im allgemeinen" nur so gedeutet werden, daß die Gesellschaft, von der Peirce spricht, eine *idealisierte* Gesellschaft sein muß – die hypothetische Verkörperung einer vollkommenen Vernunft. Was die pragmatische Definition ausdrückt, ist also nichts anderes als die Annahme, daß die von uns unabhängig existierende Realität an sich *erkennbar* sei. In Anlehnung an Hegel – und entgegen Kants Theorie eines unerreichbaren Dinges an sich – könnte der pragmatischen Definition der Realität also die Aussage entsprechen, daß *das Reale und das Rationale ein und dasselbe sind.* Nur so läßt sich die Hoffnung rechtfertigen, daß das Forschen nicht vergeblich ist; es muß für die Wissenschaft *prinzipiell* möglich sein, sich der Realität anzunähern.

Findet eine solche Annäherung auch tatsächlich statt? Peirce, der in einer Zeit wissenschaftlicher Revolutionen und rasanter technologischer Entwicklungen lebte, meinte diese Frage bejahen zu müssen: „Jemand müßte völlig verrückt sein, wollte er leugnen, daß der Wissenschaft viele wirkliche Entdeckungen gelungen sind."[46] Sein eigener Versuch, die Erfolge der Abduktion naturalistisch zu erklären, wäre sinnlos, wenn dies nicht der Fall wäre. Sein Fallibilismus ist also nicht zu trennen von einer vorsichtigen, aber durchaus optimistischen Bewertung der Errungenschaften der modernen Wissenschaften.

5. Kritik des cartesianischen Erkenntnisideals

Wie bereits zitiert, vergleicht Peirce die Gemeinschaft der Forscher mit einer Kolonie von Insekten; die Metapher illustriert die Idee, daß Forschung nicht nur ein kollektives, sondern auch ein emsiges Unternehmen sei. Ständig wird von ganzen Scharen an etwas gearbeitet; neue Theorien werden entworfen,

Erfahrungen gesammelt, alte Hypothesen revidiert oder fallengelassen, gelegentlich kommen die Forscher einander in die Quere und beginnen zu fechten. Im starken Widerspruch zu diesem Bild, das die Wissenschaft als etwas Lebendiges porträtiert, stehen die cartesianischen Vergleiche der Wissenschaft mit einem Haus, das auf soliden Fundamenten gebaut werden soll, oder mit einem robusten Baum, dessen Wurzeln tief in die Erde dringen und das Gedeihen des ganzen Baums ermöglichen.

Die cartesianischen Bilder entsprechen einer Vorstellung, die Peirce für verfehlt hält: nämlich jener, daß die menschliche Erkenntnis auf einer Reihe von Prämissen aufgebaut werden kann. Diese Prämissen sind so elementar, daß sie nicht bewiesen werden können; dennoch braucht man nur den geistigen Blick auf sie zu richten, um festzustellen, daß sie wahr sind. Diese grundlegenden Prämissen werden traditionell als „Intuitionen" bezeichnet und stellen *absolute Anfangspunkte der menschlichen Erkenntnis* dar. Doch woher weiß man, daß es solche Intuitionen gibt? Peirce stellt sich diese Frage in zwei wichtigen Aufsätzen aus dem Jahr 1868 – „Questions Concerning Certain Faculties Claimed for Man" und „Some Consequences of Four Incapacities" –, in denen er das Ziel verfolgt, die Philosophie vom „Geist des Cartesianismus" zu befreien.

In diesen Schriften argumentiert Peirce höchst scharfsinnig gegen die Existenz absolut erster Prämissen, die seiner Ansicht nach nicht evident sind. Und tatsächlich, so Peirce, scheinen wir nicht imstande zu sein, intuitive (nicht-abgeleitete) von nicht-intuitiven (abgeleiteten) Erkenntnissen zu unterscheiden. Dies wird nicht mit einem einzigen Argument bewiesen, sondern kumulativ durch die Ansammlung verschiedenartiger Bemerkungen. Oft verwechseln Zeugen, was sie gesehen haben, mit dem, was sie erschlossen haben; Zauberkünstler lassen vor unseren Augen Ereignisse stattfinden, die gar nicht stattfinden können; wir alle meinen, die dritte Dimension des Raumes schlicht wahrzunehmen, obwohl experimentelle Untersuchungen zeigen, daß sie eine Konstruktion aus tatsächlich wahrgenommenen zweidimensionalen Daten ist – dies sind nur einige Beispiele, die belegen, daß wir abgeleitete Erkenntnisse von unmittelbaren nicht unterscheiden können. In allen diesen Fällen haben wir das Gefühl, etwas ohne Mediation, auf direkteste Weise wahrgenommen zu haben; dennoch erweist sich dieses sichere innere Gefühl als trügerisch.

Die Existenz von Intuitionen kann also nicht einfach angenommen werden. Doch welche Argumente könnten zeigen, daß es Intuitionen gibt? Peirce orientiert sich an einem Prinzip der ontologischen Sparsamkeit: Wir sollten die Existenz von Intuitionen in unserer Erkenntnistheorie nur dann postulieren, wenn sie notwendig sind, um gewisse Erkenntnisse, die wir tatsächlich besitzen, zu erklären. Sonst wäre die Behauptung der Existenz von Intuitionen willkürlich – ein Ausdruck persönlicher Idiosynkrasien, und nicht ein wohlüberlegter Schluß.

Ein erster Fall, der die Annahme einer intuitiven Art der Erkenntnis zu rechtfertigen scheint, ist unsere Selbsterkenntnis: „Ich weiß", schreibt Peirce, „daß ich [...] existiere. Die Frage ist, wie weiß ich das; durch eine spezielle intuitive Fähigkeit, oder ist mein Wissen von vorhergehenden Erkenntnissen bestimmt?"[47] Für Descartes war die Erkenntnis der eigenen Existenz das paradigmatische Beispiel eines sicheren, unbezweifelbaren Wissens. Peirce bestreitet nicht, daß eine solche Erkenntnis einen hohen Grad der Sicherheit besitzt; dennoch ist dieser Grad nicht absolut, denn das Wissen um die Existenz des eigenen Ich läßt sich auch anders denn als unmittelbare Schau interpretieren. Peirce stützt sich hier auf einfache Überlegungen aus der Kinderpsychologie. Kleine Kinder scheinen erst relativ spät in ihrer Entwicklung den Begriff eines Ich zu entdecken. Entscheidend dabei ist die Tatsache, daß sie korrigiert werden: Erst wenn ein Kind mit den eigenen Irrtümern konfrontiert wird, sieht es sich gezwungen, die Existenz eines Ich zu postulieren – als Träger oder Besitzer dieser Unwissenheit: „Kurz, der *Irrtum* erscheint, und er kann nur erklärt werden, indem man ein *Selbst* annimmt, das fehlbar ist."[48] Peirce beansprucht nicht, diese alternative Theorie über Entstehung und Natur der Selbsterkenntnis bewiesen zu haben. Sie ist aber frei von inneren Widersprüchen, nachvollziehbar und im Einklang mit den beobachtbaren empirischen Tatsachen – dies reicht, um die alternative Theorie der Existenz einer intuitiven Selbsterkenntnis als überflüssig zu deklarieren.

Ein weiterer Fall, der uns nahelegen könnte, die Existenz von Intuitionen anzuerkennen, ist die Erkenntnis unserer mentalen Zustände. Meine Erkenntnis, daß ich jetzt ein Blatt Papier *sehe* und es mir nicht bloß *vorstelle* oder *erträume*, scheint nicht erschlossen, sondern unmittelbar oder eben „intuitiv" erfaßt zu sein. Dennoch läßt sich nicht ausschließen, so Peirce, daß sie erschlossen ist, denn tatsächlich sind *gesehene* Objekte qualitativ verschieden von nur *geträumten* – man denke hier zum Beispiel an die mangelnde Kohärenz unserer nächtlichen Vorstellungen. Wir könnten also die Erkenntnis, daß wir etwas sehen und nicht träumen, dadurch gewonnen haben, daß wir sie aus den Eigenschaften der Objekte erschlossen haben. Daß wir uns eines solchen Schlusses nicht bewußt sind, ist natürlich kein Argument gegen diese Hypothese, denn wir haben schon oben gesehen, daß viele unserer angeblich direkten Erkenntnisse eigentlich das Ergebnis einer Inferenz sind. Ein ähnlicher Fall ist der Unterschied zwischen einem reinen Gedankenspiel und einer Überzeugung. Woher wissen wir, daß wir etwas tatsächlich glauben und nicht nur vermuten? Nicht durch das intuitive Erfassen unseres inneren Zustandes, sondern durch Beobachtung unserer Handlungen – Bains Definition einer Überzeugung als das, aufgrund dessen man zu handeln bereit ist, kommt hier noch einmal zur Anwendung.

Wenn die Erkenntnis unserer eigenen Existenz und jene unserer inneren Zustände nicht intuitiver Art sind, welche Erkenntnis könnte dann den Anspruch erheben, unmittelbar zu sein? Wohl keine – und deshalb folgert

Peirce, daß wir keinen Grund haben zur Annahme, daß irgendeine Erkenntnis unmittelbar sei. Jede Erkenntnis muß also als von anderen Erkenntnissen bestimmt betrachtet werden, ohne daß man – sei es auch nur im Prinzip – auf einen absoluten ersten Anfang kommen könnte. Diese These ist wichtig; sie impliziert eine holistische Auffassung des menschlichen Wissens als *systematisches* Ganzes – als ein komplexes Gewebe, dessen Komponenten innerlich verbunden sind und sich gegenseitig stützen. Und wenn wir mit unserer Forschung anfangen, knüpfen wir an einem solchen Gewebe an, um es zu revidieren und zu verbessern. Wichtig ist zu bemerken, daß eine solche Verbesserung notwendigerweise von innen her geschehen muß. Es gibt keine externe Position, aus der wir die ganze Struktur kollabieren lassen könnten, um dann die verläßlichsten Elemente auszusondern und auf ihrer Basis eine neue zu erbauen – wie es im cartesianischen Bild der menschlichen Erkenntnis als Gebäude impliziert ist.

Peirce illustriert seine These durch den Vergleich mit einem umgekehrten Dreieck, das ins Wasser getaucht wird. Je tiefer das Dreieck ins Wasser dringt, desto breiter wird die Schattenlinie. Man nehme irgendeine Linie, die auf diese Weise generierbar ist, und versuche zu bestimmen, wie viele Linien unter dieser schon gezeichnet worden sind: Würde man auf eine erste Linie stoßen? Peirce meint: nein; denn es können unendlich viele Linien im Abstand zwischen jeder beliebig gewählten Linie und der Spitze des Dreiecks gezeichnet werden. Eine erste Erkenntnis gibt es ebensowenig, wie es eine erste Linie gibt. Diese These ist freilich nicht einfach zu verstehen. Denn es scheint eine natürliche Vorstellung zu sein, daß die Erkenntnis eine erste Basis hat. Wie sonst, könnte man fragen, kann man mit der Erkenntnis überhaupt anfangen? Dies ist eine echte Schwierigkeit; sie wird im nächsten Paragraphen näher diskutiert. Bereits hier kann aber bemerkt werden, daß vielleicht nur vertiefte Untersuchungen von Prozessen wie Akkulturation, Sozialisierung und das Erlernen der Muttersprache etwas Licht auf dieses Terrain werfen könnten – Untersuchungen, wie sie der sogenannte „zweite" Wittgenstein (s. Kap. XII, 5–6), aber auch von Peirce beeinflußte Pragmatisten wie Dewey (s. Kap. VII, 7) und Mead (s. Kap. VIII, 1) unternommen haben.

6. Denken und Zeichen

Da es Peirce darum geht, die Struktur der menschlichen Erkenntnis zu erforschen, lenkt er seine Aufmerksamkeit auf die Natur unserer Gedanken. Das Denken kann sich selbst nicht direkt erfassen, sondern nur über die Vermittlung von Zeichen: „Suchen wir das Licht äußerer Tatsachen auf, so finden wir nur Fälle von Gedanken, die Gedanken in Zeichen sind."[49] Diese Aussage ist aber nach Peirce immer noch irreführend, denn sie scheint zu implizieren, daß es eine klare Trennung gibt zwischen dem Denken einerseits und seiner sprachlichen Manifestation andererseits – als ob das Denken etwas anderes sein könnte als die Art und Weise, wie es sich konkret zeigt. Peirce wendet hier nur ein Prinzip an, das in seiner pragmatischen Maxime eigentlich schon enthalten ist: Denn zu sagen, daß die Bedeutung eines Begriffes in seinen feststellbaren Wirkungen bestehe, heißt nichts anderes, als daß ein Ding identisch sei mit allen seinen Manifestationen. Der Pragmatist anerkennt also das allgemeine Prinzip, daß „die phänomenale Manifestation einer Substanz die Substanz selbst ist".[50] Wenn nun dieses Prinzip auf unsere Gedanken angewendet wird, sieht man sich gezwungen zu schließen, daß „jeder Gedanke ein Zeichen" ist.[51]

So wie die Dinge aus pragmatischer Sicht dasjenige *sind*, was sie *tun*, so ist das Denken eine bestimmte, konkrete Verwendung von Zeichen. Und insofern als ein Mensch mit seiner intellektuellen Aktivität identifiziert wird, läßt sich sagen, daß „das Wort oder Zeichen, das der Mensch gebraucht, der Mensch selbst *ist*".[52] Diese Identifikation von Denken und Zeichen begründet letztendlich die Idee, daß unsere Erkenntnis keinen Anfang hat. „Aus der These, daß jeder Gedanke ein Zeichen ist", so Peirce in seiner typischen lakonischen Ausdrucksweise, „folgt, daß jeder Gedanke sich an einen anderen wenden muß, einen anderen bestimmen muß, denn das ist das Wesen eines Zeichens."[53]

Diese Aussage ist nicht selbstverständlich und kann nur mit Bezug auf Peirce' originellen Zeichenbegriff erläutert werden. Nichts ist nach Peirce *sic et simpliciter* ein Zeichen. Der Rauch steht zwar in einer bestimmten kausalen Beziehung mit dem Brand, der ihn verursacht hat; er wäre aber kein Zeichen, wenn niemand da wäre, der ihn als solches interpretiert. Ein Zeichen zu sein bedeutet nicht, die magische Eigenschaft zu besitzen, sich auf etwas anderes zu beziehen, sondern in eine triadische Relation eingetreten zu sein. Ein Zeichen kann also in einer ersten Annäherung als etwas definiert werden, das für etwas anderes steht (sein Objekt) und für jemanden (den Interpreten) etwas bedeutet. Die prozessuale Dimension des Peirceschen Denkens kommt in dieser Definition noch einmal zum Vorschein: Kein Ding *ist* ein Zeichen; etwas *wird* ein Zeichen, indem es in einem interpretativen Prozeß aufgefangen wird.

Diese Formulierung entspricht aber noch nicht Peirce' endgültiger Definition des Zeichens. Denn nun stellt sich die Frage, wie denn der Interpret imstande sein soll, ein Zeichen als solches zu erkennen. Peirce' Antwort ist, daß ein Zeichen nur durch ein anderes Zeichen konstituiert werden kann. Dieses zusätzliche Zeichen wird „Interpretant" genannt, während das erste als „Repräsentamen" bezeichnet wird. Ein Zeichen kann dann folgendermaßen definiert werden: „Ein *Zeichen* oder *Repräsentamen* ist alles, was in einer solchen Beziehung zu einem zweiten steht, das sein *Objekt* genannt wird, daß es fähig ist ein Drittes, das sein *Interpretant* genannt wird, dahingehend zu bestimmen, in derselben triadischen Relation zu jener Relation auf das Objekt zu stehen, in der es selbst steht. Dies bedeutet, daß der Interpretant selbst ein Zeichen ist, das ein Zeichen desselben Objekts bestimmt und so fort ohne Ende."[54]

Diese Definition macht klar, daß ein Zeichen erst zu einem Zeichen wird, wenn es von einem anderen Zeichen interpretiert wird. Dies wiederum bedeutet – und der Punkt ist weder trivial noch leicht zu begreifen –, daß ein Zeichen nur als Teil einer unendlichen Reihe von Zeichen aufgefaßt werden kann. Dies ist in zweierlei Weise zu verstehen. Einerseits *setzt* die Konstitution eines einzigen Zeichens *voraus*, daß eine unendliche Anzahl von Zeichen sich schon konstituiert hat. Es gibt, so Peirce, „eine im Prinzip endlose Folge von Zeichen, wenn ein Zeichen verstanden wird, und ein Zeichen, das niemals verstanden wird, kann kaum ein Zeichen genannt werden".[55] Daß es vor jedem Zeichen ein anderes Zeichen gegeben haben muß, hat seine Parallele in der Tatsache, „daß es vor jeder vergangenen Zeit eine unendliche Reihe von Zeiten gegeben haben muß".[56] Dies ist eine echt paradoxe Situation, die Peirce zwar anerkennt, aber logisch nicht erklären kann. Wir wissen zwar, daß Achilles die Schildkröte erreicht, auch wenn er eine unendliche Reihe von Punkten durchlaufen muß; *wie* das geschieht, ist aber eine Frage, „die nicht notwendig gleich beantwortet werden muß, solange er sie mit Sicherheit überholt".[57] Andererseits ist die Interpretation eines Zeichens auch ein nicht abzuschließender Prozeß, bei dem jede Interpretation eine neue Interpretation desselben Objekts generiert. In diesem unendlichen Zeichenprozeß *(semiosis)* kann kein Zeichen je vollständig ausgeschöpft werden. Alles, was wir hoffen können, ist, daß unsere Interpretationen adäquater sind als die früheren. Dies wird freilich nur denjenigen problematisch erscheinen, die sich dem cartesianischen Ideal einer ultimativen Wahrheit – bzw. einer finalen Interpretation – noch verpflichtet fühlen.

Es ist ein wichtiger Aspekt dieser Analyse des menschlichen Denkens, daß es als sozial und zukunftsorientiert aufzufassen ist. Nach Peirce ist „der Gedanke eben das, was er ist, nur aufgrund der Tatsache, daß er sich an einen zukünftigen Gedanken wendet".[58] Mit unserem Tod kommt unser Denken zu einem Ende, es sei denn, es wird wieder aufgenommen und weitergeführt. Die Existenz des Denkens hängt also davon ab, „was nach uns kommen soll, so daß es nur eine potentielle Existenz hat, die vom zukünftigen Denken der Gemeinschaft abhängig ist".[59] Unser Denken muß weiter interpretiert werden; es kann nur durch eine Teilnahme an einem kollektiven, übergeordneten semiotischen Prozeß lebendig bleiben. Die Idee der Gesellschaft nimmt hier noch einmal fast religiös-mystische Züge an; die Vorstellung einer Vervollständigung des Denkens durch spätere Generationen kann aber nicht leicht verworfen werden, denn sie entspricht dem, was wir sowieso oft annehmen: Ist es zum Beispiel nicht wahr, daß wir uns beim

Schreiben immer an eine imaginäre Runde von zukünftigen Lesern wenden? In diesem Sinn könnte nichts weiter entfernt sein von Peirce' Überlegungen als die cartesianische Idee, man könne durch eine einsame Meditation zu den letzten Wahrheiten gelangen; es liegt in der Natur des Denkens, daß es eines „Anderen" bedarf.

Angesichts der zentralen Rolle, die der Begriff des Zeichens in seiner Auffassung der Erkenntnis spielt, erstaunt es nicht, daß Peirce sein Leben lang versucht hat, eine vollständige Klassifikation der Zeichen anzubieten. Sein Ausgangspunkt ist die triadische Definition des Zeichens. Auf dieser Basis lassen sich drei Ebenen der Analyse unterscheiden, denn ein Zeichen kann *in sich selbst*, in seiner *Beziehung zum Objekt* und in seiner *Beziehung zum Interpretanten* untersucht werden.

Auf jeder dieser Untersuchungsebenen lassen sich weitere Unterscheidungen vornehmen. Das Zeichen selbst kann spezifische materielle Eigenschaften aufweisen (z. B. die Farbe *schwarz*, in der das Wort „Definition" in diesem Text gedruckt ist). Es kann eine vollkommene Replik eines allgemeinen Typus sein (z. B. die verschiedenen Exemplare des Wortes „Definition", das in diesem Text schon mehrmals benutzt worden ist). Oder es kann mit einem allgemeinen Typus identisch sein (z. B. dem deutschen Wort „Definition"). Dies ergibt die erste Trichotomie *Qualizeichen*, *Sinzeichen* und *Legizeichen* (alternativ von Peirce auch „Ton", „Token" und „Type" genannt). Ein Zeichen kann sein Objekt repräsentieren aufgrund einer Ähnlichkeit (z. B. ein Bild), einer kausalen Verbindung (z. B. ein Krankheitssymptom) oder einer Konvention (z. B. das Wort „Baum"). Dies führt zu der zweiten Trichotomie *Ikon*, *Index* und *Symbol*. Und schließlich kann die Beziehung zwischen einem Zeichen und seinen Interpretanten so gestaltet sein, daß das Zeichen als Wort, als vollständige Aussage oder als Argument wiedergegeben werden kann. Dies ergibt die dritte Trichotomie von *Rhema*, *Dicent*, *Argument*.

Jede Zeichenklasse kann durch die Kombination jeweils eines Elements aus den drei Trichotomien bestimmt werden. Die Rotation eines Wetterhahns, der die Windrichtung anzeigt, ist ein partikuläres Ereignis (also ein Sinzeichen); zudem macht sie eine Aussage über die atmosphärische Lage (als solches ist sie ein Dicent) aufgrund einer kausalen Beziehung (sie ist also auch ein Index); der sich bewegende Wetterhahn muß also als dicentisch indexikalisches Sinzeichen klassifiziert werden. (Dagegen wäre ein spontaner Schrei als rhematisch indexikalisches Sinzeichen zu klassifizieren, der Ruf „Hallo!" als rhematisch indexikalisches Legizeichen.) Da Elemente aus drei Trichotomien miteinander kombiniert werden, müßte es 27 (3^3) mögliche Klassenzeichen geben; da aber nicht alle Kombinationen tatsächlich möglich sind, reduziert sich die Anzahl der Klassenzeichen nach Peirce auf lediglich 10. (Eine Ikone kann zum Beispiel nur ein Rhema sein; sie stellt ihr Objekt durch Ähnlichkeit dar und kann deshalb nur eine „Essenz" oder „Art" repräsentieren.)[60]

Diese elegante Systematik kann aber nur als vorläufig betrachtet werden. Die Klassifikation verkompliziert sich, wenn man weitere Unterscheidungen berücksichtigt, die Peirce an den anderen beiden Polen der Zeichen vornimmt. Das Objekt kann nämlich entweder als *Unmittelbares Objekt* (als Objekt, *wie* es durch das Zeichen repräsentiert wird) oder als *Dynamisches Objekt* (als Objekt, wie es ist unabhängig von jeglicher Repräsentation) aufgefaßt werden. Gleichzeitig unterscheidet Peirce zwischen einem *Unmittelbaren Interpretanten* (z. B. dem Gefühl, das ein Musikstück im Gemüt eines Hörers auslöst), einem *Dynamischen Interpretanten* (z. B. der Handlung der Soldaten beim Befehl „Gewehr bei Fuß!") und einem *Logischen Interpretanten* (z. B. dem gedanklichen Interpretationsprozeß, der beim Lesen eines Textes ausgelöst wird). Würde man diese zusätzlichen Unterscheidungen für eine Klassifikation der Zeichen nutzbar machen, stiege die Anzahl möglicher Zeichenklassen enorm an. Diese Entwicklungen und Verfeinerungen können hier selbstverständlich nicht weiterverfolgt werden; Peirce selbst war von dieser Vielfalt überwältigt: Er sei, schrieb er, „ein Pionier oder eher ein Hinterwäldler bei dem Unternehmen [...], was ich *Semiotik* nenne [...]; und ich finde das Feld für jemanden, der es als erster betritt, zu ausgedehnt, die Arbeit zu groß".[61]

7. Die Kategorienlehre

Peirce' These, daß Gedanken nur in Zeichen existieren, zeugt von der Wirkung, die seine frühere Lektüre von Kant auf sein Denken ausübte. Denn sie kann als Umformulierung der Lehre Kants angesehen werden, daß die menschliche Erkenntnis keine direkte Erfassung von wirklichen Dingen ist, sondern immer eine Mediation erfordert. Diese Idee findet ihren klarsten Ausdruck in Kants transzendentaler Analytik, einem Teil der „Kritik der reinen Vernunft", der den jungen Peirce fesselte: „Ich glaubte unbedingter an die zwei Tafeln der Urteilsfunktionen und der Kategorien", schrieb er an einer berühmt gewordenen Stelle, „als wenn sie vom Sinai herab gebracht worden wären."[62] Die Begeisterung für Kant blieb, obwohl Peirce zur Einsicht kam, daß die Tafeln doch nicht vom Sinai herabgebracht worden, sondern korrekturbedürftig waren.

Das Problem einer neuen Bestimmung der Kategorien ist Peirce erstmals im Aufsatz „On a New List of Categories" (1867) systematisch angegangen. Sein Verständnis der Kategorien und ihrer Rolle in der menschlichen Erfahrung scheint sich zunächst kaum zu unterscheiden von der Auffassung Kants. Die Funktion der Begriffe besteht darin, „die Mannigfaltigkeit der Sinneseindrücke zur Einheit zu bringen".[63] Die Kategorien sind also auch für Peirce jene unentbehrlichen allgemeinsten Begriffe, die den ursprünglichen Inhalt unseres Bewußtseins – ein undifferenziertes Chaos von Eindrücken – in eine strukturierte Welt verwandeln. Wie lassen sich aber solche Kategorien entdecken? Nach Peirce findet die Synthese in der Proposition statt. Die Kategorien können also aus einer Analyse der Elemente der Proposition erschlossen bzw. „deduziert" werden. Da Peirce der traditionellen Auffassung folgt, daß jede Proposition die logische Form „S ist P" aufweist, sind die drei zu untersuchenden Elemente das Subjekt, die Kopula und das Prädikat.

Die erste Kategorie ergibt sich nun aus der Überlegung, daß etwas als gegenwärtig gedacht werden muß, damit es Subjekt einer Prädikation werden kann. Diesem „Etwas" entspricht die Kategorie der *Substanz:* „Dieser Begriff der Gegenwart überhaupt oder des ES überhaupt", schreibt Peirce, „wird in der philosophischen Sprache durch eine der Bedeutungen des Wortes ‚Substanz' wiedergegeben."[64] Dies ist ein Hinweis auf die von Aristoteles in der „Kategorienschrift" vertretene These, eine Substanz könne zum Subjekt einer Prädikation gemacht werden, niemals aber zu einem Prädikat.

Die zweite Kategorie ergibt sich aus der Erörterung der logischen Funktion der Kopula; diese besteht lediglich darin, Subjekt und Prädikat zu verbinden. Auf diese Weise wird der synthetisierende Prozeß, der in die Proposition mündet, zu seinem Ende geführt: „Die Einheit, auf die der Verstand die Sinneseindrücke bringt, ist die Einheit der Proposition. Diese Einheit besteht in der Verbindung des Prädikats mit dem Subjekt. Und deshalb ist das, was in der Kopula – oder dem Begriff des *Seins* – impliziert ist, dasjenige, was die Arbeit der Begriffe vollendet, das Mannigfaltige zur Einheit zu bringen."[65] Die zweite von Peirce identifizierte Kategorie ist also die des *Seins.*

Die übrigen Kategorien müssen nun aus einer Analyse der Prädikatstelle erworben werden. Die erste Kategorie, die auf diese Weise entdeckt wird, ist die der *Qualität:* „Der Begriff des *Seins* entsteht bei der Bildung von Propositionen. Neben dem Terminus, der die Substanz ausdrückt, hat eine Proposition stets einen zweiten Terminus, der die Qualität dieser Substanz ausdrückt. Die Funktion des Begriffs des Seins liegt darin, die Qualität mit der Substanz zu verbinden. Im Fortschreiten vom Sein zur Substanz ist daher Qualität, in ihrer weitesten Bedeutung, der erste Begriff in der Reihenfolge."[66] Die Rede von einem „Fortschreiten vom Sein zur Substanz" erklärt sich damit, daß Peirce mit einer vollständigen Proposition beginnt. Die erste Kategorie, die auf diese Weise entdeckt wird, jene des *Seins*, ist also diejenige, die den Prozeß der Vereinigung zu einem Ende bringt; die nächste ist die Kategorie der *Qualität;* am Ende dieser Reihe – die eine logische Hierarchie in der Konstitution der Proposition darstellen soll – findet man die Kategorie der *Substanz.*

Die Analyse der logischen Struktur der Proposition kann hier nicht unterbrochen werden, denn zwischen *Qualität* und *Substanz* liegen zwei weitere

Kategorien. Qualitäten sind nicht einfach gegeben, sondern entstehen durch die Abgrenzung von anderen Qualitäten. Diese Idee wird mit Bezug auf die empirische Psychologie begründet: „Die empirische Psychologie hat die Tatsache bewiesen, daß wir eine Qualität nur aufgrund des Unterschieds zu oder der Ähnlichkeit mit einer anderen Qualität erkennen können."[67] Daraus ergibt sich, daß Qualitäten nur dann existieren, wenn sie miteinander korreliert werden. Die Kategorie *Qualität* setzt also die Kategorie *Relation* voraus.

Der letzte – und originellste – Schritt in dieser Ableitung beruht auf der Einsicht, daß Relationen selbst nicht einfach gegeben sind, sondern erkannt werden müssen. Peirce illustriert diese These mit dem Beispiel einer Person, die im Wörterbuch nachschlägt, um zu erkennen, daß das französische Wort *homme* und das englische Wort *man* gleichbedeutend sind. Der Punkt des Vergleichs liegt darin, daß die Konkordanz (oder die Diskordanz) zwischen zwei Begriffen nur dank einer vermittelnden Darstellung festgestellt werden kann – im Beispiel durch die Tatsache, daß die zwei Wörter nebeneinander vorkommen. „Eine derartige vermittelnde Darstellung kann *Interpretant* genannt werden, denn sie erfüllt das Amt eines Dolmetschers [*interpreter*], der sagt, daß ein Ausländer dasselbe sagt wie er selbst."[68] Die Kategorie der Relation setzt also die Kategorie der interpretierenden *Darstellung* voraus.

Auf das Problem der Bestimmung der Kategorien kam Peirce noch mehrfach zurück. Unter anderem deshalb, weil er bald einsah, daß nicht alle Propositionen die Form „S ist P" aufweisen. So wäre es künstlich, eine Aussage wie „A gibt dem B C" auf diese Form reduzieren zu wollen. In seinen späteren Arbeiten läßt sich eine radikale Änderung in seiner Annäherung an das Problem feststellen. Dort versucht er nämlich, die Liste der Kategorien auf der Basis einer phänomenologischen statt einer logischen Analyse des Inhalts des Bewußtseins zu ermitteln. Ein wichtiges Dokument dieser „phänomenologischen Wende" sind die 1903 in Harvard gehaltenen sieben Vorlesungen über den Pragmatismus. Untersuchungsobjekt ist nun nicht mehr die Proposition, sondern die Totalität unserer mentalen Inhalte, die Peirce *Phaneron* nennt: „Ich gebrauche das Wort *Phaneron* in der Bedeutung von allem, was dem Verstand in irgendeinem Sinne oder auf irgendeine beliebige Weise gegenwärtig ist, ungeachtet dessen, ob es nun ein Faktum oder ein Figment ist."[69] Die Phänomenologie – von Peirce auch „Phaneroskopie" genannt – prüft das Phaneron und versucht, „seine Elemente der Komplexität ihrer Struktur nach auszusondern".[70]

Diese Wissenschaft kann im Prinzip von jedermann praktiziert werden. Alles, was der Studierende der Phänomenologie zu tun hat, ist, die „Augen des Geistes zu öffnen und das Phänomen gut anzusehen und zu sagen, was die Charakteristika sind, die ihm niemals fehlen, gleichgültig ob dieses Phänomen nun etwas sei, das die äußere Erfahrung unserer Aufmerksamkeit aufzwingt, oder ob es der wildeste der Träume oder die abstrakteste und allgemeinste der Konklusionen der Wissenschaft sei".[71] Peirce bedient sich nicht des Husserlschen Begriffs der *epoché;* dennoch macht diese Stelle deutlich, daß sich die grundlegenden Strukturen der Erfahrung erst dann entdecken lassen, wenn die Frage nach dem realen oder fiktiven Status eines Bewußtseinsinhalts ausgeklammert wird. Drei Talente braucht der Studierende der Phänomenologie: das „Beobachtungsvermögen eines Künstlers" (das ihm ermöglicht, die Phänomene so wahrzunehmen, wie sie tatsächlich sind), ein „unbeirrbares Unterscheidungsvermögen" (man soll imstande sein, versteckte Analogien zu entdecken) und die „Abstraktionsfähigkeit eines Mathematikers" (aus der Fülle der Phänomene müssen allgemeine Strukturen ausgesondert werden).

Welches sind nun die allgemeinen Strukturen der Erfahrung? Das erste, was wir an jedem Phänomen wahrnehmen können, ist nach Peirce seine unmittelbare Präsenz oder Gegenwärtigkeit; die Dinge besitzen einen Aspekt der *reinen Qualität* oder nackten Positivität. Die erste Kategorie ist demnach die der Erstheit *(firstness)* – „die Idee dessen, was so ist, wie es ist, ungeachtet alles anderen".[72] Zweitens bemerkt Peirce, daß unsere Erfahrung nie eine reine Schau von starren Sinneseindrücken ist, sondern ein Element des *Kampfes* und des Widerstands enthält. Dinge wirken auf uns und wir wirken auf Dinge, so daß unsere Erfahrungen tatsächlich immer auch das Gefühl eines Schocks bzw. einer inneren Verbundenheit mit äußeren Dingen enthält. Dieses Element wird durch die Kategorie der Zweitheit *(secondness)* erfaßt – „die Idee dessen, was so ist, wie es ist, als das Zweite im Hinblick auf ein Erstes".[73] Schließlich meint Peirce beobachten zu können, daß diese zwei Dimensionen jedes erfahrenen Dinges immer miteinander verbunden sind. Wenn es plötzlich donnert, nehmen wir das Gefühl einer sich auswirkenden Kraft (Zweitheit) und das plötzliche Auftauchen eines qualitativ-bestimmten Geräusches (Erstheit) in unserem Bewußtsein nicht als zwei getrennte Phänomene wahr, sondern als korrelierte Aspekte von einem und demselben natürlichen Ereignis. Es gibt also eine zusätzliche Kategorie, die man anerkennen muß; diese letzte Kategorie ist die der Drittheit *(thirdness)* – „die Idee dessen, das so ist, wie es ist, als ein Drittes oder ein Medium zwischen einem Zweiten und dessen Erstem".[74]

Die phänomenologische Analyse reduziert die Anzahl der Kategorien von fünf auf drei. Trotzdem werden die früheren Ergebnisse im wesentlichen nicht in Frage gestellt, denn man sieht sofort, daß die Kategorie der Erstheit mit der Kategorie der Qualität gleichgestellt werden kann, während die Kategorien der Zweitheit und der Drittheit jenen der Relation und der Darstellung entsprechen. Dies erklärt vielleicht die Tatsache, daß Peirce noch 1905 seinen frühen Aufsatz „On a New List of Categories" als „meinen einen Beitrag zur Philosophie" anpreisen konnte.[75] Peirce' Kategorienlehre läßt jedoch viele Fragen offen. Wie läßt sich zum Beispiel durch reine Beobachtung nachweisen, daß die drei Kategorien *jedem* Phänomen angehören? Man könnte meinen, die

Kategorienlehre sei als bloß mögliche Hypothese zu verstehen; Peirce scheint diesbezüglich aber von keinen großen Zweifeln befallen gewesen zu sein.

Eine zweite Schwierigkeit liegt darin, daß Peirce in seinen späteren Schriften seine Kategorien nicht nur als Strukturen der Erfahrung, sondern auch als Strukturen der Wirklichkeit interpretiert. Hier stellt sich die Frage, wie dieser Schritt von einer rein phänomenologischen Deutung der Kategorien zu einer ontologischen Interpretation derselben als „reale Konstituenten des Universums"[76] gerechtfertigt werden kann. Peirce ist sich dieses Problems durchaus bewußt; bei ihm taucht die Frage aber in umgekehrter Form auf: Wieso sollte man diesen Schritt nicht wagen? Kant meinte eine scharfe Grenze ziehen zu können zwischen der Welt, wie sie ist, und der Welt, wie sie uns erscheint. Peirce verwirft den Begriff eines unerkennbaren Dinges an sich; alles, was real ist, muß auch als mögliches Objekt der Erfahrung aufgefaßt werden. In dieser Sicht sind die Grundstrukturen der Erfahrung mit den Grundstrukturen der Realität identisch.

Man könnte dieser Antwort mit der Bemerkung zu entgegnen versuchen, daß unsere Erfahrung immerhin nur eine gewisse Art von Erfahrung ist. Der Einwand ließe sich dann in einer leicht veränderten Form erheben: Woher wissen wir, daß die Realität den Strukturen der *menschlichen* Erfahrung entsprechen soll? Ist eine ontologische Deutung der Kategorien nicht eine sehr fragwürdige Anthropomorphisierung der Wirklichkeit, in der es auch viele andere Lebewesen gibt? In den Harvard-Vorlesungen über den Pragmatismus beantwortet Peirce diese Frage nicht direkt; er liefert jedoch zahlreiche Hinweise, aus denen sich eine Antwort erschließen läßt. Einerseits betont er, daß das menschliche Denken sich innerhalb der Grenzen unserer Erfahrung bewegt; dabei handelt es sich um eine unüberwindbare epistemische Beschränkung, von der nicht nur die Phänomenologie, sondern jede Wissenschaft betroffen ist; es hat also keinen Sinn, diesen Einwand nur gegen seine Philosophie zu richten. Auf der anderen Seite behauptet er auch, daß es eine tiefe Kontinuität oder „Affinität"[77] zwischen Mensch und Natur gebe – ein Punkt, der bereits im Zusammenhang mit der Abduktion erwähnt worden ist. Nun kann Peirce auf diese Idee zurückgreifen, um die These zu stützen, daß diese „Affinität" auch in einer grundlegenden Isomorphie zwischen Strukturen des menschlichen Bewußtseins und Strukturen der Wirklichkeit bestehen könnte.

Es gibt aber noch einen letzten Einwand, der sich nicht so leicht entkräften läßt; dieser betrifft nicht die Ergebnisse, sondern eher die Methode für die Entdeckung der Kategorien. Wir müssen zuerst lernen, so Peirce, die Phänomene als Phänomene zu betrachten: „Geh hinaus unter das blaue Himmelsgewölbe und schau dir an, was gegenwärtig ist, wie es dem Auge des Künstlers erscheint."[78] Wir müssen Gebrauch machen können von jener seltenen Fähigkeit, „das zu sehen, was einem in die Augen springt, und zwar genau so, wie es sich einem darstellt, unverstellt durch jede Interpretation".[79] Die phänomenologische Sicht scheint also gerade jene „intuitive“ Art des Erkennens vorauszusetzen, die Peirce bei Descartes so scharf kritisiert hatte: Das ist nun freilich eine unauflösbare Aporie seines Denkens.

8. Die evolutionäre Metaphysik

Da die Phänomenologie auch Ontologie ist, ist sie als „erste Wissenschaft“ zu betrachten; sie ist diejenige philosophische Disziplin, von der alle anderen ihre allgemeinsten Prinzipien und Begriffe erhalten. Neben der Phänomenologie als „prima philosophia“ anerkennt Peirce auch drei normative Wissenschaften; dies sind die Ästhetik (die Lehre von dem an sich „Bewundernswerten“), die Ethik (die Lehre des letzten Zwecks des Handelns) und die Logik (die Lehre des richtigen Denkens), die er mit der Semiotik gleichsetzt. Und schließlich geht es in der Philosophie auch darum, eine allgemeine Theorie der Realität zu entwerfen. Der letzte Bereich der Philosophie ist also die Metaphysik.

Peirce' Metaphysik – eine Generalisierung der neuesten wissenschaftlichen Theorien seiner Zeit, insbesondere der Evolutionstheorie – basiert auf drei Prinzipien. Das erste Prinzip wird *Tychismus* (aus *tyche*, Zufall) genannt und besagt, daß die Welt ein irreduzibles irrationales Element enthält. Die kosmische Entwicklung erfolgt nicht deterministisch nach festen Gesetzen, sondern ist ein offener Prozeß. Zwar kann nicht bestritten werden, daß es in der Natur Gesetzmäßigkeiten gibt; die sogenannten „Naturgesetze“ sind aber ihrerseits Produkte der Evolution. Sie sind statistische Regelmäßigkeiten, nicht ewige Dekrete, denen die Natur immer gehorcht. Das zweite grundlegende Prinzip der Peirceschen Metaphysik ist der *Synechismus* (aus *syneches*, Stetigkeit) bzw. das bereits erwähnte Kontinuitätsprinzip. Es ist nach Peirce eine direkte Folge der Idee der Kontinuität, der zufolge der cartesianische Dualismus nicht stimmen kann. Geist und Materie sind nicht zwei getrennte Substanzen, denn der menschliche Geist ist im Laufe der Naturgeschichte entstanden. Peirce folgert aus dieser Überlegung, daß die Natur selbst mit geistigen Eigenschaften ausgestattet sei. Das Kontinuitätsprinzip impliziert also eine spiritualistische Metaphysik, von der er etwas kryptisch sagt: „[D]ie einzige einsichtige Theorie des Universums ist die des objektiven Idealismus, daß Materie erstarrter Geist ist.“[80] Schließlich bekennt sich Peirce zum *Agapismus* (aus *agape*, Liebe). Der Lauf der Evolution ist nicht willkürlich; es sind dabei immer komplexere, geordnetere, harmonischere Formen entstanden. Nicht nur die Gemeinschaft der Wissenschaftler oder der „Wahrheitssuchenden“, sondern das ganze Universum strebt solidarisch nach einer immer vollkommeneren Vernünftigkeit.

Peirce' Metaphysik ist in vielen Punkten obskur; er selbst verstand sie nur als Hypothese – als eine allgemeine Skizze, die spätere Forscher zu verbessern hätten. Und tatsächlich tauchen die drei Grundprinzipien des Tychismus, des Synechismus und des Agapismus unter anderen Namen in den metaphysischen Entwürfen von William James und John Dewey wieder auf. Dies ist ein weiteres Zeichen für die enorme Wirkung, die Peirce' Philosophie auf spätere Generationen von Pragmatisten ausgeübt hat.

Bemerkenswert ist auch, daß die evolutionäre Metaphysik eine Geisteshaltung zum Ausdruck bringt, die nicht derjenigen der kapitalistischen Gesellschaft entspricht. Das kosmische Gesetz der Liebe, bemerkt Peirce mehrmals, ist nicht zu vereinbaren mit der Mentalität seines typischen Zeitgenossen, des *Homo oeconomicus.* „Hier also liegt der strittige Punkt", schreibt er im Aufsatz „Evolutionary Love" (1893): „Das Evangelium Christi sagt, daß der Fortschritt daher kommt, daß jedes Individuum seine Individualität in Mitgefühl mit seinem Nächsten aufgehen läßt. Andererseits ist es die Überzeugung des 19. Jh.s, daß der Fortschritt stattfindet, weil jedes Individuum mit aller Macht für sich selbst kämpft und seinen Nächsten zu Boden trampelt, wann immer er eine Gelegenheit dazu bekommt. Das läßt sich treffend als das Evangelium der Habsucht bezeichnen."[81] Diese Worte haben nichts von ihrer Aktualität eingebüßt.

VI. William James

1. Leben und Werke

William James wurde am 11. Januar 1842 in New York geboren.[1] Er entstammte einer Familie, deren Leben von der speziellen Persönlichkeit des Vaters, Henry James Sr., geprägt war. Dieser konnte es sich leisten, von ererbtem Reichtum zu leben; er übte keinen Beruf aus. Seine Zeit verbrachte er meist zu Hause, wo er das Leben eines Privatgelehrten führte. Er las, schrieb und diskutierte seine philosophischen und religiösen Ideen mit Freunden (darunter war z. B. der Transzendentalist Ralph Waldo Emerson); gelegentlich hielt er öffentliche Referate. William und seine Geschwister – der Schriftsteller Henry Jr., die geliebte Schwester Alice sowie zwei weitere Brüder – durften dabei anwesend sein. So wuchsen sie in einer Atmosphäre auf, die kulturell aufgeladen war, oder vielleicht auch überladen; sie alle waren zwar außerordentlich intelligent, aber auch außerordentlich sensibel. William kämpfte wie auch Henry und Alice sein ganzes Leben lang gegen depressive Stimmungen und eine pathologisch überhitzte Nervosität.

Williams Vater hatte für eine kurze Zeit das Theologische Seminar in Princeton besucht, wurde aber bald desillusioniert und pflegte von da an ein unerschütterliches Vorurteil gegenüber jeder Art von Erziehungsanstalt. Die Lektüre von Fourier (s. Bd. X) und Swedenborg bekräftigten ihn in seiner Überzeugung, daß der Mensch von Natur aus gut sei und nur durch die gesellschaftlichen Institutionen verdorben werde. Das führte dazu, daß die Kinder keine geregelte Ausbildung bekamen. William wurde zuerst von Tutoren unterrichtet, wechselte dann zwischen seinem neunten und dreizehnten Lebensjahr dreimal die Schule. Danach begab sich die Familie auf eine regelrechte Odyssee: Innerhalb von nur vier Jahren, zwischen 1855 und 1859, lebte der junge William in London und Genf, kehrte dann nach Aufenthalten in Paris und Boulogne in die USA zurück, aber nur um kurz danach wieder nach Europa zu wechseln, diesmal nach Genf und Bonn. In diesen Jahren lernte er die französische und die deutsche Sprache, was es ihm später ermöglichte, in direkter Verbindung mit den wichtigsten Strömungen der europäischen Philosophie zu bleiben.

Durch diese Reisen entwickelte der junge James eine sehr offene Mentalität und eine vielschichtige Persönlichkeit. Die Fähigkeit, den Wert vieler verschiedener und sogar inkompatibler Denkweisen zu schätzen, ist ein unverkennbares und durchaus positives Merkmal seiner Philosophie. Eine solche Vielfalt der Interessen und Talente wurde aber auch zur Last. Die Frage „Was soll aus mir werden?" war für James schwierig zu beantworten. 1860 entschied er sich für eine Karriere als Maler, die nur ein Jahr später aufgegeben wurde, als James sich als Student der Chemie in Harvard immatrikulierte. Drei Jahre später wechselte er wieder, diesmal zur Medizin. Aber bald wurde ihm klar, daß er nie als Arzt würde arbeiten können; so unterbrach er das Studium und nahm mit dem berühmten Naturforscher Jean Louis Agassiz an einer Expedition in Amazonien teil. Von dieser Reise kehrte er mit zwei Erkenntnissen zurück: einerseits mit der philosophischen Einsicht, daß die Natur zu reich an Variationen und Besonderheiten sei, um ein für allemal klassifiziert werden zu können; andererseits mit der persönlichen Entscheidung, daß er nicht Naturalist werden wollte.

Gesundheitlich und psychisch war er nach dieser Expedition stark angeschlagen. Es begann die vielleicht schwierigste Zeit seines Lebens. James entschied sich zuerst, nach Deutschland zu fahren, um dort weiter Medizin zu studieren, aber auch, um Heilung zu finden. Als er zurückkam, war seine Gesundheit nicht besser geworden; er schaffte es jedoch, 1869 den Titel eines Doktors der Medizin in Harvard zu erreichen. In dieser Zeit entdeckte er die Philosophie Renouviers (s. Bd. XII, Kap. I, 2). Dessen Verteidigung des freien Willens zeigte ihm, daß es möglich sei, das eigene Leben in die Hand zu nehmen und etwas daraus zu machen. „Mein erster Akt des freien Willens soll sein" – so faßte James seinen Entschluß zusammen –, „an den freien Willen zu glauben."[2] Dies war der Anfang seiner psychischen Wiederherstellung, aber auch eine wichtige philosophische Entdeckung: Die Art und Weise, wie wir die Welt denken – unsere Philosophie also – kann unser Verhalten maßgeblich verändern. Der eigentliche *Wert* einer Philosophie besteht also nicht darin, daß sie die Welt korrekt beschreibt, sondern daß sie es uns ermöglicht, uns zu entfalten und unser Leben besser zu gestalten. Die Bedeutsamkeit einer Idee liegt, wie James in seiner Philosophie später betonen sollte, in ihren praktischen Folgen.

Auch wenn er es nie schaffte, sich ganz von depressiven Stimmungen zu befreien, erlebte er später doch keine so akute Krise mehr wie in der Zeit zwischen seiner Rückkehr aus Amazonien und seiner Begegnung mit Renouviers Philosophie. Sein Leben und seine professionelle Laufbahn nahmen von nun an eine neue Wende. 1876 wurde er zum Assistant Professor für Physiologie in Harvard ernannt, wo er das erste Laboratorium für experimentelle Psychologie gründete, vier Jahre vor Wundts bekanntem Laboratorium in Leipzig (s. Bd. X, Kap. II, 5). Durch die Heirat mit Alice Howe Gibbons 1878 wurde sein Leben auch privat gefestigt. James war nun 36 Jahre alt und bereit, seine Karriere ernsthaft zu beginnen. Er unterschrieb einen Vertrag mit Henry Holt, um eine Einführung in die Psychologie zu verfassen. Zunächst meinte er, das Buch in wenigen Jahren schreiben zu können; doch „The Principles of

Psychology" erschien dann erst 1890, nach zwölf Jahren Arbeit. Statt eines Kompendiums für Studenten hatte James ein philosophisches und psychologisches Meisterwerk geschrieben – ein umfangreiches Buch, das mit Klassikern wie Lockes „An Essay Concerning Human Understanding" und Humes „A Treatise of Human Nature" verglichen werden kann.

Nach der Veröffentlichung seines psychologisch-philosophischen Traktats weiteten sich James' Interessen aus, indem sie sich auch auf Ethik, Religion und Metaphysik richteten. Neben zahlreichen Aufsätzen und Rezensionen veröffentlichte er „The Will to Believe and Other Essays in Popular Philosophy" (1897), „The Varieties of Religious Experience" (1902), „Pragmatism: A New Name for Some Old Ways of Thinking" (1907), „The Meaning of Truth: A Sequel to Pragmatism" (1909) und „A Pluralistic Universe" (1909). Posthum erschienen sind zwei weitere bemerkenswerte Werke, „Some Main Problems of Philosophy" (1911) und die „Essays in Radical Empiricism" (1912).

James starb am 16. August 1910 in seinem Haus in Chocorua, New Hampshire. Zu dieser Zeit wurde seine Philosophie heftig debattiert. Anders als Peirce, der in der Anonymität starb, galt er – auch bei seinen zahlreichen Kritikern – als einer der bedeutendsten Intellektuellen seiner Epoche.

2. Psychologie, Phänomenologie, Philosophie des Geistes

James definiert die Psychologie als die Erforschung des menschlichen Geistes *(the science of finite individual minds)*.[3] Auch im Bereich des Psychischen soll jene empirische Methode Anwendung finden, die für das Studium der physischen Welt so erfolgreich gewesen ist. Was aber sind diese *individual minds*? James verwirft die materialistische These, nach der das mentale Leben eines Individuums die Geschichte seines Gehirns sei. Bewußtseinszustände sind für ihn nicht identisch mit neuronalen Zuständen. Er appelliert hier an unsere gewöhnliche, letztlich cartesianische Intuition, daß „Materie" und „Geist" Namen für zwei grundverschiedene Naturen oder Wesenheiten seien: Es ist nicht einfach einzusehen, wie eine Erregung des Gehirns ein Gefühl oder ein Gedanke *sein* könnte. Dennoch sind mentale und physische Zustände offensichtlich eng verbunden. Physische Veränderungen verursachen mentale Phänomene; zudem ist eine komplexe physische Struktur, nämlich das Gehirn, eine notwendige Voraussetzung für ihre Existenz. Wie, so fragt sich James, läßt sich nun diese enge Beziehung zwischen Geist und Gehirn philosophisch deuten?

Eine einfache Interpretation solcher unbestreitbarer Tatsachen bietet der Epiphänomenalismus an. Philosophen wie Thomas Huxley (s. Bd. X, Kap. II, 6) waren überzeugt, daß der Mensch eine Art „bewußte Maschine" *(conscious automaton)* sei. Nach dieser Theorie sind alle mentalen Zustände eines Individuums von entsprechenden Zuständen des Gehirns verursacht. Genauer gesagt sind Bewußtseinszustände *Begleiterscheinungen* physischer Prozesse, die im Gehirn stattfinden und durch mechanische Modelle erklärt werden können. Eine solche Theorie läßt sich nach James nicht sinnvoll vertreten. Erstens – so argumentiert er aus einer naturalistischen, von Darwin und der Biologie beeinflußten Perspektive – ist die Interaktion zwischen einem mit Bewußtsein ausgestatteten Organismus und seiner Umwelt außerordentlich komplex und vielfältig. Mechanistische Modelle sind zu starr, als daß sie die Plastizität dieser Interaktionen wiedergeben könnten. Zweitens ist auch das Bewußtsein ein Produkt der Evolution. Wieso sollte es sich entwickelt haben, wenn es nicht von Vorteil wäre? Und doch ist es für den Epiphänomenalismus nichts anderes als eine Begleiterscheinung. Drittens erleben wir uns selbst nicht als passive Beobachter unserer Handlungen, sondern als tätige und selbst-bestimmende Subjekte.

Keines von James' Argumenten ist allerdings imstande, den Epiphänomenalismus zu widerlegen. Zwar ist es wahr, daß lebende Organismen in vielfältiger Weise mit ihrer Umgebung interagieren. Das beweist aber nicht, daß eine mechanistische Erklärung prinzipiell unmöglich ist. So sind neuronale Netzwerke heute imstande, gewisse Aspekte des Verhaltens natürlicher Organismen zu simulieren.[4] Dasselbe gilt für die Behauptung, das menschliche Bewußtsein sei im Laufe der Evolution entstanden: Es würde sich entwickeln, auch wenn es nur eine Begleiterscheinung physischer Prozesse wäre. Entscheidend ist nur, ob solche Prozesse für das Überleben des bewußten Organismus von Bedeutung sind oder nicht. Drittens könnte das Gefühl unserer individuellen Freiheit und Aktivität durchaus illusorisch sein. James' Überlegungen sind aber dennoch nicht wertlos. Denn sie zeigen, daß der Epiphänomenalismus nicht als wissenschaftlicher Gemeinplatz gelten kann; er ist keine wissenschaftliche Theorie, sondern eine *metaphysische* Hypothese.

Nun ist es nicht die Aufgabe einer *wissenschaftlichen* Psychologie, philosophische Hypothesen über das Verhältnis von Geist und Materie zu formulieren. Deshalb entscheidet sich James, alle spekulativen Fragen dazu beiseite zu lassen. Seine Psychologie setzt nur eine minimale Form des Dualismus als provisorisches Gerüst für seine Analysen voraus. Was der Psychologe anerkennen soll, ist die Existenz eines *Bewußtseins*, das in einer *physischen* Welt existiert und diese erfährt bzw. „*kennt*". Das wichtigste Objekt von James' psychologischer Untersuchung ist das erste dieser Elemente, das Bewußtsein. Doch nach welcher Methode läßt sich das Bewußtsein erforschen? James' Psychologie ist insofern traditionell, als sie auf Introspektion beruht. Die innere Betrachtung der eigenen psychischen Zustände ist unentbehrlich, da die Psychologie ohne sie ihr Objekt verlieren würde. Wir würden nämlich gar nicht wissen, daß es ein psychisches Leben gibt: Wahrnehmungen, Gedanken, Gefühle – alle diese mentalen Inhalte müssen uns unmittelbar zugänglich sein.

James sieht sich an dieser Stelle mit dem Problem konfrontiert, daß verschiedene Individuen ihr inneres Leben unterschiedlich beschreiben. Die Vielfalt der psychologischen und philosophischen Theorien, die im Laufe der Geschichte entworfen worden sind, scheint die Verläßlichkeit der Introspektion in Frage zu stellen – oder sogar ihre Wertlosigkeit zu beweisen, wie Comte behauptet hatte. James erkennt an, daß Introspektion nicht unfehlbar ist. Dies erklärt er damit, daß „Introspektion" eigentlich „Retrospektion" sei: Was beobachtet wird, ist nie das gegenwärtige Erlebnis, sondern ein vergangenes, das erinnert wird. Die Introspektion ist also genauso fehlbar wie unsere Erinnerungen, die nicht immer imstande sind, vergangene Ereignisse adäquat darzustellen. Hier stößt James allerdings auf Schwierigkeiten. Denn woher will er wissen, daß Introspektion Retrospektion ist? Nur eine *gegenwärtige* innere Beobachtung könnte den Beweis liefern. Wenn dies aber der Fall ist, muß zugegeben werden, daß Introspektion auch als Beobachtung eines gegenwärtigen Erlebnisses verstanden werden kann. Eine zweite Schwierigkeit besteht darin, daß James' Deutung von Introspektion als Retrospektion die wesentliche methodologische Schwierigkeit noch nicht aufhebt. Denn sie erklärt nicht, wie Kontroversen beseitigt bzw. Fehler identifiziert und berichtigt werden können.

Andere wichtige methodische Überlegungen betreffen die Faktoren, die unsere introspektiven Erforschungen beeinflussen. So neigt man dazu, die *Erfahrungen* und die dazugehörigen *erfahrenen Objekte* miteinander zu verwechseln. Einen solchen Fehler begeht man z. B., wenn man meint, daß der *Geschmack* von Limonade den Geschmack von Zucker und den Geschmack von Zitrone als Komponenten enthält. Es ist die *Limonade*, die diese Ingredienzen enthält, nicht der erlebte Geschmack. Dieser ist eine Erfahrung von eigener qualitativer Natur, die nicht durch eine Art mentale Addition zweier einfacherer psychischer Naturen entstanden ist. Ein anderer Störfaktor ist die Sprache. Sie ist nicht entstanden, um die Komplexität des psychischen Lebens zu spiegeln, sondern nur die physische Welt in ihren gröbsten Zügen. Ihr fehlt also das Vokabular, um viele Aspekte unserer Erlebnisse zu benennen; das führt dazu, daß diese Aspekte unbeachtet bleiben. Dieses Risiko ist sehr groß bei den „transitiven" Elementen unseres Bewußtseins. Dabei handelt es sich um die verschiedenen Arten, wie ein Erlebnis mit einem anderen verbunden ist. So sind beim Denken z. B. nicht nur gedachte Inhalte gegeben; wir erfahren auch, wie ein gedachter Inhalt zu einem anderen führt oder in einen anderen einfließt. Ausdrücke wie „es folgt", „wenn", „dann" beziehen sich nach James auf genuin erlebte Gefühle, obwohl es in der Sprache keine Namen für sie gibt.

Diese methodologischen Anmerkungen weisen auf James' Auffassung des menschlichen Bewußtseins hin. Eine seiner wichtigsten Thesen ist, daß die

Psychologie und die Philosophie durch die Annahme in die Irre geführt worden seien, daß unser Bewußtsein ein Komplex aus einfachen Wahrnehmungen sei. Diese Auffassung ist für James aber empirisch unbegründet. Für ihn ist in jedem Augenblick das *ganze* Bewußtseinsfeld die fundamentale psychische Realität. Die einzelnen Perzeptionen (seien es nun sinnliche Wahrnehmungen, Gefühle oder abstrakte Vorstellungen) sind nur „Aspekte", die innerhalb dieser größeren psychischen Einheit unterschieden werden können. Außerhalb dieser Einheit haben sie keine Realität: Sie sind nicht „Teile", die aus dem größeren Kontext ausgesondert werden könnten.

James' Auffassung des Bewußtseinsfelds als einheitliches Ganzes erschöpft natürlich nicht alle wesentlichen Aspekte des menschlichen Geistes. Denn Bewußtsein ist in erster Linie ein zeitlicher Prozeß; unsere Erlebnisse sind nicht starr, sondern in stetiger Veränderung begriffen. Eine Theorie des Bewußtseins muß deshalb sowohl die *synchronische* als auch die *diachronische* Dimension des Bewußtseins beschreiben können. James' Analyse des Erfahrungsflusses beruht auf dem wichtigen Begriff der „trügerischen Gegenwart" *(specious present)*. Das „Jetzt" der Erfahrung ist nie ein punktueller, zeitloser Augenblick, denn in einem solchen könnte sich gar keine Erfahrung entfalten. Jeder Moment der Erfahrung hat eine gewisse zeitliche Dauer, und innerhalb dieser Dauer weist die Erfahrung eine zeitliche Struktur auf.

Diese Idee kann mit einem einfachen Beispiel illustriert werden. Man stelle sich vor, jemand spaziere in der Nacht auf der Straße. Wir hören seine Schritte und haben das Gefühl seiner Bewegung; wir hören, wie er näher kommt und sich dann wieder entfernt. Was dabei in jedem Augenblick wahrgenommen wird, kann nicht nur das Geräusch eines einzelnen Schritts sein; unsere Erfahrung enthält eine Art „Echo" früherer Schritte und gleichzeitig die Erwartung, daß weitere Schritte folgen werden. Wenn es nicht so wäre, hätten wir eine Reihe von getrennten Eindrücken, aber nicht jene einheitliche, fließende Erfahrung, die wir tatsächlich erleben.

Dieses Ergebnis läßt sich generalisieren: Jeder Moment der menschlichen Erfahrung enthält neben einer zentralen Wahrnehmung auch Elemente, die aus der unmittelbaren Vergangenheit herauszutreten scheinen und eine unmittelbare Zukunft vorwegnehmen. Das mentale Leben eines Individuums ist aus solchen zeitlich ausgedehnten Einheiten gebildet – ein wellenartiger Prozeß, in dem jeder Augenblick aus dem vorherigen entsteht, um in den nächsten hineinzufließen. Die Ähnlichkeit zwischen dieser Beschreibung James' und Husserls späterer Erörterung des Zeitbewußtseins ist nicht zu übersehen. Bei Husserl heißt die Beziehung auf vergangene Erlebnisse „*Retention*", während die Antizipation „*Protention*" genannt wird (s. Bd. XIII, Kap. V, 4 d). James bedient sich keiner spezifischen Terminologie; man findet in seiner Psychologie keine Erläuterung jener Begriffe, die für die Phänomenologie als philosophische Disziplin von fundamentaler Bedeutung sind (etwa der „*epoché*" oder der „Wesensschau"). Dennoch lassen sich viele von

James' Analysen mit gutem Recht als „phänomenologisch" bzw. „protophänomenologisch" charakterisieren.

Die innere Betrachtung soll nun weiter zeigen, daß das menschliche Bewußtsein fünf Eigentümlichkeiten aufweist: (1) Es gibt keine Erfahrung, die nicht als Teil eines *persönlichen* Bewußtseins auftritt. (2) Es fließt immer neues Wasser im Heraklitschen Fluß des Bewußtseins, denn niemals tauchen zwei vollständig identische Perzeptionen auf. (3) Der Bewußtseinsstrom ist ein Kontinuum; er besteht zwar aus Momenten, doch diese fließen in natürlicher Weise ineinander. (4) Bewußtseinszustände haben immer ein Objekt; sie sind stets *auf etwas* gerichtet. (5) Bewußtsein ist *selektiv:* Unsere Aufmerksamkeit ist nie gleichmässig verteilt; sie zielt auf jene Elemente, die uns wichtig sind.

Einige dieser Eigentümlichkeiten bedürfen eines kurzen Kommentars, denn sie werfen Fragen auf, die nicht leicht zu beantworten sind. So behauptet James, daß es nie zwei vollständig identische Perzeptionen gebe. Wie dies durch die Introspektion zu rechtfertigen sei, bleibt allerdings unklar. Wenn man beim Betrachten eines Bildes oder eines anderen Gegenstandes die Augen schließt und dann wieder öffnet, würde man nicht meinen, zwei inhaltlich identische Wahrnehmungen des Bildes zu haben? Hume, dessen Theorie der Erfahrung James heftig kritisierte, betrachtete Fälle dieser Art als zwei numerisch verschiedene, jedoch qualitativ identische sinnliche Eindrücke – was viel plausibler zu sein scheint als James' These, daß zwei sukzessive Inhalte des Bewußtseins niemals qualitativ identisch sein können.

Problematisch ist auch James' Aussage, daß Bewußtsein immer auf etwas gerichtet sei. Das entspricht jenem Phänomen, das Brentano „Intentionalität" genannt hatte. Mentale Zustände wie ein diffuses Unbehagen, eine unbestimmte Angst oder eine depressive Stimmung scheinen Gegenbeispiele zu sein: Hier ist es kaum möglich, ein bestimmtes Objekt zu identifizieren. James anerkennt durchaus die Existenz solcher Fälle, erklärt jedoch nicht, wie er damit umgehen will.

Offen bleibt auch die Frage nach *dem Subjekt* unserer Erfahrungen. Es ist nicht die Aufgabe einer wissenschaftlichen Psychologie, die metaphysische Frage nach der Natur des Ich zu beantworten. Dennoch betont James, daß seine Theorie des Bewußtseins eine interessante Antwort ermögliche. Vom Standpunkt der traditionellen Psychologie aus stellt sich das Bewußtseinsfeld als Reihe distinkter Perzeptionen dar. Um die Einheit des Bewußtseins erklären zu können, meinte man, ein einheitliches metaphysisches Substrat postulieren zu müssen – die Seele. Die Bedeutung von James' Theorie des Bewußtseins besteht nun darin, daß sie eine Alternative bietet. Einerseits bedarf die synchronische Einheit des Bewußtseins gar keiner Begründung, wenn es keine psychischen Atome mehr gibt. Andererseits wird die Kontinuität des Bewußtseins in der Zeit dadurch gesichert, daß der gegenwärtige Augenblick Komponenten früherer Augenblicke enthält. Das Bewußtsein ließe sich also rein „immanent" verstehen, ohne Rekurs auf Elemente, die nicht Teil unserer Erlebnisse sind.

James' proto-phänomenologische Untersuchungen führen ihn also zu einer prozessualen Auffassung des Subjekts. Noch einmal erweist sich die Sprache als Störfaktor: Es ist irreführend zu sagen, daß ein Subjekt Erfahrungen hat bzw. macht, wenn das Subjekt der Strom seiner Erfahrungen *ist*. Wie James prägnant formuliert: „Die Grundtatsache, die erste und oberste konkrete Tatsache, die jedermann bezüglich seiner inneren Erfahrung konstatieren wird, ist die, daß Bewußtsein irgendwelcher Art stattfindet. In ihm folgen seelische Zustände aufeinander. Wenn wir sagen könnten, ‚es denkt', so wie wir sagen, ‚es regnet' oder ‚es windet', würden wir damit die betreffende Tatsache am einfachsten und mit einem Minimum an Hypothesen konstatieren."[5] Wie sich noch zeigen wird (s. unten § 7), werden diese Überlegungen eine große Rolle spielen in James' späteren Versuchen, eine metaphysische Theorie der Wirklichkeit zu formulieren.

3. Der Wille zum Glauben

James' erstes philosophisches Buch, die Aufsatzsammlung „The Will to Believe and Other Essays in Popular Philosophy", wurde Anlaß vieler Mißverständnisse – ein Schicksal, das auch eine andere wichtige philosophische Publikation James' treffen sollte. Seine epistemologischen Überlegungen in diesem Buch galten in den Augen vieler Kritiker als skandalöse Apologie des *wishful thinking*. Es gibt viele falsche oder fragwürdige Theorien, so lautete ein weit verbreiteter Einwand, die emotional befriedigend sind. Sollen wir an diesen Theorien festhalten, nur weil sie unseren Wünschen entsprechen? Einer dieser Kritiker, L. T. Hobhouse, unterstellte James die Aussagen, daß erstens unser fester Glaube imstande sei, das Geglaubte zu verwirklichen bzw. wahr zu machen; und daß wir uns zweitens nicht anzustrengen brauchen, unsere Überzeugungen auf ihren Wahrheitsgehalt hin zu untersuchen, solange wir nur damit zufrieden sind.[6] Aber wollte James tatsächlich die These vertreten, daß wir frei seien, zu glauben, was wir wollen – wie der Titel seines berühmten Aufsatzes aus dem Jahr 1896, „The Will to Believe", zu implizieren scheint? „Unglücklicher Titel!", schrieb James später in einem Brief an F. H. Bradley.[7] Dieser sei vermutlich die Hauptursache für die zahlreichen Mißverständnisse seiner Position gewesen. Hätte er von einem „Recht" statt von einem „Willen" zum Glauben gesprochen, so war James überzeugt, so wären ihm viele ärgerliche Attacken erspart geblieben.

James' Hauptthese besteht in folgender, scheinbar simplen Aussage: „Die Gefühlsseite unseres Wesens darf nicht nur, sondern muß eine Option zwischen verschiedenen Behauptungen entscheiden, wo es sich um eine echte Option handelt, welche ihrer Natur gemäß nicht aus intellektuellen Gründen entschieden werden kann."[8] James' Aufmerksamkeit richtet sich hier auf eine spezielle Klasse von Dilemmata. Es geht dabei um Situationen, in denen man zwischen Alternativen wählen muß, die eine gewisse Attraktivität besitzen. Die „Echtheit" der Option besteht zumal darin, daß der Entscheidungsträger die Anziehungskraft *beider* Alternativen empfindet, so daß sie „mit dem Anspruch, geglaubt zu werden", an uns herantreten. Würden wir zum Beispiel aufgefordert: „Seien Sie ein Theosoph oder ein Mohammedaner!", so wäre dies für Menschen aus unserem westlichen Kulturkreis vermutlich keine lebendige Option. Anders würde es aussehen, wenn wir zwischen Agnostizismus und Christentum zu wählen hätten.[9]

Da ein und dieselbe Hypothese für verschiedene Individuen eine „lebendige" oder eine „tote" sein kann, soll die „Lebendigkeit" nicht als intrinsische Eigenschaft einer Hypothese, sondern als *Relation* zwischen einem möglichen Glaubensinhalt und einem menschlichen Subjekt verstanden werden. Ob eine Option „echt" sei oder nicht, ist somit eine individuelle, *persönliche* Angelegenheit. Dies ist wichtig, denn es zeigt, daß James die epistemologische Problematik anders als üblich auffaßt. Seine Frage lautet nicht „Was soll *man* glauben?", sondern „Was soll *ich* glauben?". Sie wird also aus der Perspektive eines Individuums *in concreto* gestellt, und nicht aus der Perspektive einer absoluten, übermenschlichen Vernunft.

Zwei weitere Charakteristika gehören zum Begriff der „Echtheit" einer Option, nämlich ihre Unumgänglichkeit und ihre Relevanz. Eine Entscheidung im Dilemma „entweder Sie nehmen diese Wahrheit an oder Sie lassen es bleiben" ist unumgänglich, denn es ist in diesem Fall nicht möglich, die Frage zu ignorieren. Dies hieße nämlich, die angebotene Wahrheit nicht zu akzeptieren und *de facto* die ablehnende Haltung zu privilegieren. Relevant oder „bedeutungsvoll" ist eine Option hingegen, wenn ihre Akzeptanz oder Verwerfung einen merklichen Unterschied im Leben des Entscheidungsträgers machen würde, also etwa das Angebot, an einer Nordpolexpedition teilzunehmen.[10] Wenn wir die Offerte annehmen, lassen wir uns auf ein gefährliches Unterfangen ein; wenn wir sie ablehnen, vergeben wir eine einmalige Chance. Man kann auch die Fragen „Soll ich auswandern?" und „Soll ich heute abend ins Kino gehen?" vergleichen. Da wird rasch klar, daß nur die erste Frage echte Möglichkeiten des Scheiterns und des Erfolgs in Aussicht stellt.

Nun ist James an echten Optionen interessiert, die weder empirisch noch rein argumentativ entscheidbar sind. Wie kann man aber eine verantwortungsvolle Wahl treffen, wenn die Option gleichzeitig (i) *lebendig*, (ii) *unumgänglich*, (iii) *bedeutungsvoll* und (iv) *nicht (rational) entscheidbar* ist? Wer diese Frage ins Auge faßt, wird merken, daß James die üblichen Standards der Rationalität nicht aufheben, sondern erweitern will. Wenn uns der Intellekt „aus eigener Kraft" bei echten Optionen nicht weiterhelfen kann, so lautet seine Devise, dann sollten wir die Alternative wählen, die unsere „Gefühlsseite" *(our passional nature)* am ehesten anspricht. Eine solche Anweisung findet ihre Anwendung nicht in den Wissenschaften, sondern in Fragen des Lebens und der Moral. Also überall dort, wo man nicht über das bloße Bestehen oder Nicht-Bestehen von Sachverhalten urteilen soll, sondern auch über deren intrinsische Signifikanz und Wünschbarkeit: „Die Wissenschaft kann uns sagen, was existiert; aber um die *Werte* miteinander zu vergleichen [...] müssen wir nicht die Wissenschaft befragen, sondern das, was Pascal unser Herz nennt."[11] Neben moralischen Angelegenheiten sind auch traditionelle philosophische Rätsel nicht durch die Vernunft zu beantworten. Deshalb ist die Geschichte der Philosophie nach James eine Geschichte unendlicher Debatten und enttäuschter Hoffnungen – dies ist ein skeptisches Leitmotiv, das seine Werke durchzieht und eine große Rolle in der Entwicklung seines späteren Pragmatismus spielen wird (s. unten § 5).

Es sind aber religiöse Fragen, die in diesem Aufsatz den wichtigsten Anwendungsbereich für James' Doktrin bilden. James ist an der Frage nach der Existenz Gottes besonders interessiert, weil deren Bejahung von enormer Bedeutung für das Individuum ist. Man könnte z. B. dem Leben mit größerer Zuversicht begegnen, da man mit einer übermenschlichen Unterstützung rechnen dürfte: „Wenn wir religiös sind, so ist das Universum für uns nicht mehr ein bloßes ‚Es', sondern ein ‚Du'."[12] Eine Entscheidung in dieser Frage ist zudem *unvermeidlich:* Sich des Urteils zu enthalten würde heißen, die Existenz Gottes nicht anzuerkennen und so zu leben, als ob er nicht existierte. Damit würde man auf die Unterstützung verzichten, welche die Religion verspricht, und wäre in derselben Lage wie jene, die sich explizit gegen einen Glauben an die Existenz Gottes entschieden haben. James verdeutlicht das mit einem Vergleich: „Es ist, als wenn ein Mann endlos zauderte, einem bestimmten Mädchen einen Antrag zu machen, weil er nicht ganz sicher ist, daß er wirklich einen Engel in ihr finden würde, wenn er sie heimgeführt hätte. Würde er nicht dadurch sich selbst diese besondere Engel-Möglichkeit ebenso endgültig versperren, als wenn er hinginge und eine andere heiratete?"[13] Angenommen also, die theistische Option wird von einem Individuum als *lebendig* empfunden: Soll dieses an der Wahrheit der theistischen Hypothese festhalten? Da die Lebendigkeit eine relationale bzw. subjektive Eigenschaft eines möglichen Glaubensinhalts ist, kann diese Frage nur aus der Perspektive des Einzelnen beantwortet werden, jeder muß sie also *für sich selbst* entscheiden.

James selbst gibt in seinem Aufsatz keine *explizite* Antwort auf diese Frage. Es fällt einem aber schwer, sich dem Eindruck zu entziehen, daß er sie gerne positiv beantworten möchte. Das bedeutet selbstverständlich nicht, daß James versucht hätte, einen Beweis oder ein zwingendes Argument zu liefern. Es wäre völlig verfehlt, seine Ausführungen als missionarischen Versuch aufzufassen. In diesem Zusammenhang ist zweierlei zu bemerken: Einerseits entscheidet sich James in seinem Aufsatz für keine bestimmte historische Form des Theismus. Dieser ist auf seinen lebendigen Kern reduziert: Gott erscheint nur in Gestalt eines nicht näher bestimmten kosmischen Partners, als das „Du", dem religiöse Menschen in ihren Gebeten begegnen. Andererseits sind James' Erörterungen ausdrücklich nur für jene bestimmt, die die theistische Hypothese als lebendig empfinden – also für Personen, die bereits an die Existenz Gottes glauben oder einen solchen Glauben zumindest als attraktiv empfinden. Insofern besteht James' Ziel nicht darin, Ungläubige zum Christentum zu führen. Sein Beispiel soll eher Gleichgesinnte dazu ermuntern, sich nicht vom skeptischen, religionsfeindlichen Zeitgeist einschüchtern zu lassen und mit gutem Gewissen am Glauben an die Existenz eines kosmischen „Du" festzuhalten.

Die Tatsache, daß die Option „lebendig" sein muß, ist auch in einer anderen Hinsicht wichtig. Es wird manchmal behauptet, James' Entscheidungsregel sei impraktikabel, da es genauso unmöglich sei, sich zum Glauben zu *zwingen*, wie dazu, jemanden wegen seines Reichtums zu lieben. Bei einem solchen Einwand wird leicht vergessen, daß es James eben nicht darum geht, *neuen* Glauben zu generieren, sondern schon *bestehenden* zu verteidigen. Ein Vergleich mit der berühmten „Wette" Pascals (s. Bd. VIII, Kap. V, 3) kann hier hilfreich sein – d. h. mit der Idee, daß sich der Glaube an Gott lohne, weil wir alles gewinnen, falls wir richtig liegen, und nichts verlieren, falls er doch nicht existieren sollte. Eine solche Logik, so betont James, kann nur bei Menschen wirken, die schon an die Existenz Gottes glauben, aber immer noch von letzten Skrupeln geplagt sind; also nur dann, wenn sie „der letzte Streich" ist, der geführt werden muß, „um unseren Glauben [...] vollkommen zu machen".[14] Wenn eine solche Neigung zum Glauben nicht vorhanden ist, ist die Wette nicht nur wirkungslos, sondern aus moralischer Sicht sogar verwerflich: „Wir fühlen, daß der Glaube an Messen und Weihwasser, der vorsätzlich auf Grund einer solchen mechanischen Berechnung angenommen wäre, die innere Seele wirklichen Glaubens entbehren würde; und wenn wir an der Stelle der Gottheit ständen, so würde es uns wohl besonderes Vergnügen machen, Gläubige dieser Art um ihren unendlichen Lohn zu bringen."[15]

Ist James' Theorie nun eine Apologie des *wishful thinking*, wie ihm seine Kritiker unterstellt haben?

(1) Die Vorstellung, James propagiere die These, unser Glaube genüge, um das Geglaubte wahr zu machen, kann klar verworfen werden. Nirgends in seinen Schriften macht er eine entsprechende Aussage, und sie ist auch keine Folge seiner Theorie. Anders als Descartes' Gott ist James' „Herz" kein Garant für die Wahrheit unserer Meinungen. In wichtigen Lebensfragen können wir aus seiner Sicht immer auf die falsche Karte setzen; von diesem Risiko bleibt kein Mensch verschont. Im epistemischen wie im existentiellen Bereich

ist das Scheitern eine echte Möglichkeit. James wählt in diesem Zusammenhang Worte, die stark an den späteren Existenzialismus erinnern: „Es [d. h. die Lebensfragen] sind Rätsel der Sphinx, und auf die eine oder andere Weise müssen wir damit fertig werden [...] Bei allen wichtigen Verrichtungen im Leben müssen wir einen Sprung ins Dunkle wagen [...] Entschließen wir uns, die Rätsel unbeantwortet zu lassen, so ist dies eine Wahl; schwanken wir in unserer Antwort, so ist auch dies eine Wahl; aber welche Wahl wir auch treffen, wir tun es auf unsere Gefahr.“[16] James' epistemologische Überlegungen sollen dazu dienen, den Menschen von lähmenden Ängsten zu befreien und ihn zu ermutigen, sein Leben selbst in die Hand zu nehmen.

Doch wie konnte das Mißverständnis von James' Doktrin aufkommen? Es gibt einige wenige Stellen, welche die Fehlinterpretation nahelegen: „Der Wunsch nach einer bestimmten Art Wahrheit“, schreibt er einmal, „bringt hier die Existenz dieser besonderen Wahrheit zuwege; und so ist es in unzähligen Fällen anderer Art.“[17] James scheint hier tatsächlich zu behaupten, daß der Glaube seine Verwirklichung zustande bringen könne. Die Stelle muß aber im Kontext gelesen werden. Dann wird klar, daß die Aussage unproblematisch ist, denn es gibt tatsächlich zahlreiche Fälle, in denen der Glaube an eine Tatsache bei der Hervorbringung dieser Tatsache mitzuwirken vermag. Nehmen wir an, so James, ein Mann wolle das Herz eines Mädchens erobern. Ist der Mann überzeugt, daß das Mädchen ihn lieben werde, so wird er sich bemühen, mit ihr in Kontakt zu kommen, und sich eine echte Chance verschaffen, bemerkt und vielleicht geliebt zu werden. Ist er dagegen von einem möglichen Erfolg nicht überzeugt, wird er nichts unternehmen, um das Mädchen besser kennenzulernen; auf diese Weise wird er selbst durch seine Untätigkeit seine Chancen verspielen. Dasselbe, so James, könne mit Gott passieren; sind wir bereit, seine Existenz anzuerkennen, dann könnte es tatsächlich sein, daß wir ihm als tröstendem „Du“ begegnen; eine Garantie dafür gibt es aber nicht.

(2) Wenig überzeugend ist auch der Vorwurf, James' Theorie biete kaum Raum für eine sorgfältige Überprüfung abstrakter Argumente und empirischer Befunde. Dagegen kann erstens eingewendet werden, daß James' Position eine skrupulöse Überprüfung aller möglichen Beweismaterialien sogar *erfordert*, denn erst auf dieser Basis können die tiefsten Ansprüche des Herzens als epistemische Autorität auftreten.[18] Zweitens ist es für James *psychologisch* unmöglich, zu glauben, was evidenten Tatsachen oder unserer vernünftigen Einsicht widerspricht: „Können wir durch irgendwelche Anstrengung unseres Willens oder durch den noch so sehnlichen Wunsch, es möchte so sein, glauben, wir seien wohlauf, während wir stöhnend am Rheumatismus daniederliegen, oder überzeugt sein, daß die beiden Ein-Dollar-Scheine, die wir in der Tasche haben, zusammen hundert Dollars ergeben müssen?“[19] Die realistische Dimension von James' Theorie kommt in diesem Zitat klar zum Ausdruck. Die Art und Weise, wie die Dinge nun einmal sind, setzt unserem Glauben eine feste, unüberwindbare Grenze.

Drittens anerkennt James, daß alle unsere Meinungen hypothetischen Charakter haben und prinzipiell revidierbar sind. Da wir ständig Neues erleben und auf neue Gedanken stoßen, ist das Überprüfen der zur Verfügung stehenden Evidenz eine Aufgabe, die nie abgeschlossen werden kann. Unsere *kritische* Aufmerksamkeit wird von James' Theorie also eher gefördert als abgestumpft, denn wir sollen „nicht aufhören, systematisch Erfahrungen zu sammeln und darüber nachzudenken".[20]

Obwohl die Frage nach der Existenz Gottes in James' Aufsatz zentral ist, haben seine Erörterungen über den Willen zum Glauben auch eine allgemeinere Bedeutung: als leidenschaftliche Apologie der geistigen Freiheit. Ein unter seinen Zeitgenossen weit verbreiteter, aber allzu radikaler Rationalismus schien ihm bedrohlich zu sein für eine offene, tolerante Geisteshaltung. Bekannte und damals vielgelesene Wissenschaftler und Philosophen wie Thomas Huxley und William Kingdon Clifford meinten, es sei „immer, überall und für jeden" ein Fehler, etwas ohne ausreichenden Beweis zu glauben. Wenn eine Frage nicht rationell beantwortet werden könne, so Clifford im Aufsatz „The Ethics of Belief" (1877), habe man die Pflicht, sich des Urteils zu enthalten.[21]

Eine solche Anweisung widerspricht nach James der menschlichen Verfassung. Rationalisten wie Clifford haben aus seiner Sicht eine naive Vorstellung von der konkreten Psychologie des Glaubens. Denn zahlreiche Überzeugungen bilden sich in uns, ohne daß wir es merken oder den Prozeß ihrer Entstehung steuern können. Selten sind wir imstande, jene ganz neutrale Haltung einzunehmen, die das rationalistische Ideal von uns verlangt. Furcht und Hoffnung, Vorurteil und Leidenschaft, Nachahmung und Parteigängerei, die Einengung in unsere Kaste – dies sind alles „Faktoren des Glaubens", die uns unterschwellig beeinflussen: „Wir finden uns tatsächlich gläubig, wir wissen kaum, wie oder warum."[22] Die geistige Haltung der Gleichgültigkeit, so James, hätte zudem eine negative Wirkung auf die Forschung. Denn der leidenschaftliche Wunsch des Forschers, seinen Glauben bestätigt zu sehen, spielt eine unentbehrliche Rolle als Motivationskraft in seiner wissenschaftlichen Tätigkeit. Das Gebot der Urteilsenthaltung dagegen ist Ausdruck einer Versicherer-Mentalität, die Fehler vermeiden will, aber zu keinen neuen Entdeckungen führen kann.

Schlimmer noch: Wie ließe sich ein solches epistemisches Gebot rechtfertigen? James kehrt die rationalistische Frage um: Warum sollte man *nicht* an etwas glauben, wenn es keine objektive Evidenz dagegen gibt? Das Gebot „Glaube nicht!" kann nicht rationell begründet werden. Es ist seinerseits eine „Äußerung des Gefühlslebens", und die Entscheidung, ihm zu folgen, kann nur „mit dem Herzen" getroffen werden. Dazu sollte man folgendes beachten: Jede Wissenschaft setzt voraus, daß sich die Wahrheit früher oder später erkennen lassen werde. Eine solche Annahme, so James, ist aber durch kein Argument definitiv zu untermauern: „Unser Glaube an die Wahrheit selbst,

z. B. daß es eine Wahrheit gibt und daß sie und unser Geist füreinander gemacht sind – was ist er anderes als die leidenschaftliche Bejahung eines Verlangens [...]? Wir brauchen eine Wahrheit; wir brauchen den Glauben, daß unsere Versuche und Studien und Erörterungen unser Verhältnis zur Wahrheit immer mehr und mehr verbessern; und wir entschließen uns demgemäß, unser Denkerleben durchzukämpfen. Fragt uns aber ein pyrrhonistischer Skeptiker, *wie* wir dies alles *wissen*, kann dann unsere Logik eine Antwort finden?"[23] Auf diese Weise erklärt James das Primat des Herzens über die Vernunft. Damit entlarvt er das Festhalten an der für die wissenschaftliche Tätigkeit konstitutiven Annahme, daß die Welt erkennbar sei, als Form eines instinktiven Glaubens. Selbst der strengste Rationalist hat also seine nicht begründbaren Vorlieben, auch wenn ihm dies nicht immer bewußt ist.

Wo die logisch-wissenschaftliche Rationalität ihre Möglichkeiten erschöpft hat, scheint es dogmatisch zu sein, den Glauben zu verbieten. Wer das nicht einsieht, ist für James ein Opfer einer Selbsttäuschung, die für das Gedeihen einer offenen Gesellschaft schädlich ist: „Keiner von uns sollte gegen den andern ein Veto schleudern [...] Wir sollten im Gegenteil gegenseitig unserer geistigen Freiheit eine zartfühlende und tiefe Achtung entgegenbringen; nur dann werden wir die intellektuelle Republik zustande bringen; nur dann werden wir den Geist innerer Toleranz besitzen, ohne den alle unsere äußerliche Toleranz seelenlos ist, die Duldsamkeit, die den Ruhm des Empirizismus ausmacht; nur dann werden wir leben und leben lassen, in spekulativen Dingen ebenso wie in praktischen."[24] Wie ernst das zu nehmen ist, wird klar, wenn man bedenkt, daß sich aufgrund von James' Theorie sogar der Atheismus vertreten läßt, solange wir dabei ehrlich sind und diese Position unserem Gefühl wirklich am tiefsten entspricht. Mit seiner Doktrin des „Willens zum Glauben" wollte James weder jede Träumerei billigen noch ein spezifisches religiöses Credo verteidigen. Sein Ziel war es, eine offenere epistemische Praxis zu legitimieren.

4. Das moralische Leben und die religiöse Erfahrung

Der Anspruch, man solle „nicht aufhören, systematisch Erfahrungen zu sammeln und darüber nachzudenken",[25] bleibt bei James kein leeres Versprechen. In seinen Gifford-Lectures aus den Jahren 1901–1902, aus denen das bewunderte Werk „The Varieties of Religious Experience" entstand, unternimmt er eine breite Untersuchung von Erlebnissen, die er als „religiöse Erfahrungen" bezeichnet.

James hält wenig von der Religion als Institution. Das gilt einerseits für bestimmte Organisationen wie die Kirchen, die für ihn eher irdische als religiöse

Interessen vertreten. Es gilt andererseits aber auch für eine Systematisierung der Glaubensinhalte, wie sie in der Theologie und in der Philosophie angestrebt wird, womit ein dogmatischer Anspruch in Bereichen erhoben wird, in denen es keine absolute Gewißheit geben kann. Was für James zählt, sind einzig und allein die lebendigen Erlebnisse bestimmter Individuen und die konkreten Veränderungen, die ihr Leben aufgrund solcher Erlebnisse erfährt. Daher soll Religion „für uns bedeuten: die Gefühle, Handlungen und Erfahrungen von einzelnen Menschen in ihrer Einsamkeit, sofern diese sich selber als Person wahrnehmen, die in Beziehung zu etwas stehen, das sie in irgendeinem Sinne als das Göttliche betrachten".[26]

Bei einer solchen Charakterisierung spielen natürlich auch James' eigener Skeptizismus und sein Anti-Intellektualismus eine Rolle. Ort der Wahrheit ist der Fluß des Lebens, nicht die Theorie, die notwendigerweise auf *Abstraktionen* angewiesen ist und somit die *Individualität* und die eigentliche *Identität* eines Erlebnisses nicht erfassen kann. In einer für ihn typischen Weise widmet er seine Aufmerksamkeit den radikalsten Erlebnissen besonderer Individuen. Darunter finden sich Mystiker, religiöse Führer, Heilige, Schriftsteller, Priester und Nonnen, aber auch viele unbekannte Menschen, die keine Spur in der Geschichte hinterlassen haben. Immer sind es die Außenseiter, die ihn interessieren – insbesondere Personen, deren Melancholie morbide, pathologische Züge aufweist. Dies nicht zuletzt, weil er sich mit diesen auf Grund seiner eigenen Erfahrung und Persönlichkeit besser identifizieren kann. Die Wahl des Untersuchungsmaterials läßt sich aber auch wissenschaftlich rechtfertigen: Extreme psychologische Zustände sollen nicht als Ausnahmen oder Abweichungen von der Regel gesehen werden. Dank ihrer Radikalität werden bei den Erlebnissen dieser Individuen psychologische Strukturen und Mechanismen sichtbar, die in abgeschwächter Weise allgegenwärtig sind.

Charakteristisch für den religiösen Menschen ist das Gefühl der eigenen Verderbtheit. James versucht, dieses Phänomen faßbar zu machen, indem er die zwei Gestalten der „kranken Seele" *(the sick soul)* und des „geteilten Selbst" *(the divided self)* beschreibt. Im ersten Fall handelt es sich um einen Menschen, der eine akute, krankhafte Wahrnehmung des Bösen sowohl im eigenen Wesen als auch in der Welt besitzt. Im Falle des „geteilten Selbst" liegt dagegen ein Konflikt seiner tiefsten Neigungen vor. Augustins Unentschlossenheit in den „Bekenntnissen" illustriert diese zweite Gestalt vorzüglich. Soll er, Augustin, seinen spirituellen Weg verfolgen oder seiner sinnlichen Natur nachgeben? Er leidet darunter, daß keine dieser Seiten die Oberhand zu gewinnen vermag.

Es ist unklar, ob es sich bei dieser Darstellung zweier Gestalten um alternative Beschreibungen ein und desselben menschlichen Typus oder um verschiedene Typen handelt (wobei die erste Alternative plausibler erscheint). Entscheidend ist bei beiden, daß der Ausweg aus der existentiellen Sackgasse nicht aus eigener Kraft gefunden werden kann. Die Erlösung erfordert den aktiven Eingriff einer übermenschlichen Macht, mit der man in der religiösen Erfahrung in unmittelbaren Kontakt tritt bzw. zu treten meint. Als Folge dieser Erfahrung lösen sich die inneren Spannungen. Menschen, die eine solche Befreiung erleben, sind wie „zweimal geboren“ *(twice born)*.

Damit ergibt sich ein Gegensatz zum „einmal geborenen“ *(once born)* Menschen, dem psychologischen Typus des unerschütterlichen Optimisten oder *healthy minded*. Ein solcher Mensch scheint konstitutionell unfähig zu sein, das Böse in der Welt ernst zu nehmen und die Hoffnung auf ein gelungenes Leben zu verlieren. Seine Haltung wird durch den Satz ausgedrückt: „Übel ist eine Krankheit; und Kummer über Krankheit ist selber eine zusätzliche Form von Krankheit, die die ursprünglichen Beschwerden nur vermehrt.“[27] Ein solches psychologisches Temperament manifestiert sich in der Dichtung eines Walt Whitman ebenso wie in Religionen und Philosophien, die das Böse als notwendiges Element eines an sich perfekten und guten Universums auffassen (wie z. B. Leibniz’ Metaphysik). James, selbst eine „kranke Seele“, verbirgt hier seine Sympathien nicht. Nicht die allzu gesunden Optimisten, sondern die tragischen Gestalten des dunklen, melancholischen Typus sind für ihn im Besitz eines tieferen Verständnisses der Natur der Dinge.

Wie verändert sich nun das Leben eines Individuums nach der „zweiten Geburt“? Nach James enthält der mit der religiösen Erfahrung eintretende Wandel sowohl epistemische als auch emotionale Komponenten. Diese lassen sich unter fünf Hauptmerkmalen zusammenfassen: (i) Der neu Geborene ist der Meinung, „daß die sichtbare Welt Teil eines überwiegend geistigen Universums ist, aus dem sie ihre Bedeutung bezieht“.[28] (ii) Er glaubt, „daß Vereinigung mit oder harmonische Beziehung zu diesem höheren Universum unsere wahre Bestimmung ist“.[29] (iii) Er ist überzeugt, durch das Gebet einen genuinen Austausch mit dieser höheren Dimension haben zu können – daß „das Gebet [...] ein Prozeß ist, in dem wirklich etwas geschieht, geistliche Energie einfließt“.[30] Dazu kommen zwei weitere, psychologische Komponenten: (iv) Eine neue innere Stabilität und eine neue „Begeisterung“ halten Einzug in seinem Leben. (v) Er erreicht eine neue Offenheit und Bereitschaft – „ein Vorwiegen liebevoller Affekte“ – in seinen Beziehungen zu den Mitmenschen. Die *praktischen* Konsequenzen authentischer religiöser Erfahrungen sind nach James also durchaus positiv, und zwar nicht nur für den Betroffenen, sondern für die ganze Menschheit (durch ihr karitatives Handeln haben etwa Heilige eine unentbehrliche zivilisatorische Rolle gespielt).

James’ Befunde lassen verschiedene Fragen aufkommen. Obwohl das Buch in erster Linie als *deskriptive* Untersuchung einiger Phänomene des menschlichen Geistes konzipiert ist, scheut James nicht davor zurück, die beschriebenen Erfahrungen zu *interpretieren* und zu *beurteilen*. Eine erste Frage ist *psychologischer* Art und betrifft die Natur der vermeintlichen Wahrnehmung des Göttlichen, die in der religiösen Erfahrung stattfinden soll. Gott ist nicht das Objekt einer sinnlichen Wahrnehmung, denn er wird weder *gesehen* noch *gehört,* noch *berührt* usw. Wenn nicht durch die gewöhnliche Sinneswahrnehmung, wie könnte Gott dann erfahren werden? James ist überzeugt, daß es auch nicht-sinnliche Formen der menschlichen Erfahrung gibt. Der traditionelle Empirismus Lockescher Prägung war in seinen Augen nicht radikal bzw. nicht empirisch genug, denn er hat sich ausschließlich auf die Analyse der bewußten Erfahrung eines erwachsenen Menschen konzentriert. Unsere aktuelle Erfahrung erstreckt sich aber weit über die Grenzen der gewöhnlichen sinnlichen Wahrnehmung hinaus.

Zur Illustration dieser These bedient sich James der Metapher eines „Bewußtseinsfeldes". Unsere globale Erfahrung enthält einen zentralen Kern klarer Perzeptionen. Je mehr man sich der Peripherie des Feldes nähert, desto schwieriger wird es für uns, die externe Welt *bewußt* wahrzunehmen. In diesem Randgebiet könnten nun religiöse Menschen Gott begegnen. „Ebenso wie unser primäres Bewußtsein in einem hellwachen Zustand unsere Sinne für die Berührung der materiellen Dinge öffnet, ist es auch logisch denkbar, daß, *wenn es* höhere geistige Instanzen, die uns berühren können, *gibt*, die psychologische Bedingung dafür, daß sie es tun, unser Besitz eines unterbewußten Bereichs, der allein Zugang zu ihnen gewährt, *sein könnte.*"[31]

James illustriert die Idee, daß es eine unterbewußte Dimension des geistigen Lebens gibt, auch durch andere Bilder. Er spricht dann von einem zweiten Ego, das mit subversiven Absichten auftritt und die Hegemonie unseres „normalen" bewußten Egos gefährdet. Die menschliche Subjektivität wird damit als Ort eines Kampfes zwischen zwei verschiedenen Sub-Individuen beschrieben, und die massiven Veränderungen der Persönlichkeit, die eine Umkehrung begleiten, ließen sich durch eine plötzliche Intervention eines externen göttlichen Subjekts erklären, die das Gleichgewicht zwischen den Kämpfenden verändern würde. Die aufstrebende, unbewußte Persönlichkeit könnte dann die Gelegenheit nutzen, um die Oberhand zu gewinnen. James gesteht natürlich ein, daß ein solcher Erklärungsversuch in vielerlei Hinsicht unvollständig und spekulativ ist. Schon die Hypothese der Existenz eines unterbewußten Egos kann – obwohl sie für James durchaus glaubwürdig ist – in Frage gestellt werden. Sie ist noch nicht genügend erforscht worden und bietet deshalb für eine authentische wissenschaftliche Erklärung ein zu fragiles Fundament.

James' Analyse wirft auch eine wichtige *epistemische* Frage auf: Handelt es sich bei der religiösen Erfahrung um eine *wahrhafte* Wahrnehmung? Anders als viele seiner Zeitgenossen warnt er davor, diese Frage als albern zu betrachten. Es wäre kurzsichtig, sie mittels der Neurologie beantworten zu wollen und religiöse Erfahrung einfach als Folge eines abnormalen Zustandes unseres Gehirns zu betrachten. Dies zu versuchen hieße nur, die Frage nach der *Genese* einer Wahrnehmung mit der Frage ihrer *Gültigkeit* zu verwechseln. Nur die letztere ist als philosophische Frage interessant, und sie hat nichts mit der wissenschaftlichen Erörterung physischer *Bedingungen* zu tun.

James erkennt an, daß das erfahrende Subjekt keinen Grund hat, die Wahrhaftigkeit seiner Erfahrung einer intimen Verbindung mit der Gottheit anzuzweifeln. Im Gegenteil: Die Intensität der Erfahrung läßt ihm keine andere Möglichkeit, als an die Wahrhaftigkeit der Erfahrung zu glauben. Für einen externen Beobachter sieht die Situation aber anders aus, denn ihm fehlen die Erfahrungen aus erster Hand. (Das Argument, daß religiöse Erfahrungen illusorisch sein müssen, sofern wir wissen, daß Gott nicht existiert, läßt James selbstverständlich nicht gelten!) Damit bleibt die epistemische Frage grundsätzlich offen. Wir *wissen* nicht, ob die religiöse Erfahrung ein Fall echter Wahrnehmung sei; ausgeschlossen werden kann es aber nicht. Dies ist für James bereits ein wichtiges Resultat: Die unbestreitbare Tatsache, daß es religiöse Erfahrungen gibt, ist eine Herausforderung für szientistische Philosophien, die die ganze Welt und die menschliche Existenz materialistisch bzw. naturalistisch erklären wollen.

Schließlich haben James' Erörterungen auch eine *phänomenologische* Dimension. Was ist der genaue Inhalt der religiösen Erfahrung? Die Frage ist nicht einfach zu beantworten, denn verschiedene Individuen interpretieren ihre Erlebnisse aufgrund ihrer Kulturen, Kenntnisse, Temperamente usw. auf ganz unterschiedliche Weise. Die *Beschreibungen* religiöser Erfahrungen, die man in Büchern oder Briefen findet, sind also nie „rein", sondern immer geprägt von Umständen, die nichts mit dem unmittelbaren Inhalt der Erfahrung zu tun haben. Auf die methodologische Frage, *wie* man zum authentischen, erlebten Kern der religiösen Erfahrung durchdringen könnte, geht James nicht ein. Er ist aber überzeugt, daß sich ein solcher Kern bestimmen läßt: Dem erfahrenden Subjekt wird bewußt, daß es „in Kontakt und Kontinuität mit einem MEHR von derselben Qualität steht" – und daß dieses „im Universum außerhalb des Individuums wirksam" ist.[37] So wichtig diese Einsicht ist, so minimal ist sie, denn die Natur dieses „Mehr" und seine spezifischen Beziehungen zur Welt bleiben unbestimmt. Aufgrund dieser Charakterisierung ließe sich das erfahrene „Mehr" z. B. sowohl theistisch als auch pantheistisch interpretieren. Die Frage, welche dieser beiden philosophisch-theologischen Auffassungen die richtige sei, läßt sich durch den bloßen Rekurs auf die Erfahrung für James nicht beantworten.

Diese letzte Aussage ist jedoch suspekt, denn es gibt eine Klasse religiöser Erfahrungen, die normalerweise pantheistisch bzw. monistisch interpretiert werden. So neigen Mystiker aller Zeiten dazu, ihre eigenen Erlebnisse einer Vereinigung mit Gott als Einsicht in die einheitliche, pantheistische Natur der Wirklichkeit zu interpretieren. Mit welchem Recht wird eine Deutung verworfen, die den Erfahrenden als natürlich, ja geradezu als selbstverständlich erscheint? Spätestens hier wird klar, daß James nicht nur als „objektiver", „rein beschreibender" Wissenschaftler spricht. Es ist der Metaphysiker, der nicht zugeben will, daß der philosophische Monismus, der in den Philosophien seiner Zeitgenossen Bradley und Royce (s. Bd. XII, Kap. VIII, 3) erfolgreich vertreten wurde, empirisch unterstützt werden könnte. Der Monismus neigt dazu, die Wirklichkeit des Bösen zu leugnen bzw. das Böse als eine Illusion zu deuten, die nur aufgrund unserer menschlichen, fragmentarischen Perspektive entsteht: Wären wir imstande, die Welt *sub specie aeternitatis* und nicht nur *sub specie temporis* zu betrachten, würden wir einsehen, daß das Böse keine echte Realität darstellt. Gegen eine solche Leugnung der negativen Seite der Existenz wehrt sich James. Daß das Böse nicht wirklich sein soll, ist für ihn eine ziemlich abstoßende Form von *wishful thinking*.

James selbst soll keine religiösen Erlebnisse gehabt haben, zumindest nicht solche der radikalen Art, die er in seinem Buch beschreibt.[33] Dennoch hält er es für eine grundlegende metaphysische Einsicht, daß es eine übernatürliche Seite der Wirklichkeit gebe. Diese Überzeugung stellt ihn vor die gewaltige Aufgabe, um diesen Kern philosophischer Wahrheit herum ein vollständiges System der Natur der Dinge aufzubauen. Dies wird er einige Jahre später in „Essays in Radical Empiricism„ und „A Pluralistic Universe" versuchen. Aber was heißt es, „die Wahrheit" zu erkennen? James' Antwort auf diese klassische Frage bildet den Kern seiner wohl bekanntesten philosophischen Doktrin: des Pragmatismus.

5. Die pragmatistische Auffassung der Wahrheit

James' „Pragmatism: A New Name for Some Old Ways of Thinking" erschien 1907. Der Band war aus einer Reihe von Vorlesungen entstanden, die er kurz davor in Boston gehalten hatte. Diese Vorlesungen hatten ein sehr breites Publikum angezogen, und das Buch verkaufte sich außerordentlich gut. Doch James' offizielle Vorstellung seines „Pragmatismus" wurde bald Anlaß heftiger und nicht immer von Sympathie geprägter Kontroversen. Auch Philosophen wie Henri Bergson, der James' Position sehr nahestand, waren der Meinung, daß dieser für viele Mißverständnisse selbst verantwortlich gewesen sei. Tatsächlich hat der lebendige und populäre Stil, in dem die Vorlesungen gehalten und niedergeschrieben worden sind, der philosophischen Klarheit eher geschadet als gedient. Als Reaktion gegen die zahlreichen Attacken beschloß James, ein weiteres Buch zu veröffentlichen: Die zwei Jahre später erschienene Aufsatzsammlung „The Meaning of Truth: A Sequel to ‚Pragmatism'" hatte das Ziel, seine pragmatistische Auffassung der Wahrheit besser zu erklären und gelegentlich auch gegenüber spezifischen Kritiken zu verteidigen.

Angelpunkt der Kritik war James' angeblicher Versuch, den Begriff der Wahrheit utilitaristisch zu erläutern. Viele Zeitgenossen hatten seine Ausführungen so verstanden, daß die Wahrheit einer Idee nichts anderes sei als ihre Nützlichkeit. Diese Interpretation wird von James' knappen Formulierungen seiner Doktrin suggeriert. So faßt er seine Position z. B. folgendermaßen zusammen: „‚Das Wahre' ist, um es kurz zu sagen, nichts anderes als das, was uns auf dem Wege des Denkens vorwärts bringt, so wie ‚das Richtige' das ist, was uns in unserem Benehmen vorwärts bringt."[34] Und an einer anderen Stelle heißt es, daß „die Wahrheit selbst veränderlich ist".[35] Diese Formulierungen könnten tatsächlich den Eindruck erwecken, eine Idee sei für James insofern „wahr", als sie unseren privaten Zwecken „dient". Das würde bedeuten, daß wir ganz opportunistisch glauben können, was uns am besten paßt, unabhängig davon, wie die Dinge sich tatsächlich verhalten.

James' Wahrheitsbegriff ist freilich nicht einfach zu verstehen. Bertrand Russell meinte, es sei überhaupt nicht klar, ob James auf der Suche nach einer begrifflichen *Definition* des Wesens der Wahrheit sei – oder eher nach einem *Kriterium*, einem „Zeichen", das es uns erlauben würde, wahre Sätze eindeutig von falschen zu unterscheiden. Wie dem auch sei, James' Theorie läßt sich nach Russell leicht widerlegen. Sein Argument dagegen kann folgendermaßen dargestellt werden: Es ist für jeden sichtbar, daß der Satz „*Es ist wahr*, daß es andere Leute gibt" etwas anderes besagt als „*Es ist nützlich zu glauben*, daß es andere Leute gibt". Wenn „Wahrheit" und „Nützlichkeit" synonyme Ausdrücke wären, dann müßten diese zwei Sätze gleichbedeutend sein, was sie nicht sind. Deshalb ist es für Russell klar, daß James' Pragmatismus keine richtige Definition der Wahrheit liefern kann. Und wenn James mit der Nützlichkeit nur ein Wahrheitskriterium liefern wollte? Dann hat er keine gute Wahl getroffen, argumentiert Russell weiter. Denn es ist oft schwieriger zu bestimmen, ob das Kriterium der Nützlichkeit erfüllt ist, als ob ein gewisser Satz wahr oder falsch sei. Es ist z. B. viel einfacher zu entscheiden, ob der Papst unfehlbar sei, als ob es nützlich sei zu glauben, daß er es ist.[36]

Andere Leser waren der Meinung, daß die pragmatistische Auffassung der Wahrheit einen krassen Widerspruch enthalte. Einerseits schien James sagen zu wollen, „Wahrheit" sei mit „Nützlichkeit" identisch. Andererseits präsentierte er diese Aussage ihrerseits als „wahr" – und zwar als „wahr" in einem nicht-utilitaristischen bzw. „absoluten" Sinne des Wortes. Wie konnte James annehmen, daß es einen solchen Sinn gebe? Ist es nicht gerade dies, was seine Theorie bestreitet? James wurde damit jener Fehler vorgeworfen, den der Skeptiker begeht, wenn er behauptet, daß es keine Wahrheit gebe. Denn seine pragmatistische Theorie schien die paradoxe Aussage zu implizieren, daß es eine absolute Wahrheit sei, daß es keine absolute Wahrheit gibt.

Alle diese Einwände lassen sich nicht leicht mit James' Texten vereinbaren. James bestreitet mehrmals, daß es sinnvoll sei, von einer „*Wesenheit*" der Wahrheit zu sprechen. Der Pragmatist erkennt die konkrete Pluralität spezifisch menschlicher Wahrheiten an *(truths in the plural)*. Er sieht seine Aufgabe darin, die weit verbreitete philosophische Meinung, daß es eine solche Wesenheit gebe, als Illusion zu entlarven. Es wäre deshalb seltsam, wenn er nun versuchen wollte, eine solche Wesenheit zu definieren. Genau dies wird aber von Russell als mögliches Ziel von James' Philosophie unterstellt. Soll man also, ausgehend von Russells Dilemma „Definition oder Kriterium?", den Schluß ziehen, daß James um die Bestimmung eines verläßlichen Wahrheitskriteriums bemüht war? Auch diese Interpretation scheint verfehlt zu sein. In „The Will to Believe" schreibt James: „[D]er Verstand, selbst wenn er die Wahrheit gerade gepackt hat, [hat] doch kein sicheres Zeichen [...], woran er erkennen kann, ob es die Wahrheit ist oder nicht."[37] Wie könnte nun James auf der Suche nach einem Kriterium der Wahrheit sein, wenn er offensichtlich der Meinung ist, daß es keines gibt?

Was letztlich den absoluten, objektiven Begriff der Wahrheit anbelangt, so gibt es keinen Grund, anzunehmen, daß James ihn über Bord werfen will. Die vorangehende Diskussion hat gezeigt, daß die Frage nach der Existenz Gottes für ihn eine genuine Frage war. Gott existiert oder er existiert nicht, ganz unabhängig davon, was wir denken oder fühlen mögen. Und in der religiösen Erfahrung, dies war sein persönlicher Schluß, wird Gott *tatsächlich* wahrgenommen. Sollte er nun in „Pragmatism" und „The Meaning of Truth" seine Meinung geändert haben? Keineswegs. Der Pragmatist leugnet nicht, so James, daß es die Wahrheit gibt. Ihm geht es nur darum zu erklären, wieso die Menschen sie suchen, gesucht haben und immer suchen werden.[38]

Offensichtlich haben wir es hier mit einer Doktrin zu tun, deren Bedeutsamkeit nicht sofort einleuchtet. Die Hauptschwierigkeit besteht darin, daß James' Ansatz durch die traditionellen philosophischen Begriffe und die üblichen Gegensätze (wie z. B. Russells Distinktion „Definition vs. Kriterium" oder auch, wie sich zeigen wird, den Kontrast zwischen einer Korrespondenz- und einer Kohärenz-Theorie der Wahrheit) nicht angemessen erfaßt werden kann. James will keine *neue* Antwort auf *alte* Fragen geben. Ihm geht es darum, konsolidierte Denkmuster zu sprengen und eine neue *Orientierung* der philosophischen Reflexion einzuleiten: „Die pragmatische Methode bedeutet [...] keineswegs bestimmte Ergebnisse, sondern nur eine orientierende Stellungnahme. Und zwar eine Stellungnahme, die uns absehn macht von ersten Dingen, von Prinzipien, von Kategorien, von vorausgesetzten Notwendigkeiten; und eine Stellungnahme, die uns hinblicken läßt auf letzte Dinge, auf Früchte, auf Folgen, auf Tatsachen."[39] Wozu soll diese neue Ausrichtung des Denkens gut sein? Und worin besteht sie genau?

Der Pragmatismus wird als Methode eingeführt, um scheinbare von echten philosophischen Fragestellungen zu trennen. James bezieht sich dabei auf Peirce' Ansicht, daß die Bedeutung einer Idee nur durch eine Betrachtung ihrer praktischen Folgen geklärt werden könne (s. Kap. V, 4). Philosophische Auseinandersetzungen drohen stets endlos zu werden; nun meint James, eine

Lösung bieten zu können. Die pragmatische Methode besteht in dem Versuch, jedes Urteil „dadurch zu interpretieren, daß man seine praktischen Konsequenzen untersucht. Was für ein Unterschied würde sich praktisch für irgend jemanden ergeben, wenn das eine und nicht das andere Urteil wahr wäre? Wenn kein, wie immer gearteter, praktischer Unterschied sich nachweisen läßt, dann bedeuten die beiden entgegengesetzten Urteile praktisch dasselbe, und jeder Streit ist müßig. Soll ein Streit wirklich von ernster Bedeutung sein, so müssen wir imstande sein, irgendeinen praktischen Unterschied aufzuzeigen, der sich ergibt, je nachdem die eine oder die andere Partei recht hat.“[40]

Die Frage nach der Natur der Wahrheit bietet ein großes – und zu James' Zeit vehement umstrittenes – Feld für philosophische Auseinandersetzungen. Besteht die Wahrheit in einer Relation der Korrespondenz/Isomorphie zwischen Gedanken und wirklichen Tatsachen (Russell)? Oder liegt sie in der intrinsischen Kohärenz eines ganzen Gedankengebäudes (Hegel, Bradley)? Oder ist sie eine einfache, nicht-definierbare Eigenschaft (Moore)? Um diesem hoffnungslosen Streit ein Ende zu setzen, muß die Frage nach der Natur der Wahrheit „pragmatisch“ behandelt werden. Das heißt konkret, daß man sich die Frage stellt, welchen Unterschied es im Leben eines Menschen macht, wenn eine gewisse Meinung wahr bzw. falsch ist.

James stellt fest, daß „Wahrheit“ immer einen Bezug zur Wirklichkeit impliziert – daß sie eine „Übereinstimmung“ unseres Denkens mit der Wirklichkeit bedeutet.[41] Diese realistische Auffassung der Wahrheit ist aber sehr vage, denn was heißt hier „Übereinstimmung“? Es ist eine verbreitete Auffassung, daß „Übereinstimmung“ als „Abbildung“ zu verstehen sei. Eine Vorstellung gilt dann als „wahr“, wenn sie ihr Objekt „kopiert“ bzw. ihm „ähnlich“ ist. James bestreitet zwar nicht, daß unsere Ideen manchmal ihre Objekte kopieren. Wenn wir unsere Augen schließen und uns die Uhr an der Wand vorstellen, dann erhalten wir „ein wahres Abbild ihres Zifferblattes“. Doch er bemerkt zu Recht, daß diese Analyse nicht verallgemeinert werden kann, denn zahlreiche Ideen lassen sich unmöglich als Abbilder deuten: „Wenn wir aber von der ‚zeitmessenden Funktion‘ der Uhr oder von der ‚Elastizität‘ ihrer Feder sprechen, da ist es schwer, genau zu sagen, was unsere Ideen dabei abbilden.“[42] Die Schwierigkeit wird sogar noch größer, könnte man hier hinzufügen, wenn man ethische oder ästhetische Urteile einbezieht oder Sätze über vergangene bzw. zukünftige Ereignisse: Was könnte hier dargestellt werden?

Zweifellos haben James' Bemerkungen gegen die Idee der Korrespondenz als Abbildung einen freiliegenden Nerv des damaligen philosophischen Diskurses getroffen. Die grundlegende philosophische Frage bleibt jedoch immer noch offen: Was bedeutet „Übereinstimmung“, wenn die Abbildungsrelation nicht ein wesentlicher Bestandteil unseres Begriffs der Wahrheit ist? Genau hier sollte sich nun die pragmatische Methode bewähren. Sie verlangt eine Verlagerung der Aufmerksamkeit, weg von der abstrakten Idee der Wahrheit und hin zu ihren aktuellen Verkörperungen im menschlichen Leben. Es muß überprüft werden, welche konkrete Rolle Ideen und sonstige Gedankeninhalte spielen, die für wahr gehalten werden. Gelingt dieser Perspektivenwechsel, so wird sichtbar, daß „wahre" bzw. „für wahr gehaltene" Ideen nicht immer dazu da sind, die Welt abzubilden. Sie nützen uns, weil sie uns helfen, unsere Umwelt zu kontrollieren und die Zukunft unseren Absichten entsprechend zu gestalten. Aus dieser Perspektive gesehen ist der Mensch kein passiv betrachtender Geist, sondern in erster Linie ein mit seiner Umgebung kämpfender Akteur.

Dies einsehen heißt feststellen, daß unsere Begriffe und Theorien für die Handlung bestimmt sind. Wie James bemerkt, sind Theorien keine Antworten auf Rätselfragen, sondern „Werkzeuge",[43] die es uns ermöglichen sollen, externe Bedingungen unter Kontrolle zu halten. Diese Einsicht teilt er mit anderen Pragmatisten, insbesondere mit Dewey (s. Kap. VII, 3), und sie liefert den Schlüssel für ein korrektes Verständnis seines Wahrheitsbegriffes. Die pragmatische Bedeutung von „Übereinstimmung" ist nicht die statische Relation der „Abbildung", sondern die *dynamische* Relation der „Anpassung". Damit wird der Zusammenhang zwischen „Wahrheit" und „Nützlichkeit" nachvollziehbar: Wenn unsere Ideen Werkzeuge sind, dann liegt ihre Qualität darin, wie sie diese Funktion ausüben. James' oben zitierte Formulierungen seiner pragmatistischen Theorie der Wahrheit – die Aussagen, daß „‚das Wahre' [...] nichts anderes [ist] als das, was uns auf dem Wege des Denkens vorwärts bringt",[44] und daß „die Wahrheit selbst veränderlich ist"[45] – folgen unmittelbar aus dieser instrumentalistischen Auffassung des menschlichen Denkens. Darin gibt es keine Gegenüberstellung von Theorie und Praxis: Die Theorie selbst ist eine Form der Praxis geworden.

James' Ansatz hat weitreichende philosophische Konsequenzen. Um diese abschätzen zu können, muß der Inhalt seiner Wahrheitstheorie genauer eingegrenzt werden. Dies ist um so wichtiger, als es nicht immer leicht zu sehen ist, was er behaupten respektive eben nicht behaupten will. Um das Zerrbild von James' Pragmatismus als Form des epistemischen Utilitarismus endgültig zurechtzurücken, muß hier vor allem James' Aussage erwähnt werden, daß er nur um eine Klärung dessen bemüht sei, was wir tatsächlich *meinen*, wenn wir von „Wahrheit" reden. Dabei richtet sich seine Aufmerksamkeit auf jene *Motive*, die uns *de facto* dazu bringen, etwas für wahr zu halten. Er behauptet aber nicht, daß wir auch das *epistemische* Recht besitzen, nützliche Ideen für wahr zu halten. Er sieht nämlich wie jeder andere auch, daß eine falsche Aussage in einer bestimmten Situation nützlich sein kann.

Diese Erläuterungen James' sind eine wichtige Voraussetzung, um die philosophischen Folgen der pragmatistischen Theorie der Wahrheit zu verstehen. Ausgangspunkt einer solchen Theorie ist die Vielfalt der Meinungen, die von den Menschen für wahr gehalten werden. Gibt es ein Merkmal, das sie alle verbindet? James findet nur eines – nämlich ihre Fähigkeit, das Leben eines Individuums zu verbessern. Entscheidend ist aber, daß ein Satz oder Denkinhalt auf viele verschiedene Arten von Vorteil sein kann. Manchmal wird eine Theorie „wahr" genannt, weil sie von einer Reihe wissenschaftlicher Experimente bestätigt wurde. Manchmal hilft uns eine Vorstellung dabei, richtige Voraussagen zu machen (wenn ich etwa davon ausgehe, daß Peter unpünktlich ist, kann ich damit rechnen, daß er den Termin verpassen wird). Manchmal hilft uns eine Idee, eine unmittelbare Schwierigkeit zu lösen (die Vorstellung etwa, daß am Ende eines Weges ein Haus steht, wird einem helfen, einem finsteren Wald zu entkommen). Manchmal besteht die Nützlichkeit einer Idee aber auch einfach darin, daß sie uns trösten kann und uns eine positive Einstellung gegenüber dem Leben ermöglicht (das kann für manche die Vorstellung sein, daß es Gott gibt). Aus den Beispielen ergibt sich, daß die menschliche Anpassung an ihre Umwelt viele verschiedene Formen annehmen kann. Deswegen versteht James seine Theorie nicht als Definition der Wahrheit, sondern als allgemeine Charakterisierung. So schreibt er an einer wichtigen Stelle in „The Meaning of Truth": „Daß etwas ‚in Betracht gezogen wird' oder ‚befriedigend sei' sind Begriffe, die keine Definition erlauben – so zahlreich sind die Möglichkeiten, sie praktisch umzusetzen."[46]

Es wäre eine unendliche Arbeit, alle diese Beziehungen der Anpassung und der Befriedigung menschlicher Bedürfnisse – alle Fälle des „Wahr-werdens" eines Gedankens – identifizieren zu wollen. Und sie wäre nicht ergiebig, da diese Beziehungen in einer sich verändernden Welt immer neue Gestalten annehmen. Dennoch ist es nicht sinnlos, das Spektakel des Lebens zu betrachten und über die Rolle zu reflektieren, die unser Denken darin spielt. Dies befreit uns von der Vorstellung, daß es so etwas wie „*die* Wahrheit" gibt und daß es Aufgabe der Philosophie sei, diese eine Wesenheit ein für allemal zu definieren. Dies nicht einsehen bedeutet, in eine endlose – da letztlich gegenstandslose – Debatte einsteigen. Anders formuliert, gibt es *die Bedeutung* von „Wahrheit", wie sie traditionell von den Philosophen gesucht worden ist, schlicht und einfach nicht. „Den meisten von uns", betont James, „kommt es [...] gar nicht zum Bewußtsein, daß die Frage: ‚Was ist Wahrheit?' keine wirkliche Frage ist und daß der ganze Begriff Wahrheit nichts anderes ist als eine Abstraktion aus den tatsächlich erlebten Wahrheiten in der Mehrzahl, ein zusammenfassender Ausdruck, wie das Recht oder die lateinische Sprache."[47] Dabei handelt es sich um Hypostasierungen, die nicht mit genuinen Realitäten verwechselt werden sollten.

Die Bedeutung dieser Überlegungen ist enorm. Sie unterminieren eine traditionelle, einst von Plato inspirierte Art und Weise, die philosophische Tätigkeit zu konzipieren und zu praktizieren. Sie beweisen, wie revolutionär der Pragmatismus sein kann, da er es schafft, eines der grundsätzlichsten Probleme der Philosophie als Scheinproblem zu entlarven. Daß die traditionelle Problematik der Wahrheit mit dem Pragmatismus überholt ist, zeigt sich nicht zuletzt darin, daß James auch das „Abbilden" und die „Kohärenz" als mögliche Formen der Anpassung zuläßt. Im oben erwähnten Beispiel kann eine korrekte (innere) Abbildung eines Waldes hilfreich sein, um ihm zu entkommen; auch müssen sich neue Theorien in unseren Bestand an bewährten „Wahrheiten" konsistent einfügen können. Dieser Punkt ist wichtig und verdient es, betont zu werden: Die pragmatistische Auffassung der Wahrheit ist nicht jene dritte *Alternative* zwischen der Korrespondenz- und der Kohärenz-Theorie, als die sie normalerweise dargestellt wird. Sie löst vielmehr die Voraussetzungen auf, die diese Theorien hervorgebracht haben.

Schließlich ermöglicht die Auffassung der Wahrheit als Lebenshilfe auch eine direkte, unkomplizierte Rechtfertigung der verbreiteten Intuition, daß es sich lohne, die Wahrheit zu erkennen, und daß es sogar unsere Pflicht sei, sie zu suchen. Wie ließe sich nun aber ein solches Gebot rechtfertigen, wenn die Wahrheit nichts anderes wäre als eine Widerspiegelung der externen Realität? Worin liegt der Wert einer Darstellung, wenn sie einfach *als solche* betrachtet wird, abgesondert von den Erlebnissen konkreter, lebendiger Individuen? Diese Fragen lassen sich für James selbstverständlich nicht beantworten. Er sieht die Vorstellung einer „reinen" Wahrheit als ein Ideal, von dem sich die Philosophie besser befreien sollte, wenn sie nicht zu einem selbstgenügsamen, „intellektualistischen" Spiel verkommen will.

James war sich der Bedeutung seines Ansatzes (der viele wichtige Einsichten des sogenannten „zweiten" Wittgenstein zu antizipieren scheint; s. Kap. XII, 5–6) vollständig bewußt: „[D]er allgemeine Sieg dieser Methode [d.h. des Pragmatismus] würde eine große Veränderung dessen herbeiführen, was ich [...] das Temperament der Philosophie genannt habe. Die Anhänger des extrem rationalistischen Typus würden kalt gestellt werden, ebenso wie der Höflingstypus in Republiken und der Typus des ultramontanen Priesters in protestantischen Ländern kalt gestellt werden."[48] Es ist kein Wunder, daß James in die Schußlinie von Philosophen wie Russell und Moore geraten sollte, die immer noch in der von Plato begründeten Tradition der philosophischen Analyse standen und diese zu erneuern suchten.

6. Der radikale Empirismus

In „The Meaning of Truth" erwähnt James neben seinem Pragmatismus noch eine andere Doktrin, die er „radikalen Empirismus" nennt. 1907 hatte er eine Reihe von Aufsätzen unter diesem Stichwort gesammelt. Einige dieser Schriften wurden in „A Pluralistic Universe" (1909) aufgenommen, andere posthum in den von Ralph Barton Perry herausgegebenen „Essays in Radical Empiricism" (1912) veröffentlicht. Diese zwei Werke enthalten James' resoluten Versuch, einerseits mit den schwierigsten Problemen der Erkenntnistheorie zurechtzukommen, andererseits eine klarere Version seiner „empiristischen" Weltanschauung zu formulieren. Was bedeutet nun „radikaler Empirismus"? Obwohl James die Bezeichnung nicht eindeutig verwendet, gibt es doch zwei Stellen, an denen er den eigentlichen Inhalt dieser Doktrin erklärt. Dabei sind die Formulierungen seiner Position weder identisch noch widersprüchlich. Sie sind als komplementäre, sich ergänzende Ansätze zu betrachten.

In seiner ersten Formulierung beschränkt sich James auf die *metaphysische* These, daß die Grenzen der Wirklichkeit mit den Grenzen einer sowohl aktuellen als auch möglichen Erfahrung zusammenfallen. „Alles, was real ist, muß irgendwo erfahrbar sein, und jede Art von erfahrenem Ding muß irgendwo real sein."[49] Eine solche These läßt sich nicht beweisen, denn es könnte im Prinzip durchaus Dinge geben, die nicht erfahren werden können. Sie wird deshalb bei James als ein „Postulat" eingeführt, obwohl man vielleicht besser von einer Präskription oder einer regulativen Maßnahme sprechen sollte. Diese Auffassung ist legitim, denn wie könnte man über absolut nicht-erfahrbare Dinge reden? Welche Vorstellung könnte man sich von ihnen bilden, außer jener eines unbestimmten „Etwas"? Noch wichtiger ist, daß die Annahme nicht-erfahrbarer Realitäten James' pragmatistischer Theorie der Bedeutung widerspricht. Nach dieser Theorie wird der Inhalt einer jeglichen Vorstellung nur durch ihre aktuellen, empirisch verifizierbaren Konsequenzen bestimmt. Was keinen konkreten Unterschied *in der Erfahrung* machen kann, ist für den Pragmatisten als inexistent zu betrachten.

Die zweite Formulierung stammt aus der Vorrede zu „The Meaning of Truth" und besteht aus drei Teilen. An erster Stelle steht das *Postulat*, daß in der Philosophie nur Sachverhalte diskutiert werden sollen, deren Begriffe auf Erfahrung beruhen. Zweitens stellt James fest, daß Beziehungen zwischen den Dingen, seien sie nun verknüpfender oder disjunktiver Art, ebenso Objekte der Erfahrung sind wie die Dinge selbst. Drittens folgt der verallgemeinernde *Schluß*, daß die Bestandteile unserer Erfahrung durch Beziehungen miteinander verknüpft werden, die selbst Teile der Erfahrung sind. Die Einheit der Welt, die sich unserer Erfahrung zeigt, hat damit ihren Grund in sich selbst, nicht in einem trans-empirischen, verbindungsstiftenden Prinzip. Die erste These entspricht so der gerade erläuterten Formulierung des radikalen Empirismus. Ein wichtiger Unterschied liegt allerdings darin, daß hier nur von unseren Vorstellungen die Rede ist, und nicht von Dingen. In dieser neuen Formulierung bildet das Postulat eine Version des Grundsatzes des erkenntnistheoretischen Empirismus *nihil est in intellectu, quod non prius fuerit in sensu*. Danach gibt es keine gedanklichen Inhalte, die ihren Ursprung nicht in unserer Erfahrung haben. Es sind die anderen beiden Bestandteile der Doktrin, die James' Position ihre „Radikalität" verleihen.

Um die Wichtigkeit dieser Aussagen abschätzen zu können, muß man sich vergegenwärtigen, wie und mit welchen Folgen das Problem der Beziehung in der empiristischen Tradition behandelt worden ist. Der Begriff der Relation bereitet einer empiristischen Theorie besondere Schwierigkeiten: Man sieht, daß ein Buch auf dem Pult liegt. Man nimmt Buch und Pult wahr. Aber in welchem Sinn läßt sich sagen, daß auch ihre durch das „auf" bezeichnete Beziehung wahrgenommen wird? Was ist hier das Objekt der Erfahrung und was das Ergebnis einer intellektuellen Konstruktion? Die Frage ist nicht leicht zu beantworten. Im traditionellen Empirismus eines Hume besteht die menschliche Erfahrung aus getrennten, atomaren Perzeptionen, und es bleibt offen, was sie zur *einheitlichen* Welt zusammenfügt. In der Philosophie Kants, die sich auch in dieser Hinsicht als Antwort auf Hume interpretieren läßt, werden die getrennten Atome durch Beziehungen verknüpft, die ihren Ursprung nicht in der Erfahrung haben, sondern im Subjekt selbst, und die dazu dienen, der ursprünglichen empirischen Vielfalt Ordnung und Struktur zu verleihen. In der Philosophie Hegels und des britischen Neoidealismus schließlich nimmt die Idee einer verknüpfenden Tätigkeit kosmische Züge an. Das ganze Universum wird hier als Manifestation einer einheitlichen, allumfassenden Subjektivität verstanden.

Nun hätte diese ganze – und für James paradoxe – Entwicklung des modernen Denkens gar nicht stattgefunden, wenn man rechtzeitig erkannt hätte, daß Beziehungen unmittelbar erfahren werden. Dies war schon eine der wichtigsten Thesen der „Principles of Psychology" gewesen: Der frühere Empirismus war nicht „radikal" genug in seiner Erforschung der menschlichen Subjektivität und hat deshalb versäumt zu sehen, daß *alle* bedeutungsvollen Elemente unserer Sprache – nicht nur Substantiva – sich mit entsprechenden Elementen der Erfahrung korrelieren lassen. Da der radikale Empirismus die Realität verknüpfender Relationen anerkennt, befreit er sich auf einen Schlag von der Notwendigkeit, ein trans-empirisches, verbindungsstiftendes Prinzip postulieren zu müssen. In seiner Metaphysik kann der radikale Empirist die Welt damit so hinnehmen, wie er sie tatsächlich erfährt – d. h. weder als einheitliche Substanz noch als Konglomerat getrennter Individuen, sondern als ein *pluralistisch-relationales Gefüge interagierender Elemente.*

Wie läßt sich aber eine solche Welt genauer beschreiben? James versucht, diese *metaphysische* Frage durch den Begriff der „reinen Erfahrung" zu beantworten. Dieser wird nicht eindeutig verwendet. Grundsätzlich lassen sich zwei Auffassungen unterscheiden – je nachdem, wie der Ausdruck „Reinheit" verstanden wird. Manchmal bezieht sich die Bezeichnung „reine Erfahrung" auf einen vermeintlich ursprünglichen Fluß unserer Erlebnisse, der das Material für alles Denken liefern soll und erst durch die Wahrnehmung und die Reflexion in eine ordentliche, klar wahrgenommene Welt voneinander abgegrenzter Dinge verwandelt wird. Diese lebendige Grundlage unserer gewöhnlichen Erfahrung ist nach James ständig vorhanden, obwohl es nur in wenigen Fällen möglich ist, in sie abzutauchen. In diesem Sinne von „rein" wird die Welt vielleicht nur von Kindern oder Tieren erlebt. Erwachsene

Menschen haben vergleichbare Erlebnisse allenfalls dann, wenn sie etwa durch eine schwere Krankheit oder die Einnahme von Drogen ihr Denkvermögen verlieren. Diese tiefere Dimension der Erfahrung ist „rein" in dem Sinn, daß sie durch die Sprache oder den Intellekt noch in keiner Weise artikuliert worden ist. So verstanden, ist der Begriff der reinen Erfahrung in erster Linie ein *phänomenologischer* Begriff. Als solcher kann er keine Antwort auf die *metaphysische* Frage nach der Natur der Wirklichkeit bieten.

Andernorts verwendet James den Ausdruck „rein" in einem begrenzteren, eher technischen Sinn. Dann bezeichnet der Ausdruck „reine Erfahrung" ein Stück Realität, das nicht durch die dualistischen Kategorien der modernen Philosophie beschreibbar ist. Es handelt sich dabei um einen genuinen Bestandteil der Wirklichkeit, dessen „Reinheit" sich darin zeigt, daß er sich weder als „materiell" noch als „mental" auffassen läßt. Diese Idee führt James im Kontext einer Erörterung des Wahrnehmungsproblems ein: Man sieht zum Beispiel ein Buch. Ein Philosoph wie Descartes würde hier eine scharfe Grenze ziehen zwischen einem spirituellen Ego (dem wahrnehmenden Subjekt) einerseits und einem materiellen Objekt (dem Buch) andererseits. Modernere Analysen – und James denkt hier in erster Linie an den Neukantianismus und an den frühen G. E. Moore (s. Kap. XI, 3) – bestreiten die Existenz eines substantiellen Ego. Sie bleiben aber im Kern dualistisch, denn sie unterscheiden zwischen dem Bewußtsein und seinem Objekt. Für James sind alle diese Analysen zum Scheitern verurteilt: Wenn der mentale Zustand der Wahrnehmung als Beziehung zwischen einem Subjekt und einem Objekt, die zwei radikal verschiedenen Bereichen des Seins angehören, aufgefaßt wird, so ist es nicht möglich zu verstehen, wie diese überhaupt miteinander in Kontakt kommen können.

Neben dieser traditionellen Kritik am Dualismus macht James auch einen anderen, subtileren Punkt geltend. Er sieht, daß der traditionelle Dualismus dazu neigt, „Bewußtsein" als eine Art „Materie" *(stuff)* zu verstehen. Das cartesianische Subjekt ist nicht nur bewußt, es *besteht* auch aus Bewußtsein. Auch das ent-substantialisierte „Bewußtsein an sich" der neueren Analysen wird als Wirklichkeit *sui generis* verstanden. James zitiert eine bemerkenswerte Stelle aus G. E. Moores Aufsatz „The Refutation of Idealism" (1903), wo das Wort „Bewußtsein" tatsächlich als Name für eine Art „transparente" Entität verwendet wird. Wir müssen uns nur ein bißchen anstrengen, so Moore, um sie beobachten zu können. Aber ist die Existenz einer solchen Entität empirisch belegbar? Selbstverständlich kann man nicht bezweifeln, daß man Erfahrungen hat; die Introspektion zeigt aber nicht, daß es auch eine *mentale Realität* gibt. Anders formuliert: Wir wissen mit absoluter Sicherheit, *daß* es Erfahrungen gibt, aber wir wissen nicht, *was* sie sind. Die Spekulationen eines radikalen Empiristen werden durch das strenge methodologische Gebot beschränkt, daß man sich an die Erfahrungen halten soll.

Und diese zeigen nur, daß es das Bewußtsein als *Funktion* gibt, nicht aber als ein *Ding* oder einen besonderen *Stoff.*

Eine erfolgreiche Theorie der Wahrnehmung soll für James also nicht nur den Dualismus vermeiden, sondern auch eine funktionalistische Erklärung des Bewußtseins bieten können. Seine diesbezügliche Theorie kann durch einen Vergleich illustriert werden: Man stelle sich zwei Geraden vor, die sich an einem Punkt schneiden. Dieser einzige Punkt gehört zu zwei verschiedenen Linien. Eine Linie soll nun den Bewußtseinsstrom eines wahrnehmenden Individuums darstellen, die andere den gesamten Lebenslauf des wahrgenommenen Objekts. Hier ist es nun wichtig zu sehen, wie James die gewöhnlichen Gegenstände der menschlichen Erfahrung auffaßt. So hat etwa das rote Buch, das man vor sich hat, eine Geschichte – es wurde produziert, gelagert, verkauft, nach Hause gebracht, auf das Pult gelegt usw. Diese Geschichte soll nicht als eine Serie von Ereignissen verstanden werden, in die ein bleibendes Objekt, also das rote Buch, einfach involviert ist. Die Geschichte des Buches *ist* für James das Buch selbst; dieses wird also als Prozeß und nicht als permanentes Ding verstanden. Diese Auffassung mag seltsam anmuten, aber sie ist die einzige, die den Forderungen einer empiristischen Metaphysik genügen kann. Denn was sind die Dinge, unmittelbar betrachtet, wenn nicht die Folge ihrer wahrgenommenen Zustände? Die Idee eines permanenten Substrats dieser Zustände ist ein theoretisches Konstrukt, keine empirisch belegbare Realität.

Man nehme nun an, das Buch werde gesehen. In diesem Moment überlagern sich zwei Prozesse. Genauso wie zwei sich treffende Linien einen gemeinsamen Punkt teilen, so teilen nun der Betrachter und das Buch ein gemeinsames Element. Dieses wird von James eine Einheit „reiner Erfahrung“ *(bit of pure experience)* genannt. Aber wie soll man sich dieses gemeinsame Element vorstellen? Da es Teil des Bewußtseinsstroms wie auch des physischen Objekts ist: Ist es nun eine subjektive Vorstellung des Buches oder das Buch selbst? An dieser Stelle beginnt sich nun die Kraft der Theorie zu entfalten. Denn mit diesem Ansatz kann man die gemeinsame Einheit *(bit)* ebensogut als mentale Vorstellung wie als wahrgenommenes Buch betrachten: Entsprechend der Idee, daß Dinge nur im Vergleich zu anderen „groß“ oder „klein“ sind, sind für James auch die Prädikate „mental“ und „physisch“ relativ. Die Frage, ob das Stück „reiner Erfahrung“ mental oder physisch sei, würde er damit als sinnlos verwerfen.

Auf diese Weise ist der cartesianische Dualismus überwunden. Die Wirklichkeit besteht nun aus Einheiten *(bits)*, die sich nicht durch den Gegensatz Geist/Materie beschreiben lassen. Allerdings muß man sich hier fragen, was denn nun unter „Erfahrung“ zu verstehen sei. Es entsteht nämlich der Eindruck, daß der Dualismus trotzdem nicht vollständig abgelöst worden sei und daß James nur eine Art des metaphysischen Idealismus vertritt. Denn wenn er diese letzten Einheiten als „Erfahrungen“ auffaßt, scheint er die

Wirklichkeit immer noch über die Kategorie des Mentalen zu deuten. Er hätte dann den Gegensatz zwischen Geist und Materie nicht überwunden, sondern nur einem dieser zwei Pole einen fundamentaleren ontologischen Status zugewiesen. Doch der Eindruck täuscht. Das Wort „Erfahrung" dient nicht dazu, die innere Natur der letzten Bestandteile der Wirklichkeit zu beschreiben. James will damit nur auf die Tatsache hinweisen, daß solche Einheiten als Komponenten eines menschlichen Erlebnisses vorkommen können.

Dennoch bleibt seine These immer noch von einer Unklarheit belastet, da es nun scheint, als ob die reine Erfahrung eine mysteriöse *materia prima* wäre – quasi das metaphysische *Substrat* des Universums. Was ließe sich über die innere Natur dieses weder physischen noch mentalen *tertium quid* sagen? James schreibt: „Es gibt kein allgemeines Material, aus dem Erfahrung in ihrer Gesamtheit besteht. Es gibt so viele Materialen wie es ‚Naturen' in den erfahrenen Dingen gibt."[50] Diese Stelle zeigt, daß es falsch wäre, James' Theorie als eine Art Typ-Monismus zu deuten, denn sie duldet die Existenz verschiedener ontologischer Arten oder Naturen. Soll man nun versuchen, diese verschiedenen Naturen zu beschreiben? Ein solches Unterfangen ist aus prinzipiellen Gründen zum Scheitern verurteilt: Sobald man über sie nachdenkt, werden sie mit Begriffen erfaßt und sind somit nicht mehr rein. Sie können nur als Objekte einer Intuition oder einer unmittelbaren Wahrnehmung rezipiert werden; wie James es einmal formuliert, können sie *gehabt*, aber nicht *gedacht* werden.

Eine wichtige Frage drängt sich auch mit Bezug auf James' Auffassung des Subjektes als Prozeß auf. Seine Theorie besagt, daß ein erfahrener Inhalt sowohl als „mental" als auch als „physisch" aufgefaßt werden könne. Entscheidend für diese Zuordnung ist, ob dieser Inhalt im Verhältnis zu anderen Elementen des psychischen Lebens oder der individuellen Geschichte des Objektes betrachtet wird. Wer aber ist hier der Betrachter? Vom *wem* werden die wahrgenommenen Inhalte entweder als „mental" oder als „physisch" klassifiziert? Die ganze Theorie, so konnte man diesen Einwand zusammenfassen, setzt stillschweigend die Existenz einer permanenten und außerhalb des Erlebnisflusses stehenden Subjektivität voraus. Genau diesen Einwand scheint James im Visier zu haben, wenn er bemerkt, daß die erfahrenen Inhalte nur retrospektiv sortiert werden. Inhalte, die in der Vergangenheit als „rein" wahrgenommen worden sind, werden im gegenwärtigen Moment der Erfahrung analysiert und interpretiert. Da der gegenwärtige, erlebte Moment identisch ist mit dem gegenwärtigen, aktuell existierenden Subjekt, kommt ein den Fluß des Erlebnisses transzendierender Beobachter in dieser Theorie nicht vor.

Die Theorie der reinen Erfahrung wird in einer Reihe von Aufsätzen aus den Jahren 1904–1905 vertreten; in späteren Schriften wird sie nicht mehr erwähnt. Es handelt sich also um eine Position, die James nur für kurze Zeit in

Betracht gezogen hat. Tatsächlich scheint sie auf unüberwindliche Schwierigkeiten zu stoßen: Erstens steht die Theorie im Widerspruch zu der Beschreibung des psychischen Lebens, die James in „The Principles of Psychology“ gegeben hatte. Dort wurde argumentiert, daß das Bewußtseinsfeld *holistisch* aufzufassen sei. Die Theorie der reinen Erfahrung setzt dagegen voraus, daß das Bewußtseinsfeld aus kleineren Einheiten besteht. Ein zweites Problem wird offensichtlich, wenn man bedenkt, was nach James' Theorie stattfinden sollte, wenn zwei verschiedene Individuen dasselbe Objekt sehen: Es sind dann drei verschiedene Prozesse, die sich in einem einzigen Punkt kreuzen. Doch wie könnten zwei verschiedene Subjekte eine Vorstellung teilen? Das ist eine schwer nachvollziehbare Idee, denn das Innenleben eines Individuums scheint anderen nicht direkt zugänglich zu sein. Dazu kommt, daß zwei verschiedene Subjekte notwendigerweise dasselbe Objekt aus zwei verschiedenen Perspektiven betrachten. Sie haben dann zwei verschiedene Vorstellungen des Objekts, und nicht nur *eine*, wie es James' Theorie verlangt. Tatsache ist, daß diese Theorie der reinen Erfahrung eine *extreme* Version des *direkten Realismus* ist (die Beziehung zwischen Subjekt und Objekt ist derart unmittelbar, daß letzteres zum Bestandteil des ersteren geworden ist); sie wird damit nicht von den prinzipiellen Problemen verschont, die Theorien dieser Art unglaubwürdig machen.[51]

7. Spätere Spekulationen über die Natur der Wirklichkeit

Das Scheitern der Theorie der reinen Erfahrung hat zur Folge, daß James' Suche nach einer Weltanschauung erfolglos bleibt. Es gibt aber noch eine andere Theorie, die er als mögliche Alternative in Betracht zieht, angeregt durch seinen Schüler Charles Augustus Strong und die Lektüre einiger spekulativer Werke Gustav Fechners[52] (s. Bd. X, Kap. VII, 2 c). Es ist dies die Hypothese, daß jedes existierende Ding – also auch jene sogenannten materiellen Dinge, die wir für unbelebt halten – einen inneren Kern psychischen Lebens besitzt. Schon in den „Principles of Psychology“ hatte James ein starkes Interesse für eine panpsychistische Deutung des Universums offenbart. Dort wies er darauf hin, daß die Entwicklung einer *empfindenden* aus einer *nicht empfindenden* Substanz einen Bruch in der evolutionären Kontinuität bedeuten würde. Aus evolutionistischer Sicht läßt sich deshalb schließen, daß die Erfahrung eben doch von Anfang an dagewesen sein muß; selbst die Materie könnte mit psychischen Eigenschaften ausgestattet sein.

James fand dieses Argument überzeugend; dennoch kam er zu dem Schluß, daß er den Panpsychismus nicht akzeptieren könne. Namentlich folgendes Problem schien unlösbar zu sein: Wie können die verschiedenen Empfindungen in den kleinsten Teilchen des physischen Universums sich zusammenfügen, so daß eine menschliche Erfahrung entsteht? Befremdlich an dieser Konzeption war für James die Vorstellung, daß ein Erlebnis von verschiedenen Subjekten geteilt werden könne. Er nahm nämlich an, daß ein Erlebnis vollständig identisch sei mit der Art und Weise, wie es erlebt wird. Zum Beispiel macht nichts anderes das Wesen oder die Natur eines bestimmten Schmerz-Gefühls aus, als die Art und Weise, wie sich dieser Schmerz konkret *anfühlt*. Wenn die menschliche Seele sich nun aus kleineren, nichtmenschlichen Seelen zusammensetzen würde, argumentierte er weiter, dann müßte es auch psychische Inhalte geben, die sowohl der menschlichen Seele als auch nicht-menschlichen Seelen gehören. Da diese den gemeinsamen Inhalt auf zwei verschiedene Arten wahrnehmen würden, besäße dieser gleichzeitig zwei verschiedene Naturen – er müßte gleichzeitig er selbst und etwas anderes sein, was widersprüchlich ist.[53]

Erst im Spätwerk „A Pluralistic Universe“ glaubt James den Ausweg aus dieser Schwierigkeit gefunden zu haben. Er übernimmt von Bergson die These, daß der diskursive Verstand nicht fähig sei, den erlebten Strom des Lebens adäquat wiederzugeben. Die Kategorien des menschlichen Intellekts seien zu abstrakt und starr, um die komplexe Textur unserer Erlebnisse zu erfassen. Was verworfen werden soll, ist damit nicht die Möglichkeit einer mentalen Kombination, sondern der Versuch, diese verstehen zu wollen. Anders formuliert: Verschiedene Seelen können sich durchaus verbinden und ihre Erlebnisse teilen; unser logischer Intellekt wird aber nie erklären können, wie das vor sich geht. Mit diesem radikalen Schritt wird es für James nicht nur möglich, den Panpsychismus zu akzeptieren. Seine Kritik des Verstandes wirkt auch in anderen Hinsichten befreiend: Wenn wir die Welt nur so nehmen können, wie sie uns tatsächlich erscheint, fallen auch sämtliche Paradoxien des philosophischen Denkens weg. Die bekannten Argumente gegen die Realität der Zeit und der Bewegung (Zeno), der Relationen und des Pluralismus (Bradley) oder der kausalen Wirksamkeit (Leibniz, Lotze) beruhen alle darauf, daß man Realitäten und Begriffe verwechselt hat. Nicht die Zeit ist paradoxer Natur, argumentiert James, sondern nur unsere abstrakte Art und Weise, sie zu denken. Es ist auch nicht der Fall, daß die Relationen ihre Termini nicht verbinden können: Denn es ist unser Begriff der Relation, der keine verbindende Kraft besitzt. Und es gibt schließlich keinen Beweis, daß zwei Substanzen nicht aufeinander wirken können: Wir besitzen nur kein adäquates Modell, um diese an sich evidente Tatsache zu erklären.

James würdigt Hegels Verdienst, die Grenze des diskursiven Verstandes erkannt zu haben. Doch in seiner Sicht hatte Hegel seine wichtige Entdeckung entwertet, indem er von einer höheren, dialektischen Form der Rationalität träumte. Weder der dianoetische Verstand noch eine fingierte dialektische Vernunft ermöglichen uns, die Welt zu erfassen, sagt James nun in Anlehnung an Bergson; diese läßt sich nur durch eine direkte Intuition erkennen. Auf einer solchen Annahme läßt sich offensichtlich kein metaphysisches System aufbauen. Es ist also nicht erstaunlich, daß weder „A Pluralistic Universe" noch das unvollendete und posthum erschienene „Some Main Problems of Philosophy" eine abgeschlossene Theorie bieten, sondern beide sich darauf beschränken, die Realität in ihren allgemeinsten Grundzügen zu beschreiben. Die verschiedenen Stränge von James' Spekulationen fügen sich hier zusammen in der gewaltigen Vision eines von Gott geführten kosmischen Kampfes, in dem menschliche und über-menschliche Subjekte ohne Garantie auf einen Erfolg, aber nicht ohne Hoffnung, danach streben, immer bessere, harmonischere Formen des Zusammenlebens zu realisieren. Selbstverständlich ist niemand gezwungen, eine solche Vision zu teilen, denn Beweise für sie gibt es nicht. Sollten wir aber ihre Anziehungskraft spüren, so James, dann sollten wir uns das Recht nehmen, daran zu glauben.

VII. John Dewey

1. Philosophie in Zeiten des Wandels

Neben den zwei Mitbegründern James und Peirce ist John Dewey der wichtigste Vertreter des amerikanischen Pragmatismus. Bei seinem Tod im Jahr 1952 war der Zweite Weltkrieg seit kurzem beendet, und die USA waren zur größten politischen und ökonomischen Weltmacht aufgestiegen. Als dagegen die frühen Mitglieder des Metaphysischen Klubs sich in Cambridge, Massachusetts, getroffen hatten, waren die USA noch ein innerlich gespaltenes Land gewesen: Die materiellen wie auch die moralischen Wunden eines blutigen Bürgerkriegs (1861–1865) waren noch längst nicht verheilt.

Die Epoche der Entstehung und Entwicklung des Pragmatismus deckt sich fast genau mit der Zeit zwischen diesen zwei traumatischen Ereignissen. Die USA erlebten in dieser Periode eine rasante Modernisierung und eine radikale Neugestaltung. Die Tatsache, daß Peirce und James noch mit dem Schiff nach Europa reisen mußten, während im Zweiten Weltkrieg die ersten Atombomben auf Hiroshima und Nagasaki geworfen wurden, genügt, um den Umfang und die Bedeutung dieser Veränderungen zu illustrieren. Die Verwandlung betraf alle zentralen Aspekte der amerikanischen Gesellschaft. Auch das System der höheren Erziehung wurde neu organisiert. Die ältesten Universitäten (wie zum Beispiel Harvard) verwandelten sich von religiösen in säkulare Institutionen, deren primäres Ziel es war, Personal für den Staat und die Industrie auszubilden, und nicht Pfarrer oder Erzieher. Daß Peirce trotz seines enormen Talentes Schwierigkeiten hatte, in der Akademie Fuß zu fassen, ist auch vor diesem Hintergrund zu verstehen; sein Temperament und seine romantische, desinteressierte Liebe für die Wahrheit machten ihn zu einer ziemlich unverläßlichen Figur in den Augen der neuen Universitäts-Manager, die ihre Institutionen nach Kriterien der Wirtschaftlichkeit und der Effizienz leiteten.

Gewaltige Migrationsströme aus den ärmeren Ländern Europas, aber auch aus den südlichen Regionen des Kontinents stellten anfangs des 20. Jh.s der amerikanischen Industrie (und dem Militär) viele billige Arbeitskräfte zur Verfügung. Gleichzeitig entstand eine bunte, heterogene, ja nahezu „globalisierte“ Gesellschaft, die die Politik vor neue organisatorische und soziale Herausforderungen stellte. So beschreibt ein heutiger Historiker die damaligen Probleme in New York City: „Allein die Stadt New York wuchs zwischen 1900 und 1920 um 2,2 Millionen Einwohner. Es entstanden immer neue Viertel der Italiener, der Juden, aber auch Chinesen, Mexikaner und Schwarzen [...] Sie alle suchten einen neuen Start und ein besseres Leben. Doch was sie fanden, waren Städte, die selbst beim besten Willen mit der Bevölkerungsexplosion nicht Schritt zu halten vermochten. So lebten sie zusammengepfercht auf engstem Raum in miserablen Wohnblocks *(tenements)* oder anderen slumähnlichen Behausungen, oft ohne Trinkwasser, Kanalisation, Müllabfuhr oder hinreichende Feuerschutzmaßnahmen, ganz zu schweigen von ordentlichen Schulen und Parks, von hinreichenden Gesundheits- und Hygienebedingungen."[1] Ähnliche Verhältnisse herrschten auch in anderen Metropolen. Und die Probleme waren nicht nur praktischer Natur: Den entwurzelten Bewohnern der neuen Ghettos der amerikanischen Großstädte mußte das Leben sinnlos erscheinen; es war ein entfremdetes Leben in einer chaotischen neuen Welt.[2]

Kann ein Philosoph angesichts einer solchen Misere wirklich nichts Besseres tun, als Fragen zu besprechen wie jene, ob es eine platonische Welt der Ideen gibt? Muß sich die Philosophie tatsächlich im Kreis ewiger Probleme bewegen, und nicht versuchen – mit ihren eigenen, *intellektuellen* Mitteln – zur Schaffung einer besseren Welt beizutragen? Diese Fragen beunruhigten Dewey, der im positiven Sinne vor allem ein einfacher, generöser Geist war. Wenn man den Pragmatismus nicht nur als ein Kapitel der Geschichte der Philosophie betrachtet, sondern auch der westlichen Kulturgeschichte, läßt er sich als der Versuch deuten, diese Zeit radikaler Veränderungen in Gedanken zu fassen. Dabei läßt sich so etwas wie eine Arbeitsteilung feststellen: Während Peirce seine Aufmerksamkeit auf die Natur des wissenschaftlichen Fortschritts lenkt, stehen bei einem neurotischen Individualisten wie James existentiell-psychologische Motive im Vordergrund. In der Philosophie Deweys – der 20 bzw. 17 Jahre jünger war als Peirce und James und sein Leben nicht in der akademischen Zitadelle Cambridge, Massachusetts, verbrachte, sondern in den Großstädten New York und Chicago – nimmt der Pragmatismus dagegen eine stärker soziale Prägung an.

2. Leben und Werke

John Dewey wurde am 20. Oktober 1859 in Burlington, Vermont, geboren[3] – im Jahr, in dem Darwins „Origin of Species" erschien. Sein Vater, Besitzer eines Gemischtwaren-Geschäftes, war ein großzügiger, hart arbeitender Mensch ohne große berufliche oder intellektuelle Ambitionen, weder für sich noch für seine Kinder. Die herausragende Persönlichkeit in der Familie war die Mutter. Sie sorgte dafür, daß John und seine Brüder Davis und Charles (ein vierter Sohn starb bei einem tragischen Unfall, für den die Mutter mitverantwortlich war) eine ordentliche Erziehung bekamen, wobei ihre Anstrengungen immer von einem streng puritanischen Rigorismus begleitet waren. Ihr Eifer und ihre bei jedem Anlaß wiederkehrende Frage – „Ist dein Verhältnis zu Jesus in Ordnung?" – irritierten und verletzten den jungen John Dewey. Seine spätere Geringschätzung der Religion, sowohl als Institution wie auch als Doktrin (nicht jedoch als menschliches Bedürfnis), findet hier ihre tiefsten Wurzeln. Deweys geistige Entwicklung wurde auch durch die Atmosphäre seiner Stadt geprägt. In Burlington, so seine Tochter, „war das Leben demokratisch – nicht bewußt, sondern in jenem tieferen Sinn, in dem Gleichheit und die Abwesenheit von Klassenunterschieden für selbstverständlich gehalten werden".[4] Diesem Ideal der Demokratie als Lebensform und verinnerlichte geistige Haltung sollte Dewey immer treu bleiben.

Nach Abschluß des Grundstudiums an der University of Vermont und einigen ersten Erfahrungen als High-School-Lehrer, widmete sich Dewey entschieden dem Studium der Philosophie. 1884 graduierte er an der Johns Hopkins University, wo er beim experimentellen Psychologen Stanley Hall studierte. In diesen Jahren hörte er auch Vorlesungen über Logik bei Charles Sanders Peirce; der große Pragmatist machte ihm damals jedoch keinen Eindruck. Viel stärker war die Wirkung des Neu-Hegelianers George Sylvester Morris, der ihm das Denken des deutschen Philosophen eröffnete. Hegels leitende Idee, daß Gegensätze und Oppositionen Momente eines allumfassenden Ganzen seien, wirkte – so Dewey in seinem autobiographischen Aufsatz „From Absolutism to Experimentalism" (1930) – wie eine Erleichterung: Die Philosophie Hegels befreite ihn von jenem bedrückenden Gefühl der Isolierung, das er als Erbe der Kultur New Englands – mit ihren scharfen Trennungen zwischen Ich und Welt, Seele und Körper, Natur und Gott – interpretierte. Nach Aufträgen in Ann Arbor und an der University of Minnesota lehrte Dewey 1889–1894 an der University of Michigan als Nachfolger seines Lehrers Morris. Einige Jahre zuvor hatte er seine Schülerin Harriet Alice Chapman geheiratet: eine bemerkenswerte Frau, die Dewey half, sich weiter von der rigiden Denkhaltung seiner Mutter und seinem ursprünglichen kulturellen Milieu zu emanzipieren.

Während des Dezenniums 1894–1905 war Dewey als Professor für Philosophie, Psychologie und Pädagogik an der University of Chicago tätig. Es war eine intensive, in professioneller wie persönlicher Hinsicht sehr lehrreiche Zeit. In Chicago konnte er von der Präsenz bedeutender Kollegen, wie z. B. George Herbert Mead (s. Kap. VIII), profitieren; die von seiner Frau geführte und zur Universität gehörende Versuchsschule – die *University Elementary School*, auch als „Dewey School" bekannt – bot ihm ein breites Feld für pädagogische Untersuchungen. Aber auch außerhalb des akademischen Bereichs hatte Chicago mit seiner ungeheuren Masse von armen Immigranten einem neugierigen und offenen Geist viel zu bieten:

Deweys Bekanntschaft mit der zukünftigen Friedens-Nobelpreisträgerin Jane Addams, die mit ihrem Hull House ein Hilfswerk für das Proletariat aufgebaut hatte,[5] schärfte seinen Sinn für die sozialen Ungleichheiten seiner Epoche.

Diese intensive und für Dewey sehr positive Zeit fand ein abruptes Ende, als er in Konflikt mit der Universitätsleitung geriet. (Die Gründe dafür sind nicht ganz geklärt, doch scheint es sich um eine weitere Version des Streits zwischen „ineffizientem" Forscher und „engstirnigem" Manager gehandelt zu haben.) Dank seinem ausgezeichneten Ruf fand Dewey 1905 eine Stelle an der Columbia University of New York. Hier wirkte er als Professor für Philosophie bis zu seiner Emeritierung 1930 – wobei seine Aktivitäten unterbrochen waren durch Vortragsreisen nach Japan und China (1919–1921), in die Türkei (1924), nach Mexiko (1926) und Rußland (1928).

Auch nach seiner Emeritierung setzte Dewey, ein Mann von scheinbar unerschöpflichen mentalen und physischen Kräften, seine philosophische Tätigkeit fort. Nach dem Tod seiner Frau 1927 heiratete er 1946 erneut; damals war er 87 Jahre alt, und die neue Familie adoptierte zwei Kriegswaisen. Auch sein soziales Engagement brach nicht ab: Dewey schrieb über die Opportunität eines Eintritts der USA in den Zweiten Weltkrieg (zuerst war er dagegen, wechselte aber dann seine Meinung); er verteidigte Russell gegen die Anklage der Immoralität, die in New York wegen dessen Ansichten über Heirat und Sexualität von orthodoxen Kreisen erhoben wurde; und er war Vorsitzender der Kommission, die den Fall Trockij untersuchte.

Als Dewey am 1. Juni 1952 in New York an einer Lungenentzündung starb, war er einer der einflußreichsten amerikanischen Intellektuellen. Dennoch geriet seine Philosophie rasch in Vergessenheit. Ein wichtiger Grund dafür war, daß die Philosophie der Nachkriegszeit viel Wert auf die genaue Analyse spezieller Fragestellungen legte, während Deweys Schriften systematischer, oft auch nur programmatischer Natur sind. Bei der Beurteilung seiner Philosophie sollte auch nie vergessen werden, daß er sie – anders als viele spätere Philosophen – nie als eine rein akademische Angelegenheit betrachtete. Im Zentrum seines Interesses stehen immer die dringendsten Probleme des menschlichen Lebens. Der Wert einer Philosophie besteht für Dewey in dem von ihr geleisteten Beitrag zum moralischen und sozialen Fortschritt, nicht in ihrer rein technischen Seite: Die Philosophie „erfüllt den Geist mit dem Mut und der Vitalität, angesichts der Verworrenheiten einer neuen Welt neue Ideale und Werte zu schaffen".[6] Wie schon Marx postuliert hatte, geht es auch für Dewey in der Philosophie nicht primär darum, die Welt zu erklären, sondern darum, sie zu verändern.

Selbstverständlich, das weiß auch Dewey, kann sie das nicht in derselben direkten Weise wie die Politik oder die Wirtschaft. Aber sie kann auf unsere geistige Einstellung einwirken – also die Welt verändern, indem sie unsere Denkweise modifiziert. Objekte von Deweys Kritik sind die zahlreichen

Dualismen, die sich im Laufe der Geschichte herauskristallisiert haben (gemeint sind rigide Antithesen, wie u.a. die Opposition zwischen Praxis und Erkenntnis, Subjekt und Objekt, Geist und Materie, Werten und Fakten, Mittel und Zweck). Dabei handelt es sich um fundamentale Muster, die nach Dewey das westliche Denken – nicht nur die Systeme der Philosophen, sondern die Denkweise aller Menschen – seit Jahrhunderten prägen und das alltägliche Leben und Handeln bestimmen. „[D]ie Aufgabe des Philosophen" – schreibt Dewey in „Philosophy" (1929) – sei „die *Kritik der Überzeugungen*, das heißt derjenigen Überzeugungen, die gesellschaftlich so weit verbreitet sind, daß sie beherrschende Faktoren der Kultur" werden.[7]

Das Programm einer Überwindung der Tradition und einer Erneuerung der Philosophie wird in „Reconstruction in Philosophy" (1920) – Deweys philosophischem Manifest – explizit erläutert und in den zwei Meisterwerken „Experience and Nature" (1925) und „The Quest for Certainty" (1929) weiter ausgeführt. Andere wichtige Werke sind „How we Think" (1910), „Democracy and Education" (1916), „Human Nature and Conduct" (1922), „Philosophy and Civilization" (1931), „Art as Experience" (1934), „A Common Faith" (1934) und „Logic: the Theory of Inquiry" (1937). Dies sind nur einige wenige Titel aus einer außergewöhnlichen Produktion; Deweys Œuvre liegt in der kritischen Ausgabe der „Collected Works" in eindrucksvollen 37 Bänden vor.

3. Theorie und Praxis

Die erste Vorstellung, von der man sich nach Deweys Ansicht verabschieden sollte, ist die Auffassung, welche die Philosophen von ihrer eigenen Disziplin haben. Der Ursprung dieser Auffassung liegt weit zurück in ihrer Geschichte – einer Geschichte, die Dewey gelegentlich einseitig deutet, aber (wie übrigens alle andere Pragmatisten auch) sehr gut kennt. Ins Visier seiner Kritik gerät die in Aristoteles' „Metaphysik" exemplarisch dargelegte Idee, daß Vervollkommnung und Glückseligkeit eines jeden Menschen in der Betrachtung *(theorein)* ewiger Wahrheiten bestehen. Nun ist es für Dewey klar, daß die menschliche Natur in der Philosophie zum Ausdruck kommt, denn selbstverständlich ist sie eine von Menschen ausgeübte Tätigkeit. Auch anerkennt er – im Einklang mit Aristoteles und anderen großen Autoren der westlichen Tradition, etwa dem von Dewey oft zitierten Spinoza –, daß alle lebendigen Dinge nach Selbstverwirklichung und Befriedigung streben. Aber er wirft der klassischen Philosophie vor, eine verzerrte Deutung solcher unbestreitbarer Tatsachen geliefert zu haben.

An dieser Stelle tritt Dewey als philosophischer Interpret der Evolutionstheorie auf – einer Theorie, der er im Aufsatz „The Influence of Darwinism on Philosophy" (1909) eine epochale, aber in vielerlei Hinsicht noch zu klärende Bedeutung zuschreibt. Er sieht den Menschen als biologischen Organismus, der in einer unberechenbaren Umwelt lebt und ständig für seine Existenz zu kämpfen hat. Aus evolutionärer Perspektive betrachtet, hat das Denken die Funktion, eine befriedigende Interaktion mit der äußeren Wirklichkeit zu ermöglichen, statt diese im geistigen Medium der Ideen zu verdoppeln. Ideen und Theorien sind von den Philosophen immer nur als Abbilder einer äußeren Realität aufgefaßt worden. Für Dewey sind sie Werkzeuge *(tools)*, die wir brauchen, um die Umwelt besser kontrollieren zu können: „Wenn man sich die Geschichte der Erkenntnis anschaut, ist klar, daß die Menschen anfänglich versucht haben zu erkennen, weil sie es mußten, um zu überleben."[8] Auch die von einem Organismus angestrebte Befriedigung wurde in Deweys Sicht von der Tradition radikal mißdeutet. Diese besteht nämlich nicht in der Verwirklichung gegebener Potentialitäten oder im Erreichen eines von Natur aus festgelegten Ziels *(telos)*, wie dies bei Aristoteles der Fall ist. Sie besteht lediglich in einer Beziehung der wechselseitigen Unterstützung zwischen einem Organismus und seiner Umwelt.

Diese eigentlich recht simplen Ideen bilden den Kern von Deweys „Instrumentalismus". Sie bieten die Grundlage für seine Verwerfung der „Zuschauertheorie des Erkennens" *(spectator theory of knowledge)*[9] – d. h. der Lehre, daß „Erkennen ein Ergreifen oder Erblicken der Realität sei".[10] Die Ablehnung dieses traditionellen Erkenntnisparadigmas hat für unsere Auffassung der Wahrheit eine wichtige Konsequenz, die Dewey folgendermaßen erklärt: „Wenn Ideen, Bedeutungen, Konzeptionen, Begriffe, Theorien, Systeme Instrumente für eine aktive Reorganisation der gegebenen Umgebung sind, [...] dann liegt die Überprüfung ihrer Gültigkeit und ihres Wertes in der Verrichtung dieser Aufgabe. Sind sie in dieser Funktion erfolgreich, dann sind sie verläßlich, haltbar, gültig, gut, wahr. Gelingt es ihnen nicht, die Verwirrung zu beseitigen, Mängel zu beheben, steigern sie die Konfusion, Ungewißheit und das Übel sogar noch, wenn man ihnen gemäß handelt, sind sie falsch."[11]

Da Ideen Instrumente sind, sollten sie im Hinblick auf ihre Folgen und nicht auf ihre Fähigkeit, eine äußere Realität zu repräsentieren, bewertet werden. Eine solche Aussage ist nicht leicht zu interpretieren: Denn zweifellos versteht Dewey seine eigenen Theorien über die Stellung des Menschen in der Natur und die lebensfördernde Rolle des Denkens als „wahr" in einem traditionellen, nicht-instrumentellen Sinne des Wortes. Er scheint lediglich unterstreichen zu wollen, daß die Fähigkeit, eine äußere Wirklichkeit abzubilden, nicht das *Wesentliche* an unseren Begriffen und Theorien ist – also nicht das, was sie wichtig und interessant macht.

In diesem Zusammenhang betont Dewey auch, daß es keine rein intellektuelle Neugierde gibt: Aristoteles irrte, wenn er meinte, daß der philosophierende Mensch die Wahrheit sucht, weil er ein mit Vernunft ausgestattetes Wesen ist. Nach einem Bericht von Brand Blanshard, der bei Dewey studierte, soll dieser in seinen Vorlesungen sogar argumentiert haben, daß Kant die „Kritik der reinen Vernunft" nicht aus Liebe zur Wahrheit geschrieben habe, sondern unter dem Einfluß des Ausleseprozesses. Der Kampf auf Leben und Tod, der die Weltgeschichte steuert wie einst der dialektische Widerspruch in der Philosophie Hegels, tritt in sublimierter Form auch in der Gesellschaft auf, was u. a. auf eine tiefe Kontinuität zwischen Natur und Kultur hinweist. Es waren auch solche Gründe, die Kants Arbeit motivierten, etwa die Notwendigkeit, sich in einem akademischen Umfeld zu bewähren: „Kant spielte ein Spiel, in dem auch er versuchte, seine Gegenspieler zu übertrumpfen, aber in Übereinstimmung mit den Regeln des logischen Spieles, indem er subtiler, gründlicher, konsistenter als jeder andere war."[12]

Generelle Aussagen dieser Art lassen sich nicht abschließend beweisen, weder argumentativ noch bloß empirisch. Trotzdem besitzt Deweys biologistischer Ansatz unbestreitbar eine große Plausibilität. Sein Wert liegt darin, daß er der Philosophie eine neue Perspektive eröffnet und gleichzeitig als ständige Provokation wirkt. Schon die Idee, daß alle philosophische Forschung ihren Ursprung in einer konkreten Angelegenheit haben könnte, genügt, um unsere Überzeugungen ins Wanken zu bringen. Man ist – wie der Neo-Pragmatist Richard Rorty richtigerweise bemerkt hat[13] – gezwungen, sich über Gründe und Motivationen des eigenen Philosophierens klar zu werden.

Deweys Auseinandersetzung mit der herkömmlichen Erkenntnistheorie enthält auch eine bedeutende sozialkritische Komponente. Denn er deutet das klassische griechische Ideal einer *vita contemplativa* – das nach Aristoteles für einen mit Vernunft begabten Menschen höchste und glücklichste Leben – als Vorurteil einer Klasse privilegierter Individuen. Die antiken Philosophen gehörten weder zum kämpfenden noch zum arbeitenden Teil der Gesellschaft. Nur für sie konnten Ideen und Theorien zu Objekten einer rein ästhetischen Betrachtung werden. Für Sklaven, Arbeiter und Krieger konnte ein Fehler dagegen schädliche, wenn nicht sogar tödliche Folgen haben. Die traditionelle Auffassung von Weisheit als Kontemplation oder Erfassen allerletzter Wahrheiten ist also nicht nur ein Mythos, sondern auch eine Spiegelung ungerechter sozialer Verhältnisse. „[D]ie griechische Gesellschaft", so Dewey, „war durch eine scharfe Trennung zwischen unfreien Arbeitern und freien Männern von Muße charakterisiert, was eine Trennung zwischen Vertrautheit mit Tatsachen und kontemplativem Genuss, zwischen unintelligenter Praxis und unpraktischer Intelligenz bedeutete."[14] Es ist unmöglich, an dieser Stelle nicht noch einmal an Marx zu denken, vor allem an den von ihm dargelegten Unterschied zwischen dem System von realen ökonomischen und sozialen Verhältnissen („Basis") einerseits und deren Projektion im moralischen Wertesystem („Überbau") andererseits. Ein sehr ähnlicher Unterschied wird auch von Dewey anerkannt: Nur fügt er hinzu, daß auch herkömmliche erkenntnistheoretische Grundkonzeptionen zum „Überbau" gehören.

Zweifellos ist der von Dewey kritisierte Dualismus von Theorie und Praxis – die Antithese zwischen dem höheren Erfassen permanenter Wahrheiten und einer niederen, aber nützlichen technisch-wissenschaftlichen Kompetenz – Ausdruck einer Denkweise, die in der westlichen Kultur tief verankert ist. Man bedenke zum Beispiel, wie viele gebildete Menschen auch heute noch die sogenannte „Handarbeit“ verachten, obwohl viele solche Arbeiten nur noch von hoch qualifizierten Spezialisten durchgeführt werden können. Nach diesem dualistischen Muster zu denken bedeutet aber, zwischen „höheren“ und „niedrigen“ menschlichen Typen zu unterscheiden – zwischen dem zur reinen Kontemplation berufenen Philosophen und dem Sklaven von Natur aus. Die traditionelle Auffassung der Erkenntnis spiegelt für Dewey also die anachronistische Sicht eines verwöhnten Aristokraten oder eines unbarmherzigen Monarchen. Sie ist Ausdruck einer feudalen Mentalität, die uns nicht helfen wird, die Probleme einer modernen liberal-demokratischen Gesellschaft sachlich anzugehen. Kurzum, der Dualismus zwischen Theorie und Praxis ist ein intellektueller Atavismus, der als solcher noch nicht erkannt worden ist – ein Relikt unserer intellektuellen Entwicklung, das beseitigt werden muß.

4. Metaphysik und Existenz

Selbst die abstraktesten Systeme der klassischen Metaphysik haben für Dewey irdische Wurzeln. Aristoteles' These, die Philosophie entstehe aus dem Staunen, bietet noch einmal einen hilfreichen Kontrast: „[E]s beginnen“, schreibt der ehemalige Schüler Platos im ersten Buch der „Metaphysik“ mit Bezug auf seine Vorgänger, „alle mit der Verwunderung darüber, ob sich etwas wirklich so verhält, wie etwa über die automatischen Kunstwerke oder die Wendungen der Sonne oder die Inkommensurabilität der Diagonale; denn verwunderlich erscheint es einem jeden, der den Grund noch nicht erforscht hat.“[15] Erst wenn die Ursache solcher scheinbar mysteriöser Tatsachen erkannt worden ist, hat der Forscher sein Ziel erreicht. Dann ist der ursprüngliche Zustand des Zweifels definitiv überwunden. Dieser schlägt sogar in sein Gegenteil um, denn „über nichts würde sich ein der Geometrie Kundiger mehr verwundern, als wenn die Diagonale kommensurabel sein sollte“.[16]

Mit einer solchen Theorie kann Dewey wenig anfangen. Für ihn entsteht die Philosophie zwar aus einer problematischen Situation, jedoch nicht aus einer intellektuellen Art des Sich-Wunderns; und es ist tatsächlich bemerkenswert, daß die an der zitierten Stelle von Aristoteles angeführten Beispiele Fragen der Mechanik, der Astronomie und der Mathematik betreffen – „Schulfragen“, die nicht direkt mit der menschlichen Existenz zu tun haben.

Die ursprüngliche Quelle der Philosophie liegt aber nach Dewey in einem aus aristotelischer Sicht vielleicht weniger edlen, sicher aber viel natürlicheren Aspekt unseres menschlichen Daseins: Gemeint ist die Angst, die eine gefährliche, sich ständig verändernde Welt uns einjagt. „Der Mensch", schreibt Dewey an einer bemerkenswerten Stelle, „findet sich in einer vom Zufall bestimmten Welt; mit einem Wort, seine Existenz ist ein Glücksspiel. Die Welt ist ein Gefahrenschauplatz; sie ist ungewiß, unstabil, auf unheimliche Weise unstabil; ihre Gefahren sind regellos, unbeständig, unvorhersehbar. Und obgleich hartnäckig, sind sie sporadisch und episodisch. Es ist am dunkelsten gerade vor der Morgendämmerung; Hochmut kommt vor dem Fall; der Augenblick des größten Wohlergehens ist der Augenblick, der am meisten mit schlechten Vorzeichen belastet ist, der am meisten geeignet ist für den bösen Blick. Pest, Hungersnot, Mißernte, Krankheit, Tod und Niederlage in der Schlacht stehen immer gerade vor der Tür, und ebenso Überfluß, Stärke, Sieg, Festlichkeiten und Gesang."[17]

Die Gefahr lauert überall – und von dieser Grundtatsache haben wir ein ständiges, wenn auch oft verdrängtes Bewußtsein. Um dies zu belegen, beruft sich Dewey auf die Ergebnisse der zeitgenössischen Anthropologie: „Eine Eigenschaft des Daseins, die durch kulturelle Phänomene unterstrichen wird, ist das Prekäre und Gefährliche. Nach Sumner, der sich dabei auf Grimm berufen kann, hatten die germanischen Stämme über tausend verschiedene Redewendungen, Sprichwörter und Apophthegmata, die sich auf das Glück beziehen."[18] Dewey selbst betrachtet die Philosophie mit den Augen eines Anthropologen, wenn er zu erklären versucht, wieso die Philosophie entstanden ist und welche Rolle sie im Leben unserer genialen – doch in vielerlei Hinsicht auch primitiven – Vorväter gespielt hat.

Der Zweifel, mit dem jede Forschung beginnt, ist für Dewey kein theoretischer, sondern ein existentieller. Und alle kulturellen Phänomene sind Versuche, durch Anwendung verschiedener Methoden die Welt unter Kontrolle zu bringen und auf diese Weise unsere existentielle Angst zu mildern. Techniken und Wissenschaften entstehen, um die Welt in einen sicheren Ort zu verwandeln. Durch die Riten der Magie und der Religion will man die ungeheuerliche Wut natürlicher Kräfte besänftigen, denn „Güter hängen nicht von unserer eigenen Gnade ab. Wer die Hilfe, die ihn am Leben erhält, nicht dankbar mittels freiwilliger Opfer anerkennt, ist ein geradezu gefährlicher Grobian."[19]

Auf existentielle Absicherung angesichts einer ungewissen Zukunft zielt auch die Philosophie, obwohl hier etwas Bemerkenswertes stattfindet: Geworfen in eine Welt voller Unsicherheit und Gefahr, beginnt der Philosoph von einer anderen, vollkommeneren Welt zu träumen. Auch in den angewandten Wissenschaften werden ideale Zielsetzungen entworfen; in der Philosophie wird aber nie versucht, das imaginierte Ideal zu verwirklichen. Statt dessen wird – in einem Akt unbewußter Selbsttäuschung – der nur imaginäre Charakter des entworfenen Ideals ausgeblendet und die gewünschte Vollkommenheit als schon verwirklicht deklariert. Es ist „die verwickelte Mischung des Stabilen und des Prekären, des Festen und des unvorhersagbar Neuen, des Gewissen und des Ungewissen in der Wirklichkeit, die die Menschheit zu jener Liebe zur Weisheit geführt hat, welche die Philosophie ausmacht".[20] Trotzdem, fährt Dewey fort, wird „das Ergebnis der Suche in eine Metaphysik umgewandelt, die genau diejenigen Eigenschaften der Wirklichkeit leugnet oder ignoriert, die diese Suche in Gang gesetzt haben und ihren Schlußfolgerungen ihren Sinn geben".[21]

In der Folge dieser Ausblendung entstehen Theorien, die die Welt als geordnet, vollkommen und rational preisen. Und da dies nicht in Einklang mit unserer Lebenserfahrung zu bringen ist, wird behauptet, daß die Welt unvollkommen erscheint, weil sie aus einer menschlichen, endlichen, fragmentarischen Perspektive erfaßt wird. Könnte man die ganze Welt auf einmal anschauen – ein Privileg, das traditionell nur einem Gott oder einem im höchsten Akt der Erkenntnis am Göttlichen partizipierenden Philosophen zugestanden wird –, würde man ihren Glanz erkennen. (Es ist nicht schwierig, Beispiele solcher Theorien ausfindig zu machen: Eine ausgezeichnete Illustration bietet die Philosophie Spinozas mit dem Kontrast zwischen einem fragmentarischen Erfassen der Welt *sub specie temporis* und einem allumfassenden Verständnis derselben *sub specie aeternitatis.*)

In einer unsicheren Welt zu leben bedeutet auch, Verantwortung für das eigene Tun übernehmen zu müssen – für unsere Erfolge wie für unsere Schiffbrüche. Die Theorie, daß alles so ist, wie es sein muß, ermöglicht uns, dieser Last zu entkommen. Dewey betont aber auch, daß die Systeme der Metaphysik nicht nur geglaubt werden, weil sie Trost bieten oder eine Flucht aus einer schwierigen Realität ermöglichen. Philosophische Theorien sind nämlich von äußerst intelligenten Menschen entworfen worden; sie sind Produkte einer raffinierten dialektischen Kunst und bieten eine Art unmittelbarer ästhetischer Befriedigung. Dewey unterstützt diese Analyse noch einmal durch Rückgriffe auf anthropologische Studien, insbesondere auf jene eines seiner Kollegen an der Columbia University in New York, Alexander Goldenweiser. Die Vorherrschaft des Supranaturalismus in der früheren Kultur ist nach Goldenweiser darauf zurückzuführen, daß „die Phantasmagorie des Supranaturalismus ästhetisch attraktiv ist; sie besitzt die Schönheit des Gedankens und der Form sowie der Bewegung, ist reich an bezaubernden Beispielen logischer Kohärenz und voller Faszination für den Schöpfer, den Systematisierer und den Betrachter".[22] Diese Einsicht wird von Dewey auf die klassische Philosophie Griechenlands übertragen. Hier „wurde das Bild der Welt, das nach einem künstlerischen Modell konstruiert wurde, als das Resultat rationaler Forschung ausgegeben. Eine Geschichte, die im Interesse einer verfeinerten Art von Genuss komponiert [...] war, wurde zu Kosmologie und Metaphysik."[23]

Nur auf diese Weise läßt sich nach Dewey die merkwürdige Tatsache erklären, daß die Philosophen – die wie alle anderen Menschen in einer Welt voller Sorgen und Leid leben – diese für vollkommen und harmonisch halten konnten.

5. Kritik der klassischen Metaphysik

Im Laufe der Jahrhunderte hat diese für die Philosophie typische Selbsttäuschung – die Verwechslung eines emotional-ästhetisch befriedigenden dialektischen Konstrukts mit einer wissenschaftlichen Darstellung der Wirklichkeit – eine beeindruckende Vielzahl metaphysischer Systeme hervorgebracht. Dewey warnt allerdings davor, sich von dieser Verschiedenartigkeit täuschen zu lassen. Denn wenn man genau hinsieht, erscheinen sie alle als Versuche, „Rezepte an die Hand zu geben, dem Universum den Charakter der Kontingenz zu nehmen, den es so integral besitzt".[24]

Plato und Aristoteles glauben an ideale Wesenheiten, die weder der Zeit noch dem Vergehen unterworfen sind. Deweys Zeitgenossen, die anglo-amerikanischen Idealisten (Royce, Green und Bradley) und Realisten (Russell), betrachten die Welt als mangelhafte Erscheinung einer Realität, die entweder spinozistisch als ewige Einheit oder platonisch als Reich mathematischer Gegenstände aufgefaßt wird. Der nominalistische Materialist – der weder an eine ursprüngliche Einheit des Seins noch an die Realität abstrakter Gegenstände glaubt – postuliert eine Pluralität unwandelbarer Atome, deren Interaktionen strikt nach deterministischen Gesetzen geregelt werden. Und auch Hegel, Heraklit und Bergson – die die prozessuale Natur der Wirklichkeit durchaus anerkennen und sogar betonen – interpretieren das Werden als Entfaltung eines göttlichen Lebens. Der Streit zwischen solchen Systemen mag in der Geschichte der Philosophie bitter gewesen sein. Dennoch sieht Dewey darin nur „Familienzwiste".[25] Man mag von „Idee", „Form", „absoluter Einheit", „Materie", „Gesetz", „Geist", „Logos" oder „Kreativität" gesprochen haben: Immer ist die Realität mit Permanenz und Ordnung identifiziert worden.

Deweys Bedenken gegen die klassische Metaphysik sind epistemischer wie auch moralischer Natur. Die klassische Metaphysik spaltet die Realität in zwei entgegengesetzte Gebiete – doch wirft diese Trennung irgendein Licht auf unsere Erfahrung? Der Anhänger Platos muß sich zum Beispiel fragen, wie ein empirisches Ding an einer transzendenten Idee teilhaben kann; der Anhänger Spinozas, wieso die *eine* Substanz uns in der Form einer *Vielheit* von Dingen erscheint. Kein Philosoph ist aber je in der Lage gewesen, diese Aporien zu beseitigen. Die klassische Metaphysik hat die menschliche Erfahrung in ein Mysterium verwandelt, statt sie zu erläutern. Und indem sie unsere tägliche Erfahrung als mangelhafte Erscheinung einer höheren Realität deutet, hat sie diese auch faktisch entwertet. Jedoch spielt sich unser Leben – mit seinen Augenblicken der Freude und der Traurigkeit, seinen Momenten der Erfüllung und seinen Krisen – gerade auf dieser „mangelhaften" Ebene ab.

Es ist kein Zufall, daß die Aporien der klassischen Metaphysik ungelöst blieben. Denn es handelt sich dabei um selbstgemachte – in Deweys Terminologie nur „dialektische" – Probleme. Man betrachte zum Beispiel die philosophischen Theorien des Bösen. Wenn die Welt vollkommen ist, wieso ist sie ein Schauplatz unerträglicher Ungerechtigkeiten und Katastrophen aller Art? Schwer zu entscheiden, ob die philosophischen – und theologischen – Antworten auf diese Frage eher lächerlich oder abstoßend sind. Kann man wirklich glauben, daß das Sterben von Millionen von Menschen durch die Pest oder einen Krieg nötig sei, damit das ganze Universum seinen harmonischen Charakter erhalten kann? Oder daß das Böse „existiert", aber trotzdem nicht „real" sei? Doch verschwindet dieser ganze Irrsinn, wenn man die Welt so hinnimmt, wie sie uns gegeben ist, als eine prekäre Mischung von ordentlichen und chaotischen Elementen. Wenn man also die durch die Erfahrung ständig widerlegte These, daß die Welt perfekt sei, einfach fallenläßt.

Der moralische, vielleicht auch moralistische Aspekt der Kritik Deweys kommt klar zum Vorschein, wenn er behauptet, daß die Pseudo-Probleme der Philosophie die Aufmerksamkeit von unseren echten Aufgaben ablenkten. Das einzige Problem des Bösen ist für ihn, es zu bekämpfen, alles andere ist Verschwendung wertvoller intellektueller Energien. Was die Philosophie zu bieten hat, ist nur ein „Ersatz für das Stabile und das Finale [...] ohne sich auf die Mühe und den Schmerz der intellektuellen Anstrengung einzulassen",[26] die eigentlich nötig wäre, um eine unbefriedigende Lage zu verbessern. Um noch einmal mit Marx zu sprechen: Es ist nicht die Religion, sondern die klassische Metaphysik, die nun beschuldigt wird, das Opium des Volkes zu sein – ein Betäubungsmittel, das unser Bewußtsein problematischer Situationen abstumpft, die Probleme selbst jedoch nicht löst.

Dewey faßt seine Kritik zusammen, indem er für die Beurteilung des Wertes einer Philosophie folgendes Kriterium vorschlägt: Führt diese Philosophie „zu Schlußfolgerungen, die dann, wenn sie auf die gewöhnlichen Lebenserfahrungen und ihre Probleme zurückbezogen werden, diese bedeutsamer, erhellender und unseren Umgang mit ihnen fruchtbringender machen? Oder führt sie dazu, die Dinge der gewöhnlichen Erfahrung undurchsichtiger zu machen, als sie vorher waren, und zu der Behauptung, daß sie die Bedeutung, die sie vorher zu haben schienen, ‚in Wirklichkeit' gar nicht hatten?"[27] Werden die traditionellen Systeme nach diesem Standard beurteilt, müssen sie alle als wertlos verworfen werden. Das scheint eine sehr radikale These zu sein. Dewey will aber nicht bestreiten, daß bestimmte Philosophien in ihrem historischen Kontext auch eine positive Funktion ausgeübt haben könnten. Und er ist durchaus der Meinung, daß es wichtig sei, die alten Theorien ernsthaft zu studieren. Schon eine Kritik veralteter Konzeptionen, wie er selbst sie betreibt, wäre ohne vertiefte Kenntnisse der Geschichte der Philosophie unmöglich.

Deweys These ist eher die, daß es falsch wäre, *heute* an den traditionellen Systemen festzuhalten.[28] Die modernen empirischen Wissenschaften haben solche Fortschritte gemacht, daß es bessere Mittel der existentiellen Absicherung gibt als die kompensatorischen – und deshalb auch paralysierenden – Träume der Metaphysik.

Es ist also durchaus verständlich, daß Dewey nie gegen vergangene Systeme oder eine bestimmte These direkt argumentiert. Ist das sogenannte ontologische Argument ein Fehlschluß? Ist Spinozas Argument für den Substanz-Monismus gültig? Diese für viele Philosophen so spannenden Fragen spielen in Deweys historisierendem Denken keine Rolle. Statt eine Widerlegung anzubieten, verschiebt er unsere Perspektive: Durch eine genetische Rekonstruktion versucht er, eine ganze Tradition zu entwurzeln, diese einerseits als verständliche, andererseits aber auch als großartige Täuschung erscheinen zu lassen. Ein Vergleich mag helfen, Deweys methodisches Vorgehen besser zu verstehen: Könnten wir unseren Partner noch lieben, wenn wir in einem Moment inneren Aufwachens realisieren würden, daß seine Anziehungskraft darauf beruht, daß er bzw. sie den Idealvorstellungen unserer Eltern entspricht? Oder darauf, daß er bzw. sie reich ist? Vermutlich nicht. Deweys genetische Ausführungen wollen genau einen solchen Moment des Aufwachens erzwingen; sie zielen auf die Einsicht ab, daß die Philosophie einen Neuanfang dringend braucht, wenn sie nicht völlig irrelevant werden will – oder im schlimmsten Fall sogar ein Hindernis bei der Gestaltung einer besseren Welt.

Laut Dewey zeugt es von einem „beklagenswerten Mangel an Einbildungskraft", zu glauben, die Philosophie werde sich innerhalb jenes Bereichs von Problemen und Systemen weiterdrehen, den uns zweitausend Jahre europäischer Geschichte vermacht haben. Im Hinblick auf die lange Zukunft gesehen, ist die gesamte europäische Philosophie eine „provinzielle Episode".[29] Bis dies allgemein anerkannt ist, ist es die Aufgabe der Philosophen, „den nutzlosen Ballast loszuwerden", der die Wege des Denkens versperrt, und „sich zu bemühen, die Pfade zu öffnen, die in die Zukunft führen".[30] Wie aus dieser Stelle hervorgeht, sah Dewey sich selbst als eine Übergangsfigur. Alte Denkmuster werden verworfen, neue kündigen sich an, sind aber in seiner Philosophie noch nicht in ausgereifter Form zu finden. Die programmatische Natur seiner Schriften ist somit nicht Ausdruck eines individuellen Mangels, sondern – zumindest aus seiner Perspektive – eine historische Notwendigkeit. Wie es schon Emerson vor ihm getan hatte (s. Kap. IV, 3) und mit einer ähnlichen rhetorischen Kraft, porträtiert Dewey sich selbst als den Zünder eines neuen geistigen Zeitalters.

6. Empirismus und Metaphysik

Deweys Kritik der klassischen Weltsysteme ist keine pauschale Verwerfung der Metaphysik. Was er an der traditionellen Philosophie kritisiert, ist nicht, daß sie versucht hat, eine allgemeine Theorie der Wirklichkeit zu entwerfen. Er nimmt auch keinen Anstoß daran, daß sie sich dabei komplizierter und abstrakter Begriffe bedient hat – denn wie konnte man Fortschritte in der Erkenntnis machen, ohne den Bestandteil an Denkmustern, die man besitzt, ständig zu revidieren, zu erweitern und zu verfeinern? Was er bedauert, ist lediglich, daß die Philosophie nicht „empirisch" vorgegangen ist.

Die Anwendung einer empirischen Methode, so Dewey, hat den Naturwissenschaften zu großen Erfolgen verholfen; nun ist es an der Zeit, diese Methode an der Metaphysik auszuprobieren. In dieser Hinsicht ist die Philosophie so rückständig, daß Dewey seine historische Rolle mit jener von Francis Bacon am Anfang der modernen Wissenschaft gleichsetzt.[31] Ein Vergleich zwischen Wissenschaft und Philosophie kann die letztere nur in große Verlegenheit bringen: „[D]er Gegensatz der empirischen Methode zu anderen Methoden, die beim Philosophieren angewandt werden, zusammen mit der augenfälligen Unähnlichkeit der Resultate, die von einer empirischen und einer entschieden nicht-empirischen Methode hervorgebracht werden, machen die Diskussion der methodischen Bedeutung der ‚Erfahrung' für die Philosophie relevant und wirklich unentbehrlich."[32]

Trotz dieses Lobs der Wissenschaft – und dies ist ein entscheidender Punkt, der nie aus dem Blick geraten sollte – ist Dewey weder ein Positivist, der die Metaphysik als sinnlos betrachtet, noch ein Szientist, der die Wissenschaft blind und dogmatisch als höchste und einzige epistemische Autorität anerkennt. Selbst die empirische Methode, das betont er ausdrücklich, führt zu Theorien, die nie gewiß sind – Theorien also, die im Prinzip immer revidierbar sind. Er konstatiert lediglich, daß die moderne Wissenschaft sich als verläßlich und hilfreich bewähren konnte. Und sobald man sieht, daß die klassischen Systeme der Metaphysik geplatzte Träume sind, wird auch klar, daß wir keine besseren Theorien besitzen als jene, die empirisch erarbeitet worden sind.

Die Entwicklung der ganzen westlichen Zivilisation zeigt, daß sich absolute Gewißheit nicht erlangen läßt; wir müssen uns damit abfinden, mit provisorischen Wahrheiten zu leben: Diese These erhält bei Dewey implizit auch eine wichtige psychologische Konnotation, denn Theorien dienen letztendlich dazu, eine unberechenbare Welt in unser „Zuhause" zu verwandeln.

Seine Forderung, die Metaphysik solle empirisch werden, hat noch ein anderes Korollar: Die Wissenschaft und eine richtig praktizierte Metaphysik bedienen sich derselben Methode und sind somit in epistemischer Hinsicht gleichwertig. Diese Aussage ist nicht selbstverständlich. Denn oft ist behauptet worden – insbesondere in der von Plato inspirierten rationalistischen Tradition –, daß die Metaphysik zu einer höheren, unerschütterlichen Wahrheit gelange, gerade weil sie nicht empirisch vorgeht, sondern sich intuitiver Methoden bedient. (Um die Jahrhundertwende war diese negative Einschätzung der Naturwissenschaften besonders unter den anglo-amerikanischen Neo-Idealisten weit verbreitet.)

Doch was bedeutet es genau, daß die Metaphysik empirisch werden soll? „Der Naturwissenschaftler", schreibt Dewey, „hält es für selbstverständlich, daß Erfahrung, die auf spezifizierbare Weise kontrolliert wird, der Weg ist, der zu den Tatsachen und Gesetzen der Natur führt. Er bedient sich uneingeschränkt des schlußfolgernden Denkens und der Berechnung; ohne sie käme er gar nicht zurecht. Aber er achtet darauf, daß Wagnisse dieser theoretischen Art sowohl ihren Anfang wie ihr Ende in direkt erfahrenem Material haben. Theorie mag in einer langen Schlußfolgerungskette dazwischentreten, deren Teile vielfach weit von dem entfernt sind, was direkt erfahren wird. Aber die Ranke der hängenden Theorie ist an beiden Enden an die Säulen des beobachteten Stoffes geknüpft. Und dieses erfahrene Material ist dasselbe für den Wissenschaftler wie für den Mann auf der Straße."[33]

Wie diese Stelle zeigt, ist Deweys Auffassung der empirischen Methode sehr weit gefaßt. Es gibt grundsätzlich nur zwei Grundprinzipien, die jede empirische Metaphysik respektieren soll. (1) Alle fundamentalen Züge unserer unmittelbaren Welterfahrung sollen anerkannt werden. Die erfahrene Welt ist eine Mischung aus unordentlichen und ordentlichen Elementen – sie ist weder lediglich Kosmos noch lediglich Chaos, sondern beides auf einmal. Die Tradition ist dagegen selektiv vorgegangen und hat sich nur auf diejenigen Aspekte konzentriert, die dem Ideal der Erkenntnis als „Schau" ewiger Formen entsprechen (in diesem Zusammenhang spricht Dewey von einem „Fehlschluß der selektiven Betonung"). (2) Metaphysische Theorien sollen nicht nur ihren Ursprung in der unverfälschten Primärerfahrung haben, sondern auch darauf zurückbezogen werden. Die traditionelle Metaphysik hat ihre Schlüsse nie durch die Erfahrung überprüfen lassen; wenn die Theorie nicht mit der Erfahrung in Einklang gebracht werden konnte, wurde letztere als „illusorisch" gebrandmarkt.

Ein weiteres Problem der nicht-empirischen Methode – und dies ist ein Punkt, auf den Dewey viel Wert legt – ist die Tatsache, daß sie nicht weiterführt. Die durch die Erfahrung gerechtfertigten wissenschaftlichen Theorien sind nicht nur als Forschungsergebnisse anzusehen, sie werfen auch neue Fragen auf und sind somit – wie Chauncey Wright schon betont hatte (s. Kap. IV, 2) – Anfangspunkte für weitere Untersuchungen. Traditionelle metaphysische Theorien dagegen sind nur Holzwege: Die Fragen, die sie aufwerfen, sind keine genuinen Probleme, die einen neuen Forschungshorizont eröffnen könnten; sie sind unlösbare Rätsel, die die Philosophie in einem Zirkel rein dialektischer Spekulationen gefangenhalten. Der Bezug auf die Erfahrung ist zwar zweifellos riskant, denn unsere Theorien könnten sich als falsch erweisen; dennoch gibt es für Dewey keine andere Weise, unsere mentalen Kräfte lebendig zu halten.

Die Anwendung der empirischen Methode in der Metaphysik führt in seiner Sicht zu einer organisch-prozessualen Theorie der Welt. Im Gegensatz zu der „üblichen Identifikation der Wirklichkeit mit dem, was sicher, regelmäßig und vollendet ist," schreibt Dewey, „legt die Erfahrung in ihren unverbildeten Formen Zeugnis ab von einer ganz anderen Welt und verweist auf eine ganz andere Metaphysik".[34] Nach ihm gibt es also einen primitiven Kern der menschlichen Erfahrung – „die Erfahrung in ihren unverbildeten Formen", wie er sagt –, die eine verläßliche Einsicht in die Natur der Welt ermöglicht. Ein solcher ursprünglicher Kern läßt sich durch eine ehrliche Erforschung der eigenen alltäglichen Erlebnisse aufdecken. Und in einer kurzen, aber einleuchtenden Einleitung zu Paul Radins „Primitive Man as Philosopher" (1927) weist Dewey noch einmal auf die Wichtigkeit von anthropologischen Studien hin: Es sind die Sprüche, Mythen und Legenden von früheren Völkern, die gerade wegen ihrer primitiven Einfachheit die menschliche Welterfahrung am deutlichsten ausdrücken.[35]

Doch wie läßt sich eine solche These rechtfertigen? Wie kann Dewey sicher sein, daß er eine solche allgemeine ursprüngliche Welterfahrung korrekt erfaßt hat? Und ist eine Metaphysik, die ihre Basis in der menschlichen Erfahrung hat, nicht notwendigerweise anthropomorph? Solche Einwände hätten Dewey kaum beunruhigt. Einerseits wirft eine empirisch durchgeführte Untersuchung neues Licht auf die Art der Erfahrung selbst. Andererseits gehört zur Logik der empirischen Methoden, daß jeder Wahrheitsanspruch nicht von vornherein, sondern nur durch spätere Untersuchungen legitimiert werden kann. Deweys Metaphysik erhebt nur den Anspruch, eine zu überprüfende und in jeder Hinsicht revidierbare Hypothese zu sein.

Die Hypothese selbst kann in wenigen Worten dargelegt werden. Die Welt besteht nicht aus starren Substanzen – etwa den unveränderlichen Atomen Demokrits und des traditionellen Materialismus –, sondern aus einer Pluralität von miteinander interagierenden, auf organische Weise verwobenen „Ereignissen" *(events)*. Auch die großartigsten Berge – unter den sinnlichen Dingen vielleicht diejenigen, die am ehesten ein Gefühl von Ewigkeit vermitteln – sind im Laufe einer langen Geschichte entstanden und werden einmal untergehen. Was permanent erscheint, ist nicht absolut so, sondern nur mit Bezug auf unsere beschränkte menschliche Existenz. Selbst Naturgesetze sind keine Konstanten, sondern entstehen und variieren in der Zeit. Kurzum, die Welt ist ein fließender Strom, in dem ständig neue Formen entstehen; in diesem Strom befinden wir uns, und zwar als seine integralen Bestandteile.

Der Einfluß, den Hegels „Philosophie des Geistes" und die späteren metaphysischen Werke von William James auf diese Konzeption ausgeübt haben, ist unübersehbar. Dennoch betont Dewey gegenüber Hegel, daß die kosmische Entwicklung kein im voraus festgelegtes Ziel habe und nicht als Entfaltung eines rationalen Logos zu deuten sei. Und anders als James weigert er sich, die religiöse Erfahrung als authentisch zu interpretieren. Für Dewey gibt es keinen Gott, der die Weltgeschichte lenkt oder – wie James vermutet hatte – unsere Versuche, die Welt zu verbessern, leiten oder unterstützen könnte. Es gibt kein „Jenseits" in dieser Weltsicht; die traditionelle Trennung zwischen einer „erfahrenen" und einer „gedachten" Welt ist überwunden. Die Möglichkeit, in „dieser" Welt zu bestehen, hängt also nur ab von unserer „Intelligenz" *(intelligence)* – ein Wort, das Dewey absichtlich wählt, um den Kontrast zu markieren zwischen einem empirisch-technischen Denken, das sich durch Versuche weiterentwickelt, und dem Mythos eines direkten und endgültigen Erfassens höherer Realitäten (wie etwa beim platonischen *Nous* oder der romantischen *Vernunft*).

Dewey bemüht sich nicht, diese Skizze einer prozessualen Theorie der Wirklichkeit genauer auszuführen (dies ist eine Aufgabe, die James nicht vollenden konnte und die später von Alfred North Whitehead übernommen wurde; s. Kap. VIII, 2). Dennoch scheint die Frage gerechtfertigt, ob Dewey tatsächlich nur von empirischen Überlegungen geleitet ist. Denn es fällt sofort auf, daß die organisch-prozessuale Welt, die er beschreibt, exakt jene Eigenschaften hat, die das Projekt der Konstruktion einer demokratischen Gesellschaft legitimieren. Einerseits sind in einer organischen Welt alle ihre Mitglieder voneinander abhängig und somit notwendigerweise auf die demokratischen Tugenden von Kommunikation und Kooperation angewiesen: „[W]enn der Mensch innerhalb der Natur steht und nicht als ein kleiner Gott außerhalb [...]", schreibt Dewey, „ist Interaktion die einzige unentrinnbare Eigenschaft jeder menschlichen Tätigkeit."[36] Andererseits hat die Weltentwicklung für ihn weder eine fixe Struktur noch ein im voraus festgelegtes Ziel. Die Zukunft ist vollständig offen und kann frei nach unseren Wünschen geformt werden. Technisch gesehen, ist Deweys Metaphysik weder eine Variante des Optimismus noch des Pessimismus, sondern eine Zwischenform dieser beiden extremen Positionen, ein „Meliorismus"; die Welt ist weder intrinsisch gut noch schlecht, aber sie kann verbessert werden.

In sozial-politischer Perspektive stellt sich diese Metaphysik deshalb eher als das Ergebnis eines transzendentalen Arguments dar, das die Möglichkeit einer demokratischen Gesellschaft beweisen soll, denn als überlegte Schlußfolgerung einer sorgfältigen empirischen Untersuchung. Dieser Eindruck wird indirekt auch dadurch bestätigt, daß Dewey sich oft in ermutigendem Ton und mit unübersehbarem missionarischem Eifer an seine Leser wendet.

Es liegt lediglich an uns, moniert er, ob eine bessere Welt verwirklicht wird. Und einer solchen Verantwortung können wir uns gar nicht entziehen, denn die „Wahl ist nicht willkürlich, nicht in einem Universum wie diesem, einer Welt, die unfertig ist und die sich nicht konsistent entschlossen hat, wohin sie gehen und was sie tun will".[37]

Ist es Zufall oder Zeichen der enormen historischen Bedeutung des Deweyschen Pragmatismus für die amerikanische Kultur, daß diese Stelle Barack Obamas „Yes we can!" – seinen Slogan aus dem 2008 erfolgreich geführten Wahlkampf um die amerikanische Präsidentschaft – in Erinnerung ruft? Wie dem auch sei: Nach Dewey ist die klassische Metaphysik, die Ordnung und Permanenz als zentrale Züge der Welt sieht, aus der menschlichen Sehnsucht nach existentieller Sicherheit entstanden. Jedoch hat er selbst, dies ist der legitime Verdacht, die eigenen Hoffnungen auf eine bessere Gesellschaft in eine Metaphysik des Werdens und der offenen Zukunft verwandelt.

7. Geist, Sprache und Natur

Es ist ein Verdienst von Deweys organismischer Metaphysik, daß sie eine neue Auffassung der Beziehung zwischen Mensch und Natur ermöglicht. Unter dem Einfluß des Platonismus, des Christentums und der Philosophie Descartes' ist die westliche Tradition von einer radikalen Trennung zwischen Subjekt und Welt ausgegangen. Ein solcher Dualismus hat zu einer Reihe unlösbarer Probleme geführt – in erster Linie zum Problem des Skeptizismus und der Frage nach der Möglichkeit der kausalen Interaktion zwischen einer spirituellen Seele und einem materiellen Körper. Das Festhalten an einem solchen Dualismus, so Dewey, hat sich aber auch negativ ausgewirkt auf das Lebensgefühl vieler Menschen, die ihre innere Verbindung mit der physischen Umwelt nicht mehr wahrnehmen können und sich isoliert, wie verloren in einer fremden Welt vorkommen. Für sie wird der Dualismus von Geist und Körper, eine von den unmittelbarsten Problemen der Menschen scheinbar ferne philosophische Überzeugung, „eine Quelle der Unterdrückung für das Herz und der Lähmung der Imagination".[38] Deshalb sieht er die Aufgabe einer genuin humanistischen Philosophie – einer Philosophie, die die Qualität des gesamten menschlichen Lebens verbessern will – darin, den traditionellen Dualismus als Fehler zu entlarven und die Beziehung zwischen Geist und Natur im Sinne einer tiefgreifenden Kontinuität zu deuten.

In der Erkenntnistheorie hat das Festhalten an dualistischen Denkmustern zu einer krassen Mißdeutung der Natur der Erfahrung geführt. Obwohl es offensichtlich ist und in der Praxis niemand daran zweifelt, daß wir nur dank der Erfahrung zu echten Erkenntnissen über die Welt gelangen, ist es den

Philosophen nicht gelungen zu erklären, wie das möglich sein soll. Man nehme zum Beispiel die philosophischen Theorien der sinnlichen Wahrnehmung. Die Vertreter des sogenannten „direkten Realismus" behaupten, daß in der Wahrnehmung das Subjekt in unmittelbare Verbindung mit einem externen, unabhängigen Objekt trete und seine echten Eigenschaften erfasse. Der Duft einer Rose, die helle Farbe eines Kleids, der saure Geschmack eines Weins – dies alles sind Eigenschaften des erlebten Gegenstandes. Obwohl dies plausibel erscheint, reicht ein kurzer Moment der Überlegung, um uns davon zu überzeugen, daß eine solche Theorie nicht ganz wahr sein kann. Denn dieselbe Rose riecht anders für verschiedene Personen, die Farbe des Kleides ändert sich mit dem wechselnden Licht, der Geschmack des Weins scheint von unserer Verfassung abhängig zu sein.

Überlegungen dieser Art führen zu einer Korrektur der ursprünglichen Theorie. Zwar wird in der Wahrnehmung ein externes Objekt erfaßt, so könnte nun argumentiert werden, aber die wahrgenommenen Eigenschaften gehören nicht dem erfahrenen Gegenstand, sondern dem wahrnehmenden Subjekt an: Der Duft, die Farbe, der Geschmack sind subjektive Erscheinungen, Modifikationen unseres Geistes, und nicht reale Attribute eines externen Objekts. Jedoch ist auch ein solcher „indirekter Realismus" alles andere als unproblematisch; denn wie kann man, wenn alle wahrgenommenen Eigenschaften dem Subjekt anhaften, sicher sein, daß es eine externe, unabhängige Welt überhaupt gibt? Alles, was uns nun unmittelbar zugänglich ist, sind unsere subjektiven Erfahrungen.

Die philosophische Reflexion über die Erfahrung ist somit für Dewey an einem toten Punkt angelangt. Denn nun sind wir mit einer absurden Vorstellung konfrontiert – der „Absurdität eines Erfahrens, das nur sich selbst erfährt, Zustände und Prozesse des Bewußtseins, statt der Dinge der Natur".[39] Allerdings kann sich die Erkenntnistheorie von dieser Absurdität befreien, wenn sie die rigide Trennung zwischen Subjekt und Objekt aufgibt. Dewey bezieht sich auf William James, um seine eigene Auffassung zu erläutern. Erfahrung, schreibt er an einer wichtigen Stelle, ist, „was William James ein doppelläufiges Wort genannt hat. Wie seine Artverwandten, Leben und Geschichten, schließt es ein, *was* Menschen tun und leiden, *was* sie ersehnen, lieben, glauben und ertragen, und ebenso, *wie* Menschen handeln und wie sie behandelt werden, die Arten und Weisen, *wie* sie tun und leiden, wünschen und genießen, sehen, glauben, phantasieren – kurzum, Prozesse des *Erfahrens*. ‚Erfahrung' bezeichnet das gepflanzte Feld, die gesäten Saaten, die eingebrachte Ernte, den Wechsel von Tag und Nacht, Frühling und Herbst, feucht und trocken, Hitze und Kälte, die beobachtet, gefürchtet, ersehnt werden; Erfahrung bezeichnet auch den, der pflanzt und erntet, der arbeitet und genießt, hofft, fürchtet, plant, Magie oder Chemie zu Hilfe nimmt, der niedergeschlagen oder voller Triumph ist. Erfahrung ist ‚doppelläufig' in dem Sinne, daß sie in ihrer primären Ganzheit keine Trennung zwischen Akt und Material, zwischen Subjekt und Objekt kennt, sondern sie beide in einer unanalysierten Totalität enthält."[40]

Deweys Stil paßt sich hier der zu beschreibenden Wirklichkeit fast mimetisch an. Weder ein unabhängiges Subjekt noch ein unabhängiges Objekt ist primär gegeben. Die konkrete Realität der Erfahrung ist die eines inklusiven, chaotischen Ganzen – ein einheitliches Moment, in dem Subjekt und Objekt unterscheidbar und dennoch nicht wirklich unterschieden sind. Die herkömmliche Philosophie hat diese beiden Aspekte einer einheitlichen Totalität voneinander isoliert, was an sich noch kein Fehler ist. Statt sie aber einfach als Aspekte gelten zu lassen, hat sie sie in unabhängige und ontologisch verschiedene Dinge verwandelt: eine mentale *res cogitans* einerseits und eine materielle *res extensa* andererseits.

Die ursprüngliche Einheit der Erfahrung wurde somit willkürlich in zwei grundsätzlich verschiedene Domänen aufgebrochen. Erst dann konnte die Frage aufgeworfen werden, wie eine Seite sich über die Existenz der anderen vergewissern kann. Wer dagegen Subjekt und Objekt „holistisch" auffaßt, so ist Dewey überzeugt, der wird auch imstande sein, das Dilemma zwischen direktem und indirektem Realismus zu überwinden. Erlebte Eigenschaften wie eine Farbe oder ein Duft lassen sich weder als Eigenschaften eines unabhängigen Objekts (wie im direkten Realismus) noch eines unabhängigen Subjekts (wie im indirekten Realismus) deuten. Mit hegelschem Gestus schlägt Dewey nun eine Art Kompromiß dieser beiden antithetischen Positionen vor: Da erlebte Eigenschaften nur innerhalb eines einheitlichen Moments der Erfahrung existieren, müssen sie als Eigenschaften der Beziehung zwischen Subjekt und Objekt aufgefaßt werden. Damit sind erfahrene Eigenschaften eher mit Adverbien als mit Adjektiven zu vergleichen; sie drücken die Art und Weise aus, wie ein Gegenstand erfahren wird, nicht wie er ist oder wie er sich für das Subjekt manifestiert.

Was für die Kategorien von „Subjekt" und „Objekt" gilt, gilt auch für andere vermeintlich basale Entitäten der traditionellen Erkenntnistheorie. Die moderne Philosophie hat Erfahrung als Mosaik fundamentaler Bausteine aufgefaßt, von mentalen Atomen wie Lockes *ideas of sense*, Humes *impressions* oder Moores *sense data*. Aufgrund dieser Annahme entstehen angeblich „zentrale Fragen" der Philosophie, Fragen nach der genauen Beziehung zwischen solchen mentalen Elementen und materiellen Gegenständen (z. B. in der Philosophie Moores; s. Kap. XI, 6) sowie ambitionierte Projekte wie der Versuch, die ganze Wissenschaft auf diese Basis zu reduzieren (z. B. im logischen Positivismus; s. Kap. XIII, 1). Solche Projekte sind aber nach Deweys Verständnis notwendigerweise zum Scheitern verurteilt, denn sie verwechseln das Produkt einer Abstraktion, d. h. das isolierte Sinnesdatum, mit dem primär Gegebenen. Ältere wie neuere Formen des Empirismus nehmen die „umfassende Ganzheit von ‚Erfahrung'"[41] nicht als ihren Ausgangspunkt und sind somit für Dewey nicht empirisch genug.

In „From Absolutism to Experimentalism" erkennt Dewey an, daß die Bekanntschaft mit der Philosophie Hegels „einen dauernden Eindruck" auf sein ganzes Denken gemacht habe.[42] Und in der Tat ist der Einfluß Hegels hier noch einmal sichtbar. Denn Dewey behauptet wie dieser, daß nur das Ganze wahr sein könne – anders formuliert, daß die Analyse zur Verfälschung führt, wenn man ihren breiteren Hintergrund vergißt. Sie löst die für eine organische Totalität konstitutive Beziehung auf und kann deshalb deren ursprüngliche Einheit nicht mehr zurückgewinnen. Das Problem des analytischen Denkens, erklärt Dewey in Anspielung auf ein englisches Kinderlied, „ist dann, das, was ausgerissen worden ist, wieder zusammenzubekommen – wie wenn die Männer des Königs mit den Fragmenten des Eies begönnen und versuchten, das ganze Ei daraus zusammenzusetzen".[43]

Die Frage nach der Beziehung zwischen menschlicher Subjektivität und physischer Welt hat dabei nicht nur eine erkenntnistheoretische, sondern auch eine metaphysische Seite. Für Dewey ist es selbstverständlich, daß „[d]er Mensch innerhalb der Natur steht und nicht als ein kleiner Gott außerhalb".[44] Für einen Bewunderer Darwins kann dies nur bedeuten, daß der Mensch ein Produkt der Evolution ist, wie alle anderen Lebewesen auch. Jedoch ist eine solche Aussage problematisch, denn wie läßt sich der Übergang von der toten Materie zum lebendigen Geist erklären? Die Schwierigkeit besteht darin, daß man es hier offensichtlich mit zwei grundsätzlich verschiedenen Substanzen zu tun hat. Die Entstehung des Mentalen aus dem Physischen scheint ein Mysterium zu sein, das mit der Transsubstantiation gleichzusetzen ist.

Um dieser Schwierigkeit begegnen zu können, akzeptierten viele Philosophen (darunter der von Dewey verehrte William James) die radikale These, daß die Materie selbst mit mentalen Eigenschaften ausgestattet sei (s. Kap. VI, 7). Prominente Interpreten wie Rorty und Richard Gale weisen Dewey eine panpsychistische Theorie zu und kritisieren ihn deshalb auch scharf.[45] Tatsächlich scheint Dewey aber wenig Sympathie für eine solche Theorie gehabt zu haben, die er explizit als unseriöse Spekulation brandmarkt: „Niemand, der vor wissenschaftlichen Schlußfolgerungen wirklich Respekt hat, kann bestreiten, daß Erfahrung als etwas wirklich Existierendes etwas ist, das nur unter hoch spezialisierten Bedingungen auftritt, wie sie sich etwa bei einem hoch organisierten Geschöpf finden, das seinerseits eine spezialisierte Umwelt erfordert."[46]

Deweys Auffassung der Beziehung zwischen Geist und Natur ist in gewisser Hinsicht radikaler als die des Panpsychismus. Noch einmal geht es ihm darum, zu zeigen, daß die traditionelle Philosophie ihre Fragen falsch gestellt hat. Zu revidieren ist diesmal die Art und Weise, wie Geist und Materie gedacht wurden. Deweys These ist aber nicht, daß die Materie selbst psychische Eigenschaften besitzt. Seiner Ansicht nach sind „Geist" und „Materie" keine Namen für heterogene Substanzen, sondern Bezeichnungen für verschiedene Verhaltensweisen natürlicher Organismen. Die Unterscheidung zwischen dem Physischen und dem Geistigen ist lediglich „eine Unterscheidung von Ebenen anwachsender Komplexität und Intimität der Interaktion zwischen natürlichen Ereignissen. Die Idee, daß Materie, Leben und Geist verschiedene Arten des Seins darstellen, ist eine Lehre, die, wie so viele philosophische Irrtümer, aus einer Verdinglichung bedingter Funktionen entspringt.“[47] Die ganze moderne Diskussion des Leib-Seele-Problems – und dies betrifft nun nicht nur den Panpsychismus, sondern auch Theorien wie den psycho-physischen Parallelismus, die prästabilierte Harmonie oder den Epiphänomenalismus – beruht also, um es in der nützlichen Terminologie von Gilbert Ryle zu formulieren, auf einem Kategorienfehler (s. Kap. XIII, 2): „Funktionen“ wurden wie „Dinge“ behandelt – ein Beispiel der natürlichen Tendenz des menschlichen Intellekts, eine aktive, dynamische Wirklichkeit mit statischen Kategorien zu erfassen.

Deweys Ansatz ist originell, und doch läßt er einige Fragen offen. Angenommen, „Materie“ und „Geist“ seien tatsächlich nur Verhaltensweisen natürlicher Organismen – worin bestehen dann diese? Aus einem besonderen „Stoff“? Oder ist diese Frage falsch gestellt, und man sollte den Begriff von einer Materie oder Substanz ganz aufgeben? Zweitens ist unklar, ob tatsächlich alle mentalen Phänomene funktional erklärt werden können. Ein Schmerz etwa kann verschiedene Aktionen auslösen (einen Schrei, das Aufstehen, um ein Medikament zu suchen, usw.), aber es ist nicht selbstverständlich, daß der Schmerz selbst als Verhaltensweise begriffen werden kann. In seiner Unmittelbarkeit scheint er selbst nichts anderes zu sein als eine unangenehme qualitative Präsenz – etwas wird hier eher „gespürt“ als „getan“.

Dewey selbst gesteht zu, daß sein Ansatz weiterer Vertiefung bedürfe. Denn er charakterisiert ihn als Versuch, „zu dem beizutragen, was [...] als ‚Emergenz-Theorie‘ des Geistes bezeichnet wird“.[48] Nach ihm lassen sich drei Ebenen in der evolutionären Geschichte der Natur unterscheiden, nämlich (1) die der unbelebten physischen Dinge, (2) die der lebendigen Organismen, die einfach nach Selbsterhaltung streben und in diesem Sinne auf ihre Umgebung reagieren, und (3) die der „Vergemeinschaftung, der Kommunikation und der Teilhabe“.[49] Diese letzte Ebene oder Stufe der evolutionären Entwicklung ist die Ebene des Geistes, die durch die Anwendung von Sprache charakterisiert ist. Geist ist „eine zusätzliche Eigenschaft, die ein fühlendes Geschöpf erwirbt, wenn es jene organisierte Interaktion mit anderen lebenden Kreaturen erreicht, die Sprache, Kommunikation ist“.[50] Erst auf dieser Stufe wird ein Leben möglich, das „menschlich“ genannt werden kann und sich über die Ebene bloßer Animalität und reinen Fühlens erhebt. Wie Dewey in Anspielung auf Hegel sagt, kommt erst mit der Sprache die Natur in der Gestalt des Menschen zum „Selbstbewußtsein“.

Dem Problem der Natur und der Entstehung der Sprache widmet Dewey einige seiner tiefsten und tatsächlich zukunftsweisenden Gedanken. Die antike Philosophie (gemeint ist vor allem Aristoteles' Theorie der Kategorien) hat die Wichtigkeit der Sprache für das menschliche Leben durchaus erkannt, sie hat die Sprache jedoch als Spiegelung einer statischen logischen und ontologischen Ordnung gedeutet, statt sie als Produkt einer evolutionären Geschichte anzusehen. Die moderne Philosophie (die Rede ist nun von Locke und Hume) hat wenig über die Sprache gesagt und sie als reine Verkleidung einer inneren, mentalen Welt aufgefaßt. Ein solcher Ansatz identifiziert sprachliche Bedeutungen mit privaten, psychischen Ideen und sieht in ihnen nur ein Mittel, um einem schon existierenden geistigen Leben öffentlichen „Ausdruck" zu verleihen. Diese Auffassung der Beziehung zwischen Sprache und Denken übersieht aber die beiden wichtigsten Tatsachen: erstens, daß die Sprache eine konstitutive Bedingung des Denkens ist, und zweitens, daß keine Sprache ohne gesellschaftliche Interaktion möglich ist.

Sprachliche Bedeutungen sind nicht vorgefertigte Entitäten, sondern sie entstehen, wenn mindestens zwei Individuen auf gegenseitige Hilfe und Kooperation angewiesen sind. Das Weinen eines Kindes ist eine natürliche organische Reaktion, doch das Kind lernt, davon Gebrauch zu machen und sie als Zeichen für seinen Hunger zu benutzen. Analog dazu ist es nichts als eine physische Bewegung, wenn man mit dem Finger auf einen Gegenstand zeigt; erst wenn zwei Personen lernen, diese Bewegung als Befehl zu interpretieren, wird der ausgestreckte Finger zum Zeichen für den gemeinten Gegenstand. Natürliche Gesten werden Zeichen – also Bestandteile einer Sprache –, wenn sie in eine gemeinsame Praxis eingebettet sind. „Die Geschichte der Sprache ist die Geschichte des *Gebrauchs*, der von diesen Geschehnissen [unseren natürlichen Gesten und Lauten] gemacht worden ist."[51]

Dewey geht es in erster Linie darum, zu zeigen, daß die Teilnahme an einer gesellschaftlichen Lebensweise eine notwendige Bedingung für die Existenz der Sprache ist: „Sprache", schreibt er, „ist eine natürliche Funktion menschlicher Vergemeinschaftung".[52] Und da das Denken abhängig ist von der Fähigkeit, Zeichen zu verwenden – eine These, die Dewey mit Peirce verbindet –, werden Sprache und Gesellschaft auch für dieses konstitutiv. Die moderne Philosophie hat angenommen, daß der innere Monolog, den wir „Denken" nennen, eine private Angelegenheit sei. Für Dewey handelt es sich dabei vielmehr um einen verinnerlichten Dialog mit uns selbst, der unsere Teilnahme an einer gemeinsamen Sprache und einer breiteren Gesellschaft voraussetzt. Damit rüttelt er an einem Grundprinzip der modernen Philosophie, die mit dem cartesianischen Zweifel beginnt: mit einem isolierten Ich, das die Existenz einer äußeren Welt in Frage stellt. Ein derart isoliertes Ich, so Dewey, könnte diesen Zweifel aber gar nicht ausdrücken. „Die fehlende Einsicht, daß diese Welt der inneren Erfahrung auf einer Erweiterung der Sprache beruht, die ein soziales Produkt und Verfahren ist, führte zu der subjektivistischen, solipsistischen und egoistischen Strömung im modernen Denken."[53]

Die philosophische Relevanz eines solchen Ansatzes ist enorm. Denn diese Überlegungen markieren einen echten Paradigmenwechsel in der philosophischen Betrachtung der Sprache, und Dewey antizipiert Gedanken (die Anerkennung einer wesentlichen Beziehung zwischen Bedeutung und sozialem Gebrauch; die Rolle von nicht primär kommunikativen organischen Reaktionen als Material, aus dem die Sprache entsteht; die Unmöglichkeit einer privaten Sprache und die Absurdität des traditionellen Skeptizismus), die in Wittgensteins „Philosophischen Untersuchungen" und „Über Gewißheit" eine detailliertere Behandlung finden werden (s. Kap. XII, 5–7).

8. Logik der Forschung und Ethik

In einer Philosophie, die sich nicht nur in akademischen Begriffen definiert und explizit den Anspruch erhebt, zur Verbesserung des menschlichen Lebens beitragen zu können, spielt das ethische Problem notwendigerweise eine zentrale Rolle. Anders als die Tradition bietet Dewey aber kein einfaches moralisches Rezept, keinen Hinweis auf Sinn und Zweck des menschlichen Lebens. Und anders als viele Philosophen in der analytischen Tradition begnügt er sich auch nicht mit einer Analyse der ethischen Sprache. Im Einklang mit dem allgemeinen Charakter seines Denkens ist der Ausgangspunkt seiner Überlegungen über das menschliche Handeln anthropologisch-existentiell. Die zentrale Frage ist für ihn die der Orientierung: Da der Mensch in einer Welt voller Alternativen lebt, ist er notwendigerweise mit dem oft schwierigen und schmerzhaften Problem der Wahl konfrontiert. Wie soll man am besten – am vernünftigsten und mit genuinen Aussichten auf Erfolg – mit dieser unvermeidlichen existentiellen Schwierigkeit umgehen?

Da Dewey die Existenz eines transzendenten Bereichs des Seins leugnet, gibt es keine äußeren Kriterien, an denen man sich orientieren könnte – weder in der philosophischen Form einer platonischen Idee des Guten noch in der theologischen Version göttlicher Gebote. Auch gibt es laut Dewey kein festgelegtes Ziel, kein *Summum Bonum*, das einmal und für alle Zeiten zu erreichen ist. Zwar streben alle Menschen nach Selbsterhaltung und Selbstverwirklichung, so daß in einem gewissen Sinn unser Wachstum *(growth)* von einem natürlichen Imperativ geboten wird. Aber eine solche Charakterisierung des Höchsten ist sehr weit gefaßt und rein formal, denn es ist offensichtlich, daß verschiedene Individuen in verschiedenen Epochen verschiedene Ziele anstreben. Was „Wachstum" ist, kann nicht ein für allemal definiert, sondern nur situativ bestimmt werden. Damit bestreitet Dewey letztlich auch, daß es so etwas wie eine Wesenheit des Menschen gibt, die es zu verwirklichen gilt – wie es z. B. in der aristotelischen Teleologie der

Fall ist, wo das gelungene Wachstum als vollständige Verkörperung einer den Organismen von Natur her vorgegebenen Form, eines *telos*, begriffen wird. Die Frage, wie man handeln soll, kann also mit einem Rückzug auf die Frage, was man eigentlich ist, nicht beantwortet werden. Denn die Wahl einer Handlung ist (wie William James in den „Principles of Psychology" schon festgestellt hatte) die Entscheidung darüber, was für eine Person man sein will.[54]

Statt von einem einzigen höchsten Gut zu träumen, ist es besser, von einer Pluralität anvisierter Ziele auszugehen: In sorgfältiger Diktion spricht Dewey von einer Pluralität von *ends-in-view* – möglichen Zuständen, die einem Menschen oder auch einer ganzen Gemeinschaft in einer bestimmten Situation attraktiv erscheinen. Wie kann man nun solche Ziele festlegen? Und wie kann man sich vergewissern, ob diese Ziele tatsächlich erstrebenswert sind? Diese Fragen lassen sich natürlich nicht mit Sicherheit beantworten. Die Welt ist riskant und das Scheitern eine immer vorhandene Möglichkeit. Das einzige, was man unter diesen Umständen machen kann, ist, sich auch in der Ethik jener Methode zu bedienen, die der Wissenschaft zu ihren Erfolgen verholfen hat. (Den Einwand, daß dies unmöglich sei, weil wissenschaftliche Urteile mit Fakten und nicht mit Werten zu tun haben, läßt Dewey selbstverständlich nicht gelten: Denn in seiner Metaphysik gibt es keine nicht-natürliche Dimension des Seins und somit auch keine Möglichkeit, die Dichotomie zwischen Werten und Fakten sozusagen objekt-bezogen zu begründen.)

Es ist also die Ethik selbst, die wissenschaftlich und empirisch werden soll. Doch wie sieht die auch in der Ethik anzuwendende Methode, abgesehen vom allgemeinen Hinweis, daß auch ethische Urteile bzw. die darauf beruhenden Handlungen mit Bezug auf ihre Konsequenzen zu beurteilen sind, genauer aus?

Laut Dewey ist es eine Aufgabe der Logik, die allgemeine Methode der Forschung zu beschreiben. Er bestreitet die Auffassung, nach der der Gegenstand der Logik ein Bereich platonischer Wesenheiten sei. Auch befaßt sich die Logik in seinen Augen nicht mit den psychologischen Mechanismen des Denkens. Zwar ist sie eine deskriptive Wissenschaft, doch was sie erforscht, sind konkrete menschliche Tätigkeiten des Forschens – und dies in der Absicht, die erfolgreichen von den nicht erfolgreichen Methoden zu trennen und generelle Prinzipien menschlichen Erkennens zu entdecken. Diese Prinzipien sind natürlich keine Gebote a priori, sondern Forschungs-Regeln, die sich im Laufe der Zeit bewährt haben. Gültige logische Prinzipien und Verfahrensweisen sind selbst Produkte einer evolutionären Geschichte, und ihr normativer Charakter beruht lediglich darauf, daß sie bis jetzt erfolgreich gewesen sind. In einer sich stetig verändernden Welt ist es aber immer möglich, daß auch etablierte Forschungsmethoden revidiert oder sogar aufgegeben werden sollten.

Die (bis jetzt) erfolgreiche Forschungsmethode beinhaltet nach Dewey fünf Hauptstufen. (1) Die erste besteht im Erkennen, daß eine gewisse Situation problematisch ist – was für Dewey schon eine signifikante Leistung sein kann. (2) Die zweite besteht in der begrifflichen Definition des zu lösenden Problems – ein wichtiger Schritt, der den Rahmen der möglichen Lösungen einschränkt und deshalb großer Aufmerksamkeit bedarf. (3) Die dritte Etappe ist die Aufstellung von Hypothesen bezüglich der möglichen Lösungen – d. h. der Zustände, die die ursprüngliche problematische Situation normalisieren könnten. Diese Stufe benötigt nicht nur Aufmerksamkeit, sondern auch eine gewisse Genialität seitens des Forschers, der auf gute Ideen kommen sollte. (4) Die vierte Stufe ist die des gedanklichen Experimentierens. Die anvisierten hypothetischen Lösungen können in der Regel nicht sofort empirisch getestet werden, weil das sehr aufwendig sein kann. Eine Reduktion der möglichen Optionen wird also in der Weise angestrebt, daß man zum Beispiel die Verträglichkeit einer Hypothese mit anderen, schon etablierten und nicht in Frage gestellten Prinzipien überprüft. (5) Die letzte Stufe ist die des empirischen Ausprobierens der ausgewählten Hypothese. Das Experiment ist als erfolgreich zu betrachten, wenn die Situation, die Anlaß der Forschung war, ihren problematischen Charakter verloren hat. Die Hypothese, die sich so bewährt hat, kann als „wahr" betrachtet werden; da sie aber prinzipiell revidierbar ist, spricht Dewey in diesem Zusammenhang lieber von „berechtigter Behauptbarkeit" *(warranted assertibility)*.

Diese fünf Schritte umfassen, was Dewey unter „Intelligenz" versteht. Daß diese Methode eindeutigen Beschränkungen unterworfen ist, läßt sich nicht bestreiten: Ihre Anwendung führt zu Lösungen, die nicht unbedingt die besten sind, denn Mangel an Inspiration, Kreativität oder geistiger Offenheit kann die Aufstellung von Hypothesen beschränken; die erfolgreichen Lösungen sind immer an eine bestimmte Situation gebunden und somit nicht ohne weiteres auf andere Situationen übertragbar; die Veränderung der ursprünglichen Situation kann diese so modifizieren, daß neue Probleme entstehen. Die Methode der Intelligenz hat jedoch – abgesehen von der Tatsache, daß es keine echten Alternativen gibt – den unbestreitbaren Vorteil, daß jeder Schritt transparent ist, daß die Ergebnisse öffentlich kontrollierbar sind und jederzeit rückgängig gemacht werden können. Mit anderen Worten: Diese Methode eignet sich perfekt für die Gestaltung einer offenen Diskussion in einer modernen liberalen Demokratie.

Gerade deshalb kommt auch hier, genau wie im Fall seiner prozessualen und organismischen Metaphysik, der legitime Verdacht auf, daß Deweys Logik keine reine Deskription der tatsächlichen Praxis der Forschung sei, sondern im Hinblick auf seine politischen Ziele entwickelt worden ist. Auch Deweys philosophische Vorlieben – neben Hegel und James nennt er Plato als Lieblingslektüre – dürften hier eine große Rolle gespielt haben. Dies gesteht er in einem Aufsatz mit dem Titel „The ‚Socratic Dialogues' of Plato"

(1925): „Wenn wir keine Belehrung dadurch erhalten können, daß wir auf den platonischen Schauplatz zurückkehren", so schreibt er mit Bezug auf Platos Theorie der Ideen, „können wir zumindest den Zauber des freien und direkten geistigen Spiels entdecken, das auf die grundlegenden Themen des Lebens gerichtet ist."[55] Um den Herausforderungen der Zukunft begegnen zu können, müssen wir also die dualistische Metaphysik Platos verwerfen, den problembewußten und offenen Geist seiner Dialoge jedoch bewahren und fördern.

In seinem pädagogischen Meisterwerk „Democracy and Education" (1916) argumentiert Dewey sogar, daß die instrumentelle Methode das Wichtigste sei, was in der Schule gelehrt bzw. „trainiert" werden soll.[56] Eine gute Demokratie benötigt gute Philosophen, so läßt sich die zentrale Botschaft dieses Denkers zusammenfassen. Und gute Philosophen sind nur diejenigen, die die echten Schwierigkeiten des Lebens nie aus den Augen verlieren und die – wie in früheren aufgeklärten Zeiten Sokrates und die Sophisten – bereit sind, ihre Meinungen vor dem Gericht der Erfahrung und im öffentlichen Diskurs überprüfen zu lassen.

9. Kunst als Erfahrung

In seinem späten Werk „Kunst als Erfahrung" (1938) setzt Dewey seine Kritik dualistischer Denkmuster fort.[57] Diesmal geht es ihm darum, jene Dichotomien zu kritisieren, die ein korrektes Verständnis der Natur der Kunst – und ihrer Rolle im menschlichen Leben – verunmöglichen.

Der erste und wichtigste dieser Dualismen ist der Glaube, daß es einen unüberwindbaren Kontrast zwischen Leben und Kunst gibt. Ursprünglich sind ja die verschiedenen Künste aus dem konkreten Leben der Menschen entstanden. Musik, Poesie, Gesang und Tanz waren in der Antike wesentliche Bestandteile von Zeremonien und Riten, die das Lebensgefühl einer Gemeinschaft ausdrückten und ihre ideale Welt in Symbole faßten. In unserer modernen Gesellschaft dagegen werden Kunstwerke in Museen und Galerien gesammelt, wo sie in einer Art emotionellem Limbus liegen – fern jener aktiven Dimension, in der sich das Leben der Menschen abspielt. Diese Trennung hält Dewey für höchst schädlich, denn die ästhetische Erfahrung steht nicht antithetisch unserem alltäglichen Leben gegenüber, sondern stellt seine Steigerung und Vervollkommnung dar: „Ich habe [...] zu zeigen versucht, daß die Ästhetik nicht von außen in die Erfahrung eindringt, weder über eitlen Luxus noch über eine transzendentale Idealität, sondern daß sie die geläuterte und verdichtete Entwicklung von Eigenschaften ist, die Bestandteil jeder normalen ganzheitlichen Erfahrung sind."[58]

Ein Leben ohne ästhetische Befriedigung ist nur ein halbes, ein nicht vollkommenes Leben. Was macht aber eine Erfahrung zu einer „ästhetischen"? Ein Hund, der einem Ball nachjagt; ein Kind, das einen Turm baut; ein Plastiker, der ein Stück Holz formt; ein Wissenschaftler, der eine Hypothese testet; ein Philosoph, der sein System entwickelt – in all diesen scheinbar so verschiedenen Aktivitäten sind die Akteure von ihrem Tun vollständig absorbiert. Ihre Erlebnisse sind zwar unterschiedlich, aber sie führen allesamt zu einem Ergebnis, das nicht bloß ein Ende, sondern eine Realisierung ist. Solche Erlebnisse sind einheitlich – und dies ist es, was ihnen nach Dewey einen „ästhetischen" Charakter verleiht. Interessanterweise hat auch der jagende Hund nach dieser Analyse eine ästhetische Erfahrung: Nicht nur zwischen Kunst und gewöhnlichem menschlichen Leben, sondern auch zwischen Kunst und Natur herrscht eine tiefe Kontinuität.

Die ästhetische Erfahrung als vollkommene Erfahrung zu betrachten bedeutet, sie als Norm aller anderen Erfahrungen zu sehen. Die erwähnte Trennung der Orte der Kunst (Museum, Galerie, Theater) von den Orten des täglichen Schaffens (Fabrik, Haus, Platz) liest Dewey tatsächlich als traurigen Kommentar über die Qualität unseres Lebens. Das rasante Tempo der modernen Welt, die Monotonie am Arbeitsplatz, die ständige Informationsflut haben zur Folge, daß sich unsere Erfahrung nicht als einheitlich konstituiert; wie Dewey es pointiert formuliert, hat man viele Erfahrungen, aber keine Erfahrung. Eine fragmentierte Erfahrung kann aber keine emotionale Tiefe haben und letztendlich auch keine Bedeutung: „Besonders in der hektischen, ungeduldigen, vom Menschen geschaffenen Umwelt, in der wir leben, verbleibt gar mancher bei allem Eifer und Tatendrang ganz an der Oberfläche, in einer Erfahrung von schier unglaublicher Dürftigkeit."[59]

Somit wird klar, daß Deweys Ästhetik weitreichende politische Implikationen hat. Um die ästhetische Integrität unserer Erfahrung wiederherzustellen und auf diese Weise dem Leben seine ursprüngliche Bedeutung zurückzugeben, müßte man nämlich die Art und Weise verändern, wie in einer kapitalistischen Gesellschaft gearbeitet und produziert wird. Dewey plädiert nicht für den Umsturz des Kapitalismus, sondern für seine Humanisierung: Wissenschaft, Technik und Reichtum – und selbstverständlich auch die Philosophie – sind wertlos, wenn sie uns nicht dazu verhelfen, ein freieres, glücklicheres Leben zu führen. Wie ein Philosoph, der eine solche These vertrat, in den Augen vieler namhafter europäischer Kritiker lange Zeit als Vertreter eines typisch amerikanischen Merkantilismus getadelt werden konnte, bleibt rätselhaft.[60]

VIII. Sozialer Pragmatismus und Prozeß-Philosophie

1. Der soziale Pragmatismus: George Herbert Mead

Mead war Deweys Kollege in Michigan; als Dewey nach Chicago wechselte, folgte er ihm und trug dann wesentlich zu den Erfolgen der sogenannten „Chicago School of Pragmatism" bei. Die beiden Philosophen blieben gute Freunde, auch als Dewey später eine Professur in New York übernahm; sie waren intellektuelle Gefährten, die ihre philosophischen Ansichten in ständigem Dialog miteinander entwickelten. Die schriftliche Produktion Meads kann aber keinesfalls mit jener von Dewey (oder der anderen großen Pragmatisten) verglichen werden: Zwar war er ein origineller Denker; sein Charisma zeigte sich jedoch eher in seinen Vorlesungen als in den rund neunzig Artikeln, die er publizierte.

George Herbert Mead wurde am 27. Februar 1863 in South Hadley, Massachusetts, geboren. Sein Vater, ein kongregationalistischer Geistlicher, war Professor am Oberlin Theological College; hier wurde der junge Mead 1883 graduiert. Danach arbeitete er wenige Monate als Lehrer (bis er aus disziplinarischen Gründen entlassen wurde) und drei unglückliche Jahre als Vermessungsingenieur bei der Wisconsin Central Railroad Company. 1887 nahm er ein Studium der Philosophie in Harvard auf, wo er von Josiah Royce unterrichtet wurde und als Hauslehrer eines Sohnes von William James arbeitete. Ein Stipendium ermöglichte es ihm dann, in Leipzig bei Wilhelm Wundt, dem Begründer der experimentellen Psychologie, zu studieren. Aber bald wechselte er nach Berlin, um unter der Leitung von Wilhelm Dilthey (s. Bd. XIII, Kap. III) eine Dissertation über den empiristischen Raumbegriff zu schreiben. Diese Dissertation wurde nie abgeschlossen, was Mead aber nicht daran hinderte, eine glänzende akademische Karriere zu machen: 1891 wurde er als Dozent für Psychologie in Michigan angestellt, drei Jahre später wechselte er nach Chicago; hier lehrte er, mehr als dreißig Jahre lang, bis zu seinem Tod am 26. April 1931.

Meads bedeutendste Werke sind erst posthum erschienen. Sie beinhalten seine wichtigen Vorlesungen über Sozialpsychologie („Mind, Self and Society", 1934); zwei Schriften über Metaphysik, „The Philosophy of the Present" (1932) und „The Philosophy of the Act" (1938); sowie einen Beitrag zur Geschichte der Philosophie, „Movements of Thought in the Nineteenth-Century" (1936). Keines dieser Werke hat die Züge einer fertigen Arbeit:

„Daß er kein System hinterließ“, so sein Schüler Charles W. Morris, „erklärt sich daraus, daß er ständig mit dem Bau eines Systems beschäftigt war.“[1]

Wie viele seiner Zeitgenossen war Mead stark von Deweys epochalem Aufsatz „The Reflex Arc Concept in Psychology“ (1896) beeindruckt. Hier kritisierte Dewey die Auffassung, nach der ein Organismus sich im Akt der Wahrnehmung lediglich passiv verhält. Für ihn ist der Organismus in einer *dynamischen* Beziehung mit seiner Umgebung verbunden. Wenn sich zum Beispiel ein Kind an einer Kerze verbrennt, empfindet es Schmerz, weil es in seinem Versuch, die Welt zu erkunden, die Hand zu weit ausgestreckt hat. Auf gewisse Weise hat es mit seinem Verhalten dazu beigetragen, jenen Stimulus zu produzieren, der für die Entstehung des Schmerzes verantwortlich ist. Und die Interaktion ist mit der Entstehung des Gefühls nicht beendet, denn das Kind wird versuchen, die Gefahr aus der Welt zu schaffen. Es wird vielleicht die Kerze ausblasen oder seine Mutter rufen – irgendwie wird es danach trachten, seine Umwelt zu verändern. Die traditionelle Theorie der Wahrnehmung hatte nach Dewey die ganze Aufmerksamkeit nur auf *eine* Phase dieses Prozesses konzentriert: auf die Entstehung einer Empfindung bei einem Organismus aufgrund eines externen Reizes.

Mead übernimmt von Dewey die Idee, daß ein Organismus immer innerhalb eines breiteren Umfelds handelt. Er lenkt seinen Blick aber auf eine spezielle Art von Umgebung – auf die Gesellschaft, innerhalb der ein Individuum lebt. „Alle lebenden Organismen“, schreibt er in „Mind, Self and Society“, „sind in eine allgemeine gesellschaftliche Umwelt oder Situation eingebettet, in einen Komplex gesellschaftlicher Wechselwirkungen und Einflüsse, von denen ihre weitere Existenz abhängt.“[2] Dabei handelt es sich nach Mead um Beziehungen, die ein vertieftes Verständnis des Ursprungs der Sprache, der menschlichen Persönlichkeit und sogar der Entstehung des moralischen Bewußtseins ermöglichen.

Meads evolutionäre Theorie der Sprache, die unter der Bezeichnung „symbolischer Interaktionismus“ bekannt geworden ist, beruht auf der Idee, daß schon vor der Entstehung der Sprache *nicht-symbolische* Formen der Kommunikation in der Natur ablaufen. Man betrachte zum Beispiel das Verhalten zweier kämpfender Hunde: „Ein Hund greift einen anderen an und ist dazu bereit, ihm an die Kehle zu springen; die Antwort des zweiten Hundes liegt in einer Veränderung seiner Position, vielleicht springt er dem ersten Hund an die Kehle.“[3] Hier beobachtet man eine gegenseitig abgestimmte Veränderung der Positionen und Haltungen der beiden Hunde. Eine primitive Form von Kommunikation findet statt; diese besteht aber nur in einer Übermittlung von *Gesten* (darunter z. B. auch das wilde Knurren oder die sich sträubenden Rückenhaare). Die Hunde setzen keine bewußten *Symbole;* keiner der beiden sagt zu sich selbst: „Wenn das Tier aus dieser Richtung kommt, wird es mir an die Kehle springen, und ich werde mich so bewegen.“[4]

Menschen kommunizieren oft in der primitiven Art der Hunde (etwa wenn wir auf einem schmalen Weg unsere Gangart an jene eines anderen anpassen), sie sind aber auch fähig zu höheren Formen der Kommunikation: Die Frage nach dem naturalistischen Ursprung der Sprache läßt sich in dieser Perspektive in die Frage übersetzen, wie aus (unbewußt gesetzten) *Gesten* (bewußt manipulierte) *Symbole* entstehen können. Mead argumentiert auf der Basis einer einfachen psychologischen Feststellung. Wer ist nicht schon einmal während einer animierten Diskussion über die eigene Stimme erschrocken? Der Ton unserer Stimme hat unsere Sprechpartner eingeschüchtert; dieselbe Reaktion wurde auch in uns ausgelöst. Oder: Wenn wir „Lauf!" rufen, dann entsteht in uns eine Tendenz zu laufen. Bei der Anwendung von vokalen Gesten – dies ist nun Meads These – nehmen wir immer sowohl die Rolle des Sprechers wie auch jene des Zuhörers ein. Ich habe geschrien und bin von meinem eigenen Schrei beeinflußt worden: Auf diese Weise erfahre ich, was diese vokale Geste *für den anderen* bedeutet. Von nun an kann ich diese bestimmte Geste berechnend benutzen, um meine zukünftigen Transaktionen mit anderen Menschen zu steuern. Auf ganz natürliche Weise, ohne mirakulöse Eingriffe, ist so die Geste ein signifikantes Symbol geworden. Die ersten Worte der menschlichen Sprache müßten nach dieser Hypothese transformierte stimmliche Gesten sein. Alle nicht-stimmlichen Arten von Symbolen sind als spätere Entwicklungen anzusehen, denn nur bei der stimmlichen Geste kann man sich selbst unmittelbar beeinflussen. Ich kann mich selbst zwar sprechen hören, aber in der Regel nicht meine Mimik oder meine Körperhaltung beobachten; wenn schon, dann nur indirekt (z. B. mittels eines Spiegels) und auf unvollkommene Weise.

Mit der Sprache ist nach Mead auch der menschliche Geist entstanden; das Denken existiert nämlich nur dort, wo Symbole manipuliert werden: „Geist ist einfach das Zusammenspiel solcher Gesten in der Form signifikanter Symbole."[5] Und weiter: „Solche signifikanten Symbole, im Sinne einer Untergruppe gesellschaftlicher Reize, die eine kooperative Reaktion auslösen, machen in gewissem Sinne unseren Geist aus."[6] Da Symbole innerhalb einer sozialen Transaktion entstehen, ist das Denken ein *soziales* Produkt: „Nur durch Gesten qua signifikante Symbole wird Geist oder Intelligenz möglich, denn nur durch Gesten, die signifikante Symbole sind, kann Denken stattfinden, das einfach ein nach innen verlegtes oder implizites Gespräch des Einzelnen mit sich selbst mit Hilfe solcher Gesten ist."[7] Die schon von Aristoteles beobachtete Tatsache, daß taubstumme Menschen in ihrer geistigen Entwicklung nicht sehr weit kommen („Verständig ohne zu lernen sind alle diejenigen, welche den Schall nicht hören können",[8] schreibt er im ersten Buch der „Metaphysik"), liefert nach Mead einen zusätzlichen Beweis dieses theoretischen Ansatzes: „Tatsächlich sehen wir am Beispiel der tauben oder stummen Menschen, daß ein Kind keine normale menschliche Intelligenz entwickelt, sondern auf der Ebene der Tiere verbleibt."[9]

Mead beansprucht nicht, *alle* Aspekte der menschlichen Subjektivität erklärt zu haben. Seine Theorie über den Ursprung der Sprache setzt aber die Existenz von Kreaturen voraus, die mit Empfindungen ausgestattet sind; sie müssen die physische Präsenz eines Anderen wahrnehmen und auf Gesten, insbesondere stimmliche Gesten, reagieren. In der Tat unterscheidet Mead zwischen (a) der Frage nach *dem natürlichen Ursprung der Sprache* einerseits und (b) der Frage nach *dem natürlichen Ursprung des Bewußtseins* andererseits. Die erste Frage kann nach ihm empirisch untersucht werden; die zweite ist ein metaphysisches Problem, das er gar nicht erst zu lösen versucht. (Dewey scheint dagegen einen solchen Unterschied nicht beachtet zu haben; s. Kap. VII, 7.)

Neben der evolutionären Genese der Sprache aus nicht-intelligenten Gesten ist die Formung der menschlichen Identität das zweite große Thema in Meads Philosophie. Sogenannte „Vertragstheorien" der Gesellschaft postulieren eine Pluralität wohlgeformter Individuen, die sich zusammenschließen, um sich gegenseitigen Schutz zu bieten. Diese Theorie hat den Spott des Philosophen verdient, denn „[n]ach dieser Ansicht entwickeln sich Gesellschaften wie Firmen, indem sich eine Gruppe von Investoren bewußt zusammentut, ihre Organe wählt und sich als Gesellschaft etabliert".[10] Mead vertritt dagegen die These, daß nur innerhalb einer Gesellschaft Individuen existieren, die ein Gefühl für die eigene Identität haben. Ein „Ego" zu besitzen heißt nicht, lediglich ein Subjekt von Erfahrungen zu sein; empirisch betrachtet, weist unsere Identität eine komplexe Struktur auf, die Mead mittels der Begriffe von „ICH" *(me)* und „Ich" *(I)* zu beschreiben versucht.

Das Gefühl für die eigene Identität entsteht, wenn eine Person fragt, welche Rolle ihr die Gesellschaft zuschreibt. Ständig treten wir in eine Vielzahl sozialer Beziehungen ein, die uns auf eine gewisse Haltung festlegen – sei es als Elternteil oder Angestellter, als Freund oder Liebhaber, als Fremder in einem unbekannten Land oder als bekannte Persönlichkeit in der Heimat: Immer wird man von der sozialen Situation zu einer bestimmten Rolle verpflichtet. Ein Lehrer kann seine Funktion erst dann erfüllen, wenn er sich seiner sozialen Rolle bewußt wird. Er muß imstande sein, sich selbst mit den Augen der anderen (der Studierenden, der Kollegen, des Rektors, der Eltern) zu sehen, um mit ihnen in eine angemessene Beziehung treten zu können.

Diese Rollen müssen bei jedem Mitglied einer Gesellschaft verinnerlicht werden und bilden das, was Mead als „ICH" bezeichnet. Die Struktur eines solchen ICH kann selbstverständlich sehr komplex sein; wir knüpfen Beziehungen mit anderen Individuen, aber auch mit gesellschaftlichen Organisationen. Ein Baseballspieler muß den Standpunkt der ganzen Mannschaft verinnerlicht haben, um gut spielen zu können. Und jeder Mensch kümmert sich um seine Beziehung zur ganzen Gesellschaft. (Solche abstrakten, aber durchaus realen Einheiten nennt Mead das „generalisierte Andere".)

Der Mensch nimmt aber nicht nur das soziale Bild des ICH in der eigenen psychischen Konstitution auf, sondern beurteilt es auch: „Der Einzelne reagiert [...] ständig auf die Gesellschaft."[11] Das reagierende Prinzip wird von Mead „Ich" genannt; es kann das soziale Bild (oder Aspekte davon) annehmen oder ablehnen. Die menschliche Persönlichkeit besteht weder aus dem reinen ICH noch aus dem reinen Ich, sondern aus ihrem – oft recht problematischen – Verhältnis. Brave Bürger weisen in ihrer Persönlichkeit eine Dominanz des ICH auf; Künstler und kreative Wissenschaftler, Rebellen und Außenseiter, religiöse Anführer und politische Reformer dagegen verfügen über ein sehr prominentes Ich. Diese Spaltung unserer Persönlichkeit kommt zum Vorschein in jenen geheimen Erfahrungen, die wir machen, wenn wir zum Beispiel eine Person stürzen sehen: Einerseits helfen wir ihr beim Aufstehen und zeigen eine besorgte Miene; im Innersten lachen wir aber über den komischen Vorfall. Die Existenz des spontanen, dionysischen Prinzips des Ich zeigt sich auch in der Tatsache, daß wir das Gefühl nie wirklich loswerden, „besser als andere Menschen"[12] zu sein; hier ist es unser Ich, das sich zu behaupten versucht.

Bei dieser Auffassung ist es wichtig, daß das Ich *immer* ein ICH als Gegenpol voraussetzt, da es nur in dieser wechselseitigen Auseinandersetzung existiert. Die ganze Struktur meiner Persönlichkeit könnte also nicht außerhalb einer Gesellschaft in Erscheinung treten: „Das ‚Ich', in dieser Beziehung zwischen ‚Ich' und ‚ICH', ist also etwas, das sozusagen auf eine gesellschaftliche Situation reagiert, die innerhalb der Erfahrung des Einzelnen liegt. Es ist die Antwort des Einzelnen auf die Haltung der anderen ihm gegenüber, wenn er eine Haltung ihnen gegenüber einnimmt."[13] Die Tatsache, daß kleine Kinder oft einen imaginären Freund oder Doppelgänger bei ihren Spielen erfinden, zeigt, welch entscheidende Rolle das soziale Element in der Konstitution der Persönlichkeit spielt. Eine Veränderung der sozialen Verhältnisse würde in dieser Sicht eine mehr oder weniger große Umgestaltung der ganzen psychischen Konstitution nach sich ziehen. Die traditionelle Metaphysik hat das Ego mit einer starren, fixen Substanz identifiziert; für Mead ist unsere Psyche eine soziale – und deshalb auch labile – Konstruktion. Diese Auffassung bringt er mit einer schönen Metapher zum Ausdruck: „Die Identität ist nicht etwas, das zuerst existiert und dann in Beziehung zu anderen tritt. Sie ist sozusagen ein Wirbel in der gesellschaftlichen Strömung und somit immer noch Teil dieser Strömung."[14]

Mead bestreitet aus empirischen Gründen, daß nicht-menschliche Tiere sich einer Sprache bedienen oder ein Gefühl für die eigene Identität haben. Die Menschen sind für ihn auch die einzigen Lebewesen, die ein moralisches Bewußtsein besitzen. Auch dafür findet er eine einfache soziale Erklärung: Als Mitglied einer komplexen Gesellschaft nimmt das Individuum an einer Vielzahl sozialer Beziehungen teil. Jedes Verhältnis involviert Werte und Normen, die leicht miteinander in Konflikt geraten können. Für eine arbeitende und alleinerziehende Mutter kann es zu einer existentiellen Frage werden, wieviel Zeit sie ihren Kindern, ihren alternden Eltern oder ihrem Beruf widmen soll. Ein solcher Konflikt mag für sie sehr schmerzlich sein; er schärft aber auch ihr Bewußtsein für jene grundlegenden Werte und Normen, die ihr Leben prägen.

Moralisches Bewußtsein ist nach dieser Auffassung das Ergebnis von Konflikten, die im Laufe der Zeit zwischen sich widersprechenden sozialen Praktiken entstehen. Im Einklang mit Dewey (s. Kap. VII, 8) argumentiert Mead, daß auch moralische Probleme nach der Methode der Wissenschaft untersucht werden sollten. Statt blind auf einen alten moralischen Kodex zurückzugreifen, sollte man überlegen, welche Veränderungen zu einem für alle Beteiligten angenehmeren Leben führen würden. Es ist eine Folge dieser Doktrin, daß moralische Probleme immer auch soziale Probleme sind – und ihre Lösung deshalb oft eine tiefe gesellschaftliche Umgestaltung erfordert. Ein solcher Entwurf einer möglichen sozialen Rekonstruktion hätte allerdings nach Mead nur den Status einer Hypothese, die sich in der Erfahrung zu bewähren hat.

Tiefgreifenden metaphysischen Fragen versuchte Mead in seinen Analysen aus dem Wege zu gehen. Erst in der letzten Dekade seines Lebens bemühte er sich darum, seinen sozialen Pragmatismus systematisch zu begründen. Wie in den früheren Kapiteln gezeigt worden ist, teilten alle Pragmatisten dieselbe metaphysische Orientierung. Deweys Kritik der traditionellen Metaphysik ist nicht zu deuten als pauschale Ablehnung jedes Versuches, die fundamentalen Strukturen der Welt zu beschreiben: Seine These ist eher, daß eine Metaphysik, die sich wirklich auf unsere Erfahrung stützt, die prozessuale Natur der Wirklichkeit als fundamentales Faktum anerkennen würde (s. Kap. VII, 6). Auch Peirce (s. Kap. V, 8) und James (s. Kap. VI, 7) vertraten die Auffassung, daß die Welt als Prozeß zu deuten sei.

Mead stimmt Dewey und den früheren Pragmatisten in diesem Punkt vollkommen zu. Aber ihm geht es auch darum, den sozialen Charakter der *ganzen* Wirklichkeit zu betonen. Sozialität wird somit als *grundlegendes ontologisches Prinzip* erkoren: Es gibt kein Wesen, das sich nicht als Mitglied einer mehr oder weniger entwickelten sozialen Ordnung auffassen ließe.[15] In einem solchen Universum kann es selbstverständlich markante Unterschiede geben, aber keinen unüberwindbaren Hiatus zwischen Zivilisation und Natur; jede menschliche Gesellschaft verwirklicht Potentialitäten, die in der Natur schon vorhanden sind. Anders formuliert, ist es nach Mead die Natur selbst, die in den höheren Formen der menschlichen Zivilisation zur eigenen Vervollkommnung kommt.

2. Die soziale Auffassung der Welt: Alfred North Whitehead

Offenbar hat sich Mead so wenig wie Dewey vom intellektuellen Erbe Hegels und des deutschen Idealismus befreien können. Weder er noch die anderen Pragmatisten vermochten aber eine prozessuale Theorie der Welt zu entwickeln; ihre metaphysischen Schriften sind zwar reich an tiefen und anregenden Gedanken, bleiben jedoch skizzenhaft. Eine solche Theorie wird dagegen vom britischen Mathematiker und Philosophen Alfred North Whitehead ausgearbeitet.

Whitehead kann nicht zu den Pragmatisten gezählt werden, teils aus historisch-kulturellen Gründen (seine Ausbildung erhielt er im viktorianischen England), teils wegen seiner philosophischen Überzeugungen. Obwohl er die Verbindung zwischen Denken und Handeln durchaus erkannte, versuchte er nie, auf dieser Basis eine Theorie der Bedeutung oder eine Methode für die Lösung (oder Auflösung) philosophischer Fragestellungen zu entwickeln. Er selbst sah aber die zahlreichen Ähnlichkeiten, die zwischen seiner Philosophie und der des amerikanischen Pragmatismus bestehen; im Vorwort zu seinem metaphysischen Hauptwerk „Process and Reality" (1929) nennt er James und Dewey als zwei Autoren, denen er sich tief verpflichtet fühlt.[16] Peirce erwähnt Whitehead an dieser Stelle nicht; in einem an Charles Hartshorne adressierten Brief lobt er ihn aber als einen amerikanischen Aristoteles.[17] Einige von Whiteheads Auffassungen lassen sich tatsächlich, wie weiter unten gezeigt werden soll, als Anwendungen von Grundkategorien der Peirceschen Philosophie deuten.

Alfred North Whitehead wurde am 15. Februar 1861 in Ramsgate, Kent, geboren. Sein Großvater war Schuldirektor und Lehrer, wie auch der Vater, der später Pastor der anglikanischen Kirche wurde. In den Jahren 1875–1880 besuchte Whitehead die Sherborne Public School in Dorsetshire, wo er Mathematik, Latein, Griechisch und Geschichte studierte. Die folgenden fünf Jahre, von 1880 bis 1885, verbrachte er als Student im Trinity College, Cambridge. Seine formelle Ausbildung war auf die Mathematik beschränkt; das universitäre Leben bot allerdings zahlreiche Möglichkeiten, mit anderen Studenten und Dozenten grundlegende philosophische und soziale Probleme zu diskutieren. Whitehead selbst beschreibt diese Zeit in Cambridge als einen täglichen platonischen Dialog.[18] Nach Abschluß seines Studiums mit einer verlorenen Arbeit über James Clerk Maxwells Theorie der Elektrodynamik blieb er als Fellow und Dozent in Cambridge tätig, wo er die Bekanntschaft von Bertrand Russell (der bei ihm Mathematik studierte), George Edward Moore und des Idealisten John Ellis McTaggart machte.

Whiteheads Leben verlief nicht ohne überraschende Wendungen. 1910 verließ er Cambridge und wechselte nach London; ein ganzes Jahr lang hatte er keine akademische Position inne, bis er wieder in den universitären Betrieb einsteigen konnte und 1914 dann als Professor für angewandte Mathematik ans Imperial College of Science and Technology berufen wurde. Dieser Erfolg wurde durch den Tod eines Sohnes im Ersten Weltkrieg überschattet – ein Ereignis, von dem Whitehead sich nie ganz erholte. 1924 kam es zur Berufung auf einen speziell für ihn eingerichteten Lehrstuhl an der amerikanischen Universität Harvard. Der 63jährige Whitehead ließ sich die Chance nicht entgehen, als Professor für Philosophie an einer der wichtigsten Universitäten der Welt tätig zu sein und in einem dynamischen Land wie den damaligen USA ein neues Leben zu versuchen. Im amerikanischen Cambridge, dem Geburtstort des Pragmatismus, lehrte er mit großem Erfolg bis zu seiner Emeritierung 1937; hier starb er am 30. Dezember 1947.[19]

In der philosophischen Entwicklung Whiteheads werden gewöhnlich drei Hauptphasen unterschieden. In einer ersten Phase, die grundsätzlich mit den Jahren in Cambridge zusammenfällt, befaßte er sich mit Fragen zu den Grundlagen der Logik und der Mathematik; charakteristisch für diese Phase sind Werke wie „The Axioms of Projective Geometry" (1907) und die mit Russell verfaßten drei Bände der „Principia Mathematica" (1910–1913). Zur zweiten, naturwissenschaftlichen Phase gehören „An Enquiry Concerning the Principles of Natural Knowledge" (1919), „The Concept of Nature" (1920) und „The Principle of Relativity" (1922); diese damals sehr beachteten Bücher erschienen, als Whitehead in London lebte.

Whiteheads logische und naturphilosophische Recherchen mündeten in die breiteren Untersuchungen der dritten metaphysischen Phase, die zeitlich der Dauer der amerikanischen Lehrtätigkeit entspricht. Zu dieser letzten und sehr produktiven Periode gehören „Science and the Modern World" (1925), das Meisterwerk „Process and Reality" (1929) und „Adventures of Ideas" (1933). Zu erwähnen sind auch kürzere Schriften wie „Religion in the Making" (1926), „Symbolism" (1927), „The Function of Reason" (1928) und später „Modes of Thought" (1938). Diese kleineren Werke enthalten vorsystematische Untersuchungen zahlreicher Aspekte der menschlichen Erfahrung; ihre Kenntnis ist unerläßlich für ein genuines Verständnis von Whiteheads systematischem Entwurf und für eine Wertschätzung des von Abenteuerlust geprägten experimentellen Geistes seiner Philosophie.

Das erste Buch der metaphysischen Trilogie, „Science and the Modern World", kann als eine historische Einführung in das in „Process and Reality" entwickelte System gelesen werden. Whitehead bietet hier eine scharfsinnige Rekonstruktion der modernen Wissenschaften von ihren Ursprüngen im 17. Jh. („das Jahrhundert der Genialität"[20]) bis zu den revolutionären Entdeckungen des 19. (Darwins Evolutionstheorie) und des frühen 20. Jh.s (Relativitätstheorie und Quantentheorie). Diese Theorien stellen nach Whitehead jenes atomistische, materialistische und mechanistische Paradigma grundsätzlich in Frage, das seit der Zeit Newtons die Mentalität der gebildeten Schichten in der westlichen Welt geprägt hatte. Aus der Sicht der gegenwärtigen Wissenschaften, so Whitehead, lassen sich die Grundbestandteile der Natur nicht mehr als atomare, voneinander unabhängige materielle Entitäten auffassen, deren Bewegungen in Raum und Zeit von strikt deterministischen Gesetzen reguliert werden. Die Quantenphysik ist mit der Annahme eines strikten Determinismus nicht vereinbar; außerdem ist nicht klar, wie im Laufe der Evolution aus Konfigurationen materieller Teilchen in Raum und Zeit *lebendige* Organismen und *erfahrende* Subjekte entstehen konnten.

Die Aufgabe einer gegenwärtigen Metaphysik muß deshalb für Whitehead darin bestehen, eine nicht-materialistische Weltsicht zu entwerfen: Bis zum Anfang des 20. Jh.s beharrte die festgefügte wissenschaftliche Kosmologie auf „ihrer Voraussetzung der elementaren Tatsachen einer widerspenstigen nackten Materie oder eines Materials, das sich in wechselnden Konfigurationen über den ganzen Raum verteilt. Ein solches Material ist an sich sinn-, wert- und zweckfrei. Es tut ganz einfach, was es tut, folgt einem festgelegten Gang, der durch äußere Relationen entschieden ist, die nicht der Natur seines Seins entspringen. Genau diese Annahme bezeichne ich als ‚wissenschaftlichen Materialismus'; und greife sie an, weil sie der wissenschaftlichen Situation, in der wir uns heute befinden, ganz und gar unangemessen ist."[21]

Interessanterweise weist Whitehead in „Science and the Modern World" und in „Adventures of Ideas" seiner eigenen Metaphysik auch eine grundlegende *zivilisatorische* Rolle zu. Nach der materialistischen Weltsicht ist die Natur – und letztendlich der Mensch selbst – nichts anderes als ein Aggregat bedeutungsloser Partikel. Auf dieser Basis läßt sich keine Zivilisation bewahren; es ist nämlich schwer zu sehen, wie Aggregate von Materie unsere Liebe und unseren Respekt gewinnen könnten. Dieses Bestreben, ein neues metaphysisches System zu entwickeln, muß auch aus dem Gefühl heraus verstanden werden, in einer Zeit der Krise zu leben (mit dem Ausbruch des Ersten Weltkriegs kollabierte Whiteheads alte viktorianische Welt): „Die Menschheit" – schreibt er in „Adventures of Ideas" – „befindet sich jetzt in einer jener seltenen Stimmungslagen, wo sich ihre Grundanschauungen verändern. Der bloße Zwang der Tradition hat seine Kraft verloren. Es ist an uns – Philosophen, Studenten und Praktikern –, wieder eine umfassende Weltanschauung zu erschaffen und zu aktivieren, in der es jene Elemente der Verehrung und der Ordnung gibt, ohne die die Gesellschaft in den Zustand eines Mobs zurückverfällt, und die zudem von einer unerschrockenen Rationalität durchdrungen ist."[22]

Selbstverständlich wußte Whitehead, daß es nach Kants epochaler Kritik der rationalistischen Metaphysik und in einem positivistischen Zeitalter[23] nicht einfach sein würde, diese Rückkehr zum spekulativen Denken zu verteidigen. Das „Mißtrauen in spekulative Philosophie"[24] ließe sich allerdings überwinden, wenn man einen überzeugenden Begriff von Metaphysik vorweisen könnte. Whitehead definiert die Metaphysik als „das Bemühen, ein kohärentes, logisches und notwendiges System allgemeiner Ideen zu entwerfen, auf dessen Grundlage jedes Element unserer Erfahrung interpretiert werden kann".[25] Der Metaphysiker versucht, ein allgemeines begriffliches Schema, eine Matrix zu entwickeln; diese muß dann mit Bezug auf unsere Erfahrungen getestet werden: „Der Nutzen einer solchen Matrix besteht darin, daß man auf ihrer Grundlage beherzt und mit strenger Logik argumentieren kann. Das Schema sollte daher, um eine solche Argumentation zu erlauben, möglichst präzise und definitiv formuliert werden. Die Schlußfolgerung aus der Argumentation wäre dann mit den Umständen zu konfrontieren, auf die es anwendbar sein sollte."[26]

In dieser Beschreibung erkennt man jene drei Momente, die nach Peirce die Logik der wissenschaftlichen Forschung charakterisieren (s. Kap. V, 3): Eine allgemeine Hypothese über die Natur der Wirklichkeit wird entworfen (Abduktion), ihre Folgen werden abgeleitet (Deduktion) und schließlich empirisch getestet (Induktion). Diese Auffassung von Metaphysik unterscheidet sich markant von jener des klassischen Rationalismus, der die Mathematik als Beispiel nimmt und seine Theorien auf angeblich selbstevidenten Prämissen aufbaut. Die allgemeinsten Thesen über die Natur der Wirklichkeit (die begriffliche Matrix) sind aber das Ziel, nicht der Anfang jeder metaphysischen Untersuchung. Tatsächlich gibt es für Whitehead keinen prinzipiellen Widerspruch zwischen Metaphysik und Naturwissenschaft, denn beide bedienen sich derselben Methode. Der einzige Unterschied besteht im höheren Grad der metaphysischen Abstraktionen, die der Deutung nicht nur unserer sinnlichen, sondern auch unserer moralischen, religiösen und ästhetischen Erfahrungen dienen.

Das Mißtrauen gegenüber dem spekulativen Denken ist nicht der einzige Faktor, der die Entwicklung einer adäquaten Theorie der Wirklichkeit verhindern kann. Whitehead wehrt sich vehement gegen die Vorstellung, daß die Grundbestandteile der Wirklichkeit als statische Träger von Eigenschaften aufzufassen seien. Diese Auffassung entspricht dem Aristotelischen Begriff der Substanz als Subjekt der Prädikation. Ein solcher Begriff ist nützlich, um sich in der Welt makroskopischer Dinge zu orientieren; es wäre aber ein Irrtum, ihm den Status einer grundlegenden ontologischen Kategorie zuzuweisen.[27] Die Schäden, die durch die unkritische Akzeptanz dieses Begriffes der Substanz verursacht worden sind, lassen sich nach Whitehead anhand der Philosophie Descartes' illustrieren. Die Auffassung der Seele als Substanz führt unverzüglich zur Auffassung der wahrgenommenen empirischen Inhalte als Eigenschaften des wahrnehmenden Subjektes. Die empirischen Inhalte werden somit zum privaten Eigentum des Subjekts, das jede Beziehung zur äußeren Welt verloren hat. Nun führt diese Position einerseits zu jenem unlösbaren Problem des Skeptizismus, das die ganze moderne Philosophie geplagt hat, andererseits zu einer Verkennung der eigentlichen Natur unserer gewöhnlichen Erfahrung. Die Erfahrung ist nie ein reines

Spiel privater Bilder, sondern das Ergebnis einer genuinen Interaktion mit der Umwelt: Zwar nehmen wir sinnliche Daten wahr; aber wir spüren dabei immer auch, wie die Dinge auf uns wirken.

In seiner Analyse der Erfahrung unterscheidet Whitehead zwei Grundmodi der Wahrnehmung. Im Modus der „vergegenwärtigten Unmittelbarkeit" *(perception in the mode of presentional immediacy)* sind uns sinnliche Inhalte lediglich präsent; im Modus der „kausalen Wirksamkeit" *(perception in the mode of causal efficacy)* erleben wir die aktiven Kräfte der Natur. Der herkömmliche Empirismus hat sich nach Whitehead nur auf den ersten Modus konzentriert, obwohl unsere alltägliche Erfahrung beide Momente beinhaltet: Eine sinnliche Qualität (z. B. die Eigenschaft *rot*) wird in unserer gewöhnlichen Erfahrung nicht nur passiv wahrgenommen, sondern immer auch auf einen bestimmten Gegenstand im äußeren Raum als ihre kausale Quelle zurückbezogen; anders gesagt, nehmen wir sie immer auch als Teil einer Umwelt wahr. Sinnesdaten fungieren nach Whitehead als Zeichen für äußere Gegenstände, deren Existenz und kausale Kraft wir unmittelbar spüren. Interessanterweise wird diese Synthese der zwei Grundmodi in der Alltagserfahrung von Whitehead „symbolische Bezugnahme" *(symbolic reference)* genannt. Diese – eigentlich sehr glaubwürdige – Analyse der menschlichen Erfahrung läßt sich tatsächlich leicht als eine intelligente Anwendung der Peirceschen semiotisch-ontologischen Kategorien interpretieren. Der Modus der „vergegenwärtigten Unmmittelbarkeit" entspricht exakt der Kategorie „Erstheit"; der Modus der „kausalen Wirksamkeit" entspricht der Kategorie „Zweitheit"; ihre Synthese, die „symbolische Wahrnehmung", entspricht schließlich der Kategorie der „Drittheit" (s. Kap. V, 6–7).

Obwohl die alltägliche Erfahrung die Synthese zweier Grundmodi ist, ist der aktive Modus der kausalen Wirksamkeit für Whitehead in ontologischer Sicht fundamental. Denn erst in diesem Modus begegnen wir der Wirklichkeit unmittelbar: „Beim Rugby niedergeschlagen zu werden" – so hat er sich im Gespräch mit William Ernest Hocking ausgedrückt –, „das ist die Wirklichkeit. Niemand, der nie zu Boden geschlagen worden ist, hat auch nur die geringste Ahnung davon, was die Wirklichkeit ist."[28] Die unmittelbare Erfahrung zeigt, daß wir als aktive Subjekte in einer Welt aktiver Subjekte existieren. Diese Tatsache ernst zu nehmen heißt, nicht nur den Begriff der Substanz als statischen Träger von Eigenschaften zu verwerfen, sondern auch jene andere Dimension der Aristotelischen Theorie der Substanz zu rehabilitieren, nach der Substantialität und Aktivität identisch sind.

Das von Whitehead anvisierte prozessuale Universum besteht daher aus einer Vielheit von dynamischen, interagierenden Einheiten, die er nicht zufällig *actual entities* nennt – eine auf Deutsch schwer wiederzugebende Bezeichnung, die üblicherweise mit dem wenig prägnanten Begriff „wirkliche Einzelwesen" übersetzt wird. Wie lassen sich solche Entitäten näher beschreiben? Whiteheads Denken wird von der Idee geleitet, daß alle existierenden Einzelwesen vom gleichen grundlegenden ontologischen Typus seien; die Alternative wäre ein dualistisches Universum, in dem materielle und spirituelle Substanzen koexistieren, ohne interagieren zu können; eine solche „Bifurkation der Natur" gilt es nun zu vermeiden. Wie Leibniz in der „Monadologie", sieht Whitehead in der menschlichen Seele die paradigmatische Substanz.[29] Die Metaphysik Leibniz' erfordere aber eine wesentliche Revision, um mit unseren Erfahrungen in Einklang gebracht zu werden. Die unglaubwürdige Idee einer prästabilierten Harmonie wird verworfen und alle Monaden werden mit weit offenen „Fenstern" ausgestattet; jedes wirkliche Einzelwesen ist imstande, andere solche Einzelwesen direkt zu erfassen. In der Beschreibung dieser Entitäten orientiert sich Whitehead auch an James' Theorie des menschlichen Bewußtseins als Sukzession aufeinanderfolgender und zeitlich ausgedehnter „Momente" (s. Kap. VI, 2). Seine *actual entities* besitzen eine momentane Existenz und lassen sich eher durch den Begriff „Ereignis" charakterisieren als durch den Begriff „Ding". Ihre Natur läßt sich durch folgende Metapher erläutern: „Jedes wirkliche Einzelwesen ist ein Erfahrungströpfchen, das die wirkliche Welt in seinen Horizont einschließt."[30]

Whiteheads Metaphysik ist zum größten Teil ein unglaublich minutiöser und wagemutiger Versuch, die genaue Natur des Prozesses der Entstehung dieser prozessual-dynamischen wirklichen Einzelwesen zu beschreiben. Dabei werden unsere alltäglichen Vorstellungen einer radikalen Revision unterzogen. Eine aktuelle Entität ist das Ergebnis eines synthetisierenden Prozesses *(concrescence)*, in dem eine Vielfalt von Akten der Erfahrung *(prehensions)* „zusammenwachsen", um schließlich in einen einheitlichen, aber innerlich differenzierten Moment der Erfahrung *(satisfaction)* zu münden. Es gibt nach Whitehead kein erfahrendes Subjekt; eher sind es die *Akte* der Erfahrung, die ein Subjekt erst entstehen lassen. Eine solche Auffassung der menschlichen Subjektivität ist freilich nicht leicht zu verstehen. Whitehead erkennt die Schwierigkeit seiner Konzeption an; er deutet sie aber nicht als Zeichen unüberwindlicher theoretischer Hindernisse, sondern als Folge seines Versuchs, das traditionelle Substanz-Paradigma zu verwerfen. Es braucht einfach Zeit, bis man sich von dieser alten Denkgewohnheit vollständig befreit hat.

Das Universum besteht aus tätigen, aktiven Einzelwesen, die andere Einzelwesen erfassen und auf diese Weise konstitutive Beziehungen zueinander eingehen. Da jedes wirkliche Einzelwesen buchstäblich aus seinen Erfahrungen anderer Einzelwesen *besteht*, sind die Grundbausteine der Wirklichkeit als *relationale* oder *soziale* Entitäten zu charakterisieren: „[D]er Prozeß, oder die Konkretisierung jedes wirklichen Einzelwesens", so Whitehead, enthält „die anderen wirklichen Einzelwesen als seine Bestandteile. Auf diese Weise erklärt sich die offensichtliche Solidarität der Welt."[31] Die von Mead anvisierte Vorstellung einer basalen Sozialität der Welt erhält in diesem Begriff einer relationalen Substanz eine fundierte theoretische Rechtfertigung.

Wirkliche Einzelwesen bilden Komplexe *(societies)* verschiedener Art: Moleküle, Steine, Pflanzen, Tiere, Menschen sind komplexe Konfigurationen wirklicher Einzelwesen, die sich voneinander aufgrund des Modus ihrer Vereinigung unterscheiden. Gleichzeitig existieren diese Dinge in einer Umgebung, die ebenfalls aus wirklichen Einzelwesen und deren Beziehungen besteht. Schließlich ist der ganze Kosmos nichts anderes als eine „Gesellschaft", die in ihrem Inneren eine Vielzahl spezialisierter Gesellschaften beherbergt. Die Ordnung der Welt – das System herrschender Naturgesetze – hängt von der spezifischen Struktur der Gesellschaften ab, die sich im Laufe der kosmischen Geschichte entwickelt haben. Wie schon Peirce vorgeschlagen hatte (s. Kap. V, 8), sollten die Naturgesetze als Ergebnisse eines evolutionären Prozesses betrachtet werden; es ist durchaus denkbar, daß sie in der Zukunft anders sein werden. Eine wichtige Folge dieser Auffassung ist, daß Naturgesetze nur für ganze Gesellschaften bzw. ganze Komplexe von wirklichen Einzelwesen gelten. Sie haben den Status statistischer Regelmäßigkeiten; wirkliche Einzelwesen können von der allgemeinen Norm abweichen. Auf diese Weise wird dem Indeterminismus der Quantenphysik Rechnung getragen.

Wirkliche Einzelwesen sind nicht die einzigen Entitäten, die den Whiteheadschen Kosmos bevölkern. Ein Stuhl besteht aus unzähligen Einzelwesen, bewahrt aber über die Zeit hinweg eine bestimmte Form. Wie läßt sich nun diese konstante Erscheinung der natürlichen Dinge erklären? Whitehead sieht sich gezwungen, die Existenz von Universalien *(eternal objects)* anzuerkennen, die er nach der Art von Aristoteles als reale, aber nicht autonome Ingredienzien der Wirklichkeit auffaßt. Universalien existieren *in rebus* (d. h. als Aspekte wirklicher Einzelwesen oder Kombinationen davon), nie als selbständige Platonische Ideen.

Wie kann nun eine solche realistische Auffassung der Universalien mit dem Glauben an eine kreative Evolution verbunden werden? Wie läßt sich erklären, daß im Laufe der Evolution *neue* Arten in Erscheinung treten? Whitehead löst diese Schwierigkeit mit einem Rekurs auf die (neuplatonische) Idee eines göttlichen Intellekts, der alle möglichen Formen enthält – also auch jene, die sich noch nicht realisiert haben. Solche Formen werden den sich in Entwicklung befindenden Einzelwesen im Laufe der kosmischen Geschichte zugänglich gemacht und als zu realisierende Ideale vorgestellt. Auf diese Weise versucht Gott, den Weltverlauf in die von ihm bevorzugte Richtung zu lenken; es sind aber die wirklichen Einzelwesen, die letztlich entscheiden müssen, ob sie Gottes „Angebot" annehmen oder nicht.

Diese Einstellung wirft die Frage auf, ob sich Whitehead in der Konstruktion seiner ontologischen Kategorien nicht zu sehr am Beispiel des menschlichen Bewußtseins orientiert habe. Denn es ist schwer zu glauben, daß auch die wirklichen Einzelwesen, die in die Konstitution eines Moleküls oder eines Steins eintreten, auf Gottes Angebot eines Ideals reagieren können. Der Vorwurf des „Anthropomorphismus" scheint an diesem Punkt berechtigt. In dieser Auffassung von Gott als sanftem kosmischem Anführer kommt zudem die traditionelle, vielleicht auch konservative Seite der Whiteheadschen Philosophie zum Vorschein. Denn Whitehead geht so weit zu behaupten, daß ohne den koordinierenden Eingriff Gottes in die Weltgeschichte gar keine Ordnung entstehen könnte: „Ohne das Eingreifen Gottes gäbe es [...] keine Ordnung in der Welt. Der Gang der Schöpfung verliefe immer auf einer leblosen Ebene der Ineffektivität, wobei alles Gleichgewicht und alle Intensität durch die Gegenwirkungen der Unvereinbarkeit zunehmend ausgeschlossen würden."[32]

Gott ist also nach Whitehead „die Grundlage des Fortschritts".[33] Es erstaunt nicht, daß die Metaphysik Whiteheads die Zustimmung eines liberalen Geistes wie Dewey (der Whiteheads Ablehnung des cartesianischen Dualismus sehr wohl zu schätzen wußte) nicht gewinnen konnte.[34] James dagegen – der sich zum Panpsychismus bekannte und an einen endlichen und uns unterstützenden Gott glaubte (s. Kap. VI, 7) – hätte diese Theorie vermutlich für sehr plausibel gehalten.[35]

3. Schlußbemerkungen: Weitere Entwicklungen und Verflechtungen

Die große Tradition des amerikanischen Pragmatismus von Peirce, James und Dewey wurde in den Werken von Lewis und Morris weitergeführt. Obwohl beide Philosophen allerersten Ranges sind, ist der Pragmatismus mit ihnen wohl schon in seine epigonale Phase eingetreten.

Clarence Irving Lewis (1883–1964), der als Student in Harvard von Royce betreut wurde und später dort als Dozent wirkte, verfaßte zwei wichtige logische Abhandlungen: In „A Survey of Symbolic Logic" (1918) kritisierte er den in „Principia Mathematica" von Russell und Whitehead entwickelten Begriff der *materialen Implikation*, dem zufolge eine falsche Proposition jede Proposition impliziert. Eine solche Auffassung mochte für Russells und Whiteheads Projekt einer logischen Rekonstruktion der Mathematik ausreichend sein; sie entsprach für Lewis aber nicht dem, was in den empirischen Wissenschaften und im gewöhnlichen Denken unter Implikation verstanden wird. In seiner zweiten Abhandlung, „Symbolic Logic" (1932), befaßte er sich mit nicht-klassischen Systemen. Da viele verschiedene formale Systeme aufgebaut werden können, stellt sich die Frage, welches tatsächlich eine adäquate Charakterisierung zuverlässiger Schlußfolgerungen ergibt. Nach Lewis muß man jenes System favorisieren, das zu praxistauglichen Resultaten führt; die Frage kann also nicht a priori beantwortet werden.

In „Mind and the World Order" (1929) untersuchte Lewis die Grundstruktur menschlicher Erkenntnis. Dabei unterschied er zwischen (1) den in der Erfahrung vorhandenen *Daten*, (2) dem *Begriff* und (3) der *Interpretation* der ersteren durch den letzteren. Die Frage nach der wahren Erkenntnis ist in dieser Perspektive identisch mit der Frage nach der gültigen Interpretation; auch in diesem Fall vertrat Lewis die These, daß die wahre Interpretation sich in der Praxis zu bewähren habe. Die Trennung zwischen einem Begriff und seinem Datum läßt sich nicht auf Kants Unterscheidung zwischen den transzendentalen Formen der Erkenntnis einerseits und der „chaotischen Mannigfaltigkeit" der sinnlichen Erfahrung andererseits zurückführen. Im Unterschied zu Kants Kategorien können Lewis' Begriffe kreativ umgestaltet werden. Der sinnliche Inhalt eines Begriffes (z. B. die weiße Farbe dieser Seite) ist nicht „gegeben", sondern kristallisiert sich aus der ursprünglichen Verworrenheit der Erfahrung durch den sie interpretierenden Begriff heraus.

Schließlich postulierte Lewis kein transzendentes Ding an sich: In der Erfahrung begegnen wir der Wirklichkeit selbst, obwohl wir sie nach den Formen unserer Begriffe auffassen. Nach Lewis stellt diese Theorie eine Überwindung des traditionellen erkenntnistheoretischen Dualismus von „Realismus" und „Idealismus" dar. Das ausgeprägte Interesse für die Logik macht ihn zu einer in historischer Perspektive sehr interessanten Figur, die als Bindeglied zwischen dem klassischen Pragmatismus und der analytischen Philosophie gesehen werden kann.

Zwischen verschiedenen philosophischen Welten entfaltete sich auch die intellektuelle Aktivität von Charles Morris (1901–1979), der in Chicago unter Mead studiert hatte und später zusammen mit Otto Neurath und Rudolf Carnap als Herausgeber der „International Encyclopedia of Unified Science" wirkte. Ziel dieser Enzyklopädie war die Integration von Ergebnissen und Methoden der verschiedenen Wissenschaften. Diese Integration verlangte in Morris' Sicht nach einer gemeinsamen Sprache, was wiederum die Erarbeitung einer allgemeinen Theorie des Zeichens voraussetzte. In „Foundation of the Theory of Signs" (1938) und „Signs, Language and Behaviour" (1942) bemühte er sich um die Entwicklung einer semiotischen Wissenschaft. Dabei unterschied er zwischen den drei Ebenen der *Syntax* (die die formale Beziehung zwischen den Zeichen untersucht), der *Semantik* (die sich mit der Beziehung zwischen Zeichen und Objekt befaßt) und der *Pragmatik* (die die Beziehung zwischen Zeichen und ihren Interpreten thematisiert). Diese Unterteilung ist heute allgemein anerkannt, und Morris gilt – selbstverständlich zusammen mit Peirce – als einer der Begründer der Semiotik.

Interessanterweise argumentierte Morris auf dieser Basis, daß es keinen Konflikt zwischen Pragmatismus und anderen Formen der linguistischen

Analyse gebe: Philosophen wie Russell und Frege (s. Kap. X und IX) hatten syntaktische Studien betrieben; Pragmatisten wie Dewey interessierten sich dagegen für die pragmatische Dimension der Sprache.

Nach dem Zweiten Weltkrieg veränderte sich das akademische Klima in Amerika.[36] Die philosophischen Institute, die früher Idealisten, Realisten, Naturalisten, Pragmatisten und Neopositivisten in friedlicher Koexistenz beherbergt hatten, büßten von ihrer Vielseitigkeit ein und wurden allmählich von Vertretern der analytischen Philosophie in der Tradition des logischen Empirismus erobert. Die Philosophie professionalisierte sich, gab dabei aber den Anspruch auf, sich einem breiteren Publikum verständlich zu machen (s. Kap. XIV, 6). Philosophen wie James und Dewey hatten ihre Botschaft an alle nachdenklichen Menschen gerichtet, Peirce an die gesamte Gemeinschaft der Wissenschaftler. Die akademischen Philosophen der Nachkriegszeit dagegen schrieben kurze und sehr kluge Texte, deren Verständnis ein spezielles „Training" – ein symptomatisches Wort – erforderte.

Das unerfreuliche Ergebnis dieser Entwicklung war die Absonderung der Philosophie vom Rest der Kultur. Philosophen konnten nur noch von anderen Philosophen verstanden werden; statt die Gesellschaft verändern zu wollen, schrieben sie nun für eine kleine Zahl hochspezialisierter Kollegen. Doch blieb das intellektuelle Erbe des Pragmatismus auch unter diesen veränderten Umständen wirksam. Pragmatischen Motiven begegnet man etwa in den Werken des wichtigsten analytischen Denkers der Nachkriegszeit, Willard van Orman Quine (s. Kap. XIV). Und in der Tradition der akademischen analytischen Philosophie sind schließlich auch jene einflußreichen Philosophen groß geworden, die – wie z. B. Richard Rorty – in den letzten Dekaden des 20. Jh.s für eine Rückkehr zum ursprünglichen abenteuerlustigen Geist des Pragmatismus plädiert und gleichzeitig betont haben, daß die Philosophie eine soziale Aufgabe zu erfüllen habe, die weit über das Lösen abstrakter Rätsel hinausreicht.[37]

Der am 4. Oktober 1931 in New York als Sohn eines Journalistenpaares geborene Rorty studierte Philosophie in Chicago (beim logischen Positivisten Rudolf Carnap und dem Prozeß-Philosophen Charles Hartshorne) und Yale (bei einem anderen logischen Empiristen, Carl Hempel). Am Anfang seiner Karriere schrieb er ausgezeichnete, aber traditionelle philosophische Aufsätze, unter anderem über die Metaphysik Whiteheads; bald begeisterte er sich auch für die Philosophie Wittgensteins und jene der Oxforder Philosophen der Alltagssprache (s. Kap. XIII, 2).[38] Schon in der Einführung zum Textbuch „The Linguistic Turn" (1967) begann Rorty jedoch, auf Distanz zu dieser Tradition zu gehen. Seine Kritik setzte er in „Philosophy and the Mirror of Nature" (1979) fort; hier rechnete er nicht nur mit der analytischen Philosophie ab, sondern allgemeiner mit der Ambition der modernen Philosophie, die menschliche Erkenntnis aus einer privilegierten epistemischen Stellung heraus kritisieren zu können. In späteren Aufsätzen weitete er seine

Kritik auf die gegenwärtige akademische Philosophie aus – deren selbstverliebte Nutzlosigkeit er mehrmals scharf angeprangert hat.

Seine eigene Version des Pragmatismus hat Rorty vor allem in der Aufsatzsammlung „Consequences of Pragmatism“ (1982) und in den Wiener Vorlesungen „Hoffnung statt Erkenntnis: Eine Einführung in die pragmatische Philosophie“ (1994)[39] entwickelt. Hier kritisiert er die Idee einer objektiven Wahrheit und den platonischen Glauben an starre, unwandelbare Essenzen. Das Ideal einer metaphysischen Erkenntnis – eine Theorie der Wirklichkeit aus der Perspektive Gottes – wird als konservativer Traum verworfen und zum Teil *ad absurdum* geführt. Verurteilt wird auch die individualistische Art und Weise, wie die moderne Philosophie menschliche Subjektivität aufgefaßt hat; nach ihr gibt es keine echte Gesellschaft, sondern nur eine Vielzahl isolierter Egos. Für Rorty sollte die Philosophie keine Erkenntnisse begründen, keine allgemeine Weltsicht erarbeiten, keine falsche Psychologie entwickeln, um dann auf dieser Basis überhebliche moralische Lektionen zu erteilen. Statt sich selbst diese autoritative, übergeordnete Rolle innerhalb der menschlichen Kultur zuzusprechen, sollte sie eine bescheidenere, aber dennoch wichtige Aufgabe in Anspruch nehmen. Ihr Ziel sollte darin bestehen, die Grenzen unserer moralischen Vorstellung auszuweiten: „Im Laufe dieser Jahre“ – schreibt Rorty in „Hoffnung statt Erkenntnis“ – „haben wir den Versuch, uns selbst von einem Ort außerhalb der Zeit und der Geschichte zu betrachten, allmählich durch das Streben ersetzt, für uns eine bessere Zukunft – eine utopische, demokratische Zukunft – zu schaffen. Der Anti-Essentialismus ist eine Äußerung dieses Wandels. Eine weitere Äußerung ist die Bereitschaft, die Philosophie nicht als Instrument zur Erkenntnis unserer selbst zu begreifen, sondern als Mittel zur Änderung unserer selbst.“[40]

Es ist diese Nuancierung, die verständlich werden läßt, daß Rorty längst auf Kollisionskurs mit den Projekten seiner Kollegen geraten war. Ab den 1970er Jahren fand er sich zunehmend isoliert in seinem Department in Princeton; schließlich verließ er es 1982, um ein Jahr später eine Stelle als Professor of Humanities an der University of Virginia in Charlottesville anzutreten. Wie dieses Zitat auch eindeutig zeigt, sind nicht nur viele Hauptmotive der Philosophie Deweys, sondern auch ihr Pathos in Rortys Denken eingeflossen. Es läßt sich dennoch fragen, ob Rorty den Geist des Pragmatismus nicht zumindest an einem wesentlichen Punkt verletzt. Im Aufsatz „Pragmatism and Romanticism“ (2007) schreibt er: „Es gibt außerhalb der Sprache nichts, dem sich die Sprache anzupassen trachtet.“[41] Einer so radikalen Aussage hätte Dewey schwerlich zugestimmt; obwohl er die Korrespondenz-Theorie der Wahrheit ablehnte, erkannte er doch die Existenz nicht-sprachlicher epistemischer Standards an. Letztlich ist nach Dewey die Erfahrung jene autoritative Instanz, an die sich alle unsere Theorien anpassen müssen. Dasselbe läßt sich auch von Peirce und James behaupten: Trotz ihrer mehr oder weniger radikalen Kritik an der Korrespondenz-Theorie blieben sie stets einer Art von methodologischem Realismus treu.[42]

Problematisch ist auch Rortys Ablehnung der Metaphysik: In einer Welt, in der alles in stetem Wandel begriffen ist – dies sein Argument für den Anti-Essentialismus –, gibt es kaum Raum für starre Gebilde platonischer Art. Offenbar wird hier lediglich eine Metaphysik durch eine andere ersetzt.[43]

Für die akademische Philosophie war Rorty, der die Kunst der Provokation meisterhaft beherrschte, eine lästige, aber unübersehbare Persönlichkeit. Seit seinem Tod am 8. Juni 2007 scheinen seine Schriften an Einfluß verloren zu haben; dies ist bedauerlich, da er mit seinen pointierten Bemerkungen oft Mißstände entlarven konnte. Wieso trifft man z. B. an den Universitäten kaum Dozenten, die sowohl Werke von Autoren der analytischen wie der kontinentalen Tradition lesen und schätzen können? Rorty beantwortete diese Frage nüchtern, in einer für das Establishment aber zweifellos empörenden Art: „Einerlei, wie weit die intellektuelle Neugierde eines Studenten reicht und wie gern er nicht nur über Kripke, sondern auch über Kierkegaard, nicht nur über Schelling, sondern auch über David Lewis Bescheid wüßte – die Zeit reicht einfach nicht. Falls er also doch eine gewisse Vielseitigkeit entwickelt, wird das häufig erst später im Leben geschehen, normalerweise erst dann, wenn er eine Lebensstellung hat. Dann kann er es sich leisten, den eigenen Interessen nachzugehen, anstatt auf Berufungskommissionen oder ältere Kollegen einen guten Eindruck zu machen."[44] Klarer hätte Rorty seinen Befund einer hemmenden geistigen Enge an den Universitäten kaum formulieren können.

Obschon der Pragmatismus eine typisch amerikanische Philosophie ist, fand er auch in Europa eine gewisse Resonanz. Der wichtigste Vertreter in England war Ferdinand Canning Scott Schiller (1864–1937), dessen Pragmatismus unter dem Namen „Humanismus" bekannt wurde[45] und eine relativistische Radikalisierung einiger Themen der Jamesschen Philosophie darstellte: Was ist wahr? Darüber entscheidet immer nur unsere psychische Verfassung; der Einzelne ist bei Schiller, wie bei Protagoras, das Maß aller Dinge. Zwischen den alten idealistischen Philosophien eines Bradley und Bosanquet einerseits und der neuen analytischen Philosophie Russells und Moores andererseits konnte sich der Pragmatismus in England aber nie wirklich durchsetzen; Schiller blieb eine Ausnahme-Erscheinung.

Auf dem Kontinent fand der Pragmatismus die größte Resonanz wohl in Italien bei den Philosophen Giovanni Vailati (1863–1909) und seinem Schüler Mario Calderoni (1879–1914), aber auch bei einer schwer zu klassifizierenden Intellektuellen-Figur wie dem Schriftsteller Giovanni Papini (1881–1956). Wie problematisch die italienische Rezeption des Pragmatismus außerhalb spezialisierter akademischer Zirkel gewesen sein dürfte, zeigt paradigmatisch die Tatsache, daß Mussolini (!) sich als Pragmatisten bezeichnete.[46]

In Deutschland stand die für den Pragmatismus grundlegende Frage nach der Beziehung zwischen Denken und Handeln im Zentrum der Reflexion des Philosophen Hans Vaihinger (1852–1933); auf die neue amerikanische Philosophie reagierte aber vor allem Max Scheler (s. Band XII, Kap. 7) in seinem „Die Wissensformen und die Gesellschaft" (1926).[47] Nach dem Zweiten Weltkrieg wurden die pädagogischen Schriften Deweys gelesen, vor allem „Demokratie und Erziehung", allerdings eher im Rahmen des politischen Projekts der „Umerziehung" als aus genuinem philosophischem Interesse.[48] Eine vertiefte Auseinandersetzung mit dem Pragmatismus wurde im deutschsprachigen Raum nicht zuletzt durch die oft verständnislose Kritik der Frankfurter Schule erheblich erschwert.[49] Exemplarisch in dieser Hinsicht ist Max Horkheimers Abwertung des Pragmatismus in „Eclipse of Reason" (1947) – auf Deutsch erst 1967 als „Zur Kritik der instrumentellen Vernunft" erschienen – als anti-humanistische, technokratische Denkweise: als Ausdruck einer Gesellschaft, „die keine Zeit hat, sich zu erinnern und nachzudenken".[50]

Dritter Teil

Die analytische Tradition von Frege bis Quine

Von Pierfrancesco Basile

IX. Gottlob Frege und die Vorgeschichte der analytischen Philosophie

1. Einführung: Cambridge, Wien, Jena

Über die Frage, was die analytische Philosophie sei, ist lange debattiert worden; eine befriedigende Antwort gibt es bis heute nicht. Denn es ist schwierig zu sagen, was eine Philosophie zu einer „analytischen" macht: Weder teilten alle Vertreter dieser Denkrichtung dieselben Doktrinen, noch herrschte unter ihnen Einigkeit bezüglich meta-philosophischer Fragen – wie etwa jenen nach den Aufgaben der Philosophie, ihrer richtigen Methode oder ihrer Beziehung zu den Naturwissenschaften. Zwar spielen sprachphilosophische Überlegungen eine zentrale Rolle bei allen wichtigen Vertretern dieser Tradition; nicht jeder war aber bereit, in der Analyse der Sprache die einzige oder auch nur die Hauptaufgabe der Philosophie zu sehen.

Als einziger gemeinsamer Nenner wird deshalb oft eine ausgeprägte Vorliebe für begriffliche Klarheit und logische Genauigkeit angegeben. Die analytische Philosophie, schreibt einer ihrer Verfechter, zeichnet sich dadurch aus, daß sie sich „sehr stark mit Argumentation und Rechtfertigung beschäftigt".[1] Diese Charakterisierung ist darauf angelegt, Denker wie Hegel und Heidegger von der Klasse der analytischen Philosophen auszuschließen – wobei man nicht vergessen sollte, daß verschiedene Philosophen oft auch verschiedene Auffassungen darüber haben, was ein „gutes Argument" sei. Hegel hätte die Kritik, daß er in der „Phänomenologie des Geistes" kein Argument zugunsten seiner Metaphysik vorgebracht habe, sicher beleidigt zurückgewiesen. Wenn man diese Sicht akzeptiert, müßten zudem zahlreiche Autoren des westlichen philosophischen Kanons – darunter zumindest Plato, Aristoteles, Thomas, Descartes, Spinoza, Hume und Kant – zu den analytischen Philosophen gezählt werden. Offenbar ist eine solche Charakterisierung der analytischen Philosophie also zu weit; sie reicht nicht aus, um jene Tradition eindeutig zu bestimmen, die die Philosophie des 20. Jh.s so maßgeblich geprägt hat.

Wenig überzeugend ist auch der Versuch, die analytische Philosophie in Abgrenzung zur sogenannten „kontinentalen Philosophie" zu definieren. Dagegen spricht in erster Linie die Tatsache, daß „Analyse" für eine bestimmte Methode steht, während „kontinental" eine geographische Kennzeichnung und damit auf einer anderen logischen Ebene angesiedelt ist.

Außerdem suggeriert diese Aufteilung, daß die gesamte philosophische Szene des 20. Jh.s in nur zwei Lager unterteilt werden könne, was alles andere als angemessen ist: Philosophen wie Dewey oder Whitehead würden in einer solchen Klassifikation keinen Platz finden. Drittens sind bedeutende Vertreter der analytischen Philosophie, etwa Wittgenstein und Carnap, auf dem Kontinent geboren. Und schließlich ist die Bezeichnung „kontinental" genau so unbestimmt wie die Bezeichnung „analytisch" (Hegel und Heidegger waren „kontinentale" Denker, doch was ist mit Husserl?).

Die Tatsache, daß eine genauere Definition nicht vorliegt, ist kaum erstaunlich, aber auch nicht bedauerlich: Historische Bewegungen von Bedeutung – auch Bewegungen im Bereich der Ideen – weisen immer eine interne Komplexität auf, und gelegentlich eine unauflösbare Widersprüchlichkeit. Die Frage ist daher eher *historisch* als *systematisch* zu beantworten: Wer wissen will, was die analytische Philosophie ist bzw. gewesen ist, kommt nicht umhin, sich mit ihrer Geschichte zu beschäftigen. Dies ist selbstverständlich nur deswegen möglich, weil heute ein Konsens darüber besteht, welche Autoren bzw. Texte eine entscheidende Rolle innerhalb dieser Bewegung gespielt haben;[2] der zu untersuchende Gegenstand – die analytische Tradition – ist somit auch ohne eindeutige Definition *de facto* gegeben.

Als Geburtsort der analytischen Philosophie kann die Universität Cambridge, als Geburtsdatum das Jahr 1903 genannt werden. In diesem Jahr erschienen Bertrand Russells „Principles of Mathematics", während sein Freund und philosophischer Alliierter George Edward Moore zwei für die analytische Tradition grundlegende Texte, nämlich das Buch „Principia Ethica" und den Aufsatz „The Refutation of Idealism", veröffentlichte. Als Alternative bietet sich das Jahr 1899 an, als Moore in „The Nature of Judgment" die Grundlagen einer neuen realistischen Philosophie formulierte, oder das Jahr 1905, als Russells „On Denoting" publiziert wurde – jener Aufsatz, den der Mathematiker Frank Ramsey als philosophisch paradigmatisch betrachtete. In ihren frühen Werken traten Russell und Moore *bewußt* mit dem Anspruch an, am Anfang einer neuen philosophische Ära zu stehen (s. Kap. X und XI). Einige Jahre vor dem Ausbruch des Ersten Weltkriegs kam auch der aus Wien stammende Wittgenstein nach Cambridge, um bei Russell zu studieren, und er kehrte 1929 dorthin zurück. Seine in den folgenden Jahrzehnten entwickelte Philosophie inspirierte Generationen von britischen Philosophen zu neuen Formen der Sprachanalyse (s. Kap. XII und Kap. XIII, 2–3).

Die Wurzeln der analytischen Philosophie sind allerdings nicht nur in Cambridge zu finden. Gerade in Wittgensteins Heimatstadt Wien hatte sich um Denker wie Moritz Schlick, Otto Neurath und Rudolf Carnap ein Kreis von Philosophen und Wissenschaftlern gebildet. Wittgenstein kam kurz vor seiner Rückkehr nach Cambridge in Kontakt mit Mitgliedern dieses sogenannten „Wiener Kreises" (s. Kap. XIII, 1). Später wanderten einige von ihnen nach Amerika aus, wo sie eine große Rolle bei der dortigen Verbreitung der analytischen Philosophie spielten (s. Kap. XIV, 1). Weder zum akademischen Milieu in Cambridge noch zum Wiener Kreis gehört schließlich jener Denker, dessen Beiträge zur Logik und Semantik den Status klassischer Texte der frühen analytischen Philosophie erlangt haben – der Jenaer Philosoph Gottlob Frege.

2. Frege: Leben und Werke

Gottlob Frege wurde am 8. November 1848 in Wismar geboren. Sein Vater Karl Alexander Frege war Gründer und Leiter einer privaten Mädchenschule, an welcher auch die Mutter unterrichtete. Nach Abschluß des dortigen Gymnasiums wechselte Frege 1869 nach Jena, um Mathematik, Physik und Philosophie zu studieren. 1871 kam er nach Göttingen, wo er die Vorlesungen Hermann Lotzes (s. Bd. X), eines der bedeutendsten und einflußreichsten Philosophen jener Zeit, hören konnte.[3] In Göttingen promovierte er 1873 mit der Arbeit „Über eine geometrische Darstellung der imaginären Gebilde in der Ebene"; unmittelbar danach kehrte er nach Jena zurück, wo er sich 1874 für das Fach Mathematik habilitierte.

Freges erste wichtige Publikation – „Begriffsschrift: Eine der arithmetischen nachgebildete Formelsprache des reinen Denkens" – erschien 1879. Darin entwickelte er eine symbolische Notation, die den Inhalt unserer Gedanken auf präzise Weise ausdrücken und somit jede Schlußfolgerung kontrollierbar machen sollte. Das Buch, das heute als Gründungsdokument der modernen Logik gilt, stieß zunächst auf Ablehnung und Unverständnis; dank seiner Veröffentlichung wurde Frege aber 1879 immerhin zum außerordentlichen Professor in Jena ernannt.

1884 erschien sein Meisterwerk, die „Grundlagen der Arithmetik", in dem die Hauptgedanken des „Logizismus" (der Theorie, daß die ganze Arithmetik aus der Logik ableitbar sei) entwickelt werden. Auch diese Veröffentlichung fand zuerst wenig Anerkennung; wie andere epochale Werke der Geschichte der Philosophie (man denke z. B. an Humes „Treatise of Human Nature") wurde das Buch von den Zeitgenossen praktisch ignoriert. Frege ließ sich von diesen Mißerfolgen nicht irritieren und arbeitete weiter an seinem Projekt einer vollständigen Ableitung der Arithmetik aus der Logik. In den Jahren 1891–1892 veröffentlichte er die wichtigen Aufsätze „Funktion und Begriff", „Über Begriff und Gegenstand" und „Sinn und Bedeutung"; kurz danach erschien der erste Band der „Grundgesetze der Arithmetik" (1893), in dem das logizistische Programm in der Notation der Begriffsschrift formuliert wurde. Der zweite Band der „Grundgesetze" erschien (auf Kosten des Autors) zehn Jahre später.

Frege dachte, sein Lebenswerk damit grundsätzlich vollendet zu haben; aber als der Band im Druck war, erhielt er einen Brief von Bertrand Russell: Der junge Logiker, der unabhängig von ihm an einem ähnlichen Projekt arbeitete, hatte einen Widerspruch in Freges System entdeckt. Russells Brief erschütterte Frege zutiefst, zudem war er zunehmend in bittere akademische Streitigkeiten in seinem Institut verwickelt (1896 erhielt er zwar eine Honorarprofessur, aber kein angemessenes Gehalt). 1904 verlor er seine Frau Margarethe und mußte allein für den Adoptivsohn Alfred sorgen. Aber selbst unter solchen schwierigen Umständen arbeitete er weiter an philosophischen Themen und konnte drei wichtige Aufsätze zur Philosophie der Logik publizieren: „Der Gedanke" (1918), „Die Verneinung" (1919) und „Gedankengefüge" (1923).

Frege starb am 26. Juli 1925 in Bad Kleinen als vereinsamter Mann, ohne zu ahnen, daß spätere Generationen von Philosophen ihn als Meister betrachten würden. Der junge Wittgenstein, der ihn verehrte, hatte ihn 1911 in Jena besucht (ihre umfangreiche Korrespondenz aus den Jahren 1915–1918 ist leider verlorengegangen). Rudolf Carnap studierte in Jena und hörte bei Frege Vorlesungen über die Begriffsschrift und die mathematische Logik. In einer autobiographischen Skizze hat der logische Empirist eine ziemlich trostlose Darstellung von Freges Vorlesungen hinterlassen: „Wir trafen dort nur wenige Studenten. Frege sah für seine Jahre alt aus. Er war von kleiner Statur, ziemlich schüchtern und stark introvertiert. Er schaute seine Zuhörer kaum an. Gewöhnlich sahen wir nur seinen Rücken, wenn er die seltsamen Diagramme seines Symbolismus an die Tafel schrieb und erklärte. Niemals, weder während der Übungen noch nachher, stellte ein Student eine Frage oder machte eine Bemerkung: Die Möglichkeit einer Diskussion schien ganz undenkbar."[4] Aber wie Wittgenstein setzte sich Carnap ausführlich mit Freges Arbeit auseinander und trug so erheblich zu dessen späterem Ruhm bei.

Freges Tagebücher vermitteln allerdings ein unerwartetes und enttäuschendes Bild eines Mannes, dessen logische Arbeiten mit jenen von Aristoteles verglichen worden sind.[5] Der schwer zugängliche Philosoph erweist sich hier als Antisemit, der die Juden aus Deutschland vertreiben will, und als Kritiker des allgemeinen Wahlrechts: Offenbar ist die Fähigkeit, nicht nur sehr genau, sondern im Bereich der Logik auch sehr offen und kreativ zu denken, nicht gleichbedeutend mit der Fähigkeit, sich von den Vorurteilen des eigenen Zeitalters distanzieren zu können.[6]

3. Der Logizismus

In der „Kritik der reinen Vernunft" hatte Kant die übliche, auf Leibniz zurückgehende Einteilung der Urteile in „Vernunftwahrheiten" und „Tatsachenwahrheiten" verworfen bzw. durch die Einführung einer weiteren Urteilsart ergänzt. Statt zwei postulierte er drei Klassen von Urteilen; einige Urteile sind analytisch a priori, andere synthetisch a posteriori, wieder andere schließlich synthetisch a priori (s. Bd. IX, 1). Die Urteile der ersten beiden Klassen entsprechen den traditionellen Vernunftwahrheiten und Tatsachenwahrheiten. Die Urteile der dritten, neuen Klasse sind nach Kant die interessantesten, denn sie sind gleichzeitig gewiß (wegen ihres Charakters a priori) und informativ (wegen ihrer synthetischen Form). In diesem Sinn stellen synthetische Urteile a priori Beispiele von genuinen Erkenntnissen dar: Zu dieser Klasse der Urteile gehören nach Kant unter anderem jene der Arithmetik (z. B. „7 + 5 = 12") und der Geometrie (z. B. „Die kürzeste Linie zwischen zwei Punkten ist die Gerade").

Frege stimmt mit Kant zwar in der Auffassung überein, daß geometrische Urteile synthetisch a priori sind. Er bestreitet aber, daß die Urteile der Arithmetik synthetisch seien: Da er die Arithmetik als Zweig der Logik sieht, ist er überzeugt, den analytischen Charakter der Aussagen der Logik auf die Arithmetik übertragen zu können. Daß diese Sicht nicht selbstverständlich ist, räumt Frege ein. Aber wenn sie richtig wäre, so argumentiert er, müßte es möglich sein, alle Begriffe der Arithmetik durch rein logische Begriffe zu definieren. Gleichzeitig müßte man zeigen, daß alle Urteile der Arithmetik aus einer kleinen Anzahl unbestreitbarer logischer Axiome abgeleitet werden können.

Dies ist nun das ambitionierte Ziel, das Frege sich setzt; und um es erreichen zu können, muß er ein geeignetes sprachliches Instrument schaffen. Denn aufgrund der Vieldeutigkeit zahlreicher Ausdrücke eignet sich die Alltagssprache nicht für eine genaue Darstellung logischer Beziehungen. Dazu ist eine künstliche Sprache notwendig – eine, die die Struktur unserer Gedanken und ihrer Relationen auf vollkommen transparente Weise spiegelt. In der „Begriffsschrift" vergleicht Frege die natürliche Sprache mit dem menschlichen Auge, die künstliche Sprache der Logiker mit einem Mikroskop. Zwar ist das letztere nicht in jeder Hinsicht besser als das erstere, für bestimmte Zwecke ist seine Anwendung jedoch unerläßlich: „Als optischer Apparat betrachtet, zeigt es [das Auge] freilich viele Unvollkommenheiten, die nur in Folge seiner innigen Verbindung mit dem geistigen Leben gewöhnlich ungeachtet bleiben. Sobald aber wissenschaftliche Zwecke große Anforderungen an die Schärfe der Unterscheidung stellen, zeigt sich das Auge als ungenügend. Das Mikroskop hingegen ist gerade solchen Zwecken auf das Vollkommenste angepaßt, aber eben dadurch für alle anderen unbrauchbar."[7] Die Vorstellung einer idealen Sprache des Denkens ist an sich nicht neu und erinnert an Leibniz' *characteristica universalis*. Nebst einem neuen Symbolismus schlägt Frege aber auch einige revolutionäre konzeptuelle Erneuerungen vor.

a) Die Erneuerung der Logik: Die „Begriffsschrift"

In der „Begriffsschrift" unterscheidet Frege scharf zwischen einem *Urteil* einerseits und dem beurteilbaren *Inhalt* andererseits. Die Frage: „Regnet es?" hat z.B. denselben Inhalt wie die Antwort „Es regnet"; aber nur im zweiten Fall wird das Bestehen dieses Inhalts tatsächlich behauptet. Die Aussagen „Die Griechen siegten über die Perser" und „Die Perser wurden von den Griechen besiegt" haben verschiedene grammatikalische Formen; dennoch drücken sie denselben *Inhalt* aus. Die Bedeutung dieser beiden Sätze ist freilich nicht ganz identisch: Durch die Wahl der aktiven oder der passiven Form wird der Akzent anders gelegt, und bei den Zuhörern werden unterschiedliche Assoziationen geweckt. Unter „Inhalt" ist deshalb nicht die ganze sprachliche Bedeutung zu verstehen, sondern nur jene semantische Komponente, die einen Einfluß „auf die möglichen Folgerungen" hat – der wahrheitsfähige Kern also, jener Teil der gesamten Bedeutung eines Ausdrucks, der in bezug auf seine Wahrheit und Falschheit beurteilt werden kann.

Frege widmet sich zuerst den Beziehungen zwischen den Inhalten ganzer Sätze, erst dann bemüht er sich um ihre innere Analyse. Das Vorgehen entspricht grundsätzlich jenem der heutigen logischen Lehrbücher, die zuerst die Aussagenlogik und dann die Prädikatenlogik behandeln. Als erster hat Frege dabei einen vollständigen Kalkül der Logik der Junktoren entworfen. Sein aussagenlogisches System kennt zwei solcher Junktoren: Einer ist die Negation, den anderen nennt er „Bedingtheit". Wenn also A und B zwei beurteilbare Inhalte sind, dann gibt es nach Frege vier verschiedene Haltungen, die man ihnen gegenüber einnehmen kann:

(i) A wird bejaht und B wird bejaht;
(ii) A wird bejaht und B wird verneint;
(iii) A wird verneint und B wird bejaht;
(iv) A wird verneint und B wird verneint.

Der Junktor „Bedingtheit" entspricht dem Konditional der modernen logischen Theorie: Die Aussage $B \rightarrow A$ ist offensichtlich falsch im Fall (iii) und offensichtlich wahr im Fall (i). Problematisch sind die Fälle (ii) und (iv): Frege postuliert, daß die Aussage $B \rightarrow A$ in beiden Fällen als wahr zu betrachten sei; er betont aber gleichzeitig, daß der Operator „Bedingtheit" nicht mit dem „Wenn ..., dann ..." der natürlichen Sprache identifiziert werden kann. Die Anwendung der Bedingtheit setzt nach Frege keinen Zusammenhang zwischen den verbundenen Inhalten voraus: In der Begriffsschrift wäre eine Aussage wie „Wenn die Sonne scheint, dann $3 \times 7 = 21$" durchaus zulässig; in der normalen Anwendung würde ein solcher Satz dagegen unverständlich erscheinen.

In der Begriffsschrift wird die Aussage $B \rightarrow A$ nicht eindimensional, sondern zweidimensional dargestellt, was die Wiedergabe komplexer Aussagen oder Argumente erheblich erschwert. Dies ist zweifellos ein Hauptgrund, weshalb die großen Verdienste des Buches nicht sofort anerkannt wurden; Freges Notation ist heute denn auch in Vergessenheit geraten.[8] Spezielle Symbole für die anderen Junktoren führt er nicht ein; als einzige Deduktionsregel wird der *Modus Ponens* ($B \rightarrow A$, aber auch B; also A) benutzt.

In seiner Prädikatenlogik bricht Frege mit der aristotelischen Tradition. Nach der üblichen Auffassung wäre die Aussage „Sokrates ist ein Philosoph" nach dem Muster „S ist P" zu deuten; dabei wäre „Sokrates" das Subjekt, „ein Philosoph" das Prädikat, „ist" die Kopula. Freges revolutionärer Schritt besteht nun darin, daß er die grammatikalischen Begriffe *Subjekt* und *Prädikat* durch die mathematischen Begriffe *Argument* und *Funktion* ersetzt. Bei der mathematischen Gleichung „$y = 3x + 7$" kann man die *Funktion* $3x + 7$ isolieren; für das *Argument* $x = 2$ liefert diese Funktion das Ergebnis 13. In Analogie dazu ließe sich in einem Satz wie „Sokrates ist ein Philosoph" die Funktion „(...) ist ein Philosoph" bestimmen; diese liefert den Wert *wahr* für das Argument „Sokrates" und *falsch* für „Xanthippe". Diese Idee kann auch auf komplexere Sätze angewendet werden, wie z. B. „Plato ist ein Schüler von Sokrates". In diesem Fall kann man entweder „(...) ein Schüler von Sokrates", „Plato ist ein Schüler von (...)" oder „(...) ist ein Schüler von (...)" als Funktion bestimmen; auch Kennzeichnungen wie „Der König von Persien" lassen sich als Ausdruck von Funktionen analysieren („Der König von (...)" und einem Argument „Persien").

Im späteren Aufsatz „Funktion und Begriff"[9] wird Frege eine eigentümliche Terminologie einführen und mit einer chemischen Metapher zwischen „gesättigten" (vollständigen) und „ungesättigten" (unvollständigen) Ausdrücken unterscheiden. Zu letzterer Kategorie gehören Prädikate wie „(...) ist ein Philosoph", die sozusagen naturgemäß nach einer Ergänzung verlangen.

Frege ist der erste Logiker, der den All-Quantor einführt. Man betrachte z. B. die Aussage „Alle Menschen sind sterblich": Nach der traditionellen Auffassung ist die logische Form dieser Aussage „Alle M sind S". Der Ausdruck „alle" wird hier in den Subjekt-Teil inkorporiert. Frege ist nun in der Lage, eine viel raffiniertere Analyse anzubieten; die Ausdrücke „(...) ist ein Mensch" und „(...) ist sterblich" können als Funktionen betrachtet werden,

„Alle Menschen sind sterblich“ wird dann wie folgt gedeutet: „Es gilt für alle x: falls x ein Mensch ist, dann ist x sterblich“ [in heutiger Notation: $(x)(Mx \rightarrow Sx)$]. Die traditionelle Logik hatte sich stark an der Grammatik orientiert; das Beispiel macht klar, daß die *logische* Form eines Satzes von seiner *grammatikalischen* Form abweichen kann.

Frege führt kein besonderes Symbol für den Existenz-Quantor $(\exists x)$ ein, da dieser als Kombination der Negation und des All-Quantors leicht darstellbar ist. Die Aussage „Es gibt mindestens einen Philosophen“ [$(\exists x)(Px)$] läßt sich wie folgt wiedergeben: „Es ist nicht der Fall, daß für alle x gilt: x ist nicht ein Philosoph“ [$\neg(x)\neg(Px)$].

Die von Frege entwickelte Begriffsschrift soll eine genaue Durchführung von komplizierten Schlußfolgerungen ermöglichen und alle Zweideutigkeiten vermeiden. Man betrachte z. B. einen Satz wie „Alle Menschen lieben einen Menschen“. Nach einer möglichen Lesart bedeutet er (a) „Alle Menschen lieben *irgendjemanden*“, nach einer anderen (b) „Es gibt einen Menschen, der von allen anderen geliebt wird“. Das Vorkommen eines solchen Satzes in einem in der natürlichen Sprache formulierten Argument kann eine Quelle von Irrtümern sein, denn man könnte ihn unbeabsichtigt erst auf die eine und dann auf die andere Weise deuten. In einer mit Quantoren ausgestatteten symbolischen Sprache dagegen kann eine solche Zweideutigkeit gar nicht entstehen: Nach der Lesart (a) hat diese Aussage die eindeutige logische Form $(x)(\exists y)(x \text{ liebt } y)$, nach (b) dagegen $(\exists y)(x)(x \text{ liebt } y)$. Die Reihenfolge der Quantoren verhindert also Uneindeutigkeiten.

b) Paradigmen sprachphilosophischer Analyse: Die „Grundlagen der Arithmetik“

Das logizistische Projekt erfordert, daß Zahlen durch rein logische Begriffe definiert werden; eine solche Definition zu liefern ist die Aufgabe der „Grundlagen der Arithmetik“. Diesem Unterfangen schickt Frege drei propädeutische Bemerkungen voraus. Insbesondere betont er, daß die Arithmetik nicht auf die Psychologie zurückzuführen sei. Diese antipsychologistische Überzeugung drückt sich in der These aus, daß Zahlen nicht als psychische Entitäten aufzufassen sind: Würde ihnen etwas Psychisches anhaften, würde sich dies auch auf die Arithmetik übertragen; diese wäre dann von der Psychologie nicht mehr zu unterscheiden. Da Zahlen aber ebensowenig sinnvoll als physische Gegenstände aufgefaßt werden können, gehören sie zu einem dritten Bereich des Seienden – die Ontologie der „Grundlagen“ ist somit eine durchaus platonische.

In den „Grundlagen“ führt Frege auch das sogenannte *Kontextprinzip* ein: „Man muß [...] immer einen vollständigen Satz ins Auge fassen; nur in ihm haben die Wörter eigentlich eine Bedeutung.“[10] Es ist allerdings fraglich, ob

Frege in den „Grundlagen" eine allgemeine Theorie der Bedeutung bzw. eine Semantik zu entwickeln versucht. Das Kontextprinzip ist in erster Linie ein heuristisches Hilfsmittel: Eine Definition der Zahlen kann gewonnen werden – dies ist die grundlegende methodologische Idee –, indem man Aussagen analysiert, in denen Zahlausdrücke vorkommen.

Eine Voraussetzung für diese Definitionsarbeit ist für Frege, daß man den Unterschied zwischen den *Begriffen* und den mit ihnen bezeichneten *Gegenständen* nie aus den Augen verliert. Scharf trennt er die *Merkmale* eines Begriffs von seinen *Eigenschaften:* Der Begriff „rundes Viereck" z. B. hat die Eigenschaft, daß ihm kein Gegenstand entspricht; seine Merkmale sind „rund" und „viereckig". Anders formuliert: Die Merkmale eines Begriffs F sind jene Eigenschaften, die ein Gegenstand besitzen muß, um als ein F gelten zu können. Vor diesem Hintergrund kann nun die Frage nach der Definition der Zahlen angegangen werden. Wie vom Kontextprinzip vorgeschrieben, muß sich Frege mit Sätzen beschäftigen, in denen Zahlausdrücke vorkommen. Die Aufmerksamkeit richtet sich auf jene Urteile, die eine Antwort auf die Frage „Wie viele?" liefern. Solche Zahlurteile, so Frege, handeln von *Begriffen und ihren Eigenschaften,* und nicht – wie es scheinen könnte – von *Gegenständen und ihren Eigenschaften.*

Diese These läßt sich mit folgendem Beispiel illustrieren:

(1) Die Erde hat einen Mond.

Zweifellos erhält man hier den Eindruck, daß diese Aussage von physischen Gegenständen handelt, konkret von der Erde und dem Mond. Frege schlägt nun aber folgende alternative Deutung vor:

(1a) Dem Begriff „Erdmond" kommt die Zahl eins zu.

Diese Umformulierung (1a) bringt zum Ausdruck, daß es bei (1) nicht um einen *Gegenstand*, sondern um einen *Begriff* geht. Einleuchtend ist auch das folgende Beispiel:

(2) Die Venus hat 0 Monde.

Dazu bemerkt Frege: „Wenn ich sage, ‚die Venus hat 0 Monde', so ist gar kein Mond oder Aggregat von Monden da, von dem etwas ausgesagt werden könnte, aber dem *Begriffe* ‚Venusmonde' wird dadurch eine Eigenschaft beigelegt, nämlich die, nichts unter sich zu befassen."[11] Die Zahl 0 läßt sich also nicht sinnvoll als Eigenschaft eines inexistenten Objektes (des Venusmonds) darstellen; (2) kann aber wie folgt analysiert werden:

(2a) Dem Begriff „Venusmond" kommt die Zahl 0 zu.

Anhand dieser zwei Beispiele (1a) und (2a) läßt sich die logische Form von Zahlurteilen generell wie folgt bestimmen:

(A) Dem Begriff F kommt die Zahl n zu.

Diese Analyse ist allerdings nicht ganz befriedigend. Zwar macht (A) deutlich, daß es bei Zahlurteilen um Begriffe geht. Daraus wird aber noch nicht sichtbar, wie Zahlen zu definieren sind. Frege schlägt deshalb folgende Umformulierungen von (1a) und (2a) vor:

(1b) Die Anzahl, die dem Begriff „Erdmond" zukommt, ist 1.
(2b) Die Anzahl, die dem Begriff „Venusmond" zukommt, ist 0.

Die allgemeine logische Form solcher Aussagen kann nun bestimmt werden als:

(Aa) Die Anzahl, die dem Begriff F zukommt, ist n.

Da der Ausdruck „ist" hier im Sinne der mathematischen Identität (=) verwendet wird, kann (Aa) schließlich wiedergegeben werden als:

(Ab) n = die Anzahl, die dem Begriff F zukommt.

Selbstverständlich muß diese Art der Analyse auch auf alle arithmetischen Aussagen anwendbar sein. Man betrachte Kants Beispiel:

(3) 5 + 7 = 12.

Was behauptet eine solche Aussage? Laut Frege nichts anderes als:

(3a) Die Anzahl, die dem Begriff „5 + 7" zukommt = die Anzahl, die dem Begriff „12" zukommt.

Interessanterweise läßt sich eine solche Analyse auch anwenden auf Sätze, in denen Ausdrücke für selbstwidersprechende Entitäten vorkommen, wie z. B.:

(4) Es gibt kein rundes Viereck.

Dieser Satz behauptet nicht, daß ein selbstwidersprüchlicher Gegenstand (das runde Viereck) die Eigenschaft *Inexistenz* besitze, was offensichtlich absurd wäre. Die logische Form von (4) ist vielmehr:

(4a) Die Anzahl, die dem Begriff „rundes Viereck" zukommt, ist 0.

Bemerkenswert ist auch Freges Analyse der Aussage

(5) Gott existiert.

In seiner Sicht kann sie paraphrasiert werden als:

(5a) Die Anzahl, die dem Begriff „Gott" zukommt $\neq 0$.

Damit stimmt Frege Kant zu, daß die *Existenz* keine Eigenschaft von Gegenständen sei: Ausdrücke wie „es gibt" oder „es existiert" weisen einem *Begriff* eine Eigenschaft zu – die Eigenschaft nämlich, daß mindestens ein Gegenstand ihm zugehört. Tatsächlich kann man nach dieser Analyse weder auf die Existenz noch auf die Inexistenz irgendeines Gegenstandes schließen; genau wie Kant folgert Frege aus diesen Überlegungen, daß der ontologische Gottesbeweis ungültig sei.

Die Umformulierung

(Ab) n = die Anzahl, die dem Begriff F zukommt

hat den Vorteil, ein klares Definitionsmuster zu liefern. Da kein Ding ungleich sich selbst sein kann, ist die Anzahl von Dingen, die ungleich sich selbst sind, notwendigerweise gleich Null. Die Zahl 0 könnte also wie folgt definiert werden:

(Df.) 0 = die Anzahl, die dem Begriff „ungleich sich selbst" zukommt.

Innerhalb des Projekts einer Ableitung der Arithmetik aus der Logik kann diese Definition der Zahl 0 allerdings nur als vorläufig betrachtet werden, denn der Begriff „Anzahl" ist selbst kein rein logischer. Das Gesagte reicht immerhin aus, um den entscheidenden philosophischen Punkt dieser Erörterungen zur Geltung zu bringen – die Tatsache nämlich, daß eine sorgfältige sprachliche Analyse zur Klärung definitorischer Fragen führen kann.

Die allgemeine philosophische Relevanz dieses Vorgehens Freges besteht denn auch darin, daß es ein Paradigma sprachphilosophischer Analyse darstellt. Statt sich mit einer philosophischen Frage („Wie lassen sich Zahlen definieren?") auf spekulative Weise zu beschäftigen, analysiert Frege jene Sätze, in denen Ausdrücke für die zu untersuchenden Gegenstände vorkommen. Die Frage nach der Natur des Ego wäre dann als Frage nach dem Gebrauch des Wortes „ich" zu stellen, wie Frege selbst andeutet. So schreibt er z. B. in „Der Gedanke": „Das Vorkommen des Wortes ‚ich' in einem Satze gibt noch zu einigen Fragen Veranlassung."[12] In Analogie dazu wäre die Aristotelische Frage nach der Natur des Seienden als Seiendes als Frage nach dem Wort „sein" anzusehen. Die für viele analytische Philosophen typische Anwendung von sprachanalytischen Methoden findet in den „Grundlagen" zweifellos eine ihrer wichtigsten Quellen.

Eine Erklärung bleibt Frege seinen Lesern allerdings schuldig: Da seine ganze Methode auf der Annahme des Kontextprinzips beruht, stellt sich die von ihm nicht behandelte Frage, wieso ein solches Prinzip akzeptiert werden soll. Wie problematisch das Prinzip ist, wird sichtbar, wenn man sich die offensichtliche Tatsache vergegenwärtigt, daß die Bedeutung eines Satzes oft von seiner Rolle innerhalb einer ganzen Rede abhängt und in der Regel auch von nicht-sprachlichen Faktoren bestimmt wird.

c) Das Scheitern des Logizismus: Die „Grundgesetze der Arithmetik"

Des weiteren definiert Frege den Begriff „Anzahl" mit Bezug auf den Begriff „Umfang eines Begriffes". Darunter versteht er die Klasse jener Gegenstände, die unter einen Begriff F fallen. Zum Umfang des Begriffs „Pferd" gehören z. B. alle Pferde. Zahlen werden somit *extensional* definiert, d. h. mit Bezug auf eine Klasse von Gegenständen statt mit Bezug auf die in dem Begriff enthaltenen Merkmale („vierbeinig", „Tier" usw.). Da Zahlen nach Frege „immaterielle" *Gegenstände* sind, sind auch Klassen bzw. die Umfänge von Begriffen als Gegenstände aufzufassen.

Um die Zahlen 0 und 1 zu definieren, bringt Frege zunächst den Begriff „Gleichzahligkeit" ins Spiel. Zwei Begriffe heißen *gleichzahlig*, wenn die Anzahl von Elementen, die unter sie fällt, dieselbe ist. So sind z. B. die Begriffe „Anzahl von Fingern meiner rechten Hand" und „Anzahl von Fingern meiner linken Hand" gleichzahlig (um dies festzustellen, muß man nicht rechnen können; es genügt, daß man die Finger der rechten Hand mit jenen der linken eindeutig korrelieren kann). Die Zahl 0 kann nun definiert werden als Umfang des Begriffs *gleichzahlig dem Begriff „sich selbst ungleich"*. Ferner kann die Zahl 1 definiert werden als der Umfang des Begriffs *gleichzahlig dem Begriff* 0, denn nur die 0 fallt darunter. Darauf aufbauend – und mit Hilfe einer geeigneten Definition für die Nachfolgerelation – lassen sich schließlich alle anderen Zahlen definieren.[13]

Diese definitorischen Schritte (die hier nicht im Detail verfolgt werden können[14]) werden sich für das logizistische Programm als fatal erweisen. 1902 erhielt Frege jenen schicksalhaften Brief von Russell, in dem der britische Logiker ihm über die Entdeckung eines Widerspruchs in seinem System berichtete. Russells Paradox entsteht mit Bezug auf den Fregeschen Begriff einer „Klasse, die sich nicht selbst angehört". Nun ist der *Umfang* dieses Begriffes die Klasse aller Klassen, die sich selbst nicht angehören. In bezug auf diese Klasse (K) läßt sich fragen, ob sie sich selbst angehört. (1) Falls K sich selbst angehört, ist sie nicht in der Klasse aller Klassen enthalten, die sich selbst nicht angehören; sie gehört also sich selbst nicht an. (2) Falls K nicht sich selbst angehört, ist sie zwar in der Klasse aller Klassen enthalten, die sich selbst nicht angehören, gehört sich aber dadurch eben doch selbst an. Die Annahme der Existenz der Klasse K führt somit zu einem Widerspruch.

Die Entdeckung eines Widerspruchs innerhalb eines deduktiven Systems signalisiert unmißverständlich, daß mindestens eines der Axiome des Systems zu verwerfen bzw. zu korrigieren ist. Frege glaubte zunächst, sein System durch eine Revision retten zu können. Er mußte aber letztlich einsehen, daß sein Projekt einer logischen Begründung der Mathematik gescheitert war. In späteren Jahren meinte er dann, die Arithmetik aus der Geometrie ableiten zu können: Da er die Urteile der Geometrie für synthetisch a priori hielt, kehrte er damit grundsätzlich zur ursprünglichen These Kants zurück.

Interessanterweise versuchte Frege, die tiefsten Gründe seines Scheiterns zu rekonstruieren. Dazu meinte er, die Sprache verantwortlich machen zu können. Es waren Ausdrücke von der Art „der Umfang des Begriffs ‚F'", die wie Bezeichnungen von Gegenständen aussehen, die ihn in die Irre geführt hatten: „Eine für die Zuverlässigkeit des Denkens verhängnisvolle Eigenschaft der Sprache" – schrieb er – „ist ihre Neigung, Eigennamen zu schaffen, denen kein Gegenstand entspricht [...] Ein besonders merkwürdiges Beispiel dazu ist die Bildung eines Eigennamens nach dem Muster ‚der Umfang des Begriffes a', z. B. ‚der Umfang des Begriffes Fixstern'. Dieser Ausdruck scheint einen Gegenstand zu bezeichnen wegen des bestimmten Artikels; aber es gibt keinen Gegenstand, der sprachgemäß so bezeichnet werden könnte. Hieraus sind die Paradoxien entstanden, die diese Mengenlehre vernichtet haben."[15] Es kündigt sich an dieser Stelle ein Motiv an, das in Russells Philosophie eine detailliertere Bearbeitung finden wird – die Idee nämlich, daß nicht alles, was wie ein Eigenname aussieht, auch tatsächlich einer ist (s. Kap. X, 4). Russells Paradox brachte allerdings nicht nur das logizistische Programm Freges zum Einsturz: Auch spätere Versuche, die Arithmetik auf die Logik zu gründen (darunter Russells eigene) scheiterten daran (s. Kap. X, 2). Das logizistische Programm gilt heute, mindestens in seiner ursprünglichen Form, als endgültig diskreditiert.

4. Philosophie der Sprache: Frege über *Sinn* und *Bedeutung*

Kurz vor dem Erscheinen des ersten Bandes der „Grundgesetze" 1893 veröffentlichte Frege drei Aufsätze, die Schule gemacht haben und einige grundlegende Begriffe seiner ganzen logizistischen Philosophie thematisieren: „Funktion und Begriff" (1891), „Über Begriff und Gegenstand" (1892) und „Über Sinn und Bedeutung" (1892). Der letzte dieser Aufsätze ist zweifellos der wichtigste. Anders als in seinen früheren Werken unterscheidet Frege hier sorgfältig zwischen einem *Ausdruck* und seinem *Inhalt*; mit Bezug auf den semantischen Inhalt eines Ausdrucks wird dann eine Unterscheidung zwischen der Ebene des *Sinns* und jener der *Bedeutung* gezogen. Diese Termini werden im normalen Sprachgebrauch als Synonyme verwendet; Frege benützt sie dagegen in einem technischen Sinn, um zwischen zwei verschiedenen, aber seiner Meinung nach in der Alltagssprache nicht klar getrennten semantischen Dimensionen zu unterscheiden.

In der „Begriffsschrift" hatte sich Frege die Frage nach der Natur der Identität gestellt und sie in der Form eines Dilemmas formuliert: Ist die Identität eine Relation zwischen Dingen oder zwischen Zeichen? Man betrachte eine wahre Aussage der Form „a = b", z. B. „Der Morgenstern ist der Abendstern" (die Ausdrücke „Morgenstern" und „Abendstern" bezeichnen beide die Venus). Wäre die behauptete Identität eine Beziehung zwischen Gegenständen, würde man durch diesen Satz lediglich behaupten, daß ein bestimmtes Ding (Venus) identisch mit sich selbst ist. Diese Aussage wäre dann nicht zu unterscheiden von Aussagen der Form „a = a" oder „b = b", also im Beispiel „Der Morgenstern ist der Morgenstern" und „Der Abendstern ist der Abendstern". Diese Folge ist inakzeptabel, denn Aussagen der Form „a = a" sind tautologisch wahr, was auf „a = b" nicht zutrifft. Frege hatte deshalb gefolgert, daß die Identität eine Beziehung zwischen Zeichen sei.

In „Sinn und Bedeutung" kommt er nun auf dieses Problem zurück. Denn auch die Auffassung von Identitätsaussagen als Aussagen über Zeichen ist nicht wirklich befriedigend. Daß der Morgenstern und der Abendstern identisch sind, ist eine wichtige astronomische Entdeckung, keine lexikalische. Wenn Identitätsaussagen aber weder von der Identität eines Dinges mit sich selbst noch von der Gebrauchsweise zweier verschiedener Zeichen handeln, wovon handeln sie dann?

Frege verwirft die Annahme, die das Dilemma generiert, nämlich die Voraussetzung, daß man nur zwischen einem Zeichen und dem damit bezeichneten Gegenstand unterscheiden könne. Tatsächlich aber muß man neben einem bezeichneten Gegenstand auch die Existenz eines *Sinnes* anerkennen: Die Zeichen „Morgenstern" und „Abendstern" haben den Planeten Venus als *Bedeutung*, stellen ihn aber auf zwei verschiedene Weisen vor – als den letzten Planeten, den man am Morgen immer noch beobachten kann, bzw. als den ersten, den man am Abend sieht. Unter „Sinn" eines Ausdrucks versteht Frege also die Art, wie das bezeichnete Ding präsentiert wird. Man muß lernen, so Frege, „mit einem Zeichen (Namen, Wortverbindung, Schriftzeichen) außer dem Bezeichneten, was die *Bedeutung* eines Zeichens heißen möge, noch das verbunden zu denken, was ich den *Sinn* des Zeichens nennen möchte, worin die Art des Gegebenseins enthalten ist".[16]

Die Aussage „Der Morgenstern ist der Abendstern" ist eine Aussage über einen Planeten und nicht über Zeichen; sie unterscheidet sich dennoch von „Der Morgenstern ist der Morgenstern", weil die Venus auf zwei verschiedene Weisen präsentiert wird – der wesentliche Unterschied zeigt sich also weder auf der Ebene der Zeichen noch der Bedeutung, sondern auf der neu eingeführten Ebene des *Sinnes:* „Ein Unterschied [zwischen Aussagen der Art a = a und a = b]", erklärt Frege, „kann nur dadurch zustande kommen, daß der Unterschied des Zeichens einem Unterschiede in der Art des Gegebenseins des Bezeichneten entspricht."[17]

Es liegt nun nahe, den *Sinn* eines Ausdrucks als eine psychische Vorstellung zu interpretieren. Frege verwirft aber eine solche Deutung vehement. Zwar weckt jeder Ausdruck eine Reihe von Vorstellungen und sonstigen emotiven Komponenten im Geist eines Sprechers oder Hörers. Solche subjektiven Elemente sind jedoch nicht mit dem *Sinn* zu verwechseln: Dieser ist „objektiv", d. h. gleich für alle Anwender einer Sprache; die Vorstellungen dagegen sind „subjektiv", also privater und variabler Natur. Wenn wir das Wort „Abendstern" hören, begreifen wir alle denselben *Sinn*, jeder von uns stellt sich den Planeten Venus aber anders vor. „Die Bedeutung eines Eigennamens ist der Gegenstand selbst, den wir damit bezeichnen; die Vorstellung, welche wir dabei haben, ist ganz subjektiv; dazwischen liegt der Sinn, der zwar nicht mehr subjektiv wie die Vorstellung, aber doch auch nicht der Gegenstand selbst ist."[18]

Das Verhältnis zwischen Bedeutung, Sinn und der für die Logik irrelevanten Vorstellung läßt sich nach Frege vergleichen mit dem Verhältnis zwischen einem Himmelskörper (Bedeutung), dessen Bild im Fernrohr (Sinn) und dem Bild auf der Netzhaut des Betrachters (Vorstellung): „Das Bild im Fernrohre ist zwar nur einseitig; es ist abhängig vom Standorte; aber es ist doch objektiv, insofern es mehreren Beobachtern dienen kann [...] Von den Netzhautbildern aber würde jeder doch sein eigenes haben."[19] Frege setzt also auch im Bereich der Semantik jene anti-psychologistische Polemik fort, die er in bezug auf den Begriff „Zahl" in den „Grundlagen der Arithmetik" angefangen hatte. Sinne sind scheinbar als platonische ewige Entitäten, und nicht als Produkte einer menschlichen Konstruktion aufzufassen; gleichzeitig legt der Vergleich zwischen dem Sinn und dem Bild im Fernrohr nahe, daß der Sinn eines Ausdrucks als eine *mögliche Betrachtungsweise* seiner Bedeutung aufzufassen sei.

Frege führt die Unterscheidung zwischen *Sinn* und *Bedeutung* sehr geschickt auf der Basis des einleuchtenden Beispiels „Der Abendstern ist der Morgenstern" ein. Es ist jedoch klar, daß diese Differenzierung prinzipiell auf alle Arten sprachlicher Ausdrücke anwendbar ist. Dabei sind drei Hauptklassen festzustellen. Man betrachte zum Beispiel die Aussage „Bucephalus ist ein Pferd". Hier sollte man nach der in der „Begriffsschrift" entwickelten Analyse zwischen einem Argument („Bucephalus"), einem Funktionsausdruck („(...) ist ein Pferd") und dem resultierenden Satz („Bucephalus ist ein Pferd") unterscheiden. Man hat es somit grundsätzlich mit drei Klassen von Ausdrücken zu tun – mit *Eigennamen*, *Prädikaten* und (behauptenden) *Sätzen*.

a) Eigennamen. Frege schreibt: „Ein Eigenname (Wort, Zeichen, Zeichenverbindung, Ausdruck) *drückt aus* seinen Sinn, *bedeutet* aber oder *bezeichnet* seine Bedeutung. Wir drücken mit einem Zeichen dessen Sinn aus und bezeichnen mit ihm seine Bedeutung.“[20] Diese Formulierung zeigt, daß Frege unter „Eigennamen“ nicht nur einfache Ausdrücke wie „Der Morgenstern“ oder „Bucephalus“ (die er „eigentliche Eigennamen“ nennt) versteht, sondern auch komplexere Zeichenverbindungen, wie „Der Verfasser der ‚Metaphysik‘“. Die Zeichen „Aristoteles“ und „Der Verfasser der ‚Metaphysik‘“ besitzen dieselbe *Bedeutung:* Aber drücken sie für Frege auch denselben Sinn aus? Dies bleibt unklar; zwar scheint Frege die später von Russell vertretene Theorie vorwegzunehmen, daß viele Ausdrücke, die grammatikalisch als Eigennamen („Aristoteles“) einzustufen sind, in logischer Perspektive nur komprimierte Kennzeichnungen („Der Verfasser der ‚Metaphysik‘“) seien (s. Kap. X, 4). Diese These wird aber nicht explizit vertreten und erscheint im Rahmen von Freges Ausführungen auch aus anderen Gründen als problematisch: Das Zeichen „5“ ist nach Frege als Eigenname aufzufassen, doch wie ließe sich sein Sinn in Form einer Kennzeichnung ausdrücken? Es steht hier eine unendliche Anzahl von Möglichkeiten zur Verfügung (z. B. „Das Ergebnis von 4 + 1“ oder „Das Ergebnis von −10 + 15“), und es scheint willkürlich, eine davon zu bevorzugen.

Unklar ist auch, wie es möglich sein soll, über den Sinn eines bestimmten Ausdrucks zu sprechen, ohne sich dabei in einem unendlichen Regreß zu verfangen. Ein Ausdruck wie „der Sinn von F“ hat einen Sinn als *Bedeutung;* auf diese Weise wird ein neuer Sinn generiert, der wiederum als *Bedeutung* eines weiteren Ausdrucks („der Sinn von ‚der Sinn von F‘“) aufgefaßt werden kann.

b) Prädikate. Etwas befremdlich sind die wenigen Bemerkungen Freges über Sinn und Bedeutung prädikativer Ausdrücke. Wie einem Brief an Husserl zu entnehmen ist, identifizierte Frege die *Bedeutung* eines prädikativen Ausdrucks (z. B. „(...) ist ein Pferd“) mit einem *Begriff* (z. B. dem Begriff „Pferd“). Dies ist alles andere als intuitiv, denn es scheint einfacher zu sein, den *Begriff* mit dem *Sinn* und die *Bedeutung* mit seinem *Umfang* zu identifizieren. Wenn nun der Begriff auf der Ebene der Bedeutung vorkommt, was wäre dann der Sinn?

Darüber (wie auch über den Sinn von Eigennamen) sagt Frege sehr wenig. In „Funktion und Begriff“ definiert er Begriffe als eine spezielle Art von Funktionen, als jene nämlich, die für jedes Argument als Wert entweder *wahr* oder *falsch* ergeben. „Der Autor der (...)“ liefert z. B. den Wert *Aristoteles* für das Argument „Metaphysik“, *Plato* für das Argument „Apologie“; dabei handelt es sich um eine Funktion, nicht um einen Begriff. Die Funktion „(...) ist ein Philosoph“ liefert dagegen den Wert *wahr* für das Argument „Aristoteles“, *falsch* für „Alexander der Große“, und ist somit auch ein Begriff. Wenn nun Begriffe als Funktionen aufgefaßt werden und gleichzeitig die *Bedeutungen* prädikativer Ausdrücke sind, könnte man den Sinn als die spezielle Art und Weise verstehen, wie eine Funktion zu berechnen ist. Da Frege sich darüber nicht explizit äußert, bleibt ein solcher Vorschlag aber rein spekulativ.

Freges Behandlung der Semantik prädikativer Ausdrücke erweist sich auch in einer anderen Hinsicht als problematisch. Wie schon in den „Grundlagen", unterscheidet er zwischen *Begriffen* einerseits und den darunterfallenden *Gegenständen* andererseits. Diese ontologische Trennung spiegelt sich nun auch auf der linguistischen Ebene, da Begriffe *nur* von prädikativen Ausdrücken bezeichnet werden können, Gegenstände hingegen *nur* von Eigennamen. Wenn dies der Fall ist, kommt man nicht umhin, sich zu fragen, wie man über Begriffe sprechen kann. Wir tun dies nämlich durch Ausdrücke wie „Der Begriff ‚F'"; nach Freges Auffassung sind solche Ausdrücke jedoch Eigennamen und somit Bezeichnungen von Gegenständen, nicht von Begriffen.

Der österreichische Philosoph Benno Kerry formulierte diese Schwierigkeit einst mit Bezug auf den Begriff „Pferd". Von diesem Begriff, so schrieb er, könne paradoxerweise nicht behauptet werden, daß er ein Begriff sei. Frege sei daher zu folgender These verpflichtet: „Der Begriff ‚Pferd' ist kein Begriff, sondern ein Gegenstand." Diese Aussage weicht ab vom üblichen Sprachgebrauch, denn wir können durchaus sinnvoll behaupten „Die Stadt Bern ist eine Stadt"; wieso sollte dies nun von Begriffen nicht möglich sein? Um diesem Paradox zu entgehen, müßte Frege die Trennung zwischen Gegenstand und Begriff nicht aufgeben; es würde reichen, wenn er diesen Unterschied nicht auf der sprachlichen Ebene gespiegelt haben wollte. Dies würde heißen, daß Begriffe sowohl durch Prädikate als auch durch Eigennamen ausgedrückt werden können. Statt dessen behauptet Frege an einer in ihrer Radikalität typischen Stelle: „Es kann ja nicht verkannt werden, daß hier [im Bezug auf dieses Paradoxon] eine freilich unvermeidbare Härte vorliegt, wenn wir behaupten: der Begriff ‚Pferd' ist kein Begriff, während doch z. B. die Stadt Berlin eine Stadt und der Vulkan Vesuv ein Vulkan ist. Die Sprache befindet sich in einer Zwangslage, welche die Abweichung von Gewöhnlichem rechtfertigt."[21]

Frege kritisiert also lieber die natürliche Sprache, als seine Theorie zu revidieren. Es ist die Sprache, die den Eindruck entstehen läßt, daß wir mit Ausdrücken wie „der Begriff ‚F'" Begriffe bezeichnen, was wir aber eigentlich nicht tun. Doch was bedeutet dann ein Ausdruck wie „der Begriff ‚F'"? Welcher Gegenstand ist damit bezeichnet? Wenn Begriffe als Kandidaten für die Bedeutung von Ausdrücken wie „Der Begriff ‚F'" ausgeschieden werden, dann bleiben nur ihre Umfänge (die Klasse der Gegenstände, die unter einen bestimmten Begriff fallen) als mögliche Bezugsreferenten.

c) Behauptende Sätze. Die semantischen Ebenen des *Sinnes* und der *Bedeutung* müssen schließlich auch mit Bezug auf ganze Sätze bestimmt werden. Man betrachte die Aussage: (1) „Der Morgenstern ist ein von der Sonne beleuchteter Himmelskörper." Da der Morgenstern und der Abendstern identisch sind, kann man hier den Ausdruck „Morgenstern“ durch „Abendstern“ ersetzen; als Ergebnis bekommt man den Satz: (2) „Der Abendstern ist ein von der Sonne beleuchteter Himmelskörper“. Nun ist es nach Frege klar, daß (1) und (2) verschiedene Gedanken ausdrücken; da aber die ersetzten Ausdrücke jeweils die Venus bezeichnen, hat sich auf der Ebene der Bedeutung nichts geändert. Die durch die Ersetzung verursachte Verschiebung muß also auf der Ebene des Sinns stattgefunden haben. Frege folgert daraus, daß der Sinn eines Satzes der ausgedrückte Gedanke ist.

Interessanterweise setzt er bei diesem Beispiel stillschweigend voraus, daß sowohl die Bedeutung als auch der Sinn eines Satzes eine komplexe Struktur hat, so daß man von „Teilen“ der Bedeutung und „Teilen“ des Sinnes sprechen darf. Diese *kompositionelle, atomistische* Auffassung scheint im Widerspruch zu stehen mit dem in seinen „Grundlagen der Arithmetik“ zur Anwendung gebrachten Kontextprinzip, das im Gegensatz dazu eine holistische Theorie der Bedeutung suggeriert. Auf die Frage, wie die Kompositions- und Kontext-Prinzipien in Einklang gebracht werden können, wird weiter unten zurückzukommen sein.

Wie steht es nun mit der *Bedeutung* eines Satzes? Frege erklärt seine Position mit folgendem Beispiel. Für den Leser der „Odyssee“, so schreibt er, ist es irrelevant, ob die Aussage „Odysseus war der König von Ithaka“ einer historischen Tatsache entspricht; der literarische Wert des Poems ist unabhängig davon, ob es einen Mann namens „Odysseus“ gegeben hat oder nicht. Eine solche Haltung kann aber nicht als eine wissenschaftliche bezeichnet werden; der Wissenschaftler bzw. der Historiker will herausfinden, ob der in dem Satz ausgedrückte Gedanke wahr oder falsch ist. Frege folgert daraus, daß die Bedeutung eines Satzes sein Wahrheitswert ist.

Diese These ist in mehrfacher Hinsicht verblüffend. Einerseits gibt es auch die im allgemeinen Sprachgebrauch vorhandene Kategorie der „Tatsache“, die hier als möglicher Kandidat für die Rolle der Bedeutung in Betracht gezogen werden könnte. Andererseits werden alle wahren bzw. falschen Aussagen als gleichbedeutend gesetzt. Auf diese Weise werden Sätze grundsätzlich wie komplexe Eigennamen behandelt, deren Träger entweder „das Wahre“ oder „das Falsche“ ist: Wir werden dazu gedrängt, so Frege, „den Wahrheitswert eines Satzes als seine Bedeutung anzuerkennen. Ich verstehe unter dem Wahrheitswert eines Satzes den Umstand, daß er wahr oder daß er falsch ist [...] Ich nenne der Kürze halber den einen *das Wahre*, den anderen *das Falsche*. Jeder Behauptungssatz, in dem es auf die Bedeutung des Wortes ankommt, ist also als Eigenname aufzufassen, und zwar ist seine Bedeutung, falls sie vorhanden ist, entweder das Wahre oder das Falsche.“[22] Was ist aber mit dem Wahren und mit dem Falschen selbst? Sie scheinen (genau wie Zahlen und die Sinne von Eigennamen) als Wesenheiten platonischer Art aufgefaßt werden zu müssen. Neben physischen Dingen und mentalen Vorstellungen muß man ein „drittes Reich“ (Frege) ewiger Objekte anerkennen.

Die Tatsache, daß die zwei Wahrheitswerte Gegenstände sind, wird nach Frege von der natürlichen Sprache eher verdeckt als offenbart. Oft machen wir Aussagen wie „Es ist wahr, daß Aristoteles ein Philosoph ist“ oder „Der Gedanke, daß 5 eine Primzahl ist, ist wahr“. Wendungen dieser Art verführen uns zu der Vorstellung, Wahrheit und Falschheit seien *Eigenschaften* von Gedanken. Ausdrücke wie „Es ist wahr, daß ...“ bzw. „Der Gedanke, daß ... ist wahr“ sind aus logischer Sicht redundant: Die Aussage „Es ist wahr, daß es regnet“ oder „Der Gedanke, daß es regnet, ist wahr“ behauptet dasselbe wie „Es regnet“. Auf solche irreführenden Ausdrücke könnte man im Prinzip verzichten.

Die Rede von der Wahrheit bzw. Falschheit als Gegenständen eigener Art, die als Bedeutung von falschen und wahren Sätzen fungieren, führt allerdings zu erheblichen Schwierigkeiten, wenn sie zusammen mit der Idee der kompositionellen Natur der Bedeutung betrachtet wird. Dies kann anhand eines einfachen Beispiels illustriert werden. Angenommen, Odysseus sei tatsächlich der König von Ithaka gewesen. In diesem Fall ist die Bedeutung des Satzes „Odysseus war König von Ithaka“ *das Wahre*, jene von „Odysseus“ Odysseus selbst. Was könnte es nun heißen, daß *Odysseus* ein „Teil“ des logischen Gegenstands *Wahrheit* ist? Von „Teilen“ der Bedeutung bzw. des Wahrheitswertes eines Satzes kann bei Frege, wenn überhaupt, offenbar nur metaphorisch gesprochen werden.[23]

d) Substitutivität. Die These, daß die Bedeutung eines Satzes sein Wahrheitswert ist, ist Anlaß für eine scharfsinnige Diskussion einiger aus logischer Perspektive bemerkenswerter Fälle. Wenn die *Bedeutung* einer Aussage ihr Wahrheitswert ist, könnte man in jeder Aussage einen beliebigen Ausdruck durch einen gleichbedeutenden ersetzen, ohne den Wahrheitswert zu ändern. Man betrachte zum Beispiel die wahre Aussage:

(3) Aristoteles ist ein Philosoph.

Da „Aristoteles“ und „Der Verfasser der ‚Metaphysik‘“ (in Freges technischem Sinn) gleichbedeutend sind, ist auch die folgende Aussage wahr:

(4) Der Verfasser der „Metaphysik“ ist ein Philosoph.

Es gibt aber zahlreiche Kontexte, in denen eine solche Substitution problematisch erscheint. Man nehme die folgende Aussage als Beispiel:

(5) Markus *glaubt*, daß Aristoteles ein Philosoph sei.

Nun könnte dieser Markus auch nicht wissen, daß Aristoteles die „Metaphysik“ geschrieben hat; die Aussage

(6) Markus *glaubt*, daß der Verfasser der „Metaphysik" ein Philosoph sei

könnte daher falsch sein, obwohl Markus durchaus glaubt, daß Aristoteles ein Philosoph sei.

Freges Prinzip, daß gleichbedeutende Ausdrücke immer *salva veritate* durch einander ersetzt werden können, scheint hier nicht anwendbar zu sein. Das Problem ist um so akuter, als Frege alle wahren (bzw. falschen) Aussagen als gleichbedeutend auffaßt. Wer auch nur irgendeine wahre Aussage glaubt, müßte also alle anderen durch Ersetzungen erreichbaren wahren Aussagen glauben; ansonsten wäre das Substitutionsprinzip nicht zu retten. Daraus könnte man auch schließen, daß die Bedeutung eines Satzes nicht sein Wahrheitswert ist.

Gegen eine solche Deutung behauptet Frege allerdings, das der obige Fall gar keine Verletzung des Substitutionsprinzips darstelle. In den Aussagen (4) „Der Verfasser der ‚Metaphysik' ist ein Philosoph" und (6) „Markus *glaubt*, daß der Verfasser der ‚Metaphysik' ein Philosoph sei" ist die *Bedeutung* von „Der Verfasser der ‚Metaphysik'" nämlich nicht dieselbe. Während in (4) der Name „Der Verfasser der ‚Metaphysik'" das Individuum Aristoteles bezeichnet, hat sich durch seine Einfügung in einen neuen Kontext (6) der Bezug geändert: Der Name hat nun den üblichen Sinn für seine Bedeutung. Diese Lösung hat aber zur Folge, daß für den Ausdruck „Der Verfasser der ‚Metaphysik'" als Teil von (6) ein neuer Sinn angenommen werden muß; es ist freilich nicht leicht zu sehen, welcher dies sein könnte.

Das Beispiel ist auch insofern interessant, als es zeigt, wie Kontext- und Kompositionsprinzip harmonisiert werden könnten. Da in gewissen Sätzen der gewöhnliche Sinn als *Bedeutung* vorkommen kann, muß man sich immer auf den Kontext beziehen, um festzustellen, was ein Zeichen eigentlich bedeutet; dies schließt aber nicht aus, daß auf den Ebenen der Bedeutung und des Sinns einfachere semantische Komponenten vorkommen könnten. Nach dieser Interpretation wäre das Kontextprinzip als heuristisches Mittel aufzufassen, während das Kompositionsprinzip eine These über die semantische Struktur der Sprache zum Ausdruck bringen würde. Ob Frege dieser Deutung zustimmen würde, läßt sich nicht entscheiden; sie kann deshalb nur als Vorschlag verstanden werden.

e) Bedeutungslosigkeit. Eine zweite interessante Frage entsteht mit Bezug auf Ausdrücke, die zwar einen Sinn, aber keine Bedeutung haben, wie z. B. „die größte reelle Zahl"; beim Namen „Odysseus" ist es dagegen fraglich, ob eine Bedeutung tatsächlich vorliegt. Man betrachte etwa die Aussage:

(7) Odysseus ist der König von Ithaka.

Hier ist nicht klar, *ob* diese Aussage einen Wahrheitswert hat. Man könnte meinen, daß (7) die implizite Behauptung enthält, daß Odysseus existiert;

die Aussage wäre also falsch, wenn dies nicht der Fall wäre. Frege bestreitet allerdings, daß (7) die Existenz von Odysseus behauptet; eher wird diese vom Sprecher vorausgesetzt. Sein Argument ist einfach: Wenn (7) die Existenz von Odysseus behaupten würde, hätte ihre Negation die Form einer Disjunktion: Entweder ist Odysseus nicht der König von Ithaka oder der Name „Odysseus" hat keine Bedeutung. Da dies für Frege offensichtlich nicht der Fall ist, enthält (7) für ihn keine Existenzbehauptung. In der natürlichen Sprache kann es also vorkommen, daß gewisse sinnvolle Sätze keinen Wahrheitswert haben; in einer idealen Sprache dagegen sollte man darauf achten, daß jedem Ausdruck auch eine Bedeutung zugewiesen wird. Sätze, die weder falsch noch wahr sind, widersprechen dem fundamentalen Bivalenz-Prinzip der klassischen Logik: Ein Satz ist entweder wahr oder falsch, *tertium non datur.* „Weitere Wahrheitswerte", so Frege, „gibt es nicht."[24]

5. Ausblick: Die Bedeutung der idealistischen Logik

Wie diese Erörterungen gezeigt haben sollten, ist in Freges semantischer Theorie nicht alles klar, vollständig oder überzeugend; seine Ideen waren aber wegweisend für die spätere philosophische Reflexion über Sprache.

Freges Arbeiten wurden von Russell und Wittgenstein wohlwollend rezipiert. Auch jene des österreichischen Philosophen Alexius Meinong (s. Kap. II) wurden von Russell aufmerksam studiert: Auf diese Weise trugen diese deutschsprachigen Autoren Entscheidendes zur Entstehung der analytischen Philosophie bei. Die Gründerväter der analytischen Bewegung, Russell und Moore, wurden auch von Bradleys „Principles of Logic" (1883) stark beeinflußt. Dies mag erstaunen, da beide scharfe Kritiker der idealistischen und monistischen Metaphysik Bradleys gewesen sind. Es lohnt sich deshalb, am Ende dieses Kapitels über die Vorgeschichte der analytischen Philosophie einige Grundideen der Bradleyschen Logik[25] zu betrachten.

Von besonderem Interesse ist Bradleys Auffassung der Natur des *Urteils*, jener mentalen Tätigkeit, bei der wir etwas als „so und so beschaffen" bestimmen. In jedem solchen Urteil ist nach Bradley ein „idealer Inhalt" *(ideal content)* involviert. Er kritisiert aber vehement die herkömmliche empiristische Auffassung der Idee als psychische Entität. Die im Akt des Urteils zur Anwendung kommenden Inhalte sind Gehalte intersubjektiver Art und können deshalb nicht mit den privaten Vorstellungen einzelner Individuen identifiziert werden. Die Unabhängigkeit der Logik von der Psychologie könnte nicht gewährleistet werden, wenn die im Urteil angewendeten Ideen psychische Ereignisse wären. Aus diesem Grund unterscheidet Bradley klar zwischen *psychischen* und *logischen* Ideen; nur letztere kommen im Akt des

Urteils tatsächlich vor. Was ist aber genauer unter einer „logischen Idee" zu verstehen? Was ist ihr ontologischer Status? Diese zentrale Frage läßt sich nicht leicht beantworten, da Bradley die logische Idee auch nicht mit einem abstrakten Gebilde platonischer Art identifiziert: Logische Ideen sind zwar etwas Existierendes, aber sie sind weder *in mente* noch *extra mentem* angesiedelt.[26] (Moore wird später in seinem wichtigen Aufsatz „The Nature of Judgement" genau diesen offenen Punkt in Bradleys Theorie der Ideen angreifen; s. Kap. XI, 2.)

Der ideale Inhalt, der in einem Urteil (z. B. „Sokrates ist sterblich") zur Anwendung kommt, ist nach Bradley nie eine einzelne Idee, sondern ein ganzer propositionaler Inhalt. Was verknüpft zwei Ideen („Sokrates", „sterblich") zu jenem neuen logischen Inhalt („Sokrates ist sterblich")? Die traditionelle Logik hatte das bindende Element mit der Kopula „ist" identifiziert, aber Bradley verwirft diese Erklärung als absurd. Denn was ist die Kopula, wenn nicht eine neue Idee? Wir haben es hier mit einem zusätzlichen Bestandteil eines Urteils zu tun, dessen Verbindung mit den zwei anderen erklärt werden muß. Allgemein formuliert, kann keine *Beziehung* R zwei Bestandteile S und P in einer Proposition verbinden, denn die Beziehung ist selbst ein Element der Proposition. Man müßte dann zusätzliche Beziehungen R1 und R2 einführen, um die Verbindung zwischen R und S einerseits und R und P andererseits zu erklären. Dies würde zu einem unendlichen Regreß führen.

Aufgrund dieser Überlegung kommt Bradley zu dem Schluß, daß jede Proposition eine ursprüngliche Einheit sei. Die einzelnen Ideen können zwar unterschieden werden, sie besitzen aber keine Realität außerhalb des gesamten propositionalen Inhalts, zu dem sie gehören. Die Frage, was denn zwei Ideen verbindet, entpuppt sich somit als falsch gestellt. Man könnte deshalb sagen, Bradley verteidige eine *monistische* Auffassung der Natur der Propositionen, genau wie er in seiner Metaphysik (und auf der Basis eines ähnlichen, wenn auch verfeinerteren Arguments) eine monistische Theorie der Wirklichkeit vertritt.

Propositionen bzw. im Akt des Urteils behauptete Inhalte sind jene Arten von logischen Entitäten, von denen *Wahrheit* und *Falschheit* prädiziert werden. Dies setzt voraus, daß Propositionen in Berührung mit der Realität gebracht werden. Bradley bestreitet allerdings – und dies ist ein weiterer origineller Punkt seiner logischen Theorie –, daß sich eine Aussage wie „Sokrates ist sterblich" auf den echten Sokrates bezieht. Alle unsere Ideen sind nach Bradley Universalien, so daß „Sokrates" nicht als Name eines Einzelnen, sondern als implizite Beschreibung eines Typus (etwa „Der Lehrer von Plato") aufzufassen sei. Dasselbe gilt auch für Indizes wie „hier" und „dort", die von verschiedenen Personen in verschiedenen Kontexten gebraucht werden, um verschiedene räumliche Bereiche zu bezeichnen. Damit ist keine Proposition imstande, sich eindeutig auf ein einziges Individuum zu beziehen. Bradley schließt daraus, daß Propositionen nie auf einzelne Dinge verweisen, sondern stets auf die ganze Wirklichkeit. Wenn *p* als Zeichen für irgendeinen propositionalen Inhalt angewendet wird, läßt sich die allgemeine Form des Urteils wie folgt darstellen: „Die Realität ist so beschaffen, daß *p*". Die Realität als ganze wird somit als *logisches Subjekt* bestimmt, während der gesamte behauptete Inhalt oder die Proposition als *logisches Prädikat* aufgefaßt wird.

Bradley benützt hier die traditionelle Terminologie „Subjekt" und „Prädikat". Anders als in der aristotelischen Logik verwendet er sie aber, um die Struktur des mentalen Aktes des *Urteils* zu charakterisieren, nicht jene des propositionalen Inhalts. Dieser Punkt ist wichtig, denn Bradley kritisiert die Vorstellung, daß jede Aussage eine Subjekt-Prädikat-Struktur aufweisen müsse, als offensichtlich absurd. Aussagen wie „A ist gleich B" oder „Es gibt keine Geister" lassen sich *nicht* auf dieses Muster reduzieren. Im ersten Fall ist es künstlich, von einem Prädikat *gleich B* zu sprechen; im zweiten müßte das Prädikat *nicht-existent* postuliert werden. Es ist auch nicht so, daß die grammatikalische Form mit der logischen Form eines Urteils unmittelbar identifiziert werden müßte: Eine allgemeine Aussage wie „Alle Menschen sind sterblich" bedeutet nach Bradley soviel wie „Falls etwas ein Mensch ist, dann ist es sterblich"; sie besitzt also eine hypothetische Form („Wenn p, dann q") statt einer kategorischen („S ist P").

Wie diese Darstellung einiger Grundbegriffe der Bradleyschen Logik zeigt, teilen Frege und Bradley viele wichtige Überzeugungen.[27] Sie verwerfen beide – mit ähnlichen Argumenten – eine psychologistische Auffassung der Logik; sie kritisieren die traditionelle aristotelische Doktrin, nach der jede Aussage eine Subjekt-Prädikat-Struktur aufweist; sie unterscheiden scharf zwischen der oberflächlichen grammatikalischen Form eines Satzes einerseits und seiner echten logischen Form andererseits.

Anders als Frege und Russell war Bradley allerdings kein Mathematiker. Er entwickelte keine formale Notation und verstand auch nicht, welche revolutionäre Bedeutung die Anwendung grundlegender mathematischer Begriffe, insbesondere jener der Funktion, für die Entwicklung der Logik haben könnte. Auch wenn dies nicht oft anerkannt wird, war sein Einfluß auf die spätere analytische Philosophie aber erheblich – nicht nur weil Russell und Moore gegen ihn polemisierten, sondern weil er einige von Freges bahnbrechenden Gedanken unabhängig von diesem formuliert hatte. Nicht nur Freges, sondern auch Bradleys Versuch, die Logik zu erneuern, öffnete einen Raum, in dem Moore und Russell ihre Theorien entwickeln konnten.

X. Bertrand Russell

1. Leben und Werke

Bertrand Arthur William Russell wurde am 18. Mai 1872 als Sohn von Lord und Lady Amberly in Ravenscroft, Trelleck (Wales) geboren.[1] Im Alter von zwei Jahren verlor er die an Diphtherie erkrankte Mutter und eine Schwester; kurz nach diesen tragischen Ereignissen fiel der Vater in eine tiefe Depression und starb wenige Monate später. Zusammen mit dem sieben Jahre älteren Bruder Frank wurde Bertrand von den väterlichen Großeltern großgezogen. Der Großvater Lord John Russell war ein bekannter Politiker und Ex-Premierminister; als er 1878 starb, wurde die Großmutter für die Erziehung der Brüder verantwortlich.

Die beiden Kinder fanden den viktorianischen Rigorismus dieser energischen Frau schwer erträglich. Frank rebellierte offen, während Bertrand seine Freiheit in einer inneren Isolation suchte. Seine Erziehung erfolgte zu Hause, wo er von privaten Tutoren unterrichtet wurde. Als entscheidendes Erlebnis nennt er in seiner „Autobiographie" die Entdeckung der euklidischen Geometrie. Frank hatte dem elfjährigen Bertrand die ersten Axiome und Theoreme beigebracht, und dieser fragte, wieso man denn diese Axiome akzeptieren sollte – ohne eine befriedigende Antwort zu erhalten. Die Frage, ob es ein sicheres Fundament der Erkenntnis gebe, sollte die Kernfrage der Philosophie Russells bleiben.

1890 begann er ein Studium der Mathematik an der Universität Cambridge, wo er von Alfred North Whitehead unterrichtet wurde. Während dieser Zeit schloß er eine enge Freundschaft mit G. E. Moore und John Ellis McTaggart. In Cambridge las er auch die Werke des Idealisten und damals dominierenden britischen Denkers Francis Herbert Bradley. Zwar wurde Russell später ein scharfer Kritiker des Idealismus; die Philosophie Bradleys hat seine Denkweise jedoch nachhaltig geprägt. 1900, in einem entscheidenden Jahr in Russells philosophischer Entwicklung, veröffentlichte er eine wichtige, immer noch sehr beachtete Studie über die Philosophie Leibniz'. Und bei einem Kongreß in Paris beeindruckte ihn der italienische Mathematiker Giuseppe Peano: Dieser hatte eine Methode erfunden, um Zahlen mit grundlegenden Begriffen zu definieren. Angespornt durch diese Entdeckung, schrieb Russell in erstaunlich kurzer Zeit sein erstes wichtiges philosophisches Werk, „The Principles of Mathematics" (1903). Das Buch enthält eine informelle Präsentation seines Logizismus (also der These, daß die ganze Arithmetik aus rein logischen Begriffen und Axiomen ableitbar ist). Die formale Umsetzung erfolgte dann in den drei Bänden der „Principia Mathematica" (1910–1913), die er mit Hilfe seines früheren Lehrers Whitehead schrieb.

Nach der Veröffentlichung dieses Buches, das einen Meilenstein in der Geschichte der Logik wie in der Geschichte der Philosophie darstellt, beschäftigte sich Russell intensiv mit erkenntnistheoretischen Fragen (1912 erschien „The Problems of Philosophy", 1914 „On Our Knowledge of the External World"). 1911 machte er die Bekanntschaft von Ludwig Wittgenstein, der nach Cambridge zog, um bei ihm zu studieren. Russell hat eine Beschreibung ihrer ersten Begegnung hinterlassen: Wittgenstein, so schreibt er in seiner „Autobiographie", „kam zu mir und sagte: ‚Denken Sie, daß ich ein völliger Idiot bin?' Ich sagte, ‚Warum wollen Sie das wissen?' Er antwortete: ‚Weil ich, wenn ich einer bin, Pilot werde, wenn nicht, Philosoph.' Ich sagte zu ihm: ‚Mein lieber Freund, ich weiß nicht, ob Sie ein völliger Idiot sind oder nicht, aber wenn Sie mir während der Ferien über irgendein philosophisches Thema, das Sie interessiert, einen Essay schreiben wollen, so werde ich ihn lesen und es Ihnen sagen.' Er tat dies und brachte ihn mir zu Beginn des nächsten Semesters. Sobald ich den ersten Satz gelesen hatte, war ich überzeugt, daß er ein genialer Mensch sei [...]".[2]

Diese Episode liefert ein beeindruckendes Zeugnis von Russells mentaler Offenheit. Die beiden Männer, der arrivierte Logiker und der junge Anfänger, sollten später unterschiedliche philosophische und menschliche Wege gehen; aber damals verstanden sie sich bestens und arbeiteten bald eng zusammen. (Russells Einfluß auf Wittgensteins „Tractatus" ist unverkennbar, genau wie Wittgensteins Einfluß auf Russells Philosophie des logischen Atomismus; s. unten § 5 und Kap. XII, 2). Ihre Beziehung wurde allerdings wie vieles andere auch vom Ausbruch des Ersten Weltkriegs unterbrochen. Der Krieg erschütterte Russell zutiefst. Plötzlich sah er sich verpflichtet, soziale Verantwortung zu übernehmen und die Heuchelei der Regierenden öffentlich anzuprangern. Wegen Beleidigung der amerikanischen Armee wurde er zu sechs Monaten Gefängnis verurteilt (während seiner Inhaftierung schrieb er „An Introduction to Mathematical Philosophy" [1919]). Seine radikale Haltung führte zum Verlust des Fellowships in Cambridge. Aber dafür weckte der Krieg sein Interesse für gesellschaftliche und politische Themen: 1920 reiste er nach Rußland, dessen Regime er in „The Practice and Theory of Bolshewism" kritisierte; 1927 gründete er die Privatschule Beacon Hill, die, anders als das traditionelle Erziehungssystem, nicht auf Repression aufbauen sollte.

Kurz vor dem Ausbruch des Zweiten Weltkriegs nahm Russell erneut Verbindung mit der akademischen Welt auf. Nach Lehraufträgen an den Universitäten von Chicago und Los Angeles (UCLA) wurde er 1940 ans New York City College berufen. Aber konservativ-religiöse Kreise attackierten ihn vehement wegen seiner offenen, liberalen Meinungen; und statt ihn zu verteidigen, zog die Universität die Einladung zurück. Da der Krieg in der Zwischenzeit ausgebrochen war, konnte Russell nicht mehr nach England zurückkehren. Sein Überleben während dieser Zeit verdankte er Dr. Albert Barnes, einem exzentrischen Millionär, der ihn als Dozenten in seiner privaten Stiftung anstellte – eine Situation, die ihm die Niederschrift seines klugen, aber nicht immer verläßlichen Buches „A History of Western Philosophy" (1945) ermöglichte. Nach dem Krieg und seiner Rückkehr nach England wurde Russell 1949 von König George VI. mit dem „Order of Merit" geehrt; 1950 erhielt er den Nobelpreis für Literatur. Besorgt über die Entwicklung der westlichen Welt während des Kalten Kriegs, engagierte er sich für die Friedensbewegung, unter anderem als Mitbegründer des Internationalen Tribunals gegen Kriegsverbrechen 1966. Wegen Aufhetzung der Öffentlichkeit gegen die Staatsgewalt wurde er 1961 erneut zu einer Gefängnisstrafe verurteilt.

Russell starb am 2. Februar 1970 im Alter von 98 Jahren in Penrhyndendraeth (Wales). Sein bewegtes Leben, das ihn zu einer Art modernem Voltaire hatte werden lassen, hat er in seiner dreibändigen „Autobiographie" (1967–1969) dargestellt, seine intellektuelle Entwicklung in „My Philosophical Development" (1959). Sein in jeder Hinsicht beeindruckendes Œuvre umfaßt mehr als 70 Bücher und 2500 kürzere Texte.[3]

2. Die Verwerfung des Idealismus und die Rettung des Logizismus

Während seiner Zeit als Student in Cambridge erlag Russell, wie die meisten Philosophen seiner Zeit, der Faszination der idealistischen Philosophie Bradleys. Bradley hatte in seinem metaphysischen Meisterwerk „Appearance and Reality" (1893) argumentiert, daß der Begriff der Relation zu unlösbaren Widersprüchen führe. Da das Denken in seiner Sicht nicht auf diesen Begriff verzichten kann, hatte er den skeptischen Schluß gezogen, daß die Wirklichkeit gar nicht denkbar sei; die Realität könne nur in einer Art über-rationaler, mystischer Sicht erfaßt werden.

Obwohl sich die Realität nicht beschreiben läßt, meinte Bradley ausschließen zu können, daß sie aus einer Pluralität von Substanzen bestehe. Denn um verschiedene Substanzen in irgendeiner Weise zu korrelieren – d. h. um die unbestreitbare Tatsache zu erklären, daß die verschiedenen Substanzen zu einer und derselben Welt gehören –, müßte jede pluralistische Theorie den Begriff der Relation voraussetzen. Bradley selbst machte kaum Gebrauch vom traditionellen Begriff „Substanz"; dennoch war die Welt für ihn „monistisch", als eine Art spinozistische Einheit aufzufassen.

Für den jungen Russell, der die orthodoxen christlichen Vorstellungen, die seine Großmutter vertrat, sehr früh abgelehnt hatte, bot der Monismus eine kompensatorische Befriedigung seiner starken religiösen Sehnsüchte. Aber rasch wurde ihm klar, daß eine solche Befriedigung illusorisch ist. Die All-Einheit Bradleys ist zwar vollkommen gut; dies ändert allerdings nichts an der Tatsache, daß die Welt, in der wir leben, voll von Schmerzen und Enttäuschungen ist. Die Idee einer tröstenden Metaphysik erschien Russell deshalb als zunehmend fragwürdig. Also begann er, die Philosophie als rationales Unterfangen zu verstehen, das sich am Beispiel der Wissenschaften orientieren und nur von der Idee der Wahrheit geleitet werden sollte. Das Ziel der Philosophie bestimmte er nun auf geradezu aristotelische Weise als reine Kontemplation. Die Idee, daß sie wie eine Wissenschaft betrieben werden sollte, blieb eine Konstante in allen seinen späteren Schriften.

Für einen talentierten Mathematiker wie Russell bestand die größte Schwierigkeit von Bradleys Theorie darin, daß dieser alle Wissenschaften wegen ihrer vermeintlichen inneren Widersprüchlichkeit verwarf. Auch die Mathematik war für ihn in unlösbaren Kontradiktionen verfangen und konnte daher keine endgültige Wahrheit enthalten. Worin besteht aber das Wesen der Mathematik? Bradley hatte sich mit dieser Frage nur oberflächlich beschäftigt. Russell dagegen meinte (genau wie Frege vor ihm), sie klar beantworten zu können. Die Mathematik – so seine sogenannte „logizistische" These – sei ein Zweig der Logik; sie lasse sich vollständig aus einer kleinen Anzahl logischer Grundbegriffe und Axiome ableiten.

Eine erste Darstellung seines Logizismus legte Russell 1903 in „The Principles of Mathematics" vor. Bereits 1902 hatte er innerhalb der Mengentheorie, die er zu den logischen Grundlagen der Mathematik zählte, seine berühmte Antinomie entdeckt. In Kürze ging es dabei um das Paradox von K, der Klasse aller Klassen, die sich selbst nicht angehören. Falls K nun sich selbst angehört, ist sie nicht in der Klasse aller Klassen enthalten, die sich selbst nicht angehören; sie gehört also sich selbst nicht an. Falls K sich selbst dagegen nicht angehört, ist sie in der Klasse aller Klassen enthalten, die sich selbst nicht angehören; dadurch gehört sie sich eben doch selbst an (s. Kap. IX, 3 c). Man kann sich gut vorstellen, welch erschütternde Wirkung diese Entdeckung auf Russell gehabt haben mußte – auch abgesehen von der Tatsache, daß sein logizistisches Programm davon gefährdet wurde. Denn plötzlich schien Bradley doch recht zu bekommen: Nicht einmal die Logik und die Mathematik sind frei von Widersprüchen.

Während Frege das logizistische Programm zögerlich aufgab, bemühte sich Russell eifrig um seine Rettung. Im Appendix zu „The Principles of Mathematics" skizzierte er eine Lösung des Paradoxons; aber erst im Aufsatz „Mathematical Logic as Based on the Theory of Types" (1908) konnte er eine für ihn befriedigende Antwort anbieten. In diesem Aufsatz analysiert Russell zahlreiche Antinomien. Dabei befaßt er sich auch mit Paradoxen, die nicht in der Mengentheorie entstehen, wie z. B. dem Paradox von Epimenides dem Kreter. Man betrachte den Satz „Dieser Satz ist falsch“: Ist diese Aussage wahr, dann ist sie (eben deshalb) falsch; ist sie dagegen falsch, dann ist sie (eben deshalb) wahr. Russell ist nun auf der Suche nach einer einheitlichen Erklärung der wichtigsten Antinomien – d. h. nach einer Eigenschaft, die alle Sätze charakterisiert, die zu Widersprüchen führen. Eine solche gemeinsame Eigenschaft findet er in der Tatsache, daß alle diese Paradoxe eine Selbstreferenz enthalten, was sowohl in seiner Antinomie als auch in Epimenides' Paradoxon klar zum Ausdruck kommt.

Diese Diagnose wird in „Principia Mathematica“ unter dem Begriff „Zirkelfehlerprinzip“ *(Vicious-Circle Principle)* artikuliert: „Das Prinzip, das uns instand setzt, illegitime Gesamtheiten zu vermeiden, kann ausgesprochen werden wie folgt: Was immer *alle* Elemente einer Menge voraussetzt, darf nicht ein Element der Menge sein.“[4] Offensichtlich wird dieses Prinzip durch die Antinomie Russells verletzt. Wer sich fragt, ob die Klasse K (die Klasse aller Klassen, die sich selbst nicht angehören) sich selbst angehört, ist in logischer Hinsicht nicht in einer besseren Lage als der, der sich fragt, ob die Klasse aller Menschen selbst ein Mensch sei: Beide Fragen sind nach Russell als bedeutungslos zu verwerfen.

Russells zentrale Idee ist daher, daß problematische Aussagen der Art „K gehört zu sich selbst“ oder ihre Negation „K gehört nicht zu sich selbst“ in der formalen Sprache der Logik keinen Platz finden sollten. Um dies zu erreichen, sind nur wenige technische Maßnahmen nötig. Zunächst soll eine klare Hierarchie zwischen verschiedenen Typen logischer Entitäten etabliert werden. Da Klassen aus einfacheren Elementen konstruiert werden müssen, unterscheidet Russell zwischen Individuen (Typ 0), Klassen von Individuen (Typ 1), Klassen von Klassen von Individuen (Typ 2) usw. Auch die in der logischen Sprache vorkommenden Variablen werden mit einem Index versehen: eine Variable des Typs x_n kann nur ein Objekt des Typs n vertreten. Auf dieser Basis kann man festlegen, daß Aussagen der Art $K_n \varepsilon K_m$ erst dann zulässig sind, wenn n kleiner als m ist. Die zur Paradoxie führende Aussage „K gehört zu sich selbst“ kann somit nicht mehr als korrekt gebauter Satz akzeptiert werden.

In den „Principia Mathematica“ bietet Russell eine etwas kompliziertere Version dieser *einfachen* Typen-Theorie. Statt einer Hierarchie von Individuen und Klassen postuliert seine *verzweigte* Typen-Theorie eine Hierarchie von Propositionen (von „geschlossenen“ Sätzen, die keine Variablen enthalten, wie z. B. „a ist F“) und propositionalen Funktionen („offenen“ Sätzen, die Variablen enthalten, wie z. B. „x ist F“). Die Entstehung einer Antinomie wird verunmöglicht, indem man voraussetzt, daß eine propositionale Funktion der Ordnung n immer nur Funktionen der Ordnung n–1 als Argument annehmen kann. Der als Kern der Epimenides zugeschriebenen Paradoxie zu betrachtende Satz „Dieser Satz ist falsch“ enthält sich selbst als Argument und muß somit als illegitime Konstruktion verworfen werden.

Russells Typen-Theorie ist durchaus imstande, Antinomien aus dem System der „Principia Mathematica" auszumerzen. Und sie ist nach Russell nicht als Ad-hoc-Lösung zu betrachten, denn sie wurde durch das Zirkelfehlerprinzip philosophisch motiviert. Allerdings hat sie die unerwünschte Nebenwirkung, daß die Sprache der „Principia Mathematica" nun so streng reglementiert ist, daß zahlreiche gültige Beweise in dieser Sprache nicht mehr darstellbar bzw. durchführbar sind. Um dieses Problem zu lösen, sahen sich Russell und Whitehead gezwungen, zusätzliche Axiome in ihr System einzuführen. Es sind dies Axiome *ad hoc;* zu einem von ihnen liest man zum Beispiel: „Daß das Reduzibilitätsaxiom unmittelbar evident sei, ist eine Behauptung, die sich schwerlich aufrechterhalten läßt."[5] Man darf deshalb bezweifeln, daß das ursprüngliche logizistische Programm von Russell und Whitehead erfolgreich durchgeführt worden ist.

3. Die logische Basis der Metaphysik

Die von Bradley kritisierte Kategorie der Relation spielt in der Mathematik eine wesentliche Rolle. Man denke z. B. an eine Aussage wie „x < y", die offensichtlich relationaler Natur ist. Das System der „Principia Mathematica" erkennt Relationen als grundlegende logische Begriffe an. Sie können auf der Basis der Anzahl ihrer Termini klassifiziert werden: Relationen mit zwei Termini („x liegt südlich von y") werden „binär" genannt, mit drei Termini („x liegt zwischen y und z") „ternär". Die Anzahl von Termini, die eine Relation haben kann, läßt sich im Prinzip nicht begrenzen.

In dieser Anerkennung der Relation als zentrale Kategorie bricht Russell mit der herkömmlichen Logik aristotelischer Prägung. Alle Propositionen sind in traditioneller Sicht nach dem Muster Subjekt-Prädikat zu analysieren; die Analyse von „Sokrates ist älter als Plato" ergibt also „Sokrates" als Subjekt und „älter als Plato" als Prädikat. Russells Analyse dagegen liefert zwei Termini („Sokrates" und „Aristoteles") und eine Relation („älter-sein als"). Diese neue Auffassung hat Folgen nicht nur im Bereich der Logik. Schon in seinem frühen Buch über Leibniz' Philosophie hatte Russell argumentiert, daß die ganze traditionelle Metaphysik auf fragwürdigen logischen Fundamenten ruhe. Denn das metaphysische System eines jeden Philosophen ist zweifellos von privaten Beobachtungen und Erlebnissen beeinflußt; wenn es aber darum geht, diese Erfahrungen zu systematisieren, fließen fest verankerte logische Annahmen ein: „Die unbewußte Überzeugung, daß alle Urteilsätze die Subjekt-Prädikat-Form haben müßten", erklärt Russell an einer von vielen ähnlichen Stellen, „mit anderen Worten, daß jede Tatsache darin bestünde, daß ein Ding eine Eigenschaft hat – diese Überzeugung hat die meisten Philosophen unfähig gemacht, der Welt der Wissenschaft und des täglichen Lebens irgendwie gerecht zu werden."[6]

Russell illustriert diese These gern mit historischen Beispielen von Spinoza und Leibniz. Wer überzeugt ist, daß Relationen Eigenschaften sind, glaubt tatsächlich, daß es keine Relationen gebe, sondern nur Termini und ihre Eigenschaften. „Die traditionelle Logik kann die Realität der Relationen aufgrund ihrer Überzeugung, alle Sätze müßten die Subjekt-Prädikat-Form haben, unmöglich anerkennen."[7] Diese Überlegung führt damit unweigerlich zu einer nicht-relationalen Theorie der Wirklichkeit. Davon gibt es nach Russell zwei reine Typen: Die „monadistische" Version Leibniz' postuliert die Realität vieler voneinander unabhängiger Substanzen, während nach der „monistischen" Version Spinozas nur die Existenz einer einzigen Substanz anzuerkennen ist. Russell bezweifelt allerdings (interessanterweise genau wie Bradley vor ihm), daß Leibniz' Theorie der fensterlosen Monaden eine konsistente Theorie sein könne. Denn die verschiedenen Monaden gehören zum selben Universum und müssen deshalb doch irgendwie miteinander verbunden sein. Die einzige legitime Folgerung aus der traditionellen Logik ist nach ihm der Monismus – die Theorie, daß die Welt als Ganzes nur eine einzige Substanz sei.

Russells Deutung der Philosophie seiner rationalistischen Vorgänger ist oft kritisiert worden.[8] Es ist charakteristisch für ihn – und nach seinem Beispiel leider auch für die spätere analytische Philosophie –, daß er sich mit einer rein logischen Rekonstruktion der Philosophie seiner Gegner zufriedengibt, oft auf Kosten einer sorgfältigen textuellen Exegese. Der eben rekonstruierte Gedankenweg erklärt auf jeden Fall, wie der metaphysische Monismus Russells polemisches Hauptziel werden konnte. Dies gilt insbesondere für jene idealistische Variante, die Bradley in „Appearance and Reality" vertreten hatte.

Auch Bradleys Monismus beruht nach Russell auf überholten logischen Voraussetzungen. Es gibt zwei verschiedene Möglichkeiten, Relationen als Eigenschaften aufzufassen; beide scheitern daran, daß sie nicht umgehen können mit Sätzen, in denen *asymmetrische* Relationen vorkommen. Asymmetrische Relationen sind dadurch charakterisiert, daß sie eine „Richtung" haben: Wenn x *größer als* y ist, dann ist y *nicht* größer als x; die Ordnung der Termini ist dagegen irrelevant im Fall einer *symmetrischen* Relation wie *ist verheiratet mit*.

Man betrachte z. B. die Aussage:

(1) x ist größer als y.

Man könnte versucht sein, (1) als Konjunktion zweier verschiedener nicht-relationaler Aussagen aufzufassen:

(1.1) x hat die Größe H.
(1.2) y hat die Größe K.

Diese Analyse (die Leibniz zugeordnet wird) ist aber nach Russell nicht vollständig, denn man müßte außerdem annehmen, daß H größer als K ist. Damit taucht die zu eliminierende asymmetrische Relation erneut auf. Man könnte deshalb auf die Idee kommen, die Aussage (1) folgendermaßen zu interpretieren:

(2) *Größer als* ist eine Eigenschaft von x und y zusammen genommen.

Diese Analyse (die Russell Bradley und allen anderen Vertretern einer monistischen Philosophie zuschreibt) ist ebenfalls unbefriedigend, denn man muß die zwei Sätze „x ist größer als y" und „y ist größer als x" voneinander unterscheiden können. Der Unterschied zwischen (x, y) und (y, x) ist allerdings ein Unterschied in der Ordnung der Termini; er kann deshalb nur mittels einer asymmetrischen Relation zum Ausdruck gebracht werden.

Russells Kritik wurde lange für zutreffend gehalten. Von einer Widerlegung von Bradleys Monismus kann jedoch keine Rede sein.[9] Bradley reagierte denn auch indigniert auf Russells Attacke: Nie habe er versucht, so erklärte er in „Relations", Relationen auf Eigenschaften zu reduzieren. Die für ihn zentrale Frage betrifft die Tatsache, daß Relationen keine bindende Kraft besitzen, weshalb nicht klar ist, was zwei Termini x und y in einem relationalen Komplex zusammenhalten könnte. Man muß daher schließen, daß zwei Termini x und y keine individuelle Existenz haben, sondern nur Aspekte einer allumfassenden Realität sind. Relationen sind für Bradley mit anderen Worten „holistisch" aufzufassen – d. h., sie existieren nur innerhalb einer Totalität, die sowohl die Relation als auch ihre Termini umfaßt. Dies ist offensichtlich eine ganz andere Theorie der Relationen als jene, nach der eine Relation eine Eigenschaft ihrer beiden Termini sei. Angenommen, die Theorie Bradleys ließe sich mit Bezug auf die Begriffe von „Substanz" und „Eigenschaft" formulieren (was fraglich ist): Dann bestünde sie in der Aussage, daß *die ganze relationale Tatsache xRy* eine Eigenschaft des einheitlich gedachten Universums sei. Russells Kritik beruht daher auf einer krassen Fehlinterpretation; seltsamerweise nahm er zu diesen Erklärungen Bradleys nie Stellung.

Befremdlich ist auch Russells Interpretation der Bradleyschen Logik, die er von traditionellen Vorstellungen bestimmt sieht. Wie oben (s. Kap. IX, 5) gezeigt worden ist, unterschied Bradley zwar zwischen einem „Subjekt" und einem „Prädikat". Diese Begriffe wurden jedoch nur für die Beschreibung des mentalen Akts des Urteils verwendet. Wenn es darum ging, den Inhalt einer Aussage zu analysieren, widersprach Bradley vehement der Vorstellung, daß diese die Subjekt-Prädikat-Form aufweise. In dieser Hinsicht stand Russell Bradley viel näher, als er bereit war, öffentlich zuzugestehen.

4. Die Theorie der bestimmten Beschreibungen: Weitere Paradigmen sprachphilosophischer Analyse

Seine Arbeit über die logische Grundlage der Arithmetik brachte Russell dazu, sich ernsthaft mit sprachphilosophischen Fragen zu beschäftigen. Es gibt, wie schon Frege bemerkt hatte, auch in der Mathematik zahlreiche Ausdrücke, die zwar sinnvoll sind, jedoch keinen Bezug haben. „Die größte Zahl" ist ein solcher Ausdruck, aber auch „die Klasse aller Klassen, die sich selbst nicht angehören". Diese Bezeichnung scheint eine Klasse zu benennen, obwohl die Russellsche Antinomie zeigt, daß eine solche Klasse nicht existieren kann, da ihr Begriff zu einem Widerspruch führt. Seine Gedanken über die Natur der sprachlichen Referenz hat Russell in dem wichtigen Aufsatz „On Denoting" (1905) dargestellt. Nach Freges logischer Analyse von Zahlausdrücken (s. Kap. IX, 3 b) bietet Russell hier weitere einflußreiche Paradigmen sprachphilosophischer Analyse.

Seiner diesbezüglichen Darstellung schickt er einige wichtige methodologische Bemerkungen voraus. Naturwissenschaftliche Theorien können empirisch getestet werden; wie läßt sich nun eine logische Theorie überprüfen? Wer sich mit Logik intensiv beschäftigt, so Russell, wird früher oder später mit gewissen scheinbar unlösbaren Rätseln konfrontiert. Eine Theorie, die dazu beiträgt, diese Rätsel zu lösen, kann Anspruch auf Gültigkeit erheben. Und wenn es zwei gleich erfolgreiche und damit konkurrierende Theorien gibt, müßte nach Russell die einfachste Lösung favorisiert werden. „Einfachheit" wird von Russell also mit Bezug auf Ockhams Prinzip *entia non sunt multiplicanda sine necessitate* definiert: Eine Theorie muß mit so wenigen ontologischen Annahmen wie möglich auskommen. Ein solches Prinzip läßt sich zwar nicht metaphysisch begründen, aber eine einfache methodische Überlegung spricht dafür: Je geringer die Anzahl von Entitäten, die wir postulieren, desto geringer ist die Möglichkeit, einen Fehler zu begehen.

Russell stellt nun drei Rätsel vor.

(a) Das erste entsteht mit Bezug auf eine Aussage wie „Der aktuelle König von Frankreich ist kahl". Da Frankreich keine Monarchie ist, stellt sich die Frage, ob man sagen könne, daß diese Aussage wahr oder falsch sei. Es scheint nahezuliegen, diese Frage als absurd zu verwerfen. Russell kann dies allerdings nicht tun, denn seine Logik beruht auf dem Satz vom ausgeschlossenen Dritten: Eine Aussage ist entweder wahr oder falsch, *tertium non datur.* Doch wie läßt sich bestimmen, ob der aktuelle König von Frankreich kahl ist oder nicht, wenn er gar nicht existiert?

(b) Das zweite Rätsel betrifft argumentative Kontexte, in denen zwei scheinbar gleichbedeutende Aussagen nicht durch einander ersetzt werden können. Man betrachte das folgende einfache Argument:

(1) Venus ist ein Planet.
(2) Venus ist (=) Hesperus.

---

(3) Hesperus ist ein Planet.

Die Termini der wahren Identitätsaussage (2) („Venus" und „Hesperus") sind *salva veritate* austauschbar: Sowohl die Prämissen (1) und (2) als auch der Schluß (3) sind wahr. Nun betrachte man aber das folgende, von der Form her scheinbar identische Argument:

(4) George IV. will wissen, ob Scott der Autor von „Waverley" sei.
(5) Scott ist der Autor von „Waverley".

---

(6) George IV. will wissen, ob Scott Scott sei.

Der Austausch von Termini der wahren Aussage (5) („Scott" und „der Autor von ‚Waverley'") führt in diesem Fall zu einer *falschen* Aussage (sicherlich interessiert sich George IV. nicht für die Tautologie „Scott ist Scott"). Wie läßt sich dies nun erklären?

(c) Das dritte und letzte Rätsel entsteht mit Bezug auf negative Existenzaussagen von der Art „Apollo existiert nicht". Man scheint hier mit einem sich selbst widersprechenden Konstrukt konfrontiert zu sein. Es ist, als ob man Apollo zuerst *benennen* müßte, um ihm dann die Eigenschaft der *Nicht-Existenz* zuweisen zu können. Wie kann man also von etwas behaupten, das es nicht existiere, ohne sich zu widersprechen? Meinong (s. Kap. II, 9) hatte eine Unterscheidung zwischen verschiedenen *Seinsweisen* postuliert. Soll man mit ihm behaupten, daß es *inexistente* Dinge *gibt?* (Dieses Rätsel läßt sich selbstverständlich auch in bezug auf positive existentielle Aussagen formulieren. Denn wenn wir ein Individuum benennen müssen, um ihm Existenz zuzuweisen, sind Aussagen von der Art „a existiert" tautologisch – die Prädikation der Existenz ist redundant.)

Diese drei Rätsel sind freilich nicht neu. Die ersten zwei tauchen in Freges Sprachphilosophie auf. Das letzte hat nach Russell eine noch längere Geschichte. In „Über die Natur" verteidigt Parmenides die Notwendigkeit des Seins gerade mit dem Argument, daß über das Nicht-Seiende nicht gesprochen werden könne: „Dies jedoch ist [...] ein völlig unbefahrbarer Pfad: denn es ist ausgeschlossen, daß du etwas erkennst, was nicht ist, oder etwas darüber *aussagst*: denn solches läßt sich nicht durchführen."[10] Obwohl es fraglich bleibt, daß die traditionelle Metaphysik direkt aus einer überholten logischen Theorie hergeleitet worden sein soll, zeigt diese Stelle doch, daß es eine enge Beziehung zwischen Logik und Metaphysik gibt.

Um diese drei Rätsel zu lösen, muß man nach Russell verstehen, wie eine Kennzeichnung (eine bestimmte Beschreibung, *definite description*) zur

Bedeutung des ganzen Satzes, in dem sie vorkommt, beiträgt. Manche Ausdrücke dieser Art (bzw. Ausdrücke der Form „der so-und-so") haben tatsächlich einen Bezug, so daß man meinen könnte, bestimmte Beschreibungen seien in logischer Perspektive als Eigennamen aufzufassen. Wäre dies der Fall, dann hätte eine Aussage wie „Der König von Frankreich ist kahl" die einfache logische Form „a ist K". Diese logische Analyse greift aber nach Russell zu kurz. Ein Satz wie „Der König von Frankreich ist kahl" ist von einer inneren Komplexität, die in „a ist K" völlig verlorengeht. Russell schlägt folgende alternative Deutung vor: Die Aussage *behauptet* nicht nur, daß der König von Frankreich eine bestimmte Eigenschaft hat, sondern auch, daß er tatsächlich existiert bzw. daß es ein Individuum gibt, das die Eigenschaft hat, der (einzige) König von Frankreich zu sein. Die Aussage

(I) Der König von Frankreich ist kahl

drückt nach Russell drei verschiedene Aussagen aus:

(i) Es gibt *mindestens* ein x, das der aktuelle König von Frankreich ist. $[(\exists x)(Fx)]$
(ii) Es gibt *höchstens* ein x, das der aktuelle König von Frankreich ist. $[(y)(Fy \rightarrow y = x)]$
(iii) x ist kahl. $[Kx]$

Die logische Form von (I) ist also viel komplexer als „a ist K" [bzw. Ka]. (I) kann in logischer Notation wiedergegeben werden als:

(I*) $(\exists x)[Fx \,\&\, (y)(Fy \rightarrow y = x) \,\&\, Kx]$

Welches Symbol entspricht nun dem Ausdruck „der König von Frankreich" in (I*)? Hätte man den Satz „Der König von Frankreich ist kahl" als einen Satz der Form Ka analysiert, wäre die Konstante „a" das entsprechende Element gewesen. Aufgrund der Analyse Russells ist es aber nicht möglich, eine direkte Verbindung mit einem bestimmten Symbol herzustellen. Er faßt eine bestimmte Beschreibung wie „Der König von Frankreich" als ein „unvollständiges Symbol" *(incomplete symbol)* auf; ein solches Symbol hat keine Bedeutung an sich, trägt aber zur Bedeutung des ganzen Satzes bei.

Interessant ist der Umstand, daß sich kurz vor Russell schon Frege in „Über Sinn und Bedeutung" mit dem Problem der Wahrheitswerte von Aussagen über nicht existierende Dinge beschäftigt hat. Seiner Ansicht nach behaupten solche Aussagen aber nicht, daß das genannte Individuum existiert; sie setzen seine Existenz einfach voraus (s. Kap. IX, 4 e; dieser Punkt wird später von Peter Strawson erneut geltend gemacht; s. Kap. XIII, 3). Obwohl Freges Deutung plausibel erscheint, wird sie von Russell nicht erwähnt, was vielleicht damit zu erklären ist, daß er dazu neigt, eine Theorie der Sprache als eine technische Angelegenheit aufzufassen und weniger als Versuch, die konkrete sprachliche Praxis zu beschreiben.

Wie lassen sich die drei Rätsel nun mit Hilfe dieser Theorie lösen?

(a) Das erste Rätsel betrifft den Wahrheitswert von Aussagen der Art „Der so-und-so ist so-und-so". Wenn (I) „Der aktuelle König von Frankreich ist kahl" auch seine Existenz behauptet, dann ist diese Aussage offensichtlich falsch. Da könnte es nun allerdings scheinen, als habe man lediglich ein Übel durch ein anderes ersetzt. Denn wenn „Der aktuelle König von Frankreich ist kahl" falsch ist, müßte nach dem Satz vom ausgeschlossenen Dritten (p oder ¬p) folgen, daß der aktuelle König von Frankreich Haare auf dem Kopf hat. Russell löst diese Schwierigkeit, indem er zeigt, daß die Aussage

(II) Der aktuelle König von Frankreich ist *nicht* kahl

strukturell zweideutig ist. Dieser Satz kann nämlich so verstanden werden, daß man die Existenz eines Königs von Frankreich zwar behauptet, aber bestreitet, daß er kahl sei; in logischer Notation ausgedrückt:

(II*) $(\exists x)[Fx \,\&\, (y)(Fy \rightarrow y = x) \,\&\, \neg Kx]$

In diesem Fall ist die Aussage „Der König von Frankreich ist nicht kahl" falsch. Der Satz vom ausgeschlossenen Dritten wird aber nicht verletzt, da (II*) nicht die Negation von (I) ist. Die Aussage (II) kann jedoch auch so verstanden werden, daß die ganze Verbindung negiert wird:

(II**) $\neg(\exists x)[Fx \,\&\, (y)(Fy \rightarrow y = x) \,\&\, Kx]$

Erst wenn der Satz „Der König von Frankreich ist nicht kahl" wie in (II**) interpretiert wird, ist er wahr. Diese Aussage behauptet allerdings nicht, daß der König von Frankreich behaart sei.

(b) Auch das zweite Rätsel kann mit Russells Theorie elegant gelöst werden. Das Problem entstand mit Bezug auf folgendes Argument:

(4) George IV. will wissen, ob Scott der Autor von „Waverley" sei.
(5) Scott ist der Autor von „Waverley".

---

(6) George IV. will wissen, ob Scott Scott sei.

Wieso lassen sich Termini der wahren Aussage (5) („Scott" und „der Autor von ‚Waverley'") hier nicht *salva veritate* substituieren? Da bestimmte Beschreibungen unvollständige Symbole sind, so Russells Einsicht, gibt es eigentlich nichts, was wir durch „Scott" ersetzen können. Die Aussage

(5) Scott ist der Autor von „Waverley"

bedeutet so etwas wie „Es gibt eine und nur eine Person, die ‚Waverley' geschrieben hat, und diese Person ist Scott". Die logische Form dieser Aussage ist (mit F = schrieb „Waverley" und a = Scott):

(5*) $(\exists x)[Fx \,\&\, (y)(Fy \rightarrow y = x) \,\&\, x = a]$

Das ganze Rätsel beruht auf der falschen Annahme, daß (5) „Scott ist der Autor von ‚Waverley'" eine Aussage der Form „a = b" sei. Obwohl das Problem somit schon gelöst ist, bleibt die interessante Frage, wie die erste Prämisse

(4) George IV. will wissen, ob Scott der Autor von „Waverley" ist

logisch wiederzugeben sei. Was will George IV. genau wissen? Nach der einen Lesart bedeutet (4) soviel wie

(4*) Ein Mann schrieb „Waverley" und *George IV. will wissen, ob* dieser Mann Scott ist: $(\exists x)[Fx \,\&\, (y)(Fy \rightarrow y = x)$ & *George IV. will wissen, ob* $x = a]$.

Die Aussage (4) kann aber auch wie folgt verstanden werden:

(4**) George IV. will wissen, ob ein Mann „Waverley" geschrieben hat und ob dieser Mann Scott war: *George IV. will wissen, ob* $(\exists x)[Fx \,\&\, (y)(Fy \rightarrow y = x) \,\&\, x = a]$.

Wie im Fall von (II) „Der König von Frankreich ist nicht kahl" liegt auch hier eine verdeckte Zweideutigkeit vor, die nur mit Hilfe einer korrekten logischen Analyse zu erkennen ist.

(c) Schließlich kann auch das dritte Rätsel gelöst werden. Wie kann man die Nicht-Existenz von irgend etwas behaupten? Es ging dabei um die Aussage:

(III) Apollo existiert nicht.

Man könnte meinen, diese Aussage lasse sich mit den Ressourcen der Theorie der bestimmten Beschreibung nicht behandeln, weil „Apollo" nicht wie eine Beschreibung aussieht. Russell behauptet dennoch, daß das Wort eine versteckte bestimmte Beschreibung sei. Apollo ist der Sonnen-Gott. Die Aussage (III) behauptet also, daß es kein x gebe, das alle Eigenschaften hat, die dem Sonnen-Gott traditionell zugewiesen werden. Ihre logische Form ist deshalb:

(III*) $\neg(\exists x)(Fx \,\&\, Gx \,\&\, \ldots)$

Nun ist (III*) nicht nur kein Widerspruch, sondern auch eine wahre Aussage. Meinong, dessen Werke Russell sorgfältig studiert hatte,[11] meinte, die inexistente selbst-widersprüchliche Entität „rundes Viereck" postulieren zu müssen, weil sich nur von einer solchen Entität sinnvoll sagen läßt, daß sie nicht existiert. Aufgrund der Russellschen Theorie kann man aber auf solche fragwürdigen Entitäten verzichten, da die Aussage „Das runde Viereck existiert nicht" nichts anderes bedeutet als die unproblematische Aussage „Es gibt kein x, das sowohl rund als auch viereckig ist". Ockhams Prinzip der ontologischen Sparsamkeit kommt in dieser Kritik an Meinong beispielhaft zur Anwendung.

Nach Russell sind viele andere Ausdrücke der gewöhnlichen Sprache Eigennamen im grammatikalischen, nicht aber im logischen Sinn, zum Beispiel das Wort „Gott". Das ontologische Argument beruht auf der Vorstellung, Gott sei unüberbietbar vollkommen, so daß ihm keine Vollkommenheit fehlt. (Dies ist eine Deutung von Anselms Begriff von Gott als *id quo maius cogitari nequit*.) Hier ist eine mögliche Wiedergabe des Arguments:

(7) Gott besitzt alle Perfektionen.
(8) Die Existenz ist eine Perfektion.

---

(9) Gott existiert.

Nun bedeutet „Gott" dasselbe wie „das vollkommenste Wesen"; das Wort ist tatsächlich eine bestimmte Beschreibung. Die erste Prämisse des Arguments ist also zu paraphrasieren als „Es gibt ein x, das jede Vollkommenheit besitzt". Diese Analyse macht deutlich, was mit dem ontologischen Argument nicht stimmt: Die Existenz Gottes wird in der ersten Prämisse schon stillschweigend vorausgesetzt. (Was die zweite Prämisse angeht, schließt sich Russell der Meinung Humes, Kants und Freges an, daß die Existenz keine Eigenschaft ist.)

Diese Analyse reicht vermutlich nicht aus, um die logische Komplexität des ontologischen Arguments adäquat wiederzugeben.[12] Das Beispiel macht aber klar, wieso Russell glauben konnte, am Anfang einer neuen philosophischen Ära zu stehen. Die formale Sprache der „Principia Mathematica" ist in der Tat ein mächtiges Instrument, das es erlauben kann, die logische Struktur der Sprache klar darzulegen – und somit die Irrtümer der herkömmlichen Philosophie endgültig zu beseitigen.

5. Logik und Ontologie: Der logische Atomismus

Russell versuchte die Ontologie auch dadurch zu erneuern, daß er die Sprache der Logik als ein Instrument für die Erforschung der Grundstrukturen der Wirklichkeit einsetzte. In einer Reihe von Schriften, darunter vor allem in den Vorlesungen „The Philosophy of Logical Atomism" (1918–1919), zog er die Schlüsse aus seiner Kritik des Monismus und des Monadismus (s. oben § 3). Diese Kritik verpflichtet Russell *de facto* zu einer Art *relationalem Pluralismus*: Wenn der Monismus falsch ist, muß die Welt aus einer Vielzahl individueller Substanzen bestehen; und wenn auch der Monadismus zu verwerfen ist, müssen diese Substanzen in vielerlei Beziehungen zueinander stehen. Die Ontologie, die mit der neuen Logik in Einklang ist, muß daher die Realität von *Einzeldingen* einerseits und ihre *Eigenschaften* und *Relationen* andererseits anerkennen. Solche Elemente bilden nach Russell buchstäblich die Grundbausteine der Welt und sind auf verschiedene Weisen in sogenannten „Tatsachen" *(facts)* gebunden. Der Satz „A ist rot" drückt eine Tatsache aus, deren Komponenten ein Einzelding *A* und die Eigenschaft *rot* sind. Die Tatsache, die durch den Satz „B ist größer als C" ausgedrückt wird, enthält als Bestandteile dagegen die Einzeldinge *B* und *C* und die Relation *größer als*.

In der Sprache der Logik sieht Russell nun ein Instrument für die Entdeckung der Struktur solcher Tatsachen: Die logische Form eines Satzes wird somit mit der ontologischen Form der Wirklichkeit identifiziert. Dies ist eine radikale Form des Rationalismus; vergeblich würde man jedoch in den Schriften Russells nach einer Begründung suchen. Er selbst drückt sich diesbezüglich sehr vorsichtig aus: In seinen Vorlesungen über den logischen Atomismus möchte er „in einem sehr knappen und unzureichenden Umriß versuchen, eine gewisse logische Theorie und auf ihrer Basis eine gewisse Metaphysik darzustellen, die sich [...] – zwar nicht geradezu logisch, doch durch Reflexion – aus der Philosophie der Mathematik ergibt".[13]

Russell erhebt also nicht den Anspruch, seine Theorie bewiesen zu haben. Dies ist aber nicht die einzige Schwierigkeit. Wenn Einzeldinge, Eigenschaften und Relationen als Grundbausteine von Tatsachen aufgefaßt werden, kommt man nicht umhin, sich zu fragen, *was* denn diese Komponenten in einer Tatsache zusammenhält. Eine Tatsache, so Russell, ist mehr als die reine Summe ihrer Komponenten, oder anders formuliert: Die Tatsache *A ist größer als B* ist nicht die reine Kollektion *A, größer als, B*. Diese Elemente fließen in die Tatsache als Teile einer neuen Einheit ein. Wie läßt sich dies nun erklären? Worin besteht die Einheit einer Tatsache? Dies ist eine wichtige und in bezug auf Russells Verwerfung des Monismus auch gefährliche Frage: Denn Bradley hatte argumentiert, daß jede relationale Struktur eine darunterliegende Einheit voraussetzt. Russell dagegen vermag diese Frage nicht zu beantworten.

Die eben skizzierte Ontologie bildet die Basis eines neuen metaphysischen Programms. Wenn die Welt tatsächlich so beschaffen ist, wie Russell es sich vorstellt, besteht die Aufgabe der Metaphysik in der Analyse aller möglichen Typen von Tatsachen. Dies setzt voraus, daß die Beziehungen zwischen den Bestandteilen eines Komplexes „extern" sind, d. h. die intrinsische Natur ihrer Termini nicht verändern. Nur so kann man die These rechtfertigen, daß die Ergebnisse der Analyse tatsächlich jene Elemente liefern, die in dem analysierten Komplex vorkommen. Russell bemerkt dazu: „Es wird oft gesagt, daß Analyse Verfälschung sei, daß ein gegebenes konkretes Ganzes durch Analyse verfälscht werde und daß die Ergebnisse der Analyse falsch seien. Ich glaube nicht, daß diese Ansicht richtig ist."[14] Diese Auffassung steht in direktem Widerspruch zu Hegels Diktum „Das Wahre ist das Ganze":[15] Man kann nach Russell die Dinge erfassen, ohne den größeren Kontext zu berücksichtigen, in dem sie vorkommen. Er nimmt auch an, daß die Analyse eines Komplexes irgendwann zu Ende kommen wird, so daß es tatsächlich Sinn macht, von „Atomen" zu reden. Er gibt allerdings zu, daß diese Annahme schwer zu begründen sei: „Ich glaube, man kann durchaus annehmen, daß komplexe Dinge *ad infinitum* analysierbar sind und daß man nie zu einfachen Bestandteilen kommt. Ich glaube zwar nicht, daß das der Fall ist, aber es ist sicher ein Problem, das man aufwerfen kann. Ich selbst glaube, daß Komplexe [...] aus Einfachem zusammengesetzt sind, aber ich gestehe zu, daß das eine problematische Behauptung ist und daß es nicht ausgeschlossen ist, daß die Analyse *ad infinitum* weitergehen könnte."[16]

Nicht nur bei der Begründung seiner metaphysischen und methodologischen Voraussetzungen, sondern auch bei der Durchführung seines metaphysischen Programms stößt Russell auf schwerwiegende Probleme. In „The Philosophy of Logical Atomism" befaßt er sich mit verschiedenen Kategorien von Tatsachen.

a) Partikuläre und allgemeine Tatsachen. Partikuläre Tatsachen werden durch Propositionen der Art „Dies ist rot" ausgedrückt. Reichen solche Tatsachen aus, um die Welt zu beschreiben? Will man eine vollständige Schilderung der Welt liefern, so Russell, müßte man nicht nur alle partikulären Tatsachen auflisten. Man müßte auch hinzufügen, daß die erwähnten Tatsachen *alle* Tatsachen sind. Neben partikulären Tatsachen muß man also auch „*allgemeine* Tatsachen" erwähnen – d. h. Tatsachen der Art „Alle A sind B". (Die enge Verwandtschaft zwischen Russells logischem Atomismus und jenem Wittgensteins wird hier sichtbar: „Die Welt", schreibt Wittgenstein im „Tractatus" (1.11), „ist durch die Tatsachen bestimmt und dadurch, daß es *alle* Tatsachen sind"; s. Kap. XII, 2–3.)

b) *Atomare Tatsachen.* In der Sprache der Logik unterscheidet man zwischen atomaren und molekularen Propositionen. Atomare Propositionen sind einfache Propositionen der Art „A ist rot" oder „A liebt B"; molekulare Propositionen sind besondere Kombinationen von atomaren Propositionen mittels Junktoren, wie z. B. „A ist rot *oder* A liebt B". Nun ist es für Russell klar, daß atomare Propositionen *atomare Tatsachen* ausdrücken, d. h. Tatsachen, die keine anderen Tatsachen enthalten, sondern nur Einzeldinge, Eigenschaften oder Relationen („Keine Tatsache ist einfach"[17]). Darf man parallel dazu auch von molekularen Tatsachen sprechen?

Russell bestreitet, daß diese Annahme sinnvoll sei. Die logische Funktion von Tatsachen besteht darin, daß sie eine Proposition entweder verifizieren oder falsifizieren können. Denn sie sind als „Wahrmacher" aufzufassen: Die Tatsache, daß Sokrates gestorben ist, ist der Grund, wieso „Sokrates lebt" falsch ist und „Sokrates lebt nicht" wahr. Der Wahrheitswert einer molekularen Proposition (z. B. „p oder q") ist aber vollständig von den Wahrheitswerten der atomaren Propositionen p und q (sowie selbstverständlich von der Art der Verknüpfung) bestimmt. Daher ist es nicht nötig, eine entsprechende molekulare Tatsache zu postulieren.

Diese Überlegungen bringen nach Russell auch zum Ausdruck, daß Propositionen keine Namen von Tatsachen sind: Propositionen drücken Tatsachen aus, benennen sie aber nicht. Dies geht daraus hervor, daß ein und dieselbe Tatsache, z. B. Sokrates' Tod, den Wahrheitswert zweier Propositionen („Sokrates lebt", „Sokrates lebt nicht") bestimmt. Jede Proposition kann sich also auf zwei verschiedene Weisen (wahrheitlich oder irrtümlich) auf dieselbe Tatsache beziehen, während ein Name lediglich ein Objekt bezeichnet. Es ist bemerkenswert, daß Russell mit dieser Auffassung Frege widerspricht: Nach Frege sind Sätze Namen – nicht von Tatsachen, sondern von jenen sonderbaren platonischen Gegenständen, die er *das Wahre* und *das Falsche* nennt (s. Kap. IX, 4 c).

c) *Negative Tatsachen.* Gewisse Propositionen (z. B. „Sokrates lebt nicht") drücken nach Russell „negative Tatsachen" aus. Die Vorstellung, daß *Sokrates lebt nicht* ein existierender Komplex sei, ist befremdend, was Russell selbst zugibt: „Gibt es z. B. die Tatsache, daß Sokrates nicht lebt? Ich habe bisher immer vorausgesetzt, daß es negative Tatsachen gibt, daß z. B. mit der Aussage ‚Sokrates lebt nicht' in der realen Welt die Tatsache korrespondiert, daß Sokrates nicht lebt. Wir haben gegen negative Tatsachen dieselbe Art von Abneigung wie gegen eine der Aussage ‚p oder q' korrespondierende disjunktive Tatsache. Wir meinen, daß es nur positive Tatsachen gibt und daß negative Aussagen irgendwie der Ausdruck positiver Tatsachen sind."[18] Wenn man aber Tatsachen als Wahrmacher eingeführt hat, dann kommt man nicht um die Frage herum, ob Aussagen der Form „X ist nicht F" von einer negativen Tatsache verifiziert werden.

Bradley hatte diesen Punkt in „The Principles of Logic" scharfsinnig behandelt und die Existenz negativer Tatsachen bestritten, da sie in logischer Perspektive gar nicht nötig seien. Der Satz „A ist nicht rot" bedeutet nach ihm zweierlei:

(i) A besitzt eine bestimmte (dem Sprecher nicht notwendigerweise bekannte) Eigenschaft F (z. B. grün), und
(ii) diese Eigenschaft F ist mit der Eigenschaft rot *inkompatibel.*

Diese eigentlich sehr plausible Analyse weist Russell zurück mit der Begründung, sie mache aus der logischen Beziehung der *Inkompatibilität* ein grundlegendes Charakteristikum des Universums. Er dagegen will an der Idee festhalten, daß alle atomaren Tatsachen voneinander logisch unabhängig seien. Diese Annahme Russells ist allerdings problematisch: Die in seiner Klassifikation „atomaren" Tatsachen (a) *x ist rot* und (b) *x ist grün* schließen sich gegenseitig aus bzw. können nicht gleichzeitig wahr sein. (Dieser Punkt ist wichtig und wird später bei Wittgenstein zum Kollaps der Metaphysik des logischen Atomismus führen; s. Kap. XII, 4.)

d) Tatsachen und Aussagen mit mehr als einem Verb. Als besonders schwierig erweist sich die Analyse von Sätzen, in denen Verben vorkommen, die eine „propositionale Einstellung" ausdrücken (gemeint sind Verben wie „wünschen", „hoffen", „glauben" usw.). Man betrachte zum Beispiel einen Satz mit folgender Form:

(1) S glaubt, daß p.

Es wäre naheliegend, der entsprechenden Tatsache eine relationale Form zuzuweisen; das Subjekt *S* stünde dann in der Beziehung *glauben, daß* mit der Tatsache *p.* Wenn „p" eine wahre Aussage ist, dann ist eine solche Analyse unproblematisch: Es gibt eine entsprechende Tatsache p, mit der S in Beziehung treten kann. Wenn „p" dagegen falsch ist, gibt es keine solche Tatsache; was also wird dann von S geglaubt?

Aus diesem Grund meint Russell, diese Analyse verwerfen zu müssen. Eine alternative Lösung vermag er aber nicht zu entwickeln; er bietet nur eine klarere Diagnose des Ursprungs dieser Schwierigkeit. Seine Erklärung erfolgt anhand folgenden Beispiels:

(2) Othello glaubt, daß: (a) Desdemona liebt Cassio.

Ist (a) wahr, dann gibt es eine relationale Tatsache *Desdemona liebt Cassio*; ist (a) falsch, so Russell, dann gibt es eine solche nicht, sondern nur die einzelnen Komponenten *Desdemona*, *lieben*, *Cassio*. Das Verb „lieben" wird also in den beiden Fällen unterschiedlich verwendet. Im Fall einer wahren Aussage bezieht sich das Verb auf eine aktuell verbindende Beziehung, im Fall einer falschen Aussage nicht. Wer das Problem der logischen Form lösen will, müßte diesen Unterschied im Verhalten des Verbs erklären können. Russell kann es nicht: Noch einmal stellt ihn der fundamentale Begriff der Relation vor ein im Rahmen seiner Theorie unlösbares Rätsel.

Daß er hier und bei den negativen Tatsachen auf Schwierigkeiten stößt, könnte als Indiz gedeutet werden, daß das ganze Projekt einer logischen Analyse der Wirklichkeit illusorisch sei. Russell selber scheint aber nicht zu sehen, wie spekulativ seine Grundannahmen eigentlich sind. Seiner Ansicht nach kann die Metaphysik dank der Anwendung der logischen Analyse endlich zur Wissenschaft werden. Die offengebliebenen Probleme signalisieren für ihn nicht das Scheitern des Programms; eher legen sie die Agenda für die Philosophie der Zukunft fest. Nicht jeder würde diese Probleme spannend finden; doch das wäre der Preis, den man für die Verwandlung der Philosophie in eine strikte Wissenschaft zu bezahlen hätte: „Es ist nun einmal so, daß ein Bereich, der von der Philosophie an die Wissenschaft übergeht, einen sehr bedeutenden und nützlichen Typ des Geistes mit Abneigung erfüllt. Ich glaube, daß das für einen beträchtlichen Teil der Anwendungen der mathematischen Logik auf den Gebieten gilt, auf die ich hingewiesen habe. Sie werden trocken, präzise und methodisch."[19]

Eine wichtige Frage ist in dieser Darstellung von Russells logischem Atomismus noch nicht behandelt worden: Seine „logischen Atome" (bzw. die Einzeldinge) sind selbstverständlich nicht mit den physischen Atomen der Naturwissenschaft zu verwechseln. Zwar gibt es Universalien in Form von Eigenschaften und Relationen; aber welche Art von Entitäten sind Russells „Einzeldinge"? Diese Frage kann erst im Rahmen von Russells erkenntnistheoretischen Untersuchungen beantwortet werden.

6. Die Analyse der Erkenntnis

Russells erstes Buch über die Natur der menschlichen Erkenntnis ist der schmale, aber reichhaltige Band „The Problems of Philosophy" (1912). Im Zentrum der Aufmerksamkeit steht hier zunächst die Struktur der sinnlichen Wahrnehmung. Wenn wir um einen Tisch herumlaufen, so Russell, dann nehmen wir ihn von verschiedenen Standpunkten aus wahr. Was wir tatsächlich „sehen", ist also in einem gewissen Sinn nicht der Tisch selbst, sondern eine Reihe verschiedener Erscheinungen. Diese Erscheinungen, die Russell nach Moores Vorbild „Sinnesdaten" *(sense data)* nennt (s. Kap. XI, 7), bilden das unmittelbare Objekt des menschlichen Bewußtseins; gerade deshalb kann kein Zweifel bezüglich ihrer Existenz bestehen. Was allerdings in Frage gestellt werden kann – und tatsächlich seit der Antike von zahlreichen Philosophen angezweifelt worden ist, unter anderem vom Vater der modernen Erkenntnistheorie, René Descartes –, ist die Existenz materieller Dinge, z. B. eines Tisches. Russell gesteht nicht nur die theoretische Legitimität eines solchen Zweifels ein, er gibt auch zu, daß die Existenz materieller Dinge nicht bewiesen werden kann. Dies bedeutet für ihn allerdings nicht, daß man nicht gerechtfertigt wäre, an ihre Existenz zu glauben. Denn die Hypothese, daß es keine materiellen Dinge gebe, widerspricht unseren natürlichen epistemischen Neigungen: Dies zeigt sich am klarsten darin, daß niemand es in der Praxis schafft, Descartes' intellektualistische Skrupel ernst zu nehmen.

Die Existenz materieller Dinge kann also als sehr wahrscheinlich betrachtet werden, während die Existenz von Sinnesdaten vollkommen gewiß ist. Diese Unterscheidung entspricht der für Russell grundlegenden Trennung zweier verschiedener Erkenntnisweisen. So differenziert er zwischen „Erkenntnis durch Bekanntschaft" *(knowledge by acquaintance)* und „Erkenntnis durch Beschreibung" *(knowledge by description).* Unmittelbar bzw. durch Bekanntschaft erkannt sind unsere Sinnesdaten (Farben, Geräusche usw.); von materiellen Dingen (einem Tisch, einem Buch) haben wir dagegen keine direkte Erfahrung: Erkannt werden diese durch Beschreibung – als die in ihrer intrinsischen Natur unbekannte Ursache unserer Sinnesdaten.

Abgesehen von Russells Terminologie ist diese Konzeption der Erfahrung alles andere als neu, sondern entspricht dem indirekten Realismus eines John Locke. Da Russell Universalien als Gegenstände einer unmittelbaren Erkenntnis auffaßt, setzt er sich jedoch nicht nur von Locke, sondern vom gesamten britischen Empirismus in einem wichtigen Punkt ab. Universalien sind Gebilde platonischer Art, zu denen wir einen direkten epistemischen Zugang haben. Sie sind Gegenstand einer „Intuition" und nicht – wie im klassischen britischen Empirismus – entweder durch Abstraktion (Locke) oder dank der psychologischen Mechanismen der Assoziation (Berkeley, Hume) konstruiert. Universalien sind für Russell – in Form von Relationen zwischen den sinnlichen Daten wie auch in Form von Eigenschaften solcher Daten – ursprüngliche Ingredienzien unserer gewöhnlichen Erfahrung. Darin unterscheidet er sich von Kant: Der erfahrende Geist ist für ihn soweit ein rezeptives, kein kreatives oder strukturierendes Medium.

Russell glaubt zugleich, daß es bestimmte Wahrheiten gibt, die wir a priori (d. h. unabhängig von der Erfahrung) erkennen. Dazu zählt er in erster Linie die fundamentalsten logischen Prinzipien (den Satz der Identität, den Satz vom Widerspruch und den Satz vom ausgeschlossenen Dritten) sowie das Induktionsprinzip. Die Erfahrung kann nicht zeigen, argumentiert er in Anlehnung an Hume, daß die Zukunft der Vergangenheit ähnlich sein werde. Wenn die Induktion gerechtfertigt ist, dann nur auf der Basis eines Prinzips, das intuitiv erfaßt wird. Kants Versuch, die Induktion durch seine Kategorienlehre zu rechtfertigen, lehnt Russell mit der Begründung ab, daß selbst die Kategorien einer zeitlichen Wandlung unterworfen sein könnten. Angenommen, die empirische Welt werde tatsächlich durch die synthetisierende Aktivität des Geistes bestimmt – woher weiß man, daß der Geist immer auf dieselbe Weise funktioniert?

Russells Erörterungen sind nicht immer überzeugend. Wenn wir z. B. die Fähigkeit besitzen, Universalien und ihre Beziehungen (die selbst Universalien sind) direkt zu erfassen, dann ist unklar, wieso wir allgemeine Gesetzmäßigkeiten oft nur dank der Erfahrung erkennen können. Ein Satz wie „Alle Menschen sind sterblich" handelt nur von Universalien („Menschheit", „Sterblichkeit"), so daß wir im Prinzip imstande sein sollten, seine Wahrheit unmittelbar zu begreifen; tatsächlich aber wird sie erst auf der Basis wiederholter Erfahrungen erkannt.[20] Wenig plausibel ist auch die These, daß unsere Erinnerung eine unmittelbare Erkenntnis sei. Damit meint Russell nicht unsere Erinnerung an Ereignisse, die weit zurückliegen, sondern nur an jene, die soeben vergangen sind: „Das Wesen der Erinnerung", fügt er hinzu, „besteht [...] nicht in einem Vorstellungsbild, sondern darin, daß dem Bewußtsein ein Gegenstand unmittelbar gegeben ist, der als vergangener erkannt wird."[21] Auch nach dieser Erklärung bleibt seine Position aber schwer nachvollziehbar: Vergangene Sinnesdaten existieren nicht mehr und können deshalb nicht in Beziehung zu einem gegenwärtigen Subjekt stehen. Es scheint, als ob soeben vergangene Sinnesdaten für Russell nicht sofort aus der Existenz verschwinden, sondern uns für eine kurze Zeit noch irgendwie zur Verfügung stehen würden. Diese Ansicht ist nicht widersinnig, wenn man sie rein phänomenologisch deutet und auf die psychische Präsenzzeit beschränkt; Russells knappe Bemerkungen suggerieren jedoch auch eine – problematische – ontologische Interpretation.

Objekt einer unmittelbaren Erkenntnis ist nach Russell schließlich auch unser Selbst oder Ego. Es gibt so etwas wie ein Ich, das verschiedene Dinge wahrnimmt und dabei auch ein Bewußtsein von sich selbst hat: „Ob uns unser ‚reines Ich' – im Gegensatz zu unseren Gedanken und Gefühlen – bekannt ist? Dies ist eine sehr schwierige Frage, und es wäre vorschnell, sich dazu definitiv zu äußern. Wenn wir in uns hineinzusehen versuchen, dann scheinen wir immer einen bestimmten Gedanken oder ein bestimmtes Gefühl anzutreffen und nie das ‚Ich', das diese Gedanken und Gefühle hat. Dennoch sprechen einige Gründe für eine Bekanntschaft mit unserem ‚Ich'; es ist nur schwer, diese Bekanntschaft aus ihrer Verflochtenheit mit anderen Dingen herauszulösen."[22] Dies ist eine bemerkenswerte Stelle; denn anscheinend kann man nach Russell ein Objekt (das Ego) unmittelbar wahrnehmen, ohne dies mit absoluter Sicherheit behaupten zu können. Auch die Erkenntnis durch Bekanntschaft scheint also – gegen Russells eigene Absichten – nicht gegen skeptische Zweifel gefeit zu sein.

Mit der Anerkennung eines substantiellen Ich ist das erkenntnistheoretische Modell von „The Problems of Philosophy" vollständig. Dieses enthält drei Komponenten: (i) ein wahrnehmendes *Subjekt* (das, wie es scheint, als mentale Entität *sui generis* gedacht wird); (ii) ein direkt wahrgenommenes Objekt (das *Sinnesdatum*); (iii) ein materielles Ding (das als Ursache von Sinnesdaten postuliert wird). In seinen zahlreichen weiteren erkenntnistheoretischen Schriften hat Russell dieses Modell schrittweise dekonstruiert. Dabei lassen sich drei Hauptphasen unterscheiden.

(1) Der erste, entscheidende Schritt wird in „On Our Knowledge of the External World" vollzogen. Russell schlägt vor, materielle Objekte aus dem obigen Modell zu eliminieren. Was wir eigentlich wahrnehmen, wenn wir einen materiellen Gegenstand anschauen, betasten usw., sind nur gewisse Sinnesdaten. Es gibt allerdings Regelmäßigkeiten in der Art und Weise, wie solche Sinnesdaten entstehen: Wenn man etwa eine Münze von oben anschaut, sieht sie kreisrund aus; betrachtet man sie dagegen schräg, so wirkt sie elliptisch. Oder: Eine Flamme erscheint rot; wenn man sich ihr nähert, spürt man ein Gefühl der Wärme und irgendwann auch von Schmerz. Man kann solche einfachen Experimente wiederholen und wird immer wieder dieselben Ergebnisse erhalten.

Ausgehend von dieser einfachen Feststellung, nimmt Russell an, daß ein Ding als das geordnete System aller seiner Erscheinungen aufgefaßt werden könne: „Wir können, wenn wir wollen, [eine] Tapete *definieren* als die Reihe ihrer Erscheinungsformen."[23] Allgemeiner formuliert: „Ein Ding kann [...] auch geradezu definiert werden als eine bestimmte Reihe von Erscheinungen, die untereinander durch Stetigkeit und bestimmte kausale Gesetze verknüpft sind."[24] Unter „Erscheinungen" sind allerdings nach Russell nicht nur die aktuellen Sinnesdaten einer bestimmten Person zu verstehen. Da ein Ding von verschiedenen Personen wahrgenommen werden kann (oder von mir selbst erneut zu einer späteren Zeit), sollte man alle möglichen Erscheinungsweisen einbeziehen – d. h. *aktuelle* wie auch *mögliche* Sinnesdaten.

Diese neue Auffassung von materiellen Gegenständen als „logische Fiktionen" (wir können weiterhin von Tischen, Stühlen usw. sprechen; als permanente Dinge existieren sie allerdings nicht) ist völlig im Einklang mit dem für Russell leitenden Prinzip der ontologischen Sparsamkeit. Es ist allerdings befremdlich, wie schnell er sich verabschiedet von seinem früheren Argument zugunsten der Existenz materieller Dinge – dem Argument nämlich, daß der Glaube an eine externe Welt natürlich sei und daß wir in dieser Hinsicht vertrauenswürdige epistemische Instinkte besitzen. Die neue Theorie hat aber den Vorteil, daß sie mit Russells logischen und ontologischen Auffassungen besser vereinbar ist. Wenn materielle Dinge logische Fiktionen sind, läßt sich ein Satz wie „Dieser Stuhl ist braun" auf einen Satz reduzieren, in dem nur Namen für Sinnesdaten vorkommen. „Ich glaube", schreibt Russell, „man kann ganz allgemein die Behauptung aufstellen, daß sich alle Tatsachen der Physik oder des naiven Weltbildes, d. h. also alles das, was an beiden überhaupt verifizierbar ist, durch Tatsachen der reinen Sinneserfahrung allein darstellen lassen müssen."[25]

Spätestens hier wird klar, daß unsere Sinnesdaten jene Einzeldinge oder logischen Atome sind, aus denen nach der Philosophie des logischen Atomismus die Welt besteht: „Ich nenne meine Theorie *logischen* Atomismus, weil die Atome, zu denen ich als den letzten unzerlegbaren Bestandteilen bei der Analyse kommen möchte, nicht physische, sondern logische Atome sind. Von diesen Atomen sind die einen die Dinge, die ich Individuen nenne – kleine Farbflecken, Töne, kurzlebige Dinge – die anderen die Prädikate, Relationen etc."[26] In dieser Theorie kommen die verschiedenen Seiten der Philosophie Russells – Logik, Ontologie, Semantik und Erkenntnistheorie – harmonisch zusammen. Um einen Satz wirklich zu verstehen, müssen wir die Bedeutung aller darin involvierten Zeichen kennen; solche Bedeutungen – die entsprechenden Sinnesdaten und Universalien – sind aber schon alle in unserer Erfahrung enthalten.

Diese Auffassung der materiellen Dinge veranlaßt Russell zu der Forderung, auch die grundlegenden Begriffe der verschiedenen Wissenschaften und ihre Hauptthesen zum Objekt einer logischen Analyse zu machen. Die Erkenntnistheorie hätte somit die Aufgabe, die von den verschiedenen Disziplinen erarbeiteten Erkenntnisse zu systematisieren und mittels einer logischen Analyse auf seine empirische Basis zu reduzieren. Während der Versuch, den Skeptizismus zu widerlegen, nach Russell verlorene Zeit ist, hält er eine solche Aufgabe für durchaus sinnvoll. Auf diese Weise könnte man den tatsächlichen Inhalt der verschiedenen Wissenschaften besser verstehen und sogar den Weg für die korrekte Überprüfung wissenschaftlicher Theorien zeigen.

Die Vorteile einer solchen logischen Rekonstruktion der Wissenschaft sind in der Tat offensichtlich. Die Frage etwa, ob die Theorie des Äthers wahr sei, läßt sich in dieser nicht-analysierten Form schwerlich beantworten. Wenn man dagegen alle Begriffe dieser Theorie auf ihre empirische Basis zurückgeführt hat, wird man imstande sein, sie anhand von leicht zu beantwortenden Fragen von der Art „Ist dies gelb?" zu überprüfen. Es gibt allerdings einen unübersehbaren Haken in Russells Argumentation: Sinnesdaten sind Entitäten „privater" bzw. „subjektiver" Natur; die experimentelle Bestätigung, die man in den Wissenschaften anstrebt, ist dagegen intersubjektiver Art.

(2) Russell selbst hat nie versucht, ein solches reduktionistisches Programm (das später von Rudolf Carnap und den logischen Empiristen aufgegriffen wird; s. Kap. XIII, 1) tatsächlich durchzuführen. Statt dessen wandte er den Begriff einer logischen Konstruktion auch auf das Subjekt an. So argumentierte er in „The Analysis of Mind" (1921), daß es kein „Ich" als permanentes Substrat aller unserer Erfahrungen gebe; es seien unsere Erfahrungen, die unser Selbst konstituieren. In „The Philosophy of Logical Atomism" schrieb er: „Wir nehmen gewöhnlich an, daß es so etwas wie das Sehen des

Stuhles gibt. Was ich aber als mein Sehen des Stuhles bezeichne, ist [...] lediglich die Existenz eines bestimmten Individuums, nämlich des Sinnesdatums dieses Stuhles in diesem Augenblick, während das Ich und der Stuhl nur logische Fiktionen, in Wirklichkeit also Folgen von Klassen von Individuen [d.h. Sinnesdaten] sind."[27] Diese These wurde schon von Hume und Mach (zu letzterem s. Kap. III) vertreten. Noch einmal ist es erstaunlich, wie bereit Russell ist, frühere Einsichten zu verwerfen: In „The Problems of Philosophy" hatte er noch behauptet, wenn auch mit erheblichen Skrupeln, daß wir unser Selbst, und nicht nur unsere Perzeptionen, direkt wahrnehmen.

(3) Wenn sowohl der menschliche Geist als auch materielle Gegenstände auf Systeme oder geordnete Reihen von Wahrnehmungen reduziert worden sind, bleibt vom ursprünglichen Modell in „The Problems of Philosophy" nicht viel übrig. In „The Analysis of Mind" schlägt Russell deshalb eine neue Theorie vor. Es würde zu einer erheblichen Vereinfachung in den theoretischen Annahmen führen, so argumentiert er nun, wenn man nur die Existenz *eines einzigen* Typs von Elementen postulieren würde – Elementen, die an sich weder mit mentalen noch mit physischen Eigenschaften ausgestattet sind. Die Unterschiede zwischen „Geist" und „Materie" könnten dann aufgrund der verschiedenen Organisationsweisen solcher „neutraler" Elemente erklärt werden: „[U]nsere Welt muß aus dem aufgebaut werden, was die amerikanischen Realisten ‚neutrale' Entitäten nennen, diese besitzen weder die Härte und Unzerstörbarkeit der Materie noch die Beziehung auf einen Gegenstand, die als charakteristisch für den Geist angesehen wird."[28] Auf dieser Basis könnte man annehmen, daß gewisse Elemente gleichzeitig zu zwei verschiedenen Systemen gehören; dasselbe Stück „neutraler" Stoff könnte somit als physisch-materiell wie auch als mental betrachtet werden. Es ließe sich sogar argumentieren, daß mentale und neuronale Ereignisse numerisch identische Ereignisse sind: So wie ein Mann sowohl ein Vater wie auch ein Bäcker sein kann, so kann ein neutrales Ereignis verschiedene Rollen in verschiedenen kausalen Kontexten spielen.[29]

Es bleibt allerdings fraglich, ob diese Konzeption – eine von Mach, James (s. Kap. VI, 6) und seinen amerikanischen Nachfolgern inspirierte Version des neutralen Monismus – tauglich ist. Es läßt sich nicht bestreiten, daß unser Bewußtsein von den beiden Eigenschaften charakterisiert ist, die man „Intentionalität" und „Subjektivität" nennt. Wie Russell selbst im obigen Zitat zugesteht, sind unsere Gedanken immer auf ein Objekt gerichtet (Intentionalität); unsere Empfindungen scheinen ebenfalls oft einen unverkennbar qualitativen Charakter zu haben (man denke hier daran, wie es sich anfühlt, ein Glas Wein zu trinken). Wie ist dies nun zu erklären, wenn unser Bewußtsein aus „neutralen" Elementen besteht – Elementen also, die solche Eigenschaften nicht besitzen? Diese Schwierigkeit räumt Russell in „My Mental Development" (1959)[30] ein, ohne freilich eine Lösung oder auch nur einen Lösungsansatz anzubieten. Wie die meisten seiner Schriften nach der

Veröffentlichung der „Principia Mathematica" haben auch diese Ausführungen zum neutralen Monismus einen programmatischen Charakter. Dies wird von Russell selbst allerdings eher positiv als negativ beurteilt; in einer genuin wissenschaftlichen Philosophie geht es nach ihm weniger um die Konstruktion einer finalen Erklärung der Welt als um das Entwerfen und Ausprobieren neuer Hypothesen und Modelle.

7. Ethik und Religion

In „The Problems of Philosophy" zählt Russell auch ethische Prinzipien zu jenen Wahrheiten, die wir intuitiv bzw. a priori erfassen: „Das vielleicht wichtigste Beispiel einer nichtlogischen apriorischen Erkenntnis ist die Erkenntnis von ethischen Werten."[31] Dabei geht es nicht um Urteile über unsere Pflichten, sondern über das, „was an sich erstrebens- und wünschenswert ist":[32] „Wir urteilen z. B., daß Glück erstrebenswerter ist als Elend, Wissen erstrebenswerter als Unwissenheit, Wohlwollen erstrebenswerter als Haß."[33] Allerdings wird Russell bald klar – vielleicht weniger aus rein philosophischen Überlegungen denn durch die Erfahrung des Krieges, in dem sich jede Partei im Besitz einer ethischen Rechtfertigung für ihre mörderischen Taten wähnt –, daß die Vorstellung einer unmittelbaren Einsicht in die Wahrheit wahrer Werturteile nicht haltbar ist. In späteren Schriften sollte er sich von dieser Auffassung verabschieden.

Russell hat seine ethischen Ansichten nie systematisch dargelegt, so daß sie aus einer Vielzahl von Schriften rekonstruiert werden müssen.[34] Besonders beachtenswert ist der Aufsatz „Science and Ethics" (1935). Russell bemerkt hier, daß die Annahme intuitiv erkannter ethischer Wahrheiten einer offensichtlichen historischen Tatsache widerspricht – nämlich daß sich die Menschen darüber, was als gut betrachtet werden soll, nicht einig sind. Auch gibt es keine anerkannte Prozedur, wie man zwischen zwei einander widersprechenden Werturteilen entscheiden könnte. Die Tradition, eine bestimmte Institution, eine charismatische Person, ein für heilig gehaltenes Buch, die innere Stimme des menschlichen Bewußtseins – keine dieser Instanzen ist je imstande gewesen, die verschiedenen ethischen Auffassungen der Menschheit zu versöhnen.

Selbst die Vernunft ist offensichtlich an dieser Aufgabe gescheitert, wie die Vielzahl verschiedener ethischer Systeme bezeugt. All dies deutet darauf hin, daß man sich auf dem Holzweg befindet, wenn man sich die Frage stellt, ob eine gewisse ethische Aussage wahr oder falsch sei. Zwar sieht ein ethisches Urteil der Form „x ist gut" wie ein Ausdruck einer ethischen Tatsache aus; was dadurch ausgedrückt wird, sind jedoch nur Wünsche. Anders formuliert: „x ist gut“ bedeutet nicht „x hat die Eigenschaft, gut zu sein“, sondern „Ich wünsche mir x“. Ethische Widersprüche können nicht aufgelöst werden – weil es sie gar nicht gibt.

Die theologische Tradition hat nach Russell die Relativität unserer Werturteile nicht anerkennen wollen und oft versucht, ihre Objektivität mit der Annahme zu begründen, was Gott wolle, sei *eo ipso* gut. Russell läßt sich allerdings von der herkömmlichen rationalistischen Theologie kaum beeindrucken. Von seiner Ablehnung des ontologischen Beweises war schon früher die Rede; in „Why I am not a Christian“ (1927) weist er auch die übrigen klassischen Gottesbeweise zurück. Die Ordnung der Natur ist für ihn keine Kreation Gottes, sondern das zufällige Ergebnis der Evolution. Das weitere Argument, daß die Existenz der Welt die Existenz Gottes als letzte Erklärung involviert, setzt voraus, daß alles eine Erklärung habe; dies muß allerdings nicht der Fall sein. Und was schließlich die Beschaffenheit Gottes angeht: Wie kann man behaupten, er sei gleichzeitig gut, allwissend und allmächtig? Wenn dem so wäre, würde er das Leiden, das es in unserer Welt gibt, abschaffen. Selbstverständlich erkennt Russell an, daß diese Einwände nicht genügen, um zu beweisen, daß Gott nicht existiert. Doch wieso sollte man an ihn glauben, wenn es dafür keine Gründe gibt? Der einzige feststellbare Grund, wieso die Menschen am Gottesglauben festhalten, ist ihre Angst vor der Zukunft. Nur deswegen zu glauben hätte allerdings für Russell – im Einklang mit William K. Clifford und entgegen der Auffassung von William James (s. Kap. VI, 5) – etwas Kleinliches an sich.

Ebenso kompromißlos ist Russells Kritik an der Kirche als Institution. Ihre antiliberale, dogmatische Geisteshaltung ist in seiner Sicht immer noch wirksam und bildet die historische Voraussetzung für das Aufkommen der totalitären Ideologien des 20. Jh.s. Nicht nur in der Philosophie, sondern in jeder gesellschaftlichen Angelegenheit plädiert Russell für jene tolerante, aber zugleich kritische Haltung, die sich im Spiel der Wissenschaften mit den verschiedenartigsten Hypothesen manifestiert. Mit dem Gedeihen und der Ausbreitung einer wissenschaftlichen Mentalität stehen und fallen für ihn auch unsere Chancen, gemeinsam in Frieden zu leben.

XI. George Edward Moore

1. Leben und Werke

George Edward Moore wurde am 4. November 1873 in Upper Norwood, London, geboren. Seine erste schulische Erziehung erfolgte zu Hause: Der Vater, ein Arzt, lehrte ihn und seine Geschwister (darunter den bekannten Dichter Thomas Sturge) lesen und schreiben sowie die Grundlagen der Arithmetik, der Geographie und der englischen Geschichte. Mit acht Jahren trat Moore ins Dulwich College ein, wo er eine sehr solide humanistische Ausbildung genoß, insbesondere in Latein und Altgriechisch. Vernachlässigt wurden dagegen die mathematischen und naturwissenschaftlichen Fächer; in dieser Hinsicht stellte Moore einen Gegenpol zu Bertrand Russell dar, dem anderen Gründervater der analytischen Philosophie. Während seiner Jahre in Dulwich erlebte Moore eine kurze religiöse Phase; er wurde aber bald zum vollkommenen Agnostiker. Religiöse Themen sollten später in seiner Philosophie kaum eine Rolle spielen.

1892 begann Moore ein Studium an der Universität Cambridge, wo er Bertrand Russell und John Ellis McTaggart kennenlernte; wie Russell begeisterte er sich für die damals dominierende idealistische Philosophie. 1898 gewann er – mit einer Dissertation über die Philosophie Kants[1] – ein sechsjähriges Fellowship am Trinity College, das ihm ermöglichte, sich ganz der Philosophie zu widmen: In rascher Folge erschienen einige seiner wichtigen anti-idealistischen Schriften, darunter „The Nature of Judgment“ (1899), „The Refutation of Idealism“ (1903) und „Principia Ethica“ (1903). Das Fellowship war allerdings befristet und konnte nicht verlängert werden. Da seine Eltern inzwischen verstorben waren und ihm ein Erbe hinterlassen hatten, konnte Moore sich aber weiterhin der Philosophie widmen. Er verließ Cambridge 1904, um mit einem Freund in Edinburgh zu leben. In dieser Zeit lernte er vermutlich die Tradition der schottischen Philosophie des Common Sense schätzen: Die Idee, es gebe einen allen gemeinsamen Fundus trivialer, aber sicherer Erkenntnisse, sollte ab dieser Zeit eine immer größere Rolle in seinem Denken spielen.

Nach sieben Jahren ohne offizielle akademische Stelle wurde Moore 1911 Lecturer in Cambridge. Zu dieser Zeit kam auch Wittgenstein, der bei Russell studieren wollte, nach Cambridge. Wittgenstein besuchte Moores Vorlesungen, und die beiden reisten gemeinsam nach Norwegen, wo der junge

Wittgenstein seinem 16 Jahre älteren Lehrer einige wichtige Notizen über die Logik diktierte. 1921 wurde Moore, der in der Zwischenzeit zahlreiche Artikel publiziert hatte, Herausgeber der renommierten Zeitschrift „Mind“ – ein klares Zeichen dafür, daß er eine bedeutende Persönlichkeit in der englischsprachigen philosophischen Welt geworden war. Vier Jahre später kam die endgültige berufliche Bestätigung: Er wurde Nachfolger des Idealisten James Ward als Professor für Philosophie in Cambridge. Nach seiner Emeritierung 1939 (an seiner Stelle wurde Wittgenstein berufen) lehrte Moore an verschiedenen amerikanischen Universitäten, darunter in Berkeley, Princeton und Columbia; 1951 wurde ihm der „Order of Merit“ verliehen.

Moore starb am 24. Oktober 1958 in Cambridge. Die philosophische Szene Englands hatte sich damals radikal verändert: Fragen zur genauen Bedeutung von Wörtern waren wichtiger geworden als jene über die letzte Beschaffenheit der Wirklichkeit (s. Kap. XIII, 2). Zu diesem Wechsel hatte Moore wesentlich beigetragen, nicht nur mit seinen zahlreichen Aufsätzen, sondern auch als Persönlichkeit, was manche veranlaßte, ihn mit Sokrates zu vergleichen. „Man darf bezweifeln,“ schrieb etwa Charles Dunbar Broad, „ob irgendein Philosoph in der Geschichte Moore übertroffen oder auch ihm nur geglichen hat in bezug auf die bloße Energie, mit der er Probleme analysierte, Fehler und Mehrdeutigkeiten entdeckte und aufdeckte, und andere Möglichkeiten ausarbeitete und formulierte.“[2] Der so gepriesene Stil Moores prägte Generationen künftiger Philosophen, und manche seiner Aufsätze – z. B. „A Defence of Common Sense“ (1925) und „Proof of an External World“ (1939) – sind aus der Geschichte der analytischen Philosophie nicht wegzudenken. Andere Schriften leiden dagegen unter einer sterilen Pedanterie; es braucht viel Geduld, um Moore zu lesen, denn er besaß weder die brillante Kreativität Russells noch die Tiefe Wittgensteins.

Moores Philosophie entzieht sich einer eindeutigen Beurteilung. Den Ursprung seines Denkens hat er mit bescheidenen Worten beschrieben: „Ich glaube nicht, daß die Welt oder die Wissenschaften mir je irgendwelche philosophischen Probleme bereitet haben. Was mir philosophische Schwierigkeiten bereitet hat, sind Dinge, die andere Philosophen über die Welt oder die Wissenschaften gesagt haben.“[3] Moore ist hier offenbar darum bemüht, seine Philosophie von jedem existentiellen Pathos zu befreien. Das weckt allerdings gewisse Zweifel: Handelt es sich bei dieser Stelle um ein absichtsloses Stück Biographie, oder will Moore auf diskrete Weise zu verstehen geben, daß mit ihm die heroische Phase der Philosophie – eine, in der außerordentliche Persönlichkeiten wie Nietzsche oder Schopenhauer einer breiteren Öffentlichkeit ihre Weltanschauungen darlegten – endgültig überwunden ist? Anders formuliert: Ist Moore tatsächlich ein naiver Denker, wie die analytische Historiographie ihn gern stilisiert hat – oder ist er eher ein Meister der subtilen, leicht snobistischen Kunst des Understatements?

2. Der frühe Realismus

In seiner allerersten Veröffentlichung – im 1897 in „Mind" erschienenen Aufsatz „In What Sense, if any, do Past and Future Time Exist?" – tritt Moore jedenfalls als ein Metaphysiker alter Schule auf. Offenbar ist er stark von Philosophen wie Bradley und McTaggart beeinflußt, denn er verteidigt hier die für den britischen Idealismus typische These der Unwirklichkeit der Zeit: „Die Gegenwart", betont er, „ist nicht real, da man sie sich nur als unendlich klein vorstellen kann; und die Vergangenheit und die Zukunft können nicht real sein, nicht nur weil man sie sich ebenso als unendlich teilbar vorstellen muß, sondern auch weil ihnen jegliche Unmittelbarkeit fehlt, die laut Bradley ein notwendiger Bestandteil der Realität ist. Wenn aber weder Gegenwart noch Vergangenheit, noch Zukunft real sind, dann ist nichts Reales in der Zeit als solcher übriggeblieben."[4] Wer dieser Analyse zustimmt, sieht sich notwendigerweise gezwungen, die Welt der gewöhnlichen Erfahrung als Illusion zu verwerfen.

Zwei Jahre später beginnt sich Moore von Bradleys Idealismus zu distanzieren. Besonders wichtig ist in dieser Hinsicht der Aufsatz „The Nature of Judgment" (1899); hier wird die kritische Aufmerksamkeit zunächst auf Bradleys Theorie der Ideen gelenkt. In seinem Buch „The Principles of Logic" hatte dieser argumentiert, daß die Ideen, die in einem Urteil vorkommen, keine psychischen Entitäten seien. Psychische Entitäten sind privater Natur, während die in einem Urteil vorkommenden Ideen öffentlich bzw. im Prinzip jedermann zugänglich sind. Bradley unterschied daher zwischen *psychischen* Ideen einerseits und *logischen* Ideen andererseits. Nur die letzteren gehörten nach ihm in den eigentlichen Bereich der Logik. Auf diese Weise wollte er den traditionellen Psychologismus des britischen Empirismus überwinden – die Tendenz nämlich, die Logik als einen Teilbereich der Psychologie aufzufassen (s. Kap. IX, 5).

In „The Nature of Judgment" stimmt Moore mit Bradley überein, daß die Logik eine von der Psychologie unabhängige Disziplin sei. Aber er hält Bradleys Kritik der traditionellen Auffassung einer Idee für nicht radikal genug. Tatsächlich gibt es eine Frage, die Bradley in „The Principles of Logic" nicht klar beantwortet: Wenn eine logische Idee keine psychische Entität ist, was ist sie dann? Welcher ontologische Status kommt ihr zu? Nach Moore gibt es nur eine mögliche Antwort: Wenn eine logische Idee keine psychische Realität ist, dann muß man notwendigerweise schließen, daß sie eine Existenz außerhalb des menschlichen Geistes besitzt. Die Ideen, die im Urteil vorkommen, können also nach Moore nur als Entitäten platonischer Art aufgefaßt werden. Solche Entitäten nennt Moore „Begriffe" *(concepts)*; er betont aber gleichzeitig, daß sie auch dann weiterexistieren, wenn sie nicht tatsächlich gedacht werden: „Begriffe sind mögliche Gedankenobjekte; aber dies ist keine Definition von ihnen. Es besagt nur, daß sie mit einem Denker in Beziehung treten können; und damit sie dies tun *können*, müssen sie bereits etwas *sein.*“[5]

Eine ähnliche Überlegung hatte bereits Frege angestellt. Anders als dieser sieht Moore zwischen „Sinn“ und „Bedeutung“ aber keinen kategorialen Unterschied (s. Kap. IX, 4), sondern behandelt beide semantischen Ebenen als ein und dieselbe Sache *(meaning)*. Das Ergebnis ist eine erstaunliche Metaphysik, da Moores Begriffe nun auch als Grundbausteine der Welt verstanden werden müssen. Nicht nur existieren also die Begriffe *extra mentem*, was noch nachvollziehbar ist; solche Bedeutungen sind gleichzeitig alles, was es überhaupt gibt: „Alles, was existiert, ist so aus Begriffen zusammengesetzt, die notwendigerweise in bestimmter Weise untereinander und genauso zum Begriff der Existenz in Beziehung stehen.“[6] Ein existierendes Ding (z. B. ein rotes Heft) ist also nichts als ein Komplex von Begriffen (darunter z. B. *rot* und *viereckig*), die gleichzeitig miteinander und mit dem weiteren Begriff der *Existenz* verbunden sind.

Diese These verblüfft, denn es ist alles andere als klar, wie es auf dieser Basis möglich sein sollte, die Existenz der gewöhnlichen Dinge unserer Erfahrung zu erklären. Eine erste Schwierigkeit liegt darin, daß diese Dinge *Einzeldinge*, Moores Begriffe aber *Universalien* sind: „Ich werde [...] den Ausdruck ‚Begriff‘ für das benutzen, was Bradley eine ‚Universalbedeutung‘ nennt.“[7] Wie läßt sich nun mit dieser Auffassung der Unterschied zwischen zwei Dingen erklären (z. B. von zwei roten Heften), die die gleichen Eigenschaften besitzen? Zwar sind Duplikate *qualitativ* identisch (so daß sie sich vermutlich nach Moore aus denselben Begriffen ergeben); *numerisch* sind sie jedoch verschieden.

Zweitens sind wahrnehmbare Dinge stetem Wandel unterworfen, während Begriffe als ewig charakterisiert werden: „Sie sind nicht fähig“, schreibt Moore, „sich zu ändern.“[8] Was sich ändern muß, ist also nur ihre Kombination; was könnte aber eine solche Veränderung jemals verursachen in einer Welt, die nur aus starren Elementen besteht? Moore äußert sich nicht darüber, wie er diese Probleme zu lösen gedenkt; seine neue realistische Metaphysik scheint daher nicht imstande zu sein, die Welt der Erfahrung zu erklären. Und dies ist noch nicht der einzige Einwand: Auf der Basis dieser Metaphysik muß man nämlich die Realität nicht-existenter Dinge postulieren. So kommt Pegasus zum Beispiel als Komplex von Begriffen in der Realität tatsächlich vor; daß er nicht existiert, bedeutet nur, daß dieser Komplex nicht mit dem Begriff der *Existenz* korreliert ist. Die realistische Metaphysik Moores ist also alles andere als ontologisch sparsam: *Alles, was konsistent gedacht werden kann, ist Teil der Realität.*

Ein weiteres erhebliches Problem betrifft den Status falscher Aussagen. Da Moore die beiden fregeschen Ebenen des „Sinns“ und der „Bedeutung“

gleichsetzt, sind Dinge für ihn Komplexe aktuell existierender Begriffe. Damit kann er nicht zwischen einer *Proposition* bzw. dem ausgedrückten Inhalt eines Satzes einerseits und der entsprechenden *Tatsache* andererseits unterscheiden. Eine Proposition ist also nicht deshalb wahr (bzw. falsch), weil sie einer Tatsache entspricht (bzw. nicht entspricht). Wahrheit und Falschheit müssen als nicht weiter definierbare Eigenschaften von Propositionen aufgefaßt werden: „Eine Proposition besteht aus einer Anzahl von Begriffen in Verbindung mit einer bestimmten Beziehung unter ihnen, und gemäß der Art dieser Beziehung kann die Proposition entweder wahr oder falsch sein. Welche Art von Beziehung bewirkt, daß eine Proposition wahr ist, welche Art bewirkt, daß sie falsch ist, kann nicht weiter definiert werden, sondern muß unmittelbar erkannt werden."[9] Im Fall einer wahren Proposition ist diese These unproblematisch: Eine wahre Proposition ist nichts anderes als eine Tatsache. Wenn eine Proposition dagegen falsch ist, ist Moore zur These verpflichtet, daß auch in diesem Fall irgendein Komplex von Begriffen tatsächlich existiert: Es muß also *falsche Tatsachen* geben – eine befremdliche Vorstellung.

Moores extreme Form des metaphysischen Realismus läßt sich daher nicht leicht verteidigen. Trotzdem ist diese Theorie von großer historischer Bedeutung. Moores Aussage, daß eine Proposition „aus einer Anzahl von Begriffen in Verbindung mit einer bestimmten Beziehung unter ihnen"[10] besteht, zeigt zum Beispiel, daß er die traditionelle logische Auffassung ablehnt, nach der jede Proposition die Form Subjekt-Prädikat aufweist. Die Standard-Form einer Proposition ist für ihn nicht „S ist P", sondern „X steht in der Beziehung R zu Y". Es überrascht also nicht, daß Russell von der neuen Metaphysik Moores begeistert war: Diese kann in der Tat aufgefaßt werden als eine erste Version jenes logischen Atomismus, den er und Wittgenstein dann genauer zu artikulieren versuchten (s. Kap. X, 5 und XII, 2–3).

3. Die Widerlegung des Idealismus

Mit „The Nature of Judgment" wollte Moore den Idealismus kritisieren; der Einfluß dieser Tradition auf seine frühe Weltauffassung ist aber immer noch deutlich. Moores Welt besteht aus Substanzen, die nicht weiter zerlegt werden können. Da solche Substanzen „Begriffe" (die eigentlichen Gegenstände des Denkens) sind, ist die ganze Welt für den menschlichen Intellekt vollkommen transparent: *Alles, was existiert, kann gedacht werden; in gewisser Hinsicht ist die Welt selbst Denken.* Die Logik mag für den jungen Moore zwar von der Psychologie unabhängig sein, von der Metaphysik ist sie nicht zu trennen: Moores frühe Metaphysik ist eine Variante des Hegelschen Panlogismus.

In späteren Schriften wird Moore andere, metaphysisch weniger vorbelastete argumentative Strategien verfolgen, um eine realistische Philosophie zu verteidigen.[11] Besonders wichtig ist der 1903 erschienene Aufsatz „The Refutation of Idealism". Das Wort „Idealismus" bezeichnet in der Philosophie eine Vielzahl verschiedener Positionen; philosophische Systeme wie jene von Berkeley, Leibniz, Kant, Hegel und Bradley werden damit identifiziert. Moore glaubt nun, den gemeinsamen Nenner aller dieser Konzeptionen gefunden zu haben; alle diese Systeme beruhen für ihn auf dem von Berkeley formulierten Prinzip *„esse est percipi"* bzw. „Sein ist Wahrgenommenwerden": „Die triviale Aussage, die ich bestreiten möchte, ist diese: daß *esse percipi* ist [...]. Daß sie für den Idealismus in irgendeinem Sinne wesentlich ist, muß ich für den Augenblick einfach annehmen."[12]

Moore bietet daher zunächst eine genaue Analyse des idealistischen Prinzips. Nun ist für ihn der Begriff „percipi" im Begriff „esse" weder enthalten, noch sind die beiden identisch: Es handelt sich um zwei völlig verschiedene Begriffe, deren Beziehung nicht durch ein analytisches Urteil ausgedrückt werden kann. Dies bedeutet, daß die Existenz von Dingen, die nicht wahrgenommen oder gedacht werden, mindestens möglich ist; die Vorstellung eines nicht wahrgenommenen Wesens enthält nach Moore keinen logischen Widerspruch. Die Verbindung zwischen „esse" und „percipi" kann daher nur synthetischer Art sein: *„Esse* ist *percipi* behauptet, daß, wo immer man x hat, man auch *percipi* hat, daß alles, was die Eigenschaft x hat, auch die Eigenschaft hat, daß es *erlebt* bzw. *erfahren* wird. Und in diesem Fall wird es bequem sein, wenn ich [...] den Terminus *esse* verwenden darf, um x *allein* zu bezeichnen."[13]

Moore meint nicht, die Falschheit des so interpretierten idealistischen Prinzips beweisen zu können. Seine Analyse verschiebt das *onus probandi* aber immerhin auf die Seite der Idealisten: „Sobald wir uns in intrikate philosophische Diskussionen verwickelt haben", schreibt Moore, „übersehen wir leicht die Ungeheuerlichkeit des Unterschieds zwischen dieser idealistischen und der gewöhnlichen Ansicht der Welt."[14] Die realistische These der Existenz denkunabhängiger Dinge entspricht der natürlichen Einstellung der Menschheit; da sie die für uns selbstverständlichste Hypothese ist, muß man sehr gute Gründe haben, um sie zu verwerfen. Moores Hauptfrage im restlichen Teil des Aufsatzes lautet deshalb: Wieso glaubt der Idealist, daß etwas nur dann existieren kann, wenn es auch erfahren wird?

Diese Frage wird allerdings nicht sofort beantwortet. Zuerst attackiert Moore, was er „die Theorie der organischen Einheiten" nennt. Nach dieser Theorie kann kein Teil einer Totalität von dieser Totalität abgesondert werden. Anders formuliert, sind die Beziehungen zwischen einem Teil und allen anderen Teilen nach dieser Theorie als „interne" aufzufassen. Die intrinsische Natur eines Dinges hängt wesentlich ab von der Natur des Ganzen, in dem es vorkommt; die Analyse einer solchen Totalität ist notwendigerweise immer eine Verfälschung.

Gegen diese Theorie der organischen Einheiten argumentiert Moore, daß sie nicht ohne Widerspruch formuliert werden kann. Denn sie postuliert, daß jeder Teil einer Totalität wesentlich mit dieser Totalität verbunden sei. Im Urteil „X ist notwendigerweise Teil von Y" wird das Element X zunächst *isoliert;* dann wird von diesem X behauptet, daß es nur als Teil von Y vorkommen kann. Moore formuliert sein Verständnis dieser Theorie und seine Kritik daran folgendermaßen: „[Es] gibt eine gewisse Auffassung, die heutzutage unter Philosophen sehr verbreitet ist, und der man durch eine ganz einfache Reduktion nachweisen kann, daß sie behauptet, zwei Dinge können gleichzeitig voneinander verschieden und nicht verschieden sein. Ein Unterschied wird zwar behauptet; aber es wird *außerdem* behauptet, daß die unterschiedenen Dinge eine ‚organische Einheit' bilden. Dadurch aber – so heißt es –, daß sie eine solche Identität bilden, würde jedes für sich nicht das sein, was es ist, *wenn man von seiner Beziehung zu dem anderen absieht.* Es sei daher eine *illegitime Abstraktion*, jedes für sich zu betrachten."[15]

Gegen dieses Argument läßt sich einwenden, daß es durchaus möglich ist, sich auf einen Teil X einer größeren Einheit Y zu beziehen, ohne X aus Y herauszulösen bzw. ohne X als selbständig existierendes Element zu denken. Die Theorie der organischen Einheiten ließe sich zum Beispiel als Theorie umformulieren, nach der es keine Teile im strikten Wortsinn gibt, sondern nur Aspekte oder Momente innerhalb größerer Einheiten. Wird die Frage so gestellt, greift Moores Kritik nicht mehr. Man kann das Argument aber auch mit Bezug auf die Theorie einzelner Idealisten überprüfen. Ein Philosoph wie Bradley – zweifellos einer der Hauptgegner Moores in diesem Aufsatz – hatte in der Tat behauptet, daß das menschliche Denken analytisch vorgehe: Danach zerlegt es die Realität in Stücke, die im Akt des Urteils dann wieder in Verbindung gebracht werden. Bradley hatte allerdings keineswegs behauptet, seine Theorie sei frei von Widersprüchen: Für ihn sind alle Theorien fehlerhaft – auch jene, nach der die Realität aus organischen Totalitäten bestehe bzw. eine solche Totalität sei. Diese Theorie ist daher nicht buchstäblich wahr, sie bringt nur die grundsätzliche Einheit aller Dinge besser zum Ausdruck als der metaphysische Atomismus.

Erst nachdem man sich vergewissert hat, daß es keine organischen Einheiten geben kann, kann nach Moore die zentrale Frage beantwortet werden, wieso der Idealist an seinem Prinzip festhält. Um dies zu erklären, bietet er zuerst ein eigenartiges Stück introspektiver Psychologie. Die innere Beobachtung soll zeigen, daß jeder mentale Zustand ein Komplex ist, der aus zwei Komponenten besteht, nämlich aus dem Bewußtsein und dem wahrgenommenen Objekt. Wenn wir unsere innere Aufmerksamkeit etwa auf unsere Wahrnehmung eines blauen Gegenstandes richten, so Moore, können wir unmittelbar feststellen, daß unser *Bewußtsein* einerseits und das wahrgenommene *Blau* andererseits zwei verschiedene Elemente sind. Interessanterweise läßt sich nach Moores doch ziemlich bemerkenswertem Befund das

Bewußtsein selbst unmittelbar beobachten, wenn auch nur mit erheblicher Mühe: „Das Element Blau ist leicht genug zu erkennen, aber das andere Element, das ich ‚Bewußtsein' genannt habe [...], läßt sich nur äußerst schwer fixieren. Daß viele Leute es überhaupt nicht erkennen, ist schon dadurch hinreichend bewiesen, daß es Materialisten gibt. Und ganz allgemein scheint uns das, was die Blauempfindung zu einer Bewußtseinstatsache macht, zu entgehen; es scheint, wenn ich eine Metapher verwenden darf, transparent zu sein."[16]

Der Idealist begeht diesen Fehler selbstverständlich nicht. Sein Irrtum besteht darin, daß er die Beziehung zwischen dem Bewußtsein und seinem Gegenstand *mißdeutet:* Die wahrgenommene sinnliche Eigenschaft (z. B. *blau*) wird als *Eigenschaft* des Bewußtseins aufgefaßt. Die „bestechendsten Ergebnisse" des Idealismus, so erklärt Moore, sind nur dadurch zustande gekommen, „daß man Blau mit der Blauempfindung identifiziert hat; daß *esse* nur deshalb *percipi* sein soll, weil man das, was man erfährt, für identisch mit der Erfahrung, die man von ihm macht, hält".[17] Anders formuliert, verwechselt der Idealist nach dieser Kritik Moores *Inhärenz* mit *Intentionalität.* Als Folge dieser Verwechslung werden alle wahrgenommenen Gegenstände als „modi" des Bewußtseins gedacht – und nicht als unabhängig existierende Dinge.

Diesen Fehler unterstellt Moore nicht nur den Idealisten, sondern überhaupt allen Philosophen, die die skeptische Frage nach der Existenz einer äußeren Welt ernst nehmen. Man befreit sich von diesem Problem, sobald man merkt, daß der Gegenstand des Bewußtseins kein „Modus" bzw. „Adjektiv" des Bewußtseins ist. „Die Existenz materieller Dinge in Raum und Zeit", setzt Moore seine Kritik fort, „ist mir ebenso unmittelbar bewußt wie meine eigenen Empfindungen; und was mir bewußt wird, ist genau dasselbe – nämlich daß in einem Falle das materielle Ding und im anderen Falle meine Empfindung wirklich existiert."[18] Daß ich einen Tisch *sehe*, ist genau so gewiß, wie daß dieser Tisch *existiert.* Die „Widerlegung" des Idealismus ist somit auch eine Kritik am Skeptizismus: „Es gibt [...] gar keine Frage, wie wir aus dem Kreis unserer eigenen Vorstellungen und Empfindungen herauskommen sollen. Wenn man ‚bloß' eine Empfindung hat, *ist* man schon außerhalb dieses Kreises."[19]

Moores „Refutation" ist ein faszinierender Aufsatz; überzeugend ist er allerdings nicht, und Moore selbst hat ihn später als „verworren" und „voller echter Irrtümer" kritisiert. Die ganze Argumentation leidet darunter, daß Moore keinen Beleg dafür liefert, daß irgendein Philosoph tatsächlich den Fehler begangen habe, die zwei verschiedenen Relationen der *Inhärenz* und der *Intentionalität* zu verwechseln (es ist durchaus nicht offensichtlich, daß dies jemals passiert ist). Moore begnügt sich mit einer rationalen Rekonstruktion der These, die er kritisieren will, und unterstellt damit seinen Gegnern fragwürdige Aussagen; die mühevolle Arbeit der genauen textuellen Exegese vernachlässigt er dagegen.

Auch die von Moore in diesem Aufsatz vertretene Auffassung bewußter Zustände – für ihn ist jeder bewußte Zustand ein „Komplex" mit den Komponenten *Bewußtsein* und gegebener *Gegenstand* – erweist sich bei näherer Betrachtung als problematisch. Da Moore den Begriff einer organischen Einheit verwirft, sind die zwei Komponenten eines solchen Komplexes autonom, d.h. unabhängig existierende Substanzen. Auf dieser Basis läßt sich zwar die These verteidigen, daß wir mit der Wahrnehmung direkten Kontakt mit einer äußeren Welt aufnehmen. Doch kann man mit derselben Analyse des Bewußtseins argumentieren, daß auch die Gegenstände von Illusionen, Halluzinationen und Träumen eine vom Bewußtsein unabhängige Existenz besitzen – was absurd ist und sicher nicht im Sinne Moores war.

Gleichzeitig stellt sich die Frage, ob das andere Element eines bewußten Zustands, also das Bewußtsein selbst, auch dann existieren könnte, wenn es keinen Gegenstand hätte. Können die zwei Elemente eines Komplexes tatsächlich autonom existieren, dann müßte es so etwas wie ein „reines" bzw. „nicht intentional gerichtetes" Bewußtsein geben – was nicht sehr plausibel erscheint. Moore hätte wohl zwischen einer *relativen* und einer *absoluten* Unabhängigkeit des Bewußtseins unterscheiden müssen. Er hätte dann argumentieren können, daß das Bewußtsein kein *bestimmtes* Objekt brauche, um existieren zu können; seine Existenz wäre lediglich an jene *irgendeines* Objekts gebunden. Es ist aber schwer zu sehen, wie auf der Basis von Moores radikalen atomistischen Voraussetzungen eine solche Unterscheidung getroffen werden könnte.

4. Der ethische Realismus

Seine Kritik an der Tradition und seine Verteidigung einer realistischen Philosophie setzte Moore in „Principia Ethica" fort, zweifellos einem der einflußreichsten philosophischen Werke des ganzen 20. Jh.s.

Die ethischen Systeme der Vergangenheit, so Moores mutige Behauptung am Anfang dieses Buches, sind alle kläglich gescheitert, wie der offensichtliche Mangel an Konsens zeigt. Als Grund für dieses Scheitern sieht er eine gewisse, für die Philosophie typische Voreiligkeit und methodologische Unbefangenheit: „Mir scheint", schreibt er, „daß in der Ethik wie in allen übrigen philosophischen Untersuchungen die Schwierigkeiten und Meinungsverschiedenheiten, an denen ihre Geschichte reich ist, im wesentlichen eine sehr einfache Ursache haben; nämlich den Versuch, Fragen zu beantworten, ohne vorher genau herauszufinden, *was für eine* Frage es ist, die man beantworten möchte."[20] Die Philosophen der Vergangenheit – dies ist Moores Hauptvorwurf – wußten also nicht genau, was sie meinten, wenn sie das

Wort „gut" gebrauchten. Tatsächlich ist dieses Wort zweideutig. (a) Eine Handlung kann an sich wertlos sein, aber trotzdem „gut" genannt werden, wenn sie zu erstrebenswerten Konsequenzen führt. (b) Für die Ethik zentraler ist dagegen eine andere Bedeutung des Wortes, nämlich die Idee, daß gewisse Dinge *intrinsischen Wert* besitzen bzw. *an sich* gut sind.

Die erste Frage der Ethik ist deshalb die Frage (I), was das Wort „gut" bedeute bzw. welche *Eigenschaft* damit gemeint sei. Erst wenn diese Frage beantwortet worden ist, kann man weitere Fragen behandeln, nämlich (II) welche *Dinge* gut sind bzw. diese Eigenschaft besitzen.

Diese Erklärungen Moores wecken selbstverständlich die Erwartung, er würde nun eine genaue Definition des Wortes „gut" liefern. Aber er bestreitet, daß dies überhaupt möglich ist: „‚gut' ist also, sofern wir damit die Eigenschaft meinen, die wir einem Ding zuschreiben, das wir mit gut bezeichnen [...] keiner Definition fähig."[21] Diese These wird mit dem sogenannten Argument der offenen Frage *(open question argument)* bewiesen. Moores zentraler Gedanke in diesem Argument kann anhand eines einfachen Beispiels illustriert werden: Ein ethischer Evolutionist (wie z. B. Herbert Spencer) würde behaupten, „gut" bedeute dasselbe wie „lebensfördernd"; die Eigenschaft *gut* wäre nach dieser Definition identisch mit der Eigenschaft, *lebensfördernd* zu sein. Wenn nun diese Definition richtig wäre, müßte die Frage (1) „Ist alles, was lebensfördernd ist, auch gut?" dasselbe bedeuten wie (2) „Ist alles, was lebensfördernd ist, auch lebensfördernd?" bzw. (3) „Ist alles, was gut ist, auch gut?". Man sieht sofort, daß die Antworten auf die Fragen (2) und (3) trivialerweise „Ja" sind, was auf die Frage (1) nicht zutrifft. Diese Frage ist „offen" in dem Sinne, daß nicht unmittelbar klar ist, wie sie zu beantworten ist. Dieser Unterschied soll nach Moore der Beweis dafür sein, daß die Frage (1) *nicht* gleichbedeutend ist mit (2) oder (3); man sollte daher die vorgeschlagene Definition „gut" = „lebensfördernd" verwerfen.

Der springende Punkt ist nun, daß dasselbe Argumentationsmuster auf jede beliebige Definition angewendet werden kann. Gegen den ethischen Hedonismus („gut" bedeutet „lustvoll") kann man erneut die Frage stellen, ob das, was lustvoll ist, auch gut sei. Und gegen den theologischen Versuch, „gut" mit Bezug auf den Willen Gottes zu definieren, kann man behaupten, daß die Frage „Ist das, was Gott will, immer auch gut?" ebenfalls offenbleibt. (Abraham dürfte sich diese Frage gestellt haben, als Gott ihm befahl, seinen Sohn Isaak zu opfern.) Unabhängig davon, wie „gut" definiert wird: Es gibt keine einzige Definition, die den Test der offenen Frage bestehen würde.

Moore selbst hat dieses bekannte Argument einigermaßen umständlich so formuliert: „Um einmal eine der einleuchtenderen, weil komplizierteren, vorgeschlagenen Definitionen zu betrachten: Man könnte auf den ersten Blick leicht meinen, daß gut sein soviel bedeuten kann wie dasjenige sein, was wir zu begehren begehren. Wenn wir hiernach diese Definition auf einen konkreten Fall anwenden und sagen ‚Wenn wir A für gut halten, so glauben wir, daß A eines der Dinge ist, die wir zu begehren begehren', dann erscheint unser Satz recht plausibel. Wenn wir aber die Untersuchung fortführen und uns fragen ‚Ist es gut zu begehren, daß wir A begehren?', so wird nach kurzer Überlegung klar, daß diese Frage selbst ebenso einsichtig ist wie die ursprüngliche Frage ‚Ist A gut?'. Wir fragen im Grunde nun nach genau derselben Information über das Begehren, A zu begehren, nach welcher wir vorher bezüglich A selbst fragten. Aber ebenso klar ist, daß der Sinn dieser zweiten Frage ohne Verfälschung nicht auseinandergenommen werden kann zu: ‚Ist der Wunsch, A zu begehren, eines der Dinge, die wir zu begehren begehren?' Nichts, was wir uns vor Augen halten, ist so kompliziert wie die Frage, ‚Begehren wir zu begehren, daß wir A zu begehren begehren?'. Im übrigen kann sich jeder durch Nachprüfung schnell davon überzeugen, daß das Prädikat des folgenden Satzes – ‚gut' – wesentlich verschieden ist von dem Begriff ‚zu begehren begehren', der in sein Subjekt eintritt: ‚Daß wir begehren sollen, A zu begehren, ist gut' ist *nicht* einfach gleichbedeutend mit ‚Daß A gut sein soll, ist gut'."[22]

Wie überzeugend ist nun dieses Argument? Man kann gegen Moore zunächst einwenden, daß kein Vertreter einer Definition des Wortes „gut" leicht zugeben würde, daß die Frage tatsächlich offen sei. Der ethische Evolutionist wird z. B. behaupten, daß die Frage, ob das Lebensförderliche auch gut sei, für ihn eine sehr klare Antwort findet. Und wie viele überzeugte Christen wären einverstanden mit der Behauptung, daß es fraglich sei, ob der Wille Gottes gut sei? In dieser Hinsicht setzt Moores Argument schon voraus, was zu beweisen wäre.

Aber selbst wenn dieser erste Punkt Moore zugestanden würde, wäre immer noch zu beweisen, daß die Tatsache, daß Fragen der Form „Ist N gut?" sinnvoll gestellt werden können, gleichzeitig ein Zeichen für die Falschheit der vorgeschlagenen Definition ist. Dies läßt sich anhand einer Analogie illustrieren. Wir wissen, daß die Identitätsaussage „Wasser = H_2O" wahr ist; die Frage „Ist Wasser H_2O?" ist aber sinnvoll und wurde einst auch gestellt. Daß eine gegebene Definition von „gut" zunächst erstaunlich erscheint, bedeutet daher nicht, daß sie nicht korrekt ist, sondern nur, daß eine Entdeckung gemacht worden ist. Anders formuliert: Der Eindruck der „Offenheit" hat seinen Ursprung darin, daß man bei der Erforschung des ethischen Prädikats *gut* noch im dunkeln tappt.

Schließlich leidet Moores Argument auch darunter, daß es auf starken ontologischen und semantischen Voraussetzungen beruht. Moore behauptet, daß frühere Philosophen sich nicht hinreichend mit der Frage nach der Bedeutung des Wortes „gut" auseinandergesetzt hätten. Er selbst legt keine explizite Theorie der Bedeutung vor; es ist aber klar, daß das Wort „gut" für ihn ein „Objekt" besonderer Art bezeichnet. Eine Definition dieses Wortes zu liefern würde für ihn demnach heißen, die einfachen Bestandteile eines solchen Objekts einzeln zu benennen. „Der entscheidende Sinn von ‚Definition'" – erklärt er – „ist derjenige, wonach eine Definition feststellt, welches die Teile sind, die unveränderlich ein bestimmtes Ganzes bilden."[23]

Philosophisch relevante Definitionen sind nach Moore also immer Realdefinitionen – sie liefern eine Analyse eines echt existierenden Komplexes –, und nicht lediglich Nominaldefinitionen, die Auskunft über die Art und Weise geben, wie gewisse Worte verwendet werden. In dieser Sicht bedeutet die These der Nicht-Definierbarkeit des Wortes „gut", daß „gut" ein Name für eine real existierende *Eigenschaft* ist – eine Eigenschaft, die eben nicht definierbar sei, weil sie *einfacher* Natur ist.

5. Der ethische Intuitionismus

Doch woher weiß Moore, daß es eine solche *ethische* Eigenschaft gibt? Ein Philosoph wie Hume (dessen Werke Moore gut kannte) hatte bemerkt, daß ethische Eigenschaften nicht sinnlich wahrnehmbar sind. Könnte man auf dieser Basis nicht die These vertreten, daß es gar keine ethischen Eigenschaften gibt? Könnten Wörter wie „gut" und „schlecht" nur die Art und Weise bezeichnen, wie Menschen aufgrund ihrer psychischen Konstitution auf empirisch gegebene Dinge reagieren? Mit einem solchen Einwand setzt sich Moore leider nicht auseinander. Zwar erkennt er an, daß die ethische Eigenschaft *gut* nicht sinnlich wahrnehmbar ist. Daraus folgert er aber, daß sie eine Eigenschaft *sui generis* bzw. eine nicht-natürliche Eigenschaft sei.

Was er unter einer „nicht-natürlichen" Eigenschaft versteht, erklärt Moore nicht genau. Klar ist, daß eine solche Eigenschaft nicht sinnlich, sondern nur intuitiv erfaßt werden kann: „Sooft [man] an ‚inneren Wert' oder ‚eigentlichen Wert' denkt oder von etwas sagt, daß es ‚existieren soll', hat [man] das Einzigartige vor Augen – die einzigartige Eigenschaft von Dingen' –, was ich mit ‚gut' bezeichne. Jedem ist dieser Begriff stets gegenwärtig, obwohl er sich vielleicht nie vergegenwärtigt, daß er von anderen ihm bewußten Begriffen verschieden ist."[24]

Diese Unfähigkeit, Verschiedenes auseinanderzuhalten, ist nach Moore *der* Kapitalfehler der herkömmlichen Ethik. Dieser wird als „naturalistischer Fehler" *(naturalistic fallacy)* diagnostiziert, d. h. als einer, der darin besteht, daß man das Prädikat *gut* zu definieren versucht und somit *de facto* mit einer anderen Eigenschaft oder Konstellation von Eigenschaften identifiziert. Die Bezeichnung „naturalistisch" ist allerdings irreführend, denn Moore weist *jeden* Identifikationsversuch zurück: Auch der Kantsche Versuch, „gut" mit Bezug auf ein *in interiore homine* vorliegendes Moralgesetz zu definieren, wäre daher als ein Fall von „naturalistischem" Fehler zu deuten, was wie ein Mißbrauch des Wortes „natürlich" wirkt. Nicht anders stünde es im Falle des metaphysischen Moralismus, d. h. da, wo wir „gut sein" im Hinblick auf den Willen Gottes zu verstehen trachten. Auch hier wäre kein Bezug auf natürliche Verhältnisse invoziert.

Moore liefert keinen Beweis dafür, daß ein solcher „Fehlschluß" tatsächlich die ganze ethische Tradition charakterisiert und zum Scheitern gebracht hat. Seine einzige konkrete Illustration besteht in einem Zitat von Mill: „Der einzig mögliche Beweis für die Sichtbarkeit eines Gegenstandes ist, daß Leute ihn tatsächlich sehen. Der einzige Beweis für die Hörbarkeit eines Tones ist, daß Leute ihn hören; und so ist es mit unseren übrigen Erfahrungsquellen. Desgleichen, so fasse ich es auf, ist der einzig mögliche Beweis dafür, daß irgendetwas begehrenswert ist, die Tatsache, daß Leute es begehren."[25] Nach Moore verwechselt Mill hier die Eigenschaft *begehrt-zu-sein* mit der Eigenschaft *begehrenswert-zu-sein* (nach Moore offensichtlich eine synonyme Charakterisierung der Eigenschaft *gut*).[26]

Auf Grund eines einzigen Beispiels läßt sich zwar zweifellos nicht die ganze westliche Tradition über Bord werfen. Interessant ist diese Stelle trotzdem, weil der naturalistische Fehler hier als das Verbot dargestellt wird, Werturteile („x ist gut" bzw. „x ist begehrenswert") aus Tatsachenurteilen („x wird begehrt") abzuleiten – ein im logischen Sinn ja fragwürdiger Schluß, der schon von Hume kritisiert worden ist. Es ergibt sich also, daß nach Moore keine Wissenschaft bzw. kein Wissen von Tatsachen jemals imstande sein wird, als Basis für eine ethische Theorie zu dienen – und dies gilt nicht nur für die natürlichen Wissenschaften oder die Psychologie, sondern auch für die Metaphysik und die Theologie. Werte gehören zu einer autonomen Sphäre, die mit dem Faktischen nichts gemeinsam hat. Diese scharfe Dichotomie zwischen Werten einerseits und Tatsachen andererseits ist allerdings problematisch. Wie lassen sich diese zwei Bereiche wieder miteinander in Verbindung bringen, nachdem sie so sorgfältig getrennt worden sind?

Diese Frage bleibt in „Principia Ethica" unbeantwortet. Moore geht es hier eher darum, jene Klasse von Dingen zu identifizieren, die die Eigenschaft *gut* besitzen. So wie wir intuitiv die Eigenschaft *gut* erkennen können, so können wir intuitiv auch bestimmen, welche Dinge diese Eigenschaft tatsächlich besitzen. Wir müssen allerdings lernen, unsere intuitiven Fähigkeiten einzusetzen. Moore erörtert zunächst das, was er das „Prinzip der organischen Einheit" nennt. Es gibt zwei Versionen dieses Prinzips, eine ontologische und eine ethische. Die *ontologische* Version behauptet, daß die intrinsische Natur eines Dinges vom Ganzen abhängt, in dem es vorkommt. Diese Version des Prinzips wurde schon in „The Refutation of Idealism" kritisiert und abgelehnt: Die Beziehungen zwischen den Teilen eines Komplexes, so hatte Moore dort argumentiert, sind als „extern" aufzufassen (s. oben § 3). Die *ethische* Version behauptet dagegen, daß der intrinsische Wert eines

Komplexes keine unmittelbare Funktion der Werte der Teile sei. So kann ein Komplex zum Beispiel aus Teilen bestehen, die für sich genommen wertvoll sind, ohne als Ganzes diesen positiven Wert zu besitzen. Anders formuliert, kann der Wert eines Komplexes nicht aufgrund einer Berechnung festgelegt werden – so etwas wie eine ethische Mathematik gibt es nicht.

Erst nach diesen vorbereitenden Bemerkungen führt Moore seine Methode der „absoluten Isolierung" ein, mit der er den intrinsischen Wert eines Dinges ermitteln zu können glaubt. Dazu soll man sich einen gewissen Gegenstand vorstellen, ohne auf seine aktuellen oder auch nur möglichen Beziehungen zu anderen Dingen Rücksicht zu nehmen. Erst in diesem geistigen Zustand wird man nach Moore imstande sein, direkt und klar zu sehen, ob das Ding tatsächlich „gut" bzw. ob die Existenz dieses Dinges an sich etwas Wünschenswertes sei. Die Möglichkeit einer solchen Methode setzt natürlich eine atomistische Metaphysik voraus; man muß zuerst Komplexe zerlegen bzw. sich ein Ding oder eine Situation außerhalb eines aktuellen Kontextes vorstellen können. Es muß deshalb auch angenommen werden, daß die Relationen zwischen den Dingen externer Natur sind, denn nur so ist die Analyse legitim und keine „Falsifikation" der ursprünglich als Teile eines Ganzen gegebenen Elemente. Aber auch abgesehen von der metaphysischen Frage, ob Relationen „intern" oder „extern" seien, bleibt diese Methode schwer verständlich. Man nehme zum Beispiel an, man wolle entscheiden, ob die Tätigkeit des Lehrens wertvoll sei oder nicht. Wie kann man sich das Lehren ohne Studierende, geeignete Räume, wissenschaftliche Inhalte, didaktische Mittel und vieles andere vorstellen? Hier scheint es prinzipiell unmöglich, sich den zu beurteilenden Teil (die Lehrtätigkeit) in Abstraktion von einem größeren Umfeld vorzustellen.

Um solche Zweifel kümmert sich Moore nicht; an einer bekannten Stelle schreibt er: „Wenn wir nun diese Methode absoluter Isolierung verwenden [...], so erscheint die Frage, die wir beantworten müssen, viel weniger schwierig, als die Auseinandersetzungen in der Ethik vielleicht erwarten lassen. In der Tat, sobald einmal der Sinn der Frage klar erfaßt ist, erscheint die Antwort darauf in ihren wesentlichen Zügen so einleuchtend, daß sie Gefahr läuft, für eine Binsenwahrheit gehalten zu werden. Die bei weitem wertvollsten Dinge, die wir kennen oder uns vorstellen können, sind gewisse Bewußtseinszustände, die sich summarisch umschreiben lassen als die Freuden [*pleasures*] menschlichen Umgangs und das Genießen schöner Gegenstände."[27] Die Grenzen von Moores Intuitionismus kommen hier klar zum Vorschein: Was als objektive, allgemein gültige ethische Ideale dargestellt wird, sind die Vorlieben eines dank seiner privilegierten Herkunft gegen harte reale Kämpfe abgeschotteten Intellektuellen.

So ist es denn auch nicht merkwürdig, daß Moore in seinem Buch über die Ethik nicht auf die Idee kommt, daß das Leben eines Ästheten weniger wertvoll sein könnte als jenes eines Arztes. Er bleibt erstaunlich einseitig: Zwar untersucht er die Bedeutung des Wortes „gut", über die Bedeutung von

„schlecht" sagt er aber kaum etwas. Anders formuliert: Für das konkrete Leiden der Menschen, für unsere existentiellen Dilemmata und Zweifel hat er kein Gespür. Dabei wird die Erörterung ethischer Fragen gerade im Hinblick auf unser Leben sinnvoll und bedeutend.

Gleichzeitig stigmatisiert Moore die Versuche der Tradition, konkrete Handlungshinweise bzw. Handlungsanweisungen zu geben. Der Philosoph ist für ihn kein Priester, sondern ein (respektabler) Analytiker, dessen Untersuchungen zu keiner unmittelbaren praktischen Anwendung führen. Theoretisch sollten wir immer jene Handlung bevorzugen, die die Anzahl guter Dinge maximiert. In der Praxis können wir aber nie wissen, was wir tun sollen, denn jede Handlung hat eine Vielzahl von Konsequenzen, die wir nicht vorhersagen können. Also läßt es sich prinzipiell nicht bestimmen, ob eine gewisse Handlung wünschenswerte Folgen hat oder nicht. Unter solchen Umständen ist es nach Moore vernünftiger, sich einfach an der Regel der Tradition zu orientieren: „[D]ie Fälle [...], da eine andere Regel mit Sicherheit besser wäre als die allgemein befolgte" – dies meint er im Kapitel „Ethik in Beziehung zum Verhalten" behaupten zu können –, „sind [...] sehr selten."[28] Konservativer als der junge Moore könnte man schwerlich sein!

Trotz seiner zahlreichen Mängel war „Principia Ethica" für lange Zeit ein sehr einflußreiches Buch. Indem Moore die Frage nach der Bedeutung des Wortes „gut" aufwarf, veränderte er die Orientierung des philosophischen Interesses grundsätzlich. Fragen über die Natur und das Funktionieren der ethischen Sprache standen bald im Zentrum der Aufmerksamkeit. Dies, obwohl wir nach Moore einen direkten epistemischen Zugang zur ethischen Eigenschaft haben und die Analyse stets die Zerlegung eines intuitiv erkannten Gegenstandes ist, nicht nur eines Wortes oder Ausdrucks. Die Analyse der Sprache kann in seiner Sicht hilfreich sein; beschränken darauf darf man sich aber nicht.

6. Die Analyse der Sinneserfahrung

Nach der Widerlegung des Idealismus und der Begründung einer realistischen Theorie der Ethik versucht Moore nicht, ein eigenes System zu entwickeln: Seine Kritik an der herkömmlichen Philosophie manifestiert sich nicht zuletzt darin, daß er sich minutiös mit einzelnen Fragen beschäftigt, ohne sich um ihren systematischen Zusammenhang zu kümmern.

Eine Frage, auf die er immer wieder zurückkommt, betrifft die Natur der menschlichen Wahrnehmung. In „The Refutation of Idealism" hatte Moore die These vertreten, daß die Erfahrung eine direkte Beziehung zwischen dem menschlichen Bewußtsein und einem davon unabhängig existierenden Ding sei. In späteren Schriften versucht er, die Natur dieses unmittelbar wahrgenommenen Dings näher zu definieren. Ein erster Vorschlag wird in der Vorlesungsreihe „Some Main Problems of Philosophy" (1910–1911) präsentiert. Moore zeigt sich hier beeindruckt von der Tatsache, daß eine Münze *elliptisch* erscheint, wenn sie von der Seite her betrachtet wird. Da die Münze kreisrund ist, kann das in diesem Fall tatsächlich gesehene Objekt nicht die Münze selbst sein. Jenes Ding, das unmittelbar wahrgenommen wird, nennt Moore ein „Sinnesdatum". Neben den Gestalten von Objekten gehören für ihn auch direkt wahrgenommene Farben und sonstige sinnliche Empfindungen in diese Kategorie. Sinnesdaten werden somit als *sinnlich wahrgenommene Eigenschaften* der Dinge aufgefaßt.

Nur wenig später, im Aufsatz „The Status of Sense Data" (1914), revidiert er diese Position: Hier werden Sinnesdaten nicht mehr mit *Eigenschaften* identifiziert, sondern mit einer speziellen Art von Einzeldingen, denen Eigenschaften zukommen. Was ich wahrnehme, wenn ich eine Münze anschaue, ist also nicht die *elliptische Gestalt*, sondern ein „Datum", das tatsächlich *elliptisch* ist. So charakterisiert sind Sinnesdaten Entitäten eigener Art, deren Beziehung zum Bewußtsein einerseits und zu materiellen Dingen andererseits geklärt werden müßte. Im ersten Punkt gesteht Moore zu, daß Sinnesdaten im Prinzip auch dann existieren könnten, wenn sie nicht wahrgenommen werden. Es ist aber der zweite Punkt, der seine Überlegungen über die Natur der menschlichen Erfahrung dominiert: Welche Beziehung besteht zwischen dem wahrgenommenen Sinnesdatum und dem, was gemeinhin als materielles Objekt (ein Stuhl, eine Hand) aufgefaßt wird?

Es gibt drei Hypothesen, die ihm möglich erscheinen. Das Sinnesdatum könnte ein Teil der Oberfläche des materiellen Dings sein. Diese These entspricht zwar unserer intuitiven Vorstellung, daß wir, wenn wir ein materielles Objekt anschauen, nur eine seiner Seiten tatsächlich sehen (die hintere Seite einer Münze z. B. sieht man nicht). Gegen diese besondere Form des *direkten Realismus* sprechen aber mindestens drei einfache Argumente. Erstens sehen verschiedene Individuen, wenn sie ein Objekt aus verschiedenen Perspektiven anschauen, verschiedene Gestalten; sie können nicht alle demselben Ding zugewiesen werden. Zweitens gibt es Fälle von Illusionen: Der Stock, der im Wasser krumm erscheint, ist nicht tatsächlich krumm. Und drittens ist unklar, wie diese Theorie mit Halluzinationen umgehen kann, bei denen es ein Sinnesdatum, aber kein entsprechendes materielles Objekt gibt.

Diese Argumente stammen aus der skeptischen Tradition der Antike und wurden zu Beginn der modernen Philosophie von Autoren wie Descartes, Berkeley und Hume wieder aufgenommen. Sie zwingen Moore dazu, den direkten Realismus zu verwerfen. Eine zweite Alternative, die er berücksichtigt, ist die *phänomenalistische* Auffassung der materiellen Gegenstände als Klassen von (aktuellen und möglichen) Sinnesdaten. Diese Konzeption erscheint ihm allerdings als wenig attraktiv; man hat hier nämlich das

Gefühl, das Ding selbst irgendwie geopfert zu haben. So spricht denn auch ein gewichtiges Argument gegen diese Theorie: Wenn der Phänomenalismus wahr wäre, würde eine Aussage wie „Dies hier ist ein Tisch" nichts anderes bedeuten als „Wenn man sich in dieser Richtung bewegt und diese und jene Handlung vollzieht, wird man dies und jenes erfahren". Ein solcher hypothetischer Satz setzt implizit voraus, daß es einen Menschen gibt, daß dieser Mensch einen Körper hat (der selbst ein materieller Gegenstand ist) und daß ein externer physischer Raum existiert. Die phänomenalistische Theorie setzt somit genau das voraus, was erklärt werden soll – den Begriff eines materiellen Gegenstandes und einer externen Welt.[29]

Was bleibt, ist damit die Hypothese, daß materielle Dinge und Sinnesdaten numerisch verschiedene Entitäten sind, die jedoch in einer bestimmten Beziehung zueinander stehen. Ein solcher *indirekter Realismus* ist allerdings problematisch, da die materiellen Dinge nun als etwas aufgefaßt werden, von dessen Existenz wir nie eine direkte Bestätigung in unserer Erfahrung haben können. Diese Vorstellung widerspricht unserem intuitiven Glauben, daß wir mit den materiellen Dingen direkt interagieren. Der indirekte Realismus scheint somit phänomenologisch schlecht begründet zu sein. Zudem läßt diese Position die Tür offen für den skeptischen Zweifel: Wenn es wahr ist, daß materielle Dinge selbst nicht gegeben sind, wieso sollte man an sie glauben?

Moore hat sich nie definitiv für eine dieser Optionen entscheiden können. Dies legt die Vermutung nahe, daß das Problem falsch formuliert ist. Gibt es tatsächlich Sinnesdaten? Hier sind Zweifel angebracht. Um es mit Moores Münzen-Argument zu klären: Zwar ist es wahr, daß (a) uns die Münze elliptisch erscheint. Dieses Phänomen scheint jedoch nicht identisch zu sein mit der Tatsache, daß (b) ein elliptisches x wahrgenommen wird. Letzteres ist eine mögliche Interpretation des ersteren. Moores Unschlüssigkeit könnte also damit zu tun haben, daß es Sinnesdaten (in seinem Gebrauch des Wortes) gar nicht gibt. Eine Kritik am Begriff eines „Sinnesdatums" wird später auch der Oxforder Philosoph J. L. Austin anbringen; er wird sich – ganz in Moores Stil – fragen, ob wir genau verstehen, was wir meinen, wenn wir von solchen Entitäten sprechen (s. Kap. XIII, 2).

7. Skeptizismus, Analyse und Common Sense

Schon in den frühen Werken zeigt sich eine für Moore typische Tendenz, gegen das allgemeine Verständnis verstoßende philosophische Positionen gerade deswegen zu verwerfen. In „The Refutation of Idealism" betont er mehrmals, wie verschieden die idealistische Auffassung von der jeder gewöhnlichen Person sei. Und auch in „Principia Ethica" spielt die übliche

Meinung eine Rolle; letztlich sollen wir nach Moore so handeln, wie wir es traditionellerweise getan haben. Im Laufe der Zeit entwickelt sich aus dieser Vorliebe für die gängige Meinung eine echte philosophische Methode; gleichzeitig verfeinert sich aber auch Moores Auffassung des allgemeinen Menschenverstands *(common sense)*.

Besonders wichtig in dieser Hinsicht ist der Aufsatz „A Defence of Common Sense“ (1925). Moore macht hier die überraschende Aussage, daß es eine Vielzahl von Sätzen gibt, die er mit Gewißheit anerkennt, obwohl er nicht weiß, wie er zur sicheren Erkenntnis ihrer Wahrheit gekommen ist. Statt einer allgemeinen Definition liefert er eine lange Liste dieser angeblich mit Gewißheit anerkannten Wahrheiten. Darunter sind Binsenwahrheiten, wie „Die Erde existiert seit langer Zeit“, „Ich habe viele Dinge (z. B. einen Kugelschreiber) berührt“, „Ich habe Erfahrungen verschiedener Art gemacht“. Dabei handelt es sich um einen gemeinsamen, öffentlichen Stock von Erkenntnissen, um endgültige Wahrheiten, die wir alle schon im vorhinein besitzen. Diese offensichtlichen Tatsachen sollen nun helfen, akzeptable von nichtakzeptablen philosophischen Theorien zu unterscheiden: Alle Theorien, die mit dem Common Sense unvereinbar sind, sollen als falsch verworfen werden. Wie die genannten Beispiele deutlich machen, setzt der Common Sense die Existenz materieller Gegenstände und die Realität des Raumes und der Zeit voraus. Der Idealismus und der Skeptizismus stellen die Existenz einer unabhängigen materiellen Welt in Frage; sie sind also für Moore beide als falsch einzustufen.

Sein Argument könnte allerdings wie eine *petitio principii* erscheinen: Wieso sollte man seine These akzeptieren, daß der Common Sense als Wahrheitskriterium anzunehmen sei? „Wir sind alle [...]“, schreibt Moore, „in dieser merkwürdigen Lage, daß wir viele Dinge wissen, von denen wir weiterhin wissen, daß wir Beweisgründe für sie gehabt haben müssen, und doch wissen wir nicht, wie wir sie wissen, d. h., wir wissen nicht, worin die Beweisgründe bestanden haben.“[30] Die Gewißheit der Sätze des Common Sense steht also nach Moore einfach fest; wer dies nicht einsieht, ist entweder nicht ehrlich oder einer kuriosen Art kognitiver Blindheit zum Opfer gefallen.

Obwohl eine solche These plausibel erscheint, könnte sie nur auf der Basis einer tieferen Erörterung des epistemischen Status der Sätze des Common Sense begründet werden. Eine solche Begründung liefert Moore nicht; interessanterweise suggeriert er aber, daß kein Philosoph außerhalb des metaphysischen Rahmens des Common Sense argumentieren könne. Dies ist nach ihm besonders klar im Fall des Skeptikers, sofern dieser behauptet, kein Mensch habe je mit Sicherheit gewußt bzw. beweisen können, daß andere Menschen existieren. Nach Moore zeigt dies, daß auch der Skeptiker implizit an die Existenz anderer Menschen glaubt. Man könnte diesen Punkt freilich auch so verstehen, daß nach Moore jeder Versuch, zu argumentieren, schon die Existenz eines Zuhörers voraussetzt; der argumentierende Skeptiker wäre somit in einen pragmatischen Widerspruch verwickelt. Diese Schwierigkeit war allerdings den Skeptikern nicht entgangen: In der ersten Meditation argumentiert Descartes *mit sich selbst*, während sich in der Antike Pyrrho von Elis (s. Bd. III, Kap. III) für das Schweigen entschied. Auf eine genauere Auseinandersetzung mit Versuchen, diesem Einwand zu begegnen, geht Moore aber nicht ein.

Trotzdem läßt sich nicht bestreiten, daß er eine interessante Theorie vorlegt: Die Sätze des Common Sense spannen in seiner Sicht einen konzeptuellen Rahmen, außerhalb dessen kein konsistentes Denken möglich ist. Dem Common Sense scheint also eine im kantschen Sinne des Wortes „transzendentale" Funktion zu eignen. Diese Interpretation findet auch in der Tatsache Unterstützung, daß die Sätze des Common Sense ohne logischen Widerspruch negiert werden können (die Aussage „Die Erde existiert nicht seit langer Zeit" ist zwar bizarr, widerspricht sich selbst jedoch nicht); ihre Wahrheit ist also nicht analytischer Art. Die gewissen bzw. unbezweifelbaren Sätze des Common Sense sind somit nach Moore *synthetische* Urteile.

Auch diesen interessanten Punkt vertieft er allerdings nicht. Die Aufgabe der Philosophie besteht für ihn offenbar nicht in der Rechtfertigung des besonderen logischen Status der Sätze des Common Sense, sondern in deren Analyse. Was Moore damit meint, ist unklar, und es leuchtet auch nicht ein, warum eine solche Analyse nötig sein soll. Denn Moore betont, daß die Bedeutung der Sätze des Common Sense jedem vollständig bekannt sei – genau das erlaubt es ja, sie als Gegenstand der Analyse zu identifizieren. „Ein Ausdruck wie ‚Die Erde existiert schon seit vielen Jahren' ist ein Musterfall für einen ganz unzweideutigen Ausdruck, dessen Bedeutung wir alle verstehen."[31] Dies scheint zwar richtig zu sein, für Moore ist es aber auch problematisch. Denn er wird hier mit dem sogenannten Paradox der Analyse konfrontiert: Wenn die Bedeutung eines Ausdrucks schon bekannt ist, dann kann ihre Analyse entweder wahr, aber trivial (da schon bekannt) sein – oder interessant, aber falsch. In keinem Fall scheint die Analyse einen Zweck zu haben.

Die Auseinandersetzung mit dem Skeptizismus wird in „Proof of an External World" (1939) weitergeführt. Moore eröffnet diesen Aufsatz mit einem Zitat aus der „Kritik der reinen Vernunft", in dem Kant bemerkt, es sei ein Skandal für die Philosophie, daß es noch niemandem gelungen sei, die Existenz äußerer Dinge zu beweisen. Kant selbst war der Meinung, ihm sei dies in der ersten „Kritik" gelungen. Moore bezweifelt aber, daß dazu etwas so Kompliziertes wie Kants transzendentale Theorie der Erkenntnis nötig sei; die Existenz äußerer Dinge läßt sich für ihn nämlich ganz einfach beweisen.

Moore präsentierte seinen Aufsatz ursprünglich in einer Sitzung der British Academy. Damals zeigte er seinen Zuhörern gestikulierend seine beiden Hände; dieses einfache Vorgehen reiche, so seine These, um sich der aktuellen Existenz zweier materieller Dinge zu vergewissern: „Es scheint mir, daß Kants Meinung, daß es nur einen möglichen Beweis für die Existenz von Dingen außer uns gibt, nämlich den von ihm geführten, weit entfernt davon ist, wahr zu sein, wie er behauptet, und daß ich jetzt eine große Zahl verschiedener Beweise liefern kann, von denen jeder ein vollkommen strenger Beweis ist; und daß ich zu vielen anderen Zeitpunkten in der Lage gewesen bin, viele andere zu liefern. Ich kann jetzt z. B. beweisen, daß zwei menschliche Hände existieren. Wie? Indem ich meine beiden Hände hochhebe, mit der rechten Hand eine bestimmte Geste mache und sage ‚Hier ist eine Hand', und dann hinzufüge, wobei ich mit der linken Hand eine bestimmte Geste mache, ‚Hier ist noch eine'. Und wenn ich, indem ich dies tue, *ipso facto* die Existenz von Außendingen bewiesen habe, werden Sie alle einsehen, daß ich es auch auf eine Vielzahl von anderen Weisen tun kann."[32]

Wieso sollte man jedoch die Prämissen „Hier ist eine Hand" und „Hier ist noch eine" akzeptieren? Dazu behauptet Moore lediglich, daß er dies offensichtlich wisse; einen Beweis, wie ihn der Skeptiker von ihm erwartet, könne er nicht geben. Denn er könne zum Beispiel nicht beweisen, daß er in diesem Moment wach sei. Er wisse allerdings, so Moore, daß er nicht träume, und auch, daß er zwei Hände habe.

Moores Beweisführung ist zweifellos verblüffend. Es wäre aber voreilig, ihn deshalb als Dogmatiker oder philosophischen Parvenü zu brandmarken – als jemanden, der nicht weiß, was es eigentlich zu beweisen gilt. Denn es ist klar, daß er seine Zuhörer provozieren wollte. Sein Beweis muß also als Teil einer umfassenderen argumentativen Strategie gedeutet werden. Leider drückt sich Moore – wieder einmal – auch diesbezüglich nicht hinreichend klar aus. Aber immerhin liefert seine Behauptung, er könne nicht beweisen, daß er nicht träume, einen ersten Hinweis. Offensichtlich ist dies eine Anspielung auf Descartes' erste Meditation, in der das sogenannte „Traum-Argument" eingeführt wurde: Ich könne nicht wissen, daß es eine externe Welt gibt, so Descartes, weil die Möglichkeit nicht ausgeschlossen werden kann, daß ich träumen könnte; im Traum aber hält man vieles für real, was nur illusorischer Natur ist. Moores implizite Frage scheint nun zu sein, ob es denn tatsächlich sinnvoll sei, diese sehr unwahrscheinliche Möglichkeit als guten Grund zum Zweifeln anzuerkennen. Anders gesagt: Ist die Frage „Woher weißt du, daß du nicht träumst?" tatsächlich eine echte, ernst zu nehmende epistemische Herausforderung?

Man mag diese Frage bejahen oder verneinen. So oder so – und zu dieser Einsicht sollte die Trivialität von Moores Beweis führen – treibt der Skeptiker ein argumentatives Spiel, das präzisen Regeln folgt. Wenn man die Regeln des Skeptikers akzeptiert, kann man ihn nicht widerlegen. Man braucht sich auf dieses Spiel aber gar nicht erst einzulassen; dann kann die Existenz von äußeren Dingen tatsächlich ganz einfach bewiesen werden – indem man auf sie zeigt. Wie schon im Fall seiner früheren Kritik des Idealismus versucht Moore, das *onus probandi* auf den Gegner abzuschieben. Da es zwei epistemische Spiele gibt – jenes der gewöhnlichen Praxis und jenes des cartesianischen Skeptikers –, muß die Wahl des Spiels begründet werden. Damit ist der Skeptiker gezwungen, seine parasitäre Position aufzugeben: Er kann sich nicht darauf beschränken, jeder positiven Aussage mit Fragen der Art „Woher weißt du, daß du nicht träumst?" zu begegnen; er muß seine eigene Auffassung der Natur der Erkenntnis darlegen und zeigen, wie wir zu ihr gelangen, und sie rechtfertigen.

So verstanden, ist Moores Beweis alles andere als naiv: Er bringt durch eine intelligente Provokation zum Ausdruck, daß auch der Skeptizismus auf nicht hinterfragten epistemischen Annahmen beruht. Zusammen mit „A Defence of Common Sense" ist „Proof of an External World" einer von Moores wichtigsten Aufsätzen. Mit beiden Schriften setzte sich Wittgenstein in seinen letzten Jahren intensiv und kritisch auseinander (s. Kap. XII, 7); nach ihm hatte Moore selbst die eminente Bedeutung seiner Aufsätze verkannt.

XII. Ludwig Wittgenstein

1. Leben und Werke

Ludwig Wittgenstein wurde am 26. April 1889 in Wien geboren.[1] Die österreichische Hauptstadt war damals eines der Hauptzentren des europäischen intellektuellen Lebens,[2] und zu diesem Leben stand die Familie Wittgenstein – Ludwig war das jüngste von acht Geschwistern – in einer engen Beziehung. Der Vater Karl war ein erfolgreicher Stahlunternehmer und konnte es sich leisten, als Mäzen zu wirken. Viele der damals bedeutendsten Künstler verkehrten in seinem Haus, darunter Johannes Brahms und Gustav Mahler; eine der Töchter, Margaret (Gretl), ließ sich bei ihrer Hochzeit von Gustav Klimt porträtieren; sie war mit Freud befreundet und bei ihm auch in Analyse. Genialität und Erfolg waren im Hause Wittgenstein eine Selbstverständlichkeit, was allerdings einigen Familienmitgliedern zum Verhängnis wurde: Drei der vier Brüder Ludwigs begingen Selbstmord. Und Ludwig selbst war sein Leben lang von trüben Gedanken und selbstzerstörerischen Zweifeln an seinen Fähigkeiten geplagt, wie die unter dem Titel „Vermischte Bemerkungen" veröffentlichten autobiographischen Aufzeichnungen nur zu deutlich belegen. So schrieb er 1944: „Denken *wollen* ist eins; Talent zum Denken haben, ein Anderes."[3]

Obwohl Karl seine Kinder in einem solchen Umfeld aufwachsen ließ, wünschte er sich für sie einen anderen Werdegang als denjenigen eines Künstlers oder eines Intellektuellen. Nach der Reifeprüfung 1906 an der Realschule in Linz (die gleichzeitig in einer Parallelklasse auch von Adolf Hitler besucht wurde) wechselte Wittgenstein an die Technische Hochschule Berlin, um dann 1908 an der Universität Manchester ein Ingenieur-Studium aufzunehmen. Während dieser Zeit fielen ihm Russells „Principles of Mathematics" (1903) in die Hände, die sein Interesse für Fragen nach den Grundlagen der Logik und der Mathematik weckten. Aus eigener Initiative besuchte der über seine Zukunft noch unsichere Wittgenstein 1911 den alternden und über den Mißerfolg seiner Arbeiten verbitterten Gottlob Frege in Jena; dieser riet ihm, in Cambridge bei Russell zu studieren. Russell erkannte die Begabung Wittgensteins und nahm ihn sofort als Studenten auf; der arrivierte Dozent und der unbekannte Sonderling arbeiteten bald eng zusammen.

Wie viele seiner Generation wurde Wittgenstein vom Ersten Weltkrieg eingeholt; er meldete sich als freiwilliger Soldat und zeichnete sich durch

Tapferkeit aus. Auch unter schwierigsten Umständen arbeitete er aber an seiner Philosophie weiter und vollendete 1918, als er zehn Monate in einem italienischen Gefangenenlager bei Montecassino verbringen mußte, sein erstes Buch. Es erschien 1921 unter dem Titel „Logisch-philosophische Abhandlung", voll von typographischen Ungenauigkeiten. 1922 erschien eine zweisprachige und korrigierte deutsch-englische Ausgabe; sie trug den definitiven, von Moore vorgeschlagenen Titel „Tractatus Logico-Philosophicus"; das Vorwort stammte von Russell. Wittgenstein war allerdings gar nicht begeistert über diese Einleitung; Russell hatte wie auch Frege große Mühe mit dem Buch. Daß sogar seine engsten Freunde den „Tractatus" nicht recht verstanden, war für Wittgenstein eine große Enttäuschung: Es sei „sehr bedrükkend", schrieb er einmal, „von keiner einzigen Seele verstanden zu werden".[4]

Wie zu erwarten war, kam Wittgenstein stark verändert aus dem Krieg zurück. Statt sich um eine akademische Karriere zu bemühen – und ganz im Einklang mit der letzten Botschaft des „Tractatus": „Wovon man nicht sprechen kann, darüber muß man schweigen" –, ließ er sich zum Lehrer ausbilden. Zwischen 1920 und 1926 arbeitete er als Volksschullehrer in Niederösterreich,[5] bis er einsah, daß er für diese Arbeit nicht geeignet war. Zurück in Wien, engagierte er sich – zusammen mit dem Architekten Paul Engelmann, einem Schüler von Adolf Loos – zwei Jahre lang beim Bau eines Hauses für seine Schwester Gretl. Derweil fehlte es nicht an Versuchen, ihn wieder für die Philosophie zu gewinnen: Der junge Mathematiker Frank Ramsey korrespondierte mit Wittgenstein und besuchte ihn sogar in Niederösterreich; und als die Mitglieder des Wiener Kreises erfuhren, daß der Autor des „Tractatus" in Wien lebte, nahmen sie mit ihm Kontakt auf. Ein Vortrag des Mathematikers L. E. J. Brouwer, den Wittgenstein mit einigen Mitgliedern dieses Kreises 1928 hörte, ließ schließlich sein philosophisches Interesse neu aufflammen.

1929 ist das Jahr von Wittgensteins Rückkehr nach Cambridge und des Anfangs einer regulären akademischen Laufbahn. Zuerst wird der „Tractatus" als Dissertation angenommen; kurz danach erhält er ein bezahltes Fellowship. Seine Vorlesungen ziehen eine wachsende Anzahl von Studierenden an, und Wittgenstein findet erneut Gefallen am Schreiben und Denken; in rascher Folge entstehen „Philosophische Bemerkungen" (1929), „Philosophische Grammatik" (1931), „Das Blaue Buch" (ca. 1933) und „Das Braune Buch" (ca. 1934); keine dieser Arbeiten wurde allerdings veröffentlicht, obwohl Wittgenstein einige Kopien unter ausgewählten Studenten und Freunden zirkulieren ließ. Dieses Vorgehen trug sicherlich – zusammen mit Wittgensteins eigenartigem Vorlesungsstil und seiner kompromißlosen Persönlichkeit – zu jener geheimnisvollen, fast legendären Aura bei, die ihn umgab; in Cambridge wurde Wittgenstein zur Kultfigur.

Sein Vertrag war allerdings befristet und konnte nach 1936 nicht mehr verlängert werden. Nach einer Zeit in Norwegen, wo er eine einsame Hütte besaß und an den „Philosophischen Untersuchungen" zu arbeiten begann, wurde er 1939 (als Nachfolger von G. E. Moore) in Cambridge zum Professor der Philosophie ernannt. Seine Karriere kam jedoch nie wirklich in Gang, denn mit dem Ausbruch des Zweiten Weltkrieges verspürte Wittgenstein das Bedürfnis, nicht untätig zu bleiben; diesmal meldete er sich zum freiwilligen Hilfsdienst und arbeitete am Guy's Hospital in London. 1947 gab er schließlich seine Professur ab, mit der Begründung, daß es unmöglich sei, echte philosophische Arbeit zu leisten und gleichzeitig anständig zu lehren. Wittgenstein starb in Cambridge am 29. April 1951; bis zuletzt hatte er seine Philosophie weiterentwickelt: Die letzten Einträge von „Über Gewißheit" datieren nur zwei Tage vor seinem Tod.

Obwohl er viel schrieb, blieb der „Tractatus" sein einziges veröffentlichtes Buch; abgesehen vom kurzen Aufsatz „Some Remarks on Logical Form" (1929), sind alle anderen Schriften posthum erschienen, darunter 1953 auch sein zweites Meisterwerk, die „Philosophischen Untersuchungen". Auch in dieser Hinsicht ist Wittgenstein eine besondere Persönlichkeit; wie Philosophen früherer Epochen (z. B. Spinoza oder Hume) – und anders als seine analytischen Zeitgenossen (z. B. Russell und Moore) – schien er nicht für die Gegenwart zu schreiben, sondern für die Ewigkeit: „Im Rennen der Philosophie" – bemerkte er 1938 – „gewinnt, wer am langsamsten laufen kann."[6]

2. Der logische Atomismus

Der „Tractatus Logico-Philosophicus" ist ein kleines, an Einsichten aber reiches Buch:[7] Wittgenstein entwirft hier in systematisch geordneten und numerierten Sätzen eine allgemeine Theorie der Welt, eine Theorie der sprachlichen Bedeutung, eine originelle Konzeption der Natur der Logik, eine Weiterentwicklung wie auch eine Kritik einiger Aspekte der logischen und meta-logischen Theorien seiner Vorgänger Russell und Frege, eine Analyse der Beziehung zwischen Philosophie und Wissenschaft. Und als ob dies nicht genug wäre, beschäftigt er sich am Ende auch noch mit Fragen der Ethik. Angesichts dieser Vielfalt kann es in diesem und dem nächsten Abschnitt nur darum gehen, die Hauptlinien seiner oft überraschenden, gelegentlich auch schwerverständlichen Argumentation darzulegen.

Wittgensteins Auffassung der Wirklichkeit – sein logischer Atomismus – bietet sich als natürlicher Ausgangspunkt an, denn der „Tractatus" wird mit der lapidaren Bekundung eröffnet: „Die Welt ist alles, was der Fall ist" (T 1).[8] Danach wird diese Aussage mit Rückgriff auf den Begriff „Tatsache" erläutert: „Was der Fall ist, die Tatsache, ist das Bestehen von Sachverhalten" (T 2); schließlich charakterisiert Wittgenstein den Sachverhalt als „eine Verbindung von Gegenständen (Sachen, Dingen)" (T 2.01). Hieraus lassen sich drei

Definitionen entnehmen: (A) Die Welt = Totalität der Tatsachen; (B) die Tatsache = das Bestehen eines Sachverhaltes; (C) der Sachverhalt = eine Verbindung von Gegenständen. Wird dazu die These der Simplizität der Gegenstände berücksichtigt („Der Gegenstand ist einfach"; T 2.02), dann umreißen diese wenigen Definitionen schon ein ganzes Weltbild: Anders als Philosophen wie Spinoza oder Bradley, die an die Existenz *einer* allumfassenden Einheit glaubten, gibt es nach Wittgenstein eine Pluralität atomarer „Gegenstände"; aus ihren „Verbindungen" entstehen dann jene „Tatsachen", die die „Welt" konstituieren. Wieso sollte man aber an die Existenz von einfachen Konstituenten der Wirklichkeit glauben?

Wittgensteins Atomismus beruht auf seiner Auffassung der Beziehung zwischen Wirklichkeit und Sprache. In einem Eintrag aus den Tagebüchern[9] berichtet er, wie in einem Pariser Gerichtssaal ein Automobilunglück mit Puppen simuliert wurde. Dies brachte ihn auf die Idee, daß die Struktur der Sprache die Struktur der Welt widerspiegele: „Im Satz", schreibt Wittgenstein am selben Tag, „wird eine Welt probeweise zusammengestellt." Einige Tage zuvor hatte er festgehalten: „Daß der Satz ein logisches Abbild seiner Bedeutung ist, leuchtet dem unbefangenen Auge ein."[10]

Diese Idee ist der Kern der im „Tractatus" entwickelten Bild-Theorie des Satzes, der zufolge jeder Satz ein Bild (T 4.01) und jedes Bild „ein Modell der Wirklichkeit" (T 2.12) ist. An einer Stelle, die die Pariser Simulation in Erinnerung ruft, schreibt Wittgenstein: „Im Satz wird gleichsam eine Sachlage probeweise zusammengestellt" (T 4.031). Nun ist eine solche Auffassung der Beziehung zwischen Sprache und Welt offensichtlich ontologisch schwer belastet. Die Bild-Theorie des Satzes setzt nämlich voraus, daß die Wirklichkeit und die sie abbildende Sprache eine ähnliche Komplexität aufweisen; nur so lassen sich die Termini eines Satzes eindeutig mit den Elementen des dargestellten Ereignisses korrelieren: „Den Gegenständen", schreibt Wittgenstein, „entsprechen im Bilde die Elemente des Bildes" (T 2.13). „Die Elemente des Bildes", so setzt er seine Erläuterungen fort, „vertreten im Bild die Gegenstände" (T 2.131).

Wittgensteins Atomismus ist das Ergebnis eines „transzendentalen" Arguments (in dem von Kant dargelegten Sinne eines methodischen Versuchs, die notwendigen Voraussetzungen einer als unbezweifelbar angenommenen Tatsache zu eruieren); die pluralistische Verfassung der Welt ist eine Bedingung der Möglichkeit jedes sprachlichen Weltbezugs. Die transzendentale Natur dieses Gedankens wird sogar explizit betont: „Die Möglichkeit des Satzes beruht auf dem Prinzip der Vertretung von Gegenständen durch Zeichen" (T 4.0312). Diese Erklärung der allgemeinen Natur des Bildes ist allerdings noch nicht vollständig: Die Puppen im Pariser Gerichtssaal konnten als Modell verwendet werden, weil sie etwas mit den modellierten Realitäten gemeinsam hatten; sie alle waren dreidimensionale Objekte. Damit eine Abbild-Relation hergestellt werden kann – dies ist nun Wittgensteins verallgemeinernder Schluß –, müssen das Bild und das abgebildete Objekt immer eine gemeinsame Eigenschaft vorweisen.

Diese Eigenschaft wird von Wittgenstein die „Form der Abbildung" genannt: „Was das Bild mit der Wirklichkeit gemein haben muß, um sie auf seine Art und Weise [...] abbilden zu können, ist seine Form der Abbildung" (T 2.17). Ohne diese gemeinsame Qualität könnten keine zwei Dinge in die Abbild-Relation treten, und somit auch keine strukturelle Identität vorweisen. Die Form der Abbildung ist deshalb als Bedingung der Möglichkeit von Struktur zu betrachten: „Daß sich die Elemente des Bildes in bestimmter Art und Weise zu einander verhalten, stellt vor, daß sich die Sachen so zu einander verhalten. Dieser Zusammenhang der Elemente des Bildes heiße seine Struktur und ihre Möglichkeit seine Form der Abbildung" (T 2.15). Es ist eine Folge der Bild-Theorie Wittgensteins, daß der Sinn eines Satzes nur der modellierte Zustand sein kann: „Was das Bild darstellt, ist sein Sinn" (T 2.221). Kein Satz kann seine eigene Möglichkeitsbedingung (die Form der Abbildung) darstellen (T 4.12); die Form *zeigt* sich aber in dem Satz („Seine Form der Abbildung aber kann das Bild nicht abbilden; es weist sie auf"; T 2.172).

Diese Theorie des Bildes soll aber nicht nur auf materielle Objekte wie die Pariser Puppen anwendbar sein, sondern auf alle möglichen Repräsentationen. Wittgenstein hält es deshalb für nötig, den Begriff einer gemeinsamen Eigenschaft (die Form der Abbildung) unter dem weiteren Begriff einer gemeinsamen „logischen Form" zu fassen: „Was jedes Bild, welcher Form immer, mit der Wirklichkeit gemein haben muß, um sie überhaupt [...] abbilden zu können, ist die logische Form [...] Jedes Bild ist *auch* ein logisches. (Dagegen ist z. B. nicht jedes Bild ein räumliches)" (T 2.18–2.182).

Abgesehen von den – freilich etwas verwickelten – Details der Bild-Theorie des Satzes ist Wittgensteins Argument nicht neu. Schon Plato hatte im „Theaetetus" spekuliert, daß die atomische Struktur der Sprache auf eine parallele atomische Struktur der Welt hinweisen könnte: Platos „Urelemente", schreibt Wittgenstein in den späteren „Philosophischen Untersuchungen", waren „meine ‚Gegenstände'" (PU § 46).[11] Wittgenstein war auch von einem anderen traditionellen Argument zugunsten des Atomismus beeindruckt, nämlich von Leibniz' Monadologie. Die Monade, so Leibniz, sei „nichts anderes als eine einfache Substanz, welche in die Zusammengesetzten eingeht; einfach, das heißt ohne Teile. Einfache Substanzen muß es geben, weil es Zusammengesetztes gibt; denn das Zusammengesetzte ist nichts anderes als eine Anhäufung oder ein *Aggregat* von Einfachen."[12] Mit sehr ähnlichen Worten bemerkt Wittgenstein in seinen Tagebüchern: „Was ist mein Grundgedanke, wenn ich von den einfachen Gegenständen rede? [...] Es scheint, daß die Idee des EINFACHEN in der des Komplexen und in der Idee der Analyse bereits enthalten liegt, so zwar, daß wir ganz absehend von irgendwelchen Beispielen einfacher Gegenstände oder von Sätzen, in welchen von solchen die Rede ist, zu dieser Idee kommen und die Existenz der einfachen Gegenstände als eine logische Notwendigkeit – a priori – einsehen."[13]

Wittgenstein behauptet hier, in Übereinstimmung mit Leibniz, daß die (scheinbar nicht fragwürdige) Existenz von Komplexen die Existenz von atomaren Elementen voraussetzt. Obwohl diese Vorstellung intuitiv ist, reichen die knappen Bemerkungen nicht aus, um ihre Richtigkeit zu beweisen. Wieso sollte die Wirklichkeit nicht bis ins Unendliche teilbar sein können? Und auch wenn der Begriff der „Zerlegung" bzw. der „Analyse" den Begriff der „einfachen Bestandteile" tatsächlich voraussetzen sollte:[14] Woher weiß man, daß die Welt analysierbar ist? Diese Fragen lassen sich erst mit Bezug auf die Bild-Theorie des Satzes befriedigend beantworten. Denn wenn es keine atomaren Gegenstände gäbe, dann hätte keine Tatsache eine eindeutige Struktur; jede wäre auf verschiedene Weisen analysierbar, und ihr könnten verschiedene Strukturen gleichzeitig zugesprochen werden. Unter solchen Umständen ließe sich nicht mehr überprüfen, ob ein Satz die ihm entsprechende Tatsache richtig darstellt. Schlimmer noch: Da jede Tatsache unendlich viele Strukturen aufweisen könnte, wäre nicht mehr klar, welche Tatsache ein Satz darzustellen versucht. Die „ontologische" Unbestimmtheit hätte sich dann in eine „semantische" verwandelt: „Nur wenn es Gegenstände gibt, kann es eine feste Form der Welt geben" (T 2.026); andernfalls wäre es unmöglich, „ein Bild der Welt (wahr oder falsch) zu entwerfen" (T 2.0212).

Die Bild-Theorie des Satzes ist eine strenge Theorie, die keine Unklarheiten duldet. Welche der vielen existierenden Sprachen kann aber die Struktur der Wirklichkeit tatsächlich widerspiegeln? Nach Wittgenstein ist das Denken selbst eine Art „Sprache", deren Struktur jene der äußeren Welt reproduziert: „Der Gedanke", schreibt er, „ist der sinnvolle Satz" (T 4). Wittgenstein übernimmt von Frege und Russell die Idee, daß keine natürliche Sprache die echte logische Artikulation des Denkens reproduziert; im Gegenteil, die gewöhnliche Sprache führt uns diesbezüglich in die Irre: „Die [natürliche] Sprache verkleidet den Gedanken. Und zwar so, daß man nach der äußeren Form des Kleides nicht auf die Form des bekleideten Gedankens schließen kann" (T 4.002). Schon ein einfaches Wort wie „ist" stiftet Verwirrung, denn es kann verwendet werden als Kopula („Der Apfel *ist* rot"), als Gleichheitszeichen („Der Verfasser der ‚Metaphysik' *ist* der Verfasser der ‚Nikomachischen Ethik'") oder als Ausdruck der Existenz („Gott *ist*") (T 3.323). Offensichtlich ist Wittgenstein beeinflußt von Russells Theorie der Kennzeichnungen und der damit verbundenen Unterscheidung zwischen einer oberflächlichen grammatikalischen Form einerseits und einer tieferen logischen Struktur andererseits (T 4.0031). Nur eine künstliche formale Sprache – eine Sprache, wie sie etwa Frege in der „Begriffsschrift" oder Russell und Whitehead in den „Principia Mathematica" konstruiert haben – kann die Tiefenstruktur des Denkens korrekt erfassen.

Wittgensteins Bemerkungen über die natürliche Sprache sind knapp, aber einleuchtend: Wieso ist diese Sprache nicht imstande, die logische Struktur der Welt zu repräsentieren? „Die Umgangssprache", heißt es im „Tractatus", „ist ein Teil des menschlichen Organismus und nicht weniger kompliziert als dieser" (T 4.002). Die gewöhnliche Sprache als „Teil des menschlichen Organismus" zu beschreiben, heißt behaupten, daß sie wie alle anderen menschlichen Organe im Laufe der Evolution entstanden ist. Ihr eigentlicher Zweck besteht darin, die Anpassung an die Umgebung zu ermöglichen. Sie muß ein für die praktische Kommunikation und für die Beschreibung der Grundzüge menschlicher Erfahrung geeignetes Mittel sein, und nicht auch ein verläßliches Medium für die genaue Darstellung der allerletzten, verborgenen Strukturen der Welt.

Interessanterweise ist sich Wittgenstein im „Tractatus" auch des sozialen Charakters der gewöhnlichen Sprache bewußt; diese Sozialität drückt sich in ihrer Komplexität aus: „Die stillschweigenden Abmachungen zum Verständnis der Umgangssprache sind enorm kompliziert" (T 4.002). Diese Komplexität ist für den jungen Wittgenstein allerdings eher abschreckend als ein Grund, sich der Alltagssprache zuzuwenden. Der spätere Wittgenstein wird diese Haltung allmählich revidieren (s. unten § 5) und schließlich genau in der Beschreibung dieser „stillschweigenden" Abmachungen die echte Aufgabe der Philosophie sehen (s. unten §§ 6–7). Aber zunächst hält er noch entschieden an der These der Überlegenheit der formalen Sprache fest.

„Die Philosophie", so Wittgenstein in den aus dem Jahr 1913 stammenden „Aufzeichnungen über die Logik", „besteht aus Logik und Metaphysik: die Logik ist ihre Basis."[15] Wegen der Parallelität von logischer Sprache und Wirklichkeit können die Strukturen der Wirklichkeit aus den Strukturen der idealen logischen Sprache direkt abgelesen werden. Diese besteht aus Sätzen, die entweder zusammengesetzt sind (z. B. die Konjunktion p & q) oder elementar (z. B. die einzelnen Komponenten der Konjunktion, p und q). Zusammengesetzte Sätze sind Wahrheitsfunktionen von Elementarsätzen (z. B. hängt der Wahrheitswert von (p & q) vom Wahrheitswert von p und q sowie der Art der funktionalen Verknüpfung ab); Elementarsätze sind zwar nicht in andere Sätze zerlegbar, weisen aber dennoch eine innere Komplexität auf, da sie aus Namen bestehen (T 4.22).

Aufgrund dieser Auffassung einer idealen logischen Sprache lassen sich nach Wittgenstein folgende Korrespondenzen zwischen Logik und Realität feststellen: (1) Einfache *Namen* benennen einfache *Gegenstände* („Der Name bedeutet den Gegenstand"; T 3.203); (2) *Elementarsätze* drücken einfache *Sachverhalte* aus („Der Konfiguration der einfachen Zeichen im Satzzeichen entspricht die Konfiguration der Gegenstände in der Sachlage"; T 3.21); (3) *wahre Sätze* entsprechen „Tatsachen", d. h. aktuell vorkommenden Sachverhalten („Einen Satz verstehen, heißt, wissen was der Fall ist, wenn er wahr ist"; T 4.024); (4) *die Gesamtheit aller wahren Elementarsätze* entspricht der

Welt als Gesamtheit der Tatsachen („Die Angabe aller wahren Elementarsätze beschreibt die Welt vollständig"; T 4.26).

Wittgenstein unterscheidet sorgfältig zwischen *Bedeutung* und *Sinn*, wobei er diese Begriffe anders bestimmt als Frege. Der logische Name bezeichnet einen realen Gegenstand, der als seine *Bedeutung* fungiert. Dagegen kann ein Elementarsatz eine Kombination von Gegenständen darstellen, die nicht tatsächlich vorkommt; der so dargestellte Sachverhalt ist der *Sinn* des Satzes. Nur Namen haben also eine Bedeutung; Sätze besitzen einen Sinn. Zwei Aspekte dieser Theorie müssen speziell hervorgehoben werden. Erstens gibt es in Wittgensteins Ontologie keine nicht-existenten – aber trotzdem irgendwie realen – Sachverhalte: Während „subsistierende Sachverhalte" Tatsachen sind, existieren „nicht-subsistierende" Sachverhalte sozusagen „nur im Satz". Zweitens löst die Unterscheidung zwischen „Tatsachen" und „Sachverhalten" ein altes, auf die frühen Spekulationen von Parmenides und Plato zurückgehendes Rätsel: Wie ist es möglich, über das Falsche zu reden? Wenn der semantische Inhalt eines Satzes mit einem aktuell existierenden Sachverhalt identisch wäre, dann wäre jeder sinnvolle Satz *ipso facto* wahr. Das Problem entsteht in Wittgensteins Theorie nicht, denn ein sinnvoller Satz ist erst dann wahr, wenn der dargestellte Sachverhalt „besteht" bzw. tatsächlich vorkommt.

Diese Überlegungen bleiben bei Wittgenstein sehr abstrakt: Niemals liefert er Beispiele einfacher Namen oder elementarer Sätze; dabei handelt es sich sicherlich nicht um Ausdrücke der gewöhnlichen Sprache, wie etwa den Namen „Aristoteles" oder den Satz „Aristoteles ist ein Philosoph". Eine vollständige logische Analyse würde die Komplexität solcher Ausdrücke zeigen; erst dann – und nicht früher – würden auch die logisch einfachen Namen und ihre elementarsten Kombinationen in Erscheinung treten: „Ein Satz wie ‚dieser Sessel ist braun'" – so liest man in den Tagebüchern – „scheint etwas enorm Kompliziertes zu sagen, denn wollten wir diesen Satz so aussprechen, daß uns niemand gegen ihn Einwendungen, die aus seiner Vieldeutigkeit entspringen, machen könnte, so würde er endlos lang werden müssen."[16]

Berücksichtigt man diese Auffassung, dann wird verständlich, wieso Wittgenstein im „Tractatus" gar nicht erst versucht, die konkrete Natur der einfachen Gegenstände zu bestimmen. In den „Tagebüchern" sowie an einer Stelle im „Tractatus" scheint er zwar die von Russell vertretene Hypothese in Betracht zu ziehen, daß einfache Gegenstände unsere unmittelbaren Sinnesdaten sein könnten. Doch gibt es keinen Beleg dafür, daß er sich für diese Option entschieden hätte. Eine bestimmte Antwort auf die Frage nach der konkreten Natur der einfachen Gegenstände liefert er nie. Und er muß sie auch nicht liefern, denn der Atomismus ist das Ergebnis eines transzendentalen Argumentes, nicht einer empirischen Untersuchung: Die Existenz einfacher Gegenstände ist a priori sichergestellt worden; deshalb kann es nicht als Einwand gelten, daß man ihre Natur nicht genau spezifizieren kann.

Es lohnt sich, Wittgensteins Theorie mit traditionelleren Versionen des Atomismus zu vergleichen. Demokrits Atome etwa bewegen sich in einem leeren Raum; gibt es etwas in Wittgensteins Philosophie, das dieser allumfassenden Dimension entspricht? Wittgenstein schreibt: „Wie wir uns räumliche Gegenstände überhaupt nicht außerhalb des Raumes, zeitliche nicht außerhalb der Zeit denken können, so können wir uns *keinen* Gegenstand außerhalb der Möglichkeit seiner Verbindung mit anderen denken" (T 2.0121). Es gehört zum Wesen eines Gegenstandes, daß er in neue Kombinationen mit anderen Gegenständen treten kann; jeder Gegenstand existiert in einem metaphorischen „logischen Raum": „Jedes Ding ist, gleichsam, in einem Raume möglicher Sachverhalte. Diesen Raum kann ich mir leer denken, nicht aber das Ding ohne den Raum" (T 2.013). Wittgenstein behauptet also nicht nur, daß (a) ein einfacher Gegenstand *kombinierbar* ist; er meint wohl auch, daß (b) jeder Gegenstand immer als Teil eines Komplexes auftreten *muß;* nur so läßt sich nämlich verstehen, wieso er die Welt als die „Gesamtheit der Tatsachen, nicht der Dinge" (T 1.1) definiert.

Die logischen Atome Wittgensteins unterscheiden sich damit erheblich von jenen des traditionellen Atomismus, da sie nie in völliger Isolation existieren können. Sie müssen nicht notwendigerweise in einer *bestimmten* Kombination auftreten, wohl aber in *irgendeiner* Kombination: „Das Ding ist selbständig, insofern es in allen *möglichen* Sachlagen vorkommen kann, aber diese Form der Selbständigkeit ist eine Form des Zusammenhangs mit dem Sachverhalt, eine Form der Unselbständigkeit" (T 2.0122). Es ist ein Korollarium dieser These, daß die elementaren Tatsachen die echten Atome der Wirklichkeit sind; die einfachen Gegenstände sind eher mit „sub-atomaren" Partikeln zu vergleichen.

Diese Erkenntnis führt unmittelbar zur damals von Philosophen wie Bradley und Russell vehement diskutierten Streitfrage über die Natur der Relationen: Was verbindet *zwei* verschiedene Gegenstände innerhalb *einer* Tatsache? Wittgenstein schreibt: „Im Sachverhalt hängen die Gegenstände ineinander, wie die Glieder einer Kette" (T 2.03). Offensichtlich will er hier die Möglichkeit des sogenannten „Bradleyschen Regresses" vermeiden, und zwar indem er in seiner Ontologie keine Relationen als bindende Glieder postuliert: Denn was würde die Relation mit den Gegenständen in Verbindung bringen? Dennoch ist klar, daß die Metapher der Kette das prinzipielle Problem der Entstehung einer neuen realen Einheit (Tatsache) aus ihren Konstituenten (Gegenständen) nicht löst. Dies nicht zuletzt, weil unklar ist, ob Wittgensteins logische Atome tatsächlich eine physische Gestalt besitzen; an einer allerdings schwer verständlichen Stelle behauptet er, alle materiellen Eigenschaften würden erst durch die Verbindungen von Gegenständen gebildet: „Die Substanz der Welt [der Gegenstand] *kann* nur eine Form und keine materiellen Eigenschaften bestimmen. Denn diese werden erst durch die Sätze dargestellt – erst durch die Konfiguration der Gegenstände gebildet.

Beiläufig gesprochen: Die Gegenstände sind farblos" (T 2.0231–2.0232). Diese Stelle ist interessant, denn sie zeigt, daß die einfachen Gegenstände Wittgensteins Leibniz' Monaden sehr ähnlich sind: Beide werden als immaterielle Bestandteile der materiellen Welt aufgefaßt.

Wittgenstein selbst erkennt, wenn auch nur indirekt, an, daß das grundlegende Problem noch ungelöst ist: „Es ist offenbar, daß wir bei der Analyse der Sätze auf Elementarsätze kommen müssen, die aus Namen in unmittelbarer Verbindung bestehen. Es frägt sich hier, wie kommt der Satzverband zustande" (T 4.221). Gleichermaßen läßt sich auch fragen, wie der *Tatsachen*-Verband entsteht bzw. worin er eigentlich besteht.

3. Grenzen des Sinns und Sinn des Lebens

Die Entwicklung einer pluralistischen Metaphysik ist allerdings nicht das zentrale Anliegen des „Tractatus"; das Buch, so Wittgenstein im Vorwort, will „dem Denken eine Grenze ziehen, oder vielmehr – nicht dem Denken, sondern dem Ausdruck der Gedanken". Die sprach-ontologische Theorie des logischen Atomismus liefert ein klares Kriterium, um „Sinn" von „Unsinn" zu unterscheiden: Sinnvolle Sätze stellen mögliche Sachverhalte dar; alle anderen Kombinationen von Zeichen sind „Scheinsätze".

(1) Zur Klasse der genuinen Sätze gehören nach Wittgenstein *ausschließlich* die Aussagen der empirischen Wissenschaften; er geht so weit zu behaupten: „Die Gesamtheit der wahren Sätze ist die gesamte Naturwissenschaft (oder die Gesamtheit der Naturwissenschaften)" (T 4.11).

(2) Dagegen besteht die Logik aus Scheinsätzen; logische Aussagen sind Tautologien (T 6.1–6.11), und Tautologien sind immer wahr – unabhängig davon, wie die Welt beschaffen ist. Dies zeigt, daß sie „losgelöst" von der Welt sind und somit keinen faktischen Inhalt haben: Man hat in der Tat wenig gelernt, wenn man einsieht, daß der Satz „Es regnet, oder es regnet nicht" wahr ist. Dasselbe gilt für kontradiktorische Aussagen wie „Es regnet hier und jetzt, und es regnet nicht". Kontradiktionen und Tautologien sind keine „Bilder der Wirklichkeit" (T 4.462), und sie werden von Wittgenstein als „Grenzfälle" (T 4.466) jeder sinnvollen Zeichenverbindung aufgefaßt. Nach dieser Analyse müssen nämlich alle sinnvollen Sätze „kontingent" (bzw. nicht-notwendigerweise wahr oder falsch) sein: „Die Wahrheit der Tautologie ist gewiß, des Satzes möglich, der Kontradiktion unmöglich" (T 4.464). Obwohl unsinnig, sind logische Sätze also nützlich, denn sie zeigen, wie eine sinnvolle Aussage aufgebaut werden sollte; einen eigenen Gegenstandsbereich haben sie aber nicht.

(3) Schließlich gibt es eine große Klasse von Aussagen, die weder den empirischen Wissenschaften noch der Logik angehören. Diese Klasse enthält

alle Aussagen der traditionellen Philosophie – nicht nur metaphysische Aussagen über angebliche transzendente Realitäten (wie etwa über Gott oder die platonischen Formen), sondern auch Aussagen der Ethik, der Ästhetik und der Erkenntnistheorie. Wittgensteins Kritik der traditionellen Philosophie ist vernichtend: „Die meisten Sätze und Fragen, welche über philosophische Dinge geschrieben worden sind, sind nicht falsch, sondern unsinnig. Wir können daher Fragen dieser Art überhaupt nicht beantworten, sondern nur ihre Unsinnigkeit feststellen. Die meisten Fragen und Sätze der Philosophie beruhen darauf, daß wir unsere Sprachlogik nicht verstehen" (T 4.003).

Wittgenstein kommt zu dem Schluß, daß die Philosophie nicht als Lehre oder Doktrin verstanden werden soll: „Die Philosophie ist keine der Naturwissenschaften"; das Wort „Philosophie" „muß etwas bedeuten, was über oder unter, aber nicht neben den Naturwissenschaften steht" (T 4.111). Die Philosophie ist auch nicht eine Art Wissenschaft höherer Ordnung (wie etwa Quine später behaupten wird; s. Kap. XIV, 6); ihre Fragen unterscheiden sich grundlegend von jenen der Wissenschaft. Diese Fragen – nach der Natur des Guten, des Schönen, der Möglichkeit der Erkenntnis oder der Existenz Gottes – sind für Wittgenstein Versuche, den Sinn der menschlichen Existenz zu bestimmen; dabei handelt es sich offensichtlich *nicht* um empirische Tatsachen. Im Grunde sind solche Probleme auch keine genuinen Fragen, da die Antwort darauf nicht sinnvoll formuliert werden kann. So wie es Scheinsätze gibt, gibt es auch Scheinfragen: „Zu einer Antwort, die man nicht aussprechen kann, kann man auch die Frage nicht aussprechen. *Das Rätsel* gibt es nicht" (T 6.5).

Solange die Philosophie die eigene Natur nicht geklärt hat, ist sie zum ewigen Scheitern verurteilt. Da sie keine Lehre über die Welt sein kann, ist sie als Tätigkeit aufzufassen: „Der Zweck der Philosophie ist die logische Klärung der Gedanken. [...] Das Resultat der Philosophie sind nicht ‚philosophische Sätze', sondern das Klarwerden von Sätzen. Die Philosophie soll die Gedanken, die sonst, gleichsam, trübe und verschwommen sind, klar machen und scharf abgrenzen" (T 4.112). Wittgenstein weist hier den Philosophen eine positive wie eine negative Aufgabe zu. Einerseits soll der Philosoph logische Analysen genuiner Sätze liefern; damit würde er den Wissenschaftlern helfen, die Bedeutung ihrer eigenen Theorien (besser) zu verstehen. Andererseits übt er eine heilende Funktion aus; sollte jemand eine metaphysische Aussage machen, dann wäre es die Aufgabe des Philosophen, ihm zu zeigen, daß seine Worte keine Bedeutung besitzen (T 6.53).

Angesichts des wiederholten Scheiterns philosophischer Ambitionen ist eine solche Auffassung sehr attraktiv; nüchtern ist sie allerdings nicht, denn sie weist dem Philosophen die Rolle eines intellektuellen Zensors zu. Auch ist zu bezweifeln, daß die Wissenschaft tatsächlich die Hilfe der Philosophie benötigt; und es ist keineswegs klar, wieso die Scheinsätze der Philosophie von so vielen Menschen im Laufe einer langen Geschichte für sinnvoll gehalten worden sind. Kann man einer Theorie trauen, die zu dem Schluß führt, daß weder Aristoteles noch Thomas von Aquin, noch Leibniz wußten, was sie meinten, wenn sie die Existenz eines transzendenten Gottes zu beweisen versuchten?

Wittgenstein hätten solche Überlegungen allerdings nicht beeindruckt: „[D]ie Wahrheit der hier mitgeteilten Gedanken", schreibt er im Vorwort, „[scheint mir] unantastbar und definitiv. Ich bin also der Meinung, die Probleme [der Philosophie] im Wesentlichen endgültig gelöst zu haben." Es gibt jedoch trotzdem einen nicht zu übersehenden Haken in seiner Argumentation – als unmittelbare Konsequenz der Bild-Theorie des Satzes, nach der nur über mögliche oder aktuelle Tatsachen sinnvoll gesprochen werden kann. Nur Vereinigungen von Gegenständen lassen sich in der Sprache modellieren: Wie könnte es Wittgenstein bei dieser Vorgabe gelingen, seine Theorie von Sprache und Welt verständlich zu machen? Der logische Atomismus ist eine Theorie über die allgemeine Konstitution der Welt; die Bild-Theorie des Satzes handelt von den allgemeinen Bedingungen des sprachlichen Bezugs. Und keiner dieser Themenbereiche läßt sich als eine „Vereinigung von Gegenständen" in Wittgensteins Sinn auffassen. Fast alle Aussagen des „Tractatus" – so etwa ganz grundlegende Äußerungen wie „Die Welt ist die Gesamtheit der Tatsachen, nicht der Dinge" (T 1.1), „Die Gegenstände bilden die Substanz der Welt" (T 2.021) oder „Die Form ist die Möglichkeit der Struktur" (T 2.033) – sind keine empirischen Aussagen und müßten deshalb als unsinnig verworfen werden.

Um dieses Paradoxon zu vermeiden, hätte Wittgenstein einige seiner Grundannahmen revidieren oder sogar fallenlassen müssen. Etwa die ganze Bild-Theorie des Satzes, denn ihre Richtigkeit „leuchtet dem unbefangenen Auge"[17] kaum ein. Statt sich auf diesen Weg zu begeben, gestand er öffentlich ein, daß auch seine eigene Philosophie unsinnig ist: „Meine Sätze erläutern dadurch, daß sie der, welcher mich versteht, am Ende als unsinnig erkennt, wenn er durch sie – auf ihnen – über sie hinausgestiegen ist. (Er muß sozusagen die Leiter wegwerfen, nachdem er auf ihr hinaufgestiegen ist.) Er muß diese Sätze überwinden, dann sieht er die Welt richtig" (T 6.54). Dieses Bekenntnis überrascht und läßt die Frage aufkommen, was man nun von der Philosophie des „Tractatus" halten soll. Denn es ist nicht nur die traditionelle Auffassung der Philosophie als Lehre, die hier kritisiert wird, sondern auch – da sie von der unsinnigen Metaphysik des logischen Atomismus und der unsinnigen Bild-Theorie des Satzes abhängig ist – die neue Auffassung der Philosophie als logische Klärung der Gedanken.

Ist der „Tractatus" rettungslos inkonsistent, wie es Russell in seiner Einführung zur ersten englischen Übersetzung und später zahlreiche weitere namhafte Kommentatoren suggeriert haben?[18] Dieser Schluß läßt sich kaum vermeiden; es ist allerdings wichtig zu betonen, daß das Buch nicht nur als philosophische Abhandlung zu lesen ist, sondern auch als Bericht eines privaten dialektischen Aufstiegs: (1) Zuerst argumentiert Wittgenstein auf der Basis des logischen Atomismus und der Bild-Theorie des Satzes, daß die *traditionelle* Philosophie sinnlos sei. (2) In einem zweiten Schritt konzediert er, daß dasselbe auch für die eigene Theorie gilt. (3) Daraus schließt er, daß *jede mögliche* Philosophie scheitern wird; erst jetzt ist er in der Lage, wie er explizit betont, „die Welt richtig" zu sehen (T 6.54).

Was bedeutet es, diesen höheren Standpunkt errungen zu haben? Dies gehört zu jenen Dingen, „wovon man nicht sprechen kann" (T 7). Die sparsamen Aussagen Wittgensteins zeigen jedoch, daß ein Mensch, der so weit gelangt ist, nun imstande wäre, ein ehrlicheres, von philosophischen Täuschungen befreites Leben zu führen. Der Philosoph, der die dritte Stufe des im „Tractatus" nachgezeichneten spirituellen Weges erreicht hat, steht lediglich vor der Aufgabe, sein eigenes Leben zu meistern – wohl wissend, daß über das Mysterium der Existenz nicht sinnvoll gesprochen werden kann: „Die Lösung des Problems des Lebens merkt man am Verschwinden dieses Problems. (Ist nicht dies der Grund, warum Menschen, denen der Sinn des Lebens nach langen Zweifeln klar wurde, warum diese dann nicht sagen konnten, worin dieser Sinn bestand?)" (T 6.521).

Wittgensteins Philosophie entpuppt sich somit *auch* als eine „Anti-Philosophie", der „Tractatus" (der den Intuitionen Freges und Russells sehr vieles verdankt) *auch* als das Werk eines „post-analytischen" Denkers. Zwar schreibt Wittgenstein am Ende des Buches: „Die richtige Methode der Philosophie wäre eigentlich die: Nichts zu sagen, als was sich sagen läßt, also Sätze der Naturwissenschaft – also etwas, was mit Philosophie nichts zu tun hat –, und dann immer, wenn ein anderer etwas Metaphysisches sagen wollte, ihm nachzuweisen, daß er gewissen Zeichen in seinen Sätzen keine Bedeutung gegeben hat. Diese Methode wäre für den anderen unbefriedigend – er hätte nicht das Gefühl, daß wir ihn Philosophie lehrten – aber *sie* wäre die einzig streng richtige" (T 6.53). Diese Stelle kommt jedoch gerade unmittelbar *vor* jener anderen, an der Wittgenstein seine Philosophie mit einer Leiter vergleicht (T 6.54). Die Kunst der logischen Klärung der Gedanken ist also nur für denjenigen nützlich, der sich von metaphysischen Versuchungen noch nicht befreit hat und dem nun geholfen werden muß, diesen Schritt zu tun. Eine solche Tätigkeit auch danach auszuüben, wäre selbstverständlich legitim: Was könnte sie aber einem im Sinne von Wittgenstein schon befreiten Menschen noch bieten – außer vielleicht das raffinierte Vergnügen eines komplizierten logischen Spiels?[19]

Zweifellos enthält Wittgensteins Kritik auch ein Element der Verachtung gegenüber der Tradition – denn scheinbar meinten die Philosophen etwas verstanden zu haben, was sie nicht begreifen konnten. Wittgensteins Verhältnis zur traditionellen Philosophie ist allerdings alles andere als simpel und keineswegs so abwertend, wie es die scharfe Kritik der Unsinnigkeit aller philosophischen Aussagen erscheinen lassen könnte. Die Tatsache, daß die Philosophen die Logik der Sprache mißverstehen, erklärt nämlich noch nicht, wieso sie zu philosophieren anfingen. Im wichtigen „Vortrag über die Ethik" – einem fast autobiographischen Text, in dem die letzten Gedanken des „Tractatus" noch einmal aufgearbeitet werden – bespricht Wittgenstein einige jener Ur-Erfahrungen, die den Menschen dazu anspornen: Dabei nennt er das schiere Staunen über die Existenz der Welt, das religiöse Erlebnis der absoluten Sicherheit und jenes eines bedrückenden Schuldgefühls. Und in einem Gespräch mit Schlick soll er auch bemerkt haben: „Ich kann mir wohl denken, was Heidegger mit Sein und Angst meint."[20] Solchen Erfahrungen haftet wohl etwas an, das dem Menschen zugleich mysteriös und von absoluter Wichtigkeit erscheint, und die Philosophie ist ein zum Scheitern verurteilter Versuch, grundlegende Erlebnisse dieser Art zu deuten: „Es drängte mich", schreibt Wittgenstein mit Bezug auf die Metaphysik des logischen Atomismus, „gegen die Grenzen der Sprache anzurennen, und dies ist, glaube ich, der Trieb aller Menschen, die je versucht haben, über Ethik oder Religion zu schreiben oder zu reden. Dieses Anrennen gegen die Wände unseres Käfigs ist völlig und absolut aussichtslos [...] Doch es ist ein Zeugnis eines Dranges im menschlichen Bewußtsein, das ich für mein Teil nicht anders als hochachten kann und um keinen Preis lächerlich machen würde."[21]

Dies zeigt auch die Grenze von Wittgensteins Lob der empirischen Wissenschaft. Unsinnig wie die traditionelle Philosophie ist die Wissenschaft zwar nicht; aber über die allerwichtigsten menschlichen Erlebnisse vermag sie nichts zu sagen. Das absolute Vertrauen in ihre erklärende und vielleicht sogar rettende Kraft ist deshalb nicht angebracht. Ein solches Vertrauen ist nach Wittgenstein typisch für die moderne Welt; letztendlich kann es aber nur neue metaphysische Mythologien hervorbringen: „Der ganzen modernen Weltanschauung liegt die Täuschung zugrunde, daß die sogenannten Naturgesetze die Erklärungen der Naturerscheinungen seien. So bleiben sie bei den Naturgesetzen als bei etwas Unantastbarem stehen, wie die ältere bei Gott und dem Schicksal" (T 6.371–6.372).

Diese Bemerkungen zeigen, wie schwierig es ist, den „Tractatus" zu interpretieren. Denn das Buch läßt sich mit gleichem Recht als traditionelle philosophische Abhandlung, als Ankündigung einer neuen philosophischen Epoche, als Abschied von jeder Form des Philosophierens, als versteckte Biographie – und schließlich auch als scharfe Kritik an der zeitgenössischen szientistischen Kultur verstehen. Diese Komplexität nicht zu berücksichtigen hieße, den tiefen humanistischen Geist der darin enthaltenen Philosophie zu verkennen.

4. Nachgedanken

Nach dem „Tractatus“ sind die „Philosophischen Untersuchungen“ Wittgensteins zweites Meisterwerk. Er vertritt hier nach wie vor die Überzeugung, daß die Philosophie sich ernsthaft mit der Natur der Sprache befassen müsse; sein Ansatz hat sich aber radikal geändert. Statt sich mit einer idealen logischen Sprache zu beschäftigen, richtet er seine Aufmerksamkeit nun auf die Funktionsweise unserer Alltagssprache. Er versucht auch nicht mehr, diese Funktionsweise zu erklären; er begnügt sich damit, ihre Rolle in den verschiedenen Situationen des Lebens zu beschreiben: „Es darf nichts Hypothetisches in unsern Betrachtungen sein. Alle *Erklärung* muß fort, und nur Beschreibung an ihre Stelle treten“ (PU § 109).

Diese Neuorientierung fand in der ersten Hälfte der 1930er Jahre statt. Doch wie kam es dazu? Im „Tractatus“ hatte Wittgenstein anerkannt, „den großartigen Werken Freges und meines Freundes Bertrand Russell“ viel zu verdanken. Im Vorwort der „Philosophischen Untersuchungen“ nennt er nun den britischen Mathematiker Frank Ramsey und den italienischen Ökonomie-Professor Piero Sraffa als seine wichtigsten Inspiratoren.

Ramsey, der den „Tractatus“ ins Englische übersetzt und 1923 eine kluge Rezension geschrieben hatte, zwang Wittgenstein, tiefer über die offenen Fragen seines Werks nachzudenken. Wittgenstein hatte argumentiert, die Sprache der Logik bestehe aus nicht weiter zerlegbaren atomaren Elementarsätzen, die sich zu komplexeren molekularen Sätzen verbinden lassen. Der Wahrheitswert eines molekularen Satzes wurde als Funktion der Werte der in ihm vorkommenden Elementarsätze aufgefaßt und konnte daher auf mechanische, algorithmische Weise berechnet werden. Für die Elementarsätze gab es dagegen keine Berechnungsprozedur: Um den Wahrheitswert eines Elementarsatzes zu bestimmen, müßte man ihn direkt mit der Wirklichkeit vergleichen. Hätte man den Wahrheitswert eines Elementarsatzes auch aus dem Wahrheitswert eines anderen Elementarsatzes ableiten können? Wittgenstein bestritt diese Möglichkeit: Alle Elementarsätze waren voneinander logisch unabhängig. Die Tatsache, daß ein Elementarsatz wahr oder falsch ist, hatte keine Folge für die Wahrheit oder Falschheit eines anderen Elementarsatzes. Dies bedeutete auch, daß Elementarsätze sich nicht widersprechen können, denn sonst könnte man aus der Wahrheit des einen Satzes auf die Falschheit des anderen schließen: „Ein Zeichen des Elementarsatzes ist es, daß kein Elementarsatz mit ihm in Widerspruch stehen kann“ (T 4.211).

Die These der logischen Unabhängigkeit der Elementarsätze ist aber alles andere als unproblematisch. Man betrachte zum Beispiel zwei Sätze wie „A ist rot“ und „A ist blau“, die offenbar nicht gleichzeitig wahr sein können. Wittgenstein hatte diesen Fall im „Tractatus“ anerkannt (T 6.3751), daraus aber den Schluß gezogen, daß weder „A ist rot" noch „A ist blau" Elementarsätze seien. Wäre man imstande, diese zwei Sätze mit Hilfe einer perfekten logischen Sprache vollständig zu analysieren, würde man merken, wie komplex ihre innere Artikulation eigentlich ist. Schon 1917 hatte Wittgenstein dazu in den Tagebüchern notiert: „Ist das logische Produkt zweier Sätze eine Kontradiktion, und die Sätze scheinen Elementarsätze zu sein, so sieht man, daß in diesem Fall der Schein trügt (z. B.: A ist rot und A ist grün)."[22]

In der Perspektive der Philosophie des „Tractatus" ist diese Antwort korrekt. Glaubwürdig ist sie allerdings nicht: Wittgenstein hält sie nur für befriedigend, weil er die These der logischen Unabhängigkeit von Elementarsätzen auf jeden Fall retten will. Die Aufzeichnungen der Gespräche mit einigen Mitgliedern des Wiener Kreises aus den Jahren 1929–1931 zeigen, daß er selbst dies letztlich einsah. Schließlich gab er nicht nur die These der logischen Unabhängigkeit, sondern seine gesamte Theorie der Sprache auf: „Ich habe einmal geschrieben: ‚Der Satz ist wie ein Maßstab an die Wirklichkeit angelegt. Nur die äußersten Teilpunkte berühren den zu messenden Gegenstand'. Ich möchte jetzt lieber sagen: Ein *Satzsystem* ist wie ein Maßstab an die Wirklichkeit angelegt [...] Ein [...] ganzes Satzsystem [...] wird mit der Wirklichkeit verglichen, nicht ein einzelner Satz. Wenn ich z. B. sage: Der und der Punkt im Gesichtsfeld ist *blau*, so weiß ich nicht nur das, sondern auch, daß der Punkt nicht grün, nicht rot, nicht gelb usw. ist. Ich habe die ganze *Farbenskala* auf einmal angelegt [...] Ich habe all das bei der Abfassung meiner Arbeit noch nicht gewußt."[23]

Mit anderen Worten: Wittgenstein hatte bemerkt, daß die Sprache nicht aus atomaren Entitäten (Elementarsätzen, Namen) besteht. Ihre Bestandteile sind eher ganze Begriffs-Systeme, die immer in ihrer Totalität zur Anwendung kommen. Ein Satz wie „A ist rot" hat Sinn, nicht weil die in ihm enthaltenen logischen Namen Gegenstände benennen, sondern vor dem Hintergrund eines breiteren Systems logisch koordinierter Sätze („A ist nicht blau" usw.). Dasselbe gilt für eine Vielzahl anderer Aussagen der Alltagssprache: „A ist 2 m hoch" schließt zum Beispiel aus, daß A auch weniger als 1 m hoch sein kann; „A liegt auf dem Tisch" schließt aus, daß A auch auf dem Stuhl liegen kann.

Solche Beispiele lassen sich mühelos vervielfachen. Die Entdeckung, daß es Systeme gibt, führte somit zum Kollaps der Theorie der Elementarsätze, die man mit Hilfe der logischen Analyse aufstellen zu können meinte. In seinen Gesprächen mit einigen Vertretern des Wiener Kreises bekannte sich Wittgenstein diesbezüglich des „Dogmatismus" schuldig: „An einer dogmatischen Darstellung kann man erstens aussetzen, daß sie gewissermaßen arrogant ist. Aber das ist noch nicht das Schlimmste. Viel gefährlicher ist ein anderer Irrtum, der auch mein ganzes Buch durchzieht, das ist die Auffassung, als gäbe es Fragen, auf die man später einmal eine Antwort finden werde. Man hat das Resultat zwar nicht, denkt aber, daß man den Weg habe, auf dem man es finden werde. So habe ich z. B. geglaubt, daß es die Aufgabe der logischen Analyse ist, die Elementarsätze aufzufinden."[24] Wittgenstein hatte also exakt jenen Fehler gemacht, den er der gesamten philosophischen Tradition vorwarf: Denn einerseits hatte er im „Tractatus" darauf bestanden, daß die Philosophie keine Naturwissenschaft sei, andererseits vertrat er die Vorstellung, daß die Philosophie die letzten Konstituenten der idealen Sprachen – und somit auch der Welt – entdecken könne. Dies ist zwar eigentlich nur eine andere Art, die grundlegende Inkonsistenz des „Tractatus" zu sehen; neu ist aber, daß Wittgenstein bereit ist, diese Schwierigkeit als echten Widerspruch anzuerkennen – d. h. als einen, der nicht durch einen dialektischen Sprung umgangen werden kann, sondern eine grundlegende Revision der fundamentalsten Annahmen des „Tractatus" erfordert.

Während Ramseys technische Einwände dafür verantwortlich sind, daß Wittgenstein die Probleme seiner Theorie klar sah, ist der Einfluß Sraffas eher methodologischer Natur. Eine bekannt gewordene Anekdote illustriert dies vorzüglich: Wittgenstein hatte im „Tractatus" behauptet, daß ein Satz immer dieselbe logische Form wie der dargestellte Sachverhalt haben müsse, um ihn abbilden zu können. Sraffa soll ihn dann aufgefordert haben, die logische Form einer typischen neapolitanischen Geste zu zeigen. Da soll Wittgenstein verstanden haben, wie wenig seine Bild-Theorie des Satzes mit der konkreten Form der menschlichen Kommunikation eigentlich zu tun hatte. Die Ausdrücke unserer Sprache, dies der Punkt von Sraffas Aufforderung, existieren immer innerhalb eines breiteren sozio-kulturellen Kontextes: Nur innerhalb einer allgemeinen menschlichen Praxis – und nicht aufgrund ihrer abbildenden Eigenschaften – erhalten sie eine Bedeutung.

Anfangs der 1930er Jahre neigt Wittgenstein immer noch zu einer formalistischen, von der Logik und der Mathematik beeinflußten Auffassung der Sprache. Zwar hat er die Vorstellung aufgegeben, daß die logische Sprache die echte Struktur des Denkens und der Wirklichkeit spiegle. Aber er schreibt: „Wir betrachten die Sprache *unter dem Gesichtspunkt* des Spieles nach festen Regeln."[25] Die gewöhnliche Sprache, die nun sozusagen rehabilitiert worden ist, wird nach dem Modell eines formal logischen Kalküls verstanden, in dem die Bedeutung eines Satzes von einem System klar definierter Regeln bestimmt ist. Und wenn die Sprache mit einem Spiel verglichen wird, dann ist es das Schachspiel, das als Beispiel dient, und nicht etwa das spontane Spiel zweier Kinder, die Steine ins Wasser werfen: „Ein Name hat Bedeutung, der Satz hat Sinn im Kalkül welchem er angehört [...] Die Bedeutung ist die Rolle die das Wort im Kalkül spielt."[26]

Diese rigide Auffassung lockert sich später allmählich. In den Schriften der ersten Hälfte der 1930er Jahre wird der Vergleich mit einem Kalkül weniger gebraucht, um die Analogie mit der Sprache hervorzuheben, als um die Unterschiede zu markieren. Im „Blauen Buch" etwa bemerkt Wittgenstein: „Denn bedenke, daß wir im allgemeinen die Sprache nicht nach strengen Regeln gebrauchen – man hat sie uns auch nicht nach strengen Regeln gelehrt. Andererseits vergleichen *wir* in unsern Diskussionen die Sprache beständig mit einem Kalkül, der sich nach exakten Regeln vollzieht."[27] Um die Natur der Sprache tatsächlich zu verstehen, so Wittgenstein, müßte man ihre konkreten Anwendungen betrachten: „In der Praxis gebrauchen wir die Sprache sehr selten als einen derartigen Kalkül. Nicht nur, daß wir nicht an Regeln des Gebrauchs – Definitionen etc. – denken, wenn wir die Sprache gebrauchen; in den meisten Fällen sind wir nicht einmal fähig, derartige Regeln anzugeben, wenn wir danach gefragt werden. Wir sind unfähig, die Begriffe, die wir gebrauchen, klar zu umschreiben; nicht, weil wir ihre wirkliche Definition nicht wissen, sondern weil sie keine wirkliche ‚Definition' haben."[28]

Im sogenannten „Braunen Buch" – das als eine erste Version der „Philosophischen Untersuchungen" verstanden werden kann – geht Wittgenstein schließlich noch einen Schritt weiter. Hier gibt es für ihn weniger eine Sprache als eine Vielzahl von Sprachgebräuchen. Manchmal sind solche Gebräuche streng geregelt, manchmal nicht; es ist dann die gesamte Praxis, die einem Ausdruck seine Bedeutung verleiht. Auch die These der Einheit der Sprache wird fallengelassen; was wir „Sprache" nennen, ist kein Kalkül, sondern eine Ansammlung von „Sprachspielen": „Wir betrachten aber die Sprachspiele nicht als die Fragmente eines Ganzen ‚*der* Sprache', sondern als in sich geschlossene Systeme der Verständigung, als einfache, primitive Sprachen."[29] Wittgenstein hat hier den „anthropologischen" Standpunkt – oder, wie er sagt, „die ethnologische Betrachtungsweise"[30] – seiner späteren Philosophie erreicht: Das Studium der Sprache kann nicht abgesondert werden vom Studium jener Lebensformen, innerhalb deren sie vorkommt.

Wie lassen sich aber Lebensformen studieren? Wittgenstein beantwortet diese Frage in seiner Kritik von Frazers damals sehr bekanntem Buch „The Golden Bough" (1890). Wittgenstein kritisiert Frazer scharf, weil dieser die religiösen und magischen Riten primitiver Stämme nur als Pseudo-Wissenschaften deuten kann. In seinem Versuch, diese Praktiken zu erklären, verliert Frazer offensichtliche Tatsachen aus den Augen: „Der selbe Wilde, der, anscheinend um seinen Feind zu töten, dessen Bild durchsticht, baut seine Hütte aus Holz wirklich und schnitzt seinen Pfeil kunstgerecht und nicht in effigie."[31] Dieses Verhalten wäre offensichtlich absurd, wenn dieser Mensch an die Magie glauben würde, wie man an eine wissenschaftliche Theorie glaubt. Die angestrengte Suche nach einer Erklärung kann uns nach Wittgensteins Überzeugung leicht verblenden; statt dessen ist es manchmal besser, die Tatsachen lediglich festzustellen: „Nur *beschreiben* kann man hier und sagen: so ist das menschliche Leben."[32]

Was der Forscher schärfen muß, ist also der Blick für Strukturen und Zusammenhänge; statt Theorien aufzustellen, muß er versuchen, das vorhandene Tatsachenmaterial in einer „übersichtlichen Darstellung"[33] zu gruppieren. Wie es bei Wittgenstein oft der Fall ist, haben diese methodologischen Anweisungen eine persönliche Konnotation: „Welche Enge des seelischen Lebens bei Frazer!“[34], schreibt er – und es wäre sicherlich nicht verfehlt, diese Worte auch als implizite Kritik am Autor des „Tractatus“ aufzufassen.

5. Bedeutung, Gebrauch, Sprachspiele

Der Prozeß der kritischen Revision der Philosophie des „Tractatus“ findet seinen deutlichsten Niederschlag in den „Philosophischen Untersuchungen“.[35] Das Buch entstand in den Jahren 1936–1945 und besteht aus einer Reihe kurzer Paragraphen, in denen typischerweise ein fiktives Gespräch zwischen einem dogmatischen und einem skeptischen, eher zweifelnden als behauptenden Denker dargestellt wird. Viele Paragraphen befassen sich mit demselben Thema, und selten wird explizit ein Schluß gezogen.

Im Gegensatz zum „Tractatus“ sind die „Philosophischen Untersuchungen“ kein systematisches Werk. Dies ist kaum zufällig und entspricht präzis der neuen Orientierung von Wittgensteins Denken. Einerseits ist die Alltagssprache viel zu komplex, als daß sie durch eine einheitliche Theorie ein für allemal erfaßt werden könnte. Man muß sich mit „lokalen“, beschränkten Beobachtungen zufriedengeben: „Die philosophischen Bemerkungen dieses Buches“ – liest man im Vorwort – „sind gleichsam eine Menge von Landschaftsskizzen, die auf diesen langen und verwickelten Fahrten entstanden sind.“ Andererseits will der Verfasser der „Philosophischen Untersuchungen“ nicht belehren, sondern den Lesern helfen, die eigenen Vorurteile über die Natur und die Funktionsweise der Sprache zu revidieren. Das Buch soll zum Selbstdenken provozieren: „Ich möchte nicht mit meiner Schrift Andern das Denken ersparen. Sondern, wenn es möglich wäre, jemand zu eigenen Gedanken anregen.“

Die „Philosophischen Untersuchungen“ beginnen mit einer Stelle aus Augustinus' „Bekenntnissen“, an der der Kirchenvater erklärt, wie er als Kind die Sprache erlernte: „Nannten die Erwachsenen irgend einen Gegenstand und wandten sie sich dabei ihm zu, so nahm ich das wahr und begriff, daß der Gegenstand durch die Laute, die sie aussprachen, bezeichnet wurde, da sie auf *ihn* hinweisen wollten“ (PU § 1). In diesem scheinbar trivialen Bild der Sprache, so Wittgenstein, „finden wir die Wurzel der Idee: Jedes Wort hat eine Bedeutung. Diese Bedeutung ist dem Wort zugeordnet. Sie ist der Gegenstand, für welchen das Wort steht“ (PU § 1). Implizit in Augustinus' Darstellung ist die Idee, daß die Sprache aus Namen besteht. Man kann sich zwei Bauarbeiter vorstellen, von denen einer dem anderen die Bausteine zuzureichen hat. Der zweite könnte also je nach Bedürfnis die Worte „Würfel“,

„Säule“, „Platte“ oder „Balken“ ausrufen (PU § 2). Eine solche Sprache ist nach Wittgenstein nicht unmöglich; sie könnte aber nur eine sehr beschränkte Anwendung haben: „Augustinus beschreibt, könnten wir sagen, ein System der Verständigung; nur ist nicht alles, was wir Sprache nennen, dieses System“ (PU § 3).

Das augustinische Bild ist eine massive Vereinfachung der enormen Kraft und Vielfalt der Sprache: Was wir mit der Sprache machen (bzw. machen können), ist viel mehr, als Gegenstände zu bezeichnen. Man könnte den kommunikativen Vorgang zwischen den beiden Bauarbeitern im obigen Beispiel als eine einfache Art von „Sprachspiel“ bezeichnen – also als eine menschliche Tätigkeit, in die die Sprache auf wesentliche Weise involviert ist (PU § 23). Man muß aber auch anerkennen, daß es zahlreiche andere Sprachspiele gibt, wie an folgenden Beispielen sofort sichtbar wird: „Befehlen, und nach Befehlen handeln – Beschreibung eines Gegenstandes nach dem Ansehen, oder nach Messungen – Herstellen eines Gegenstandes nach einer Beschreibung (Zeichnung) – Berichten eines Hergangs – Über den Hergang Vermutungen anstellen – Eine Hypothese aufstellen und prüfen – Darstellen der Ergebnisse eines Experiments durch Tabellen und Diagramme – Eine Geschichte erfinden; und lesen – Theater spielen – Reigen singen – Rätsel raten – Einen Witz machen; erzählen – Ein angewandtes Rechenexempel lösen – Aus einer Sprache in die andere übersetzen – Bitten, Danken, Fluchen, Grüßen, Beten“ (PU § 23).

Diese lange (aber alles andere als vollständige) Liste zeigt, daß die Sprache eine Vielzahl von Funktionen hat; die Bezeichnung von Gegenständen ist nur eine davon. Augustinus' Fehler besteht darin, angenommen zu haben, daß diese Funktion paradigmatisch für die ganze Funktionsweise der Sprache sei: „Als ob es nur Eines gäbe, was heißt: ‚von Dingen reden‘. Während wir doch das Verschiedenartigste mit unsern Sätzen tun. Denken wir allein an die Ausrufe. Mit ihren ganz verschiedenen Funktionen. Wasser! Fort! Au! Hilfe! Schön! Nicht! Bist du nun noch geneigt, diese Wörter ‚Benennungen von Gegenständen‘ zu nennen?“ (PU § 27)

Die Einführung des Begriffes „Sprachspiel“ ermöglicht einen neuen Zugang zum Problem der Natur der Bedeutung. Wenn man Worte als Namen auffaßt, dann ist man – wie Augustinus – geneigt, die Bedeutung mit dem bezeichneten Gegenstand zu identifizieren. Innerhalb der neuen Konzeption eines Sprachspieles dagegen lassen sich Worte mit Instrumenten zum Erreichen eines bestimmten Zwecks vergleichen: „Denk an die Werkzeuge in einem Werkzeugkasten: es ist da ein Hammer, eine Zange, eine Säge, ein Schraubenzieher, ein Maßstab, ein Leimtopf, Leim, Nägel und Schrauben. – So verschieden die Funktionen dieser Gegenstände, so verschieden sind die Funktionen der Wörter“ (PU § 11). Daß ein Wort (oder sonstiger Ausdruck) eine Bedeutung hat, hängt in dieser neuen Auffassung nicht mehr davon ab, ob es tatsächlich auch einen Referenten hat (d. h. ob das Wort etwas bezeichnet), sondern davon, ob es in einem gewissen Sprachspiel eine *Verwendung* hat.

Bei der Bestimmung der Bedeutung eines Ausdrucks geht es also um die Bestimmung seines *Gebrauchs* („Die Bedeutung eines Wortes ist sein Gebrauch in der Sprache"; PU § 43), nicht in erster Linie um die Identifikation eines Referenten. Dies macht Wittgenstein deutlich in seinen Überlegungen über die Funktionsweise der ostensiven (hinweisenden) Definition. Wenn jedes Wort tatsächlich ein Name wäre, dann müßte man, um seine Bedeutung zu erklären, einfach das bezeichnete Ding vorführen: Um einem Kind zu erklären, was „rot" heißt, würde es reichen, mit dem Finger auf ein rotes Objekt zu weisen und gleichzeitig das Wort „rot" auszusprechen. Diese Theorie entspricht der oben zitierten Vorstellung von Augustinus – und Wittgenstein bestreitet nicht, daß es möglich ist, die Bedeutung einzelner Wörter auf diese Weise zu lernen. Dies kann aber nicht der erste Schritt beim Erlernen einer Sprache sein. Woher soll nämlich ein Kind, dem z. B. ein roter Ball gezeigt wird, wissen, daß mit dem Wort „rot" eine *Farbe* und nicht eine *Form* oder eine *Art* von Gegenständen gemeint ist? Damit die ostensive Definition erfolgreich sein kann, müßte das Kind bereits wissen, wie ein Wort wie „rot" üblicherweise verwendet wird, es müßte das Spiel der Sprache gewissermaßen schon beherrschen: „Man könnte also sagen: Die hinweisende Definition erklärt den Gebrauch – die Bedeutung – des Wortes, wenn es schon klar ist, welche Rolle das Wort in der Sprache überhaupt spielen soll" (PU § 30). Wie Wittgenstein scharfsinnig bemerkt: Augustinus beschreibt „das Lernen der menschlichen Sprache so, als käme das Kind in ein fremdes Land und verstehe die Sprache des Landes nicht; das heißt: so als habe es bereits eine Sprache, nur nicht diese" (PU § 32).

Die Kritik an Augustinus' Auffassung der Sprache ist nicht als Kritik seiner Philosophie aufzufassen, sondern eher als Kritik an einer allgemeinen philosophischen Tendenz, der Faszination eines gewissen Bildes vom Wesen der Sprache zu erliegen. Wittgenstein selbst ist von diesem Bild in die Irre geführt worden, denn nach der Theorie des „Tractatus" besteht die Sprache aus logischen Namen, die Bezeichnungen für einfache Gegenstände sind: „Die im Satze angewandten einfachen Zeichen heißen Namen. Der Name bedeutet den Gegenstand. Der Gegenstand ist seine Bedeutung [...]" (T 3.202–3.203). Diese Idee ist für die Philosophie des „Tractatus" grundlegend. Denn nur wenn es Namen gibt, ist es möglich, einen Satz (eine Kombination von Namen) als Modell eines möglichen Sachverhaltes aufzufassen.

In den „Philosophischen Untersuchungen" reflektiert Wittgenstein explizit zahlreiche Aspekte seiner frühen Sprachphilosophie. Er betrachtet zum Beispiel einen Satz wie „Herr N. N. ist gestorben". Da N. N. gestorben ist, hat der Ausdruck „N. N." keinen Träger mehr (PU § 40). Soll man deshalb schließen, daß „N. N." keine Bedeutung mehr hat? Da dies absurd wäre (wir verstehen sehr wohl, was es heißt, daß Napoleon gestorben ist), ist man nun gezwungen, zwischen scheinbaren grammatikalischen Namen („N. N.“, „Napoleon“) einerseits und genuinen logischen Namen andererseits zu unterscheiden. Im „Tractatus“ konnte Wittgenstein kein einziges Beispiel für logische Namen nennen; dennoch meinte er, auf ihre Existenz schließen zu müssen. Ein solcher Zwang besteht allerdings nur, wenn man sich bereits auf die These festgelegt hat, daß die Bedeutung eines Wortes ein Gegenstand sei. Diese fragwürdige – und nun verworfene – Annahme wurde im früheren Werk von Wittgenstein als selbstverständlich vorausgesetzt.

Die dogmatische Haltung der Philosophie des „Tractatus“ zeigte sich auch darin, daß Wittgenstein glaubte, einfache Gegenstände als Korrelate für die einfachen logischen Namen postulieren zu müssen. Die Existenz solcher Gegenstände konnte aber weder behauptet noch bestritten werden: Denn wenn „a“ der Name eines solchen Gegenstandes ist, dann ist die Aussage „a existiert“ eine Tautologie und die Aussage „a existiert nicht“ ein Widerspruch. Tautologien und Widersprüche gelten aber im „Tractatus“ als sinnlose „Scheinsätze“ (s. oben § 3). Diese Position ist zwar nicht sehr plausibel; Wittgenstein hielt aber dennoch an ihr fest: „Die Forderung der Möglichkeit der einfachen Zeichen“, so liest man im „Tractatus“, „ist die Forderung der Bestimmtheit des Sinnes“ (T 3.23). Mit anderen Worten: Damit ein Ausdruck einen bestimmten Sinn haben kann, muß er als Kombination einfacher Namen analysiert werden; und damit jeder einfache Name eine bestimmte Bedeutung haben kann, muß er einen einfachen, nicht weiter zerlegbaren Gegenstand bezeichnen.

Wieso sollte man am Postulat der Bestimmtheit des Sinnes auf so rigide Weise festhalten? Wittgenstein weist in den „Philosophischen Untersuchungen“ mehrmals darauf hin, daß die absolute semantische Genauigkeit ein Ideal sei, das wenig mit der konkreten Beschaffenheit der Sprache zu tun hat. Viele Ausdrücke der Alltagssprache werden ohne feste Bedeutung benutzt. Ein Beispiel ist nach Wittgenstein das Wort „Moses“: Was meinen wir, wenn wir von ihm sprechen? Nach Russell schweben uns mehrere verschiedene Beschreibungen vor – etwa „der Mann, welcher die Israeliten durch die Wüste geführt hat“ oder „der Mann, welcher als Kind von der Tochter des Pharaos aus dem Nil gezogen wurde“ (PU § 79). Wir können nicht sagen, daß *eine* dieser Beschreibungen oder eine bestimmte Gruppe davon *die* Bedeutung dieses Namens eindeutig wiedergeben würde.

Viele Begriffe der Alltagssprache haben eine „offene“ Struktur – d. h., sie sind nur teilweise bestimmt und lassen sich je nach Bedarf ergänzen. Wittgenstein illustriert diesen Fall am hypothetischen Beispiel eines verschwindenden Stuhles: „Ich sage ‚Dort steht ein Sessel‘. Wie, wenn ich hingehe und ihn holen will, und er entschwindet plötzlich meinem Blick? – ‚Also war es kein Sessel, sondern irgend eine Täuschung.‘ – Aber in ein paar Sekunden sehen wir ihn wieder und können ihn angreifen“ (PU § 80). Darf man so etwas noch „Sessel“ nennen? Obwohl wir das Wort „Sessel“ sinnvoll gebrauchen, besitzen wir keine eindeutigen Kriterien, die es möglich machen, diese Frage zu beantworten. Solche Kriterien sind noch nicht geschaffen worden; das Wort „Sessel" ist deswegen aber nicht als sinnlos zu brandmarken.

Anscheinend ist Kommunikation trotz Fehlens einer vollen Bestimmtheit des Sinnes möglich. Die Möglichkeit der sinnvollen Anwendung der Sprache ist also nicht an die Existenz einfacher Gegenstände gebunden. Die Vorstellung absolut einfacher Gegenstände ist nach Wittgenstein aber auch aus anderen Gründen fraglich. Worte wie „einfach" und „komplex" werden immer in einem bestimmten Kontext bzw. in einem bestimmten Sprachspiel angewendet. Manchmal kann man von einem Sessel als einer Einheit sprechen (z. B. wenn man ihn benutzen will und fragt „Ist dieser Sessel frei?"), manchmal faßt man ihn als Komplex auf (z. B. wenn man einen Sessel zur Reparatur bringt und sagt „Das Bein vorne links ist kaputt"). Die Frage, ob es in einem absoluten Sinne des Wortes „einfache" Gegenstände gibt, ist nach Wittgenstein nicht legitim: „*Außerhalb* eines bestimmten Spiels zu fragen ‚Ist dieser Gegenstand zusammengesetzt?', das ist ähnlich dem, was einmal ein Junge tat, der angeben sollte, ob die Zeitwörter in gewissen Satzbeispielen in der aktiven, oder in der passiven Form gebraucht seien, und der sich nun darüber den Kopf zerbrach, ob z. B. das Zeitwort ‚schlafen' etwas Aktives oder etwas Passives bedeute" (PU § 47).

Begriffe wie „einfach" und „komplex" werden bedeutungslos, wenn sie außerhalb eines bestimmten Sprachspiels benutzt werden: Diese These betrifft nicht nur die Philosophie des frühen Wittgenstein, sondern die ganze westliche metaphysische Tradition. Wieso konnte die Frage „Gibt es eine oder mehrere Substanzen (bzw. einfache Prinzipien der Wirklichkeit)?" nie beantwortet werden? Die Antwort ist lediglich, daß eine solche Frage sinnlos ist. Der Metaphysiker benutzt die Worte der Alltagssprache außerhalb jenes Anwendungsbereichs, in dem sie ihre „Heimat" haben, weshalb sie ihre Bedeutung verlieren: „Wozu [...] sind diese Wörter nun zu brauchen? Es fehlt das Sprachspiel, worin sie anzuwenden sind" (PU § 96).

Alle philosophischen Fragen beruhen nach Wittgenstein auf einem ähnlichen Mißverständnis; isoliert von ihrem gewohnten Kontext (oder in einen anderen versetzt), verkommen unsere Ausdrucksweisen zu leer laufenden Rädern, die nicht mehr richtig greifen können. Seine sprachlichen Untersuchungen haben daher einen therapeutischen Zweck: „*Wir* führen die Wörter von ihrer metaphysischen, wieder auf ihre alltägliche Verwendung zurück" (PU § 116). Sollte eine solche Therapie gelingen, werden wir nie mehr das Bedürfnis verspüren, philosophische Fragen zu beantworten. Wir können also geistige Klarheit und innere Ruhe erlangen, indem wir uns bewußt werden, daß die Fragen der Philosophie nur eine scheinbare Tiefe besitzen und gar nicht zu beantworten sind: „[D]ie Klarheit, die wir anstreben, ist [...] eine *vollkommene*. Aber das heißt nur, daß die philosophischen Probleme *vollkommen* verschwinden sollen" (PU § 133). Das Verschwinden der alten Fragen – und also der als Antworten erarbeiteten philosophischen Systeme – muß man allerdings nicht bedauern: „[E]s sind nur Luftgebäude, die wir zerstören, und wir legen den Grund der Sprache frei, auf dem sie standen“ (PU § 118).

Diese Ablehnung der traditionellen Auffassung der Philosophie als konstruktives Unterfangen unterscheidet sich in ihrer Radikalität kaum von jener des „Tractatus“. Wittgenstein betont noch einmal, daß eine philosophische Frage kategorial anders ist als eine wissenschaftliche; wie er es im „Blauen Buch“ formuliert, ist eine philosophische Frage „ein Durcheinander, das wir als ein Problem“[36] empfinden.

Die Begründung dieser Kritik der herkömmlichen Philosophie hat sich nun aber stark verändert und verfeinert. Offensichtlich steht und fällt Wittgensteins neuer Ansatz mit der These, daß die Sprache keine verborgene logische Struktur hat, sondern aus „Sprachspielen“ besteht, deren Funktionsweisen wir im Prinzip gut kennen, da wir ständig daran teilhaben. Nun liefert Wittgenstein zahlreiche Beispiele von Sprachspielen; eine eindeutige Definition davon bietet er jedoch nicht. Man könnte ihm also mit seinen eigenen Worten vorhalten: „Du machst dir's leicht! Du redest von allen möglichen Sprachspielen, hast aber nirgends gesagt, was dann das Wesentliche des Sprachspiels, und also der Sprache, ist“ (PU § 65).

Was also sind Sprachspiele? Diese Frage läßt sich nach Wittgenstein nicht direkt beantworten. Sie ist auch nur sinnvoll unter der Annahme, alle Sprachspiele besäßen eine gemeinsame Natur, die in einer eindeutigen Definition ausgedrückt werden kann. Entgegen dieser Vorstellung lassen sich Sprachspiele nach Wittgenstein nicht definieren: Zwischen den verschiedenen Tätigkeiten, die wir mittels der Sprache ausführen, lassen sich zwar viele Ähnlichkeiten feststellen; es gibt jedoch keinen Nukleus von Eigenschaften, die sie alle gleichzeitig besitzen. Wittgenstein illustriert seine Position durch eine kurze, aber beeindruckende Erörterung des Begriffs „Spiel“: „Betrachte z. B. einmal die Vorgänge, die wir ‚Spiele' nennen. Ich meine Brettspiele, Kartenspiele, Ballspiel, Kampfspiele, usw. Was ist allen diesen gemeinsam? – Sag nicht: Es *muß* ihnen etwas gemeinsam sein, sonst hießen sie nicht ‚Spiele' – sondern *schau*, ob ihnen etwas gemeinsam ist. – Denn wenn du sie anschaust, wirst du zwar nicht etwas sehen, was *allen* gemeinsam wäre, aber du wirst Ähnlichkeiten, Verwandtschaften, sehen, und zwar eine ganze Reihe“ (PU § 66).

Statt über eine empirisch nicht gegebene gemeinsame Wesenheit zu spekulieren, so Wittgenstein, wäre es hier besser, von „Familienähnlichkeiten“ zu sprechen: „[D]enn so übergreifen und kreuzen sich die verschiedenen Ähnlichkeiten, die zwischen den Gliedern einer Familie bestehen: Wuchs, Gesichtszüge, Augenfarbe, Gang, Temperament, etc. etc. – Und ich werde sagen: die ‚Spiele' bilden eine Familie“ (PU § 67). So wenig wie es ein Wesen des Spiels gibt, so wenig gibt es ein definierbares Wesen der Sprachspiele und letztendlich auch der Sprache.

Diese Bemerkungen sind noch einmal als Kritik an der Philosophie des

„Tractatus" aufzufassen. Wittgenstein hatte dort sehr wohl an ein „Wesen" der Sprache geglaubt und dies in der These ausgedrückt, daß jeder sinnvolle Satz einen möglichen Sachverhalt spiegeln muß. Im Visier der Kritik steht nun aber auch die Idee Platos, es sei die eigentliche Aufgabe des Philosophen, die Essenz des Guten, des Schönen und der Gerechtigkeit zu definieren. Die falsche Annahme, daß alle Dinge, die durch einen gemeinsamen Namen bezeichnet werden, auch eine gemeinsame *Natur* besitzen müssen – etwas, das weder mit dem Wort identisch ist noch mit den bezeichneten Tatsachen, sondern irgendwie „dazwischen" liegt –, hat nach Wittgenstein die Philosophie „auf die Jagd nach Chimären" (PU § 94) geschickt. In diese Reihe von irregeführten Philosophen gehört nach Wittgenstein sicherlich auch G. E. Moore, der in seinen „Principia Ethica" das Wort „gut" zu definieren versuchte (PU § 77; s. Kap. XI, 4).

Die Bedeutung dieser raffinierten Kritik des semantischen, aber auch metaphysischen Essentialismus ist enorm, wenn auch nicht ganz neu: Schon James hatte in seinen Vorlesungen über den Pragmatismus behauptet, daß es keine einheitliche Definition des Wortes „wahr" gebe, sondern nur verschiedene Verwendungen (s. Kap. VI, 5).

6. Verstehen, Regelfolgen, Privatsprache

Eine frühere Variante der Annahme, daß jedes sinnvolle Wort ein Objekt bezeichnet, ist die Theorie der Ideen, die von empiristischen Philosophen wie John Locke und David Hume vertreten wurde. Nach dieser intuitiv plausiblen Theorie wird jedes sinnvolle Wort von einer mentalen Vorstellung oder „Idee" begleitet. Diese psychische Begleiterscheinung ist die Bedeutung des Wortes; einfach gesagt, hat man die Bedeutung des Wortes „Stuhl" verstanden, wenn man einen Stuhl visualisieren kann. Die Bedeutung eines Wortes, dies ist der Kern dieser Konzeption, ist zwar ein Gegenstand, aber kein physischer, sondern ein „mentaler".

Auch diese Auffassung der Bedeutung als mentale Entität wird von Wittgenstein verworfen, wie der folgende Abschnitt eines Dialogs zwischen einem hypothetischen Vertreter dieser Auffassung und dem zweifelnden Wittgenstein zeigt: „Nun, nimm an, beim Hören des Wortes ‚Würfel' schwebt dir ein Bild vor. Etwa die Zeichnung eines Würfels. In wiefern kann dies Bild zu einer Verwendung des Wortes ‚Würfel' passen, oder nicht zu ihr passen? – Vielleicht sagst du: ‚das ist einfach'; – wenn mir dieses Bild vorschwebt und ich zeige z. B. auf ein dreieckiges Prisma und sage, dies sei ein Würfel, so paßt diese Verwendung nicht zum Bild" (PU § 139). Versetzt das Bild uns aber tatsächlich in die Lage, so fragt nun Wittgenstein rhetorisch, das Wort „Würfel“ korrekt zu gebrauchen? Dies ist fraglich, denn das Bild eines Würfels kann gleichzeitig vieles bedeuten: einen Würfel – aber auch eine geometrische Figur, oder ein Ding im allgemeinen.

Das Bild ist also selbst ein Zeichen, das eine Interpretation benötigt. Sein reines Auftauchen im Geist genügt nicht, um die Bedeutung des assoziierten Wortes zu klären. Ein Vertreter der Theorie der Bedeutung als mentale Darstellung könnte einwenden, daß das Bild immer auch als interpretiertes Bild vorkommt. Das würde aber heißen, daß ein Bild immer zusammen mit einem anderen Zeichen im Geist eines Sprechers auftauchen muß. Damit würde nun allerdings ein unendlicher Regreß entstehen, denn auch dieses neue Zeichen müßte interpretiert werden.

Wenn Gott einen Blick in unsere Seele werfen könnte und dort ein Bild eines bärtigen Mannes sehen würde, woher wüßte er, ob wir an Sokrates, einen Philosophen, einen Mann, einen Menschen oder ein Lebewesen denken? Das Bild allein klärt diese Frage nicht. Der entscheidende Punkt ist, daß kein Zeichen, welcher Art auch immer, *intrinsisch* sinnvoll ist; ein Zeichen „lebt“ nur innerhalb eines Sprachspiels.

Das Wort „Sprachspiel“ ist von Wittgenstein sorgfältig ausgewählt worden. Obwohl Spiele geregelt sind, ist nicht jeder Zug streng festgelegt: „[E]s gibt ja auch keine Regel dafür z. B., wie hoch man im Tennis den Ball werfen darf, oder wie stark, aber Tennis ist doch ein Spiel und es hat auch Regeln“ (PU § 68). In Analogie dazu läßt sich sagen, daß nicht jede Anwendung eines Ausdrucks innerhalb eines Sprachspiels genau festgelegt ist; ohne Regel könnte man jedoch an diesem Spiel nicht teilnehmen. Die Bedeutung eines Ausdrucks verstanden zu haben, kann vor diesem Hintergrund nur heißen, daß man imstande ist, sich eines Ausdrucks in Konformität mit den Regeln des Spiels zu bedienen – d. h., daß man die Regeln des relevanten Sprachspiels befolgen kann.

Was heißt nun, eine Regel zu befolgen? Nach Wittgenstein besteht „eine Neigung, zu sagen: jedes Handeln nach der Regel sei ein Deuten“ (PU § 201). Und wie könnte es auch anders sein? Ist es nicht offensichtlich, daß eine Regel erst dann befolgt werden kann, wenn man sie verstanden hat?

Wittgensteins Verwerfung dieser scheinbar trivialen These erfolgt anhand des folgenden Beispiels. Er stellt sich den Fall eines Schülers vor, der die Reihe der geraden Zahlen zu vervollständigen hat (PU § 185). Dazu braucht er nur mit 0 anzufangen und dann die Regel „Addiere jedesmal 2“ anzuwenden. Der Schüler folgt dieser Regel, wie wir es erwarten würden, bis er nach der Zahl 1000 „1004“ statt „1002“ schreibt. Natürlich würde der Lehrer den Schüler darauf aufmerksam machen, daß er die Regel an dieser Stelle falsch angewendet hat. Wittgenstein stellt sich nun aber einen Schüler vor, der behauptet, die Regel durchaus korrekt anzuwenden; für einen solchen Schüler ist der Befehl „Addiere 2“ identisch mit dem Befehl „Addiere 2 bis 1000, dann addiere 4“.

Wittgenstein will mit diesem Beispiel selbstverständlich nicht behaupten, daß der Schüler, der „1004" schreibt, die Serie richtig vervollständigt hat. Das Beispiel soll uns eher die Tatsache vor Augen führen, daß es im Prinzip immer möglich ist, eine Regel so zu interpretieren, daß irgendeine Anwendung für korrekt erklärt werden kann. „Unser Paradox", schreibt Wittgenstein, ist dies: „eine Regel könnte keine Handlungsweise bestimmen, da jede Handlungsweise mit der Regel in Übereinstimmung zu bringen sei" (PU § 201). Da jede Regel unendlich viele Interpretationen zuläßt, kann „eine Regel korrekt zu befolgen" nicht heißen, sie richtig *gedeutet zu haben*. Zwischen der Regel und ihrer korrekten Anwendung braucht man keinen mittleren Terminus – eine mentale Entität irgendeiner Art oder eine „Interpretation" der Regel – zu postulieren. Wittgenstein formuliert es so: „Wenn ich der Regel folge, wähle ich nicht. Ich folge der Regel *blind*" (PU § 219).

Wenn aber das Regel-Befolgen keine Frage des korrekten Interpretierens ist, was ist es dann? Um dieses Problem lösen zu können, muß man Wittgensteins Paradoxon umkehren. Wenn keine Regel eine Handlungsweise bestimmen kann, dann kann vielleicht eine Handlungsweise eine Regel bestimmen. Dies sieht man zum Beispiel, wenn man beobachtet, wie Kinder die Operation des Addierens lernen. In erster Linie werden ihnen Beispiele gezeigt; dann werden sie aufgefordert, dasselbe zu tun wie der Lehrer. Man betrachte etwa, wie einem Schüler das System der Zahlen beigebracht wird: „Zunächst werden ihm Zahlenreihen vorgeschrieben und er wird angehalten, sie nachzuschreiben [...] Wir führen ihm etwa zuerst beim Nachschreiben der Reihe 0 bis 9 die Hand; dann aber wird die *Möglichkeit der Verständigung* daran hängen, daß er nun selbständig weiterschreibt" (PU § 143). Ein Kind lernt also, eine Regel richtig zu befolgen, indem es in eine Praxis eingeweiht wird – und dies erfolgt nicht hauptsächlich durch abstrakte Erklärung, sondern durch Konditionierung: „Einer Regel folgen, das ist analog dem: einen Befehl befolgen. Man wird dazu abgerichtet und man reagiert auf ihn in bestimmter Weise" (PU § 206). Wie Wittgenstein im „Blauen Buch" schreibt: „Der Vorgang des Lehrens ist ein Drill."[37]

Es ist eine unmittelbare Folge dieser Überlegungen, daß eine Regel nur vor dem Hintergrund einer breiteren gemeinsamen menschlichen Praxis befolgt werden kann: Symbolisches Verhalten ist antrainiertes soziales Verhalten. Diese These könnte trivial erscheinen, und in einem gewissen Sinne ist sie es auch: Wieso also hält Wittgenstein es für wichtig, sie zu betonen? Er bezieht sich dabei wohl auf jene Philosophen, die sich mit der Frage beschäftigt haben, wie man die Existenz einer äußeren Welt oder anderer Menschen beweisen könne. Dabei haben sie angenommen, daß ein philosophierendes Subjekt allein existiere und in dieser Isolation auch zahlreiche komplizierte Fragen über die Natur der Erfahrung, der Existenz Gottes und der äußeren Dinge formuliere. Ein solipsistisches Subjekt dieser Art ist aber gar nicht möglich, wenn die Sprache ein soziales Phänomen ist.

Eine ähnliche These wurde freilich schon von Peirce vertreten (s. Kap. V, 6). Wittgenstein artikuliert sie aber auf originelle Weise: „[D]er Regel folgen", schreibt er in den „Philosophischen Untersuchungen", ist „eine Praxis. Und der Regel zu folgen *glauben* ist nicht: der Regel folgen. Und darum kann man nicht der Regel ‚privatim' folgen, weil sonst der Regel zu folgen glauben dasselbe wäre, wie der Regel folgen" (PU § 202). Der Schüler, der „1004" schreibt, meint die Regel richtig zu befolgen, tut es aber nicht. Ohne eine gesellschaftliche Praxis wäre es nicht möglich, zwischen „einer Regel folgen" und „einer Regel zu folgen glauben" zu unterscheiden. Nur eine solche gemeinsame Praxis liefert allen Teilnehmern jene paradigmatischen Beispiele, die als Kriterien einer korrekten Anwendung einer Regel dienen können. In einem solipsistischen Universum könnten solche Kriterien gar nicht festgelegt werden.

Dieser wichtige Punkt kann leicht mißverstanden werden. Denn Wittgenstein behauptet nicht, daß ein solipsistisches Subjekt einen Fehler in der Anwendung einer Regel nicht aufdecken könnte. Das Problem ist nicht *epistemologischer*, sondern *ontologischer* Natur: In einer solipsistischen Welt würden keine Regeln existieren. Ohne sozial anerkannte Beispiele, die als paradigmatische Fälle einer korrekten Anwendung funktionieren, könnte man vermeintliche Anwendungen einer Regel weder als „regelkonform" noch als „difform" einstufen. Wenn eine solche Unterscheidung aber nicht im Prinzip getroffen werden kann, wie kann man dann von der Existenz von Regeln sprechen?

Die solipsistische Auffassung eines denkenden Subjekts spielte nicht nur in der modernen Philosophie eine wichtige Rolle, sondern auch für das Augustinische Bild der Sprache: Wie bereits erwähnt, ist ein Kleinkind für Augustinus in einer ähnlichen Lage wie ein Fremder, der eine unbekannte Umgebung erkundet; ein stiller Erwachsener also, der innerlich „zu sich selber" (PU § 32) redet. Scheinbar haben Philosophen aller Epochen die Tendenz, triviale Tatsachen über die Natur der Sprache zu übersehen – und sich deswegen mit absurden Fragen zu plagen. An einer berühmt gewordenen Stelle der „Philosophischen Untersuchungen" schreibt Wittgenstein: „Was ist dein Ziel in der Philosophie? – Der Fliege den Ausweg aus dem Fliegenglas zeigen" (PU § 309). Wie bereits im „Tractatus" nehmen auch hier solche Bemerkungen gelegentlich einen unmißverständlich autobiographischen Ton an – als ob Wittgenstein ohne Philosophie tatsächlich nicht nur besser denken, sondern auch leben könnte: „Der Philosoph behandelt eine Frage; wie eine Krankheit" (PU § 255).

In den zentralen Passagen der „Philosophischen Untersuchungen" beschäftigt sich Wittgenstein ausführlich auch mit der Idee einer privaten Sprache. Damit ist eine Sprache gemeint, die von einem einzigen Sprecher verstanden werden kann, in der es um Objekte geht, die nur ihm zugänglich sind – um private, persönliche Erlebnisse: „Die Wörter dieser Sprache sollen sich auf das beziehen, wovon nur der Sprechende wissen kann; auf seine unmittelbaren, privaten, Empfindungen. Ein Anderer kann diese Sprache also nicht verstehen" (PU § 243).

Diese Idee entspricht dem, was man sich unter einigen Segmenten der Alltagssprache vorstellt; es scheint eine ganz natürliche Annahme zu sein, daß Worte wie „rot", „Zahnschmerz" oder „Traurigkeit" unsere unmittelbaren Erlebnisse bezeichnen und daß niemand wirklich wissen kann, was ich meine, wenn ich etwa von meinem Schmerz spreche; ich bin nämlich der einzige, der diesen Schmerz haben kann. Diese so natürliche Auffassung einiger Ausdrücke der Alltagssprache scheint allerdings nur noch eine Variante jener Ansicht zu sein, nach der die Sprache aus Namen besteht, deren Bedeutungen die bezeichneten Objekte sind; der einzige Unterschied ist der, daß in diesem Fall die bezeichneten Objekte weder physische Dinge noch mentale Darstellungen sind, sondern unsere Erlebnisse.

Wie zu erwarten ist, bestreitet Wittgenstein die Möglichkeit einer solchen Sprache. Dabei stützt er sich auf die These, daß ein Sprecher einer solchen Sprache seinen Wörtern keine Bedeutung zuweisen könnte. Er müßte in einer solchen Privatsprache ihre Wörter durch Berufung auf Introspektion definieren – nämlich durch eine Art innere Ostension (PU § 258). Aber kann man die Bedeutung eines Zeichens tatsächlich fixieren, indem man die eigene Aufmerksamkeit auf ein Objekt fokussiert? Nein, meint Wittgenstein. Man kann zwar zu sich selber sagen: „Ab jetzt werde ich dieses bestimmte Zeichen als Namen für dieses Erlebnis gebrauchen"; bei späteren Anwendungen wüßte man aber nicht mehr, ob das Wort immer noch dieselbe Bedeutung hat. Die einmalige private Zeremonie des Taufens eines Erlebnisses liefert diesbezüglich kein festes Kriterium: Ob ich das Wort richtig gebrauche oder nicht, würde nur von meiner Erinnerung abhängen; unter solchen Umständen wird es prinzipiell unmöglich, zwischen einer tatsächlich korrekten und einer nur scheinbar korrekten Anwendung zu unterscheiden. Es fehlt die notwendige objektive Instanz: „Man möchte hier sagen: richtig ist, was immer mir als richtig erscheinen wird. Und das heißt nur, daß hier von ‚richtig' nicht geredet werden kann" (PU § 258).

Natürlich will Wittgenstein damit nicht bestreiten, daß es eine Korrelation zwischen Sprache und Erlebnis gibt; diese Verbindung wird aber nicht durch eine innere ostensive Definition hergestellt. Um ihre Natur zu verstehen, muß man noch einmal beobachten, wie wir die relevanten Ausdrücke einer Sprache lernen: „Ein Kind", meint Wittgenstein feststellen zu können, „hat sich verletzt, es schreit; und nun sprechen ihm die Erwachsenen zu und bringen ihm Ausrufe und später Sätze bei" (PU § 244). Die Verbindung zwischen der inneren Empfindung eines Schmerzes und seinem äußeren Ausdruck ist also eigentlich *schon vorhanden*; die Alltagssprache ersetzt nur ein natürliches Zeichen (das Schreien) durch ein künstliches (z. B. den Ausruf „Aua!" und später den Satz „Es tut mir weh"). Noch einmal artikuliert Wittgenstein hier auf originelle Weise eine zentrale These des klassischen Pragmatismus – denn auch Philosophen wie John Dewey und George Herbert Mead hatten ausdrücklich betont, daß *symbolisches* und *natürliches* Verhalten in einer Beziehung enger Kontinuität zueinander stehen (s. Kap. VII, 7 und Kap. VIII, 1).

Dabei muß unterstrichen werden, daß Wittgenstein nicht als *semantischer* Behaviorist verstanden werden kann. Er behauptet keineswegs, daß ein Wort wie „Schmerz" dasselbe wie etwa „Schreien und Weinen" bedeutet, sondern nur, daß „der Wortausdruck des Schmerzes" das Schreien *ersetzt*. Er vertritt auch nicht die noch radikalere *ontologische* These, daß Schmerz und Schmerzverhalten identisch seien. Die „Philosophischen Untersuchungen" bestehen lediglich aus „grammatikalischen Beschreibungen" – d. h. aus einer Reihe von Aussagen über das Funktionieren unserer Alltagssprache, nicht über die Natur der Dinge.

7. Letzte Gedanken: Über Gewißheit

Die Theorie der Sprachspiele nimmt eine interessante Wendung in jenen Überlegungen, die unter dem Titel „Über Gewißheit" publiziert worden sind. Dies ist noch einmal ein unfertiges Buch – eines, das Wittgenstein vermutlich nicht in der jetzigen Form veröffentlicht hätte. Die Konturen seiner allerletzten Gedanken treten hier dennoch unmißverständlich hervor. „Über Gewißheit" entstand als Reaktion auf zwei wichtige Aufsätze von G. E. Moore, „Proof of an External World" und „A Defense of Common Sense" (s. Kap. XI, 7).[38] Darin hatte Moore die Aufmerksamkeit auf eine Klasse von Aussagen gelenkt, deren Wahrheit nicht sinnvoll in Frage gestellt werden kann. Gemeint sind triviale Aussagen im Stil von „Die Erde existiert seit langer Zeit", „Es gibt materielle Dinge", „Ich habe zwei Hände". Bemerkenswert an solchen Aussagen ist die Tatsache, daß sie gewiß sind, obwohl sie weder beweisbar noch selbstevidente „analytische" Sätze sind. Mit der Entdeckung solcher Sätze hatte Moore *de facto* eine interessante Frage gestellt: Um was für eine Art Gewißheit handelt es sich hier? Und was genau macht solche Aussagen „gewiß"?

Wittgenstein argumentiert in seinen letzten Bemerkungen, daß die Gewißheit dieser Sätze nicht von ihrem Inhalt, sondern von ihrer logischen Funktion abhängt. In einer Sprache ist immer auch ein ganzes „Weltbild" enthalten; dieses dient als notwendiger Hintergrund für all unseren Sprachgebrauch. So läßt sich zum Beispiel sinnvoll fragen, ob Napoleon vor 200 Jahren Krieg geführt hat oder nicht; es wäre aber seltsam zu fragen, ob es damals auch die Erde schon gab. Letztere Aussage wird von allen Mitgliedern unserer Gesellschaft als selbstverständlich angenommen; die Frage, ob Napoleon in einem bestimmten Jahr kämpfte, setzt die Existenz der Erde stillschweigend voraus.

Interessanterweise werden grundlegende Aussagen dieser Art manchmal aber doch in Frage gestellt. So schreibt Wittgenstein an einer schönen Stelle: „Wenn ein Kind mich fragte, ob es die Erde schon vor meiner Geburt gegeben hat, so würde ich ihm nicht antworten, die Erde existiere erst seit meiner Geburt, sondern sie habe schon lang, lang vorher existiert. Und dabei hätte ich das Gefühl, etwas Komisches zu sagen. Etwas wie wenn das Kind gefragt hätte, ob der und der Berg höher sei als ein sehr hohes Haus, das es gesehen hat."[39] Die surreale Wirkung dieser Frage läßt sich nicht einfach dadurch erklären, daß das Kind die Sprache noch nicht beherrscht. Zwar ist dies offensichtlich der Fall; aber das Kind verwirrt einen mit der Frage deshalb, weil es so spricht, als ob es von einem anderen Planeten käme; die Frage zeigt also, daß das Kind mit unserem Weltbild noch nicht ganz vertraut ist: „Ich könnte nur dem jene Frage beantworten", bemerkt Wittgenstein dazu, „dem ich ein Weltbild erst beibrächte."[40]

Moores triviale Aussagen sind deswegen „gewiß", weil sie jenes implizite Weltbild artikulieren, das unseren gewöhnlichen Sprachgebrauch ermöglicht. Auf der Basis dieser Einsicht meint Wittgenstein, die traditionelle Philosophie noch einmal tadeln zu können. Im Visier seiner Kritik steht Descartes' epochales Projekt der „Meditationen", ausgehend vom radikalen Zweifel die menschliche Erkenntnis zu begründen. Gegen ein solches Projekt, das von der späteren Philosophie sehr ernst genommen wurde, macht Wittgenstein vier Hauptpunkte geltend.

(1) Erstens betont er, daß ein „radikaler Zweifel" nicht möglich ist. Der Vorgang des Zweifelns ist selbst ein „Sprachspiel", das klare Voraussetzungen hat: So läßt sich sinnvoll zweifeln, ob ein Buch im Nebenzimmer steht, nicht aber, ob es materielle Gegenstände gibt. Die Existenz materieller Gegenstände ist nämlich Teil jenes impliziten Weltbildes, das jeder Gebrauch der Sprache voraussetzt. Sie in Frage stellen zu wollen, würde heißen, jene Bedingungen aufzuheben, auf denen der Vorgang des Fragens beruht. Da dies ein unmögliches Unterfangen ist, sind Descartes' geäußerte Zweifel nur simulierte bzw. unechte Zweifel.

(2) Descartes meinte im Cogito-Gedanken eine unerschütterliche Grundlage der menschlichen Erkenntnis gefunden zu haben; ein solcher Gedanke bildet für ihn das Paradigma einer absolut „gewissen" Erkenntnis. Dagegen betont Wittgenstein, daß das Fundament unserer Erkenntnis immer ein gesamtes Weltbild ist, ein System statt eines einzelnen isolierten Satzes, wie es Descartes' „cogito, ergo sum" ist: „Das, woran ich festhalte, ist nicht *ein* Satz, sondern ein Nest von Sätzen."[41] Eine Proposition ist „gewiß", weil sie zum vorausgesetzten systematischen Hintergrund gehört. Würde sich unser Weltbild ändern – was nach Wittgenstein durchaus möglich ist –, könnte ein Satz, der jetzt als unverrückbar fest gilt, in Frage gestellt werden.

(3) Es gibt also für Wittgenstein, anders als Descartes dachte, keine *intrinsisch* gewissen Aussagen, die als sicheres Fundament für unsere Erkenntnis fungieren könnten. Dies scheint aber Descartes' Frage nur auf eine andere Ebene zu verschieben; denn worauf gründet sich letztlich unser Weltbild? Oder anders formuliert, wieso spielen wir bestimmte Sprachspiele und nicht andere? Wittgensteins Bruch mit der Tradition zeigt sich hier denkbar klar: Es gibt nämlich keine Antwort auf diese Fragen. Es ist ein Fehler der Philosophie, zu denken, daß alles erklärt werden könne.

(4) Schließlich meinte Descartes, die eigenen Meinungen radikal kontrollieren zu können. Für ihn war das reflektierende Subjekt imstande, die Existenz materieller Gegenstände, einer äußeren Welt und anderer Menschen in Frage zu stellen; wäre es zu dem Schluß gekommen, daß alle diese Dinge nicht existieren, hätte es auch die Macht gehabt, nicht an sie zu glauben. Nach Wittgenstein dagegen ist eine solche Haltung gegenüber dem eigenen Weltbild nicht möglich; wir saugen unser Weltbild sozusagen zusammen mit der Sprache auf. Kann ich wirklich bezweifeln, daß ich ein Mann bzw. eine Frau bin? Oder daß die Erde vor meiner Geburt schon existiert hat? Solche Meinungen in Frage zu stellen ist für uns nicht nur psychologisch, sondern auch logisch unmöglich, denn sie bilden den notwendigen Hintergrund all unseres Sprechens und Handelns: „Wie wäre es, jetzt daran zu zweifeln, daß ich zwei Hände habe? Warum kann ich's mir gar nicht vorstellen? Was würde ich glauben, wenn ich das nicht glaubte? Ich habe noch gar kein System, worin es diesen Zweifel geben könnte."[42]

Das cartesianische Projekt, alles in Frage zu stellen und dadurch auf ein sicheres Fundament zu gelangen, ist damit für Wittgenstein ein unmögliches Unterfangen: Es beruht auf einem Mißverständnis der Logik bzw. des Funktionierens unserer Alltagssprache. Sowohl der Skeptiker, der die Existenz einer äußeren Welt in Frage stellt, als auch der Dogmatiker, der ihn ernst nimmt und ihm zu antworten versucht, sind einer Illusion erlegen und haben „ein falsches Bild des Zweifelns". Die Wichtigkeit dieser Überlegung braucht nicht betont zu werden; noch einmal meint Wittgenstein, eine philosophische „Krankheit" entdeckt und ausgemerzt, wegtherapiert zu haben.

Dennoch läßt sich fragen, ob Wittgensteins Denken schließlich nicht selbst eine raffinierte Form des philosophischen Skeptizismus sei. Er gesteht durchaus zu, daß verschiedene Weltbilder möglich sind, sowohl geschichtlich als auch im Raum: Die antiken Römer, die an Götter glaubten, sahen die Welt anders als die heutigen Briten, die von der Macht der Wissenschaft überzeugt sind, und die heutigen Briten denken wiederum anders als die von Frazer studierten „Wilden", die auf Magie hoffen. Welches von diesen inkommensurablen Weltbildern ist nun das richtige? Welches entspricht den Tatsachen? Für Wittgenstein ist ein Weltbild der Hintergrund einer ganzen Kultur, also einer Sprache und einer Lebensform; innerhalb der eigenen Kultur kann das Weltbild deshalb nicht hinterfragt werden. Wenn aber ein bestimmtes Weltbild aus der Perspektive einer anderen Kultur beurteilt wird, ist es bereits zugunsten der letzteren präjudiziert worden.

Wittgenstein sieht die skeptischen Folgen seines Denkens. Wenn zwei Weltbilder nicht von einem objektiven Standpunkt aus beurteilt werden können, würden sie notwendigerweise hart aufeinanderprallen, sollten sie miteinander in Berührung kommen. „Ich kann mir einen Menschen vorstellen, der unter ganz besonderen Umständen aufgewachsen ist und dem man beigebracht hat, die Erde sei vor 50 Jahren entstanden, und dieses deshalb auch glaubt. Diesen könnten wir belehren: die Erde habe schon lange etc. – Wir würden trachten, ihm unser Weltbild zu geben."[43] „Dies geschähe", meint er allerdings, nicht durch Argumente, sondern „durch eine Art *Überredung*."[44] Einleuchtend sind auch seine Bemerkungen über den Begriff der Wahrheit: Wahrheit soll nicht als Übereinstimmung mit den Tatsachen aufgefaßt werden, sondern als Übereinstimmung mit einem bestimmten Weltbild. Die Begriffe von „Wahrheit" und „Falschheit" lassen sich nur innerhalb eines Systems anwenden: „[M]ein Weltbild habe ich nicht, weil ich mich von seiner Richtigkeit überzeugt habe; auch nicht, weil ich von seiner Richtigkeit überzeugt bin. Sondern es ist der überkommene Hintergrund, auf welchem ich zwischen wahr und falsch unterscheide."[45]

Wittgensteins Theorie der Sprachspiele mündet somit in eine Art epistemologischen Relativismus. Dabei wird eine Frage für sinnlos erklärt – nämlich jene der Vergleichbarkeit verschiedener Kulturen –, die den Menschen aller Zeiten als sinnvoll und wichtig erschienen ist. Die philosophischen Probleme als Krankheiten zu behandeln und die Philosophie höchstens als Therapie zuzulassen hat zur Folge, daß wir von ihr keine Orientierung erhoffen können. Sollte Wittgenstein recht haben, müßte man sich tatsächlich fragen, ob man die Philosophie immer noch braucht.

XIII. Wege der analytischen Philosophie zur Zeit Wittgensteins und danach

1. Carnap und der logische Empirismus

Die bisher behandelten Denker – Frege, Russell, Moore und Wittgenstein – übten einen enormen Einfluß aus auf die spätere analytische Philosophie. Die Wirkung Russells, Freges und des „ersten" Wittgenstein (d. h. des Verfassers des „Tractatus") läßt sich besonders beim sogenannten logischen Empirismus bzw. logischen Neopositivismus feststellen.

Diese bedeutende Richtung der analytischen Philosophie hat ihren Ursprung im Wiener Kreis, den der Physiker und Philosoph Moritz Schlick (1882–1936) gegründet hatte. Schlick wurde 1922 an die Wiener Universität berufen, wo er den einst für Ernst Mach geschaffenen Lehrstuhl für Philosophie der induktiven Wissenschaften erhielt. Um ihn herum versammelten sich Anfang der 1920er Jahre zahlreiche andere in Wien lebende Philosophen, Mathematiker und Naturwissenschaftler, um über die Bedeutung der neuesten Entdeckungen in Physik, Mathematik und Logik zu reflektieren. An den Diskussionen dieser Gruppe beteiligten sich unter anderem Friedrich Waismann (1896–1959), Herbert Feigl (1902–1988), Hans Hahn (1878–1934) und Otto Neurath (1882–1945); als der wohl bedeutendste Vertreter der Bewegung ist Rudolf Carnap (1891–1970) zu nennen. Auch der Mathematiker Kurt Gödel (1906–1978) war eng mit dem Wiener Kreis verbunden.

Die logischen Empiristen hatten schon früh die Bedeutung von Wittgensteins „Tractatus" erkannt und eine gemeinsame Lektüre dieses Buches begonnen; als sie erfuhren, daß der Autor in Wien lebte, luden sie ihn zu ihren Sitzungen ein. Die Beziehung zu Wittgenstein war aber alles andere als einfach. Wie Carnap in einer autobiographischen Schrift berichtet, mußte der Kreis auf seine offene Dialogkultur verzichten, um mit ihm verkehren zu können. Dabei brauchte Schlick viel diplomatisches Geschick: „1927 lernte Schlick Wittgenstein persönlich kennen. Er übermittelte ihm das Interesse unseres Kreises an seinem Buch und zudem unseren dringenden Wunsch, daß er einmal zu uns käme und uns bestimmte Stellen seines Buches, die uns Schwierigkeiten machten, erkläre. Aber Wittgenstein wollte das nicht. Schlick hatte noch weitere Gespräche mit ihm; schließlich willigte Wittgenstein ein, sich mit Waismann und mir zu treffen. So kamen wir drei während des Sommers 1927 mehrmals mit Wittgenstein zusammen. Vor dem ersten

Besuch warnte uns Schlick eindringlich, ja keine Diskussion, wie wir im Kreis gewöhnt waren, anzufangen; Wittgenstein möchte das unter gar keinen Umständen. Selbst mit Fragen sollten wir vorsichtig sein, denn Wittgenstein sei sehr empfindlich und durch direkte Fragen leicht zu verstören. Der beste Weg sei, Wittgenstein reden zu lassen und dann nur ganz vorsichtig nach den unumgänglichen Erläuterungen zu fragen."[1]

Das Verhältnis zwischen Wittgenstein und dem Wiener Kreis wurde später nicht besser, obwohl die logischen Empiristen ihn verehrten. Bald wurde klar, daß Wittgenstein als durchaus scharfer Kritiker der Tradition ihre gänzlich abwertende Einstellung nicht teilte und offenbar irritierend fand. Carnap hat einige Zwischenfälle festgehalten: „Wittgenstein bestritt Schlicks Ansicht, daß die Religion zur Kindheitsphase der Menschheit gehöre und im Laufe der kulturellen Entwicklung allmählich verschwinden werde. Als Schlick bei anderer Gelegenheit eine kritische Bemerkung über die metaphysische Behauptung eines klassischen Philosophen machte (ich glaube, es war Schopenhauer), wandte sich Wittgenstein brüsk gegen Schlick und verteidigte den Philosophen und dessen Werk."[2]

Die Irritationen müssen gegenseitig gewesen sein: „Ich hatte manchmal den Eindruck", bemerkt Carnap, „daß die bewußt rationale und unemotionale Haltung des Wissenschaftlers und gleichermaßen alle Ideen, die im Geruch der ‚Aufklärung' standen, Wittgenstein zuwider waren."[3] Anfangs des Jahres 1929 weigerte sich Wittgenstein, sich weiter mit gewissen Mitgliedern des Kreises (darunter auch Carnap und Feigl) zu treffen;[4] auch den eine Zeitlang ernsthaft verfolgten Plan, mit Waismann ein Buch über die eigene Philosophie zu schreiben, ließ er schließlich fallen.

Eine Diskussionsgruppe wie der Wiener Kreis war keine isolierte Erscheinung im kontinentalen Europa. Die Gruppe stand in engem Kontakt mit der 1928 von Hans Reichenbach (1891–1953) in Berlin gegründeten „Gesellschaft für empirische Philosophie", der der Psychologe Wolfgang Köhler (1887–1967) und der Philosoph Carl Gustav Hempel (1905–1997) angehörten. Ähnliche Gruppierungen entstanden auch in der Tschechoslowakei und in Polen. Zahlreiche Tagungen – etwa in Paris, Kopenhagen oder Cambridge – festigten die internationale Orientierung dieser Bewegung, die in der Zeitschrift „Erkenntnis" ein Organ für die Vertiefung und Verbreitung ihrer Ideen hatte. Eine Darstellung der philosophischen Theorien aller dieser Denker wäre nur in einer spezialisierten Studie[5] möglich; die Schwierigkeit eines solchen Unterfangens wird noch dadurch vergrößert, daß die logischen Empiristen eine wissenschaftliche Mentalität in die Philosophie zu importieren versuchten und deshalb gerne bereit waren, angesichts guter Einwände ihre ursprünglichen Positionen zu korrigieren oder sogar fallenzulassen. Hier kann es deshalb nur um eine kritische Erörterung ihrer charakteristischsten philosophischen Anliegen gehen.

Mit der von Carnap, Neurath und Hahn redigierten Schrift „Wissenschaftliche Weltauffassung" legte der Wiener Kreis 1929 sein philosophisches Manifest vor. Die logischen Empiristen waren beeindruckt von den rasanten Fortschritten in den Naturwissenschaften, auch in der Mathematik und der Logik war vieles in Bewegung geraten – ganz anders als in der traditionellen Philosophie und der spekulativen Theologie. Wie läßt sich das erklären? Wieso sind keine Fortschritte in der Philosophie zu verbuchen, warum verwickelt man sich in die immer gleichen, endlosen Dispute?

In der Sicht der logischen Empiristen besteht der Grund der Unfruchtbarkeit der traditionellen Philosophie darin, daß die meisten philosophischen Sätze nur „Scheinsätze" sind. Zwar wird der Eindruck erweckt, daß Aussagen über die Natur der Welt, der Seele oder Gottes eine klare, verständliche Bedeutung besäßen; aber eigentlich sind sie sinnlos. So sind etwa die Aussagen „Gott ist allmächtig" und „Der Tisch ist braun" grammatikalisch nicht voneinander zu unterscheiden, da sie beide aus einem Subjekt und einem Prädikat bestehen. Aber nur die zweite Aussage drückt für die logischen Empiristen eine Tatsache aus. Und wo keine sinnvollen Aussagen gemacht werden, gibt es selbstverständlich auch nichts, das sich weiterentwickeln könnte: „Wo keine Frage ist", so brachte Carnap diese Idee auf den Punkt, „kann auch ein allwissendes Wesen nicht antworten."[6]

Die These der Bedeutungslosigkeit der Metaphysik wurde von den logischen Empiristen auf das sogenannte Verifikationsprinzip gestützt. Im „Tractatus" hatte Wittgenstein geschrieben: „Einen Satz verstehen, heißt, wissen was der Fall ist, wenn er wahr ist" (T 4.024). Dies scheint eine eher triviale als tiefgründige Bemerkung zu sein; aber daraus leiteten die logischen Empiristen ihr berühmt-berüchtigtes Sinnkriterium ab: Ein Satz besitzt nur dann eine Bedeutung, wenn er (mindestens im Prinzip) verifizierbar ist. Ausgenommen wurden Aussagen der Mathematik und der Logik, die von den logischen Empiristen als analytische Sätze aufgefaßt wurden. Das Verifikationsprinzip setzt somit eine klare Trennung voraus zwischen rein begrifflichen Wahrheiten einerseits (Sätzen der Logik und der Mathematik) und Tatsachenwahrheiten andererseits (Sätzen der verschiedenen Naturwissenschaften). Nun finden Aussagen der Metaphysik und der Theologie innerhalb dieser Dichotomie offensichtlich keinen Platz, da sie weder analytisch wahr noch empirisch verifizierbar sind. Daher folgerten die logischen Empiristen, daß metaphysische und theologische Aussagen keine echten Sätze seien. (Gegen eine solche radikale Dichotomie sollte sich später Quine wehren; s. Kap. XIV, 3.)

Am Ende seiner „Untersuchung über den menschlichen Verstand" (1748) hatte der klassische britische Empirist David Hume die Metaphysik mit einem ähnlichen Argument attackiert: „Wenn wir, von diesen Prinzipien überzeugt, unsere Bibliotheken durchgehen, welche Verwüstung müßten wir anrichten! Nehmen wir irgendein Buch zur Hand, z. B. über Theologie oder Schulmetaphysik, so laßt uns fragen: *Enthält es eine abstrakte Erörterung über Größe und Zahl?* Nein. *Enthält es eine auf Erfahrung beruhende Erörterung über*

Tatsachen und Existenz? Nein. So übergebe man es den Flammen, denn es kann nichts als Sophisterei und Blendwerk enthalten."[7] Nicht weniger kompromißlos ist die Haltung der neuen, „logischen" Empiristen.

Gegen das Verifikationsprinzip läßt sich jedoch einwenden, daß gar nicht klar ist, was „Verifikation" bedeute. Muß eine sinnvolle Aussage empirisch bewiesen werden, oder reicht es, wenn sie irgendwie getestet werden kann? Im ersteren Fall müßten alle allgemeinen Aussagen (darunter auch alle Naturgesetze) für sinnlos erklärt werden: Aussagen der Art „Alle x sind P" können nämlich erst dann abschließend bewiesen werden, wenn die Klasse der x endlich ist, was selten vorkommt. Im zweiten Fall müßte man die Art der Verifikationsmethode zweifellos genauer bestimmen. Hier ist Vorsicht geboten: Ein gläubiger Mensch könnte z. B. argumentieren, daß er besser lebt, wenn er an Gott glaubt, was auch als eine Art indirekter Bestätigung der Existenz Gottes angesehen werden kann.

Problematisch sind auch Aussagen wie „Entweder regnet es heute oder Gott ist allmächtig". „Gott ist allmächtig" ist ein Paradebeispiel eines metaphysischen, sinnlosen Satzes; falls es regnet, ist aber nicht nur „Es regnet", sondern die ganze Disjunktion wahr. Dies impliziert, daß (mindestens in diesem Fall) „Gott ist allmächtig" für sinnvoll gehalten werden muß. Auf diese Weise – d. h. durch die Konstruktion einer leicht verifizierbaren Disjunktion – wird es möglich, die ganze Metaphysik zu rehabilitieren.

In ihrem antimetaphysischen Furor übersehen die logischen Empiristen zudem, daß das Verifikationsprinzip selbst weder analytisch noch empirisch verifizierbar ist. Paradoxerweise erfüllt es damit seine eigenen Bedingungen nicht und ist deshalb seinerseits als sinnlos bzw. „metaphysisch" zu verwerfen. (Sollte man das Problem mit der Behauptung lösen wollen, daß es sich bei diesem Prinzip nicht um eine Aussage, sondern lediglich um eine Definition handle, so stellt sich die Frage, wieso man diese akzeptieren soll.)

Interessanterweise taucht ein ähnliches Problem auch in Wittgensteins „Tractatus" auf. Die Aussagen jenes Buches handeln weder von empirischen Tatsachen, noch gehören sie zur Logik oder Mathematik. Wittgenstein versucht das Problem zu umgehen, indem er die Sätze seiner Theorie des Wesens der Sprache mit einer Leiter vergleicht, die man wegwerfen muß, sobald man darauf hochgestiegen ist; dies ist aber eine unbefriedigende, rein rhetorische Lösung. Der metaphysische Charakter des Prinzips zeigt sich darin, daß es nicht zu einer Verwerfung aller Weltanschauungen führt: Das Weltbild der Naturwissenschaften ist davon nicht tangiert. Es ist entweder gar nicht kritisierbar, oder wenn, dann nur von einem immanenten Standpunkt her. Anders formuliert: Nur die Wissenschaft kann ihre eigene Gültigkeit beurteilen – eine These, die das kritische Denken massiv beschränkt.

Ein zentrales Dokument dieser Verwerfung der Metaphysik ist Carnaps Aufsatz „Die Überwindung der Metaphysik durch logische Analyse der Sprache" (1931). Für Carnap gibt es zwei Arten von Scheinsätzen: Entweder ist ein solcher Pseudo-Satz nicht verifizierbar, oder er ist syntaxwidrig aufgebaut. Bei dieser letzten Kategorie unterscheidet Carnap zwischen einer grammatikalischen und einer logischen Syntax. Die Wortreihe „Caesar ist und" ist grammatikalisch falsch aufgebaut; die Wortreihe „Caesar ist eine Primzahl" ist dagegen zwar grammatikalisch gut konstruiert, in logischer Hinsicht jedoch mangelhaft: Personen sind nicht die Art von Entitäten, von denen „(...) ist eine Primzahl" prädiziert werden kann. Hier liegt ein Kategorienfehler vor oder, wie Carnap es formuliert, eine „Sphärenvermengung".

Für Carnap ist nun die ganze philosophische Tradition voll von Irrtümern dieser Art. Als Beleg für diese Einschätzung zitiert er einige Aussagen Heideggers („Die Angst offenbart das Nichts"; „Wir suchen das Nichts"; „Das Nichts nichtet"), die suspekt erscheinen und vielleicht wirklich keinen Sinn ergeben. Carnaps Kritik leidet aber offensichtlich darunter, daß er solche Aussagen vollkommen von ihrem Kontext abtrennt. Unbeachtet bleibt auch die Tatsache, daß Heidegger sich offenbar um die Erschaffung einer neuen Sprechweise bemüht. Dies mag ihm nicht gelungen sein; seine Absicht verdient jedoch berücksichtigt zu werden.[8]

Selbstverständlich weiß Carnap, daß er seinen Lesern eine Erklärung schuldig ist: Denn wie konnten Metaphysik und Theologie jahrhundertelang für sinnvoll gehalten werden, wenn sie es gar nicht sind? Worin besteht die unbestreitbare Anziehungskraft klassischer metaphysischer Texte? Für Carnap hat dies vor allem damit zu tun, daß metaphysische Werke emotionsgeladen sind. Sie drücken zwar keine Tatsachen aus, aber doch ein Lebensgefühl: „Bei der Metaphysik liegt jedoch die Sache so, daß sie durch die Form ihrer Werke etwas vortäuscht, was sie nicht ist. Diese Form ist die eines Systems von Sätzen, die in (scheinbarem) Begründungsverhältnis zueinander stehen, also die Form einer Theorie. Dadurch wird ein theoretischer Gehalt vorgetäuscht, während jedoch [...] ein solcher nicht vorhanden ist [...] Der Metaphysiker glaubt sich in dem Gebiet zu bewegen, in dem es um wahr und falsch geht. In Wirklichkeit hat er jedoch nichts ausgesagt, sondern nur etwas zum Ausdruck gebracht, wie ein Künstler."[9]

Carnap versucht sogar allen Ernstes, gewisse Typen metaphysischer Systeme mit bestimmten kompositorischen Stilen in Verbindung zu bringen: „Das harmonische Lebensgefühl, das der Metaphysiker in einem monistischen System zum Ausdruck bringen will, kommt klarer in Mozartscher Musik zum Ausdruck."[10] Parmenides ist also ein untalentierter Mozart; Descartes dagegen ist ein unbegabter Beethoven, da der Dualismus ein „heroisches" Lebensgefühl ausdrückt. Metaphysiker, so setzt Carnap seinen polemischen Ausbruch fort, „sind Musiker ohne musikalische Fähigkeit".[11]

Dies sind nun freilich erstaunliche Vorstellungen. Ob sie auch verifizierbar sind? Kaum einer, der Platos Dialoge, Aristoteles' „Metaphysik", Thomas' „Summa Theologiae" oder Spinozas „Ethik" mit Verständnis – und selbstverständlich mit der notwendigen Dosis mentaler Offenheit – gelesen hat, würde einem derart vernichtenden Verdikt zustimmen. Angesichts solcher Stellen fragt man sich, wie tief und ernsthaft die Auseinandersetzung der logischen Empiristen mit der Tradition gewesen ist. Auch ihre Auffassung der Künste scheint beschränkt zu sein; so wird Nietzsche gelobt (und gleichzeitig zum Lyriker sozusagen degradiert), weil er seinen „Zarathustra“ nicht als Traktat, sondern als dichterisches Werk geschrieben hat. Dabei ließe sich durchaus die Meinung vertreten, daß Dichtung und Literatur faktische Wahrheiten über die menschliche Natur enthalten, ja diese manchmal sogar aufs genaueste formulieren. (Es ist zweifellos diese grobe Behandlung der philosophischen Tradition wie auch aller Künste, die Wittgenstein so sehr irritierte.)

Das Verifikationsprinzip ist eng verbunden mit dem für den logischen Empiristen charakteristischen Projekt einer logischen Rekonstruktion der Wissenschaft. Wenn alle sinnvollen Aussagen empirisch sind, was bleibt dann für die Philosophie übrig? Wenn sie nicht mehr als die Erforschung der basalen Strukturen der Wirklichkeit oder ihrer ersten Ursachen aufgefaßt werden kann, worin besteht dann ihre Aufgabe? „Was bleibt“, schreibt Carnap, „sind nicht Sätze, keine Theorie, kein System, sondern nur *eine Methode*, nämlich die der logischen Analyse.“[12] Der Zweck dieser Analyse ist nicht nur die Dissolution der Metaphysik durch die Aufdeckung ihrer mangelnden Sinnhaftigkeit, sondern auch die logische Rekonstruktion der wissenschaftlichen Erkenntnis. Dies ist exakt jenes Projekt, das Russell in „On our Knowledge of the External World“ skizziert hatte: Die neuen Mittel der von Frege, Russell und Whitehead erarbeiteten formalen Logik hätten genutzt werden sollen, um die Begriffe der Wissenschaft auf ihre empirische Basis zurückzuführen; gleichzeitig hätte jede wissenschaftliche Aussage aus grundlegenden und nicht zu bestreitenden empirischen Aussagen abgeleitet werden müssen. Die Wissenschaft wäre also als deduktives System nach der Art der „Principia Mathematica“ rekonstruiert worden – mit den theoretischen Aussagen der Wissenschaft auf der letzten und den einfachsten Aussagen über das in der Erfahrung unmittelbar Gegebene auf der ersten, fundamentalen Ebene. (Auch diese Auffassung der Aufgaben der Erkenntnistheorie wird später von Quine in Frage gestellt werden; s. Kap. XIV, 6.)

Wie diese grundlegende Ebene zu konzipieren sei, darüber entwickelte sich unter den logischen Empiristen bald eine heftige Kontroverse. Die Debatte wurde als Frage über den Status der sogenannten „Protokollsätze“ artikuliert. Russell war der Ansicht gewesen, die fundamentalsten Sätze hätten von Sinnesdaten handeln müssen. Carnap, der sich in „Der logische Aufbau der Welt“ (1928) um eine Durchführung dieses ambitionierten reduktionistischen Programms bemühte, war von dieser Auffassung zunächst sehr angetan. Er begriff allerdings, daß Russells phänomenalistischer Ansatz korrekturbedürftig war. Denn Sinnesdaten sind nicht einfach gegeben; sie sind ursprünglich Aspekte eines gesamten Erlebnisses, aus dem sie abstrahiert werden. Sinnesdaten sind also selbst „Konstruktionen“ und können nicht als unmittelbare Basis der menschlichen Erkenntnis angesehen werden. Für Carnap sind deshalb nicht isolierte Sinnesdaten, sondern momentane Erlebnisse als ursprüngliche Elemente menschlicher Erkenntnis zu betrachten. Zu dieser Einsicht kam er durch seine Auseinandersetzung mit der Gestaltpsychologie; eine ähnliche Kritik atomistischer Theorie der Erfahrung findet sich allerdings schon bei James (s. Kap. VI, 2) und Dewey (s. Kap. VII, 7).

Doch erwies sich auch die neue Auffassung innerhalb des reduktionistischen Programms, das übrigens weder von Carnap noch von irgendeinem anderen logischen Empiristen realisiert werden konnte, als äußerst problematisch. Einerseits sind menschliche Erlebnisse privater Natur; Erfahrungen und Experimente, die als Fundament für die Wissenschaft taugen sollen, müßten aber im Prinzip für jeden zugänglich sein. Gleichzeitig handeln Sätze über unsere Erlebnisse nicht von der Welt, sondern von unseren Erfahrungen in und mit derselben; ein Skeptiker könnte deshalb einwenden, daß der notwendige Kontakt mit der Wirklichkeit nicht gegeben sei. Um diesen Schwierigkeiten zu entgehen, schlug Neurath vor, als Fundament einer logischen Rekonstruktion der Wissenschaft Sätze über dreidimensionale physische Objekte anzunehmen.

Mit der Ersetzung der phänomenalistischen durch eine physikalische Basis tauchen allerdings neue Fragen auf. Denn die logischen Empiristen anerkannten durchaus, daß auch die Psychologie als Wissenschaft zu gelten habe. Wie lassen sich nun psychologische Begriffe („denken", „hoffen", „fühlen" usw.) in Ausdrücke eines rein physikalischen Vokabulars übersetzen? Nach Carnap können psychologische Begriffe mit Bezug auf unser beobachtbares Verhalten definiert werden. Dieser Vorschlag scheint unmittelbar zu einer *behavioristischen* Theorie des Geistes zu führen. Es ist aber fraglich, ob psychologische Begriffe ohne erheblichen Verlust in eine behavioristische Sprache übersetzt werden können. Was wir mit „Leiden" meinen, ist nicht identisch mit unserem Schreien oder irgendeiner anderen Verhaltensweise. Physikalisch aufgefaßt, setzt das reduktionistische Programm damit auf irgendeine Form von Materialismus; es ist daher ontologisch keineswegs neutral – was offensichtlich gegen das Verifikationsprinzip verstößt.

Eine logische Rekonstruktion der Wissenschaft hätte nach Carnap nicht nur größere Klarheit in ihre Begrifflichkeit gebracht (eigentlich eine seltsame These, da die Wissenschaft auch ohne die Philosophie sehr gut auskommt). Sie hätte auch die Tatsache zum Ausdruck bringen sollen, daß alle Einzelwissenschaften eine Einheit bilden. Diese Einheit zeigt sich eben darin, daß besagte Wissenschaften als einheitliches axiomatisches System rekonstruiert werden können.

Die Idee der Einheit der Wissenschaften inspirierte das Projekt einer Internationalen Enzyklopädie der Wissenschaften *(International Encyclopedia of Unified Science)*, deren Veröffentlichung 1939 unter der Leitung von Neurath, Carnap und Morris begann. Interessanterweise beteiligte sich auch Dewey an diesem ambitionierten Vorhaben, obwohl er das neopositivistische Programm einer logischen Rekonstruktion der Wissenschaft nicht billigte. Wichtig für ihn war dagegen, die verschiedenen Momente einer erfolgreichen Methode zur Erforschung der Wirklichkeit zu definieren, um sie dann auch auf praktische, soziale Angelegenheiten anzuwenden. Dieser Punkt ist insofern bedeutsam, als er zeigt, daß die Einheit der Wissenschaft unterschiedlich aufgefaßt werden kann und auch aufgefaßt worden ist. Die These dieser Einheit ist tatsächlich selbst keine wissenschaftliche, sondern eine rein *philosophische* Annahme. Dabei handelt es sich um eine szientistische Version eines traditionellen rationalistischen Ideals; die Wissenschaft ist letztlich einheitlich und innerlich harmonisch, weil sie die Verkörperung der Vernunft ist. Diese Doktrin mag sinnvoll sein, aber sie ist weder analytisch wahr noch empirisch verifizierbar: Noch einmal stehen die logischen Empiristen im Verdacht, nach ihren eigenen Standards „Metaphysik" betrieben zu haben.

Obwohl der logische Empirismus von Russell beeinflußt wurde – der selber Anregungen von Mach aufgenommen hatte –, ist er eine auf dem Kontinent entstandene Philosophie. Sein einziger nennenswerter Vertreter in Großbritannien ist Alfred Jules Ayer (1910–1989), der als junger Student eine Zeitlang an den Sitzungen des Wiener Kreises teilgenommen hat. Sein überaus erfolgreiches „Language, Truth and Logic" (1936) machte die wichtigsten Ideen der Bewegung einem breiteren Publikum in der englischsprachigen Welt zugänglich; gleichzeitig wandte er sie auf lokale Debatten an: Der Prototyp des Metaphysikers, der sinnlose Scheinsätze als tiefste Wahrheiten verkauft und daher Spott verdient hat, ist in Ayers Buch nicht etwa Heidegger, sondern der Idealist Bradley.

Ayer bietet auch eine klassisch gewordene Analyse des Status ethischer Äußerungen. Sie sind seiner Ansicht nach nicht auf Tatsachen bezogen, sondern drücken Emotionen aus. Das Urteil „x ist gut" weist irgendeinem Subjekt x nicht die ethische Eigenschaft *gut* zu, sondern ist mit einem Ausruf („Hurra!", „Juhu!") zu vergleichen. Diese sogenannte „emotivistische" Auffassung, die den von Moore in „Principia Ethica" vertretenen realistischen Kognitivismus angreift (s. Kap. XI, 5), hat die kontraintuitive Folge, daß es in der Ethik keine genuinen Auseinandersetzungen geben kann. Die Aussage „Stehlen ist schlecht" ist Ausdruck einer Mißbilligung des Stehlens; wäre man anderer Meinung, könnte man diesen Ausdruck nicht widerlegen – nicht, weil er richtig wäre, sondern weil Begriffe wie „Wahrheit" und „Falschheit" in der Ethik keine legitime Anwendung finden.

Mit dem Aufstieg des Nationalsozialismus wurden zahlreiche europäische Intellektuelle gezwungen, ihre Heimat zu verlassen. Die akademisch emporstrebenden USA boten ihnen idealen Schutz. Hier wurde der logische Empirismus wohlwollend rezipiert. Seine Aufnahme war aber alles andere als unkritisch und führte zu interessanten Weiterentwicklungen, vor allem in den Werken von Willard van Orman Quine (s. Kap. XIV).

2. Philosophie und Alltagssprache: G. Ryle und J. L. Austin

Der Einfluß Wittgensteins war in England weitaus größer als auf dem Kontinent – und dies nicht nur in seinem Wirkungsort Cambridge, sondern auch in Oxford, das nach dem Zweiten Weltkrieg eine Art philosophischer Renaissance erlebte. Große Resonanz fanden hier neben den Ideen des „Tractatus" auch jene von Wittgensteins zweiter Schaffensperiode. Sein Einfluß kombinierte sich zudem mit dem Einfluß Moores, was dazu führte, daß zahlreiche Philosophen in der Analyse der Alltagssprache ihre eigentliche Aufgabe oder zumindest eine notwendige Voraussetzung jedes verantwortungsbewußten Philosophierens sahen. Gleichzeitig wurden ausgewählte Themen aus den Philosophien Freges, Russells und der logischen Positivisten kritisch weitergeführt.

Doch ausgerechnet einer der Gründerväter der analytischen Philosophie, Wittgensteins ehemaliger Mentor Bertrand Russell, war von dieser Entwicklung gar nicht begeistert. Er beurteilte die Wirkung Wittgensteins als ausgesprochen negativ; im Aufsatz „The Cult of ‚Common Usage'" (1956) verdammte er die neue analytische Philosophie der Alltagssprache – die sogenannte „ordinary language philosophy" – als Ausdruck eines Mangels an genuinem philosophischem Interesse. Ziel der Philosophie sei es, so Russell, Fragen zu beantworten, nicht sie besser zu formulieren.[13] Dieses Urteil ist zweifellos einseitig: Zwar irritieren die Schriften dieser neuen Generation analytischer Philosophen gelegentlich wegen ihrer unendlichen Spitzfindigkeiten, so daß der Vorwurf des Scholastizismus nicht immer ganz unberechtigt erscheint. Aber es läßt sich nicht bestreiten, daß sie oft außerordentlich geistreich sind und tiefe Einsichten in die Natur der Sprache enthalten.

Die erste wichtige Persönlichkeit in dieser Reihe neuer analytischer Sprachphilosophen ist Gilbert Ryle (1900–1976), der sein ganzes akademisches Leben in Oxford verbracht hat, zuerst als Student fur klassische Philologie und Philosophie (1919–1924), später als Dozent (ab 1924) und schließlich als Professor für Metaphysik (1945–1968). Enttäuscht vom intellektuellen Klima seiner Universität, öffnete sich Ryle anderen Einflüssen und widmete sich dem Studium der Werke Wittgensteins und Russells sowie jener von kontinentalen Philosophen wie Brentano und Meinong. Als Nachfolger von Moore wirkte er zudem als Herausgeber der renommierten und in der angloamerikanischen Welt tonangebenden Zeitschrift „Mind".

Ryles erste bedeutende Veröffentlichung ist der 1932 erschienene Aufsatz „Systematically Misleading Expressions". Wie Russell und der frühe Wittgenstein unterscheidet Ryle scharf zwischen der oberflächlichen grammatikalischen Form eines Satzes und seiner genuinen logischen Form. Zahlreiche Ausdrücke der Alltagssprache sind in seiner Sicht irreführend, weil sie die

Existenz bizarrer Entitäten suggerieren. Die Aufgabe der Philosophie besteht für ihn darin, solche Sätze so zu formulieren, daß ihre äußere Gestalt der Form der ausgedrückten Tatsachen entspricht. Auf diese Weise befreit sich der Philosoph von der Versuchung, seine Ontologie mit unerwünschten Dingen zu belasten. Ryles Originalität in diesem Aufsatz manifestiert sich weniger in der von Russells „On Denoting" und Wittgensteins „Tractatus" inspirierten These als in den zahlreichen, meist amüsanten Beispielen. Ryle behauptet nicht, eine vollständige Klassifikation liefern zu können; dennoch identifiziert er drei Hauptklassen von systematisch irreführenden Ausdrücken.

(1) Die erste Klasse (für die er die Bezeichnung „quasi-ontological statements" prägt) besteht aus Aussagen, die die Existenz oder Nicht-Existenz eines bestimmten Dings behaupten. Die Aussage „Fleischfressende Kühe existieren nicht" läßt den Eindruck entstehen, daß hier von einer speziellen, mysteriösen Art von Tieren die Rede sei. Dabei bedeutet diese Aussage nichts anderes als „Keine Kuh frißt Fleisch" oder besser noch „Es gibt kein x, das sowohl eine Kuh ist als auch Fleisch frißt". Mit diesen Paraphrasen verschwindet jede Versuchung, die Existenz von fleischfressenden Kühen zu postulieren. Ähnliches gilt für „Satan ist kein wirkliches Wesen", ein Satz, der gebaut ist wie „Capone ist kein Philosoph". Die Ähnlichkeit in der grammatikalischen Form (Subjekt–Prädikat) dieser Aussagen kann den Philosophen zur irrtümlichen Annahme verleiten, daß in „Satan ist kein wirkliches Wesen" vom Satan selbst die Rede sei.

(2) In die zweite Klasse von Aussagen („quasi-platonic statements") gehört eine Aussage wie „Unpünktlichkeit ist tadelnswert", die in grammatikalischer Hinsicht genauso aussieht wie „Jones sollte getadelt werden". Aufgrund dieser Ähnlichkeit könnte man leicht auf die Idee kommen, daß neben Individuen wie Jones auch Universalien wie „Pünktlichkeit" und „Unpünktlichkeit" existieren. Dennoch bedeutet „Unpünktlichkeit ist tadelnswert" nichts anderes als „Jeder, der nicht pünktlich ist, sollte getadelt werden". Da in dieser Umformulierung das Substantiv „Unpünktlichkeit" nicht mehr vorkommt, kann sie uns nicht mehr in die Irre führen.

(3) Schließlich lenkt Ryle seine Aufmerksamkeit auf eine Klasse von Aussagen, die Ausdrücke der Art „der so-und-so" enthalten und die man leicht mit Eigennamen verwechseln könnte. Ein Beispiel ist der Satz „Jones haßt den Gedanken, ins Spital gehen zu müssen". Hier könnte der Eindruck entstehen, daß der Ausdruck „der Gedanke, ins Spital gehen zu müssen" der Name einer speziellen Art von Gegenstand sei. Diese Aussage kann aber umgewandelt werden in „Jones fühlt sich schlecht, sobald er daran denkt, was er zu ertragen hätte, sollte er einmal im Spital landen". Etwas subtiler ist folgendes Beispiel: Der Satz „Der Uhu sitzt auf der Spitze des Baumes" verführt uns nach Ryle zur Annahme, es gebe so etwas wie „die Spitze des Baumes". Was ist dies aber für eine Entität? Laut Ryle besagt dieser Satz lediglich, daß der Uhu höher als jeder andere Teil des Baumes sitzt.

Diese Überlegungen Ryles stehen offensichtlich unter dem Zeichen von Ockhams Prinzip der ontologischen Sparsamkeit: An Entitäten wie die von Locke angenommenen Ideen, die Fregeschen Gedanken, Meinongs subsistierende (aber nicht existierende) Gegenstände und Platos Formen braucht man aus sprachlichen Gründen nicht zu glauben – und andere Gründe gibt es, wie Ryle implizit unterstellt, nicht. Wie die eben erwähnten Beispiele zeigen, ist ein systematisch irreführender Ausdruck deswegen aber nicht sinnlos oder falsch – der Satz „Fleischfressende Kühe existieren nicht" ist sowohl allgemein verständlich wie auch wahr. Irreführend wird ein solcher Satz erst dann, wenn man ihn außerhalb seines vertrauten Anwendungskontextes betrachtet und über seine Bedeutung zu spekulieren beginnt. (Ähnliches behauptet Wittgenstein in den „Philosophischen Untersuchungen", wenn er bemerkt: „Wir führen die Wörter von ihrer metaphysischen, wieder auf ihre alltägliche Verwendung zurück", § 116.)

Die Arten, wie die Sprache den Philosophen oder den denkenden Menschen in die Klemme bringen kann, sind nach Ryle potentiell unendlich. Der Satz „John ist berühmt" sieht zum Beispiel aus wie „John ist weise", was die falsche Vorstellung suggeriert, „berühmt" sei eine Bezeichnung für eine Qualität und nicht für eine Relation; „James ist der vermeintliche Mörder" scheint zu suggerieren, daß James zu einer speziellen Sorte von Mördern gehöre. Wie kann man nun feststellen, daß ein Ausdruck systematisch irreführend ist? Dies ist nicht sofort ersichtlich, und es ist die Aufgabe des Philosophen, zu zeigen, welche Absurditäten sich ergeben, wenn ein bestimmter Satz nicht sorgfältig paraphrasiert wird: „Paralogismen und Antinomien sind immer ein Beweis dafür, daß ein Ausdruck systematisch irreführend ist."[14]

Man könnte sich nun fragen, ob auch Entitäten wie Wittgensteins oder Russells „Tatsachen" (s. Kap. XII, 2–3, und Kap. X, 5) zur Gruppe jener Entitäten gehören, die zu unlösbaren Problemen führen. In dieser expliziten Form stellt Ryle diese Frage nicht; gegen Ende seines Aufsatzes stößt er jedoch auf folgendes Problem: Angenommen, ein Satz sei so paraphrasiert worden, daß seine grammatikalische Form zur logischen Form der ausgedrückten Tatsache paßt – wie läßt sich diese Relation deuten? Handelt es sich hier um eine ontologisch fundierte Relation, wie etwa in Wittgensteins Abbildtheorie der Sprache („Der Satz teilt uns eine Sachlage mit, also muß er *wesentlich* mit der Sachlage zusammenhängen", T 4.03), oder herrscht diese Relation nur aufgrund einer Konvention? Keine dieser Alternativen ist nach Ryle besonders überzeugend. Verbale Ausdrücke und Tatsachen sind zu unterschiedlich, als daß man von einer Isomorphie sprechen dürfte. Dazu ließe sich angesichts der komplexen Geschichte der Sprachen kaum verstehen, wie sich die Menschen bezüglich solcher Konventionen je hätten einigen können.

In „Systematically Misleading Expressions" bleibt dieses Problem offen. Im späteren Aufsatz „Categories" (1938) beschäftigt sich Ryle erneut mit dem Problem der Absurdität vieler philosophischer Theorien, legt aber eine neue Diagnose vor. Der Grund für die philosophischen Paradoxien und Absurditäten liegt für ihn nun nicht mehr in der Diskrepanz zwischen logischer und grammatikalischer Form, sondern in einer Vermischung verschiedener Kategorientypen; von Tatsachen, deren Form im Satz nicht korrekt widergespiegelt wird, ist auf einmal nicht mehr die Rede.

Ryle behandelt zunächst die Frage, wie man feststellen kann, ob zwei Ausdrücke A und B demselben logischen Typ angehören. Nach ihm reicht es, ein Prädikat P ausfindig zu machen, das mit einem Ausdruck sinnvoll kombiniert werden kann, mit dem anderen dagegen eine sinnlose Wortreihe ergibt. Daß „Jones" und „Samstag" zu verschiedenen Kategorientypen gehören, läßt sich zum Beispiel an Hand des Prädikats „(...) liegt im Bett" zeigen, da die Aussage „Jones liegt im Bett" verständlich ist, die Aussage „Samstag liegt im Bett" dagegen absurd. Ein solches Kriterium reicht freilich nicht aus, um Ausdrücke verschiedener logischer Typen voneinander zu unterscheiden: Das Prädikat „A ist mehr als (...) Jahre, aber weniger als 33 Jahre alt" kann mit „27", aber nicht mit „37" sinnvoll ergänzt werden; dennoch sind die Ausdrücke „27" und „37" logisch offensichtlich homogen.[15] Ryles Hauptthese wird von dieser Kritik aber nicht tangiert: Die meisten philosophischen Aussagen – dies seine Behauptung – sind Aussagen der Art „Samstag liegt im Bett"; ihre Absurdität ist nur nicht so unmittelbar evident wie in diesem trivialen Fall. Gerade deshalb ist die philosophische Untersuchung der Sprache erforderlich.

Diese radikale These muß weiter begründet werden, wenn sie nicht dogmatisch erscheinen soll. Ryle illustriert sie auf ausführlichste Weise und mit Bezug auf das traditionelle Leib-Seele-Problem in seinem Meisterwerk, „The Concept of Mind" (1949). Der zentrale Begriff eines Kategorienfehlers wird hier mit folgendem prägnanten Beispiel erläutert: „Ein Ausländer kommt zum ersten Mal nach Oxford oder Cambridge, und man zeigt ihm eine Reihe von Colleges, Bibliotheken, Sportplätzen, Museen, Laboratorien und Verwaltungsgebäuden. Nach einiger Zeit fragt er: ‚Aber wo ist denn die Universität? Ich weiß, wo die Mitglieder eines College wohnen, wo die Verwaltung untergebracht ist, wo die Wissenschaftler ihre Versuche machen und so weiter. Aber warum zeigt man mir nicht die Universität, wo die Mitglieder eurer Universität wohnen und arbeiten?' Dann muß man ihm erklären, daß die Universität nicht noch eine weitere ähnliche Institution ist, ein weiteres Gegenstück zu den Colleges, Laboratorien und Verwaltungsgebäuden, die er schon gesehen hat. Die Universität ist einfach die Art und Weise, in der alles das organisiert ist, was er schon gesehen hat."[16]

Die begriffliche Konfusion, der dieser Ausländer zum Opfer fällt, ist offensichtlich. Ohne es zu merken, haben jedoch nach Ryle Descartes und die meisten modernen Philosophen einen ähnlichen Fehler begangen, indem sie das menschliche Bewußtsein verdinglicht aufgefaßt haben, als eine parallele Substanz neben dem Körper – ein „immaterielles Ding". Da Descartes das Bewußtsein hypostasiert hat, ist es nur logisch, daß er die Leib-Seele-Interaktion nicht erklären konnte. Descartes spricht vom menschlichen Bewußtsein in Kategorien, die ihre legitime Anwendung in der Beschreibung der physischen Welt haben.

Ryle analysiert zahlreiche Facetten dieses cartesianischen „Mythos des Gespenstes in der Maschine",[17] wie er es nennt, dessen absurde Konsequenzen erst dann sichtbar werden, wenn man sie genau unter die Lupe nimmt. So greift er zum Beispiel die „intellektualistische Legende" auf – die Annahme nämlich, „jede Verrichtung, welcher Art auch immer sie sei, erwerbe ihren gesamten Anspruch auf Intelligenz von einer vorausgehenden inneren Planung dieser Verrichtung".[18] Wer an der cartesianischen Auffassung des Geistes festhält, wird nie imstande sein zu erklären, wie eine intelligente Handlung vollzogen werden kann. Der Cartesianer wird sich eine intelligente Handlung als eine Handlung vorstellen müssen, die zuerst im inneren Raum des Geistes intelligent geplant worden ist. Wenn nun aber eine im äußeren Raum vollzogene intelligente Handlung eine intelligente Handlung im privaten Raum des Geistes voraussetzt, dann findet man sich in einem unendlichen Regreß verfangen. Denn auch die intelligente Handlung im Geist müßte eine intelligente Handlung erfordern, um selbst als intelligent gelten zu können. Jede intelligente Handlung impliziert somit eine unendliche Reihe innerer intelligenter Handlungen, was paradox anmutet.

Ryles Buch kombiniert auf geschickte Weise Argumente dieser traditionellen Art mit Bemerkungen über unseren alltäglichen Sprachgebrauch. Zwar wissen die meisten Menschen, wie sie das psychologische Vokabular ihrer eigenen Sprache zu benutzen haben. Nur wenige wären dagegen imstande, über die Beschaffenheit der damit ausgedrückten Begriffe Bescheid zu geben. Das Ziel von Ryles sprachphilosophischer Untersuchung besteht darin, unser implizites sprachliches Wissen zu artikulieren und eine Art logische Landkarte unserer gewöhnlichen Sprache zu entwickeln. Die Philosophie wird somit zu einer autonomen, von den Wissenschaften unabhängigen Disziplin, deren Aufgabe in der Analyse und Rekonstruktion der Logik bestimmter Segmente unserer Sprache liegt. Dies heißt nun freilich nicht, daß Ryle eine dialektische Kunst im Sinne Platos anstreben würde; seine Kritik der systematisch irreführenden Ausdrücke zeigt deutlich, daß er kein Reich hypostasierter Ideen oder Bedeutungen postuliert. Die Analyse soll nur zeigen, welche Kombinationen von Ausdrücken der Alltagssprache nicht nur grammatikalisch, sondern auch logisch legitim sind: „Die Bestimmung der logischen Geographie von Begriffen ist die Erhellung der Logik jener Sätze, in denen sie verwendet werden, also das Aufzeigen davon, mit welchen anderen Sätzen sie vereinbar und mit welchen sie unvereinbar sind, welche Sätze aus ihnen folgen und aus welchen sie folgen."[19]

Gegen Ryle wurde immer wieder der Vorwurf erhoben, er vertrete in „The Concept of Mind" eine behavioristische Auffassung des Geistes. Tatsächlich ist es schwierig zu bestimmen, wie Ryle sich die Natur des Bewußtseins vorstellt. Einerseits vertritt er die These, daß unsere psychologischen Begriffe aufs engste mit Verhaltensdispositionen verbunden sind. Die Tatsache, daß eine Person unter gewissen Umständen lacht, ist zum Beispiel im normalen Sprachgebrauch ein Kriterium dafür, daß wir jener Person ein Gefühl der Freude zuweisen; das bedeutet aber nicht, daß das Gefühl der Freude mit dem Lachen selbst zu identifizieren wäre. Andererseits leugnet Ryle, daß das Bewußtsein eine Entität sei, was zweifellos viel mehr als nur eine Aussage über die Natur unserer Begriffe ist: Denn sie impliziert, daß es keine substantielle Seele gibt. Diese Behauptung kann wiederum auf zweierlei Weise ausgelegt werden – entweder als eine radikale Form von Materialismus, die die Existenz bewußter Zustände leugnet, oder als eine moderatere Version, die bewußte Zustände lediglich als Verhaltensweisen physischer Organismen deutet.

Auch sonst gibt es in Ryles Buch zahlreiche Unklarheiten. Er selber betont explizit und schon am Anfang seiner Ausführungen, daß er keine positive Theorie über die Natur des Geistes vorlegen, sondern nur das Geflecht unserer psychologischen Begriffe beschreiben wolle: „Die philosophischen Überlegungen, aus denen dieses Buch besteht", so Ryle, „sollen unsere Kenntnisse vom Geist oder der Seele nicht vermehren, sondern die logische Geographie dieses Wissens berichtigen."[20] Das Beispiel der Universität als funktionale Anordnung verschiedener Institute suggeriert jedoch eine funktionalistische Theorie des Mentalen, also eine abgeschwächte Version des Materialismus.

Neben den besprochenen Arbeiten hat Ryle zahlreiche Aufsätze verfaßt – die meisten davon sind in den zweibändigen „Collected Papers" (1971) versammelt – sowie zwei weitere Bücher, „Dilemmas" (1954) und „Plato's Progress" (1966), die wie alle seine Schriften vor allem durch ihre Scharfsinnigkeit und ihren ausgeprägten literarischen Stil in Erinnerung bleiben.

Ein zweiter wichtiger Vertreter der Philosophie der Alltagssprache ist John Langshaw Austin, der am 26. März 1911 in Lancaster geboren wurde. Austin studierte klassische Philologie in Oxford, wo er 1952 Professor für Moralphilosophie wurde – obwohl er sich nicht sonderlich für dieses Gebiet interessierte. Seine Wirkung beruhte weniger auf seinen Schriften (zu Lebzeiten publizierte er lediglich sieben Aufsätze) als auf seiner Tätigkeit als Dozent. Legendär geworden sind die von ihm geleiteten „Samstagsvormittage", an denen er mit jüngeren Kollegen und Studierenden Klassiker der antiken und neueren Philosophie besprach, darunter Werke von Aristoteles, Wittgenstein, Frege und Merleau-Ponty. Austin starb, erst 48jährig, am 8. Februar 1960 in Oxford; seine drei Bücher – „How to do Things with Words" (1962), „Sense and Sensibilia" (1962) und „Philosophical Papers" (1961) – sind posthum erschienen.[21]

In den „Philosophischen Untersuchungen" machte Wittgenstein darauf aufmerksam, daß die Sprache nicht nur zur Beschreibung der Wirklichkeit benutzt wird, sondern eine Vielzahl praktischer Zwecke erfüllt. Diese Idee steht im Zentrum von Austins Theorie der Sprache, die um den Begriff der „performativen“ Äußerung kreist. Formulierungen wie „Ich verspreche Dir, daß …“, „Ich schenke dir …“ oder „Ich wette, daß …“ lassen sich nach ihm nicht als Beschreibungen der Wirklichkeit auffassen; sie sollten eher als Handlungen (als „performances“) verstanden werden, in den erwähnten Fällen als sozial geregelte Tätigkeiten des Versprechens, Schenkens und Wettens. Ein anderes Beispiel, in dem die Sprache verwendet wird, etwas zu tun, statt es zu beschreiben, liefert die Zeremonie der Hochzeit. Wer unter den richtigen, d. h. den durch anerkannte soziale Konventionen geregelten Umständen den Satz „Ja, ich will“ ausspricht, hat tatsächlich keinen Bericht über seine inneren psychischen Zustände abgeliefert: Er hat nichts gesagt, das als „wahr“ oder „falsch“ zu bezeichnen wäre, sondern sein Leben im Rahmen einer institutionalisierten Prozedur mit jenem einer anderen Person verbunden.

„Die Philosophen haben jetzt lange genug angenommen, das Geschäft von ‚Feststellungen‘ und ‚Aussagen‘ sei einzig und allein, einen Sachverhalt zu ‚beschreiben‘ oder ‚eine Tatsache zu behaupten‘“, schreibt Austin polemisch.[22] Die Zeit sei nun gekommen, die Sprache aus dieser neuen Perspektive zu erforschen. Die Zahl von Dingen, die wir mit der Sprache tun können, ist nach seiner Überzeugung nämlich nicht so groß, daß man nicht versuchen könnte, eine allgemeine Klassifikation aller möglichen Sprechakte zu liefern. Dieser Aufgabe ist sein bekanntestes und längerfristig wohl auch wirkungsvollstes Werk, „How to Do Things with Words“, gewidmet. Austin faßt hier jede sprachliche Äußerung als Vollzug einer Handlung auf und unterscheidet dabei drei verschiedene Dimensionen. Näherhin identifiziert er[23] (1) *lokutionäre* Akte (diese bestehen darin, daß man sich bei der Äußerung eines Satzes auf etwas bezieht), (2) *illokutionäre* Akte (gemeint ist nun die Tatsache, daß wir mit einer Äußerung etwas tun) und schließlich (3) *perlokutionäre* Akte (durch unsere Sprache erzielen wir eine Wirkung auf den Hörer). Wer zum Beispiel sagt „Ich verspreche Dir, daß ich morgen dein Spielzeug repariere“, hat gleichzeitig Verschiedenes gemacht: Er hat sich auf das kaputte Spielzeug bezogen (lokutionärer Akt), etwas versprochen (illokutionärer Akt) und das Kind beruhigt, es vielleicht aber auch betrogen (perlokutionärer Akt).[24]

Anders als „How to Do Things with Words“ ist „Sense and Sensibilia“ eine vorwiegend polemische Schrift. Austin setzt sich hier kritisch mit einer bestimmten Auffassung der Natur der Erkenntnis und den Aufgaben der Erkenntnistheorie auseinander. Das unmittelbare Ziel seiner Kritik ist das Buch „The Foundations of Empirical Knowledge“ (1940) des logischen Positivisten Alfred Jules Ayer. Viele Einwände lassen sich aber leicht auch als Attacken auf die erkenntnistheoretischen Vorstellungen von Moore (s. Kap. XI, 6) und Russell (s. Kap. X, 6) deuten. Die philosophische Argumentation, die Austin angreift, ist bekannt und kann wie folgt kurz dargestellt werden: Seit der Antike haben sich Philosophen Gedanken gemacht über die Tatsache, daß unsere sinnliche Wahrnehmung nicht immer verläßlich ist. Ein gerader Stock sieht geknickt aus, wenn er ins Wasser gehalten wird; eine Münze erscheint elliptisch, wenn sie von der Seite her betrachtet wird; wenn wir träumen oder halluzinieren, meinen wir Dinge vor uns zu haben, die es in der Wirklichkeit gar nicht gibt. Solche Phänomene, so wurde immer wieder argumentiert, zeigen, daß ein Unterschied gemacht werden muß zwischen dem unmittelbar beobachteten Gegenstand (dem sogenannten *sense datum*) und dem echten, real existierenden materiellen Ding. Auf diese Weise hat man sich ein erstes Problem geschaffen: In welcher Beziehung stehen direkt wahrgenommene Sinnesdaten und materielle Gegenstände?

Hier setzt nun Ayers Argumentation an. Wenn man diese Trennung zwischen Sinnesdaten und materiellen Gegenständen einmal akzeptiert hat, kommt man nicht umhin, zwischen zwei Arten von Aussagen zu unterscheiden, nämlich Aussagen über Sinnesdaten einerseits und über materielle Gegenstände andererseits. Damit taucht ein zweites Problem auf: In welcher Beziehung stehen Aussagen über Sinnesdaten und Aussagen über materielle Gegenstände? Nach Ayer werden letztere aus den ersteren abgeleitet bzw. sind auf diese reduzierbar: Wer einen Stuhl sinnlich wahrnimmt, erhält tatsächlich eine Vielfalt von Sinnesdaten (Farben, Formen usw.), deren Existenz man nicht anzweifeln kann. Aussagen über Sinnesdaten sind daher als absolut gewiß zu betrachten. Aussagen über materielle Gegenstände dagegen sind ungewiß: Man könnte einen Stuhl vor sich sehen, aber das Opfer einer Halluzination sein.

Der hier skizzierte Gedankengang erscheint zweifellos plausibel. Dennoch gelingt es Austin zu zeigen, daß er auf wackeligen Fundamenten steht. Denn das ganze Argument richtet sich gegen die Vorstellung, daß wir materielle Gegenstände direkt wahrnehmen. Doch was bedeutet „materieller Gegenstand"? Und was „direkt wahrnehmen"? Sicherlich nehmen wir nicht nur Stöcke und Stühle sinnlich wahr, sondern auch viele andere Dinge: Sind zum Beispiel der blaue Himmel, die Flamme einer Kerze oder ein Schatten als „materielle Gegenstände" zu klassifizieren? Und wenn nicht, wieso nicht? Was ist genau unter „Sinnesdatum" zu verstehen? Umfaßt der Begriff auch ein Nachbild? Statt genauer Erklärungen findet Austin in den Büchern der Philosophen immer dieselben, stark vereinfachenden Beispiele. Und da ihre grundlegenden Begriffe nicht scharf definiert sind, erstaunt es ihn nicht, daß in der Philosophie keine Fortschritte gemacht werden: Weniger Klugheit und mehr Sorgfalt und Geduld wären hilfreich.

Auch die scheinbar triviale Unterscheidung zweier Arten von Aussagen wird von Austins Attacke nicht verschont. Seiner Ansicht nach ist es nämlich nicht wahr, daß Aussagen über Sinnesdaten immer unfehlbar sind. Selbst die eigenen unmittelbarsten Erfahrungen könnten falsch beschrieben werden: Man kann sich leicht vorstellen, daß eine Person nicht über die notwendige sprachliche Kompetenz verfügt, oder daß sie bei ihrer Beschreibung ungenau ist. Andererseits lassen sich Aussagen über materielle Gegenstände nicht immer sinnvoll in Frage stellen. Wie könnte ich zum Beispiel daran zweifeln, daß auf meinem Pult ein Telefon steht, wenn ich es doch jahrelang benutzt habe? Darüber grübeln zu wollen, wäre in der Tat absurd. Natürlich würde ein Skeptiker behaupten, man könne nicht wissen, ob man in der Vergangenheit tatsächlich telefoniert habe, da auch das Gedächtnis trügen könne. So zu argumentieren würde aber bedeuten, den zentralen Punkt von Austins Kritik zu verfehlen: Diese läuft nämlich darauf hinaus, daß die Praxis sehr klare Kriterien liefert, um zwischen sicheren und unsicheren Aussagen zu unterscheiden; der Fehler des Skeptikers besteht darin, daß er spezifische Aussagen aus ihrem Anwendungskontext löst.

Offensichtlich bewegt sich Austin mit seiner Kritik der analytischen Erkenntnistheorie noch immer im Kreise von Gedanken, die in Wittgensteins „Philosophischer Untersuchung" ihre tiefgründigste Artikulierung gefunden hatten. Austin teilt jedoch keineswegs Wittgensteins Meinung, daß die Philosophie lediglich oder auch nur hauptsächlich in der Erforschung der Alltagssprache bestehe. So schreibt er an einer berühmten Stelle am Ende des Aufsatzes „Ifs and Cans" (1956) Folgendes über das Wesen der Philosophie: „In der Geschichte des menschlichen Forschens nimmt die Philosophie die Stelle der ursprünglichen, fruchtbaren und turbulenten Zentralsonne ein, die von Zeit zu Zeit einen ihrer Teile abstößt, damit er seinen Platz als Wissenschaft einnehme, als kühler und ruhig seine Bahn ziehender Planet, der stetig auf einen fernliegenden Endzustand hin fortschreitet. Dies hat sich vor langer Zeit bei der Geburt der Mathematik zugetragen und dann wieder bei der Entstehung der Physik. Erst im letzten Jahrhundert waren wir nochmals Zeugen des gleichen, langsamen und seinerseits kaum merklichen Vorgangs, als die Wissenschaft der mathematischen Logik durch die gemeinsamen Anstrengungen von Philosophen und Mathematikern zur Welt gebracht wurde. Ist es nicht möglich, daß das nächste Jahrhundert dank der Zusammenarbeit von Philosophen, Grammatikern und vielen anderen Sprachforschern die Geburt einer wahren und umfassenden *Sprachwissenschaft* erleben wird? Dann werden wir uns von einem weiteren Teil der Philosophie getrennt haben (es bleibt noch eine Menge übrig), und zwar in der einzigen Weise, in der wir die Philosophie überhaupt loswerden können: indem wir sie treppauf stoßen."[25]

Hier wird klar, daß Austins Ziel nicht die Auflösung philosophischer Paradoxe ist, sondern die Errichtung einer Sprachwissenschaft (die in „How to do Things with Words" skizzierte Theorie der Sprechakte wäre vermutlich einer ihrer zentralen Teile). Zugleich vermittelt diese Passage eine optimistische Haltung, die Wittgenstein fremd gewesen wäre. Denn offensichtlich glaubt Austin an die Möglichkeit echter Fortschritte dank der kooperativen Zusammenarbeit verschiedener Forscher. Der große Individualist Wittgenstein dagegen hatte als Motto seiner „Philosophischen Untersuchungen" folgendes Zitat des österreichischen Komödiendichters Johann Nestroy gewählt:

„Überhaupt hat der Fortschritt das an sich, daß er viel größer ausschaut, als er wirklich ist."

Bemerkenswert sind Austins Aussagen über die philosophische Relevanz der Alltagssprache im Aufsatz „A Plea for Excuses" (1957). Austin bestreitet hier explizit, daß die gewöhnliche Sprache unanfechtbar und für die Philosophie maßgebend sei: „Gewiß ist die normale Sprache [...] *nicht* das letzte Wort; im Grunde läßt sie sich an jeder Stelle ergänzen, verbessern und ersetzen."[26] Gleichzeitig stellt er fest, daß es sich durchaus lohnt, in der Philosophie mit dem Studium der Alltagssprache anzufangen: „Man darf nur nicht vergessen, daß sie tatsächlich das *erste* Wort ist",[27] denn in ihr findet sich „die ererbte Erfahrung und der Scharfsinn vieler Generationen."[28] Die natürliche Sprache soll also nicht nur erforscht werden, weil sie das Instrument unseres Denkens ist (wie Frege meinte; s. Kap. IX, 3), sondern auch, weil sie eine Schatztruhe menschlicher Weisheit darstellt. Es ist vielleicht diese positive Auffassung der Sprache, die Austins Philosophie am deutlichsten von Wittgensteins und Ryles Denkweisen trennt: Diese Philosophen sahen in der Sprache – genau wie einst die Kirchenväter in der Frau – eine für die geistige Integrität gefährliche Versuchung.

3. Logik und Metaphysik: P. F. Strawson

Daß die Philosophie der Alltagssprache ihre wichtigsten Vertreter in Oxford und nicht in Cambridge fand, mag zunächst erstaunen. Aber die starken Eindrücke Moores und Wittgensteins hatten an ihrer Wirkungsstätte eine originelle Weiterführung ihrer Gedanken vermutlich eher erschwert als befördert. Der eigenständigste Denker in der Cambridger Tradition ist John Wisdom (1904–1993), der sich in „Paradox and Discovery" (1965) entgegen den neopositivistischen Tendenzen seiner Zeit um eine Rehabilitation der Metaphysik bemühte. Zwar ist die Metaphysik ein Versuch, etwas zu sagen, was sich nicht sagen läßt, aber für Wisdom ist sie dennoch nicht wertlos: Gerade im Versuch, das Unaussprechliche zum Ausdruck zu bringen, lernen wir die Grenzen unserer Begriffe kennen und stoßen auf neue Fragestellungen, die nicht notwendigerweise unlösbar sind. So trägt die Metaphysik, wenn auch indirekt, zum Fortschritt der menschlichen Erkenntnis bei.[29]

Wisdom war nicht der einzige, der sich nach dem Zweiten Weltkrieg um eine Verteidigung der Metaphysik bemühte. Die Kantsche Frage bezüglich der Natur und der Möglichkeiten dieser Disziplin wurde auch von Peter Frederick Strawson auf höchst originelle Weise behandelt. Der am 23. November 1919 in London geborene Sprachanalytiker studierte zunächst Philosophie, Politische Wissenschaft und Wirtschaft in Oxford. Nach sechsjährigem

Wehrdienst konnte er seine philosophische Laufbahn wieder aufnehmen: 1948 wurde er Fellow des University College, ab 1968 wirkte er als Nachfolger von Ryle in Oxford auf dem Lehrstuhl für Metaphysik. Strawson starb im Alter von 86 Jahren am 13. Februar 2006; einige seiner Aufsätze, darunter insbesondere der 1950 in „Mind" erschienene „On Referring", sowie sein Hauptwerk „Individuals" (1959) hatten zu dieser Zeit längst den Status von Klassikern der analytischen Philosophie erlangt. Andere bemerkenswerte Schriften sind „Introduction to Logical Theory" (1952), „The Bounds of Sense" (1966), „Subject and Predicate in Logic and Grammar" (1974), „Freedom and Resentment and Other Essays" (1974), „Skepticism and Naturalism: Some Varieties" (1985), „Entity and Identity" und „Analysis and Metaphysics: an Introduction to Philosophy" (1992).[30]

Strawsons Originalität zeigt sich schon in seinem frühen Aufsatz „On Referring" (1950), in dem er Russells Theorie der bestimmten Beschreibungen angreift. Nach Russell (s. Kap. X, 4) stellt ein so absurd anmutender Satz wie „Der König von Frankreich ist kahl" den Logiker vor ein ernsthaftes Problem. Denn er hat zwar eine klare Bedeutung, aber es ist nicht leicht zu entscheiden, ob er wahr oder falsch sei. Die natürlichste Antwort wäre „weder wahr noch falsch", doch sie ist für einen Logiker nicht akzeptabel: In der klassischen Logik muß jede sinnvolle Aussage entweder wahr oder falsch sein. Russells Lösung dieser Schwierigkeit besteht darin, den Satz als Konjunktion dreier Sätze zu analysieren. Er bedeutet (1) „Es gibt mindestens einen König von Frankreich", (2) „Es gibt höchstens einen König von Frankreich" und (3) „Der König von Frankreich ist kahl". Da es aktuell keinen König von Frankreich gibt, ist die Aussage „Der König von Frankreich ist kahl" dieser Analyse gemäß also falsch.

So elegant Russells Theorie ist: Strawson bezweifelt, daß sie unsere sprachliche Praxis richtig erfaßt. Kein Junggeselle würde zum Beispiel die Frage, ob seine Frau berufstätig sei, mit einem „Nein" beantworten. Viel eher würde er seinem Gesprächspartner erklären, daß er nicht verheiratet sei; und dies würde auch ausreichen, um diesem vor Augen zu führen, daß seine Frage verfehlt sei. Dieses Beispiel soll Strawsons These illustrieren, nach der Russells Analyse eher eine Ad-hoc-Lösung als eine Theorie zu unserem Sprachgebrauch ist. Strawson seinerseits schlägt folgende Analyse vor: Ein Sprecher, der den Satz „Der König von Frankreich ist kahl" äußert, setzt voraus, daß es einen König von Frankreich gibt; seine Existenz wird nicht behauptet (wie Russell meint), sondern präsupponiert. Da diese Existenzannahme falsch ist, gibt es nichts, was über diesen König erfragt bzw. von ihm behauptet werden kann; wäre die Existenzannahme dagegen richtig, könnte man sinnvoll nach einer bestimmten Eigenschaft des Königs fragen.

In „On Referring" liefert Strawson eine Diagnose von Russells Fehlern. Nach ihm muß man sorgfältig unterscheiden zwischen (1) einem Satz, (2) seinem Gebrauch und (3) seinen konkreten Äußerungen. Russell hat recht, wenn er meint, daß der Satz „Der König von Frankreich ist kahl" eine Bedeutung hat; dies heißt aber nur, daß dieser Satz in verschiedenen Situationen geäußert werden kann. Dagegen übersieht Russell, daß die Begriffe „Wahrheit" und „Falschheit" nicht direkt auf *Sätze*, sondern erst auf deren konkrete *Äußerungen* anzuwenden sind. Interessanterweise läßt sich diese Analyse auf andere Fälle übertragen. Der Satz (A) „Alle Gs sind F" wird in der modernen Logik paraphrasiert als (A*) (x) (Gx → Fx) [„Für jedes x gilt: wenn x G ist, dann ist x F]; falls keine Gs existieren, ist (A*) wahr, da es keine Gegenbeispiele gibt. Auch bei diesem Fall ist es leicht zu sehen, daß die moderne Logik eine künstliche Analyse des gewöhnlichen Sprachgebrauchs bietet. Eine kinderlose Frau wird die Frage „Sind alle Ihre Kinder schon in der Schule?" sicherlich nie mit einem „Ja" beantworten; wie der Junggeselle im obigen Beispiel wird sie diese Frage für verfehlt halten, unter gewissen Umständen vielleicht sogar für einen schlechten Witz. Welche Beziehung besteht nun zwischen der Sprache der Logik und jener des Alltags? Strawson zieht in „Introduction to Logical Theory" den Schluß, daß die formale Logik nicht ausreicht, um die Feinheiten der gewöhnlichen Sprache zu erfassen. Die logische Paraphrase ist ein wichtiges, aber kein allmächtiges Instrument für die Erforschung der Sprache.

Wie schon bei Aristoteles – man denke an seinen Versuch in den „Kategorien", aus einer grammatikalischen Klassifikation eine Theorie über die grundlegende Struktur des Seins abzuleiten – verbindet sich auch bei Strawson das Interesse an der Sprache mit jenem an der Ontologie. In „Individuals" unterscheidet Strawson zwischen zwei Formen metaphysischer Untersuchungen. Da ist zum einen die deskriptive Metaphysik *(descriptive metaphysics)*, die das begriffliche Schema erforscht, auf dem unsere gewöhnliche Erkenntnis der Welt beruht: „Es gibt im menschlichen Denken einen sehr großen Zentralbereich, der keine Geschichte hat – oder keine, die in den Darstellungen der Geistesgeschichte verzeichnet wäre. Es gibt Kategorien und Grundbegriffe, die sich in ihrem Grundcharakter überhaupt nicht ändern. Offensichtlich sind dies nicht die Spezialbegriffe des höchst entwickelten Denkens. Es sind die Selbstverständlichkeiten des am wenigsten entwickelten Denkens, die dennoch unausweichlich den Kern für das begriffliche Rüstzeug auch des anspruchsvollsten Kopfes ausmachen. Mit ihnen, ihren wechselseitigen Verbindungen und der von ihnen gebildeten Struktur wird sich eine deskriptive Metaphysik befassen."[31]

Die zweite Art metaphysischer Forschung (Strawson nennt sie *revisionary metaphysics*) versucht, ein besseres Schema von Kategorien zu entwerfen. Während Strawson Aristoteles und Kant als deskriptive Metaphysiker im obigen Sinn bezeichnet, haben in seiner Sicht Descartes, Leibniz und Berkeley eine Reform unserer Grundbegriffe angestrebt.[32] Für diese zweite Art von Metaphysik hegt Strawson wenig Sympathie. Der Wert reformierender

Ansätze besteht für ihn lediglich darin, daß sie als eine Art Kontrastmittel die echten Konturen unseres Weltbilds besser zur Geltung bringen.

Ausgangspunkt von Strawsons eigener deskriptiver Metaphysik ist das Problem der sprachlichen Bezugnahme. Damit zwei Sprecher sich verständigen können, müssen sie sich auf dieselben Dinge beziehen können (seien dies nun partikuläre Dinge in der Welt, ihre Eigenschaften und Relationen oder abstrakte Entitäten, wie Zahlen oder geometrische Figuren). Der Bezug auf einen Gegenstand kann nun nach Strawson auf zwei Arten hergestellt werden. Wenn der zu identifizierende Gegenstand in der unmittelbaren Umgebung liegt, genügt es, mittels Demonstrativa auf ihn zu zeigen. Ist das Ding dagegen nicht sinnlich anwesend, muß man auf Beschreibungen zurückgreifen. Das Problem besteht für Strawson darin, daß jede Beschreibung in allgemeinen Begriffen verfaßt ist und damit im Prinzip auf verschiedene Individuen zutrifft: Keine Beschreibung, wenn sie allein betrachtet wird, reicht aus, um ihre Referenz eindeutig zu bestimmen. Dieses Problem ist nicht neu; schon Bradley hatte sich in den „Principles of Logic" damit befaßt und den mutigen Schluß gezogen, daß wir nie von individuellen Dingen sprechen, sondern stets von der ganzen Wirklichkeit (s. Kap. IX, 5). Beachtenswert ist auch die Tatsache, daß für Strawson bestimmte Beschreibungen genuine Mittel zur Identifikation von Gegenständen sind. Dies könnten sie nicht sein, wenn Russells Theorie der bestimmten Beschreibung korrekt wäre. Bestimmte Beschreibungen sind nämlich nach Russell keine eigenständigen Symbole; sie haben nur im Kontext eines Satzes eine Bedeutung. Die Argumentation in „Individuals" setzt also jene in „On Referring" voraus.

Wie könnten sich nun zwei Sprecher über den Bezug eines solchen Symbols verständigen? Einzeldinge werden für Strawson dadurch exakt identifiziert, daß wir sie in Beziehung zu Dingen bringen, die wir demonstrativ identifizieren. So kann man zum Beispiel die Frage „Welches Buch meinst du genau?" folgendermaßen beantworten: „Ich meine jenes, das Anna gestern gekauft hat." Hier wird ein bestimmtes Buch unter anderem durch den Bezug auf eine bestimmte Person, Anna, eindeutig identifiziert. Dieses Vorgehen ist allerdings erst dann möglich, wenn Sprecher und Hörer über einen gemeinsamen Rahmen – ein räumlich-zeitliches System von Einzeldingen – verfügen. Auf einen solchen Referenzrahmen lenkt Strawson nun seine Aufmerksamkeit. Welche Dinge spielen aus der Perspektive der Identifikation eine grundlegende Rolle? Gibt es in einem solchen System etwas, das als fester Ankerpunkt dient – also Dinge, die sofort lokalisierbar sind und deswegen benutzt werden können, um andere Dinge zu identifizieren? Strawson nennt solche Entitäten „basic particulars". Offensichtlich spielen sie in unserem Referenzsystem eine Rolle, die mit jener der aristotelischen Substanzen vergleichbar ist: Aristotelische Substanzen sind grundlegend in dem Sinn, daß sie immer nur Subjekte der Prädikation sind; dem entspricht Strawsons Auffassung gewisser Einzeldinge als Fundament jeder gelungenen Bezugnahme.

Aus der Perspektive der Identifikation, so lautet nun Strawsons Hauptthese, sind zwei Arten von Einzeldingen vorrangig, nämlich (a) materielle Körper und (b) Personen. Damit will er nicht den cartesianischen Dualismus verteidigen: In seiner Auffassung gibt es keine immaterielle Substanz, die dem menschlichen Körper innewohnt; Personen sind als Träger materieller wie auch mentaler Eigenschaften aufzufassen. Diese Konzeption einer Person als psycho-physische Einheit mag korrekt sein; dennoch erstaunt Strawsons Aussage, daß sie auch unserem allgemeinen Begriff der Person entspreche: Ryle zum Beispiel meinte, das implizite philosophische Weltbild des modernen Menschen entspreche Descartes' Mythos eines Geistes in der Maschine (s. oben § 2). Die These der Priorität materieller Dinge und Personen impliziert auch, daß die Kategorie eines „Dings" grundlegender ist als jene eines „Ereignisses". Ereignisse (zum Beispiel eine bestimmte Geburt) werden immer mit Bezug auf Dinge identifiziert (zum Beispiel als „die Geburt des Sokrates").

Strawson entwickelt seine Argumentation sehr sorgfältig; einige wesentliche Fragen bleiben jedoch offen. Angenommen, materielle Körper und Personen spielen tatsächlich eine grundlegende Rolle für die Identifikation: Läßt sich daraus schließen, daß sie ontologischen Vorrang besitzen? Die deskriptive Metaphysik soll ja die Struktur unseres Denkens beschreiben, aber beim Lesen von „Individuals" bekommt man den Eindruck, Personen und materielle Körper seien für Strawson echte Substanzen. Ein solcher Schluß läßt sich auf der Basis seiner Argumentation jedoch nicht ziehen. Dinge werden durch Namen oder Zahlen identifiziert; das bedeutet aber noch nicht, daß Namen und Zahlen deswegen ontologische Priorität zukäme. Anders formuliert: Ontologische Priorität kann nicht mit Priorität aus der Perspektive der sprachlichen (oder auch rein gedanklichen) Identifikation gleichgesetzt werden.[33]

Unklar bleibt auch, wieso der Metaphysiker rein deskriptiv vorgehen sollte. Welche Beziehung besteht zwischen sprachlich-gedanklichen Strukturen einerseits und den Strukturen der Wirklichkeit andererseits? Strawson findet unser Begriffsschema völlig in Ordnung, eine Revision ist aus seiner Sicht nicht erforderlich. Begriffliche Revision findet in den Wissenschaften aber dennoch ständig statt: Wieso sollte die Philosophie von diesen Entwicklungen keine Notiz nehmen?[34] Angesichts dieser Tatsache erscheint Strawsons Ansatz auf willkürliche Weise konservativ.

Strawson geht auch davon aus, daß es eine ewige Struktur unwandelbarer Begriffe gebe: „Es gibt Kategorien und Grundbegriffe", schreibt er an einer bereits zitierten Stelle, „die sich in ihrem Grundcharakter überhaupt nicht ändern." Diese Annahme ist keineswegs unbestritten, evolutionistische Denker wie Dewey und Whitehead hatten sie abgelehnt: Unsere Denkweisen und die sie reflektierende sprachliche Praxis haben sich im Laufe eines langen Anpassungsprozesses entwickelt und sind daher, wie alle anderen Elemente der Wirklichkeit auch, prinzipiell veränderbar. Zudem ist unklar, wie Strawsons These je bewiesen werden könnte: Eine Analyse unserer *jetzigen* Sprache – bzw. eine Analyse der Art und Weise, wie der moderne Engländer auf Dinge Bezug nimmt – reicht dazu nicht aus.

Nach der virulenten Attacke der logischen Empiristen und der von Wittgenstein und Moore inspirierten Hinwendung zur Alltagssprache war auch in Großbritannien nach dem Zweiten Weltkrieg das Wort „Metaphysik" verpönt; es ist Strawsons unleugbares Verdienst, die Disziplin wieder attraktiv gemacht zu haben. Wenn man seine Untersuchungen jedoch mit den grandiosen Entwürfen eines Spinoza oder eines Hegel vergleicht, stellt man rasch fest, wie bescheiden diese Rehabilitation tatsächlich gewesen ist.

XIV. Willard van Orman Quine

1. Logischer Positivismus und amerikanische Philosophie

Mit Hitlers Machtergreifung und insbesondere nach dem Anschluß Österreichs 1938 wanderten zahlreiche Vertreter und Sympathisanten des logischen Positivismus in die USA aus (wie bereits kurz erwähnt; s. Kap. XIII, 1) – darunter Rudolf Carnap (seit 1936 in Chicago), Hans Reichenbach (University of California, Los Angeles), Alfred Tarski (Berkeley) und Kurt Gödel (Princeton). Selbstverständlich suchten auch Intellektuelle anderer philosophischer Orientierungen Schutz in den USA, aber nicht immer konnten sie dort Fuß fassen. Exemplarisch ist der Fall des von Max Horkheimer und seinem Mitarbeiter Theodor W. Adorno in Frankfurt geleiteten Instituts für Sozialforschung. 1933 wurde das marxistisch orientierte Institut von den Nationalsozialisten geschlossen, ein Jahr später konnte es an der Columbia University in New York City wiedereröffnet werden; aber nach dem Zweiten Weltkrieg wurde es in aller Eile in die Heimat zurückgebracht.[1]

Der logische Positivismus – mit seiner Hochschätzung der Wissenschaften und seiner Vorliebe für formale, rigorose Studien – fand in den USA einen fruchtbaren Boden. Das Interesse an wissenschaftlichen Formen von Philosophien war hier seit langem ausgeprägt. Schon 1914 hatte Russell in Harvard als „Lowell Lectures“ jene Reihe von Vorlesungen gehalten, aus denen sein für die Entwicklung des logischen Positivismus einflußreiches Buch „On our Knowledge of the External World“ hervorgegangen war. Und 1924 wurde Whitehead auf eine speziell für ihn eingerichtete Professur berufen. Zwar entwickelte er sich in Harvard dann zum größten spekulativen Metaphysiker des 20. Jh.s; aber diese Entwicklung war nicht vorauszusehen, und zur Zeit seiner Anstellung beruhte sein Ruhm ausschließlich auf seiner Mitarbeit an den „Principia Mathematica“ (1910–1913) und der Trilogie „An Enquiry Concerning the Principles of Natural Knowledge“ (1919), „The Concept of Nature“ (1920) und „The Principle of Relativity“ (1922), die die Grundlagen der Naturwissenschaften thematisierte.

Der Pragmatismus Deweys, der die Anwendung der wissenschaftlichen Methode in allen Bereichen des intellektuellen wie sozialen Lebens predigte, verstärkte diese Vorliebe für die technischen Formen des Philosophierens ebenso wie der seit Peirce' Zeit fortschreitende Prozeß der Professionalisierung der akademischen Philosophie (s. Kap. VIII, 1). Und zweifellos wurde die Akzeptanz des logischen Empirismus auch dadurch erleichtert, daß seine Doktrinen – anders als jene der Frankfurter Schule – politisch neutral wirkten. Zwar wurde der Wissenschaftsphilosophie und der Metaphysikkritik von den logischen Empiristen meist eine sozial-progressive Bedeutung zugewiesen. Ihre Schriften sind aber technischer Natur, so daß ihr politisches Gewicht leicht außer acht gelassen werden kann.[2]

Die amerikanische Rezeption des logischen Empirismus – seine Grundideen waren dank Ayers „Language, Truth and Logic" (1936) schon vor dem Zweiten Weltkrieg in den USA bekannt – war allerdings nicht unkritisch. Die logischen Empiristen glaubten, die menschliche Erkenntnis ließe sich nach dem Modell des axiomatischen Systems der „Principia Mathematica" rekonstruieren. Carnap hatte ein solches Projekt durchgeführt in „Der logische Aufbau der Welt" (das Buch wurde 1928 veröffentlicht, aber erst 1967 als „The Logical Structure of the World" ins Englische übersetzt). Ähnliches versuchte in den USA Nelson Goodman (1906–1998) in „The Structure of Appearance" (1951). Die These, die Erkenntnis beruhe auf einem Fundament unbezweifelbarer Prämissen, blieb jedoch nicht unangefochten. Wilfried Sellars (1912–1989) bot in seinem bemerkenswerten Essay „Empiricism and the Philosophy of Mind" (1956) eine einflußreiche Kritik dieser epistemologischen Doktrin, wie sie von Ayer im Anschluß an die Wiener Positivisten vertreten worden war. Aber erst mit Quine – zweifellos der herausragenden Figur der analytischen Tradition in der zweiten Hälfte des 20. Jh.s – konnte sich der logische Positivismus zu einer neuen und originellen Philosophie entwickeln: Mit ihm verschiebt sich das lebendige Zentrum der analytischen Bewegung von England und dem europäischen Kontinent in die USA.

2. Leben und Werke

Willard van Orman Quine wurde am 25. Juni 1908 als Sohn eines Ingenieurs und einer Lehrerin in Akron, Ohio, geboren. Seine kindlichen und jugendlichen Vorlieben waren wenig spektakulär, verrieten aber einen ausgeprägten Sinn für Genauigkeit: Der junge Quine liebte es, sorgfältig Karten seiner Umgebung zu zeichnen; andere Hobbys waren die Philatelie und die Etymologie. Ab 1926 studierte er am Oberlin College Geologie, Psychologie, Französisch, Deutsch und Mathematik. Später setzte er seine Ausbildung in Harvard fort, wo er 1932 (nach nur zwei Jahren) mit der Arbeit „The Logic of Sequences: A Generalization of Principia Mathematica" promovierte. Sein Doktorvater war Alfred North Whitehead, der in Cambridge schon Russell unterrichtet hatte und dem somit das seltene Privileg – aber sicherlich auch das Verdienst – zukam, der Lehrer von zweien der größten Logiker und Philosophen des 20. Jh.s gewesen zu sein.[3]

1931 hatte Whitehead Russell nach Harvard eingeladen – eine Begegnung, die für Quine unvergeßlich blieb. Dank eines Stipendiums konnte Quine in den Jahren 1932–1933 nach Europa reisen. Hier traf er die Mitglieder des Wiener Kreises und lernte die polnischen Logiker Tarski, Lésniewski und Łukasiewicz kennen. Vor allem aber freundete er sich mit Carnap an: Ihre jahrelange Korrespondenz ist im Band „Dear Carnap, dear Van" (1990) gesammelt worden; mit der Philosophie Carnaps und des logischen Empirismus sollte sich Quine auch später immer wieder kritisch auseinandersetzen. Nach seiner Rückkehr in die USA lehrte er zunächst Logik in Harvard, wo er 1940 Assistenz-Professor wurde. Während des Zweiten Weltkriegs mußte er allerdings drei Jahre lang als Marineoffizier dienen: Seine Aufgabe bestand darin, verschlüsselte Signale deutscher U-Boote zu entschlüsseln, was für einen Logiker seines Kalibers – zu erwähnen sind u. a. „Mathematical Logic" (1940) und „Methods of Logic" (1951) – zweifellos eine passende Tätigkeit war.

1948 wurde Quine ordentlicher Professor in Harvard; erst drei Jahre später erschien „Two Dogmas of Empiricism", jener Aufsatz, der sein Ansehen in der philosophischen Welt festigte. Sein Meisterwerk „Word and Object" erschien 1960 nach zehnjähriger konzentrierter Arbeit: Mit diesem Buch etablierte er sich als einflußreichster analytischer Philosoph weltweit. Große Beachtung fanden auch die Aufsatzsammlungen „From a Logical Point of View" (1953), „Ontological Relativity and other Essays" (1969) und „Theories and Things (1981). Nach seiner Emeritierung 1978 wurde Quine vielfach ausgezeichnet (u. a. 1996 mit dem Kyoto-Preis); in seiner letzten Dekade entstanden die zwei schmalen, aber inhaltsreichen Bände „Pursuit of Truth" (1990) und „From Stimulus to Science" (1995). Über sein privates Leben hat Quine so gut wie nichts preisgegeben – auch nicht in seiner fast 500seitigen Autobiographie „The Times of My Life" (1985), in der die Etappen seiner beruflichen Karriere und seiner zahlreichen Reisen akribisch wiedergegeben werden. Er starb in Boston, Massachusetts, am 25. Dezember 2000.[4]

3. Kritik des herkömmlichen und des logischen Empirismus

Im epochalen Aufsatz „Two Dogmas of Empiricism" greift Quine die von Kant getroffene Unterscheidung zwischen analytischen und synthetischen Urteilen an. Unmittelbares Ziel seiner Attacke ist aber nicht Kant, sondern es sind die logischen Empiristen, die diese Unterscheidung zum wichtigsten theoretischen Stützpunkt ihrer Philosophie gewählt hatten. Sie teilten alle sinnvollen Urteile in zwei Klassen ein – die analytischen Urteile der Mathematik einerseits, die synthetischen Urteile der Naturwissenschaften andererseits. Die Urteile der traditionellen Philosophie gehören zu keiner dieser Klassen und sind daher als sinnlos zu verwerfen (s. Kap. XIII, 1). Wenn die Philosophie als eine legitime wissenschaftliche Tätigkeit erhalten bleiben soll, so argumentierten die Vertreter des Wiener Kreises, muß sie daher neu aufgefaßt werden: Sie entwickelt keine Doktrinen über die Welt, ihre Aufgabe ist vielmehr die logische Analyse der bereits bestehenden wissenschaftlichen Theorien.

Gegen diese Auffassung der Philosophie argumentiert nun Quine, daß keine Trennlinie zwischen synthetischen und analytischen Urteilen gezogen werden kann. Analytische Urteile sind nach Kant diejenigen, in welchen das Prädikat im Begriff des Subjekts bereits enthalten ist („Alle Körper sind ausgedehnt"), während dies bei synthetischen Urteilen nicht der Fall ist („Alle Körper sind schwer"). Kants Erklärung dieser Unterscheidung ist nach Quine aber nicht nachvollziehbar. Denn einerseits setzt sie voraus, daß alle Aussagen die Subjekt-Prädikat-Form besitzen, was sicherlich nicht der Fall ist; andererseits ist der zentrale Begriff des „Beinhaltet-Seins" nur eine Metapher, die von Kant nicht weiter erklärt wurde. Somit stellt sich für Quine die Frage, ob diese Art der Unterscheidung genauer bestimmt werden kann. Falls nicht, müßte man die Möglichkeit in Betracht ziehen, daß es eine solche Unterscheidung gar nicht geben könnte.

Nach Quine gibt es zwei Sorten von Aussagen, die alle Philosophen für analytisch halten würden. Ein Beispiel der ersten Art ist folgender Satz:

(1) Kein unverheirateter Mann ist verheiratet.

Wenn man nun „verheiratet" und „Mann" mit „domestiziert" und „Hund" ersetzt, erhält man einen anderen wahren Satz. Die Wahrheit eines solchen Satzes – die man logische Wahrheit oder Tautologie nennen kann – hängt also nur von seiner logischen Form ab, und diese wird ausschließlich von den logischen Partikeln und ihrem Vorkommen im Satz bestimmt.

Mit diesem Begriff einer logischen Wahrheit hat Quine keinerlei Probleme. Es gibt aber auch eine andere Art von Aussagen, die allgemein für „analytisch" gehalten werden. Ein Beispiel dafür ist der Satz:

(2) Kein Junggeselle ist verheiratet.

Dieser Satz ist nicht aufgrund seiner Form wahr, sondern eher aufgrund der Tatsache, daß „Junggeselle" soviel wie „nicht verheiratet" heißt. Durch Ersetzung dieser zwei synonymen Ausdrücke wäre es also möglich, eine Aussage der Art (2) in eine Aussage der Art (1) zu konvertieren.

Somit könnte es so aussehen, als ob eine klare Definition des Begriffs einer analytischen Aussage möglich wäre: Eine analytische Aussage wäre dann entweder eine Tautologie oder eine Aussage, die durch Ersetzung synonymer Begriffe in eine Tautologie verwandelt werden kann. Auf dieser Basis könnte man weiter argumentieren, daß Kant also wohl recht hatte mit seiner Behauptung, daß es eine spezielle Klasse von Aussagen gibt, die man als „analytisch“ bezeichnen kann; sein Fehler hätte dann lediglich darin bestanden, daß er diese Klasse nicht genau genug definiert hat. Mit einem solchen Schluß ist Quine allerdings nicht einverstanden. Was der soeben skizzierte Argumentationsgang klarmacht, ist nämlich, daß der Begriff „analytisch“ vom Begriff der Synonymie abhängt. Was heißt es aber, daß zwei Termini synonym sind?

Die naive Behauptung, zwei Ausdrücke seien synonym, wenn sie dieselbe Bedeutung besitzen, bringt uns nicht weiter, denn wir wissen nicht, was Bedeutung ist. Der Ausdruck „Der Morgenstern“ bezieht sich zwar auf die Venus, aber dieser Planet ist nicht die Bedeutung des Ausdrucks, sondern seine Referenz. Wenn aber Bedeutungen nicht physische bzw. empirische Gegenstände sind, was sind sie dann? Auf mysteriöse Entitäten, die irgendwo zwischen verbalem Ausdruck und bezeichnetem Gegenstand angesiedelt werden müßten, sollte man nach Quine lieber verzichten (das Thema hat er später in „Word and Object“ weiter vertieft; s. unten § 4). Wenig hilfreich ist in diesem argumentativen Kontext auch die Feststellung, daß „unverheirateter Mann“ die Definition von „Junggeselle“ ist. Es ist nämlich gerade die Tatsache, daß „Junggeselle“ und „unverheirateter Mann“ synonym sind (bzw. synonym benutzt werden), die die Herstellung einer solchen Definition in einem Wörterbuch ermöglicht.

Ernster ist nach Quine eine andere, ältere Auffassung von Synonymie zu nehmen – die Idee nämlich, daß zwei Ausdrücke dann und nur dann als synonym betrachtet werden können, wenn sie in jedem Kontext *salva veritate* (d. h. ohne Änderung des Wahrheitswerts) durch einander ersetzt werden können. So ist zum Beispiel die Aussage „Demokrit blieb unverheiratet“ ebenso wahr wie die Aussage „Demokrit blieb Junggeselle“. Auch gegen dieses Kriterium läßt sich aber nach Quine ein Einwand finden: Die Ausdrücke „Lebewesen mit Herz“ und „Lebewesen mit Nieren“ beziehen sich *de facto* auf die gleiche Anzahl von Individuen (sie besitzen, logisch gesprochen, dieselbe *Extension*), so daß sie durch einander *salva veritate* austauschbar sind. Niemand würde aber behaupten, daß die Begriffe synonym sind.

Quine erwägt in seinem Aufsatz noch andere Möglichkeiten, wie der Begriff „Synonymie“ verständlich gemacht werden könnte, verwirft sie aber letztlich alle. Den Versuch, die traditionelle Trennung zwischen analytischen und synthetischen Urteilen zu begründen, betrachtet er damit als gescheitert – und folgert daraus, daß es eine solche Trennung sehr wahrscheinlich gar nicht gebe. Diese Theorie sei schließlich „ein unempirisches Dogma der Empiristen, ein metaphysischer Glaubensartikel“.[5]

Dies ist nicht das einzige vermeintliche Dogma des herkömmlichen Empirismus, das Quine in seinem Aufsatz angreift. Denn die Empiristen hatten nicht nur auf einem Unterschied zwischen analytischen und synthetischen Sätzen bestanden: Synthetische Sätze waren für sie immer *einzeln* empirisch verifizierbar, da die in diesen Sätzen zur Anwendung kommenden Begriffe direkt aus der unmittelbaren Erfahrung abgeleitet worden waren. Quine schrieb diese Vorstellung älteren Philosophen wie Locke und Hume zu, in jüngerer Zeit war sie von Russell und Carnap vertreten worden. Die Annahme, daß es eine Klasse von Aussagen gibt, die *einzeln* verifiziert werden können, läßt sich aber kaum verteidigen. Denn die menschliche Erkenntnis, so Quine, soll nicht als Ansammlung autonomer Elemente aufgefaßt werden, sondern eher holistisch, d. h. als ein Netz von mehr oder weniger eng miteinander verwobenen Sätzen.

In dieser Perspektive ist die Suche nach einem letzten Fundament der Erkenntnis sinnlos, denn es ist immer das System aller menschlichen Erkenntnisse, das mit der Erfahrung in Berührung kommt. Sollte die Erfahrung mit einer bestimmten Hypothese nicht im Einklang stehen, würde das also nur bedeuten, daß *irgend etwas* in unserem System zu revidieren ist; was dies genau ist, wird von der Erfahrung nicht direkt angezeigt und muß von Fall zu Fall entschieden werden. Man stelle sich zum Beispiel vor, aus einer neuen Hypothese P ließe sich die Prognose Q ableiten, die dann von der Erfahrung falsifiziert wird. Offensichtlich ist hier etwas schiefgelaufen – und doch wäre es voreilig, zu schließen, daß P fallengelassen werden soll. Q wurde zwar von P hergeleitet, aber sicherlich auch auf der Basis einer Reihe anderer Annahmen, die ihrerseits im Prinzip revidierbar sind. Gleichzeitig erfolgt die Ableitung selbst auf der Basis von grundlegenderen logischen Gesetzen, so daß man im Extremfall auch die Möglichkeit in Betracht ziehen müßte, selbst diese zu revidieren.

Anders formuliert: Was genau zu verändern ist, bleibt immer eine offene Frage. „Jede beliebige Aussage kann als wahr aufrechterhalten werden, was da auch kommen mag, wenn wir nur anderweitig in dem System ausreichend drastische Anpassungen vornehmen."[6] Das bedeutet aber selbstverständlich nicht, daß alle Elemente unserer Erkenntnis gleich leicht zu revidieren sind. Eine Veränderung der grundsätzlichen logischen Prinzipien (etwa des Gesetzes der Identität) würde zum Beispiel eine Revision aller anderen Bereiche der menschlichen Erkenntnis nach sich ziehen, während die Aufgabe der Theorie des Äthers keine solche Folge hätte.

Dieser Hinweis ist wichtig, denn er zeigt, daß gewisse Elemente unserer Erkenntnis eine zentrale Rolle spielen; auch wenn sie nicht über alle Zweifel erhaben sind, so können sie doch für praktische Zwecke – wie einst die „analytischen Urteile" Kants – für gewiß gehalten werden. Bemerkenswert ist auch die Tatsache, daß in Quines holistischer Auffassung die Grenzen zwischen den verschiedenen Bereichen der menschlichen Erkenntnis nicht mehr als absolut verstanden werden können. Dies heißt unter anderem, daß Common Sense, Naturwissenschaft und Philosophie in einer Beziehung der Kontinuität stehen müssen. Wie dies genau zu verstehen sei – und was dies für Quines Auffassung der Philosophie bedeutet –, wird im folgenden erläutert.

4. Radikale Übersetzung und ontologische Relativität

In „Two Dogmas of Empiricism" hat Quine die naive Auffassung verworfen, daß Bedeutungen Entitäten seien, die zwischen einem Ausdruck und dem bezeichneten Ding auftreten. Doch erst in „Word and Object" setzte er sich wirklich mit der Frage nach der Natur der Bedeutung auseinander.

Eine wissenschaftliche Theorie der Bedeutung muß sich für Quine nach strengen empirischen Standards richten. Beobachtbar in relevantem Sinne ist jedoch nur das verbale Verhalten der Benützer einer Sprache. In einer wissenschaftlichen Untersuchung der Sprache kann somit nicht die statische Beziehung zwischen einem Zeichen und der damit intendierten Idee oder Sache im Zentrum der Aufmerksamkeit stehen. Es muß vielmehr um eine dynamische Beziehung gehen – jene zwischen einem verbalen Ausdruck einerseits und den Reizen, die eine Person zur Verwendung dieses Ausdrucks veranlassen, andererseits. Diese Überzeugung Quines spiegelt sich unmittelbar in seiner behavioristischen Definition von Sprache als eines „Komplexes gegenwärtiger Dispositionen zu verbalem Verhalten, in dem sich die Sprecher derselben Sprache wohl oder übel aneinander angeglichen haben".[7]

Welche Schlüsse lassen sich ziehen aufgrund dieser Definition bezüglich der Natur der Bedeutung? Diese Frage wird in „Word and Object" mit einem berühmten Gedankenexperiment beantwortet. Man soll sich einen Linguisten vorstellen, der in einem unbekannten Land auf einen unbekannten Stamm trifft. Seine Aufgabe besteht nun darin, die Sprache dieses Stammes zu übersetzen; als Ergebnis seiner Forschungsarbeiten soll ein Wörterbuch vorliegen, das Wörtern seiner Sprache Wörter der Eingeborenensprache zuordnet. Um dieses Ziel zu erreichen, kann der Linguist ausschließlich auf das verbale Verhalten der Stammesmitglieder zurückgreifen; andere Ausgangspunkte hat er nicht, da angenommen wird, daß die fremde Sprache noch nie übersetzt worden ist und einem ganz anderen Kulturkreis zugehört. Der Linguist ist somit gezwungen, strikt behavioristisch vorzugehen: Er muß Korrelationen zwischen beobachtbaren sensorischen Reizen und sprachlichen Äußerungen aufdecken und diese dann bei der Herstellung seines Wörterbuchs verwerten.

Ein solcher Linguist könnte nun eines Tages beobachten, so setzt Quine sein Gedankenexperiment fort, daß die Eingeborenen „Gavagai" rufen, wenn ein Kaninchen in einer verlassenen Landschaft auftaucht. Er könnte somit die Arbeitshypothese aufstellen, daß „Gavagai" so etwas wie „Schau mal, ein Kaninchen!" oder „Ein Kaninchen!" bedeutet. Die Korrektheit dieser Hypothese müßte aber weiter überprüft werden. Dazu müßte er verstehen, wie er die Stammesmitglieder befragen kann. Sollte er auch dies verstanden haben, könnte er einem Eingeborenen einmal ein schwarzes und einmal ein weißes Kaninchen zeigen und sehen, ob sie die Frage „Gavagai?" bejahen oder verneinen. Auf diese Weise würde er überprüfen können, ob „Gavagai" „Schau mal, ein Kaninchen" bedeutet und nicht vielleicht „Schau mal, ein weißes Kaninchen" oder sogar „Schau mal, ein weißes Ding". Und mit derselben Methode könnte der Feldlinguist nicht nur Beobachtungssätze wie „Gavagai" übersetzen, sondern auch fundamentale logische Partikel wie die Negation, die Konjunktion und die Disjunktion. Wenn z. B. die Eingeborenen die Aussage „Gavagai # Obigam" immer dann bejahen, wenn auch „Gavagai" und „Obigam" unabhängig voneinander bejaht werden, dann scheint es vernünftig, anzunehmen, daß # soviel wie „und" bedeutet.

Aufgrund seiner Beobachtungen und Befragungen wird der Linguist nach Quine imstande sein, (i) alle Beobachtungssätze (Sätze wie „Gavagai", die unmittelbar mit einem bestimmten sensorischen Reiz korreliert werden können), (ii) den logischen Apparat der Wahrheitsfunktionen (die Negation und die anderen Junktoren) und schließlich auch (iii) die sogenannten stimulus-analytischen Sätze (also Sätze, welche die nativen Sprecher unabhängig vom jeweiligen sensorischen Stimulus immer bejahen) zu übersetzen. Dieser Bestand an übersetztem Material liefert das notwendige Fundament für die Herstellung des Wörterbuches. Ausreichend ist es aber nicht, denn die Sprache des Stammes wird viele Elemente enthalten, die nicht in diese drei Kategorien fallen. Wie lassen sich zum Beispiel die Laute zergliedern? Wo beginnt ein Wort, und wo endet es? Welche Wörter sind Eigennamen, welche sind allgemeine Termini, welche sind Pronomen? Welche Laute stehen für Pluralendungen? Bei diesen und anderen Fragen ist der Linguist seiner eigenen Kreativität überlassen. Dabei ist anzunehmen, daß er die Strukturen seiner eigenen Sprache in die fremde hineinlesen wird; andere Möglichkeiten hat er gar nicht.

Diese Rekonstruktion des methodischen Vorgehens eines Linguisten, der mit einer vollkommen unbekannten Sprache in Berührung kommt, ist durchaus nachvollziehbar. Aber daraus zieht Quine nun vier logisch zusammenhängende Konsequenzen, die alles andere als selbstverständlich sind nämlich jene (1) der *Unbestimmtheit der Übersetzung*, (2) der *Unbestimmtheit der Bezugnahme*, (3) der *Unbestimmtheit der eigenen Sprache* und schließlich jene (4) der *ontologischen Relativität*.

(1) Da dem Linguisten bei der Herstellung eines Wörterbuchs ein großer interpretatorischer Freiraum offensteht, ist es möglich, daß zwei Linguisten, die nach derselben Methode geforscht haben, zwei verschiedene, untereinander sogar inkompatible Wörterbücher herstellen würden. Und da beide Wörterbücher mit dem beobachtbaren Verhalten in Einklang stünden, wäre es unmöglich, zu entscheiden, welches der beiden das richtige ist. Dieser Schluß ist unproblematisch; Quines eigentliche These der radikalen Unbestimmt-

heit der Übersetzung geht aber viel weiter. Aus einer behavioristischen Perspektive ist nämlich jedes Wörterbuch als richtig zu betrachten, das dem verbalen Verhalten der Eingeborenen Rechnung trägt. Dies bedeutet, daß beide Wörterbücher richtig sind – die Frage, welches der beiden korrekt ist, läßt sich gar nicht sinnvoll stellen. Die Übersetzung ist also nicht nur „unterbestimmt" in dem Sinne, daß die empirisch erhobenen Daten nicht ausreichen, um ihre Korrektheit zu beurteilen. Sie ist tatsächlich „unbestimmt" – in einer ganz und gar authentischen Weise.

(2) Quines These zur Unbestimmtheit der Bezugnahme kann als besonders klare Illustration dieser These der Unbestimmtheit der Übersetzung angesehen werden. Angenommen, der Linguist hat sich für die Hypothese entschieden, daß „gavagai" mit „Kaninchen" zu übersetzen sei („gavagai" wird von Quine in diesem Bezug klein geschrieben, um das *Wort* „gavagai" von dem Beobachtungs*satz* „Gavagai" zu unterscheiden). Woher soll er nun aber wissen, fragt sich Quine, daß der Eingeborene nicht in ganz anderen ontologischen Begriffen denkt und unter „gavagai" so etwas wie „Kaninchenphase" meint? Diese Frage mag bizarr erscheinen, was Quine selber auch gar nicht bestreitet. Ihm geht es lediglich um einen philosophischen Punkt: Ob der Eingeborene Kaninchen oder Kaninchenphase meint, kann nicht empirisch bestimmt werden. Würde man z. B. mit dem Finger auf ein vorbeilaufendes Kaninchen zeigen, würde man gleichzeitig immer auch auf eine seiner Phasen zeigen. Auch in diesem Fall betont Quine ausdrücklich, daß die Unbestimmtheit nicht nur mit Bezug auf unsere *Erkenntnis* entsteht; sie betrifft die Sache selbst.

(3) Wozu sollen diese Überlegungen gut sein? Quine benützt das Gedankenexperiment des Feldlinguisten, um unsere eigene Sprache in einem neuen Licht zu zeigen. Denn die Art und Weise, wie wir unsere Sprache erworben haben, unterscheidet sich nicht merklich von jener des Linguisten. Auch ein Kind ist beim Lernen der Sprache in gewisser Hinsicht ein kleiner Feldlinguist: Nie hat es einen direkten Zugang zu den mentalen Inhalten anderer Sprachbenutzer, es sieht nicht, was in deren Köpfen vorgeht; es beobachtet nur ihr verbales Verhalten und wird so trainiert (wie schon Wittgenstein bemerkt hatte; s. Kap. XII, 6), gewisse sprachliche Gewohnheiten blind zu befolgen. Ob mein Nachbar Kaninchen oder Kaninchenphase meint, wenn er das Wort „Kaninchen" ausspricht, ist also selbst unbestimmt: Da er das Wort immer aufgrund derselben Stimuli ausspricht wie ich, können wir jedoch miteinander reden und unser Verhalten einander anpassen. Auf die Frage, was mein Nachbar mit „Kaninchen" oder der Eingeborene mit „gavagai" meint, gibt es keine Antwort. Die radikale Übersetzung, so faßt Quine seine Überlegungen zusammen, „beginnt zu Hause".

(4) Diese These muß aber nach Quine weiter erläutert werden. Ob der Eingeborene mit „gavagai" Kaninchen oder Kaninchenphase meint, kann zwar empirisch nicht entschieden werden. Man könnte das Problem jedoch im

Prinzip lösen, wenn man ihm eine Frage wie „Ist dieser *gavagai* derselbe wie jener?" stellen könnte. Würde er diese Frage bejahen, dann würden wir wissen, daß mit „gavagai" keine Kaninchenphasen bezeichnet werden. Eine Sprache hält also die Mittel bereit (in diesem Beispiel Pronomen wie „dieser" und „jener" und einen Ausdruck für die Identität wie „derselbe"), die es uns ermöglichen, die Bezugnahme eines Wortes eindeutig zu bestimmen. Diese Einsicht ist wichtig, denn sie zeigt, daß die Frage nach dem Bezug eines Wortes erst innerhalb einer Sprache mit einem entsprechenden Identifikationsapparat gestellt werden kann. Sich zu fragen, ob „gavagai" Kaninchen oder Kaninchenphase bedeute, ist so wenig sinnvoll, wie sich zu fragen, ob ein Gegenstand oben oder unten liegt. In beiden Fällen braucht man einen Bezugspunkt, damit die Frage verständlich wird. Anders gesagt: Von welchen Dingen eine Sprache handelt, kann nie *absolut*, sondern immer nur aus der Perspektive einer anderen Sprache bestimmt werden – dies ist Quines These der ontologischen Relativität.

Natürlich ist der Bezugsapparat wiederum selbst Teil einer Sprache. Auch auf dieser Ebene stellt sich also das Problem der Unbestimmtheit der Übersetzung: Welchen Bezugsapparat ein anderer Sprecher benutzt, kann nicht objektiv, sondern immer nur aus der Perspektive einer bestimmtem Sprache festgelegt werden. Dies führt zu einem unendlichen Regreß: Der Bezug eines Ausdrucks kann nur mit Bezug auf eine Sprache festgelegt werden; wie diese Sprache funktioniert, kann aber selbst wieder nur mit Bezug auf eine andere Sprache festgelegt werden, und so weiter *ad infinitum*. In der Praxis kommen wir aus dieser Situation heraus, indem wir uns ohne weiteres Nachdenken und sozusagen mit blindem Vertrauen auf unsere Sprachgewohnheiten verlassen.

Quines These der Unbestimmtheit der Übersetzung und ihre Korollarien muten freilich paradox an; es läßt sich schwer begreifen, daß es keine sprachunabhängige Antwort auf die Frage gibt, ob der Eingeborene mit „gavagai" Kaninchen oder Kaninchenphase meint. Offensichtlich hängen diese Thesen von einer sehr strikten behavioristischen Auffassung der Sprache ab. Wer diese Auffassung nicht teilt, wird geneigt sein, den gerade erläuterten Gedankenweg eher als eine *reductio ad absurdum* von Quines rigoroser semantischer Auffassung zu interpretieren denn als eine genuine philosophische Entdeckung. Trotzdem läßt sich Quines Argument nicht so leicht entwerten: Denn ein allfälliger Gegner wird auch die Frage beantworten müssen, was denn sprachliche Bedeutung sei, wenn sie nicht auf verbales Verhalten zurückzuführen ist. Eine alternative Theorie der Bedeutung zu entwickeln ist jedoch kein einfaches Unterfangen, wie die Geschichte der Philosophie deutlich zeigt. John Locke hatte einst die Theorie vertreten, jedes Wort sei ein Zeichen für eine Idee; die Bedeutung eines Ausdrucks war für ihn eine *psychische* Entität. Frühe analytische Denker wie Frege und Moore lehnten diese Auffassung mit dem Argument ab, daß psychische Inhalte nicht teilbar seien; der semantische Inhalt eines Ausdrucks wird dagegen immer von verschiedenen Sprechern erfaßt. Bedeutungen wurden daher realistisch, als Gebilde platonischer Art, verstanden. An die Existenz von mentalen oder platonischen *Ideen* sollte man nach Quine jedoch auf keinen Fall glauben: Das Gedankenexperiment der radikalen Übersetzung beruht daher auch auf starken ontologischen Annahmen.

5. Logik und Ontologie

Aber wie lassen sich nun unsere ontologischen Vorlieben begründen? Die Antwort auf diese Frage liefert Quine hauptsächlich in „Word and Object" und im kürzeren Aufsatz „On What There Is" (1948). Die Ontologie wurde traditionell als die Aufgabe aufgefaßt, die grundlegenden Kategorien des Seins zu ermitteln: Sie beschäftigt sich mit der Frage, welche Arten von Dingen existieren. Nach Quine gibt es jedoch keinen sprachtranszendenten Standpunkt, von dem aus wir die Welt beobachten können. Die erste Aufgabe einer Ontologie muß also darin bestehen, die von unserem Sprachgebrauch implizierten Ansichten über die Natur des Seins explizit zu machen.

Dafür muß man nach Quine Aussagen unserer Sprache in eine logische Notation übersetzen. Die logische Paraphrase der Aussage „Manche Hunde sind weiß" etwa lautet „Es gibt mindestens ein x, das ein Hund und weiß ist". Mit dieser Aussage wird die Existenz von Hunden zwingend vorausgesetzt, denn diese sind die Variablenwerte für die durch den Existenz-Quantor „Es gibt (mindestens) ein x" gebundene Variable x. Dieses Beispiel veranschaulicht Quines Kriterium für ontische Verpflichtung: „Allgemein gilt, daß eine Theorie Entitäten einer bestimmen Art dann und nur dann annimmt, wenn einige davon zu den Werten der Variablen gerechnet werden müssen, um die Wahrheit der in der Theorie behaupteten Sätze zu sichern."[8] An dieser Stelle wird auch klar, wieso Quine seine These mit dem Slogan „Sein heißt, der Wert einer gebundenen Variablen sein" *(to be is to be the value of a bound variable)* zusammenfaßt. Allerdings ist zu bemerken, daß diese These eine bestimmte Deutung der Quantoren voraussetzt. Quantoren laufen nach Quine über Objekte, nicht über Ausdrücke.[9] Seine Bevorzugung der sogenannten „objektuellen" Interpretation gegenüber der von Ruth Barcan Marcus und Saul Kripke vertretenen „substitutionellen" Interpretation ist aber durchaus verständlich, denn unsere Aussagen sind wohl in der Regel als Aussagen über die Welt und nicht über unsere Sprache gemeint.

Die Bedeutung einer logischen Notation wird bei negativen Existenz-Aussagen wie „Pegasus existiert nicht" besonders deutlich. Wenn man naiv annimmt, daß „Pegasus" ein Name für eine Entität ist, stellt sich die Frage, wie die Existenz von Pegasus ohne Widerspruch geleugnet werden kann. Es würde auch nicht helfen, zu behaupten, daß „Pegasus" ein Name für eine Idee sei; denn was hier bestritten wird, ist nicht die Existenz einer Idee, sondern einer Entität. Russell, der sich in „On Denoting" mit diesem Paradox beschäftigt hatte, war zu dem Schluß gekommen, daß Pegasus eine bestimmte Beschreibung der Art „Das geflügelte Pferd" sei. Quine schlägt eine einfachere Lösung vor, indem er „Pegasus" als einstelliges Prädikat „pegasiert" auffaßt und „Pegasus existiert nicht" als „Es gibt kein x, das pegasiert" übersetzt. („Pegasus ist weiß" wäre dann als „Es gibt ein x, das pegasiert und weiß ist" zu übersetzen.) Diese Lösung ist jedoch viel künstlicher als jene Russells; was das Prädikat „pegasiert" bedeuten könnte, bleibt rätselhaft, während wir alle sofort verstehen, was mit einem „geflügelten Pferd" gemeint ist. Es stellt sich hier zudem die Frage, ob die logische Notation tatsächlich nur als Mittel für die Entdeckung impliziter ontischer Verpflichtungen angewandt wird: Das Beispiel des inexistenten Pegasus deutet eher darauf hin, daß sie eingesetzt wird, um unsere Ontologie zu vereinfachen und damit gewissermaßen in Ordnung zu bringen.

Der Einfluß Russells auf diese Ideen Quines braucht nicht explizit betont zu werden. Die beiden Philosophen vertreten jedoch ganz unterschiedliche philosophische Positionen bezüglich der Macht der logischen Sprache: In Russells Theorie des logischen Atomismus ist es (wie auch beim frühen Wittgenstein) die *Struktur der Wirklichkeit*, die in der logischen Paraphrase sichtbar wird (s. Kap. X, 5). Nach Quine dagegen sind es nur unsere *ontischen Verpflichtungen*, die in der logischen Sprache zum Ausdruck gebracht werden. Die grundlegende ontologische Frage, wie die Welt geartet sei, wird durch die logische Analyse daher nicht beantwortet.

Welche Entitäten gibt es? In welchem Bezug stehen sie zueinander? Antworten auf diese Fragen müssen nach Quine jene Standards berücksichtigen, die auch bei der Erarbeitung einer beliebigen wissenschaftlichen Hypothese oder Theorie angewandt werden: „Wie entscheiden wir im Hinblick auf die wirkliche Welt, welche Dinge existieren?" fragt Quine in „On Mental Entities" (1953). „Wir tun es [...] letztlich aufgrund von Einfachheitsüberlegungen und pragmatischen Vermutungen in bezug auf die Frage, wie das umfassende System im Zusammenhang mit der Erfahrung weiterfunktionieren wird."[10] Der Einfluß des amerikanischen Pragmatismus auf diese Auffassung Quines ist offenkundig: Wir dürfen jenes System für wahr halten, das auf ökonomischste Weise eine Anpassung an unsere Erfahrungen ermöglicht.[11] Die Kriterien für die Wahl einer Theorie sind also letztlich pragmatische – eine tiefere und festere Form von Einsicht in die Natur der Dinge besitzen wir nicht. Die unmittelbare Folge dieser Konzeption ist eine Form des Fallibilismus: Eine Theorie, die heute vorzüglich funktioniert, könnte morgen fehlschlagen oder durch eine mächtigere oder lediglich einfachere ersetzt werden. Die Suche nach der Wahrheit ist ein nie abgeschlossenes, immer offenes Unterfangen – ein wohltuender Gedanke, der ähnliche Vorstellungen von Peirce und Dewey in Erinnerung ruft (s. Kap. V, 3 und Kap. VII, 8). In „Word and Object“ zitiert Quine diesbezüglich eine schöne und in der Zwischenzeit berühmt gewordene Metapher des logischen Empiristen Otto Neurath: „Wie Schiffer sind wir, die ihr Schiff auf offener See umbauen müssen, ohne es jemals in einem Dock zerlegen und aus festen Bestandteilen neu errichten zu können.“

Quines eigene Ontologie ist extrem sparsam: Alle Entitäten, deren Setzung nicht unbedingt notwendig ist bzw. die keine eindeutige theoretische Funktion erfüllen, müssen aus der Liste der existierenden Dinge gestrichen werden. Nun sind in der Geschichte der Philosophie grundsätzlich drei Hauptkategorien des Seins anerkannt worden: (1) jene der materiellen Dinge (Alltagsgegenstände wie Tische und Stühle, aber auch die Moleküle und Atome, aus denen sie bestehen); (2) jene der abstrakten Gegenstände (platonische Universalien, aber auch Zahlen, Klassen und Relationen); (3) jene der mentalen Ereignisse (Gedanken, Glaubenszustände, Gefühle usw.). Quines Universum ist im Vergleich dazu wenig bevölkert; in „Word and Object“ anerkennt er nämlich nur physische Gegenstände und Klassen. Mit folgenden Überlegungen:

(1) Physische Gegenstände makroskopischer Art sind Teil der Ontologie unserer Alltagssprache; diese Sprache hat uns gute Dienste geleistet, denn ihr ist es zu verdanken, daß wir imstande sind, zahlreiche alltägliche Probleme zu lösen. Ähnliches läßt sich für die Sprache der Naturwissenschaften sagen, die von der Existenz mikroskopischer Partikel handelt. Aus pragmatischer Sicht gibt es keinen Grund, diese Redeweisen in Frage zu stellen; die Annahme der Existenz physischer Dinge ist bis jetzt erfolgreich gewesen und kann daher – wenn auch selbstverständlich nur *ad interim*, da unsere Sprache und unsere Theorien in stetigem Wandel begriffen sind – für wahr gehalten werden.

(2) Was abstrakte Gegenstände anbelangt, bestreitet Quine nicht, daß es auch sie gibt; ihre Zahl wird aber drastisch reduziert. Diese Elimination ist nach Quine möglich, weil alle abstrakten Gegenstände als Klassen aufgefaßt werden können. Die Zahl n kann z. B. definiert werden als die Klasse aller Klassen, die n Elemente enthalten (die Zahl 2 wäre somit kein mysteriöser Gegenstand, sondern lediglich die Klasse aller möglichen Paare). Zweifellos mutet diese Definition der Zahlen seltsam an; sie eignet sich jedoch für alle denkbaren mathematischen Zwecke. Parallel dazu kann man Relationen als die Klasse aller Individuen auffassen, die in jener Relation stehen: Die Relation *Vater von* ist kein Gegenstand, sondern eine Klasse, zu deren Elementen auch die geordneten Paare <Abraham, Isaac>, <Odysseus, Telemachos>, <Aristoteles, Nikomachos> gehören. Auch platonische Universalien können auf diese Weise leicht eliminiert werden: Das Wort „rot“ etwa benennt weder eine platonische Idee noch eine aristotelische Form, sondern lediglich die Klasse aller roten Dinge. Selbstverständlich weiß Quine, daß Klassen zu Widersprüchen führen können, wie etwa im Fall von Russells Paradox. Dies bedeutet allerdings nicht, daß man auf sie verzichten muß – sondern nur, daß ihre Einführung in einer Theorie sorgfältig zu reglementieren wäre. (Es darf

z. B. nicht möglich sein, die Klasse aller Klassen, die sich selbst nicht enthalten, zu bilden; s. Kap. X, 2.)

(3) Erstaunlich ist Quines Entscheidung in „Word and Object", gänzlich auf mentale Entitäten zu verzichten. Alles, was man mit Hilfe der Annahme solcher Entitäten zu erklären versucht, kann seiner Ansicht nach zumindest im Prinzip auch mit Bezug auf physische Ereignisse erklärt werden: Wir sollten z. B. nicht mehr sagen, daß Otello Desdemona getötet hat, weil er eifersüchtig war; der Grund für den Mord war, daß er sich in einem neuronalen Zustand Z befand. Wenn diese These stimmt (und Quine versucht nicht, sie plausibel zu machen, sondern verläßt sich auf die Fortschritte der Neurologie), dann ist die Annahme mentaler Entitäten tatsächlich eine überflüssige Verdoppelung unserer Ontologie. Es fällt sofort auf, daß Quine hier von mentalen Ereignissen als theoretischen Setzungen *(posits)* spricht, und nicht als auf unmittelbare Weise wahrgenommenen Tatsachen. Für den Begriff „Introspektion" hat er als Behaviorist keine Verwendung, da die innere Beobachtung zu Resultaten führt, die intersubjektiv nicht getestet werden können. In diesem Zusammenhang bemerkt er interessanterweise, daß gar nicht klar ist, was genau durch die Introspektion wahrgenommen werden soll – woher wissen wir, daß es sich dabei nicht um den Zustand unseres Gehirns handelt?

Quines mutige Lösung des Leib-Seele-Problems leidet allerdings an einer Unklarheit. Behauptet er nun (A), daß es mentale Ereignisse gar nicht gibt, oder (B), daß es sie zwar gibt, daß sie jedoch mit physischen Ereignissen identisch seien? Die erste Position würde man als „Eliminativismus" bezeichnen, die zweite entspricht der „Identitäts-Theorie". Quine bestreitet nun, daß es zwischen diesen zwei Positionen einen echten Unterschied gibt, was zunächst plausibel erscheint. Daß er sich irrt, zeigt sich aber, wenn man die zwei Thesen (A) und (B) als Aussagen über die Sprache formuliert, mit der wir über den Leib und die Seele sprechen, statt als Aussagen über diese Dinge selbst. Man nehme an, E sei die Bezeichnung für einen beliebigen mentalen Zustand: Für den Eliminativisten hat E keinen realen Bezug; für den Vertreter der Identitäts-Theorie dagegen steht E für eine aktuell existierende Tatsache (also einen bestimmten neuronalen Zustand). Das bedeutet, daß die beiden Positionen eben doch nicht gleichgesetzt werden können.

Wie dem auch sei: Quine vertritt in „Word and Object" eine radikale Form des Materialismus – eine metaphysische These also, die bestens harmoniert mit dem Behaviorismus, der im Gedankenexperiment der radikalen Übersetzung so klar zur Geltung gekommen ist. In der eben skizzierten kargen Welt – die nur aus physischen Dingen und Klassen derselben besteht – gibt es keinen Platz für platonische Gebilde, wie Freges *Sinn* oder Moores *Begriff*, auch nicht für Russells *Propositionen* oder die *Tatsachen* und *Gegenstände* des frühen Wittgenstein. Auch mit *Sinnesdaten* macht Quine kurzen Prozeß. All dies deutet unmißverständlich darauf hin, daß seine ontologischen Erörterungen nicht nur als Kritik der traditionellen Denkweise, sondern auch der früheren analytischen Philosophie aufzufassen sind.

6. Schlußbemerkungen: Philosophie als Wissenschaft?

Ebenso radikal wie seine ontologischen Ansichten sind Quines Äußerungen zur Erkenntnistheorie. Seine Auseinandersetzung mit der Tradition und mit den Überbleibseln überholter Konzeptionen innerhalb der analytischen Philosophie setzt er im Aufsatz „Epistemology Naturalized“ (1969) fort. Seit Descartes war die Philosophie auf der Suche nach einem sicheren Fundament der menschlichen Erkenntnis. Das Projekt einer finalen Begründung – so Quine in einer knappen Rekonstruktion der Entwicklung der Erkenntnistheorie – hat verschiedene Formen angenommen und wurde auch innerhalb der analytischen Philosophie gepflegt. Frege und Russell haben versucht, die Mathematik aus der Logik abzuleiten. Seit Kurt Gödels Unvollständigkeits-Theorem scheint Quine klar, daß ein solches Programm nicht durchführbar ist, da nicht alle mathematischen Wahrheiten axiomatisch zu beweisen sind. Auch Carnaps und Russells Projekt einer rationalen Rekonstruktion der Naturwissenschaften auf rein empirischer Basis kann nicht realisiert werden: Wie Hume gezeigt hatte, enthalten die Naturwissenschaften Generalisierungen, die weit über den Inhalt jeder menschlichen Erfahrung hinausgehen.

Quine bedauert dieses doppelte Scheitern nicht. Wie vor ihm schon Dewey (s. Kap. VII, 8), verwirft auch er die cartesianische Suche nach Gewißheit und plädiert für eine radikal neue Auffassung der Erkenntnistheorie. Statt sich mit der Rechtfertigung unserer vermeintlichen Erkenntnisse zu beschäftigen, sollte die Philosophie ihre Genese untersuchen. Es ist nämlich bewundernswert, wie ein Kind erst sinnlich stimuliert wird, dann eine Sprache erlernt und schließlich mehr oder weniger raffinierte Theorien über die Natur der Wirklichkeit formuliert. Diese gesamte Entwicklung – „From Stimulus to Science“, wie der Titel eines von Quines spannendsten Büchern lautet – verdient es, erforscht zu werden: Dies könnte die Aufgabe einer zukünftigen Erkenntnistheorie sein. So verstanden, wäre diese Erkenntnistheorie nichts anderes als ein Kapitel der Psychologie oder der Neurolinguistik oder von beidem zusammen – jedenfalls eine empirische Wissenschaft unter vielen anderen und keine übergeordnete Disziplin, die die Ansprüche der einzelnen Wissenschaften zu begründen versucht.

Mit dieser Auffassung einer „naturalisierten“ Erkenntnistheorie kristallisiert sich eine Vorstellung heraus, die für eine akademisierte Philosophie typisch ist: nämlich die Idee, die Philosophie solle sich entweder in eine echte Wissenschaft verwandeln oder gänzlich verschwinden. Nicht nur die Erkenntnistheorie, sondern auch die Ontologie kann ja nach Quine als Wissenschaft verstanden werden: Man braucht die aktuellsten wissenschaftlichen Theorien nur mittels der logischen Notation zu formulieren, um ihre wesentlichen ontologischen Verpflichtungen offenzulegen. Die Ontologie wird damit als letzter, abstraktester Schritt eines *einzigen* Versuchs konzipiert, die Natur der Wirklichkeit zu ermitteln. So kann man nicht mehr von einer Kluft zwischen Philosophie und Wissenschaft sprechen, sondern nur von verschiedenen, eng miteinander verbundenen Aufgabenstellungen.

Daß es die analytische Philosophie, heute die dominierende Ausrichtung in der Universitätslandschaft, tatsächlich geschafft hat, sich in eine Wissenschaft zu verwandeln, ist allerdings fraglich (was selbstverständlich nicht bedeutet, daß in diesem Bereich keine interessanten Bücher geschrieben würden). Unübersehbar ist auch die Tatsache, daß Quines eigene Beiträge eher traditioneller Art sind: Er kritisiert begriffliche Unterscheidungen, zieht mutige Schlüsse aus gedanklichen Experimenten, spekuliert aufgrund von abstrakten Überlegungen über die fundamentalsten Züge der Wirklichkeit. Von einer echten Zusammenarbeit mit den Naturwissenschaften oder von empirischen Untersuchungen kann bei ihm auf der Basis seiner Texte aber sicherlich nicht die Rede sein.[12]

Zwar bedeutet dies nicht, daß das Versprechen, aus der Philosophie eine Wissenschaft zu machen, prinzipiell nicht einlösbar wäre. Mittlerweile kann man jedoch feststellen, daß die Philosophie in der heutigen westlichen Kultur kaum noch eine Rolle spielt. Wie Richard Rorty (s. Kap. VIII, 3) bemerkt hat: Wer sich eine seriöse Erörterung existentieller, politischer oder religiöser Fragen wünscht, wendet sich heute lieber anderen Quellen zu. Literatur, Zeitschriften und Filme sind zur unschlagbaren Konkurrenz geworden. Und wenn trotzdem philosophische Texte in den Bestsellerlisten landen, dann sind es sehr oft Schriften von geringer Qualität, die zuweilen durchaus an Scharlatanerie grenzen.

Die Frage, ob dies auch ein Zeichen dafür sein könnte, daß sich die analytische Philosophie – trotz ihrer unleugbaren Verdienste – auf einem Holzweg befindet oder zumindest ihre historische Funktion bereits erfüllt hat, wie ihre Kritiker meinen, kann hier nicht weiter diskutiert werden. Sicher ist, daß Quine selbst sich zu dieser Art von Unbehagen klar geäußert hat. In einem Aufsatz mit dem vielsagenden Titel „Has Philosophy Lost Contact with People?" (1979) bemerkt er: „Begeisternd und erbaulich zu schreiben, ist etwas Bewundernswertes, aber der Ort dafür ist der Roman, das Gedicht, die Predigt oder der literarische Essay. Philosophen im professionellen Sinne sind dazu nicht spezifisch geeignet."[13] Die Philosophie hat also nach Quine den Kontakt zu den Menschen keineswegs verloren – aber nur, weil es gar nicht ihre Aufgabe ist, die Probleme des menschlichen Lebens zu behandeln!

Diese Stelle zeugt von einer Sehnsucht nach sozialer Anerkennung der Philosophie im akademischen Bereich und ihrer beruflichen Normalität, die man bei einem so ernsthaften Intellektuellen wie Quine kaum vermutet hätte. Und sie dürfte die Bedenken jener, die mit dem heutigen Zustand der akademischen Philosophie nicht glücklich sind, noch verstärken. Denn Quine deklassiert hier nicht nur einen großen Teil der philosophischen Tradition als „unprofessionell", sondern auch zahlreiche seiner Kollegen. Gleichzeitig scheint er eine sehr eigenwillige Auffassung der Literatur zu haben: Um einen Punkt zu wiederholen, der schon mit Bezug auf den logischen Empirismus hervorgehoben wurde – haben Tolstoj, Dostojevskij oder Kafka nicht versucht, und haben sie es nicht zuweilen auch geschafft, genuine Wahrheiten über die menschliche Natur auszudrücken? Keine Wissenschaft ist imstande, Erlebnisse von Menschen in einer bestimmten historischen oder existentiellen Situation so genau und konkret zu beschreiben wie die Literatur. Die Frage, ob Künste auch einen theoretischen Gehalt besitzen, verdient zweifellos seriöser behandelt zu werden, als Quine es hier tut.

Stellen dieser Art erinnern weniger an den offenen, humanistischen Geist des amerikanischen Pragmatismus als an jenen weniger toleranten des logischen Empirismus. „Der Metaphysiker", so Carnap in seiner „Überwindung der Metaphysik", „glaubt sich in dem Gebiet zu bewegen, in dem es um wahr und falsch geht. In Wirklichkeit hat er jedoch nichts ausgesagt, sondern nur etwas zum Ausdruck gebracht, wie ein Künstler."[14] Carnap zieht hier eine scharfe Trennung zwischen Wissenschaft einerseits und Literatur und Kunst andererseits: Der große Irrtum der Metaphysiker besteht seiner Ansicht nach darin, sich als Wissenschaftler zu sehen, obwohl sie eher zu den Künstlern gehören. Daß Quine nun mit einer ähnlichen Dichotomie zwischen wahrheitssuchenden Wissenschaftlern einerseits und erbaulichen Literaten andererseits argumentiert, zeigt, wie wenig sich dieser vielleicht größte Philosoph in der zweiten Hälfte des 20. Jh.s vom scharfsinnigen, zuweilen auch trivialisierenden Erbe des Positivismus befreit hat.

Immerhin: Quine hat in seiner klaren Stellungnahme über den Status der Philosophie als Wissenschaft Fragen aufgeworfen, denen man nicht mehr ausweichen kann. Was wird aus der Philosophie, wenn sie sich nicht mehr als humanistische Disziplin auffaßt? Soll sie sich tatsächlich nicht mehr über das menschliche Leben im gegenwärtigen historischen Kontext äußern? Soll sie sich bewußt auch nicht das Ziel setzen, unser Leben zu verbessern? Wenn man die distanzierte akademische Haltung Quines mit dem persönlichen und philosophischen Engagement eines Dewey vergleicht, merkt man bei allen zuweilen auch unerwarteten doktrinären Überschneidungen sofort, in welch verschiedene Richtungen sich die zwei wichtigsten Strömungen der angloamerikanischen Philosophie im 20. Jh., die analytische Philosophie und der Pragmatismus, entwickelt haben.

Anmerkungen

I. Bernard Bolzano

1 Zur *Biographie:* Eduard Winter: Bernard Bolzano und sein Kreis. Leipzig 1933. Jetzt unter dem Titel: Bernard Bolzano. Ein Lebensbild. Stuttgart–Bad Cannstatt 1969 (Einleitungsband I der Gesamtausgabe). Außerdem Bolzanos Autobiographie, die von Michael Josef Fesl unter dem Titel: „Lebensbeschreibung des Dr. Bernard Bolzano". Sulzbach 1836, herausgegeben wurde.

2 Zu dem Fall siehe Eduard Winter: Der Bolzanoprozeß. Brünn 1944.

3 Bernard Bolzano Gesamtausgabe, herausgegeben von Eduard Winter (†), Jan Berg et al., Stuttgart–Bad Cannstatt 1969 sqq. (im folgenden: GA). Gliederung: Einleitungsbände; Reihe I: Schriften; Reihe II: Nachgelassene Schriften; Reihe III: Briefwechsel; Reihe IV: Dokumente. Die Ausgabe ist nicht abgeschlossen; geplant sind etwa 130 (Teil-)Bände. – *Sekundärliteratur:* Hugo Bergmann: Das philosophische Werk Bernard Bolzanos. Halle/Saale 1909 (Nachdruck Hildesheim–New York 1970); Heinrich Scholz: „Die Wissenschaftslehre Bolzanos" [1937], (in: H. Scholz: Mathesis universalis. Edd. H. Hermes et al. Basel–Darmstadt 1961); Jan Berg: Bolzano's Logic. Stockholm etc. 1962 (cf. id.: „Bernard Bolzano. Die Überwindung des Skeptizismus". In: Josef Speck (ed.): Grundprobleme der großen Philosophen. Philosophie der Neuzeit, III. Göttingen 1983, 46–97); Friedrich Kambartel: Einleitung des Herausgebers, in: Bernard Bolzano's Grundlegung der Logik. Hamburg 1963 ([2]1978), pp. VII–LIV; Ursula Neemann: B. Bolzanos Lehre von der Anschauung und Begriff in ihrer Bedeutung für erkenntnistheoretische und pädagogische Probleme. Paderborn 1972; Joëlle Proust: Questions of Form and the Analytic Proposition from Kant to Carnap (Questions de forme. Paris 1986). Minneapolis 1989; Edgar Morscher/Otto Neumaier (edd.): Beiträge zur Bolzano-Forschung. Sankt Augustin 1992 sqq.; Edgar Morscher: Studien zu Logik Bernard Bolzanos. Sankt Augustin 2007 (Beiträge zur Bolzano-Forschung 20); id.: Bernard Bolzano. In: Stanford Encyclopedia Philosophy (im Internet revidierte Fassung von 2013, mit ausführlicher Bibliographie); Wolfgang Künne: Versuche über Bolzano/Essays on Bolzano. Sankt Augustin 2008 (Beiträge zur Bolzano-Forschung, 21).

4 Vgl. unten S. 22 und Anm. 19.

5 Die Wissenschaftslehre ist erschienen in GA I, 11–14 (in 12 Teilbänden), 1985–2000.

6 GA, Reihe IIA, Bände 7–10, 1975 sqq.; noch nicht vollständig in der GA. Aus GA IIA, 7 ist aus der Einleitung zur *Größenlehre* das Kap. „Von der mathematischen Lehrart" als frommann's studientexte, Bd. 1, erschienen, ed. J. Berg, mit einer Einleitung „Bolzanos Variationslogik", 13–22.

7 Noch nicht in GA. Erschienen bei Meiner in der Phil. Bibl. Ed. Alois Höfler. Mit Anm. von Hans Hahn. Leipzig 1921. Neuauflage mit Einl. und Anm. Ed. Bob van Rootselaar. Hamburg 1975. Neue Ausgabe als PhB 630 von Chr. Tapp. Hamburg 2012.

8 Siehe GA, Reihe II B, Bde. 15–25 (2007 sqq.; noch nicht vollständig publiziert).

9 Zum Teil in GA, Reihe II, Bde. 2–4. Die Bände II A 15–25 sollen die Jahre 1805–1820 umfassen. Bd. 22 (für 1816/1817) ist für 2014 angekündigt.

10 Das Opusculum wurde posthum aus Bolzanos handschriftlichem Nachlaß heraus-

gegeben von M. J. Fesl. Wien 1849. Sonderausgabe in der Reihe Libelli der Wissenschaftlichen Buchgesellschaft. Darmstadt 1964, nach der hier zitiert wird. Auch in GA, Reihe IIA, Bd. 12,3, 13–33. Enthalten auch in B. Bolzano. Philosophische Texte, ausgewählt von Ursula Neemann. Reclam UB 8209. Stuttgart 1984.

11 Was ist Philosophie, 30.

12 Hinweise auf Stellen in der Wissenschaftslehre im folgenden mit „W" und dem Paragraphen. Angabe des Bandes erübrigt sich, da die Paragraphen fortlaufend gezählt werden.

13 Cf. Kant: Kritik der reinen Vernunft, B 85. Gesammelte Schriften, III, 80.

14 Cf. Werner Stelzner/Lothar Kreiser: Traditionelle und nichtklassische Logik. Paderborn 2004, Kap. 6. Außer den angeführten Arbeiten von Heinrich Scholz und Jan Berg (Anm. 3) cf. Yehoshua Bar-Hillel: „Bolzano's propositional logic". In: Archiv für Mathematik, Logik und Grundlagenforschung 1 (1952), 65–98.

15 J. Berg: Einleitung zur „Wissenschaftslehre", GA I, Bd. 11/1, 11 sqq. Cf. Bergs in Anm. 3 genannten Beitrag „Bernard Bolzano. Die Überwindung des Skeptizismus".

16 Zu Bolzanos Auffassung der Analytizität cf. W § 447.

17 Als Mathematiker ist er vor allem durch Arbeiten zur Analysis bekannt geworden, unter anderem durch den nach ihm und Weierstrass benannten Satz. Siehe Herbert Meschkowski: Problemgeschichte der Mathematik III (neuere Mathematik 1800–1950). Mannheim 1986 ([1]1978); Arnošt Kolman: Bernard Bolzano. Berlin (Ost) 1963, Kap. III, 21–90. Im Anhang der „Rein analytische Beweis des Lehrsatzes, daß zwischen je zwey Werthen, die ein entgegengesetztes Resultat gewähren, wenigstens eine Wurzel der Gleichung liege" (1817), sowie ein Auszug aus der „Funktionenlehre" (auch in GA II A 10/1, 2000). Verschiedene Arbeiten zu mathematischen Problemen sind posthum erschienen, darunter: Paradoxien des Unendlichen. Leipzig 1851 (Neuausgabe in der Philosophischen Bibliothek. Ed. A. Höfler mit Anm. von H. Hahn. Leipzig 1921 u. ö.).

18 Cf. Paul Rusnock: Bolzano's Philosophy and the Emergence of Modern Mathematics. In: Studien zur österreichischen Philosophie. Ed. Rudolf Haller, vol. XXX. Amsterdam 2000; Herbert Meschkowski: Georg Cantor. Mannheim [2]1983; id. (ed.): Das Problem des Unendlichen. Mathematische und philosophische Texte von Bolzano, Gutberlet, Cantor, Dedekind. München 1974.

19 Ausführlich behandelt in: Lehrbuch der Religionswissenschaft, ein Abdruck der Vorlesungshefte eines ehemaligen Religionslehrers an einer katholischen Universität von einigen seiner Schüler gesammelt und herausgegeben, I–IV. Sulzbach 1834. Band I behandelt das Verhältnis von natürlicher und offenbarter Religion, Band II handelt von den Wundern, die der Bestätigung der christlichen Religion dienen, die Bände III und IV stellen die katholische Religion – mit den Hauptteilen Lehre von Gott und Lehre von der Schöpfung – systematisch dar. Im folgenden wird das Werk mit „R" zitiert.

20 Hierzu E. Winter: Bernard Bolzano und sein Kreis, cit. (Anm. 1), Kap. VIII. Cf. Wolfgang Brezinka: Pädagogik in Österreich. Wien 2003, 61, der von Bolzano feststellt, daß er den Boden für die Ausbreitung der anti-idealistischen Philosophie in Österreich bereitet habe, was für die staatliche Bildungspolitik von Bedeutung war.

21 F. Příhonský: Neuer Anti-Kant oder Prüfung der Kritik der reinen Vernunft nach den in Bolzano's Wissenschaftslehre niedergelegten Begriffen. Bautzen 1850.

22 Zu diesen gehört auch die Ästhetik. Cf. Bernard Bolzano: Untersuchungen zur Grundlegung der Ästhetik. Ed. Dietfried Gerhardus. Frankfurt am Main 1972 (darin „Über den Begriff des Schönen", 1845, und „Über die Eintheilung der schönen Künste", 1849).

23 In K. Twardowski: Zur Lehre vom Inhalt der Vorstellungen (1894). Zu Twardowski siehe auch Kap. II, 9.

24 Hierzu die Darstellungen der Geschichte der Logik von H. Scholz (1931) sowie von William und Martha Kneale (1962).

25 Michael Dummett: Ursprünge der Analytischen Philosophie. Frankfurt am Main 1988, 167, hat in einem Gespräch mit Joachim Schulte 1987 Bolzano als „Urgroßvater“ der analytischen Philosophie, die in Teil III dieses Bandes behandelt wird, bezeichnet.

II. Franz Brentano

1 Die Dissertation erschien Freiburg i. Br. 1862 (Nachdruck Hildesheim 1984). Neuausgabe Berlin 2014 in der Werkausgabe; s. Anm. 2. Die Habilitationsschrift erschien Mainz 1867 (Nachdruck 1967).

2 Franz Brentano: Psychologie vom empirischen Standpunkt (1874) liegt seit 1924 in mehreren Auflagen in der Philosophischen Bibliothek des Meiner Verlags vor. Posthum erschienen unter anderem (meist in der Philosophischen Bibliothek) „Psychologie vom empirischen Standpunkt, II (1925, „Von der Klassifikation der psychischen Phänomene“ [ursprünglich 1874], mit Einl., Anm. und neuen Abhandlungen aus dem Nachlaß), „Psychologie vom empirischen Standpunkt, III“ (1928, „Vom sinnlichen und noetischen Bewußtsein“), „Die vier Phasen der Philosophie“ (1926), „Vom Dasein Gottes“ (1929), „Wahrheit und Evidenz“ (1930), „Kategorienlehre“ (1933), „Religion und Philosophie“ (1954; seit 1977 als Nr. 310 in der Philosophischen Bibliothek), „Die Lehre vom richtigen Urteil“ (1956), „Philosophische Untersuchungen zu Raum, Zeit und Kontinuum“ (1976). Bei Francke, Bern und München, erschienen und später in die Philosophische Bibliothek aufgenommen wurden „Grundlegung und Aufbau der Ethik“ (1951), „Grundzüge der Ästhetik“ (1959), „Die Abkehr vom Nichtrealen“ (1966), „Geschichte der griechischen Philosophie“ (1963). Werkausgabe: Sämtliche veröffentlichte Schriften. Edd. Th. Binder/A. Chrudzimski. Berlin 2013 sqq. Gliederung: Abt. I: Schriften zur Psychologie; Abt. II: Schriften zur Ethik und Ästhetik; Abt. III: Schriften zu Aristoteles. Bereits erschienen I/1: Psychologie vom empirischen Standpunkt, 2013; II/3: Schriften zur Ethik und Ästhetik, 2013; III/1: Von der mannigfaltigen Bedeutung des Seienden bei Aristoteles, 2014. – *Sekündarliteratur:* Oskar Kraus: Franz Brentano. München 1919; Alfred Kastil: Die Philosophie Franz Brentanos. Eine Einführung in seine Lehre. Ed. Franziska Mayer-Hillebrand. München 1951; Wolfgang Stegmüller, in: Hauptströmungen der Gegenwartsphilosophie. Wien–Stuttgart 1952 (seit [5]1975 als Band I gezählt), Kap. I; Reinhard Kamitz: „Franz Brentano. Wahrheit und Evidenz“ In: J. Speck (ed.): Grundprobleme der großen Philosophen, Philosophie der Neuzeit III. Göttingen 1983; Michael Dummett: Ursprünge der analytischen Philosophie. Frankfurt am Main 1988, Kap. 5 über Brentano (englische Fassung London 1993; darin: The Legacy of Brentano, 28–42); Barry Smith: Austrian Philosophy. Chicago–La Salle 1994, Kap. 2–3; Eberhard Tiefensee: Philosophie und Religion bei Franz Brentano (1838–1917). Tübinger Studien zur Theologie und Philosophie 14 (1998). Zur *Wirkungsgeschichte:* Brentano-Studien 8 (1998/99): Das Erbe Brentanos. Ed. W. Baumgartner. Das Jahrbuch Brentano-Studien wird herausgegeben im Auftrag der Internationalen Brentano-Gesellschaft e. V. (Würzburg) in Verbindung mit der Franz-Brentano-Foundation in Boston, 1 sqq. (1988 sqq.). Manuskripte Brentanos oder Kopien von solchen befinden sich im Brentano-Archiv in Graz.

3 Eduard Winter: Ketzerschicksale. Berlin (Ost) 1979, darin „Der Gegner des Unfehlbarkeitsdogmas Franz Brentano“, 364–379.

4 Brentano grenzt sich klar von genetisch-erklärenden Auffassungen ab, wie sie von G. Th. Fechner oder W. Wundt vertreten worden waren (zu diesen Bd. X, Kap. II, 5 c).

5 Nach B. Smith: Austrian Philosophy, cit. (Anm. 2), 29, befand sich Brentano mit dieser Auffassung des philosophischen Denkens im Einklang mit der zeitgenössischen Tendenz zur Verwissenschaftlichung der Philosophie.
6 Brentano: Psychologie I, cit. (Anm. 2), 124, und ausführlich in Psychologie II. Die Stimmungen, die nicht intentional sind, hat Brentano ignoriert. Cf. Otto Friedrich Bollnow: Das Wesen der Stimmungen. Frankfurt am Main [3]1956, 34 sq.
7 Siehe Wahrheit und Evidenz, 33, wo „Cogitationes" mit „psychische Akte" übersetzt wird.
8 Psychologie I, 124 sq.; cf. ibidem. 136 sq. Zu Brentanos Auffassung der Intentionalität siehe Mauro Antonelli: Seiendes, Bewußtsein, Intentionalität im Frühwerk von Franz Brentano. Freiburg–München 2001 (italienisch unter dem Titel: Alle radici del movimento fenomenologico. Bologna 1996); ferner Wilhelm Baumgartner et al. (edd.): Intentionalität. Brentano-Studien 3 (1990/91).
9 Zur mittelalterlichen Auffassung siehe Dominik Perler: Theorien der Intentionalität im Mittelalter. Frankfurt am Main [2]2002; ferner Edmund Runggaldier: „On the Scholastic or Aristotelian Roots of ‚Intentionality' in Brentano". In: Topoi 8 (1989), 97–103.
10 Psychologie II, Anhang XV: Von den Gegenständen des Denkens (1915), 213.
11 Psychologie II, Anhang IX, 162.
12 Cf. Oskar Kraus: „Die ‚kopernikanische Wendung' in Brentanos Erkenntnis- und Wertlehre". Berlin 1929 (Phil. Hefte, 3); Franziska Mayer-Hillebrand: „Franz Brentanos Lehre von den Fiktionen der Sprache". Innsbrucker Beiträge zur Kulturwissenschaft. Innsbruck 1955; ead.: Einleitung zu Brentano: Die Abkehr vom Nichtrealen. Bern–München 1966.
13 Psychologie II, Anhang XV: Von den Gegenständen des Denkens, 215.
14 Brentano: Wahrheit und Evidenz, cit. (Anm. 2), 133.
15 Zum Thema „Evidenz" siehe Wolfgang Stegmüller: Metaphysik, Skepsis, Wissenschaft. Berlin [2]1969. Neue Einleitung, 1–33 und 162–217.
16 Brentano: Die Lehre vom richtigen Urteil. Ed. Franziska Mayer-Hillebrand. Bern 1956, § 35, 141 (seit 1977 als Nr. 311 in der Phil. Bibliothek).
17 Spinoza: Ethica II, prop. 43, Scholium.
18 Religion und Philosophie. Ed. Fr. Mayer-Hillebrand. Bern 1954 (seit 1977 in der Philosophischen Bibliothek), 111.
19 Wahrheit und Evidenz, Brief an Husserl 1905, 157: „Eine Evidenz an sich einer Wahrheit an sich, eines Urteils an sich usw. usw. braucht man dazu aber keineswegs anzunehmen."
20 Wahrheit und Evidenz, 142: „Es ist also unverkennbar, daß die Evidenz eines Urteils nicht einfach mit einem unwiderstehlichen Drang, der zu ihm nötigt, zu identifizieren ist."
21 Brentano: Psychologie I, 111 sq.
22 Psychologie II, Anhang XI: Vom Psychologismus, 179 sqq. Zum Verhältnis von Philosophie und Psychologie bei Brentano cf. Brentano: „Über die Gründe der Entmutigung auf philosophischem Gebiete". In: Brentano: Über die Zukunft der Philosophie. Ed. O. Kraus. Leipzig 1929 ([2]1968).
23 Kategorienlehre, 182 sqq.
24 Kategorienlehre. Einleitung des Herausgebers, XXVI.
25 Brentano: Vom Dasein Gottes. Ed. A. Kastil. Leipzig 1929. Cf. A. Kastil: Die Philosophie Brentanos, cit. (Anm. 2), Kap. IX.
26 Brentano: Vom Ursprung sittlicher Erkenntnis. Leipzig 1889. Ab [2]1921 in der Philosophischen Bibliothek. Ed. O. Kraus.
27 Brentano: Vom Ursprung sittlicher Erkenntnis, 19.
28 Diesen Anspruch hat wegen seiner Unbestimmtheit kritisiert J. N. Findlay: Axiological Ethics. London–Basingstoke 1970, Kap. II.

29 Brentano: Die vier Phasen der Philosophie und ihr augenblicklicher Stand. Leipzig 1926 (ursprünglich ein 1895 in Wien gehaltener und in Stuttgart 1895 erschienener Vortrag); cf. id.: Einleitung zur Geschichte der griechischen Philosophie. Bern–München 1963.

30 Brentano: Die vier Phasen der Philosophie, 23.

31 Zu Husserl s. Band XII, Kap. V, sowie dessen „Erinnerungen an Franz Brentano" von 1919. In: O. Kraus: Franz Brentano, cit. (Anm. 2).

32 Zur polnischen Schule an den Universitäten Lemberg und Warschau, bei der die Logik eine zentrale Rolle spielt, gehören außer Kazimierz Twardowski Stanisław Leśniewski, Tadeusz Kotarbiński, Jan Łukasiewicz, Kazimierz Ajdukiewicz u. a. Als Philosophiehistoriker war einflußreich Władysław Tatarkiewicz. Cf. David Pearce/Jan Woleński (edd.): Logischer Rationalismus. Philosophische Schriften der Lemberg-Warschauer Schule. Frankfurt am Main 1988.

33 Alfred Kastil: Die Philosophie Franz Brentanos, cit. (Anm. 2).

34 Cf. Liliana Albertazzi et al. (edd.): The School of Alexius Meinong. Aldershot etc. 2001.

35 Gesamtausgabe von Meinongs Werken. Edd. Rudolf Haller et al. 7 Bände und ein Ergänzungsband. Graz 1968 sqq. – *Sekundärliteratur:* J. N. Findlay: Meinong's Theory of Objects and Values. Oxford 1963; Barry Smith: Austrian Philosophy. Chicago–La Salle 1994, Kap. V; Maria Elisabeth Reicher: „Die Grazer Schule der Gegenstandstheorie". In: Thomas Binder et al. (edd.): Bausteine zu einer Geschichte der Philosophie an der Universität Graz. Amsterdam–New York 2001; Karel Lambert: „Unmögliche Gegenstände". In: Conceptus I (1977), 92–100.

36 B. Russell: Philosophie. Die Entwicklung meines Denkens. München 1973 (My Philosophical Development. London 1959), 86; cf. id.: „On Denoting". In: Mind 14 (1905), 479–494.

37 Zu diesem Thema cf. „Österreichische Philosophen und ihr Einfluß auf die analytische Philosophie". Conceptus I (1977); Thomas Binder et al. (edd.): Bausteine zu einer Geschichte der Philosophie an der Universität Graz. Amsterdam–New York 2001. Dort weitere Literatur.

38 Roderick M. Chisholm: Erkenntnistheorie. Herausgegeben und übersetzt von R. Haller. München 1979 (Theory of Knowledge. Englewood Cliffs N.J. 1966, [2]1977). Verbesserte Fassung in der Reihe „Faszination Philosophie". Ed. Vittorio Hösle. Bamberg 2004.

39 Franco Volpi: Heidegger e Brentano. L'aristotelismo e il problema dell'univocità dell'essere nella formazione filosofica del giovane Martin Heidegger. Padova 1976; id.: „Brentanos Interpretation der aristotelischen Seinslehre und ihr Einfluß auf Heidegger". In: Heidegger-Jahrbuch 1 (2004), 226–242. Zur Bedeutung von Brentanos Aristoteles-Interpretation für Heidegger siehe auch Stefano Poggi: La logica, la mistica, il nulla. Una interpretazione del giovane Heidegger. Pisa 2006, pass.

III. Empiriokritizismus und Konventionalismus

1 Zur Wissenschaftsgeschichte veröffentlichte Mach: Die Geschichte und die Wurzel des Satzes von der Erhaltung der Arbeit (Prag 1872); Die Mechanik, historisch-kritisch dargestellt (1883); Die Prinzipien der Wärmelehre, historisch-kritisch entwickelt (1896).

2 E. Mach: Die Analyse der Empfindungen und das Verhältnis des Physischen zum Psychischen (1900, [6]1911); id.: Erkenntnis und Irrtum. Skizzen zur Psychologie der Forschung (1905, [4]1926); Ernst-Mach-Studienausgabe (ed. Friedrich Stadler). Berlin 2008 sqq. – *Sekundärliteratur:* Hugo Dingler: Die Grundgedanken der Machschen

Philosophie. Mit Erstveröffentlichungen aus seinen wissenschaftlichen Tagebüchern. Leipzig 1924; Gereon Wolters: Mach I, Mach II, Einstein und die Relativitätstheorie. Berlin 1987; Rudolf Haller/Friedrich Stadler (edd.): Ernst Mach. Werk und Wirkung. Wien 1988; Aldo Gargani: „The Good Austrian: Ernst Mach, Scientist and Philosopher". In: W. L. Gombocz et al. (edd.): Traditionen und Perspektiven der analytischen Philosophie (Festschrift für R. Haller). Wien 1989, 135–148; Rudolf Haller: Neopositivismus. Eine historische Einführung in die Philosophie des Wiener Kreises. Darmstadt 1993, §4: Mach und die österreichische Tradition, 32–44; Kurt Wuchterl: Handbuch der analytischen Philosophie und Grundlagenforschung. Von Frege bis Wittgenstein. Bern etc. 2002. Darin: Der monistische Positivismus von Ernst Mach, 423–432.

3 Mach: Analyse der Empfindungen, cit. (Anm. 2), zitiert nach der 6. Auflage (Nachdruck Darmstadt 1968), Vorwort.

4 Ibidem, 12 sq.

5 Mach: Erkenntnis und Irrtum, cit. (Anm. 2, Nachdruck der 5. Aufl. von 1926 Darmstadt 1968), 455.

6 Ibidem, 164.

7 Cf. Ferdinand Fellmann (ed.): Geschichte der Philosophie im 19. Jahrhundert. Reinbek bei Hamburg 1996. Darin Fellmann: „Positivismus", wo betont wird: *„Analyse der Empfindungen* [...] enthält keine Psychologie der Empfindungen [...], sondern behandelt den logischen Aufbau der Welt" (80).

8 Mach: Die Analyse der Empfindungen, 7.

9 Ibidem, 14.

10 Mach: Erkenntnis und Irrtum, 456.

11 Mach: Die Analyse der Empfindungen, 30.

12 Mach: Erkenntnis und Irrtum, 316.

13 Mach: Die Mechanik, 465 (zitiert nach der 9. Auflage von 1933; Nachdruck Darmstadt 1963 u. ö.).

14 Ibidem, 466.

15 Ibidem, 468 sq.

16 Mach: Erkenntnis und Irrtum, 449.

17 Mach: Die Mechanik, 461.

18 Mach: Erkenntnis und Irrtum, 455.

19 Mach: Die Mechanik, 470.

20 Mach: Die Analyse der Empfindungen, 12 N.

21 Mach: Die Mechanik, 459.

22 Mach: Die Analyse der Empfindungen, 73 sq.

23 Siehe Brian F. McGuinness: „Ernst Mach and His Influence". In: W. Gombocz et al. (edd.): Traditionen und Perspektiven der analytischen Philosophie (FS Rudolf Haller). Wien 1989, 149–156, insb. 154 sq.

24 Zur Planck-Mach-Debatte cf. Erhard Scheibe: Die Philosophie der Physiker. München 2006, 58 sqq.; cf. Renate Wahsner/Horst-Heinz Borzeszkowski (edd.): Mach: Die Mechanik. Berlin (Ost) 1988 (darin die wichtigsten Texte zu dieser Debatte nebst ausführlichem Nachwort). Der Briefwechsel zwischen E. Mach und F. Brentano in: F. Chisholm/J. C. Marek (edd.): Über Ernst Machs „Erkenntnis und Irrtum". Amsterdam 1988 (Studien zur österreichischen Philosophie, Bd. 6), Anhang.

25 Lenin erwähnt Alexandr Bogdanov, Vladimir Bazarov und Nikolaj Valentinov.

26 Lenin: Materialismus und Empiriokritizismus. Kritische Bemerkungen über eine reaktionäre Philosophie. Berlin ^{5}1958 (zuerst 1909; Standardausgabe: Werke, Bd. 14, 68 sq.), 65 sq.

27 Nachdruck Hildesheim 2004. Cf. F. Fellmann: Geschichte der Philosophie im 19. Jh., cit. (Anm. 7), darin das Kapitel über Avenarius, 88–90.

28 R. Avenarius: Der menschliche Weltbegriff. Leipzig 1891 (^{3}1912), Vorwort und Nr. 167 sq. Ab der 3. Aufl. erweitert um den „Offenen Brief" von Wilhelm Schuppe an Avenarius („Die Bestätigung des naiven Realismus") und dessen „Bemerkungen zum Begriff des Gegenstandes der Psychologie".
29 Zur Auffassung der Psychologie als Einzelwissenschaft siehe Klaus Sachs-Hombach: Philosophische Psychologie im 19. Jh. Freiburg–München 1993.
30 Das läßt an den idealistischen Philosophen K. Chr. Fr. Krause (vgl. Bd. IX, 2, p. 303 sq.) denken, dessen ungewöhnliche Terminologie ebenfalls eher abschreckend als anziehend wirkte.
31 Avenarius: Der menschliche Weltbegriff, cit. (Anm. 28), Nr. 143.
32 Ibidem, Nr. 124. Die Ablehnung der Annahme eines Ich, das Bewußtseinsinhalte hat, spielt auch in der späteren analytischen Philosophie eine Rolle.
33 Ibidem, Nr. 165.
34 H. Poincaré: La Science et l'hypothèse. Paris 1902 (Wissenschaft und Hypothese. Leipzig 1904, ^{2}1906, ^{3}1914); id.: La valeur de la science. Paris 1905 (Der Wert der Wissenschaft. Leipzig 1906); id.: Science et méthode. Paris 1908 (Wissenschaft und Methode. Leipzig–Berlin 1914). Gesamtausgabe: Œuvres, I–XI. Paris 1916–1956. – *Sekundärliteratur*: Gerhard Heinzmann: Zwischen Objektkonstruktion und Strukturanalyse. Zur Philosophie der Mathematik bei Jules Henri Poincaré. Göttingen 1995; Ferdinand Verhulst: Henri Poincaré. Impatient Genius. New York 2012; Jeremy Gray: Henri Poincaré. A Scientific Biography. Princeton 2013. – Forschungsstelle an der Universität Nancy: Archives Henri Poincaré.
35 Wissenschaft und Hypothese, cit. (Anm. 34), Einleitung.
36 Der Wert der Wissenschaft, cit. (Anm. 34), 7.
37 Ibidem, 15; cf. Wissenschaft und Hypothese, 17.
38 Wissenschaft und Hypothese, Kap. IV, 91 sqq.
39 Der Wert der Wissenschaft, 198 sqq.
40 Ibidem, 203.
41 Ibidem, 7.
42 Ibidem, 208 sq.
43 Poincaré bezieht sich auf Schriften, die Le Roy in der Revue de métaphysique et de morale, 7, 8 und 9 (1899–1901) veröffentlicht hat.
44 Der Wert der Wissenschaft, Kap. 10.
45 Ibidem, 177.
46 Hauptwerk: Pierre Duhem: Le système du monde, I–V, 1913 sqq.; cf. id.: La théorie physique, son objet et sa structure 1904/05, als Buch 1906 (Ziel und Struktur der physikalischen Theorien. Ed. Lothar Schäfer. Hamburg 1998, PhB 477).

IV. Der Ursprung des Pragmatismus

1 Charles Sanders Peirce: Schriften zum Pragmatismus und Pragmatizismus. Herausgegeben von Karl-Otto Apel. Frankfurt am Main 1991, 543. (Zuerst in zwei Bänden erschienen: Schriften I. Zur Entstehung des Pragmatismus. Frankfurt am Main 1967; Schriften II. Vom Pragmatismus zum Pragmatizismus. Frankfurt am Main 1970.)
2 Ibidem, 567. Zum Ursprung des Wortes „Pragmatismus" cf. auch William James: Pragmatismus. Leipzig 1908, 28–29.
3 Charles Sanders Peirce: Schriften zum Pragmatismus und Pragmatizismus, cit. (Anm. 1), 499.
4 Ibidem, 147.
5 Ein früher Versuch, die genauen Konturen dieser Bewegung zu rekonstruieren, ist A. O. Lovejoy: „The Thirteen Pragmatisms". In: Journal of Philosophy LXI (1905),

5–12. Spätere Studien sind: M. H. Fisch: Classic American Philosophers. New Haven 1951; E. C. Moore: American Pragmatism: Peirce, James, and Dewey. New York 1961; H. S. Thayer: Meaning and Action: A Critical History of Pragmatism. Indianapolis 1968; Israel Scheffler: Four Pragmatists: A Critical Introduction to Peirce, James, Mead and Dewey. New York 1974; Cornell West: The American Evasion of Philosophy: a Geneaology of Pragmatism. Madison 1989; Ludwig Nagl: Pragmatismus. Frankfurt am Main 1998.

6 Charles Sanders Peirce: Schriften zum Pragmatismus und Pragmatizismus, cit. (Anm. 1), 432.

7 Ibidem, 141.

8 Detaillierte Informationen über diese heute kaum bekannten Denker bieten Philip P. Wiener: Evolution and the Founders of Pragmatism. Philadelphia 1972; J. L. Blau: Men and Movements in American Philosophy. New York 1952; Louis Menand: The Metaphysical Club: A Story of Ideas in America. New York 2001.

9 William James: „Chauncey Wright". In: Edward H. Madden: Chauncey Wright and the Foundations of Pragmatism. Seattle 1963, 143.

10 Charles Sanders Peirce: Schriften zum Pragmatismus und Pragmatizismus, cit. (Anm. 1), 142.

11 Ibidem.

12 Cf. Edward H. Madden: Chauncey Wright and the Foundations of Pragmatism, cit. (Anm. 9), 23; Charles Darwin: The Descent of Man and Selection in Relation to Sex, II. New York 1871, 319 n.

13 Charles Sanders Peirce: Schriften zum Pragmatismus und Pragmatizismus, cit. (Anm. 1), 142.

14 Wrights Schriften liegen in zwei Bänden vor: Charles Eliot Norton (ed.): Philosophical Discussions. New York 1877; James Bradley Thayer (ed.): Letters of Chauncey Wright. New York 1878. Eine gute Sammlung ausgewählter Stellen findet sich in Edward H. Madden (ed.): The Philosophical Writings of Chauncey Wright. Representative Selections. New York 1958.

15 Chauncey Wright: Philosophical Discussions, cit. (Anm. 14), 46–47.

16 Ibidem, 384.

17 Ibidem, 56.

18 Ibidem, 51.

19 Ibidem, 50.

20 Ibidem, 40.

21 Chauncey Wright: Letters, cit. (Anm. 14), 133.

22 Ibidem.

23 Chauncey Wright: Philosophical Discussions, cit. (Anm. 14), 42–96.

24 Ibidem, 4.

25 Ibidem, 10.

26 Charles Sanders Peirce: Schriften zum Pragmatismus und Pragmatizismus, cit. (Anm. 1), 142.

27 Chauncey Wright: Philosophical Discussions, cit. (Anm. 14), 35–42.

28 Eine genaue Rekonstruktion dieser Debatte liefert Philip P. Wiener: Evolution and the Founders of Pragmatism, cit. (Anm. 8), 48–65. Cf. auch Edward H. Madden: Chauncey Wright and the Foundations of Pragmatism, cit. (Anm. 9), 82–85, 172–174.

29 Chauncey Wright: Philosophical Discussions, cit. (Anm. 14), 235–236.

30 Chauncey Wright: Letters, cit. (Anm. 14), 274.

31 Cf. die knappen, aber klaren Bemerkungen in Edward H. Madden: Chauncey Wright and the Foundations of Pragmatism, cit. (Anm. 9), 79–81.

32 Charles Sanders Peirce: Schriften zum Pragmatismus und Pragmatizismus, cit. (Anm. 1), 144.

33 Ibidem, 500.
34 William James: „Address at the Centenary of Ralph Waldo Emerson". In: Giles Gunn (ed.): Pragmatism and Other Writings. London–New York 2000, 310.
35 Charles Sanders Peirce: Naturordnung und Zeichenprozeß. Frankfurt am Main 1991, 179–180 (mit „Boehm" meint Peirce vermutlich den deutschen Mystiker Jakob Böhme).
36 Über Emersons Einfluß auf Nietzsche berichtet ausführlich Jennifer Ratner-Rosenhagen: American Nietzsche: A History of an Icon and His Ideas. Chicago 2012.
37 Gay Wilson Allen: Waldo Emerson: A Biography. New York 1981, 669–670.
38 Ralph Waldo Emerson: Die Natur: Ausgewählte Essays. Herausgegeben von Manfred Putz. Stuttgart 1990, 138.
39 Ibidem, 88.
40 Ibidem, 88–89.
41 Ibidem, 89.
42 Cf. Sherman Paul: Emerson's Angle of Vision: Man and Nature in American Experience. Cambridge (Mass.) 1952, 62–64.
43 Ralph Waldo Emerson: Die Natur: Ausgewählte Essays, cit. (Anm. 38), 106.
44 Ibidem, 101.
45 Ibidem, 102.
46 Ibidem.
47 Ibidem, 106–107.
48 Ibidem, 108.
49 Ibidem.
50 Ibidem, 141.
51 Ibidem.
52 Ibidem, 157.
53 Ibidem, 151.
54 Ibidem, 148.
55 Cf. Cornell West: The American Evasion of Philosophy: A Geneaology of Pragmatism, cit. (Anm. 5), 12–13.
56 Ralph Waldo Emerson: Die Natur: Ausgewählte Essays, cit. (Anm. 38), 149.
57 Ibidem, 148.
58 Ibidem, 145.

V. Charles Sanders Peirce

1 Zu Peirce' Leben cf. J. Brent: Charles Sanders Peirce. A Life. Bloomington 1993; Elisabeth Walter: Charles Sanders Peirce: Leben und Werk. Baden-Baden 1989. Gute Gesamtdarstellungen sind: C. F. Delaney: Science, Knowledge, and Mind: A Study in the Philosophy of C. S. Peirce. Notre Dame (In.) 1993; Carl R. Hausmann: Charles S. Peirce's Evolutionary Philosophy. New York 1993; Cristopher Hookway: Peirce. London 1985; Sandra B. Rosenthal: Charles S. Peirce's Pragmatic Pluralism. Albany 1994. Cf. auch Klaus Oehler: Charles Sanders Peirce. München 1890, und Ludwig Nagl: Charles Sanders Peirce. Frankfurt am Main 1992. Für anspruchsvollere Rekonstruktionen siehe Karl-Otto Apel: Der Denkweg von Charles Sanders Peirce. Eine Einführung in den amerikanischen Pragmatismus. Frankfurt am Main 1975, und Helmut Pape: Erfahrung und Wirklichkeit als Zeichenprozeß. Charles Sanders Peirce' Entwurf einer spekulativen Grammatik des Seins. Frankfurt am Main 1989.
2 Charles Sanders Peirce: Schriften zum Pragmatismus und Pragmatizismus. Herausgegeben von Karl-Otto Apel. Frankfurt am Main 1991, 577.
3 Ibidem, 171.

4 Ibidem, 499.
5 Ibidem, 157.
6 Ibidem, 158.
7 Ibidem, 157.
8 Ibidem.
9 Ibidem, 159.
10 Ibidem, 161.
11 Ibidem, 162.
12 Ibidem, 164.
13 Ibidem.
14 Ibidem, 160.
15 Ibidem, 162–163.
16 Ibidem, 167–168.
17 Ibidem, 230.
18 Ibidem, 231.
19 Ibidem, 150.
20 Ibidem.
21 Ibidem, 233.
22 Ibidem.
23 Ibidem.
24 Ibidem, 400.
25 Collected Papers of Charles Sanders Peirce, VII. Herausgegeben von Arthur W. Burks. Cambridge (Mass.) 1958, 7.87.
26 Charles Sanders Peirce: Schriften zum Pragmatismus und Pragmatizismus, cit. (Anm. 2), 266.
27 Ibidem, 166.
28 Ibidem, 269.
29 Ibidem.
30 Ibidem, 402.
31 Ibidem, 268.
32 Ibidem, 269.
33 Charles Sanders Peirce: Naturordnung und Zeichenprozeß. Herausgegeben von Helmut Pape. Frankfurt am Main 1991, 260.
34 Ibidem, 262.
35 Charles Sanders Peirce: Schriften zum Pragmatismus und Pragmatizismus, cit. (Anm. 2), 184.
36 Ibidem, 193.
37 Ibidem, 195.
38 Ibidem, 194.
39 Ibidem, 79.
40 Ibidem, 194.
41 Ibidem, 202.
42 Ibidem, 203.
43 Ibidem, 205.
44 Ibidem.
45 Ibidem, 206.
46 Ibidem, 400.
47 Ibidem, 22.
48 Ibidem, 25.
49 Ibidem, 31.
50 Ibidem, 78.
51 Ibidem, 31.

52 Ibidem, 79.
53 Ibidem, 31.
54 Charles Sanders Peirce: Phänomen und Logik der Zeichen. Herausgegeben von Helmut Pape. Frankfurt am Main 1993, 64.
55 Charles Sanders Peirce: Semiotische Schriften, I. Herausgegeben von Christian J. W. Kloesel und Helmut Pape. Frankfurt am Main 2000, 424.
56 Charles Sanders Peirce: Schriften zum Pragmatismus und Pragmatizismus, cit. (Anm. 2), 31.
57 Ibidem.
58 Ibidem, 80.
59 Ibidem.
60 Charles Sanders Peirce: Phänomen und Logik der Zeichen, cit. (Anm. 54), 128.
61 Charles Sanders Peirce: Schriften zum Pragmatismus und Pragmatizismus, cit. (Anm. 2), 524. Cf. T. L. Short: Peirce's Theory of Signs. Cambridge 2007; Vincent M. Colapietro und Thomas H. Olshewsky (edd.): Peirce's Doctrine of Signs: Theory, Applications, and Connections. Berlin–New York 1996. Für eine Übersicht über die heutige Semiotik – eine, die Peirce' Leistungen durchaus würdigt – siehe Umberto Eco: Semiotik. Entwurf einer Theorie der Zeichen. München 1991.
62 Collected Papers of Charles Sanders Peirce, IV. Herausgegeben von Charles Hartshorne und Paul Weiss. Cambridge (Mass.) 1931–1935, 4.2; hier zitiert nach der Übersetzung von Klaus Oehler: Charles Sanders Peirce, cit. (Anm. 1), 44.
63 Charles Sanders Peirce: Semiotische Schriften, I, cit. (Anm. 55), 147.
64 Ibidem, 147.
65 Ibidem, 148.
66 Ibidem, 150.
67 Ibidem, 151.
68 Ibidem, 152.
69 Charles Sanders Peirce: Schriften zum Pragmatismus und Pragmatizismus, cit. (Anm. 2), 584.
70 Ibidem.
71 Ibidem, 343–344.
72 Ibidem, 358.
73 Ibidem.
74 Ibidem.
75 Ibidem, 583.
76 Charles Sanders Peirce: Vorlesungen über Pragmatismus. Herausgegeben von Elisabeth Walter. Hamburg 1991, 52.
77 Charles Sanders Peirce: Schriften zum Pragmatismus und Pragmatizismus, cit. (Anm. 2), 350.
78 Ibidem, 346.
79 Ibidem, 344.
80 Ibidem, 278.
81 Charles Sanders Peirce: Naturordnung und Zeichenprozeß, cit. (Anm. 33), 242–243.

VI. William James

1 Die klassische Darstellung des Lebens und der intellektuellen Entwicklung James' stammt von Ralph Barton Perry: The Thought and Character of William James. Nashville–London 1996. Cf. auch Gay Wilson Allen: William James: A Biography. New York 1967; Robert D. Richardson: William James: In the Maelstrom of American Modernism. Boston–New York 2006. Jacques Barzun: A Stroll with William

James. New York 1983; Gerald E. Myers: William James: His Life and Thought. New Haven 1986; Rainer Diaz-Bone und Klaus Schubert: William James zur Einführung. Hamburg 1996.
2 Ralph Barton Perry: The Thought and Character of William James, cit. (Anm. 1), 121.
3 William James: The Principles of Psychology, I. Cambridge (Mass.)–London 1890, 6.
4 Für eine einfache Einführung siehe Manfred Spitzer: Geist im Netz. Modelle für Lernen, Denken und Handeln. Heidelberg–Berlin 2000.
5 William James: Psychology: Briefer Course. Cambridge (Mass.)–London 1894, 140.
6 Ralph Barton Perry: The Thought and Character of William James, cit. (Anm. 1), 215.
7 Ibidem, 208n.
8 William James: „Der Wille zum Glauben". In: Pragmatismus. Ausgewählte Texte von Ch. S. Peirce, W. James, F. C. S. Schiller, J. Dewey. Herausgegeben von Ekkehard Martens. Stuttgart 2002, 138.
9 Ibidem, 129–130.
10 Ibidem, 130.
11 Ibidem, 149.
12 Ibidem, 155.
13 Ibidem, 153.
14 Ibidem, 138.
15 Ibidem, 133.
16 Ibidem, 157–158.
17 Ibidem, 151.
18 Dieser wichtige Punkt wird auch betont von Michael R. Slater: William James on Ethics and Faith. Cambridge 2009, 21.
19 William James: „Der Wille zum Glauben", cit. (Anm. 8), 131.
20 Ibidem, 143.
21 William K. Clifford: „The Ethics of Belief". In: Contemporary Review 29 (1877), 283–309. Cf. David A. Hollinger: „James, Clifford, and the scientific conscience". In: Ruth Anna Putnam (ed.): The Cambridge Companion to William James. Cambridge 1997, 69–83.
22 William James: „Der Wille zum Glauben", cit. (Anm. 8), 135–136.
23 Ibidem, 136.
24 Ibidem, 157.
25 Ibidem, 143.
26 William James: The Varieties of Religious Experience. Cambridge (Mass.)–London 1985, 34.
27 Ibidem, 109.
28 Ibidem, 382.
29 Ibidem.
30 Ibidem.
31 Ibidem, 197.
32 Ibidem, 400.
33 Cf. Ralph Barton Perry: The Thought and Character of William James, cit. (Anm. 1), 359–369.
34 William James: Pragmatismus. Leipzig 1908, 140.
35 Ibidem, 143.
36 Bertrand Russell: „William James' Conception of Truth". In: Philosophical Essays. London 1910, 112–130. Cf. Timothy L. S. Sprigge: „James, Aboutness, and his British Critics". In: Ruth Anna Putnam (ed.): The Cambridge Companion to William James, cit. (Anm. 21), 125–144; Andreas Graeser: „Wahrheit im Pragmatismus. Bemerkun-

gen zu William James". In: Bedeutung, Wert, Wirklichkeit: Positionen und Probleme. Bern 2000, 277–296.

37 William James: „Der Wille zum Glauben", cit. (Anm. 8), 143.

38 William James: Pragmatismus, cit. (Anm. 34), 43.

39 Ibidem, 34.

40 Ibidem, 28.

41 Ibidem, 124.

42 Ibidem, 125.

43 Ibidem, 33.

44 Ibidem, 140.

45 Ibidem, 143.

46 William James: „Humanism and Truth". In: The Meaning of Truth. Cambridge (Mass.)–London 1975, 60.

47 William James: Pragmatismus, cit. (Anm. 34), 152.

48 Ibidem, 32.

49 William James: „The Experience of Activity". In: Essays in Radical Empiricism. Lincoln–London 1996, 160.

50 Ibidem, 27.

51 Cf. Timothy Sprigge: American Truth and British Reality. Chicago–La Salle 1993, 109–171 für eine scharfsinnige Diskussion dieser und anderer Schwierigkeiten in James' Theorie.

52 Cf. Charles Augustus Strong: Why the Mind has a Body. New York 1903, und The Origin of Consciousness. London–New York 1918; Gustav Fechner: Little Book of Life after Death: With an Introduction by William James. Boston 1904. Dazu auch David Skrbina: Panpsychism in the West. Cambridge (Mass.)–London 2005, 122–126 (Abschnitt über Fechner) und 145–149 (Abschnitt über James).

53 Das Problem wird genauer besprochen in Pierfrancesco Basile: „It Must be True – but How Can It Be? Some Remarks on Panpsychism and Mental Composition". In: P. Basile et al. (edd.): The Metaphysics of Consciousness. Cambridge 2010, 93–112. Cf. auch Galen Strawson et al.: Consciousness and Its Place in Nature. Herausgegeben von Anthony Freeman. Exeter 2006.

VII. John Dewey

1 Horst Dippel: Geschichte der USA. München 2007, 77.

2 Cf. Harald Wenzel: „The Chicago School of Sociology". In: Hans Joachim Schubert (ed.): Pragmatismus zur Einführung. Hamburg 2010, 74–110.

3 Cf. Robert B. Westbrook: John Dewey and American Democracy. Ithaca (NY) 1991; George Dykhuizen: The Life and Mind of John Dewey. Carbondale–Edwardsville 1973; Sidney Hook: John Dewey: An Intellectual Portrait. New York 1939. Für eine allgemeine Darstellung seiner Philosophie cf. Richard J. Bernstein: John Dewey. New York 1967; James Campbell: Understanding John Dewey: Nature and Cooperative Intelligence. Chicago–La Salle (Ill.) 1995. Cf. auch Martin Suhr: John Dewey zur Einführung. Hamburg 2003.

4 John Dewey: „Autobiography". In: Paul Arthur Schilpp (ed.): The Philosophy of John Dewey. Evanston–Chicago 1951, 3.

5 Jane Addams: The Spirit of Youth and the City Streets. New York 1909; Twenty Years at Hull House. New York 1910; The Second Twenty Years at Hull House. New York 1930. Cf. Scott L. Pratt: „Jane Addams: Patriotism in Time of War". In: Peter A. French und Howard K. Wettstein: The American Philosophers. Oxford 2004, 102–118.

6 John Dewey: Erfahrung und Natur. Frankfurt am Main 1995, 9.
7 John Dewey: Erfahrung, Erkenntnis und Wert. Frankfurt am Main 2004, 199.
8 John Dewey: Die Suche nach Gewißheit. Frankfurt am Main 2001, 42.
9 Ibidem, 27.
10 Ibidem, 197.
11 John Dewey: Die Erneuerung der Philosophie. Hamburg 1989, 199–200.
12 Zitiert nach Martin Suhr: John Dewey zur Einführung, cit. (Anm. 3), 21–22.
13 Richard Rorty: Der Spiegel der Natur: Eine Kritik der Philosophie. Frankfurt am Main 1981, 16.
14 John Dewey: Erfahrung und Natur, cit. (Anm. 6), 102.
15 Aristoteles: Metaphysik. Herausgegeben von Ursula Wolf. Übersetzt von Hermann Bonitz. Reinbek bei Hamburg 1994, 43.
16 Ibidem.
17 John Dewey: Erfahrung und Natur, cit. (Anm. 6), 56.
18 Ibidem.
19 Ibidem, 58.
20 Ibidem, 71.
21 Ibidem.
22 Ibidem, 91.
23 Ibidem, 97.
24 Ibidem, 60–61.
25 Ibidem, 61.
26 Ibidem, 69.
27 Ibidem, 24.
28 Dieser Punkt ist leicht zu übersehen; Dewey selbst meinte, ihn betonen zu müssen. Cf. John Dewey: Reconstruction in Philosophy. Boston 1948, vii: „Die kritischen Bemerkungen gegen die Philosophien der Vergangenheit sind nicht gegen diese Systeme in bezug auf ihre Verbindung mit intellektuellen und moralischen Themen ihrer eigenen Zeit und ihres eigenen Ortes gerichtet, sondern gelten ihrer Relevanz in einer stark veränderten menschlichen Situation.“ Über das Verhältnis zwischen Dewey und Spinoza sowie Deweys Kritik der herkömmlichen Metaphysik im allgemeinen siehe auch Michael Hampe: „Kritik und Spekulation. Zu Deweys Sicht der Aufgaben moderner Philosophie“. In: Erkenntnis und Praxis. Frankfurt am Main 2006, 182–204.
29 John Dewey: Erfahrung, Erkenntnis und Wert, cit. (Anm. 7), 27.
30 Ibidem.
31 John Dewey: Erfahrung und Natur, cit. (Anm. 6), 20.
32 Ibidem, 21.
33 Ibidem, 16
34 Ibidem, 61.
35 John Dewey: „Preface“. In: Paul Radin: Primitive Man as Philosopher. New York 1957, XX.
36 John Dewey: Erfahrung und Natur, cit. (Anm. 6), 404.
37 Ibidem, 86.
38 Ibidem, 28.
39 Ibidem.
40 Ibidem, 25.
41 Ibidem, 26.
42 John Dewey: Erfahrung, Erkenntnis und Wert, cit. (Anm. 7), 21.
43 John Dewey: Erfahrung und Natur, cit. (Anm. 6), 26.
44 Ibidem, 404.
45 Richard Rorty: „Dewey zwischen Hegel und Darwin“. In: Hans Joas (ed.): Philo-

sophie der Demokratie. Frankfurt am Main 2000, 20–21. Richard Gale: John Dewey's Quest for Unity: The Journey of a Promethean Mystic. Amherst (NY) 2010, 152.

46 John Dewey: Erfahrung und Natur, cit. (Anm. 6), 17.

47 Ibidem, 252.

48 Ibidem, 260.

49 Ibidem, 261.

50 Ibidem, 249.

51 Ibidem, 175.

52 Ibidem, 173.

53 Ibidem.

54 William James: Principles of Psychology, I. Cambridge (Mass.)–London 1980, 288.

55 John Dewey: Erfahrung, Erkenntnis und Wert, cit. (Anm. 7), 62.

56 Eine gute Darstellung von Dewey als Pädagoge liefert Fritz Bohnsack: John Dewey: Ein pädagogisches Porträt. Weinheim–Basel 2005. Cf. auch Robert B. Westbrook: „John Dewey und die Logik der Demokratie". In: Hans Joas (ed.): Philosophie der Demokratie, cit. (Anm. 45), 341.

57 Cf. T. M. Alexander: John Dewey's Theory of Art, Experience, and Nature: The Horizons of Feelings. Albany 1987; P. W. Jackson: John Dewey and the Lessons of Art. New Haven–London 1998; Marie Luise Rathers-Mohr: Intensität und Widerstand. Metaphysik, Gesellschaftstheorie und Ästhetik in John Deweys „Art as Experience". Bonn 1994.

58 John Dewey: Kunst als Erfahrung. Frankfurt am Main 1980, 59.

59 Ibidem, 58.

60 Konsequenterweise reagierte Dewey vehement – und irritiert – auf dieses Mißverständnis. Siehe dazu seine Replik auf Russell in: Erfahrung, Erkenntnis und Wert, cit. (Anm. 7), 373: Wenn der Pragmatismus ein Ausdruck des amerikanischen Handelsgeistes ist, so Dewey, dann ist der Neo-Realismus Russells eine „Widerspiegelung der snobistischen Aristokratie der Engländer".

VIII. Sozialer Pragmatismus und Prozeß-Philosophie

1 Charles Morris: „Vorwort". In: George H. Mead: Geist, Identität und Gesellschaft. Frankfurt am Main 1973, 11. Zur Philosophie Meads cf. Gary A. Cook: George Herbert Mead: The Making of a Social Pragmatist. Urbana (Illinois) 1993; Hans Joas: Praktische Intersubjektivität. Die Entwicklung des Werkes von George Herbert Mead. Frankfurt am Main 1980; Jürgen Habermas: „Individuierung durch Vergesellschaftung. Zu G. H. Meads Theorie der Subjektivität". In: Nachmetaphysisches Denken. Frankfurt am Main 1988, 187–241.

2 George H. Mead: Geist, Identität und Gesellschaft, cit. (Anm. 1), 274.

3 Ibidem, 102–103.

4 Ibidem, 82.

5 Ibidem, 233.

6 Ibidem.

7 Ibidem, 86.

8 Aristoteles: Metaphysik. Herausgegeben von Ursula Wolf. Übersetzt von Hermann Bonitz. Reinbek bei Hamburg 1994, 38.

9 George H. Mead: Geist, Identität und Gesellschaft, cit. (Anm. 1), 281.

10 Ibidem, 279.

11 Ibidem, 246.

12 Ibidem, 249.

13 Ibidem, 221.
14 Ibidem, 225.
15 Siehe dazu die treffenden Bemerkungen von Harald Wenzel: George Herbert Mead zur Einführung. Hamburg 1990, 127.
16 Alfred North Whitehead: Prozeß und Realität. Frankfurt am Main 1987, 23–24.
17 Alfred North Whitehead: „Unpublished Letter from Whitehead to Hartshorne" (January 2, 1936). In: George L. Kline: Alfred North Whitehead: Essays on His Philosophy. Englewood Cliffs 1963, 198.
18 Alfred North Whitehead: „Autobiographical Notes". In: Paul Arthur Schilpp (ed.): The Philosophy of Alfred North Whitehead. Evanston–Chicago 1941, 7.
19 Cf. Victor Lowe: Alfred North Whitehead: The Man and his Work, I–II. Baltimore 1985 und 1990.
20 Alfred North Whitehead: Wissenschaft und Moderne Welt. Frankfurt am Main 1984, 53.
21 Ibidem, 29.
22 Alfred North Whitehead: Abenteuer der Ideen. Frankfurt am Main 1971, 220.
23 Carnaps „Überwindung der Metaphysik" erschien 1931, nur zwei Jahre nach der Veröffentlichung von „Process and Reality" (s. Kap. XIII, 1).
24 Alfred North Whitehead: Prozeß und Realität, cit. (Anm. 16), 24.
25 Ibidem, 31.
26 Ibidem, 41.
27 Diese These stammt von Russell (s. Kap. X, 3).
28 William Ernest Hocking: „Whitehead as Man and Thinker". In: George L. Kline (ed.): Alfred North Whitehead: Essays on His Philosophy, cit. (Anm. 17), 13.
29 Zu Whiteheads Auffassung der Substanz siehe Pierfrancesco Basile: Leibniz, Whitehead and the Metaphysics of Causation. Basingstoke–New York 2009. Cf. auch Elisabeth Kraus: The Metaphysics of Experience: A Companion to Whitehead's „Process and Reality". New York 1998; Jorge Luis Nobo: Whitehead's Metaphysics of Extension and Solidarity. Albany 1986.
30 Alfred North Whitehead: Prozeß und Realität, cit. (Anm. 16), 354.
31 Ibidem, 38.
32 Ibidem, 451.
33 Ibidem.
34 Cf. Pierfrancesco Basile: „Philosophy, Creativity, and the Good: Dewey's Critique of Whitehead's Metaphysics". In: Process Studies 42.1 (2013), 5–19.
35 Die Philosophien von Whitehead und James werden überzeugend verglichen in Marcus Peter Ford: William James's Philosophy: A New Perspective. Amherst 1982. Whiteheads Philosophie hat die Aufmerksamkeit von Theologen auf sich gezogen. Cf. John Cobb und David Ray Griffin: Process Theology: An Introductory Exposition. Philadelphia 1976; John Cobb: A Christian Natural Theology: Based on the Thought of Alfred North Whitehead. Philadelphia 1965.
36 Eine genaue Rekonstruktion bietet Bruce Kuklick: A History of Philosophy in America: 1720–2000. Oxford 2001, 199–281.
37 Über neuere Versuche, die Philosophie des klassischen Pragmatismus für die heutigen Debatten nutzbar zu machen, informiert Mike Sandbothe (ed.): Die Renaissance des Pragmatismus: Aktuelle Verflechtungen zwischen analytischer und kontinentaler Philosophie. Weilerswist 2000.
38 Diese Interessen konvergieren im Aufsatz „The Subjectivist Principle and the Linguistic Turn". In: George L. Kline: Alfred North Whitehead: Essays on His Philosophy, cit. (Anm. 17), 134–157.
39 Diese Vorlesungen sind später erschienen in Richard Rorty: Philosophy and Social Hope. London–New York 1999.

40 Richard Rorty: Hoffnung statt Erkenntnis. Wien 1994, 66.

41 Richard Rorty: „Pragmatismus und Romantik“. In: Philosophie als Kulturpolitik. Frankfurt am Main 2008, 193.

42 Ein ähnlicher Punkt wird auch gegen Rorty geltend gemacht in Nicholas Rescher: Realistic Pragmatism: An Introduction to Pragmatic Philosophy. Albany 2000, xi–xiv.

43 Einen interessanten Vergleich bietet auch Jean-Claude Wolf: „Pragmatismus mit oder ohne Methode? Rorty vs. Dewey“. In: Jürg Freudiger et al. (edd.): Der Begriff der Erfahrung in der Philosophie des 20. Jahrhunderts. München 1996. Cf. auch Herman J. Saatkamp (ed.): Rorty and Pragmatism: The Philosopher responds to his Critics. Nashville 1995.

44 Richard Rorty: „Analytische Philosophie und Philosophie des Gesprächs“. In: Philosophie als Kulturpolitik, cit. (Anm. 41), 212.

45 Cf. Reuben Abel: The Pragmatic Humanism of F. C. S. Schiller. New York 1955; Mark J. Porrovecchio: F. C. S. Schiller and the Dawn of Pragmatism. Lanham 2011.

46 Ralph Barton Perry: The Thought and Character of William James. Nashville–London 1996, 371. Cf. auch Peter Vogt: Pragmatismus und Faschismus: Kreativität und Kontingenz in der Moderne. Weilerswist 2002. Über die Rezeption des Pragmatismus in Frankreich und Spanien siehe David G. Schultenover: The Reception of Pragmatism in France and the Rise of Roman Catholic Modernism. 1890–1914. Washington 2009, sowie Paloma Pérez-Ilzarbe und Jaime Nubiola (edd.): Pragmatismo Hispánico. Anuario filosofico XI/2 (2007).

47 Über die frühe deutsche Rezeption des Pragmatismus siehe Ekkehard Martens: „Einleitung“. In: Pragmatismus: Ausgewählte Texte von C. S. Peirce, W. James, F. C. S. Schiller, J. Dewey. Stuttgart 2002, 4–12.

48 Martin Suhr: John Dewey zur Einführung. Hamburg 2003, 7.

49 Hans Joas: „Amerikanischer Pragmatismus und deutsches Denken. Zur Geschichte eines Mißverständnisses“. In: Pragmatismus und Gesellschaftstheorie. Frankfurt am Main 1992. Cf. auch Andreas Graeser: „Wahrheit im Pragmatismus. Bemerkungen zu William James“. In: id.: Bedeutung, Wert, Wirklichkeit: Positionen und Probleme. Bern 2000, 277–296. H. J. Dahms: Positivismusstreit. Die Auseinandersetzung der Frankfurter Schule mit dem logischen Positivismus, dem amerikanischen Pragmatismus und dem kritischen Rationalismus. Frankfurt am Main 1994.

50 Marx Horkheimer: Zur Kritik der instrumentellen Vernunft. Frankfurt am Main 1967, 51. Frei von anti-amerikanischen Vorurteilen ist hingegen Ludwig Marcuse: Amerikanisches Philosophieren. Pragmatisten, Polytheisten, Tragiker. Hamburg 1959.

IX. Gottlob Frege und die Vorgeschichte der analytischen Philosophie

1 Dagfinn Føllesdal: „Analytic Philosophy: What it is and why should one engage in it?“ In: Hans-Johann Glock (ed.): The Rise of Analytic Philosophy. London 1997, 7.

2 Daß es einen solchen Konsens gibt, wird klar, wenn man einige neuere Gesamtdarstellungen dieser Bewegung vergleicht. Cf. P. M. S. Hacker: Wittgenstein's Place in Twentieth Century Analytic Philosophy. Oxford 1996 (dt. Wittgenstein im Kontext der analytischen Philosophie. Frankfurt am Main 1997); Nikolay Milkov: The Varieties of Understanding. English Philosophy since 1988. Frankfurt am Main–Bern–New York 1997, und A Hundred Years of British Philosophy. Dordrecht–Boston–London 2003; Avrum Stroll: Twentieth Century Analytic Philosophy. New York 2000; Edward Kanterian: Analytische Philosophie. Frankfurt am Main 2005; Hans-Johann Glock: What is Analytic Philosophy? Cambridge 2008.

3 Einige Aspekte von Freges Auffassung der Logik und seiner Semantik scheinen von Lotze vorweggenommen worden zu sein. Cf. Gottfried Gabriel: „Lotze und die Entstehung der modernen Logik bei Frege“. In: Hermann Lotze: Logik. Erstes Buch: Vom Denken (Reine Logik). Hamburg 1989, XX–XXVI; „Objektivität: Logik und Erkenntnistheorie bei Lotze und Frege“. In: Hermann Lotze: Logik. Drittes Buch: Vom Erkennen (Methodologie). Hamburg 1989, IX–XXVII; „Frege, Lotze, and the Continental Roots of Early Analytic Philosophy“. In: Erich H. Reck (ed.): From Frege to Wittgenstein: Perspectives on Early Analytic Philosophy. Oxford 2002, 39–51; Hans Sluga: „Frege on Meaning“. In. H.-J. Glock (ed.): The Rise of Analytic Philosophy, cit. (Anm. 1), 17–50.

4 Rudolf Carnap: „Etappen meines Denkens“. In: Mein Weg in die Philosophie. Stuttgart 1999, 8.

5 J. M. Bochenski: Formale Logik. München 1956, 313: „Seine [Freges] ‚Begriffsschrift‘ kann nur mit *einem* Werk in der ganzen Geschichte der Logik verglichen werden, mit den ‚Ersten Analytiken‘ des Aristoteles.“ Gute Gesamtdarstellungen der Philosophie Freges sind: Anthony Kenny: Frege. London 1995; Harold W. Noonan: Frege. A Critical Introduction. Cambridge 2001; Verena Meyer: Gottlob Frege. München 1996; Hans Sluga: Gottlob Frege. London 1980. Für eine vertiefte Auseinandersetzung cf. Michael Dummett: Frege: Philosophy of Language. London 1973; Frege: Philosophy of Mathematics. London 1991; The Interpretation of Frege’s Philosophy. London 1981. Sehr hilfreich sind auch: Wolfgang Künne: Die Philosophische Logik Gottlob Freges. Ein Kommentar. Frankfurt am Main 2010; Wolfgang Kienzler: Begriff und Gegenstand. Eine historische und systematische Studie zur Entwicklung von Gottlob Freges Denken. Frankfurt am Main 2009; Mark Textor: Frege on Sense and Reference. London–New York 2011.

6 Siehe dazu Lothar Kreiser: Gottlob Frege. Leben – Werk – Zeit. Hamburg 2001, 592–606.

7 Gottlob Frege: Begriffsschrift. Eine der arithmetischen nachgebildete Formelsprache des reinen Denkens (1879). Darmstadt 1964, v.

8 Cf. Gregory Landini: Frege’s Notations: What They Are and How they Mean. Basingstoke–New York 2012.

9 Gottlob Frege: „Funktion und Begriff“ (1891). In: G. Patzig (ed.): Funktion, Begriff, Bedeutung. Fünf Logische Studien. Göttingen 1980, 17.

10 Gottlob Frege: Die Grundlagen der Arithmetik (1884). Hamburg 1986, § 60.

11 Ibidem, § 59.

12 Gottlob Frege: „Der Gedanke“ (1918). In: I. Angelelli (ed.): Kleine Schriften. Hildesheim 1967, 349.

13 Cf. Verena Meyer: Gottlob Frege, cit. (Anm. 5), 88–93.

14 Dazu mehr in Crispin Wright: Frege’s Conception of Numbers as Objects. Aberdeen 1983, 130–169.

15 Gottlob Frege: Nachgelassene Schriften und Wissenschaftlicher Briefwechsel. Hamburg 1983, 288.

16 Gottlob Frege: „Über Sinn und Bedeutung“ (1892). In: Kleine Schriften, cit. (Anm. 12), 144.

17 Ibidem, 145.

18 Ibidem.

19 Ibidem.

20 Ibidem, 147.

21 Gottlob Frege: „Begriff und Gegenstand“ (1892). In: G. Patzig (ed.): Funktion, Begriff, Bedeutung, cit. (Anm. 9), 196.

22 Gottlob Frege: „Über Sinn und Bedeutung“, cit. (Anm. 16), 149.

23 Dieser Einwand wird erhoben von Wolfgang Künne: „Gottlob Frege“. In: Tilman

Borsche (ed.): Klassiker der Sprachphilosophie. München 1996, 333. Cf. auch W. Künne: Die philosophische Logik Gottlob Freges, cit. (Anm. 5), 330 sq.

24 Gottlob Frege: „Über Sinn und Bedeutung", cit. (Anm. 16), 149.

25 Cf. James W. Allard: The Logical Foundations of Bradley's Metaphysics: Judgment, Inference, and Truth. Cambridge 2005; Philipp Ferreira: Bradley and the Structure of Knowledge. Albany 1999.

26 Das Problem wird genauer besprochen in Giorgio Bertolotti: „Ghosts and Parasites. Some Remarks on Bradley's Theory of Signs". In: Bradley Studies 1 (1995), 45–56.

27 Cf. Anthony Manser: „Bradley and Frege". In: Anthony Manser and Guy Stock (edd.): The Philosophy of F. H. Bradley. Oxford 1984, 303–317.

X. Bertrand Russell

1 Cf. Ray Monk: Bertrand Russell: The Spirit of Solitude. London 1997; Allan Wood: Bertrand Russell: The Passionate Sceptic. London 1957; Ronald W. Clark: The Life of Bertrand Russell. London 1975.

2 Bertrand Russell: Autobiographie 1914–1944. Frankfurt a. M. 1970, 139–140.

3 Für eine erste Orientierung in dieser unübersichtlichen Vielfalt von Schriften siehe J. G. Slater: „Introduction". In: The Collected Papers of Bertrand Russell, 8: The Philosophy of Logical Atomism and Other Essays 1914–1919. London 1986, XI–XXXII. Cf. auch A. J. Ayer: Russell and Moore: the Analytical Heritage. London 1971; R. M. Sainsbury: Russell. London–Boston 1979; G. W. Roberts (ed.): Bertrand Russell's Memorial Volume. London 1979; Thomas Mormann: Bertrand Russell. München 2007.

4 Alfred North Whitehead und Bertrand Russell: Principia Mathematica: Vorwort und Einleitung. Frankfurt am Main 1990, 56.

5 Ibidem, 85.

6 Bertrand Russell: Unser Wissen von der Außenwelt (1914). Hamburg 2004, 54.

7 Ibidem, 56.

8 Cf. Pierfrancesco Basile: „Russell on Spinoza's Substance Monism". In: Metaphysica: International Journal for Ontology and Metaphysics 13.1 (2012), 27–41. Eine Rekonstruktion von Leibniz' Theorie der Relationen bietet dagegen Massimo Mugnai: Leibniz's Theory of Relations. Stuttgart 1992.

9 Darüber sind sich die Interpreten heute einig. Für eine Rekonstruktion dieser wichtigen Auseinandersetzung cf. Peter Hylton: Russell, Idealism and the Emergence of Analytic Philosophy. Oxford–New York 1990; Pierfrancesco Basile: „Bradley's Metaphysics". In: William J. Mander (ed.): The Oxford Handbook of British Philosophy in the Nineteenth Century. Oxford 2014, 189–208, und Experience and Relations: An Examination of F. H. Bradley's Conception of Reality. Bern 1999; W. J. Mander: An Introduction to Bradley's Metaphysics. Oxford 1995; Stewart Candlish: The Russell/Bradley Dispute and its Significance for Twentieth-Century Philosophy. Basingstoke–New York 2007.

10 Parmenides: Über das Sein. Stuttgart 1981, 7. Cf. Bertrand Russell: „Parmenides". In: A History of Western Philosophy. New York 1972, 48–52.

11 Bertrand Russell: „Meinong's Theory of Complexes and Assumptions". In: Mind NS 13 (1904), 204–219, 336–354, 509–524; „Review of A. Meinong: ‚Untersuchungen zur Gegenstandstheorie und Psychologie'". In: Mind NS 14 (1905), 77–88.

12 Cf. Wolfgang Röd: Der Gott der reinen Vernunft: Ontologischer Gottesbeweis und rationalistische Philosophie. München 2009.

13 Bertrand Russell: Die Philosophie des Logischen Atomismus. München 1976, 178.

14 Ibidem, 179.

15 Georg Wilhelm Friedrich Hegel: Phänomenologie des Geistes. Frankfurt 1970, 24.
16 Bertrand Russell: Die Philosophie des Logischen Atomismus, cit. (Anm. 13), 201 (Übersetzung leicht überarbeitet).
17 Ibidem.
18 Ibidem, 210 (Übersetzung leicht überarbeitet).
19 Ibidem, 277.
20 Dieser Einwand wird erhoben von John Skorupski in der Einführung zu Russell: The Problems of Philosophy. Oxford 1998, xiv.
21 Bertrand Russell: Probleme der Philosophie. Frankfurt am Main 1967, 102.
22 Ibidem, 46.
23 Bertrand Russell: Unser Wissen von der Außenwelt, cit. (Anm. 6), 119.
24 Ibidem, 118.
25 Ibidem, 92.
26 Bertrand Russell: Die Philosophie des Logischen Atomismus, cit. (Anm. 13), 179 (Übersetzung leicht überarbeitet).
27 Ibidem, 274.
28 Bertrand Russell: Die Analyse des Geistes (1921). Hamburg 2000, 36–37.
29 Bertrand Russell: „Mind and Matter" (1921). In: Portraits from Memory and other Essays. London 1956, 153.
30 Bertrand Russell: My Mental Development. London 1959, 134–144.
31 Bertrand Russell: Probleme der Philosophie, cit. (Anm. 21), 67–68.
32 Ibidem, 68.
33 Ibidem.
34 Cf. Kenneth Blackwell: The Spinozistic Ethics of Bertrand Russell. London 1985.

XI. George Edward Moore

1 Moores Dissertation kann heute gelesen werden in: Thomas Baldwin und Consuelo Preti (edd.): G. E. Moore: Early Philosophical Writings. Cambridge 2011.
2 Charles Dunbar Broad: „Preface". In: G. E. Moore: Philosophical Papers. London 1959.
3 George Edward Moore: „Autobiography". In: Paul Arthur Schilpp (ed.): The Philosophy of G. E. Moore. Evanston–Chicago 1942, 14.
4 George Edward Moore: „In welchem Sinn, wenn überhaupt, existieren Vergangenheit und Zukunft?" In: Die frühen Essays. Heusenstamm 2008, 5.
5 George Edward Moore: „Das Wesen des Urteils". In: Die frühen Essays, cit. (Anm. 4), 43.
6 Ibidem, 44.
7 Ibidem, 40.
8 Ibidem, 42.
9 Ibidem, 43.
10 Ibidem.
11 Cf. Thomas Baldwin: G. E. Moore. London–New York 1990. A. R. White: G. E. Moore: A Critical Exposition of his Philosophy. Oxford 1958; A. J. Ayer: Russell and Moore: The Analytical Heritage. London 1971; E. D. Klemke (ed.): Studies in the Philosopy of G. E. Moore. Chicago 1969; A. Ambrose und M. Lazerowitz: G. E. Moore: Essays in Retrospect. London 1970.
12 George Edward Moore: „Die Widerlegung des Idealismus". In: Harald Delius (ed.): Eine Verteidigung des Common Sense. Fünf Aufsätze aus den Jahren 1903–1941. Frankfurt am Main 1969, 53.
13 Ibidem, 59.

14 Ibidem, 50.
15 Ibidem, 63.
16 Ibidem, 68–69.
17 Ibidem, 68.
18 Ibidem, 79.
19 Ibidem, 76.
20 George Edward Moore: Principia Ethica. Stuttgart 1970, 3.
21 Ibidem, 39.
22 Ibidem, 46–47.
23 Ibidem, 39.
24 Ibidem, 48.
25 Ibidem, 110.
26 Moore scheint Mill hier mißverstanden zu haben. Cf. Ralph Schumacher: John Stuart Mill. Frankfurt am Main 1994, 133–134; John Skorupski: John Stuart Mill. London–New York 1989, 285–286.
27 George Edward Moore: Principia Ethica, cit. (Anm. 20), 260.
28 Ibidem, 232.
29 Diese ganze Argumentationslinie läßt sich verstehen als Kritik an Russells in „On Our Knowledge of the External World" vertretener Auffassung materieller Gegenstände als logische Fiktionen: s. Kap. X, 6.
30 George Edward Moore: „Eine Verteidigung des Common Sense". In: Harald Delius (ed.): Eine Verteidigung des Common Sense, cit. (Anm. 12), 130.
31 Ibidem, 120.
32 George Edward Moore: „Beweis einer Außenwelt". In: Harald Delius (ed.): Eine Verteidigung des Common Sense, cit. (Anm. 12), 178.

XII. Ludwig Wittgenstein

1 Cf. Ray Monk: Ludwig Wittgenstein: The Duty of Genius. London 1990 (dt. Das Handwerk des Genies. Stuttgart 1992); Rush Rhees (ed.): Recollections of Wittgenstein. Oxford 1981 (dt. Ludwig Wittgenstein. Porträts und Gespräche. Frankfurt am Main 1987); Norman Malcom: Wittgenstein: A Memoir: With a Biographical Sketch by G. H. von Wright. Oxford 1984 (dt. Erinnerungen an Wittgenstein. Frankfurt am Main 1987); Brian F. McGuinness: Wittgenstein: A Life. Young Ludwig (1889–1921). London 1988 (dt. Wittgensteins frühe Jahre. Frankfurt am Main 1988). Cf. auch Michael Nedo (ed.): Ludwig Wittgenstein. Ein biographisches Album. München 2012.
2 Cf. Allan Janik und Stephen Toulmin: Wittgenstein's Vienna. New York 1973 (dt. Wittgensteins Wien. Müchen Wien 1984).
3 Ludwig Wittgenstein: Vermischte Bemerkungen. WA (=Werkausgabe) 8. Frankfurt am Main 1984, 512.
4 Wittgenstein an Russell (Brief vom 19. 8. 1919). In: B. McGuinness und G. H. von Wright (edd.): Briefwechsel mit B. Russell, G. E. Moore, J. M. Keynes, F. P. Ramsey, W. Eccles, P. Engelmann und L. von Ficker. Frankfurt am Main 1980.
5 Cf. K. Wünsche: Der Volksschullehrer Ludwig Wittgenstein: Mit neuen Dokumenten und Briefen aus den Jahren 1919–1926. Frankfurt am Main 1985.
6 Ludwig Wittgenstein: Vermischte Bemerkungen, WA 8, 498.
7 Gute einführende Darstellungen des „Tractatus" sind enthalten in: Anthony J. P. Kenny: Wittgenstein. London 1972 (dt. Wittgenstein. Frankfurt am Main 1974); Hans Sluga: Wittgenstein. Oxford 2011; Wilhelm Vossenkuhl: Ludwig Wittgenstein. München 1995. Für eine vertiefte Auseinandersetzung cf. Erik Stenius: Wittgen-

steins „Tractatus“: A Critical Exposition of Its Main Lines of Thought. Oxford 1964 (dt. Wittgensteins Traktat. Eine kritische Darlegung seiner Hauptgedanken. Frankfurt am Main 1969); Robert J. Fogelin: Wittgenstein. London–New York 1987; Logi Gunnarson: Wittgensteins Leiter. Betrachtungen zum „Tractatus“. Berlin–Wien 2000. Cf. auch Hans-Johann Glock: A Wittgenstein Dictionary. Oxford 1996 (dt. Wittgenstein-Lexikon. Darmstadt 2000). (Wittgensteins Philosophie der Mathematik kann in diesem Band nicht berücksichtigt werden; siehe dazu Felix Mühlhölzer: Braucht die Mathematik eine Grundlegung? Frankfurt am Main 2010.)

8 Hier wie im folgenden wird, wie üblich, nach Wittgensteins Numerierung mit dem Sigel „T“ („Tractatus“) direkt im Text zitiert.

9 Ludwig Wittgenstein: Tagebücher 1914–1916. Eintrag vom 29.9.1914. WA 1. Frankfurt 1997, 94–95.

10 Eintrag vom 20.9.1914; ibidem, 92.

11 Hier wie im folgenden wird, wie üblich, mit dem Sigel „PU“ („Philosophische Untersuchungen“) und Angabe des entsprechenden Paragraphen direkt im Text zitiert.

12 Gottfried Wilhelm Leibniz: Monadologie und andere metaphysische Schriften. Herausgegeben von Ulrich Johannes Schneider. Hamburg 2002, §§ 1–2.

13 Eintrag vom 14.6.1915. WA 1, 152–153.

14 Wie Wittgenstein selbst bemerkt; ibidem.

15 Ludwig Wittgenstein: Aufzeichnungen über Logik. WA 1, 206.

16 Eintrag vom 19.9.1914. WA 1, 92.

17 Ibidem.

18 Cf. Peter M. Simons: „Das alte Problem von Komplex und Tatsache“. In: Joachim Schulte (ed.): Texte zum Tractatus. Frankfurt am Main 1989, 92: „Der ‚Tractatus‘ ist ein inkonsistentes Buch, und keine widerspruchsfreie Rekonstruktion wird ihm angegossen passen.“

19 Anderer Meinung ist Joachim Schulte, der in seiner knappen, aber ausgezeichneten Einführung schreibt: „Es wäre aber ein kurzsichtiges Mißverständnis, wollte man Wittgenstein die Absicht unterstellen, die Philosophie solle überhaupt abgeschafft werden.“ (Wittgenstein: Eine Einführung. Stuttgart 1989, 66.)

20 B. F. McGuinness (ed.): Wittgenstein und der Wiener Kreis: Gespräche. Aufgezeichnet von Friedrich Waismann. WA 3. Frankfurt am Main 1984, 68. In „Sein und Zeit“ (Jahrbuch für Philosophie und phänomenologische Forschung VIII: 1927, 186) hatte Heidegger geschrieben: „*Das Wovor der Angst ist das In-der-Welt-Sein als solches.*“ (Seitenzahlen bleiben in allen Ausgaben von „Sein und Zeit“ seit dem 1927er Erstdruck identisch.)

21 Ludwig Wittgenstein: Vortrag über Ethik und andere kleine Schriften. Herausgegeben von Joachim Schulte. Frankfurt 1989, 19.

22 Eintrag vom 8.1.1917. WA 1, 187.

23 B. F. McGuinness (ed.): Wittgenstein und der Wiener Kreis. WA 3, 63–64.

24 Ibidem, 182.

25 Ludwig Wittgenstein: Philosophische Grammatik. WA 4. Frankfurt 1999, 77.

26 Ibidem, 63.

27 Ludwig Wittgenstein: Das Blaue Buch/Eine Philosophische Betrachtung (Das Braune Buch). WA 5. Frankfurt 1984, 48–49.

28 Ibidem, 49.

29 Ibidem, 121.

30 Ludwig Wittgenstein: Vermischte Bemerkungen. WA 8, 502.

31 Ludwig Wittgenstein: „Bemerkungen über Frazers Golden Bough“. In: Vortrag über Ethik, cit. (Anm. 21), 32.

32 Ibidem, 31.

33 Ibidem, 37. Cf. Joachim Schulte: Chor und Gesetz. Frankfurt am Main 1990; Gunter

Gebauer: Wittgensteins Anthropologisches Denken. München 2009; D. G. Stern: „The ‚Middle Wittgenstein': From Logical Atomism to Practical Holism". In: Synthese 87 (1991), 203–226.

34 Ludwig Wittgenstein: „Bemerkungen über Frazers Golden Bough", cit. (Anm. 31), 33.

35 Wie zum „Tractatus" ist die Sekundärliteratur auch zu Wittgensteins zweitem Meisterwerk ins Uferlose gewachsen. Cf. G. Baker und P. M. S. Hacker: Wittgenstein: Understanding and Meaning. Oxford 1983; G. Baker und P. M. S. Hacker: Rules: Grammar and Necessity. Oxford 1985; David G. Stern: Wittgenstein's „Philosophical Investigations": An Introduction. Cambridge 2004; Marie McGinn: Wittgenstein and the „Philosophical Investigations". London–New York 1997; Eike von Savigny (ed.): Ludwig Wittgenstein: Philosophische Untersuchungen. Berlin 1998; Meredith Williams (ed.): Wittgenstein's „Philosophical Investigations": Critical Essays. Lanham 2007. Eine kontroverse Deutung einiger zentraler Stellen der „Philosophischen Untersuchungen" liefert Saul A. Kripke: Wittgenstein: On Rules and Private Language. Cambridge (Mass.) 1982. Siehe dazu Wolfgang Stegmüller: Kripkes Deutung der Spätphilosophie Wittgensteins. Kommentarversuch über einen versuchten Kommentar. Stuttgart 1986.

36 Ludwig Wittgenstein: Das Blaue Buch. WA 5, 21.

37 Ibidem, 30.

38 Cf. Avrum Stroll: Moore and Wittgenstein. Oxford–New York 1994; Danièle Moyal-Sharrock: Understanding Wittgenstein „On Certainty". Basingstoke–New York 2004; Annalisa Coliva: Moore and Wittgenstein: Scepticism, Certainty and Common Sense. Basingstoke–New York 2010.

39 Ludwig Wittgenstein: Über Gewißheit. WA 8, § 233.

40 Ibidem.

41 Ibidem, § 225.

42 Ibidem, § 247.

43 Ibidem, § 262.

44 Ibidem.

45 Ibidem, § 94.

XIII. Wege der analytischen Philosophie zur Zeit Wittgensteins und danach

1 R. Carnap: Mein Weg in die Philosophie. Stuttgart 1999, 40.

2 Ibidem, 42.

3 Ibidem, 41.

4 Ibidem, 43.

5 Cf. Allan W. Richardson and Thomas Uebel: The Cambridge Companion to Logical Empiricism. Cambridge 2007; Friedrich Stadler: Studien zum Wiener Kreis. Frankfurt am Main 1997; Rudolf Haller: Neopositivismus. Eine historische Einführung in die Philosophie des Wiener Kreises. Darmstadt 1993; Manfred Geier: Der Wiener Kreis. Hamburg 1992; Alberto J. Coffa: The Semantic Tradition from Kant to Carnap: the Vienna Station. Cambridge 1991. Als Darstellungen von „innen" siehe: Victor Kraft: Der Wiener Kreis. Der Ursprung des Neopositivismus. Ein Kapitel der jüngsten Philosophie-Geschichte. Wien 1950, und Richard von Mises: Kleines Lehrbuch des Positivismus. Einführung in die empiristische Wissenschaftsauffassung. Den Haag 1939.

6 Rudolf Carnap: „Überwindung der Metaphysik durch logische Analyse der Sprache". In: Erkenntnis II (1931), 232.

7 Zitiert nach Gerhard Streminger: David Hume. „Eine Untersuchung über den menschlichen Verstand". Paderborn 1995, 233.
8 Für eine vertiefte Erörterung dieser Problemkonstellation cf. Cristina Lafont: „Die Rolle der Sprache in ‚Sein und Zeit'". In: Zeitschrift für philosophische Forschung 47 (1993), 41–59; A. Graeser: Philosophie in „Sein und Zeit": Kritische Erwägungen zu Heidegger. Sankt Augustin 1994.
9 Rudolf Carnap: „Überwindung der Metaphysik durch logische Analyse der Sprache", cit. (Anm. 6), 239–240.
10 Ibidem, 240.
11 Ibidem.
12 Ibidem, 237.
13 Bertrand Russell: „The Cult of Common Usage". In: Portraits from Memory and Other Essays. London 1956, 154–159.
14 Gilbert Ryle: „Systematically Misleading Expressions". In: Proceedings of the Aristotelian Society. New Series 31 (1930–1931), 168 (dt. „Systematisch irreführende Ausdrücke". In: Rüdiger Bubner (ed.): Sprache und Analyse. Texte zur englischen Philosophie der Gegenwart. Göttingen 1968, 31–62; Zitat auf S. 61).
15 Peter F. Strawson: „Categories". In: Oscar P. Wood and George Pitcher (edd.): Ryle. A Collection of Critical Essays. London 1971, 187.
16 Gilbert Ryle: Der Begriff des Geistes. Stuttgart 1969, 14.
17 Ryles Auffassung der Philosophie Descartes' und ihrer historischen Wirksamkeit ist nicht unangefochten geblieben. Cf. Wolfgang Röd: „Descartes' Mythus oder Ryles Mythus?". In: Archiv für Geschichte der Philosophie 55 (1973), 310–333; E. von Savigny: „Röds Fehlinterpretation von Ryles Fehlinterpretation von Descartes". In: Archiv für Geschichte der Philosophie 57 (1975), 54–59.
18 Gilbert Ryle: Der Begriff des Geistes, cit. (Anm. 16), 35.
19 Ibidem, 5.
20 Ibidem, 3.
21 Cf. G. J. Warnock: J. L. Austin. London 1989.
22 John L. Austin: Zur Theorie der Sprechakte. Stuttgart 1979, 25.
23 Ibidem, 126.
24 Austins Theorie der Sprechakte hat sich als sehr fruchtbar erwiesen und zahlreiche Studien über die Pragmatik und die soziale Dimension der Sprache inspiriert. Cf. H. Paul Grice: Studies in the Way of Words. Cambridge (Mass.) 1989; John Searle: Speech Acts: An Essay in the Philosophy of Language. Cambridge 1969.
25 John L. Austin: „‚Falls' und ‚Können'". In: Gesammelte Philosophische Aufsätze. Stuttgart 1979, 303–304.
26 Ibidem, 243.
27 Ibidem.
28 Ibidem, 242.
29 So John Wisdom in der Einführung zu: Paradox and Discovery. Oxford 1965.
30 Cf. Clifford Brown: Peter Strawson. Stocksfield 2006; L. E. Hahn (ed.): The Philosophy of P. F. Strawson. La Salle (Ill.) 1998; Z. Van Straaten (ed.): Philosophical Subjects: Essays Presented to P. F. Strawson. Oxford 1980.
31 P. F. Strawson: Einzelding und logisches Subjekt. Ein Beitrag zur deskriptiven Metaphysik. Stuttgart 1972, 10–11.
32 Seltsamerweise nimmt Strawson Whitehead kaum wahr, obwohl dieser zweifellos das wichtigste System revisionärer Metaphysik im 20. Jh. entwickelt hat (s. Kap. VIII, 2).
33 Nicholas Rescher: „The Revolt against Process". In: Process Philosophy: A Survey of Basic Issues. Pittsburgh 2000, 37–41.
34 Dieser Punkt wird betont von: Leemon B. McHenry: Whitehead and Bradley: A Comparative Analysis. Albany 1992, 103–111. Zu dieser Problemkonstellation cf.

auch Michael Thomas Liske: „Wie soll man Metaphysik betreiben? Deskriptive versus revisionäre Metaphysik". In: Philosophisches Jahrbuch 111 (2004), 17–42.

XIV. Willard van Orman Quine

1 Bruce Kuklick: „Europe's Impact on the United States". In: A History of Philosophy in America. Oxford 2001, 225–242. Für detaillierte Angaben über die Auswanderung der logischen Empiristen in die USA cf. P. M. S. Hacker: „The logical positivists in America". In: Wittgenstein's Place in Twentieth-Century Analytic Philosophy. Oxford 1996, 183–189; Gary L. Hardcastle und Allan W. Richardson (edd.): Logical Empiricism in North America. Minneapolis–London 2003.

2 Cf. Thomas Mormann: Rudolf Carnap. München 2000, 79–82. Don Howard: Two Left Turns make a Right: On the Curious Political Career of North American Philosophy of Science at Midcentury. In: Gary L. Hardcastle und Allan W. Richardson (edd.): Logical Empiricism in North America, cit. (Anm. 1), 25–93.

3 Cf. Leemon McHenry: Quine and Whitehead: Ontology and Metaphysics". In: Process Studies 26 (1997), 1–12. W. v. O. Quine: „Response to Leemon McHenry". In: Process Studies 26 (1997), 13–14. Christine Holmgren and Leemon McHenry: „Quine and Whitehead on Ontological Reduction: Properties Reconsidered". In: Process Studies 41 (2012), 261–286.

4 Cf. Henri Lauener: Willard V. Quine. München 1982. Gary Kemp: Quine. New York 2006. Geert Keil: Quine. Frankfurt 2011. Für eine vertiefte Auseinandersetzung cf. Peter Hylton: Quine. New York 2007, und Paolo Leonardi und Marco Santambrogio (edd.): On Quine. New Essays. Cambridge 1995.

5 Willard van Orman Quine: Von einem logischen Standpunkt. Neun logisch-philosophische Essays. Frankfurt am Main–Berlin–Wien 1979, 42. Quines These ist nicht unbestritten geblieben. Cf. Paul Grice und Peter Strawson: „In Defense of a Dogma" (1956). In: Paul Grice: Studies in the Ways of Words. Cambridge (Mass.) 1989, 196–121.

6 Willard van Orman Quine: Von einem logischen Standpunkt, cit. (Anm. 5), 47.

7 Willard van Orman Quine: Wort und Gegenstand. Stuttgart 1980, 61.

8 Willard van Orman Quine: Von einem logischen Standpunkt, cit. (Anm. 5), 100.

9 Dieser Punkt wird betont von H. Lauener: Willard V. Quine, cit. (Anm. 4), 47–48.

10 Zitiert nach H. Lauener: Willard V. Quine, cit. (Anm. 4), 135.

11 Cf. Leemon McHenry: Quine's Pragmatic Ontology. In: The Journal of Speculative Philosophy IX (1995), 147–158.

12 Cf. G. Keil: Quine, cit. (Anm. 4), 135. Zu seinem Verhältnis zur Wissenschaft bemerkt Quine u. a. folgendes: „Vieles, was an der modernen Physik schwer verständlich war, ist durch Popularisierung zugänglich gemacht worden. Ich bin dankbar dafür, denn ich mag Physik, doch im Rohzustand finde ich sie ungenießbar." In: Theorien und Dinge. Frankfurt am Main 1985, 233.

13 Ibidem.

14 Rudolf Carnap: „Überwindung der Metaphysik". In: Erkenntnis II (1931), 240.

Personenregister

Sachregister

Geschichte der Philosophie bei C. H. Beck
In 14 Bänden: Herausgegeben von Wolfgang Röd

Band I: Die Philosophie der Antike 1: Von Thales bis Demokrit
Von Wolfgang Röd
3., überarbeitete und aktualisierte Auflage. 2009. 275 Seiten. Broschiert

Band II: Die Philosophie der Antike 2: Sophistik und Sokratik.
Plato und Aristoteles
Von Andreas Graeser
2., überarbeitete und erweiterte Auflage. 1993. 389 Seiten. Broschiert

Band III: Die Philosophie der Antike 3: Stoa, Epikureismus und Skepsis
Von Malte Hossenfelder
2., aktualisierte Auflage. 1995. 254 Seiten. Broschiert

Band IV: Die Philosophie der ausgehenden Antike und
des frühen Mittelalters
Von Wolfgang L. Gombocz
1997. 513 Seiten. Broschiert

Band V: Die Philosophie des Hoch- und Spätmittelalters
Von Theo Kobusch
2011. 655 Seiten. Broschiert

Band VII: Die Philosophie der Neuzeit 1: Von Francis Bacon bis Spinoza
Von Wolfgang Röd
2., verbesserte und ergänzte Auflage. 1999. 336 Seiten. Broschiert

Band VIII: Die Philosophie der Neuzeit 2: Von Newton bis Rousseau
Von Wolfgang Röd
1984. 498 Seiten. Broschiert

Band IX,1: Die Philosophie der Neuzeit 3, Teil 1
Kritische Philosophie von Kant bis Schopenhauer
Von Wolfgang Röd
2006. 298 Seiten. Broschiert

Band IX,2: Die Philosophie der Neuzeit 3, Teil 2
Klassische Deutsche Philosophie von Fichte bis Hegel
Von Walter Jaeschke und Andreas Arndt
2013. 320 Seiten. Broschiert

Geschichte der Philosophie bei C. H. Beck
In 14 Bänden: Herausgegeben von Wolfgang Röd

Band X: Die Philosophie der Neuzeit 4
Positivismus, Sozialismus und Spiritualismus im 19. Jahrhundert
Von Stefano Poggi und Wolfgang Röd
1989. 360 Seiten. Broschiert

Band XI: Die Philosophie des ausgehenden 19. und des 20. Jahrhunderts 1
Pragmatismus und analytische Philosophie
Von Pierfrancesco Basile und Wolfgang Röd
2014. 365 Seiten. Broschiert

Band XII: Die Philosophie des ausgehenden 19. und des 20. Jahrhunderts 2
Neukantianismus, Idealismus, Realismus, Phänomenologie
Von Helmut Holzhey und Wolfgang Röd
2004. 400 Seiten. Broschiert

Band XIII: Die Philosophie des ausgehenden 19. und des 20. Jahrhunderts 3
Lebensphilosophie und Existenzphilosophie
Von Rainer Thurnher, Wolfgang Röd und Heinrich Schmidinger
2002. 431 Seiten. Broschiert

Folgende Bände sind in Vorbereitung:
Band VI: Die Philosophie des Humanismus und der Renaissance
Band XIV: Die Philosophie der neuesten Zeit